# डिजिटल युग में सफलता

# डिजिटल युग में सफलता

## सफल डिजिटल रूपांतरण के सात सिद्धांत


**नितिन सेठ**

इन्सीडो इनकॉर्पोरेटिड के सीईओ



MANJUL

**मंजुल पब्लिशिंग हाउस**

MANJUL

**मंजुल पब्लिशिंग हाउस**

*कॉरपोरेट एवं संपादकीय कार्यालय*

• द्वितीय तल, उषा प्रीत कॉम्प्लेक्स, 42 मालवीय नगर, भोपाल-462 003

*विक्रय एवं विपणन कार्यालय*

• सी-16, सेक्टर 3, नोएडा, उत्तर प्रदेश, 201301

वेबसाइट : www.manjulindia.com

*वितरण केन्द्र*

अहमदाबाद, बेंगलुरू, भोपाल, कोलकाता, चेन्नई,
हैदराबाद, मुम्बई, नई दिल्ली, पुणे

नितिन सेठ द्वारा लिखित मूल अंग्रेजी पुस्तक
*Winning in the Digital Age* का हिन्दी अनुवाद

*Winning in the Digital Age* by Nitin Seth – Hindi edition



यह हिन्दी संस्करण 2023 में पहली बार प्रकाशित

**ISBN 978-93-5543-188-2**

अनुवाद : महेन्द्र नारायण सिंह यादव

मुद्रण व जिल्दसाज़ी : मणिपाल टेक्नोलॉजीज़ लिमिटेड, मणिपाल

*मेरे सभी गुरुओं, ख़ासकर मेरी पहली गुरु मेरी माँ और बहन को समर्पित।*

*मेरे जीवन की स्तंभ, मेरी पत्नी अर्पणा और मेरे ख़ूबसूरत परिवार को समर्पित, जो मुझे इस उन्मादी डिजिटल युग में अपना सर्वश्रेष्ठ करने के लिए संतुलन उपलब्ध कराता है।*

*साथ में मस्ती, सबक़ और आश्चर्यजनक सफ़र के लिए मेरे सभी साथियों को समर्पित।*

## *डिजिटल युग में सफलता* के बारे में उद्योग जगत की हस्तियों के विचार

यह एक प्रैक्टिशनर की किताब है। डिजिटल तकनीकों के आगमन के साथ, ख़ास तौर पर पारंपरिक गैर-तकनीकी उद्यम इससे जूझ रहे हैं कि वे अपनी डिजिटल यात्रा कहाँ और कैसे शुरू करें। नितिन ने अपने स्वयं के अनुभव और संगठनात्मक गतिशीलता की गहरी समझ के साथ इस व्यापक हैंडबुक को ठीक इसी ज़रूरत को पूरा करने के लिए तैयार किया है। यह किताब बहुत अच्छी तरह से संरचित है और दिलचस्पी के विशिष्ट विषयों तक पहुँच को अपेक्षाकृत आसान बनाती है। यह भी ठीक है कि इसमें ध्यान, तकनीक के बजाय नई डिजिटल तकनीकों का लाभ उठाने पर दिया गया है। इसमें परिवर्तन प्रबंधन से संबंधित बारीक़ और व्यावहारिक मुद्दों को बहुत अच्छी तरह से बताया गया है। यह बहुत ही सामयिक किताब है।

**— सोम मित्तल**

पूर्व चेयरमैन एवं प्रेसिडेंट, नैसकॉम

नितिन सेठ डिजिटल रूपांतरण के किसी भी प्रयास में सफलता के प्रमुख तत्वों के बारे में बहुत ही स्पष्ट शैली में बताते हैं। वे बहुत स्पष्ट रूप से बताते हैं कि क्यों इसका मतलब केवल किसी तकनीकी पहल के बजाय मौलिक और बहु-आयामी संगठनात्मक रूपांतरण है। परामर्श, उद्यमिता, ज्ञान प्रबंधन, निवेश प्रबंधन, ई-कॉमर्स और इंडेको हैंडहोल्डिंग में अपने काम के दौरान कई कंपनियों और क्षेत्रों में शुरू से लेकर आख़िर तक की डिजिटल रूपांतरण पहलों को शामिल करने वाली भूमिकाओं में 20 वर्षों से अधिक के व्यक्तिगत अनुभव से उनकी अंतर्दृष्टि परिपूर्ण है। उनके अनुभव की विशाल श्रंखला संगठनात्मक गतिशीलता, नई और उभरती तकनीकों और तेज़ी से बदलते विदेशी व्यापार इको-सिस्टम के बीच परस्पर क्रिया की उनकी समझ की बहुआयामी गहराई के लिए ज़िम्मेदार है। सफल डिजिटल रूपांतरण के लिए 7 प्रमुख बिल्डिंग ब्लॉक्स बिछाकर, नितिन ने बहुत ही सुंदर तरीक़े और अर्थपूर्ण ढंग से इस जटिल काम को पूरा करने के लिए आसान रास्ता निकाला है। डिजिटल रूपांतरण के लिए प्रेरित या इस पर विचार करने वाले हर व्यक्ति को इसे अवश्य पढ़ना चाहिए।

**— आर चंद्रशेखर**

पूर्व प्रेसिडेंट, नैसकॉम;

पूर्व दूरसंचार सचिव, भारत सरकार

सेठ ने उन लोगों के लिए सतर्कतापूर्वक यह अमूल्य हैंडबुक तैयार की है, जो किसी डिजिटल रूपांतरण कार्यक्रम को लेकर अपनी सोच और कार्रवाई को आकार देना चाहते हैं। ये बिज़नेस लीडर, सरकारी नौकर, विद्यार्थी, उद्यमी या जिज्ञासु या सामान्य पाठक हो सकते हैं। विशिष्ट अंतर्दृष्टि अनुभव से पैदा होती है: सेठ ने सफलता और असफलता, उद्यमशीलता और संस्थागत संस्कृतियों, स्थानीय और वैश्विक अनुप्रयोगों को देखा है, और वे समझते हैं कि डिजिटल कैसे रूपांतरण कर सकता है और बाधित हो सकता है। रणनीति, तकनीक, संगठन और नेतृत्व में डिजिटल यात्रा के पूरे फैलाव का अन्वेषण किया गया है, और उपयोगी तरीक़े से सबक़ साझा किए गए हैं। वे इसे एक सब्र, सुगठित चर्चा के रूप में पेश करते हैं, जिसमें, एकदम नाकामी, किंतु डटे रहने लायक़ मज़बूती के सबक़ साझा किए गए हैं। यह किताब पढ़ने योग्य है।

**—लियो पुरी**

पूर्व मैनेजिंग डायरेक्टर, यूटीआई असेट मैनेजमेंट कंपनी;<br>
मनोनीत चेयरमैन, जेपी मॉर्गन, साउथ ऐंड साउथ ईस्ट एशिया

अस्थिरता, अनिश्चितता, जटिलता और अस्पष्टता की दुनिया में, अनुभव और सफल तथा असफल दोनों तरह के प्रयोग- समान रूप से महत्त्वपूर्ण हैं। नितिन, अभूतपूर्व काम के वर्षों के अपने अनुभव के साथ इसे अच्छी तरह से समझते हैं और उनकी किताब आपके सामने उद्योग की कुछ बेहतरीन वैश्विक कहानियों को पेश करती है, जो हमारी दुनिया के सबसे मौलिक सिद्धांतों में जटिल रूप से लिपटी हुई हैं। चाहे आप प्रैक्टिशनर हों, उत्साही हों या खोजकर्ता हों, यह समझने में आसान, किंतु प्रभावशाली किताब आपको ऐसी यात्रा पर ले जाएगी, जो आपको पुरानी यादों, सोच और प्रेरणा से भर देगी। कुल मिलाकर, एक अच्छी किताब का विमोचन बड़े समय पर हो रहा है-इसे पढ़ने की ज़ोरदार सिफ़ारिश की जानी चाहिए!

**—सीपी गुरनानी**

सीईओ एवं एमडी,<br>
टेक महिंद्रा;पूर्व चेयरमैन, नैसकॉम

यह किताब डिजिटल रूपांतरण से संबंधित हर चीज़ को बहुत अच्छी तरह से उजागर करती है- बड़ी तसवीर उपलब्ध कराती है और इसे सफलतापूर्वक चलाने के लिए सभी महत्त्वपूर्ण पहलुओं की गहरी जानकारी देती है। मुझे सफल डिजिटल रूपांतरण के लिए सात बिल्डिंग ब्लॉक्स पसंद आए और मैं इन्हें रूपांतरण करने के व्यावहारिक प्रवर्तक के रूप में देखता हूँ!

मैकिंज़ी(McKinsey), फ़िडेलिटी(Fidelity), फ़्लिपकार्ट (Flipkart) और अब इन्सीडो (Incedo) के साथ नितिन के अनुभवों का अनूठा संयोजन डिजिटल दुनिया का बहुत ही सम्मोहक दृश्य प्रस्तुत करता है। वे सफलता के बुनियादी प्रश्न सामने लाने और यह बताने के लिए अपने अनुभव का लाभ उठाते हैं कि वहाँ होने के लिए क्या आवश्यक है। ये अनुभव कई स्थितियों में सीधे लागू होते हैं, जहाँ उद्यमों को अपनी डिजिटल यात्रा में चुनौती का सामना करना पड़ता है और वे सफलता के उन उपायों का सहारा ले सकते हैं, जिन्हें नितिन ने बहुत अच्छी तरह से सामने रखा है।

मुझे इसे पढ़ने में बहुत मज़ा आया और मैं सभी बिज़नेस लीडर्स और युवा प्रोफ़ेशनल्स को भी इसे पढ़ने का सुझाव दूँगा!

**—रमन राय**

चेयरमैन एवं प्रबंध निदेशक; क्वाट्रो; पूर्व चेयरमैन नैसकॉम

नितिन की सामयिक किताब कंपनियों के सामने मौजूद आज सबसे महत्त्वपूर्ण मुद्दे पर केंद्रित है: डिजिटल युग में कैसे जीवित रहें और कामयाब हों। निवेशकों के रूप में हमने देखा है कि संगठन द्वारा आवश्यक मूलभूत पुनर्व्यवस्था को लागू किए बिना कंपनियाँ तकनीक पर अरबों डॉलर ख़र्च करती हैं। नितिन के सुझावों से सफलता की संभावना बढ़ेगी, फ़िज़ूलख़र्ची कम होगी, विकास मज़बूत होगा और इन प्रयासों के निवेश पर रिटर्न में सुधार होगा। मुझे विश्वास है कि व्यापार जगत के लीडर्स और निवेशक दोनों ही नितिन की अंतर्दृष्टि से बहुत लाभान्वित होंगे, क्योंकि वह इस यात्रा में अपने परिचालन प्रबंधन और कंपनियों का सहयोग करती है।

**—डेविड कोहेन**

रिटायर्ड पार्टनर, फेरालॉन कैपिटल; चेयरमैन एवं संस्थापक, सिमकाह होल्डिंग्स

मैं नितिन को तीन दशकों से अधिक समय से एक प्रेरक लीडर, मार्गदर्शक, व्यापारिक भागीदार और क़रीबी दोस्त के रूप में जानता हूँ। सबसे महत्त्वपूर्ण मुद्दों को प्रबंधनीय ढाँचे और निष्पादन योग्य चरणों में अलग-अलग करने की नितिन की क्षमता बेमिसाल है, चाहे वह सलाहकार के रूप में हो या संचालक के रूप में।

कॉर्पोरेट अमेरिका पूर्ववर्ती महान कंपनियों के ध्वंसावशेषों से भरा पड़ा है, जो डिजिटल युग द्वारा प्रस्तुत नई चुनौतियों के कारण आवश्यक बदलाव की जटिलता और बहुआयामी प्रकृति में महारत हासिल करने में असमर्थता के कारण बर्बाद हो गई थीं।

नितिन की यह सामयिक किताब किसी समस्या को सात मुख्य बिल्डिंग ब्लॉक्स में तोड़ते हुए और चुनौतियों को उजागर करते हुए बेहद स्पष्ट कर देती है। नितिन का निष्पादन ढाँचा, निकट भविष्य में हासिल करने के लिए द्वि-गति की रणनीति के रूप में निहित है, जो समग्र मौलिक परिवर्तन का मार्ग प्रशस्त करता है और सफलता के लिए रोडमैप उपलब्ध कराता है। उनके नेतृत्व में, इन्सीडो फ़र्म अपने ग्राहकों के लिए डिजिटल रूपांतरण को व्यावहारिक, कम जोखिम वाला और स्थायी बनाने का मूर्त रूप है।

यह किताब डिजिटल रूपांतरण की अगुवाई करने वाले प्रैक्टिशनरों और संचालकों तथा बोर्डों और निवेशकों के लिए समान रूप से संदर्भ मार्गदर्शिका है,जो इसकी सफलता से जुड़े होते हैं। नितिन के काम की समग्र प्रकृति व्यापार मॉडल, परिवर्तन प्रबंधन, और ग्राहक केंद्रितता, तकनीक पर मनुष्य को महत्त्व देने, और वर्तमान दुनिया में नेतृत्व पहले से कहीं अधिक महत्त्वपूर्ण क्यों है आदि के ज़रिये रास्ता निकालती है!

**—सौरभ मित्तल**

संस्थापक एवं चेयरमैन, मिशन होल्डिंग्स

बाज़ार का संक्रमण काल नए विजेताओं और हारने वालों के लिए अवसर पैदा करता है। डिजिटल क्रांति इससे अलग नहीं है।

*डिजिटल युग में सफलता* एक सामयिक किताब है, जो व्यवसायों की विस्तृत श्रंखला के साथ काम के अनुभव से हासिल अंतर्दृष्टि को प्रस्तुत करती है। किताब में विषयों की विस्तृत श्रंखला शामिल है, यह व्यावहारिक अंतर्दृष्टि, सीखने और दृश्य ढाँचे उपलब्ध कराने के लिए सबसे महत्त्वपूर्ण पहलुओं के बारे में गहराई से जानकारी देती है।

नितिन सेठ के व्यक्तिगत अनुभव से तैयार इस किताब में ऐसे व्यावहारिक उदाहरण शामिल हैं, जो बताते हैं कि ज्ञान-आधारित दुनिया में मूल्य निर्माण कैसे बदलता है। यह डिजिटल रूपांतरण के बारे में व्यवसायी का दृष्टिकोण उपलब्ध कराता है और मूलभूत विश्वास से जोड़ता है, ताकि यह ग्राहकों, उपभोक्ताओं, कर्मचारियों और समाज के लिए मूल्य सृजन करे।

व्यक्तिगत नेतृत्व में कई अंतर्दृष्टियाँ होती हैं, जिन्हें अक्सर व्यावसायिक रणनीति के संदर्भ में कम करके आँका जाता है। व्यावसायिक व्यवस्था और ज़िंदगी में किसी के लिए भी व्यक्तिगत नेतृत्व महत्त्वपूर्ण है। इस किताब में प्रमुख नेतृत्व अवधारणाएँ शामिल हैं, जो सफलता से जटिल रूप से जुड़ी हुई हैं।

मैंने व्यक्तिगत रूप से इनमें से कई औद्योगिक संक्रमणों का अनुभव किया है और मैं नई अवधारणाओं और विचारों को खोजने में सक्षम रहा, जो शुरुआती उद्यमियों और सफल व्यावसायिक अधिकारियों के लिए समान रूप से मूल्यवान साबित होते हैं।

*डिजिटल युग में सफलता* ऐसी मूल्यवान अंतर्दृष्टि देती है, जो आने वाले कई वर्षों के लिए प्रासंगिक रहेगी।

**—ध्रुपद त्रिवेदी**

सीईओ, ए 10 नेटवर्क्स इंक.

मुझे पहली बार नितिन के बारे में बीस साल पहले पता चला था, जब एक कॉमन फ्रेंड ने डॉट कॉम की शुरुआती लहर के ख़ास दिनों में उनके साथ मिलकर एक्टिवकर्मा डॉट कॉम शुरू की थी, और बाद में वे भारत में स्थित वैश्विक नॉलेज सेंटर का नेतृत्व करने के लिए मैकिंज़ी ऐंड कंपनी में वापस गए थे। दोनों ही अग्रणी उद्यम थे। मैंने पिछले 3 वर्षों में उनके साथ और अधिक निकटता से काम किया है। यह देखते हुए कि इन्सीडो हमारी तकनीकी रूपांतरण यात्रा का मूल्यवान भागीदार रहा है।

कंसल्टेंट और व्यवसायी दोनों के रूप में भाषा तथा कौशल में महारत रखने वाले नितिन *डिजिटल युग में सफलता* किताब में जानकारी का बहुत बड़ा दायरा और अंतर्दृष्टियाँ प्रस्तुत करते हैं, और उस जगत में बचे रहने और आगे बढ़ने की रूपरेखा उपलब्ध कराकर समझने में आसान बनाते हैं, जिसे वे वीयूसीए यानी अस्थिर, अनिश्चित, जटिल और अस्पष्ट कहते हैं... जो कि 2020 में घटित होने वाली घटनाओं का परिणाम है जो आगे और तेज़ हुई हैं।

मैं टिकाऊ डिजिटल रूपांतरण रणनीति बनाने तथा निष्पादित करने की बेहतर समझ चाहने के इच्छुक विद्यार्थियों, उद्यमियों और मैनेजरों को यह महत्त्वपूर्ण किताब पढ़ने की अनुशंसा करता हूँ।

**— आशीष चंद**

ईवीपी, इंडस्ट्रियल ऑटोमेशन, बेल्डेन इंक

कॉर्पोरेट में प्रचलित शब्द मात्र से वास्तविकता में डिजिटल रूपांतरण की ओर बढ़ने की मार्गदर्शिका। नितिन ने नेतृत्व, सांस्कृतिक, सांगठनिक, संचालन और तकनीकी चुनौतियों का वह समग्र दृष्टिकोण विकसित किया है, जो सफल डिजिटल पहलों का मूल है। *डिजिटल युग में सफलता* डिजिटल रूपांतरण की दिशा में एक आज़माया हुआ ढाँचा है, जो सामान्य कमियों को स्वीकार करती है और सफल कार्यक्रम के प्रमुख घटकों के लिए एक गाइडबुक उपलब्ध कराती है। इसमें डिजिटल युग में फलने-फूलने के प्रचुर अवसरों का लाभ उठाने की दिशा में नए स्नातकों और शुरुआती करियर प्रोफ़ेशनल्स को आगे बढ़ाने के लिए महत्त्वपूर्ण क्षेत्र शामिल किए गए हैं। डिज़ाइन या प्रतिस्पर्द्धी गतिकी द्वारा डिजिटल व्यवधान का सामना करने वाली फर्मों के लीडर को यह किताब अवश्य पढ़नी चाहिए!

**— मुकेश मेहता**

ईवीपी एवं सीआईओ, एसेटमार्क

महान भारतीय गुरुओं की परंपरा में, नितिन पुराने ज्ञान को समेटते हुए नई डिजिटल दुनिया के विरोधाभासों और परस्पर विरोधी प्राथमिकताओं को अपनाकर विशिष्ट प्रबंधन पुस्तकों के अल्पकालिक मंत्रों के आगे जाते हैं। वे विशेष रूप से पाठक को डिजिटल रूपांतरण के मूल्य प्रेरकों, विशिष्ट उद्योगों में उनके चित्रण, और नीचे की तकनीकों की तेज़ यात्रा। पर ले जाते हैं, और इस बात का व्यावहारिक रूप से वर्णन करते हैं कि डिजिटल रूपांतरण हासिल करने के लिए कौन-से प्रश्न पूछे जाने हैं, कौन-सी अंतर्दृष्टियों की तलाश करनी है और कौन-से काम करने हैं, हालाँकि, सबसे अधिक उत्साह से उन्होंने मानवीय पक्ष की चर्चा की है-चाहे वह लीडर्स के लिए वीयूसीए जगत में अक्रियाशीलता तथा चिंता से बचने की प्रबुद्ध परामर्शदाता की सलाह हो, या युवा लोगों के लिए सलाह हो। यह बेहद उपयोगी किताब है!

**— डॉ. टोबियस बायर**

पूर्व पार्टनर, मैकिंज़ी ऐंड कंपनी;

सीनियर एडवाइज़र, फिनटेक्स

*अंडरस्टैंड, मैनेज ऐंड प्रिवेंट ऐल्गोरिथमिक बायस: ए गाइड फॉर बिज़नेस यूज़र्स ऐंड डेटा साइंटिस्ट्स* के लेखक।

नितिन ने एक दुर्लभ किताब लिखी है, जिसमें डिजिटल रूपांतरण पर वास्तविक निष्पादन-योग्य रहस्य खोलने के साथ-साथ रणनीतिक ज़रूरतें भी शामिल की गई हैं। नितिन ने इस किताब में परामर्शदाता, मुश्किल वक्त के लीडर और सीईओ के रूप में अपने 25 वर्षों के रूपांतरकारी अनुभव को प्रस्तुत किया है। यह किताब डिजिटल रूपांतरण आरंभ करने में रुचि रखने वाले किसी भी व्यक्ति के लिए व्यावहारिक ज्ञान और प्रेरणा का उपयोगी संग्रह है।

**—दिनेश खन्ना**

ग्लोबल चेयर- पीपल टीम, बोस्टन कंसल्टिंग ग्रुप

मैं नितिन को लगभग दो दशकों से जानता हूँ। उन्होंने प्रभावी ढंग से महत्त्वपूर्ण सबक़ सीखे हैं और उन्हें जीवन में उतारा है, जो कि निस्संदेह आज की मुख्य व्यावसायिक आवश्यकताओं में से एक हैं। ऐसी कोई कंपनी नहीं है, जो इस किताब में दिए गए अध्यायों से लाभान्वित न हो।

**—प्रदीप पटियाथ,** सीनियर पार्टनर, मैकिंज़ी ऐंड कंपनी

तकनीक अब केवल सहायक की भूमिका में नहीं रह गई है। वह व्यवसाय को चलाने वाला इंजन बन रही है। इसी संदर्भ में डिजिटल रूपांतरण की बहुत चर्चा हो रही है, लेकिन पूरे बदलाव को व्यापक और सरल तरीक़े से रखने के प्रयास बहुत कम हो रहे हैं। संगठनों को सरल ढाँचे की ज़रूरत होती है, जिसके द्वारा वे अपने बदलावों की योजना बना सकते हैं। *डिजिटल युग में सफलता* के ज़रिये इसे हासिल करने के नितिन के प्रयास प्रशंसनीय हैं। डिजिटल रूपांतरण के उनके सात बिल्डिंग ब्लॉक ऐसा संक्षिप्त और स्पष्ट ढाँचा उपलब्ध कराते हैं, जिसके ज़रिये पाठक इन्हें अपने संगठनों के संदर्भ में लागू कर सकते हैं।

नितिन का यह तर्क महत्त्वपूर्ण बिंदु है कि डिजिटल रूपांतरण कुछ प्रमुख तकनीकों से परे है, जिसे व्यवसायी शायद चूक सकते हैं। परामर्श, डिजिटल रूपांतरण के संचालन, स्टार्टअप उद्यमी, उच्च विकास स्टार्टअप आदि में काम करने में उनके विविध अनुभव ने उन्हें निकट दृष्टि दी है कि क्या-क्या काम का है और कौन-से दृष्टिकोण काम के नहीं हैं और पाठकों को उनके साझा किए गए कई उदाहरण समझने में बहुत आसान लगेंगे। सांगठनिक संस्कृति और नेतृत्व की भूमिका को बदलने की आवश्यकता का ख़ास महत्त्व है, जिसे उन्होंने बहुत अच्छी तरह से व्यक्त किया है।

भविष्य उन संगठनों का है, जो डिजिटल रूप से संचालित बिज़नेस इको-सिस्टम में बचे रहेंगे और फलेंगे-फूलेंगे। नितिन की किताब इन संगठनों को वीयूसीए की दुनिया में जीवित रहने और फलने-फूलने में मदद करेगी।

**—कृष्ण कुमार नटराजन**

सह-संस्थापक एवं पूर्व एक्ज़ीक्यूटिव चेयरमैन,
माइंडट्री लिमिटेड; मैनेजिंग पार्टनर, मेला वेंचर्स

रिकॉर्ड के डिजिटलीकरण से लेकर प्रक्रियाओं के डिजिटलीकरण तक, काम और जीवन की डिजिटल रूप से रूपांतरित प्रणाली ने कई अवसर और अनिश्चितताएँ पैदा की हैं। जैसा कि नितिन सेठ स्पष्ट रूप से कहते हैं, जो कि बहुत स्पष्ट है कि खेल में नई ताक़तें आई हैं, जिन्हें समझना पड़ेगा। हमेशा की तरह, नितिन इन जटिल विषयों को बिल्डिंग ब्लॉक के सरल समूह में बाँटते हैं, जिसका इस्तेमाल पाठक डिजिटल युग में जीतने की दिशा में अपनी रणनीति बनाने के लिए कर सकते हैं। जहाँ यह किताब स्पष्ट रूप से प्रबंधन प्रोफ़ेशनल्स के लिए लिखी गई है, वहीं मुझे लगता है कि ये अध्याय व्यापक रूप से समझ में आएँगे, क्योंकि तमाम क्षेत्रों के बीच की रेखाएँ निरंतर धुँधली हो जाती हैं। सीधे शब्दों में कहें तो, अगर आप अस्थिर, अनिश्चित, जटिल और अस्पष्ट डिजिटल दुनिया में खुद को अनुकूल बनाने के लिए 'फ़ंडा' की तलाश कर रहे हैं, तो आपको ये इसमें मिलेंगे।

**—डॉ. अनुराग अग्रवाल**

डायरेक्टर, इंस्टीट्यूट ऑफ़ जेनोमिक्स ऐंड बायोइन्फॉर्मेटिक्स, सीएसआईआर

नितिन सेठ किसी युद्ध के अनुभवी जनरल के विश्वास और अनुभवी पर्यवेक्षक की स्पष्टता के साथ लिखते हैं। अग्रणी फर्मों में शीर्ष पदों के उनके अनुभव से उन्हें वह दृष्टिकोण मिला है, जो किसी अकादमिक या पत्रकार को कभी नहीं मिल सकता है। और फिर वे मैकिंज़ी के कंसल्टेंट के रूप में अपनी ट्रेनिंग का इस्तेमाल सबसे बड़े बदलावों के बारे में सोचने की रूपरेखा तैयार करने के लिए करते है, क्योंकि डिजिटल सब कुछ बदलकर रख देता है। मुझे द्वि-गति निष्पादन, वीयूसीए के दौर में नेतृत्व, और रियल टाइम ऑडिट के बारे में पढ़ने और सोचने में व्यक्तिगत रूप से मज़ा आया। आप स्वयं डिजिटल युग के व्यक्ति हो सकते हैं या किसी की सुरक्षा के लिए काम करने की कोशिश कर रहे हो सकते हैं- किसी भी रूप में यह किताब आपको इस बारे में व्यापक रूप से सोचने में सहायता करेगी।

**—संदीप त्यागी**

चेयरमैन, एस्टी कैपिटल

हम वास्तव में डिजिटल युग में रह रहे हैं, जिसमें तकनीकी व्यवसायों, अनुभवों और हमारी ज़िंदगियों को बदल रही है। ऐसे में नितिन डिजिटल रूपांतरण के लिए आक्रामक रूप से व्यापक ढाँचे के साथ आए हैं, और ख़ूबसूरती से उन्होंने बिंदुओं को जोड़ा है और वे हमारे आस-पास के शोरगुल से सच्चे संकेतों में अंतर करने में सफल हुए हैं। यह किताब सभी बिज़नेस और टेक लीडरों के लिए ज़रूरी है।

**—पुनीत चंडोक**

प्रेसिडेंट, एडब्ल्यूएस इंडिया और दक्षिण एशिया

*डिजिटल युग में सफलता* में, नितिन सेठ तमाम बिंदुओं पर तमाम व्यवसायों में अपने विशाल वैश्विक अनुभव को मूल्यवान अंतर्दृष्टि और व्यावहारिक युक्तियों में डिजिटल रूपांतरण की निरंतरता पर प्रस्तुत करते हैं। नितिन की *प्रबंधन के आठ नए नियमों* जैसी व्यावहारिक अनुशंसाओं में मेरी व्यक्तिगत पसंद *अपने ग्राहक के साथ सह-निर्माण की अनिवार्यता* भी शामिल है। प्रभावी और टिकाऊ डिजिटल रूपांतरण के लिए, नितिन *द्वि-गति की रणनीति* जैसे शक्तिशाली निर्माणों की सिफ़ारिश करते हैं, जो उस दुविधा को संक्षेपित करती हैं, जिनका सामना सभी मौजूदा व्यवसाय करते हैं। वैश्विक पदचिह्न पर विचार या पुनर्विचार करने वाले लीडर्स के लिए, मैं ओपेक्स अनुकूलकों के विपरीत, *ग्लोबल डिलीवरी सेंटर्स* की रणनीतिक त्वरकों के रूप में क्षमता को समझने के लिए चौथे भाग की बेहद अनुशंसा करता हूँ। अंत में, नेतृत्व का भाग प्रेरणादायक है, विशेष रूप से डिजिटल युग में नेतृत्व के विभिन्न द्वंद्वों में महारत हासिल करने पर चर्चा काफ़ी व्यावहारिक है। व्यापार रूपांतरण में लगे किसी भी लीडर को यह किताब अवश्य पढ़नी चाहिए। पाठकों के लिए नितिन की परानुभूति इसे पढ़ने का अनुभव सुखद बनती है।

**— शुभाजीत बागची**

प्रेसिडेंट, ट्रिपवायर

यदि आप किसी कंपनी के डिजिटल विभाग में हैं या ऐसी लीडरशिप टीम में हैं, जो समझना चाहती है कि डिजिटल का इस्तेमाल कैसे किया जाए, तो *डिजिटल युग में सफलता* आपके लिए एक बेहद व्यावहारिक किताब है, जिसे किसी सिद्धांतकार ने नहीं, बल्कि एक व्यवसायी ने लिखा है। चाहे नितिन द्वारा बताए सफल डिजिटल रूपांतरण के सात बिल्डिंग ब्लॉक हों या उद्योगों के उनके द्वारा उद्धृत विशिष्ट उदाहरण हों, उनके संदेश के प्रत्यक्ष अनुभव और प्रामाणिकता सत्य हैं। नितिन ने प्रमुख तकनीकों पर व्यावहारिक जानकारी दी है और बहुत अच्छी तरह से बताया है कि संगठन तथा व्यावसायिक चलनों के संदर्भ में इनका कैसे इस्तेमाल किया जाए। काश मेरे पास तब यह किताब होती, जब मुझे इन मुद्दों से जूझना पड़ा था।

**— अभी इंगले**

पूर्व एसवीपी, चीफ डिजिटल ऑफ़िसर, एटी ऐंड टी बिज़नेस

यह किताब उत्कृष्टता चाहने वाले किसी भी विश्वस्तरीय बिज़नेस लीडर को अवश्य पढ़नी चाहिए। इस ग्रह पर हर कंपनी के लिए डिजिटल व्यवधान सबसे बड़ा अवसर भी है और ख़तरा भी है। बातों को घुमाए फिराए बिना, मैं कह सकता हूँ कि *डिजिटल युग में सफलता,* सफलता का रोडमैप है। नितिन सेठ सचमुच असाधारण सीईओ हैं, जो किसी पीढ़ी में एक बार ही पैदा होते हैं।

**— चत्री सित्योद्तोंग**

चेयरमैन एवं सीईओ, वन चैंपियनशिप

*डिजिटल युग में सफलता* किताब डिजिटल व्यवधान के बारे में सोचने का व्यापक, लेकिन सरल दृष्टिकोण प्रस्तुत करती है। परामर्श से लेकर संचालन तक और बड़ी कंपनियों से लेकर स्टार्ट अप तक नितिन के व्यापक अनुभवों में वास्तविक जीवन के सबक़ के पूरे स्पेक्ट्रम को ख़ूबसूरती से प्रस्तुत किया गया है।

यह किताब सभी उद्यमियों, विशेष रूप से विरासत वाले व्यवसाय चलाने वालों को अवश्य पढ़नी चाहिए, क्योंकि वे अवसरों और ख़तरों से भरी एक नई दुनिया में खुद की फिर से खोज कर रहे होते हैं।

**—पुनीत डालमिया**

मैनेजिंग डायरेक्टर, डालमिया भारत लिमिटेड

अगर आप कोई संक्षिप्त किताब भर पढ़ सकते हैं, तो मुझे लगता है कि *डिजिटल युग में सफलता* आपको डिजिटल रूपांतरण के बारे में सबसे अच्छी, बड़ी तसवीर देती है। आपको आवश्यक बिल्डिंग ब्लॉक और डिजिटल रूपांतरण के जरिये कैसे रूपरेखा बनानी और सोचनी है, इसके बारे में आपके पास कई सारी कहानियाँ और कार्यसाधक ज्ञान होगा।

यह किताब आपको उन प्रमुख रुझानों के बारे में विस्तृत जानकारी देगी, जो दुनिया भर में अगले 10 वर्षों में आकार ले रहे हैं और यह डिजिटल युग में वीयूसीए की प्रासंगिकता को समझने में हमारी बहुत अच्छी तरह से मदद करती है। किताब को सात खंडों में तैयार किया गया है, और प्रत्येक खंड में हर बिल्डिंग ब्लॉक की चुनौतियों के बारे में बताया गया है और हरेक के लिए सर्वोत्तम तरीक़े बताए गए हैं।

यह वास्तव में एक व्यवसायी का ही दृष्टिकोण है, क्योंकि लेखक ने कई सर्वोत्तम तरीक़ों और अंतर्दृष्टियों को एक साथ पेश किया है, जो बिज़नेस लीडरों और युवा प्रोफ़ेशनल्स के लिए सर्वाधिक प्रासंगिक और सहायक होंगे। यह किताब निश्चित रूप से आपकी खुद की सोच को प्रेरित करेगी और इसकी ज़ोरदार शुरुआत करेगी कि कैसे डिजिटल को सबसे अच्छे तरीक़े से अपनाया जाए।

**—रवि गरिकिपति**

सह-संस्थापक ऐंड सीईओ,डेविंटा फिनसर्व; पूर्व सीटीओ, फ़्लिपकार्ट

शायद ही आपको कोई ऐसी किताब मिलेगी, जो नए इंटर्न के लिए भी उतनी ही प्रासंगिक हो, जितनी किसी सीईओ के लिए। नितिन ने तकनीक और रणनीति के मेल पर काम करने के अपने वर्षों के अनुभव से ऐसा ढाँचा तैयार करने में सफलता हासिल की है, जो किसी दीर्घकालिक व्यापार योजना से जूझने वाले सीईओ या अपने करियर का 30 साल का रोडमैप बना रहे नए प्रशिक्षु के लिए समान रूप से प्रासंगिक हो।

**—अमित लोढ़ा**

फ़ंड मैनेजर, फ़िडेलिटी इन्वेस्टमेंट्स

कोविड-19 ने डिजिटल रूपांतरणों को बहुत तेज़ कर दिया है, जबकि विरासत वाले उद्यम (चाहे किसी भी क्षेत्र के हों) यह पता लगाने के लिए जूझ रहे हैं कि अपने व्यवसाय मॉडल को कैसे अनुकूलित किया जाए और कैसे अपने क्लाउड-जनित प्रतिद्वंद्वियों के साथ अधिक प्रभावी ढंग से प्रतिस्पर्द्धा करें।

यह सिर्फ़ क्लाउड-जनित सॉफ़्टवेयर ख़रीदने की बात नहीं है, बल्कि आद्योपांत प्रक्रियाओं की फिर से इंजीनियरिंग करने की है। नितिन की किताब उद्यमों के लिए अनिवार्य इस रूपांतरण के बारे में बताती है और इस बात का अवलोकन उपलब्ध कराती है कि डिजिटल किस तरह से लगभग हर उद्योग का रूपांतरण कर रहा है। इसके बाद यह उनके अनुशंसित दृष्टिकोण के लिए बिल्डिंग ब्लॉक्स और बिज़नेस केस उपलब्ध कराने पर केंद्रित है। उनकी पुस्तक के अंतिम खंड में डिजिटल युग में जीतने के लिए संभावित सांगठनिक मुद्दे शामिल किए गए हैं, जिसमें नवाचार और परिवर्तन प्रबंधन पर ध्यान देने के साथ-साथ नेतृत्व के लिए सबक़ भी शामिल हैं। कुल मिलाकर, नितिन की किताब उन अधिकारियों के लिए एक ठोस ढाँचा, प्रमुख बिल्डिंग ब्लॉक और एक व्यापक रोडमैप देती है, जो खुद को फिर से स्थापित करने की कोशिश कर रहे हैं।

**— अनुराग राणा**

वरिष्ठ तकनीकी विश्लेषक, ब्लूमबर्ग इंटेलिजेंस

मैं नितिन को 25 वर्षों से जानता हूँ और हमेशा नए रुझानों पर पारखी नज़र रखने की उनकी क्षमता से बहुत प्रभावित हुआ हूँ। मुझे विश्वास है कि उनकी नई किताब पथ-प्रदर्शक और सभी के पढ़ने योग्य होगी- जिनमें छात्र, शिक्षाविद और बिज़नेस लीडर शामिल हैं।

**— अतुल खोसला**

संस्थापक और प्रो वाइस चांसलर, शूलिनी यूनिवर्सिटी

# अनुक्रम

## खंड 3 : डिजिटल रूपांतरण के तकनीकी बिल्डिंग ब्लॉक्स



## खंड 4 : वैश्विक अनुकूलता का फ़ायदा उठाना

## खंड 5 : डिजिटल युग में जीत के लिए संगठन का रूपांतरण



## खंड 6 : डिजिटल युग में नेतृत्व

## खंड 7 : युवा प्रोफ़ेशनल्स को सलाह

# प्रस्तावना

## सफल डिजिटल रूपांतरण के सात बिल्डिंग ब्लॉक्स

*किसी कठिन काम को करने के लिए पहले उसे आसान बनाना चाहिए।*

*— मार्टी रूबिन, लेखक*

डिजिटल रूपांतरण हमारी पीढ़ी की सबसे अहम मेगाट्रेंड्स में से एक है, जो आकार और पैमाने के हिसाब से निरंतर बढ़ती जा रही है। डिजिटल की शुरुआत ग्राहकों को जोड़ने के लिए, बैक-एंड प्रक्रियाओं का डिजिटलीकरण करने के लिए एक नए चैनल के रूप में हुई थी और यह काफ़ी हद तक तकनीकी कार्य का क्षेत्र था। आज डिजिटल सर्वव्यापी हो गया है, और यह कहना अतिशयोक्ति नहीं होगा कि हम डिजिटल युग में ही जी रहे हैं। डिजिटल उपभोक्ताओं के रूप में हमारे जीवन के हर पहलू को छू रहा है, हर उद्योग को प्रभावित कर रहा है और न केवल उत्पादों तथा प्रक्रियाओं को, बल्कि पूरे व्यापार मॉडल को पूरी तरह से बदल रहा है। यह बदलाव कोई तकनीकी बदलाव मात्र नहीं है, बल्कि यह कुछ ऐसा है, जो व्यवसाय और संगठन के हर हिस्से को प्रभावित कर रहा है। यह लंबे समय से चले आ रहे सांगठनिक सिद्धांतों और तौर-तरीक़ों में बदलाव के लिए मज़बूर कर रहा है, और यह लीडरों और युवा प्रोफ़ेशनल्स की अपेक्षाओं को समान रूप से बदल रहा है।

उद्यमों और उनके लीडर्स के लिए, डिजिटल युग टेढ़े-मेढ़े रास्ते का सफ़र है, जिसमें रोमांच और उतार-चढ़ाव कुछ ज़्यादा ही होता है। इसमें उन्हें छलांग लगाने और बढ़ने के महान अवसर मिलते हैं, हालाँकि, डिजिटल युग में सफलता आसान नहीं है। मैं डिजिटल युग को वीयूसीए दुनिया के रूप में चित्रित करता हूँ - अस्थिर, अनिश्चित, जटिल और अस्पष्ट। डिजिटल युग में प्रतिस्पर्द्धा करने के लिए आपको कई स्तरों पर- व्यापार रणनीति,

उत्पादों/सेवाओं के ऑफर, तकनीक, प्रक्रियाओं, संगठन, प्रतिभा, संस्कृति में – बदलाव करने की ज़रूरत होती है, जो कि सबसे अनुकूल समय में भी आसान नहीं होता है। वीयूसीए की दुनिया की जटिलता यह स्थापित करना बहुत कठिन बना देती है कि क्या किया जाए और कैसे किया जाए। इस कारण उद्यम नेतृत्व स्तर पर बहुत भ्रम पैदा होता है और यही कारण है कि डिजिटल रूपांतरण की योजनाओं में महत्त्वपूर्ण निवेश के बावजूद, इसका प्रभाव बहुत कम रहा है।

इस किताब में मैंने डिजिटल रूपांतरण के जटिल विषय में स्पष्टता लाने और सर्वोत्तम तरीक़ों तथा व्यावहारिक अंतर्दृष्टियाँ साझा करने के डिजिटल में अपने पिछले बीस सालों के अनुभव से मिली सीखों को मिलाकर पेश करने का प्रयास किया है और यह अनुभव मैंने तमाम संगठनों का नेतृत्व करते हुए साथ ही अन्य संगठनों की सेवा करने वाले सलाहकार के रूप में हासिल किया है। मेरा डिजिटल अनुभव विरासत वाले बड़े उद्यमों और युवा डिजिटल लोगों, दोनों में रहा है, और उनके दृष्टिकोणों में विरोध से कई दिलचस्प सबक़ मिले हैं। जहाँ मैंने इस किताब में डिजिटल के लिए विशाल और समग्र दृष्टिकोण अपनाने का प्रयास किया है, लेकिन मैं व्यापक होने का दावा नहीं कर रहा हूँ। डिजिटल इतना विशाल और गतिशील विषय है कि इसके सभी पहलुओं को एक किताब में समेट पाना असंभव है। मैंने व्यवसायी का दृष्टिकोण अपनाया है और सर्वोत्तम तौर-तरीक़ों तथा अंतर्दृष्टियों की श्रृंखला को एक साथ लाने का प्रयास किया है, जो बिज़नेस लीडरों और युवा प्रोफ़ेशनल्स, दोनों के लिए सबसे अधिक प्रासंगिक और सहायक होगा।

## मेरी डिजिटल यात्रा

मेरा सौभाग्य रहा है कि मेरी प्रोफ़ेशनल यात्रा डिजिटल युग के बढ़ने के साथ-साथ शुरू हुई, जिससे मुझे कई पहलुओं का सीधा अनुभव हासिल करने का मौक़ा मिला।

## मैकिंज़ी में ई-बिज़नेस निर्माण का मेरा शुरुआती अनुभव

डिजिटल के लिए मेरा पहला अनुभव 1990 के दशक के आख़िर मैकिंज़ी(McKinsey)में हुआ था। हम भारत के सबसे बड़े बैंकों में से एक के लिए काम कर रहे थे और मैं उसके लिए ई-ब्रोकिंग बिज़नेस विकसित करने के असाइनमेंट का हिस्सा था। इस नए ई-बिज़नेस को मिलाकर, बीस साल से भी पहले उस प्रोजेक्ट से हमें जो सीख मिली थी, वह आज भी सच है। इस परियोजना से हमें एक नया उत्पाद बनाने का अवसर मिला जो बैंक के तीन अलग-अलग डिवीज़नों और कई सारी तकनीकों से होकर गुज़रता है। यह तकनीकी एकीकरण की चुनौती थी, लेकिन इससे भी बड़ी चुनौती तमाम विभागों में समन्वय की थी। मुझे लगता है कि हमने जो सबसे अहम क़दम उठाया, वह इस नए ई-ब्रोकिंग बिज़नेस को अलग संगठन के रूप में तैयार करने का था ताकि यह सुनिश्चित हो सके कि यह पारिवारिक विरासत के सांगठनिक मुद्दों में नहीं फँसे। मुझे यह उल्लेखनीय लगता है कि बीस साल बाद, जब मैं बड़े उद्यमों को नए डिजिटल बिज़नेस स्थापित करते देखता हूँ, तो **मुख्य मुद्दे अब भी**

**संगठनात्मक हैं** – लेकिन क्या किसी नई क्षमता को नए संगठन या मौजूदा संगठन के हिस्से के रूप में स्थापित किया जाना चाहिए? संगठन के अन्य हिस्सों के साथ इसके संबंधों की प्रकृति क्या होनी चाहिए? आप अन्य समान उत्पादों के कारण किसी उत्पाद की बिक्री में होने वाली कमी को कैसे सँभालते हैं, इत्यादि...

## 'डॉट–कॉम बुलबुले' में मेरा खुद का स्टार्ट–अप

मैकिंज़ी में मैंने कई और ई–बिज़नेस और तकनीक से संबंधित परियोजनाओं को पूरा किया था, जिसने मुझे 'डॉटकॉम' बिज़नेस मॉडल की क्षमता के बारे में बहुत उत्साहित किया, जो 1990 के दशक के आख़िर में बहुत लोकप्रिय होने लगे थे। मैंने 2000 के आरंभ में एक्टिवकर्मा स्थापित करने के लिए मैकिंज़ी को अपने कुछ यहीं के सहयोगियों और मेरी मातृ–संस्था आईआईटी दिल्ली के दोस्तों के साथ छोड़ दिया था। एक्टिवकर्मा का फोक़स अधिकारियों के वास्ते सक्रिय और स्वस्थ जीवन शैली की सुविधा के लिए इंटरनेट का लाभ उठाने पर था। एक्टिवकर्मा (Active Karma) के साथ हमारी यात्रा कई मायनों में 'डॉट–कॉम बबल' की प्रगति को दर्शाती है। हमने एक धमाकेदार शुरुआत की थी, एक बेहतरीन टीम का निर्माण किया था और बहुत व्यापक इंटरनेट–आधारित पेशकश लॉन्च करने के लिए कड़ी मेहनत की थी। हमने बहुत जल्दी निवेशकों की दिलचस्पी को भी आकर्षित किया था।

हालाँकि, गिरावट भी तेज़ ही हुई थी। उस समय इंटरनेट आधारित स्वास्थ्य सेवाओं की बाज़ार में माँग पर्याप्त नहीं थी। हम शायद समय से काफ़ी आगे चल रहे थे; हमने एक व्यावहारिक बिज़नेस मॉडल बनाने के लिए संघर्ष किया था, और 'डॉट कॉम बबल' के फटते ही फ़ंडिंग शीघ्र ही समाप्त हो गई। हमने दो साल के बाद एक्टिवकर्मा को बंद कर दिया, लेकिन उद्यमिता में मेरे पहले प्रयास ने मुझे कई अमूल्य सबक़ सिखाए – जैसे कि किसी ठोस ग्राहक प्रस्ताव में बिज़नेस स्थापित करने का महत्त्व, दूर तक जाने के लिए धीमी गति से आगे बढ़ना और नक़दी प्रवाह का प्रबंधन करना, वगैरह। मैं इस पर विचार कर रहा था कि जिस 'डॉटकॉम बुलबुले' से हम में से कई लोग गुज़रे हैं, वह डिजिटल युग के विकास में इतना महत्त्वपूर्ण मील का पत्थर रहा है, जिसे हम आज भी देखते हैं और अब भी इसमें उद्यमों और उद्यमियों के लिए कई महत्त्वपूर्ण सबक़ हैं। इसने इंटरनेट–आधारित व्यवसायों के विघटनकारी विकास अवसर को दिखाया; इसने यह भी दिखाया कि जब व्यापार मॉडल और उद्यम मूल्यांकन नक़दी प्रवाह में नहीं बल्कि अटकलों पर टिके हों, तब यह कितना ख़तरनाक हो सकता है। 'डॉटकॉम' बुलबुला' कुछ ही सालों में फट गया और नैसडेक को अपना डॉटकॉम शिखर दोबारा हासिल करने में पंद्रह साल लगे।

## मैकिंज़ी नॉलेज सेंटर को इनोवेशन सेंटर बनाने की मेरी शानदार यात्रा

एक्टिवकर्मा के बाद, मैं मैकिंज़ी में फिर से शामिल हो गया, जहाँ मैंने गुड़गाँव में बन रही अनुभवहीन फ़र्म नॉलेज सेंटर (एमसीकेसी,McKC) का नेतृत्व किया। इसके बाद आठ

साल की आकर्षक यात्रा रही, जिसमें मैंने डिजिटल युग में व्यवसायों के निर्माण के बारे में बहुत कुछ सीखा। एमसीकेसी ने उत्तरी अमेरिका में स्थित सलाहकार टीमों को रात भर अनुसंधान सहायता उपलब्ध कराने के लिए एक बैक-ऑफ़िस के रूप में शुरुआत की। दुनियाभर में मैकिंज़ी कार्यालयों में स्थित अनुसंधान टीमों को लाभ पहुँचाने के लिए इसका विचार शीघ्र ही इससे आगे बढ़ गया। ये छोटी शुरुआत आकर्षक यात्रा में बदल गई। इसमें कोई संशय नहीं कि हमने दुनिया में अपने प्रकार का सबसे बड़ा नॉलेज सेंटर, एक शक्तिशाली नवाचार केंद्र का निर्माण किया, जिसने मैकिंज़ी की ग्राहक और ज्ञान क्षमताओं को महत्त्वपूर्ण तरीक़ों से बदल दिया। हमने सभी उद्योगों और कार्यात्मक क्षेत्रों में गहरी विशेषज्ञता और अनुसंधान क्षमताओं का निर्माण किया, वैश्विक सेवा लाइन के रूप में एनालिटिक्स की कल्पना और स्थापना की तथा नए उत्पाद-आधारित ग्राहक प्रस्ताव बनाने के लिए मैकिंज़ी की ज्ञान संपत्ति का फ़ायदा उठाया।

एमसीकेसी की कहानी और उससे सीखने के बारे में बताने के लिए इतना कुछ है कि एक अलग किताब तैयार हो जाएगी, हालाँकि इस स्तर पर, मैं जिस मुख्य सबक़ पर रोशनी डालना चाहता हूँ, वह है ग्लोबल डिलीवरी मॉडल की अद्भुत क्षमता। एमसीकेसी लागत दक्षता और उत्पादकता बढ़ाने के लिए बनाया गया था, हालाँकि, जब हमने इस मिश्रण में उच्च-गुणवत्ता वाली प्रतिभाओं को जोड़ा और उन्हें उद्यमशीलता की संस्कृति में फलने-फूलने का मौक़ा दिया, तो विस्फोटक प्रभाव हुआ। हम एमसीकेसी में पारंपरिक रूप से मैकिंज़ी के शोध विभाग की तुलना में काफ़ी ज़्यादा क्षमताओं के साथ प्रतिभाओं को लेकर आए। प्रतिभा को डोमेन की समझ बनाने और विकसित होकर परिपक्व होने में कुछ समय लगा, लेकिन जब ऐसा हुआ, तो इससे एमसीकेसी का दायरा नाटकीय रूप से बदल गया। यह नवाचार केंद्र के रूप में विकसित हुआ और इसने मैकिंज़ी को नई क्षमताओं के साथ प्रयोग करने और निर्माण करने की अनुमति दी, जो अन्यथा नहीं हो सकती थी। **ग्लोबल डिलीवरी मॉडल का लाभ उठाते हुए नवाचार क्षमता बढ़ाने की यह क्षमता** डिजिटल युग में उद्यमों के लिए बड़ा अवसर है।

## फ़िडेलिटी के डिजिटल रूपांतरण में मेरा योगदान

मैकिंज़ी के बाद मैं दुनिया की सबसे बड़ी निवेश प्रबंधन फ़र्मों में से एक फ़िडेलिटी में चला गया और इंडिया तथा ट्यूनीशिया के अंतरराष्ट्रीय व्यापार के काम का हेड बन गया। इसमें फ़र्म के तकनीकी और व्यापार प्रचालनों का बड़ा हिस्सा शामिल था। शीघ्र ही मेरे दायित्व का विस्तार व्यापार की रणनीति तैयार करने तक हो गया। फ़िडेलिटी का अंतरराष्ट्रीय व्यापार, डिलीवरी व्यवसाय के महत्त्वपूर्ण होते जाने के साथ-साथ बदलाव से गुज़र रहा था जो कि तकनीकी प्लेटफ़ॉर्म से संचालित व्यापार था। ऐसे में मेरी रणनीति की भूमिका का मुख्य हिस्सा इस बदलाव को निवेश प्रबंधन संचालत व्यापार से अधिक तकनीक संचालित व्यापार मॉडल के रूप में प्लान करने का था। फ़िडेलिटी में ही मैंने सीखा कि व्यापार रणनीति और तकनीकी रणनीति आपस में किस तरह गुँथे हुए हैं, और मैंने ज़्यादातर विरासत

वाले बड़े उद्यमों में रूपांतरण करने की चुनौतियों को समझा। पुरानी तकनीक का ढेर लगा होता है और **'तकनीकी ऋण' अच्छे अर्थ वाले डिजिटल रूपांतरण कार्यक्रमों को धीमा कर सकते हैं**, जिससे किसी बड़े उद्यम की युवा, फुर्तीले प्रतिस्पर्द्धियों के साथ प्रतिस्पर्द्धा करने की क्षमता सीमित हो जाती है।

## वूका जगत में फ़्लिपकार्ट में मेरा कार्यकाल

फ़िडेलिटी में रणनीति और रूपांतरण के संचालन से मुझे देखने को मिला कि तकनीक किस तरह से व्यवसाय को बदल रही थी और विरासत वाले व्यवसाय किस तरह से नए माहौल में प्रतिस्पर्द्धा करने में संरचनात्मक चुनौतियों का सामना कर रहे थे। मुझे यह स्पष्ट हो गया था कि यदि उद्यम और लीडर, दोनों ने अपना खेल नहीं बदला, तो उनका प्रासंगिक बने रहना मुश्किल होगा। मुझे महसूस हुआ कि मुझे अत्याधुनिक तकनीक का अनुभव लेने के लिए 'डिजिटल नेटिव' में काम करना होगा। इस प्रेरणा के कारण मैं भारत की सबसे बड़ी ई-कॉमर्स कंपनी फ़्लिपकार्ट में चला गया। मैं प्रस्तावना में पहले वूका जगत का ज़िक्र कर चुका हूँ। फ़्लिपकार्ट पर ही मैं असल में वूका जगत के सीधे और भारी संपर्क में आया था। ई-कॉमर्स विशेष रूप से भारत जैसे तेज़ी से बढ़ते बाज़ार में तेज़ रफ़्तार का व्यवसाय है। फ़्लिपकार्ट में, ई-कॉमर्स व्यवसाय की प्राकृतिक गतिशीलता के अतिरिक्त , अन्य गुण भी थे। अमेज़ॉन (Amazon) जैसे प्रतिद्वंद्वी के साथ हमारी भीषण प्रतिस्पर्द्धा थी, हमारा नक़दी प्रवाह नकारात्मक था, और संगठन आगे बढ़कर परिपक्व होने के लिए जूझ रहा था। इन सबको मिलाकर चुनौतियों का एक अनोखा समूह बन गया था।

फ़्लिपकार्ट में ही मुझे अहसास हुआ कि परंपरागत उद्यमों में काम करने वाले तौर-तरीक़े और विधियाँ डिजिटल युग के ख़ास तेज़ रफ़्तार और अस्थिर व्यवसायों में काम नहीं आतीं, और आपको **व्यवसाय के नए नियमों की ज़रूरत पड़ती है।** मैंने यह भी सीखा कि किस तरह से फ़्लिपकार्ट जैसी **मूल डिजिटल** कंपनियाँ **परंपरागत कंपनियों की तुलना में कई काम बेहतर तरीक़े से कर पा रही थीं।** उनके पास तकनीक को प्राथमिकता देने वाली सोच होती है और वे उच्च गुणवत्ता की तकनीकी प्रतिभाओं को आकर्षित करती हैं। उन्होंने एनालिटिक्स और डेटा-संचालित निर्णय लेने पर ध्यान देने के तीव्र प्रयोग (ए/बी परीक्षण) अपनाए। उनके पास अद्भुत गति के साथ निष्पादित करने की क्षमता थी, और उनके पास दुस्साहस (बिना डरे बड़े सोचने) की भावना जैसे कुछ गुण भी थे। साथ ही, मैंने फ़्लिपकार्ट जैसी नई कंपनियों के सामने आने वाली चुनौतियाँ भी देखीं - जिनमें व्यावसायिक वृद्धि के साथ तालमेल बनाने में सांगठनिक परिपक्वता का जूझना, मूल्यों तथा प्रक्रियाओं में स्थायित्व वाली संस्कृति का अभाव, और शासन में अंतराल शामिल थे। उद्यमिता संस्कृति फ़्लिपकार्ट की सफलता का मूल थी, लेकिन वह भी एक मायने में चुनौती बन गई थी। फ़्लिपकार्ट जैसी नई कंपनियों के लिए महत्त्वपूर्ण सवाल यह है कि ऐसी संरचनाएँ और प्रक्रियाएँ कैसे बनाई जाएँ, जो उन्हें अपनी उद्यमशीलता के मूल को बनाए रखते हुए विस्तार क्षमता को हासिल करने की गुंजाइश दें। डिजिटल युग की यह महत्त्वपूर्ण दुविधा है, जिसका कई कंपनियों को समाधान निकालने की आवश्यकता है!

## इन्सीडो में सभी उद्योगों में संपूर्ण डिजिटल रूपांतरण का मेरा काम

रणनीति से लेकर निष्पादन, मूल डिजिटल कंपनियों से सर्वश्रेष्ठ को निकालकर परंपरागत उद्योगों तक लाने, एनालिटिक्स और डेटा पर मुख्य गुण (सीक्रेट सॉस) के रूप में ध्यान देने, और वैश्विक लाभ का फ़ायदा उठाने जैसे ऊपर बताए गए मेरे सभी अनुभव इन्सीडो में संपूर्ण डिजिटल रूपांतरण में मेरी रणनीति में परिवर्तित हुए। इन्सीडो में मैंने फ़ॉर्च्यून 100 कंपनियों के साथ मिलकर उनके डिजिटल रूपांतरण की प्राथमिकताओं पर काम किया। इससे मुझे बैंकिंग, धन प्रबंधन, दूरसंचार और मीडिया, जीवन विज्ञान और स्वास्थ्य सेवा तथा उद्यम उत्पादों जैसे कई उद्योगों के डिजिटल रूपांतरण की बारीक़ियों को पास से देखने का मौक़ा मिला। यह दिलचस्प है कि **डिजिटल परिपक्वता वक्र** पर हर उद्योग एक अलग चरण में है, लेकिन उनमें कई **समान विशेषताएँ** भी हैं। ज़्यादातर उद्योगों में किसी न किसी रूप में मध्यस्थहीनता हो रही है, जो मूल्य श्रृंखलाओं और बिज़नेस मॉडलों को प्रभावित कर रहा है। ग्राहकों की अपेक्षाएँ बढ़ रही हैं, तकनीकी कार्य की भूमिका अधिक अहम हो गई है, और व्यापार तथा तकनीक के बीच की रेखाएँ धुँधली होती जा रही हैं। जहाँ कई सफल कंपनियाँ अक्सर अपनी स्थिति को अनूठा मानती हैं, वहीं यह भी दिलचस्प है कि जब आप पीछे हटते हैं, तो आप उनके बीच कई सामान्य पैटर्न देख सकते हैं।

मैंने अपनी डिजिटल यात्रा के अनुभवों और विशेष रूप से इन्सीडो के अपने अनुभवों को सात ऐसे बिल्डिंग ब्लॉक्स के ढाँचे में बदलने की कोशिश की है, जो मुझे लगता है कि सफल डिजिटल रूपांतरण के लिए ज़रूरी हैं।

## सात बिल्डिंग ब्लॉक्स

डिजिटल रूपांतरण बहु-आयामी, और जटिल होता है, और इसके कई हिस्से परस्पर जुड़े होते हैं। इसलिए, डिजिटल रूपांतरण के लिए रणनीति और निष्पादन दृष्टिकोण स्थापित करना आसान नहीं है। परिणामी भ्रम और स्पष्टता की कमी डिजिटल रूपांतरण का अभिशाप है। इस महत्त्वपूर्ण विषय में स्पष्टता लाने के लिए, मैंने सात बिल्डिंग ब्लॉक्स डिज़ाइन किए हैं, जिन पर सफल डिजिटल रूपांतरण के लिए अधिकारियों को अपना ध्यान और अपने कार्य केंद्रित करने की ज़रूरत है। जैसा कि इस अध्याय की शुरुआत में दिए गए उद्धरण में कहा गया है, किसी कठिन काम को करने के लिए, पहले उसे आसान बनाना चाहिए, उसी के अनुरूप, इस किताब के साथ मेरा इरादा डिजिटल रूपांतरण जैसे जटिल विषय पर **स्पष्टता लाना** और अधिकारियों के लिए उन कार्यों की पहचान करना **आसान बनाना** है, जो सबसे अधिक अंतर लाएँगे और वे उन्हें दृढ़ विश्वास के साथ निष्पादित करेंगे।

यह किताब सात खंडों में तैयार की गई है, और हर खंड में हरेक बिल्डिंग ब्लॉक की चुनौतियों के बारे में बताया गया है और हरेक के लिए सर्वोत्तम तरीक़े सुझाए गए हैं।

## बिल्डिंग ब्लॉक 1 : व्यवसाय के नए नियम

जहाँ डिजिटल एक ऐसा व्यापक होता चलन है, जो हर उद्योग को प्रभावित कर रहा है, और जहाँ ज़्यादातर उद्यम डिजिटल रूपांतरण में महत्त्वपूर्ण निवेश कर रहे हैं, वहीं इन निवेशों का प्रभाव कई मामलों में अपेक्षा से कम रहा है। ऐसा क्यों है? मुझे जो असफलताएँ दिख रही हैं, वे रणनीति और क्रियान्वयन दोनों की हैं, हालाँकि, कुछ मूलभूत बात भी यहाँ काम कर रही है। मेरा आकलन यह है कि ज़्यादातर परंपरागत कंपनियाँ डिजिटल में ज़्यादा हासिल नहीं कर पाती हैं, क्योंकि वे यह पहचानने में नाकाम रहती हैं कि इस वूका जगत में व्यवसाय के कई बुनियादी सिद्धांत बदल चुके हैं। कुछ मूलभूत बदलाव हैं, जैसे ग्राहक बहुत ज़्यादा माँग करने लगे हैं, डेटा की मात्रा, विविधता और रफ़्तार के हिसाब से विस्फोट हो रहा है,तकनीकी मिशन के हिसाब से महत्त्वपूर्ण होती जा रही है, परिवर्तन की रफ़्तार बहुत ज़्यादा है और व्यापार/उत्पाद चक्र चरमरा रहे हैं। इन परिवर्तनों के बावजूद, डिजिटल के प्रति कई उद्यमों का दृष्टिकोण उन चीज़ों का विस्तार डिजिटल में करने में निहित होता है, जो उनके परंपरागत व्यवसाय में काम करता था। ऐसा दृष्टिकोण तो नाकाम होने के लिए अभिशप्त ही है। हरेक उद्यम को यह समझने की ज़रूरत है कि उनके व्यवसाय के मूल तत्व किस तरह से बदल रहे हैं और उसके आधार पर 'व्यवसाय के नए नियमों' को परिभाषित करने की ज़रूरत है, जो सफल डिजिटल रूपांतरण के लिए रणनीति और निष्पादन दोनों के लिए लागू हों। पहले खंड में मैंने उपरोक्त चुनौतियों के बारे में विस्तार से बताया है और तीन अलग-अलग स्तरों पर 'नए नियमों' पर अपने दृष्टिकोण साझा किए हैं :

- वूका जगत का सामान्य स्तर और व्यवसाय के लिए समग्र आशय
- डिजिटल रूपांतरण का स्तर
- डिजिटल के विशिष्ट तकनीकी तत्वों का स्तर

## बिल्डिंग ब्लॉक 2 : उद्योग का परिपक्वता वक्र

डिजिटल रूपांतरण के नतीजे में सभी उद्योगों में भारी परिवर्तन हो रहे हैं। ग्राहकों की अनुभव की अपेक्षाएँ बढ़ रही हैं, मध्यस्थहीनता है, प्रत्यक्ष चैनल अधिक महत्त्वपूर्ण होते जा रहे हैं, नए प्रतियोगी उभर रहे हैं, और उद्योगों में सीमाएँ धुंधली होती जा रही हैं। इस तरह के आमूल-चूल परिवर्तन ख़तरा और अवसर दोनों हैं। उद्यमों के लिए डिजिटल युग में विजेताओं के रूप में उभरने के वास्ते यह अहम है कि वे इस बात की दूरंदेशी तसवीर बनाएँ कि किस तरह से उनके उद्योग के विकसित होने की संभावना है, ताकि वे अपने व्यवसाय और तकनीकी रणनीतियों को उसी के अनुसार सहारा दे सकें। बाहरी उद्योग परिवर्तनों में डिजिटल रूपांतरण कार्यक्रमों की यह मदद डिजिटल की पूरी क्षमता को साकार करने के लिए बेहद महत्त्वपूर्ण है, हालाँकि, यह काम आसान नहीं है। जहाँ उद्योगों में हो रहे बदलावों में कई समान विशेषताएँ हैं, वहीं उनकी विशिष्टता और विकास का स्तर काफ़ी अलग होता है। हर उद्योग में विकास की प्रकृति और रफ़्तार की भविष्यवाणी करना आसान

नहीं होता है। जहाँ गहन उद्योग विशिष्ट संदर्भ और अंतर्दृष्टि निश्चित रूप से महत्त्वपूर्ण है, वहीं मेरा मानना है कि अन्य उद्योगों के पैटर्न को देखने और दूरदर्शिता विकसित करने का प्रयास करने में यह बात बहुत मायने रखती है कि वे आपके व्यवसाय को किस तरह से प्रभावित कर सकते हैं।

अब, मज़ेदार बात यह है कि उद्योग परिपक्वता वक्र बना-बनाया नहीं होता, उद्यम अपने प्रयासों से इसे आकार दे सकते हैं। यह डिजिटल युग की मुख्य विशेषताओं में से एक है। आप खुद अपने भविष्य को आकार देने की क्षमता रखते हैं!!

खंड 2 में मैंने इन्सीडो जैसा बड़ा अनुभव रखने वाले विशिष्ट उद्योगों में डिजिटल के मायने के बारे में अंतर्दृष्टियाँ और अग्रदृष्टियाँ, दोनों तरह के दृष्टिकोण साझा किए हैं। ये उद्योग बैंकिंग, धन प्रबंधन, भुगतान, दूरसंचार, उद्यमिता उत्पाद व्यवसाय और जीवन विज्ञान के हैं। खंड 2 में कई स्थानों पर मैंने यह भी साझा किया है कि किस तरह से कोविड-19 महामारी ने इन उद्योगों में डिजिटल प्राथमिकताओं को प्रभावित किया है। सामान्य तौर पर मैंने देखा है कि कोविड-19 के कारण लंबे समय तक वर्क फ्रॉम होम की स्थिति ने हरेक उस उद्योग में डिजिटल प्रवेश को भारी बढ़ावा दिया है, जिनमें आज हम काम कर रहे हैं।

## बिल्डिंग ब्लॉक 3 : डिजिटल तकनीक

मैं पहले ही बता चुका हूँ कि जहाँ डिजिटल रूपांतरण अब मात्र तकनीकी परिवर्तन से कहीं ज़्यादा बड़ी चीज़ हो चुका है, वहीं तकनीक किसी भी डिजिटल रूपांतरण कार्यक्रम का मूल बनी हुई है। डिजिटल रूपांतरण के निष्पादन में महत्त्वपूर्ण भूमिका निभाने वाली सात प्रमुख तकनीकें हैं-डिज़ाइन/ग्राहक अनुभव,एनालिटिक्स/डेटा विज्ञान, ऑटोमेशन/प्रचालन रूपांतरण,आर्टिफ़िशल इंटेलिजेंस(एआई), डेटा इंफ्रास्ट्रक्चर, ब्लॉकचेन और क्लाउड। इन डिजिटल तकनीकों का सर्वाधिक अहम पहलू यह है कि **ये स्वतंत्र नहीं बल्कि अंतर्संबंधित हैं**। जब डिजिटल तकनीक के ये बिल्डिंग ब्लॉक्स शुरू से लेकर आखिर तक जुड़े होते हैं, तब उद्यम उनका परिवर्तनकारी मूल्य हासिल कर लेते हैं। ये तकनीकें तमाम तकनीकों की विभिन्न परतों का प्रतिनिधित्व करती हैं। इन्हें आपस में कसकर जोड़ने पर ये अच्छा चक्र तैयार करती हैं। उदाहरण के लिए: ग्राहक अनुभव और डिज़ाइन आम तौर पर डिजिटल पहल के शुरुआती बिंदु होते हैं, और अनुभव का वैयक्तिकरण अक्सर महत्त्वपूर्ण मूल्य संचालक होता है। वैयक्तिकरण डेटा विज्ञान से संचालित होता है, और एआई/मशीन लर्निंग आगे के प्रभाव के अगले स्तर पर ले जा रहा होता है। डेटा साइंस और एआई दोनों ही डेटा की गहराई और गुणवत्ता पर निर्भर होते हैं। इसी समय, डिजिटल दुनिया में डेटा का विस्फोट हो रहा है। यह डिजिटल डेटा की बाढ़ ही उद्यमों के लिए ज़बरदस्त ग्राहक और व्यावसायिक मूल्य पैदा कर सकती है। मेरे अनुभव में, **डेटा डिजिटल के लिए आधार होता है**। डेटा किसी अच्छे चक्र को गति दे सकता है; और इसी तरह से, डेटा चुनौतियाँ तेज़ी से किसी दुष्चक्र में बदल सकती हैं। जिस गति से डेटा लगातार बढ़ रहा है, उसे देखते हुए ज़्यादातर उद्यम डेटा इंफ्रास्ट्रक्चर पर कैच-अप मोड पर या विचार की मुद्रा में

हैं। यहीं क्लाउड का आना होता है। बुनियादी ढाँचे के समाधान के रूप में शुरू हुए क्लाउड का दायरा बढ़ता जा रहा है और डिजिटल भंडार में रूपांतरण के लिए महत्त्वपूर्ण प्रवर्तक बन चुका है। क्लाउड ख़ास तौर पर अनेक डेटा चुनौतियों के लिए प्रभावी समाधान प्रदान कर सकता है, जो डिजिटल युग में सीआईओ के लिए विशेष समस्या रहा है।

उम्मीद है, आप उपरोक्त उदाहरण से देख पाए होंगे कि कितनी विविध डिजिटल तकनीकें आपस में जुड़ी हुई हैं और आद्योपांत दृष्टिकोण अपनाने के लिए यह इतनी महत्त्वपूर्ण क्यों हैं। खंड 3 में, मैंने शुरू से लेकर आख़िर तक डिजिटल भंडार का पता लगाया है और इनमें से हरेक तकनीक की भूमिका पर, उनका फ़ायदा उठाने में सामने आने वाली चुनौतियों और उनकी भावी संभावनाओं पर भी ध्यान दिया है।

## बिल्डिंग ब्लॉक 4 : ग्लोबल डिलीवरी मॉडल

डिजिटल युग में हर उद्यम के लिए ग्लोबल होना ज़रूरी है। और ख़ास तौर पर इसके पास महत्वाकांक्षी तकनीकी और प्रचालन एजेंडा में प्रगति करने के लिए एक प्रभावशाली ग्लोबल डिलीवरी मॉडल तो होना ही चाहिए, जो कि ज़्यादातर फ़र्में डिजिटल युग में रखना चाहती हैं। उद्यम इस वैश्विक पदचिह्न को या तो सेवा कंपनियों के साथ साझेदारी करके या उभरती अर्थव्यवस्थाओं में अपने विशिष्ट तकनीकी और संचालन केंद्र स्थापित करके विकसित कर सकते हैं। खंड 4 में मैंने दोनों प्रकार की संस्थाओं के लिए ग्लोबल डिलीवरी सेंटर या जीडीसी शब्द का इस्तेमाल किया है।

जहाँ जीडीसी कई सालों से अस्तित्व में हैं, वहीं डिजिटल युग की नई अपेक्षाओं को पूरा करने के लिए उनके प्रस्ताव और ऑपरेटिंग मॉडल में महत्त्वपूर्ण बदलाव की ज़रूरत है। भविष्य के विकास के लिए निवेश करते हुए उद्यम अपने मौजूदा राजस्व स्रोतों की रक्षा करने की दोहरी चुनौती का सामना कर रहे हैं। इसका तात्पर्य यह है कि सीआईओ और सीओओ को रूपांतरण/नवाचार की रफ़्तार बढ़ाने के साथ-साथ अत्याधुनिक क्षमताओं के निर्माण के लिए आवश्यक कौशल की कमी को दूर करने के साथ ही लागत भी कम करनी पड़ेगी। भारत और पूर्वी यूरोप जैसी उभरती अर्थव्यवस्थाओं में बड़े, उच्च गुणवत्ता वाले किंतु कम लागत के प्रतिभा भंडार का इस्तेमाल करने वाला कोई ग्लोबल डिलीवरी मॉडल ही इन विरोधाभासी लगने वाले उद्देश्यों को हासिल कर सकता है।

ऐतिहासिक रूप से, जीडीसी को लागत और निष्पादन केंद्रों के रूप में देखा जाता रहा है। इसे बदलने की ज़रूरत है तथा उन्हें राजस्व और नवाचार केंद्र बनना होगा। यह उनके लिए आकर्षक मौक़ा है। इस रूपांतरण को करने में सक्षम और ग्लोबल डिलीवरी का प्रभावी ढंग से फ़ायदा उठाने वाले उद्यमों को डिजिटल युग में प्रतिस्पर्द्धात्मक लाभ हासिल होगा।

## बिल्डिंग ब्लॉक 5 : सांगठनिक रूपांतरण

मैंने पहले ही यह बात कही है कि डिजिटल रूपांतरण के सफल होने के लिए इसे आद्योपांत होना चाहिए। डिजिटल काम करने का नया तरीक़ा है। आपको रफ़्तार से, और क्रमिक के बजाय पुनरावृत्तीय रूप से निष्पादन करना होगा, प्रयोग और नवाचार पर ज़्यादा ध्यान देना होगा, अधिक (प्रयोग और क्रमिक विकास का दर्शन) 'फ़ेल फास्ट' पर ध्यान देना होगा, और काफ़ी ख़तरे उठाने होंगे। इसके अतिरिक्त , चाहे आप किसी भी उद्योग में हों, लेकिन तकनीक को अपने डीएनए का मूल अंग बनाना होगा। ये परिवर्तन सांगठनिक संस्कृति की पुनर्संरचना के बिना नहीं टिके रह सकते हैं। **सांगठनिक संस्कृति में बदलाव संभवतः डिजिटल रूपांतरण का सबसे महत्त्वपूर्ण प्रवर्तक है,** जो उद्यमों को व्यक्तिगत कार्यक्रमों से आगे जाने देता है और उसके सांगठनिक डीएनए में ज़्यादा व्यापक बदलाव को प्रभावित करता है। मेरा विश्वास है कि संस्कृति के अतिरिक्त कम से कम सात सांगठनिक क्षमताएँ ऐसी हैं, जो डिजिटल युग में सफलता क़ायम रखने के लिए महत्त्वपूर्ण हैं। ये हैं : स्वामी के अधीन ज्ञान निर्माण और साझा करना, नवाचार, स्फूर्ति, लर्निंग, विविधता, परिवर्तन प्रबंधन, और मानव संसाधन और वित्त जैसे कामों को सक्षम करना।

खंड 5 में मैंने सांगठनिक संस्कृति और इन सात प्रमुख सांगठनिक क्षमताओं के मामले में अपेक्षाओं और सर्वोत्तम तौर-तरीक़ों पर अपने दृष्टिकोण साझा किए हैं। समापन मैंने अपने इस दृष्टिकोण को साझा करके किया है कि एआई भविष्य के काम पर प्रभाव डाल सकता है - यह प्रभाव महत्त्वपूर्ण होगा, लेकिन यह *आदमी और मशीन* के बारे में होने की संभावना है, न कि *आदमी या मशीन* के बारे में। उद्यमों और लीडर्स को अपने विशिष्ट उद्योगों तथा कामों के लिए एआई के प्रभाव को समझने की ज़रूरत है और काम की प्रकृति में इस अपेक्षित विकास से फ़ायदे के वास्ते नौकरियों को फिर से डिज़ाइन करने के लिए सक्रिय क़दम उठाने की ज़रूरत है।

## बिल्डिंग ब्लॉक 6 : उद्यमिता नेतृत्व

यह डिजिटल युग और वूका जगत लीडर्स के लिए बड़ी परीक्षा है। अभूतपूर्व अनिश्चितता और बदलाव के युग में, संरचना, रणनीति, योजना और नीतियों जैसे प्रबंधन के पारंपरिक उपकरण अपनी प्रभावशीलता खो देते हैं, बल्कि मार्ग अवरोधक भी बन सकते हैं। इसके बजाय, आपको दृष्टि, प्रेरणा, अंतर्ज्ञान, सहयोग और निरंतर अनुकूलन करने की क्षमता की ज़रूरत होती है। इसके लिए अधिकारियों को कुशल प्रबंधक होने से लेकर उद्यमी लीडर्स बनने तक, उनकी अपेक्षाओं में बदलाव की ज़रूरत है। 'मैनेजर्स टू लीडर्स' प्रबंधन में अक्सर दोहराया जाने वाला मुहावरा है। डिजिटल युग में यह अनिवार्य हो चुका है।

**डुअलिटी या दोहरेपन का प्रबंधन** डिजिटल युग की एक और अहम ज़रूरत है। लीडर्स को कई सारे विरोधाभासों का जवाब देना पड़ता है-वृद्धि बनाम लाभप्रदता, अल्पकाल बनाम दीर्घकाल और कई अन्य। इन पूरक मूल्यों में दुविधाएँ ढूँढना भर पर्याप्त नहीं है, लीडर्स को हर स्थिति में जीत वाला समाधान तलाशने की ज़रूरत है। अंत में, संतुलन

और स्थिरता भी लीडर्स के लिए महत्त्वपूर्ण विषय हैं, जिनका समाधान करने की ज़रूरत है। गतिविधि की लुभावनी रफ़्तार डिजिटल युग को परिभाषित करने वाली विशेषता है, लेकिन यह इसकी सबसे बड़ी चुनौतियों में से भी एक है। लोगों के समक्ष अक्रियाशील होने, चिंता और अवसाद का भारी जोखिम होता है। समाज के स्तर पर, विकास के जुनून के नतीजतन पर्यावरण और गंभीर सामाजिक-आर्थिक मुद्दों को अपूरणीय नुक़सान हो रहा है। डिजिटल युग में लीडर्स की न केवल अपने उद्यमों के प्रति, बल्कि पूरे समाज के प्रति भी ज़िम्मेदारी होती है। उन्हें अपने अंदर संतुलन खोजने की ज़रूरत होती है। मेरा मानना है कि आध्यात्मिक अभ्यास और ध्यान से लीडर्स को खुद को एकाग्र करने और अपने अंदर शांति पाने में मदद मिल सकती है। इसके अतिरिक्त, उन्हें इस बात पर विचार करने की भी ज़रूरत है कि वे कैसे अपने संगठनों के लिए नैतिक आधार बना सकते हैं और समाज में व्यापक योगदान दे सकते हैं।

## बिल्डिंग ब्लॉक 7 : नेक्स्ट जेनरेशन टेलैंट

डिजिटल युग में हम जो अभूतपूर्व व्यवधान देख रहे हैं, उसमें पूरे संगठन में प्रतिभा को एक महत्त्वपूर्ण क़दम उठाने की आवश्यकता है। मेरा मानना है कि यह बदलाव युवा प्रोफ़ेशनल्स को शानदार अवसर देता है। यह तकनीक-आधारित व्यवधान महान संतुलनकारी होता है। पूर्व अनुभव और सफल ट्रैक रिकॉर्ड पहले की तुलना में कम प्रासंगिक हैं, क्योंकि आपको पुराने को हटाने और खेल के नए नियमों को सीखने की ज़रूरत है। वास्तव में उद्यमों के लिए युवा प्रोफ़ेशनल्स के ताज़ा दृष्टिकोण इनको फ़ायदा पहुँचाते हैं। वे 'मूल डिजिटल' होते हैं, नई तकनीकों को समझने और डिजिटल तकनीकों का इस्तेमाल करके व्यवसायों का निर्माण करने में ज़्यादा सहजता से सक्षम होते हैं।

ऐसे में किसी युवा प्रोफ़ेशनल को डिजिटल युग में जीतने की तैयारी कैसे करनी चाहिए? उद्यमों और लीडर्स के लिए जिन वांछनीय योग्यताओं और मानसिकताओं के बारे में हमने पहले बात की है, वे युवा प्रोफ़ेशनल्स के लिए भी प्रासंगिक हैं। इन आवश्यकताओं में प्रमुख हैं निरंतर सीखना, रचनात्मकता और नवाचार, तकनीकी डीएनए, दक्षता, दोहरेपन का प्रबंधन तथा आध्यात्मिक और नैतिक संतुलन। इन छह योग्यताओं और मानसिकता के अलावा, मेरे पास डिजिटल युग में जीतने के लिए युवा प्रोफ़ेशनल्स के वास्ते सलाह के छह और बिंदु हैं: अपने जीवन का अनूठा उद्देश्य खोजें और जिएँ, उद्यमी बनें, अपरंपरागत होने से डरें नहीं, काम में लगे रहें, मज़बूत समस्या-समाधान और निर्णय लेने के कौशल का निर्माण करें, व्यक्तिगत ज़िम्मेदारी लें और अपने आस-पास बदलाव प्रेरित करें।

पिछले बीस सालों के डिजिटल रूपांतरण के अपने सारे अनुभवों को इस किताब में एक साथ लाना मेरे लिए सीखने का एक अद्भुत अवसर रहा है। डिजिटल युग में बहुत सारा बदलाव हो चुका है, लेकिन अभी बहुत कुछ होना बाक़ी है। यह अप्रत्याशित बदलाव सभी स्तरों पर आकर्षक अवसर पैदा करता है। पूरी किताब में मैंने सात बिल्डिंग ब्लॉक्स में अंतर्दृष्टियाँ और सर्वश्रेष्ठ तरीक़े साझा किए हैं, जो डिजिटल की ज़बरदस्त क्षमता को

अनलॉक करने में मदद कर सकते हैं। ये अंतर्दृष्टियाँ सैद्धांतिक नहीं हैं, बल्कि दुनिया की कुछ बेहतरीन कंपनियों के साथ काम करते हुए मैंने जो देखा और किया है, उस पर आधारित हैं। मुझे आशा है कि किताब में दी गई अंतर्दृष्टियाँ डिजिटल रूपांतरण जैसे जटिल और विशाल विषय में स्पष्टता लाएँगी और आपको बेहतर निर्णय लेने तथा प्रभावी ढंग से उनका निष्पादन करने में सहायता करेंगी। इसके अतिरिक्त, आपको इस डिजिटल युग में प्रभावी ढंग से नेतृत्व करने के लिए तैयार करेंगी, और इस प्रकार आप और आपके संगठन, दोनों को आगे बढ़ने और अपनी अनंत क्षमता का अहसास करने में मदद करेंगी।

पढ़ने का मज़ा लीजिए!

## सफल डिजिटल रूपांतरण के सात बिल्डिंग ब्लॉक्स

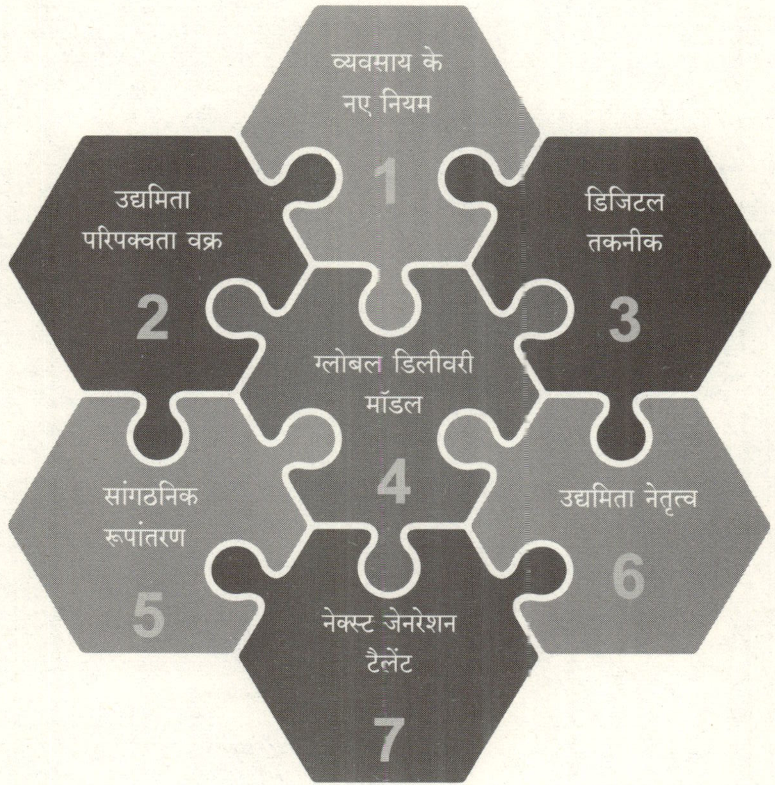

# खंड - 1

# व्यवसाय के नए नियम

# परिचय : व्यवसाय के नए नियम

*प्रथम औद्योगिक क्रांति ने उत्पादन के यंत्रीकरण के लिए पानी और भाप की शक्ति का इस्तेमाल किया था। द्वितीय औद्योगिक क्रांति ने व्यापक उत्पादन के लिए बिजली की शक्ति का इस्तेमाल किया। तीसरी ने स्वचालित उत्पादन के लिए इलेक्ट्रॉनिक्स और सूचना तकनीक का इस्तेमाल किया। अब पिछली शताब्दी के मध्य से ही इसी तीसरी औद्योगिक क्रांति के ऊपर चौथी औद्योगिक क्रांति, डिजिटल क्रांति घटित हो रही है। इसकी विशेषता तकनीकों के मिश्रण के रूप में बताई जाती है, जो भौतिक, डिजिटल और जैविक क्षेत्रों के बीच की रेखाओं को धुँधला करता है। इनमें आर्टिफ़िशल इंटेलिजेंस, रोबोटिक्स, इंटरनेट ऑफ़ थिंग्स, स्वायत्त साधन, 3-डी प्रिंटिंग, नैनो टैक्नॉलॉजी, बायोटैक्नॉलॉजी, पदार्थ विज्ञान, ऊर्जा भंडारण और क्वांटम कंप्यूटिंग शामिल हैं। यह तकनीकी क्रांति हमारे जीने, काम करने, हमारे एक-दूसरे से जुड़े रहने के तरीक़े को बुनियादी तौर पर बदल देगी। अपने आकार, दायरे और जटिलता में यह रूपांतरण ऐसा होगा, जैसा मानवजाति ने पहले कभी अनुभव नहीं किया होगा।*

*(विश्व आर्थिक मंच में क्लॉस श्वाब के लेख से उद्धृत)*

मैंने इस उद्धरण को भविष्यवाणी के समान पाया है और इसलिए, इस किताब के खंड 1 का मंच तैयार करने में, और जो हमारे सामने तथा हमारे चारों ओर चल रहा है, उसके साथ संबंध स्थापित करने में इसका इस्तेमाल करना चाहता था। यह समझना महत्त्वपूर्ण है कि इस डिजिटल युग में हम जो परिवर्तन देख रहे हैं, उसकी रफ़्तार और मात्रा अप्रत्याशित है। मैं अपने आस-पास की इस बदल रही दुनिया का वर्णन करने के लिए वूका (वीयूसीए-अस्थिर, अनिश्चित, जटिल और अस्पष्ट) शब्द का इस्तेमाल करना पसंद करता हूँ। वूका में डिजिटल युग का सार समाहित है, और मैंने अक्सर इन दोनों शब्दावलियों का इस्तेमाल पूरी किताब में एक-दूसरे के लिए किया है।

किसी भी खेल को जीतने के लिए सबसे पहले खेल के नियमों को समझना और उनमें महारत हासिल करना ज़रूरी होता है। व्यवसाय में भी ऐसा ही होता है। मेरा तर्क यह है कि वूका जगत या डिजिटल युग उस दुनिया से काफ़ी अलग है, जिसे हमने अब तक देखा है, और इस तरह से हमें व्यवसाय में सफलता के लिए नए नियमों की ज़रूरत है। इसलिए, मैंने खंड 1 में यह समझने पर ध्यान लगाया है कि वूका जगत/डिजिटल युग में क्या अलग है, क्यों उद्यमों को अनुकूलन के लिए चुनौतियों का सामना करना पड़ रहा है, और उन्हें किन नए सिद्धांतों और दृष्टिकोणों पर विचार करना चाहिए।

वूका जगत में परिवर्तन की इस अप्रत्याशित रफ़्तार को जन्म देने वाले कुछ कारकों में शामिल हैं –तकनीकी व्यवधान, उच्च गुणवत्ता के अनुभव और समाधान की माँग करने वाले डिजिटल जानकार ग्राहकों की बदलती अपेक्षाएँ, कई स्पर्श-बिंदुओं से डेटा का विस्फोट, भू-राजनीतिक अनिश्चितता, व्यवसाय और उत्पाद चक्र का छोटा होना। 'क्रमागत सोच अब काम नहीं करती है, अगर आप अलग तरह से नहीं सोचेंगे, तो कोई और सोचेगा और आपको ख़त्म कर देगा।' इसलिए, डिजिटली बाधित दुनिया में सफल होने के लिए हमें नई मानसिकता और नए सिद्धांतों की ज़रूरत है, अन्यथा हमारे समक्ष ज़मीन अप्राप्य रूप से खोने का ख़तरा रहेगा।

ज़्यादातर उद्यमों ने डिजिटल रूपांतरणों के विविध कार्यक्रमों को शुरू किया है, हालाँकि, इन कार्यक्रमों का असर अक्सर अपेक्षाओं से कम होता है। इसके कई कारण हैं, जिनका पता हम इस खंड में लगाएँगे, लेकिन मुख्य मुद्दा यह है कि उद्यमों ने यह नहीं पहचाना है कि डिजिटल युग में व्यवसाय के मूल सिद्धांत कितने बदल चुके हैं। वे अपने मौजूदा व्यापार मॉडल, बुनियादी ढाँचे और दृष्टिकोण को ही जारी रखे हैं और इसे डिजिटल युग की समस्याओं और अवसरों पर लागू करते रहते हैं। यह तो स्पष्ट है कि यदि आप पुरानी दुनिया के सूत्रों को नई दुनिया की परिस्थितियों में लागू करते हैं, तो आपके परिणाम अपेक्षा से कम (सब-ऑप्टिमल) ही हो सकते हैं।

इस खंड में मैं बुनियादी तत्वों के बदलने के बारे में, सामने आने वाली चुनौतियों के बारे में, तार्किक सूत्र पेश करूँगा, और बताऊँगा कि तीन विभिन्न स्तरों पर नए सिद्धांत क्या होने चाहिए:

- प्रथम, वूका जगत और व्यवसाय के समग्र प्रभावों का सामान्य स्तर
- द्वितीय, डिजिटल रूपांतरणों को अपनाना।
- तृतीय, ख़ासतौर पर डिजिटल तत्वों की गहन छानबीन करना।

इन तीनों स्तरों में, मैं एक विषय-वस्तु समान देखता हूँ:

1. **रूपांतरण आमूलचूल होना चाहिए :** जहाँ तकनीक डिजिटल में मुख्य प्रेरक है, वहीं यह बहुत सारी पहेलियों में से केवल एक ही है। सफलता या असफलता अक्सर इस वजह से होती है, क्योंकि अन्य कारकों में चूक हो जाती है। रणनीति, संगठन संरचनाओं, प्रक्रियाओं, प्रतिभा आदि की समान और अक्सर ज़्यादा अहम ही

भूमिका होती है। आमूलचूल रूपांतरण आमतौर पर चलन से बाहर का मुहावरा हो सकता है, लेकिन इस मामले में, यह बहुत ही उपयुक्त है।

2. **रणनीति और निष्पादन की रेखाएँ धुंधली हो रही हैं :** डिजिटल युग के प्रत्येक पहलू में बदलाव की रफ़्तार बहुत तेज़ है, चाहे वह ग्राहकों की अपेक्षाएँ हों, प्रतिस्पर्द्धा हो, या तकनीक हो। इस कारण, रणनीति और निष्पादन के बीच की परंपरागत रेखाएँ,'क्या और कैसे',सभी स्तरों पर धुँधली होती जा रही हैं,चाहे व्यावसायिक रणनीति हो या तकनीकी निष्पादन। अनुक्रमिक से पुनरावृत्त फीडबैक लूप में यह परिवर्तन एक मौलिक परिवर्तन है। सांगठनिक ढाँचे से लेकर प्रक्रियाओं और बुनियादी ढाँचे से लेकर नेतृत्व की मानसिकता तक निष्पादन के हर पहलू पर इसके प्रतिबिंबित होने की ज़रूरत है।

3. **द्वि–गति निष्पादन आवश्यक है :** गति और प्रयोग डिजिटल युग में मुख्य विशेषताएँ हैं। इसमें निष्पादन और अल्पकालिक प्रभाव पर भारी फ़ोकस किया जाता है। साथ ही, दीर्घकालिक दाँवों की ज़रूरत भी ख़त्म नहीं हो जाती। आपको बड़े और साहसिक तरीक़े से सोचना होगा, और क्रमिक तरीक़े की सोच से चिपके नहीं रहना चाहिए। ऐसे में आपको अल्पकालिक निष्पादन और दीर्घकालीन दाँव, दोनों की ज़रूरत होती है। मैं इसे द्वि–गति निष्पादन कहता हूँ, और इस दोहरेपन का सभी स्तरों पर प्रबंधन, डिजिटल युग में सफलता के लिए आवश्यक है।

4. **मूल डिजिटल कंपनियों से सीखना :** गूगल(Google), अमेज़ॉन, ऐपल (Apple) जैसी डिजिटल युग में पैदा हुई कंपनियाँ उल्लेखनीय रूप से सफल हैं। उनकी सफलता की बुनियाद केवल तकनीक पर आधारित नहीं है, बल्कि व्यवसाय करने के नए तरीक़े पर भी आधारित है। जहाँ प्रत्येक स्टार्ट–अप सफल नहीं होता है, और विरासत वाला हर उद्यम नाकाम नहीं होता है, वहीं, मेरा यह भी विश्वास है कि विरासत वाली बहुत सारी कंपनियों को डिजिटल मूल की कंपनियों से सीखने की ज़रूरत है।

मैंने खंड 1 के सभी अध्यायों में इन समान विषय–वस्तुओं पर विचार करने की कोशिश की है।

## अध्याय 1. वूका जगत में जीत : उद्यमों के लिए मुख्य सिद्धांत और रूपांतरण की प्राथमिकताएँ

इस अध्याय में मैंने वूका जगत को आकार देने वाली ताक़तों की अंतर्दृष्टियाँ उपलब्ध कराने की कोशिश की है और बताना चाहा है कि परिवर्तन की अप्रत्याशित रफ़्तार किस तरह से अनेक के लिए बाधक हो सकती है, लेकिन यह उन उद्यमों के लिए आगे बढ़ने के मौक़े भी प्रस्तुत करती है, जो नए नियमों को समझने और अपने को रूपांतरित करने में सक्षम हैं। मैंने व्यवसाय के आठ नए नियम प्रस्तुत किए हैं, और मुझे विश्वास है कि हर उद्यम के लिए इन्हें आत्मसात करना और अपनाना आवश्यक है।

## अध्याय 2. व्यवसाय में डिजिटल रूपांतरण : परिचय

इस अध्याय में, मैंने डिजिटल रूपांतरण के मुख्य पहलुओं की बेहतर समझ उपलब्ध कराने की कोशिश की है। यह दो स्तरों पर काम करता है, कोई व्यवसाय तकनीक का इस्तेमाल करते हुए ग्राहकों के साथ संवाद के तरीक़े को कैसे बदलता है, और बड़ी क्षमताओं को प्रेरित करने तथा टर्न अराउंड समय घटाने के लिए स्वचालन या संचालनात्मक प्रक्रियाओं को डिजिटलीकृत करने के वास्ते तकनीक का लाभ कैसे उठाता है। मैं डिजिटल रूपांतरण यात्रा के मुख्य चरणों और बिल्डिंग ब्लॉक तकनीक से भी परिचय कराता हूँ।

## अध्याय 3. डिजिटल रूपांतरण की रूपरेखा

### भाग एक : डिजिटल को नए व्यावसायिक प्रतिमान की आवश्यकता के छह कारण

डिजिटल रूपांतरण की चर्चा के अगले स्तर की ओर बढ़ने के साथ ही हमारे लिए यह महत्त्वपूर्ण हो जाता है कि हम रूपांतरण की उन पहलों के व्यावसायिक प्रभावों से परिचित हों, जो कई सारे उद्यमों में सकारात्मक प्रभाव नहीं डाल पा रही हैं। इसलिए, दो भागों की इस श्रंखला के पहले भाग में मैंने इस तथ्य के बारे में अपने विचार साझा किए हैं कि कोई डिजिटल व्यवसाय परंपरागत व्यवसायों से कम से कम छह तरीक़ों से बुनियादी तौर पर भिन्न होता है: ग्राहक अपेक्षाकृत युवा है और ज़्यादा अपेक्षा करता है; डेटा का विस्फोट हो रहा है; बदलाव की रफ़्तार अभूतपूर्व है; तकनीक सहयोगी कार्य नहीं है, यह मूल में है; 'राइट द फर्स्ट टाइम' (पहली बार ही सही काम करना) तरीक़ा काम नहीं करता है, और अंत में, डिजिटल समस्याएँ बेहद अंतर्विषयक होती हैं।

## अध्याय 4. डिजिटल रूपांतरण की रूपरेखा

### भाग दो : सफल डिजिटल रूपांतरण के पाँच नियम

दो भागों की इस श्रंखला के दूसरे भाग में, मैंने बताया है कि डिजिटल के प्रेरक तत्वों की भिन्नता पहचानकर उद्यमों को सफल होने के लिए नई मानसिकता और नए दृष्टिकोण की ज़रूरत है। मैंने पाँच सूत्रीय कार्ययोजना की सिफ़ारिश की है: डिजिटली माहिर ग्राहक की ज़रूरतों के अनुसार बिज़नेस मॉडल पर फिर से विचार करना, व्यवसाय के मुख्य प्रदर्शन संकेतकों के डिजिटल कार्यक्रमों को समर्थन देना, डेटा की शक्ति को काम में लाना, एकीकृत आद्योपांत (एंड टू एंड) दृष्टिकोण लाना, और द्वि-गति मॉडल का क्रियान्वयन करना।

## अध्याय 5. डिजिटल तकनीक में निवेश के रिटर्न को अधिकतम करना

### भाग एक : समस्याएँ क्यों बनी रहती हैं

अगले दो अध्यायों में, मैं तरीक़े बदलता हूँ और डिजिटल रूपांतरण के तकनीकी पहलुओं की गहराई में जाता हूँ। डिजिटल तकनीकी पहलों में हर साल भारी संसाधन डाल दिए जा रहे हैं, हालाँकि, इन पहलों के वादों और प्रभावों में अंतराल बना रहता है। इसके प्राथमिक कारण परंपरागत प्रक्रियाएँ और आईटी अधोसंरचना हैं, जो बड़े डेटा या डिजिटल युग की अन्य अपेक्षाओं से निपटने योग्य दक्ष नहीं हैं, और असमर्थ हैं। अगर वर्तमान तकनीकी अधोसंरचना और प्रक्रियाओं को अपग्रेड नहीं किया जाता है, तो कंपनियाँ गति के साथ तालमेल बैठाने में लगी रहेंगी और इस तरह से रक्षात्मक बनी रहेंगी।

## अध्याय 6. डिजिटल तकनीक में निवेश के रिटर्न को अधिकतम करना

### भाग दो : रक्षात्मक नहीं, आक्रामक बनें

इस अध्याय में मैं पिछले अध्याय में चिह्नित समस्याओं के समाधान के लिए उच्च स्तरीय तकनीकी सिद्धांत पेश करता हूँ। खेल को रक्षात्मक से आक्रामक में बदलने तथा प्रतिस्पर्द्धा करने के लिए, परंपरागत फ़र्में डिजिटल मूल फ़र्मों से सीख सकती हैं। इन्हें क्लाउड तकनीक में ज़बरदस्त प्रगति का फ़ायदा उठाना चाहिए और क्लाउड-मूल वास्तुकला को अपनाना चाहिए; प्रयोग, माप और अनुकूलन को सक्षम बनाने वाली चुस्त प्रक्रियाओं का निर्माण करना चाहिए; और द्वि-गति वाले दृष्टिकोण का क्रियान्वयन अपनाना चाहिए।

## अध्याय 7. वूका जगत में मापनीय मॉडलों का निर्माण: [1]सीआईओ का नज़रिया

खंड एक के अपने अंतिम अध्याय में मैंने अनेक मुख्य सूचना अधिकारियों (सीआईओ) के साथ हुई बातचीत से मुख्य अंतर्दृष्टियां पेश करने की कोशिश की है। उद्योग जगत के ज़्यादातर लीडर्स मानते हैं कि वूका परिवेश टिके रहने वाला है और यह तीन आयामों में दूरगामी प्रभाव रखता है, जो हैं: लोग, प्रक्रिया, और तकनीक। ऐसे परिवेश में डिजिटल रूपांतरण की अपरिहार्य संगठनात्मक अनिवार्यता इस हद तक है कि **तकनीकी रणनीति अब उद्यमों के लिए 'रणनीति' बन गई है।** इस वूका जगत में जीतने का एकमात्र तरीक़ा ग्राहक-केंद्रित संगठन का निर्माण करना है, जिसमें लीडर्स परिवर्तन के एजेंट के रूप में हों और दक्ष संरचना ऐसी हो, जो अंतिम ग्राहक को उच्च गुणवत्ता वाला अनुभव प्रदान करती हो।

यह खंड हम सभी के लिए वूका और डिजिटल युग का प्रभाव और यह तथ्य समझने का स्पष्ट आह्वान है कि समय की कसौटी पर खरी उतरी व्यावसायिक रणनीतियों और मान्यताओं पर सवाल उठाने की ज़रूरत है, और सफल होने के लिए आपको नए सिद्धांतों और दृष्टिकोणों की ज़रूरत है।

# 1

# वूका (VUCA) जगत में जीत : उद्यमों के लिए मुख्य सिद्धांत और रूपांतरण की प्राथमिकताएँ

*आपको खेल के नियम सीखने होंगे और फिर आपको किसी भी अन्य की तुलना में बेहतर खेल दिखाना होगा।*

*— ऐल्बर्ट आइंस्टाइन*

कई उद्यम अपने उद्योगों में हो रहे डिजिटल व्यवधान से निपटने के लिए जूझ रहे हैं। डिजिटल व्यवधान हमारे समय की बड़ी घटनाओं में से एक है, लेकिन इसमें महारत हासिल करना कठिन चुनौती है। वूका (वीयूसीए-अस्थिर, अनिश्चित, जटिल और अस्पष्ट) दुनिया के तौर पर बताई जाने वाली कई अलग-अलग ताक़तें एक साथ आ गई हैं। वूका जगत में, विजेताओं की भविष्यवाणी करना मुश्किल है, हालाँकि यही कारण है कि वूका जगत भी उद्यमों के लिए एक बड़ा अवसर प्रस्तुत करता है: जो खेल के नए नियमों को समझने और खुद को बदलने में सक्षम हैं, उनके लिए बड़ी जीत निश्चित है।

मैंने वूका जगत के बारे में दो अलग-अलग स्थितियों में सीखा और अनुभव हासिल किया - प्रतिष्ठित वैश्विक निवेश फ़र्म फ़िडेलिटी में, और भारत में ई-कॉमर्स क्रांति की प्रतीक फ़्लिपकार्ट में। इसके बाद, मुझे इन्सीडो के ज़रिये कई फ़ॉर्च्यून 100 कंपनियों का अवलोकन करने और उनके साथ काम करने का मौक़ा मिला, जो डिजिटल व्यवधान का सामना कर रही हैं। इन कंपनियों में अपने अनुभव के आधार पर मैंने उद्यमों के लिए वूका जगत में जीतने के कुछ प्रमुख सिद्धांत और रूपांतरण की प्राथमिकताएँ विकसित की हैं।[1]

इस विषय पर मेरे दृष्टिकोण को तीन शीर्षकों के तहत प्रस्तुत किया गया है :

- व्यवधान की पाँच प्रमुख ताक़तें जो बदलाव की अभूतपूर्व रफ़्तार को जन्म देती हैं।
- वूका जगत में काम करने की जटिलताएँ।
- वूका जगत में जीतने के लिए प्रबंधन के आठ नए नियम।

## 1. व्यवधान की पाँच प्रमुख ताक़तें, जो बदलाव की अभूतपूर्व रफ़्तार को जन्म देती हैं।

### i. तकनीकी व्यवधान

तकनीकी बदलावों की जिस रफ़्तार और व्यवसाय व्यवधान को हम देख रहे हैं, वह अभूतपूर्व है। मोबाइल, ई-कॉमर्स, क्लाउड, बिग डेटा आदि ने अपने अस्तित्व के पंद्रह साल से कभी समय में ग्राहकों के व्यवहार और बिज़नेस मॉडलों को नाटकीय तरीक़े से बदल दिया है। अब हम तकनीकी प्रगति के अगले चरण में हैं, जिसमें आर्टिफ़िशल, रोबोटिक्स, मशीन लर्निंग, ब्लॉकचेन और 'इंटरनेट ऑफ़ थिंग्स' प्रमुख माइंडशेयर हैं। जिस दर से तकनीक बदल रही है, उससे किसी एक प्रवृत्ति पर ध्यान देना मुश्किल हो जाता है। इसके अलावा, तकनीकी परिवर्तन एक बड़ा तुल्यकारक हैं: ऐसे बड़े संगठन, जो दक्ष नहीं होते हैं, अक्सर तकनीकी परिवर्तनों का लाभ नहीं उठा पाते हैं। स्मार्ट उद्यमियों और नई कंपनियाँ अक्सर नई तकनीकों के साथ प्रयोग करने और उनका लाभ उठाने के लिए सबसे अच्छी स्थिति में होती हैं।

### ii. ग्राहकों की बदलती अपेक्षाएँ

तकनीकी व्यवधान ग्राहकों की प्राथमिकताएँ नाटकीय रूप से बदल रहे हैं। आपके सामने ऐसे ग्राहक हैं, जो डिजिटली जानकार हैं, और ख़ासतौर पर ज़्यादा जागरूक और माँग करने वाले हैं। एक्सेंचर के शोध के अनुसार, 91 प्रतिशत ग्राहकों का कहना है कि वे उन ब्रांड की ख़रीदारी करना ज़्यादा पसंद करते हैं, जो उनके अनुकूल ऑफ़र और सिफ़ारिशें दे रहे होते हैं।[2]

दो विशिष्ट बिंदुओं पर ग़ौर करने की ज़रूरत है :

- ग्राहकों के तमाम समूह एक ही अनुभव की काफ़ी भिन्न अपेक्षाएँ रख सकते हैं। उदाहरण के लिए, किसी ई-कॉमर्स कंपनी के साथ डिजिटल अनुभव की ग्राहक अपेक्षाएँ सभी खंडों में बहुत भिन्न हो सकती हैं: शीर्ष-स्तरीय के लिए सुविधा से लेकर मध्य-स्तरीय खंड के लिए मूल्य-प्राप्ति तक। इसे समझना और उसके अनुसार लक्षित ग्राहक प्रस्ताव डिज़ाइन करना महत्त्वपूर्ण होता है। इसके अलावा, यह याद रखना होगा कि यह केवल ग्राहक वर्गीकरण ही नहीं, बल्कि व्यक्तिकरण भी है, जो तेज़ी से महत्त्वपूर्ण होता जा रहा है।

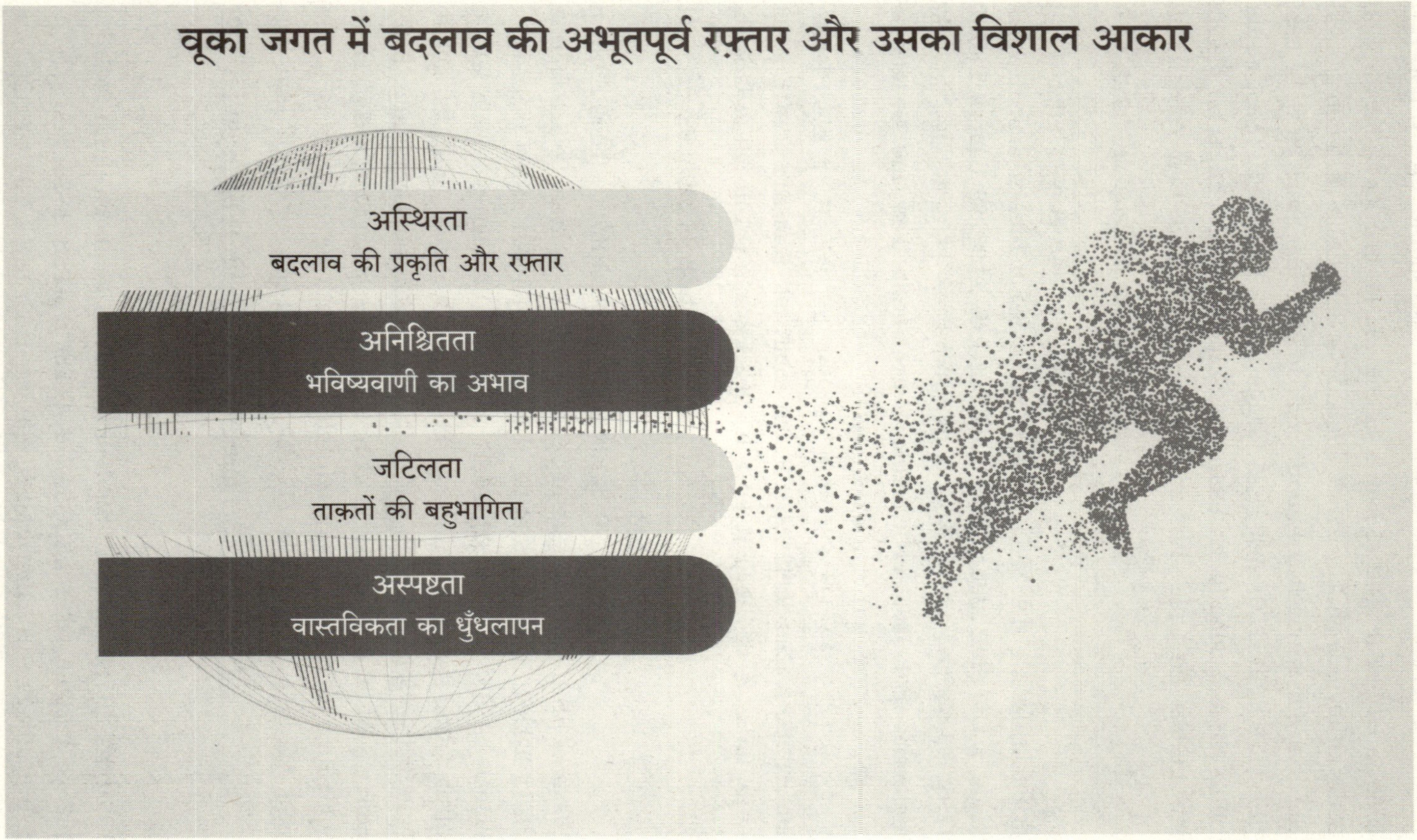
वूका जगत में बदलाव की अभूतपूर्व रफ़्तार और उसका विशाल आकार
अस्थिरता
बदलाव की प्रकृति और रफ़्तार
अनिश्चितता
भविष्यवाणी का अभाव
जटिलता
ताक़तों की बहुभागिता
अस्पष्टता
वास्तविकता का धुँधलापन

- डिजिटल खाद्य उत्पादों की संरचना और विनिर्माण विवरण से लेकर बीमा में मूल्य निर्धारण तक के मामलों में ग्राहकों के लिए अधिक सूचना पारदर्शिता की ओर बढ़ रहा है। कई मामलों में पारदर्शिता मूल्य निर्धारण पर नीचे की ओर दबाव डाल रहा है।

### iii. धन का पश्चिम से पूर्व की ओर स्थानांतरण

चीन, भारत और ब्राजील जैसे विकासशील देशों और कई अन्य देशों में भी क्रय शक्ति बढ़ रही है। बीसीजी के एक अध्ययन में बताया गया है कि 2023 तक सीमा पार संपत्ति का 37 प्रतिशत हिस्सा एशिया का होगा, जो 2018 के 31 प्रतिशत से अधिक है।[3] समान रूप से, पारंपरिक विकसित बाज़ारों में होने वाली वृद्धि चुनौती बन रही है, क्योंकि उनकी आबादी का पिरामिड लगातार बढ़ता आयु समूह दर्शा रहा है। इससे विकासशील बाज़ारों में घरेलू कंपनियों के लिए भारी विकास के अवसर पैदा हो रहे हैं, और कई स्थापित बड़ी कंपनियों के लिए चुनौतियाँ पैदा हो रही हैं, जो विकसित बाज़ारों पर केंद्रित हैं। यह बहुराष्ट्रीय कंपनियों को भी पूर्व की ओर देखने के लिए बाध्य कर रहा है, जिससे इन बाज़ारों में भारी प्रतिस्पर्द्धा ('हाइपर-कंपटीशन') पैदा हो रही है।

### iv. भू-राजनीतिक अनिश्चितता

पिछले दो या तीन साल से वैश्विक राजनीति न केवल अनिश्चित, बल्कि लगभग विचित्र हो गई है। कुछ साल पहले, हम घोषणा कर रहे थे कि दुनिया चपटी है और हम एक ग्लोबल विलेज हैं। अचानक, हम सर्वाधिक असंभव माने जाने वाले स्थानों में राष्ट्रवाद और संरक्षणवाद का उभार होता देख रहे हैं। कोविड-19 महामारी ने अर्थव्यवस्थाओं और व्यवसायों को और ज़्यादा बाधित किया है, समय की कसौटी पर परखी व्यावसायिक रणनीतियों, लोगों के तरीक़ों और अवधारणाओं को परीक्षा के लिए खड़ा कर दिया है। इन अचानक परिवर्तनों से न केवल बहुत सारी नियामक अनिश्चितता सामने आई है, बल्कि इन्होंने सुस्थापित व्यवसाय मॉडलों को भी बाधित किया है, और लघु व्यवसायों तथा दिहाड़ी कमाने वालों को बर्बाद कर दिया है।

### v. उत्पाद और व्यवसाय चक्र छोटा होना

तीव्र तकनीकी परिवर्तनों और हाइपर-कंपटीशन के साथ, उत्पाद एवं व्यवसाय चक्र नाटकीय रूप से सिकुड़ रहे हैं। इसमें शिकारी के शिकार बनने में ज़्यादा समय नहीं लगता। भारतीय आईटी उद्योग का ही उदाहरण लीजिए। इसने वैश्विक आउटसोर्सिंग उद्योग तैयार किया है, जिसने पिछले बीस सालों में अनेक परंपरागत संचालनात्मक प्रक्रियाओं और डिलीवरी मॉडलों को बाधित किया है, हालाँकि, अब इसे वृद्धि की चुनौतियों का सामना करना पड़ रहा है। यह स्वयं को फिर से गढ़ने के लिए विवश है या व्यवधान के कारण इसके पटरी से उतरने का ख़तरा है।

## 2. वूका जगत में संचालन की जटिलताएँ

तकनीकी नवाचार, व्यवसाय चक्र छोटा होना और परंपरागत बाज़ारों में बदलाव के मेल से अभूतपूर्व अनिश्चितता और बदलाव में तेज़ रफ़्तार पैदा हुई है। संक्षेप में इस दुनिया को वूका-वीयूसीए कहकर सबसे अच्छी तरह से समझाया जा सकता है:

- वी:वोलेटिलिटी - बदलाव की बहुत ज़्यादा मात्रा और रफ़्तार।
- यू:अनसर्टेनिटी - *भविष्यवाणी का अभाव, आश्चर्य* की संभावना
- सी:कॉम्पलेक्सिटी - *ताक़तों की बहुभागिता,* मुद्दों की मिली-जुली प्रकृति, कारण और प्रभाव श्रृंखलाओं की अनुपस्थिति और आजकल संगठन को आमतौर पर घेरने वाला भ्रम।
- एः एंबिग्विटी - *वास्तविकता की अस्पष्टता,* ग़लत पढ़े जाने की संभावना, परिस्थितियों का मिश्रित अर्थ; और कारण-तथा-प्रभाव का भ्रम।

अधिक संरचित और स्थायी परिवेश के लिए विकसित प्रबंधन नियम निश्चित ही वूका जगत में काम नहीं करेंगे। यह प्रबंधकों के लिए एक बड़ी चुनौती है (ख़ासतौर पर चालीस साल से ज़्यादा उम्र के प्रबंधकों के लिए) क्योंकि उन्हें वह सब कुछ भूलना पड़ेगा, जिसके बल पर वे अब तक सफल होते रहे हैं।

### वूका जगत के लिए संगठन तैयार नहीं हैं

जैसा कि अपेक्षा थी, परंपरागत संगठन वूका जगत में संघर्ष कर रहे हैं, हालाँकि ऐसा भी नहीं है कि नए युग की कंपनियों की सफलता आवश्यक रूप से तय है।

**परंपरागत संगठन बदलाव** की रफ़्तार के साथ तालमेल बनाने के लिए जूझ रहे हैं। निम्नलिखित कारक उनकी प्रगति को अवरुद्ध करते हैं :

- *नवोन्मेषक की दुविधा (क्लेटन क्रिस्टेंसन की उपयोगी किताब द इनोवेटर्स डायलेमा):* नई बाधाकारी तकनीकें बड़ी फ़र्मों को नाकाम कर देती हैं। व्यवसायों को जिन तरीक़ों ने पहले सफलता की ओर बढ़ाया था, उनके ही परिणामस्वरूप उनका अंत भी हो सकता है।
- *जड़ता और जोखिम से बचने की संस्कृति :* नाकामी का भय शानदार विरासत को नष्ट कर सकता है।
- *नए व्यवसायिक परिवेश में प्रतिस्पर्द्धा करने के लिए क्षमताओं का अभाव,ख़ासतौर पर **तकनीकी डीएनए का अभाव:*** अमेरिका में सीयर्स (Sears) और जेसीपेनी (JCPenney) परंपरागत खुदरा दिग्गजों का नाटकीय ख़ात्मा इसके अच्छे उदाहरण हैं। ये कंपनियाँ ई-कॉमर्स के हमले और उद्योग में प्रतिस्पर्द्धा के लिए ज़रूरी तकनीकी क्षमताओं का अनुमान नहीं लगा पाई थीं।

फ़िडेलिटी में मैंने उन चुनौतियों का अनुभव किया, जिनका सामना किसी परंपरागत, सफल कंपनी को करना पड़ता है। यह बहुत मुनाफ़े के व्यवसाय वाली एक बड़ी कंपनी है, लेकिन उद्योग के महत्त्वपूर्ण बाधाओं से गुज़रने के कारण, कंपनी को रणनीति में बड़े बदलाव की ज़रूरत थी। कुछ महत्त्वपूर्ण बदलाव इस प्रकार थे :

- बाज़ार की संरचनाओं में बदलाव: निष्क्रिय/सूचकांक निधियों (बनाम सक्रिय रूप से प्रबंधित फ़ंड) का उदय, बढ़ते नियमन, आबादी की बढ़ती उम्र और मुख्य बाज़ारों में विकास की स्थिरता।
- व्यवसाय मॉडल में अनुगामी बदलाव- उत्पाद केंद्रित से ग्राहक-केंद्रित होना; उद्यमों के खुद के निर्माण डिलीवरी नेटवर्क; और तकनीकी तथा परिचालन क्षमता पर परिणामी ज़ोर। इसके लिए 'अल्फा जेनरेशन' से एक बहुत ही अलग डीएनए की ज़रूरत थी, जिसको बनाने में सालों लगे थे और इस कारण इसे बदलना आसान नहीं था।

***नए युग की कंपनियों** की मृत्यु दर बहुत ज़्यादा है। ऐसी अनेक कंपनियाँ हैं, जो इतनी परिपक्व नहीं हुई हैं कि वे इस नई दुनिया में आगे का मोलभाव कर सकें और केवल कुछ ही हैं, जो आगे बढ़ने के योग्य हैं। टिकाऊ सफलता के उनके रास्ते में निम्न परिस्थितियाँ या कमज़ोरियाँ बाधाएँ हैं :*

- लगातार युद्ध की स्थिति में रहना: बाज़ार में वे तेज़ रहती हैं, लेकिन दीर्घकालीन क्षमताओं के निर्माण में सक्षम नहीं होती हैं।
- अनुभवी प्रतिभाओं का अभाव: उनके नेतृत्व के पास हमेशा वो लचीलापन नहीं रहता कि व्यवसाय चक्र में उतार-चढ़ाव से निपट सकें।
- कमज़ोर बुनियादी क्षमताएँ और तरीक़े: मानव संसाधन और वित्त जैसे उनके सहयोगी विभाग व्यवसाय के साथ रफ़्तार क़ायम नहीं कर सके।
- अनेक ने टिकाऊ मूल्य और संस्कृति का निर्माण नहीं किया: ये मुख्य कारक हैं, जिन्होंने सांगठनिक लचीलेपन और दीर्घजीविता में कमी को बढ़ावा दियाा।

*हालाँकि, परंपरागत और नए युग की, दोनों तरह की कंपनियों में व्यवधान सफलता के अवसर प्रस्तुत करते हैं :*

- यह सभी उद्यमों के लिए तबाही और निराशा की स्थिति नहीं है। वूका जगत में नेतृत्व करने की कला में दक्षता हासिल करने वाली कंपनियाँ व्यवधान के ज़रिये सफल व्यवसाय (और महत्त्वपूर्ण मूल्य) बना सकती हैं।
- पिछले दस सालों में फ़ेसबुक (Facebook), ऊबर (Uber), एयरबीएनबी (Airbnb) और टेस्ला (Tesla) जैसी तकनीक से चलने वाली कंपनियों की बढ़ोतरी इसका उदाहरण है। इनमें से हरेक ने नया ग्राहक प्रस्ताव पेश किया है, नया उद्योग बनाया है, और इस प्रक्रिया में विशाल शेयरधारक मूल्य बनाया है।

## वूका जगत को चलाने वाली पाँच प्रमुख व्यवधानकारी ताक़तें

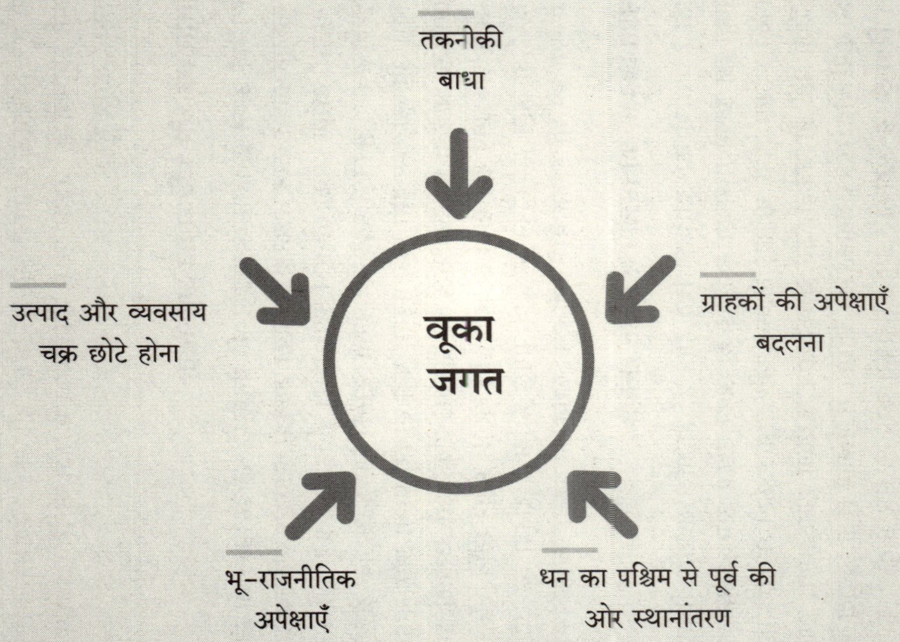

- भारत में, सारे ई-कॉमर्स उद्योग की तरह ही, फ़्लिपकार्ट और पेटीएम (PayTM) व्यवधान से लाभान्वित होने वाली फ़र्मों के बड़े उदाहरण हैं।

## 3. वूका जगत में जीत के लिए प्रबंधन के मेरे आठ नए नियम

जब हमारा विश्व बुनियादी तौर पर इतना बदल रहा है, तो प्रबंधन के पुराने नियम काम करने नहीं जा रहे हैं। हमें इस नए वूका जगत में जीत के लिए नए नियमों की ज़रूरत है। फ़्लिपकार्ट जैसी मूल डिजिटल कंपनियों और फ़िडेलिटी और कई अन्य की तरह पारंपरिक कंपनियों में अपने अनुभवों के आधार पर मैं वूका जगत में जीत के लिए प्रबंधन के आठ नए नियम प्रस्तावित करता हूँ।

### नियम 1. नवाचार करें और भविष्य को आकार दें

आमतौर पर कंपनियाँ अपने ऐतिहासिक प्रदर्शन की प्रवृत्तियों का इस्तेमाल अपनी भविष्य की योजनाओं को परिभाषित करने में करती हैं। वूका जगत में इसका महत्त्व ज़्यादा नहीं रह गया है और ई-कॉमर्स उद्योग इसका बेहतरीन उदाहरण है। ऐतिहासिक प्रवृत्तियाँ अब बाज़ार के विकास की भविष्यवाणी करने में मदद नहीं करेंगी; इसकी जगह, *आपको* ही बाज़ार को आकार देना होगा। *आपको* दुस्साहसी होना पड़ेगा, बड़ा सोचना पड़ेगा और लगातार कुछ नया करना पड़ेगा। उस प्रक्रिया में अपने स्वयं के सिस्टम, प्रक्रियाओं, उत्पादों या विचारों में सुधार करने से न डरें। आप नहीं करेंगे तो कोई और करेगा! महान स्टीव जॉब्स का यह कथन प्रसिद्ध है, ''जो लोग यह मानने के लिए पागल हैं कि वे दुनिया को बदल सकते हैं, वे वास्तव में ऐसा कर भी डालते हैं।'' यही वूका जगत का पहला प्रबंधन नियम है!

### नियम 2. रणनीति बिंदुओं को मिलाने में निहित होती है

रणनीति ज़्यादातर व्यवसायों का आरंभिक बिंदु होती है, हालाँकि सर्वश्रेष्ठ योजनाएँ वूका जगत की हक़ीक़त को झेलने में सक्षम नहीं हुई हैं। अपने उद्देश्य और दीर्घकालीन दाँवों के बारे में आपकी स्पष्टता होनी चाहिए, लेकिन उन्हें हासिल करने की रणनीति कठोर मानसिकता में ढली नहीं हो सकती। इसे हल्का और लचीला होना होगा। रणनीति के बजाय, निष्पादन यानी बोर्ड पर रन बनाना और शीघ्रता से नाकाम होना, ज़्यादा महत्त्वपूर्ण होता है। सफल निष्पादन से आपको काम और बिना काम के सारे बिंदुओं को जोड़कर रणनीति तय करने में मदद मिलेगी। इसलिए, रणनीति से निष्पादन का चक्र परंपरागत तरीक़े को छोड़कर बदल चुका है। रणनीति अब आगे देखने में नहीं, बल्कि निष्पादन से पीछे देखने में निहित हो गई है।

### नियम 3. ग्राहकों के साथ सह-निर्माण

ज़्यादातर कंपनियाँ 'कस्टमर फ़र्स्ट' या ग्राहक प्रथम की बात तो करती हैं, लेकिन अमल बहुत कम ही ऐसा करती हैं। कॉर्पोरेट और एक्ज़ीक्यूटिव कार्रवाई में अनेक बार इस बात

में विवाद भी हो जाता है कि कस्टमर के लिए क्या सही है और क्या (शॉर्ट टर्म के लिए) बिज़नेस के लिए सही है। वूका जगत में ये सीमाएँ तोड़नी पड़ती हैं। 'ग्राहक-केंद्रीयता' और 'ग्राहक-प्रथम' केवल नारे नहीं रह गए गए हैं, बल्कि वूका जगत में किसी फ़र्म को सफलता के लिए इन्हें एकदम भिन्न स्तर पर ले जाने होते हैं। आपके पास लंबे फ़ीडबैक लूप के लिए समय नहीं होगा। इसलिए, आपको अपने ग्राहक के साथ सह-निर्माण करना होगा: रिश्ता बदलना पड़ेगा, अपने उपभोक्ता को ग्राहक से भागीदार बनाना होगा। कई जाँच बिंदुओं और अंतःक्रिया के बिंदुओं के साथ कार्य संबंध पुनरावृत्त हो जाएँगे। अच्छा समाचार यह है कि काम करने के इस वास्तविक समय और पुनरावृत्त मोड को तकनीक से सक्षम किया जा सकता है।

बीटूसी (बिज़नेस टू कस्टमर) उद्योग में काम करने वालों के लिए, वैयक्तिकरण ज़्यादा से ज़्यादा महत्त्वपूर्ण होता जा रहा है। अभी हाल तक हम ग्राहकों के विभाजन के बारे में बात किया करते थे, लेकिन तकनीक आपको प्रत्येक ग्राहक को समझने और उस तक पहुँचने का मौक़ा देती है। अब आप जिस ग्राहक डेटा की बड़ी मात्रा को पैदा करते हैं, उसे सँभालने की आपकी क्षमता, और इससे तीखी अंतर्दृष्टियाँ हासिल करने की आपकी क्षमता अंतर करने वाला प्रमुख कारक बनेगी।

## नियम 4. हर कंपनी को तकनीकी कंपनी बनना होगा

परंपरागत रूप से कंपनियों ने अपने उद्योग की मूल कार्यात्मक क्षमताओं पर ध्यान दिया है और तकनीक को समर्थन कार्य के रूप में देखा है, हालाँकि, लगातार तकनीकी व्यवधान के युग में तकनीक मुख्य क्षमता होनी चाहिए, चाहे वह किसी भी उद्योग में हो। इसे आपके व्यवसाय के लिए प्रवर्तक से आगे बढ़कर विचार, रणनीति और प्रतिस्पर्द्धात्मक लाभ का मुख्य स्रोत बनना होगा। व्यापार और तकनीक को गहराई से जोड़ना होता है, लेकिन अक्सर दोनों पक्षों में समझ का अंतर होता है। अपनी कंपनी के लिए तकनीकी डीएनए का निर्माण करना संभवत: सबसे महत्त्वपूर्ण क़दम है, जिसे आप अपने व्यवसाय को भविष्य में मज़बूत करने के लिए उठा सकते हैं।

मैं आपको आगाह करता हूँ कि यह यात्रा आसान नहीं है। यह न केवल नई क्षमताओं के निर्माण के बारे में है, बल्कि अपनी संस्कृति को विकसित करने के बारे में भी है। इस यात्रा में कई साल लग सकते हैं, हालाँकि, यह यात्रा *अब* आपको शुरू करनी है। अगर आप इस अध्याय से कोई एक कार्य बिंदु चुनना चाहते हैं, तो इसे ही सबसे महत्त्वपूर्ण मानिए।

## नियम 5. सांगठनिक ढाँचे और प्रक्रियाओं का सरलीकरण

वूका जगत में लगातार परिवर्तन और अनिश्चितता से निपटने के लिए आपको अपने संगठनात्मक ढाँचे और प्रक्रियाओं के बारे में फिर से सोचना पड़ेगा। परंपरागत रूप से संगठनात्मक ढाँचे और प्रक्रियाओं की बुनियाद जोखिम प्रबंधन पर टिकी होती है: इसका अर्थ है नियंत्रण पर ज़्यादा ज़ोर देना चाहिए ताकि कुछ भी ग़लत न हो सके। समय के

साथ-साथ जैसे-जैसे व्यवसाय और संगठन में वृद्धि होती जाती है, वैसे-वैसे परतें बढ़ती जाती हैं, और प्रक्रियाएँ जटिल होती जाती हैं, निष्पादन की रफ़्तार धीमी होती जाती है। यह सब वूका जगत में प्रतिस्पर्द्धा करने की आवश्यक ज़रूरतों के विपरीत है।

ऐसे में तीन सिद्धांत महत्त्वपूर्ण हो जाते हैं, क्योंकि आपको अपना सांगठनिक ढाँचा और प्रक्रियाओं की रचना फिर से करनी पड़ती है:

- जोखिम प्रबंधन की जगह रफ़्तार
- पूर्णता की जगह सरलता
- नियंत्रण की जगह सशक्तिकरण

ये सिद्धांत एक बढ़ती संगठनात्मक संरचना और ऊर्ध्वाधर से अधिक क्षैतिज संरचनाओं की ओर संभावित बदलाव का संकेत देते हैं, जो दोनों कार्यों से परे, सहयोग की सुविधा उपलब्ध कराते हैं। इसके अतिरिक्त , यह ध्यान में रखते हुए कि ग्राहक और कर्मचारी दोनों पर अब समान रूप से आपका प्राथमिक ध्यान है, आपको लगभग निश्चित रूप से अपनी आंतरिक प्रक्रियाओं को सरल बनाने और नियंत्रण कम करने की ज़रूरत होगी।

## नियम 6. सीखने और ज्ञान साझा करने वाले संगठन का निर्माण

वूका जगत में संगठनात्मक और व्यक्तिगत रूप से टिके रहने के लिए लगातार सीखते रहना महत्त्वपूर्ण हो गया है। खुशख़बरी यह है कि तकनीक ने ज्ञान और सीखने तक पहुँच को लोकतांत्रिक बनाया है। मसलन, मूक (मैसिव ओपन ऑनलाइन कोर्सेस) लोगों के लिए विश्वस्तरीय सामग्री हासिल करने का आसान तरीक़ा है, हालाँकि ज्ञान का एक महत्त्वपूर्ण हिस्सा अब भी अनकहा है (जो कूटबद्ध नहीं है, और लोगों के दिमाग़ में स्थित है)। यह स्वामित्व वाला ज्ञान ऐसी दुनिया में प्रतिस्पर्द्धात्मक लाभ का महत्त्वपूर्ण स्रोत है, जिसमें जानकारी आसानी से उपलब्ध है। संगठनों को अपने स्वामित्व के ज्ञान को संहिताबद्ध करने और उसका लाभ उठाने के लिए निवेश करने की ज़रूरत है। इसके लिए ई-शेयरिंग नॉलेज का निर्माण महत्त्वपूर्ण है और लीडर्स को मिसाल पेश करके नेतृत्व करने की ज़रूरत है।

## नियम 7. मुक्त संगठन और भागीदारियों के जाल का निर्माण करें।

वूका जगत में कोई भी अकेले नहीं जीत सकता और सहयोग महत्त्वपूर्ण हो गया है। कई सारे नए खिलाड़ी उभर रहे हैं, जिन्हें अवसर के रूप में देखना चाहिए। सहयोग के लिए मुक्त नवाचार मंचों का निर्माण करें या उनका लाभ उठाएँ। इसके अतिरिक्त , अपने उद्योग की मूल्य श्रृंखला की पड़ताल कीजिए और स्थायी आधार पर भागीदारी एवं/अथवा अधिग्रहण अवसरों की तलाश कीजिए। इसके बारे में आपको बेहद गतिशील होना पड़ेगा, क्योंकि भागीदार और प्रतिस्पर्द्धी के बीच की सीमाएँ आजकल काफ़ी अस्थिर हो गई हैं, और इनमें से कोई भी बहुत शीघ्र दूसरे में बदल सकता है। 'सह-स्पर्द्धा' (व्यावसायिक प्रतिस्पर्द्धियों के बीच सहयोग) सामान्य नियम बनती चली जाएगी।

# वूका जगत में जीत के आठ नियम

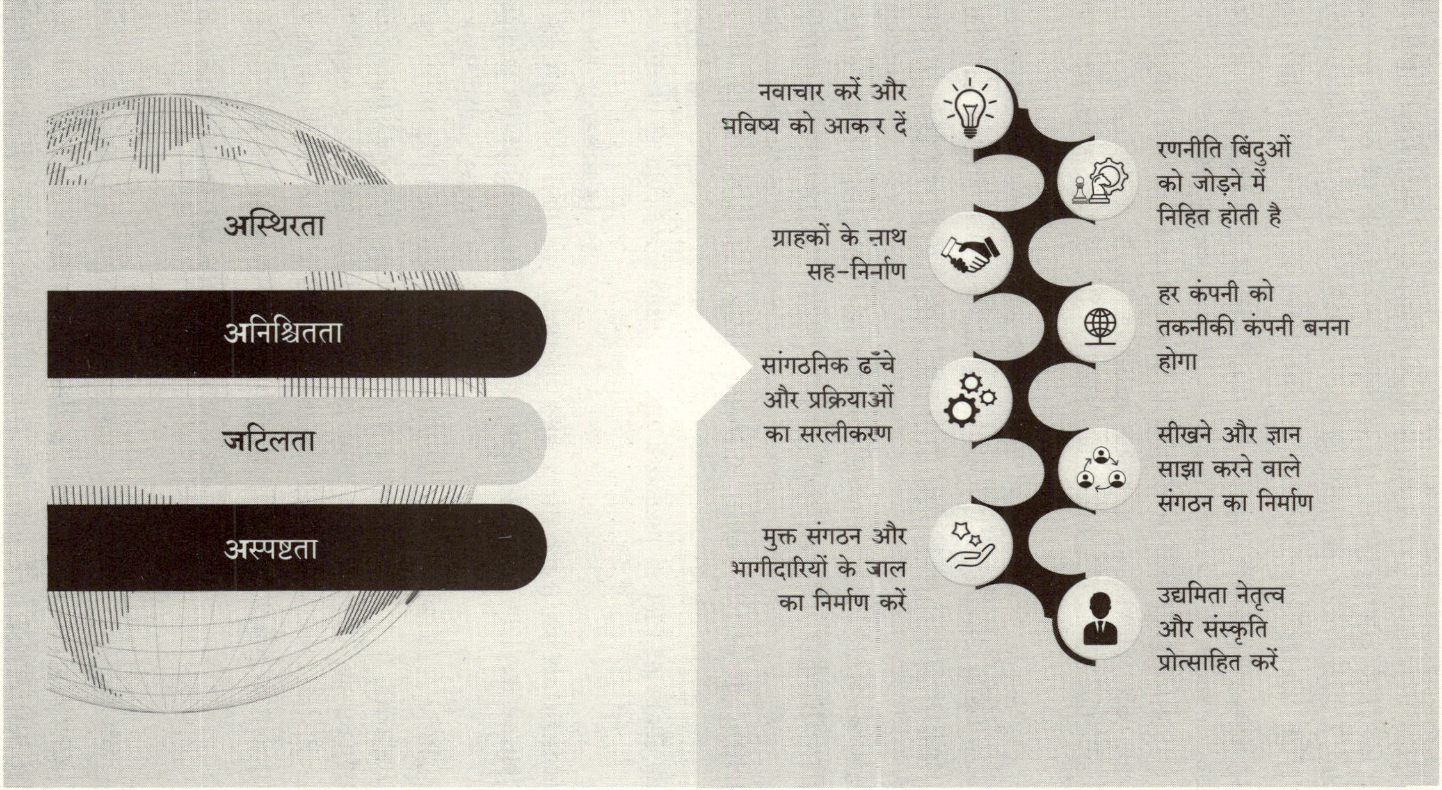

मुक्त संगठन और भागीदारियों के जाल का एक अन्य पहलू वैश्विक लाभ का फ़ायदा उठाना है। वूका जगत सचमुच में सीमाहीन है, इसलिए किसी दायरे में न बंद हों, और बाज़ारों के हिसाब से भी, और डिलीवरी क्षमताओं के नज़रिये से भी वैश्विक तरीक़े से सोचिए।

## नियम 8. उद्यमिता नेतृत्व और संस्कृति प्रोत्साहित करें

प्रबंधन के नियमों में बदलाव के साथ ही प्रतिभाओं से होने वाली अपेक्षाएँ भी बदलेंगी। स्पष्ट तौर पर यह चर्चित मुहावरा है कि, 'जो उनको यहाँ लाया है, वह उनको वहाँ नहीं ले जाएगा', लेकिन है यह एकदम सही। कंपनियों को ज़्यादा मैनेजरों की नहीं, बल्कि लीडर्स की ज़रूरत होगी। इसके लिए मैनेजरों को पहले से सीखी बातों को भूलने और दोबारा सीखने की ज़रूरत पड़ेगी। यह ऐसे सफल मैनेजरों के लिए बड़ी चुनौती होगी, जो अपनी राह में अच्छी तरह से स्थापित हैं।

कंपनियों को अधिक उद्यमिता संस्कृति के निर्माण की ज़रूरत होगी, जो तकनीकी डीएनए की तरफ़ रुझान रखती हो। उद्यमों और व्यक्तियों को कम से कम चार महत्त्वपूर्ण परिवर्तन लाने की ज़रूरत है।

- अव्यवस्था के प्रति उच्च सहनशीलता और असफलता के लिए स्वीकार्यता का निर्माण करें।
- सीखने की संस्कृति को मन में बैठाएँ : अक्खड़पन पर बेहद ईमानदारी और विनम्रता को प्रोत्साहन दें।
- दोहरेपन को सँभालने की योग्यता: मसलन, अल्पकालीन और दीर्घकालीन जैसे उद्देश्यों, रफ़्तार और विचारशीलता जैसे एक दूसरे के विरोधी उद्देश्यों से एक साथ निपटना।
- अंत में, लचीलापन बनाएँ : आप जो कुछ भी करें, आपको ठोकरों का सामना करना पड़ सकता है। इसलिए, आपको वापस सँभलने की क्षमता का निर्माण करना चाहिए। ऐसे में व्यक्ति गत समर्थन और परिवर्तन प्रबंधन महत्त्वपूर्ण हो जाते हैं।

हम बहुत ही रोमांचक समय में जी रहे हैं। परिवर्तन लगातार हो रहा है। यह एक बड़ी चुनौती भी हो सकता है और बड़ा अवसर भी, यह आपके नज़रिये पर निर्भर करता है। वूका जगत में जीतने के लिए उद्यम में रूपांतरण करने के वास्ते *गहन चीरफाड़* की ज़रूरत होती है, जिसके लिए संगठनात्मक और व्यक्तिगत सिद्धांतों और प्राथमिकताओं में व्यापक बदलाव ज़रूरी है। यह किसी कठिन यात्रा की तरह लग सकता है, लेकिन इसमें प्रतिफल ज़्यादा हैं।

मैंने वूका जगत में जीत के लिए प्रबंधन के आठ नए नियमों की बात की है, हालाँकि, जिस नियम पर मैं सबसे पहले ध्यान देने की उद्यमों को अनुशंसा करता हूँ, वह गहन तकनीकी डीएनए और क्षमताओं के निर्माण का है। तकनीकी व्यवधान वूका जगत में व्यवधान करने वाली ताक़तों के लिए सबसे बुनियादी तत्व है।

तकनीकी व्यवधान कोई एक बार की बात नहीं है, बल्कि हम जिस दौर में रह रहे हैं, उस दौर की बुनियादी विशेषता है। इसलिए, उद्यमों के पास अपनी *भविष्य की मज़बूती के लिए मज़बूत तकनीकी डीएनए का निर्माण* करने के अलावा कोई अन्य विकल्प नहीं बचा है। यह रूपांतरण करना बहुत कठिन होता है, लेकिन यह है परम आवश्यक। टेक डीएनए या *तकनीकी* डीएनए के निर्माण और उसे बचाए रखने के लिए *सांगठनिक संस्कृति को ख़ासतौर पर विकसित करने की ज़रूरत होगी*। ज़ाहिर तौर पर यह कोई क्विक-फिक्स या शीघ्रता से हो जाने वाली चीज़ नहीं है, बल्कि यह व्यापक प्रयास है, जिसे शीर्ष स्तर का आशीर्वाद हासिल होना चाहिए और समय के साथ इसे टिके रहना चाहिए।

## सारांश

- वूका जगत में व्यवधानकारी ताक़तें हैं-तकनीक और ग्राहकों की अपेक्षाओं में बदलाव, वैश्विक धन का पूर्व की ओर स्थानांतरण, भू-राजनीतिक अनिश्चितता और चक्रों का छोटा होना।
- पारंपरिक और नए युग के संगठनों में वूका जगत के लिए अपनी-अपनी तैयारी में बुनियादी फ़र्क़ हैं।
- इतने सारे बुनियादी परिवर्तन होने के कारण, इस वूका जगत में जीतने के लिए नए नियमों की ज़रूरत है।
- नवाचार, दक्ष रणनीति, तकनीकी डीएनए का निर्माण, और विकासशील भागीदारी और उद्यमशीलता की संस्कृति वूका जगत में जीतने के कुछ नियम हैं।

# 2

# व्यवसाय में डिजिटल रूपांतरण : परिचय

*सारे व्यवसायों के कम से कम 40 प्रतिशत अगले दस साल में ख़त्म हो जाएँगे...अगर उन्होंने इस बात को नहीं समझा कि नई तकनीकों को अपनाने के लिए समूची कंपनी को किस तरह बदलना है।*

*— जॉन चैंबर्स, पूर्व एक्ज़ीक्यूटिव चेयरमैन, सिस्को (CISCO) सिस्टम्स*

अब मैं आपके व्यवसाय के डिजिटल रूपांतरण के मुख्य पहलुओं के बारे में बताता हूँ,जैसे चुनौतियाँ, तकनीक और सबसे अहम बात, इसमें सफल कैसे हों। मौजूदा कोरोनावायरस महामारी को देखते हुए इसे सही ढंग से करना इतना ज़्यादा महत्त्वपूर्ण कभी नहीं रहा।

## व्यवसाय में डिजिटल रूपांतरण क्या है?[4]

डिजिटल रूपांतरण बहुत व्यापक विषय है और इसमें अनेक प्रकार की कई सारी पहलें शामिल होती हैं, हालाँकि इसका संक्षेपण इसमें किया जा सकता है कि कोई व्यवसाय ग्राहकों से संवाद करने में तकनीक का इस्तेमाल किस तरह करता है, और किस तरह तकनीक के इस्तेमाल के ज़रिये इसकी आंतरिक प्रक्रियाओं में महत्त्वपूर्ण सुधार किया जा सकता है।

ऐसे में व्यवसाय में डिजिटल रूपांतरण के दो पहलू होते हैं: ग्राहकोन्मुखी और आंतरिक-उन्मुखी। ग्राहकों के लिए, यह उन्हें जुड़ाव, बिक्री, सेवा और अन्य संवाद की ज़रूरतों के लिए तकनीक-आधारित चैनलों की श्रृंखला उपलब्ध कराने के बारे में है। आंतरिक रूप से, यह आमतौर पर प्रक्रियाओं को डिजिटलीकृत या स्वचालित करने के बारे में है, जो दक्षता और प्रतिक्रिया-समय दोनों में काफ़ी सुधार कर सकता है। डिजिटल की यह दोहरी प्रकृति इसे वास्तव में रूपांतरकारी बनाती है - यह उद्यमों के लिए

प्रतिक्रिया-समय और डिलीवरी-लागत कम करते हुए ग्राहकों की पहुँच और अनुभवों में नाटकीय रूप से सुधार कर सकती है।

## आरंभिक ब्लॉक से आगे बढ़ना

डिजिटल रूपांतरण में सफल होने के लिए आरंभिक बिंदु ग्राहक होता है। डिजिटल रूपांतरण यह जानने से शुरू होता है कि आपका ग्राहक कौन है, किस तरह से उसकी ज़रूरतें बदल रही हैं और उनको देने के लिए आपके पास क्या होना चाहिए।

यह समझने के लिए, निवेश प्रबंधन उद्योग का उदाहरण देखते हैं। ऐतिहासिक रूप से, कोई निवेश प्रबंधन कंपनी अपने उत्पाद सलाहकारों के ज़रिये बेचती है, हालाँकि अब डिजिटल अर्थव्यवस्था में, यह मौक़ा है कि सलाहकार को दरकिनार करते हुए, निवेशक को (ग्राहक को सीधे ही) उत्पाद बेचा जा सके। डिजिटल अर्थव्यवस्था में आने वाले परिवर्तनों का यह अच्छा उदाहरण है।

## डिजिटल रूपांतरण के पाँच चरण

**चरण 1. यह जानना कि आपके उद्योग की मूल्य श्रृंखला कैसे बदल रही है,** आपका ग्राहक कौन है और आप उन्हें क्या ऑफ़र कर रहे हैं। ऊपर बताए उदाहरण में, ग्राहक मध्यस्थ यानी सलाहकार से सीधे उपभोक्ता में बदल रहा है। व्यवसायों को, इस मामले में निवेश प्रबंधन फ़र्मों को, इस बारे में सोचने की आवश्यकता है: मैं सीधे उपभोक्ता के साथ कैसे जुड़ सकता हूँ, उसकी क्या ज़रूरतें हैं, और मैं उसे क्या ऑफ़र कर सकता हूँ?

**चरण 2. व्यावसायिक केपीआई (KPI, प्रमुख प्रदर्शन संकेतक) में डिजिटल रूपांतरण का सहयोग,** डिजिटलीकरण सर्वव्यापी है, और यह बहुत बड़ा अवसर है और समस्या भी। इन पहलों की बहु-कार्यक्षमता और जटिलता के कारण डिजिटल रूपांतरण में गुम हो जाना बहुत आसान है। इसलिए, स्पष्ट व्यावसायिक केपीआई को परिभाषित करके इन पहलों को संचालित करना ज़रूरी हो जाता है। क्या यह कंपनी की आय बढ़ाने के बारे में है? क्या यह ग्राहकों के उच्च जुड़ाव के बारे में है? क्या यह ग्राहक बनाए रखने के बारे में है? क्या यह उत्पादों की बिक्री बढ़ाने (अप-सेलिंग) के बारे में है? संख्या होने से आप डिजिटल यात्रा को आगे बढ़ा सकते हैं, जिससे आपका ध्यान केंद्रित रहेगा, अन्यथा, डिजिटल रूपांतरण की पहल में ध्यान गुम हो जाना आसान है।

**चरण 3. डेटा को डिजिटल जगत के विशेष गुण के रूप में पहचानना :** डिजिटल चैनल ग्राहकों के बारे में भारी मात्रा में और तरह-तरह के डेटा तैयार करते हैं। यह डेटा वैयक्तिकरण का बड़ा अवसर उपलब्ध कराता है-हरेक ग्राहक के लिए आप प्रस्तावों को उसके अनुकूल बना सकते हैं और उचित तरीक़े से उससे संवाद कर सकते हैं। मैंने अपनी एक ग्राहक से पूछा, जो कि अमेरिका की सबसे बड़ी दूरसंचार कंपनियों में से एक है, कि वह वर्गीकरण को किस तरह से देखती है।

उसका जवाब था:'हमारे पास अभी 13 करोड़ खंड हैं'– क्योंकि हर ग्राहक अब अच्छी तरह से चिह्नित है।

'आप अपने हरेक ग्राहक को चिह्नित कर सकते हैं और उसके हिसाब से हरेक के लिए अपने प्रस्तावों को कस्टमाइज़ कर सकते हैं। डिजिटल के साथ ये भारी संभावना है और यह संभव हुआ है तो केवल डेटा के ही कारण। यही तीसरा चरण है: ग्राहकों की समस्या को स्पष्ट करना और विशिष्ट रूप से पहचानना ताकि उसे हल किया जा सके, इसकी पहचान करना कि उस समस्या के लिए किस तरह के डेटा की ज़रूरत होगी, और उस डेटा को आप कैसे उपलब्ध कराएँगे।'

**चरण 4. सांगठनिक ढाँचों के प्रभावों की पहचान करना।** अपनी प्रकृति के कारण, डिजिटलीकरण की प्रवृत्ति विभिन्न कार्यात्मक होती है; यह केवल आईटी या मार्केटिंग के लिए नहीं होती, बल्कि यह इन बहुत सारे कार्यों को एक साथ लाने के बारे में होती है। प्रश्न है: आप अपने व्यवसाय को किस तरह से संगठित करेंगे कि आप इन विभिन्न कार्यात्मक परियोजनाओं का निष्पादन करने के योग्य हो सकें?

और, अंत में, आप उनके साथ डिजिटल रूपांतरण पहलों को निष्पादित करते हैं।

**चरण 5. द्वि–गति रणनीति:** अगर आप डिजिटल परियोजनाओं को ज़ोरदार प्रयास के साथ लागू करते हैं, तो असफलता के आसार बहुत ज़्यादा होते हैं। जहाँ डिजिटल की संभावनाएँ बहुत उच्च होती हैं, वहीं सफलता की दर ज़्यादा ऊँची नहीं होती है। डिजिटल परियोजनाओं को जिस तरह से निष्पादित किया जाता है, उसे मैं *द्वि–गति रणनीति(टू–स्पीड स्ट्रेटजी)* कहता हूँ, जिसमें किसी संगठन के अंदर विशिष्ट रूप से इस्तेमाल किए जाने वाले मामलों पर (छोटी जीतों पर) ध्यान केंद्रित रखा जाता है। इसे सर्व–व्यापी मत बनाइए। सब एक साथ करने या समूचे संगठन में कोई परियोजना लॉन्च करने के बजाय, आसान किंतु, लक्षित प्रयोग के मामलों पर ध्यान दीजिए, इन छोटी विजयों का पायलट या बुनियादी मंचों के रूप में फ़ायदा उठाइए और उनका निर्माण कीजिए।

संक्षेप में: किसी डिजिटल रूपांतरण परियोजना को शुरू करने के लिए, ग्राहकों की समस्याओं को पहचानने; व्यावसायिक मुख्य प्रदर्शन संकेतकों को परिभाषित करने; ज़रूरी डेटा का पता करने;संगठन के अंदर सभी अलग–अलग विभागों को एक साथ लाने; और बहुत विशिष्ट मामलों से आरंभ करने की ज़रूरत होती है।

## डिजिटल रूपांतरण की अगुवाई किसे करनी चाहिए?

डिजिटल रूपांतरण किस तरह से करना है, यह तय करने से पहले, यह समझना ज़रूरी है कि उद्यम में डिजिटल रूपांतरण की अगुवाई किसे करनी चाहिए, क्योंकि कई संगठनों में यह अजीब समस्या बनती जा रही है।

क्या सीईओ, सीएमओ या सीआईओ/सीटीओ को इस बदलाव की अगुवाई करनी चाहिए या इसके लिए नया पद सृजित किया जाना चाहिए? यह फ़ैसला कठिन है, जिससे

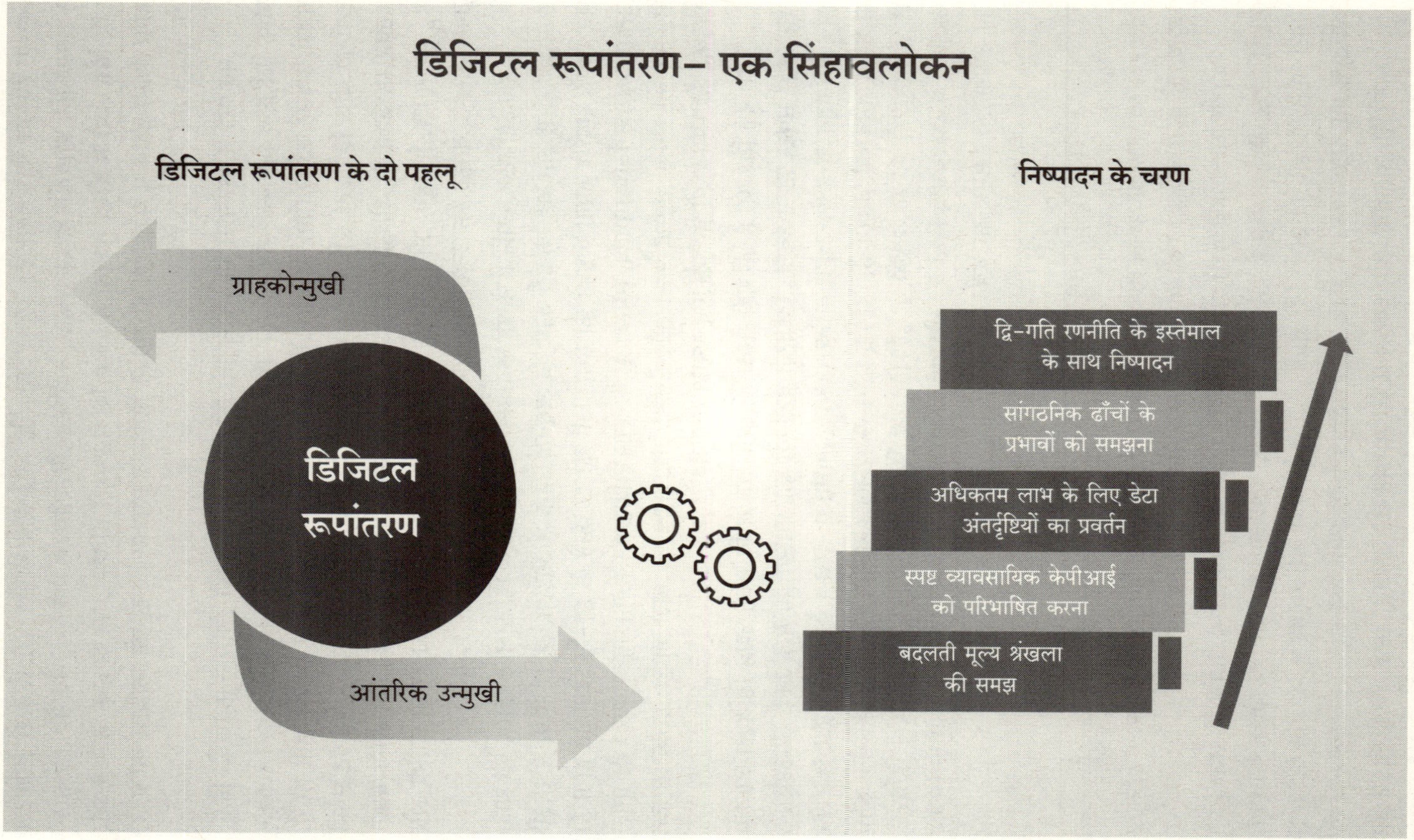
डिजिटल रूपांतरण– एक सिंहावलोकन
डिजिटल रूपांतरण के दो पहलू
ग्राहकोन्मुखी
डिजिटल रूपांतरण
आंतरिक उन्मुखी
निष्पादन के चरण
द्वि–गति रणनीति के इस्तेमाल के साथ निष्पादन
सांगठनिक ढाँचों के प्रभावों को समझना
अधिकतम लाभ के लिए डेटा अंतर्दृष्टियों का प्रवर्तन
स्पष्ट व्यावसायिक केपीआई को परिभाषित करना
बदलती मूल्य श्रंखला की समझ

अक्सर टकराव पैदा होता है। इसका उत्तर है, कोई एक व्यक्ति पूरी तरह से डिजिटल रूपांतरण की अगुवाई नहीं कर सकता, क्योंकि डिजिटलीकरण मार्केटिंग, तकनीक, संचालन और वित्त सभी से होकर गुज़रता है। जैसा कि मैंने पहले ही कहा, यह व्यापक काम है और अगर किसी उद्यम में कोई एक ही व्यक्ति डिजिटल रूपांतरण करने की कोशिश करता है, तो तबाही तय है।

नए पदों के सृजन से भी इस चुनौती का पूरा समाधान नहीं होता। उदाहरण के लिए, चीफ डिजिटल अधिकारी की भूमिका उभर रही है, लेकिन इस पद को पूरी तरह से सशक्त करना अक्सर कठिन होता है। सीआईओ और सीएमओ की भूमिकाएँ क़ायम रहती ही हैं, इसलिए चीफ डिजिटल अधिकारी उन पर निर्भर रहता ही है और इस तरह से यह पद सतही बनकर रह जाता है। जो लोग डिजिटल रूपांतरण की अगुवाई के मुद्दे को हल करना चाहते हैं, उन्हें गूगल, फ़ेसबुक और अमेज़ॉन जैसी मूल डिजिटल कंपनियों को देखना चाहिए और उनसे सीखना चाहिए कि उन्होंने किस तरह से इस काम को अंजाम दिया है।

मूल डिजिटल कंपनियों ने यह कभी नहीं बताया कि वे डिजिटल रूपांतरण की यात्रा से गुज़र रही हैं और यह कि इस काम की अगुवाई उनके सीआईओ कर रहे हैं या सीएमओ कर रहे हैं। समूची कंपनी ग्राहकों की समस्याओं को दूर करने के इर्द-गिर्द संगठित होती है। उत्पाद प्रबंधक विभिन्न ग्राहक समस्याओं के लिए विशिष्ट पहलों का नेतृत्व करता है। गूगल में, आपको सैकड़ों उत्पाद पहलें और सैकड़ों उत्पाद प्रबंधक मिल जाएँगे। इसका संगठन ग्राहकों की समस्याओं के इर्द-गिर्द बनाया गया है।

मेरा दृढ़ विश्वास है कि यही रास्ता है; इसी तरह से विरासती उद्यम डिजिटल जगत में वास्तव में सफल हो सकते हैं। डिजिटल कंपनियों की समस्या का मूल उनके संगठनात्मक ढाँचे में निहित होता है। उद्यमों को इस उत्पाद-आधारित संरचना के अनुसार खुद को फिर से गठित करने की ज़रूरत है, जो कि क्रॉस-फ़ंक्शनल (विभिन्न कार्यात्मक) संरचना होती है और ग्राहकों की समस्याओं के इर्द-गिर्द व्यवस्थित होती है। इस तरह से मूल डिजिटल कंपनियों ने इसे अंजाम दिया है, और मुझे लगता है कि विरासती उद्यमों के लिए इसी दर्शन को अपनाने का समय आ चुका है।

## डिजिटल रूपांतरण की अगुवाई कैसे करें

डिजिटल रूपांतरण में सफल होने के लिए लीडर्स (या उत्पाद प्रबंधकों) के पास कई प्रमुख विशेषताएँ होनी चाहिए। ऐसी ही दो विशेषताएँ ये हैं :

पहली विशेषता है **गहरी ग्राहक अंतर्दृष्टि**। किसी भी व्यवसाय में ग्राहक ही राजा होता है। डिजिटल अर्थव्यवस्था में यह दर्शन और ज़्यादा महत्त्वपूर्ण हो जाता है। ग्राहक की गहरी समझ यानी ग्राहकों को अभी क्या चाहिए और भविष्य में क्या चाहिए - यह सब डिजिटल रूपांतरण का नेतृत्व करने के लिए सबसे महत्त्वपूर्ण शुरुआती बिंदु है।

दूसरी है **तकनीक और व्यवसाय को समझने की क्षमता।** इसके लिए लीडर्स या प्रबंधकों की नई नस्ल की ही आवश्यकता होगी, जो तकनीक और व्यवसाय के साथ समान

रूप से सहज हों। यह बड़े विरासती उद्यमों में एक समस्या बन जाती है, जहाँ आईटी विभाग को व्यवसाय की अच्छी समझ नहीं होती है, और जहाँ ऐसे व्यावसायिक विभाग होते हैं, जो आईटी की समझ नहीं रखते हैं।

इन दोनों तरह की दुनियाओं के बीच सेतु बनने की प्रबंधकीय क्षमता ज़रूरी है, और यह सीआईओ, सीटीओ और उत्पाद प्रबंधक जैसे पदों के लिए पूर्व-आवश्यकता बनती जा रही है। इसके पहलू और भी हैं, लेकिन डिजिटल रूपांतरण की अगुवाई करने वाले उत्पाद प्रबंधकों में गहरी ग्राहक समझ तथा आईटी और व्यवसाय के बीच सेतु बनने की क्षमता आदि प्रमुख गुण होने ज़रूरी हैं।

## *डिजिटल रूपांतरण को सक्षम बनाने वाली तकनीकें*

डिजिटल रूपांतरण को सक्षम करने वाली चार प्रमुख तकनीकें हैं: डेटा साइंस, आर्टिफ़िशल इंटेलिजेंस यानी एआई तथा मशीन लर्निंग, ऑटोमेशन और क्लाउड। ये डिजिटल के चार स्तंभ हैं, और किसी भी उद्यम के डिजिटल रूपांतरण में इनमें से हरेक की अपनी एक निश्चित भूमिका होती है।

**डेटा विज्ञान डिजिटलीकरण का केंद्रीय तत्व है :** डेटा विज्ञान ही विशिष्ट ग्राहक यात्राओं और आंतरिक प्रक्रियाओं का अनुकूलन संभव बनाता है।

**एआई और मशीन लर्निंग की शक्ति वैयक्तिकरण** के मूल में निहित होती है, जो व्यक्तिगत स्तर पर ग्राहक अनुभव बढ़ाने के लिए आवश्यक होती है। मशीन लर्निंग के साथ-साथ डेटा का रोल अंतर्दृष्टि से कार्रवाई की ओर बढ़ रहा है।

**स्वचालन** आंतरिक प्रक्रियाओं में काफ़ी अधिक दक्षता लाता है। जैसा कि पहले बताया गया है, व्यवसाय में डिजिटल रूपांतरण का समग्र रूप से आंतरिक और बाहरी प्रक्रियाओं पर प्रभाव पड़ता है। आंतरिक प्रक्रियाओं के अनुकूलन में आरपीए और इंटेलिजेंट ऑटोमेशन जैसी स्वचालन तकनीकें बड़ा बदलाव ला रही हैं।

**अंत में, क्लाउड डिजिटल रूपांतरण को सक्षम बनाता है :** शुरुआत में क्लाउड की भूमिका अधोसंरचना के पक्ष में ज़्यादा होती थी। क्लाउड को अपनाने से संगठन की समूची अधोसंरचना और इसके सभी अनुप्रयोग बहुत ज़्यादा मापनीय बन जाते हैं। डिजिटल से आपकी माँग बहुत ज़्यादा बढ़ सकती है, और क्लाउड आपको अपनी अधोसंरचना निर्माण का मापनीय और दक्ष तरीक़ा उपलब्ध कराता है। क्लाउड की भूमिका अब अधोसंरचना से आगे फैल रही है और यह तकनीक में भी रूपांतरण को सक्षम बनाने वाला प्रमुख कारक बन रहा है।

## डिजिटल रूपांतरण: सफलता या तबाही

**डिजिटल रूपांतरण रणनीतिक प्राथमिकता होनी चाहिए :** डिजिटल अर्थव्यवस्था में ग्राहक पहले की तुलना में बहुत ही अलग मूल्य प्रस्ताव पा रहे हैं। यदि व्यवसाय उसके अनुरूप

स्वयं को नहीं ढालते हैं, तो विशेष रूप से वर्तमान स्थिति को देखते हुए यह उनके अस्तित्व और संभावित विलुप्ति का सवाल बन जाएगा, क्योंकि कोरोना महामारी ने व्यवसायों को अपने सामान्य भौतिक कार्यों के लिए डिजिटल विकल्पों को अपनाने के लिए मज़बूर कर दिया है।

हमने खुदरा उद्योग में इसे बहुत स्पष्ट रूप से देखा है, जब अमेरिका और पूरी दुनिया में केमार्ट (Kmart) और यहाँ तक कि वॉलमार्ट (Walmart) को भी अमेज़ॉन ने गंभीर रूप से चुनौती दी थी। यह उस फ़िल्म का ट्रेलर है, जिसके उद्योग दर उद्योग में चलने की संभावना है, और इसका कारण सिर्फ़ यह है कि ग्राहक को इन मूल डिजिटल कंपनियों से ऐसा मूल्य प्रस्ताव मिल रहा है, जो पुराने ज़माने की उनकी समकक्ष कंपनियों से मिलने वाले मूल्य प्रस्ताव की तुलना में मात्रा के हिसाब से श्रेष्ठ है, कम लागत का है और उच्चतर सुविधा और बेहतर ग्राहक सेवा वाला है। अगर किसी विरासती उद्यम के रूप में, आप बाहरी रूप से अपने ग्राहकों के लिए और आंतरिक रूप से अपनी प्रक्रियाओं को अनुकूलित करने के लिए डिजिटल रूपांतरण को स्वीकार नहीं करते हैं, तो आप ख़त्म हो जाएँगे।

किसी विरासती उद्यम के लिए डिजिटल रूपांतरण में सफलता सुनिश्चित करने के प्रमुख तरीक़ों में से एक यह है रणनीति और निष्पादन को जोड़ा जाए। जिस तरह से डिजिटल रूपांतरण की सेवाएँ देने वाली सेवा कंपनियाँ आज संरचित हैं, उसमें उनके पास या तो रणनीति परामर्श क्षमताएँ हैं या सूचना तकनीक निष्पादन शॉप के रूप में विशेषज्ञता है। यही समस्या है। डिजिटल एक ऐसा स्थान है, जहाँ पर अगर रणनीति और निष्पादन एकीकृत या जुड़े नहीं हैं, तो निष्पादन में असफलता के आसार बहुत ज़्यादा हैं!

## सारांश

- डिजिटल रूपांतरण के पहलू दोनों तरह के होते हैं- ग्राहक-उन्मुखी और आंतरिक उन्मुखी।
- डिजिटल रूपांतरण की शुरुआत में यह समझना चाहिए कि किस तरह से उद्योग की मूल्य श्रंखला बदल रही है, और व्यावसायिक मुख्य प्रदर्शन संकेतकों के बीच समन्वय करना चाहिए, डिजिटल डेटा की बाढ़ से फ़ायदा उठाना चाहिए, सांगठनिक ढाँचे के प्रभावों को परिभाषित करना चाहिए और द्वि-गति क्रियान्वयन रणनीति का इस्तेमाल करते हुए निष्पादन करना चाहिए।
- डिजिटल रूपांतरण के चार तकनीकी स्तंभ हैं- डेटा साइंस, आर्टिफ़िशल इंटेलिजेंस तथा मशीन लर्निंग, ऑटोमेशन, और क्लाउड।
- डिजिटल रूपांतरण की प्रकृति क्रॉस-फंक्शनल है, और उत्पाद प्रबंधकों को ऐसी पहलों की अगुवाई करनी चाहिए ,जिनसे क्रॉस फंक्शनल टीमों को एक साथ लाया जा सके।

# 3

# डिजिटल रूपांतरण की रूपरेखा भाग एक : डिजिटल को नए व्यावसायिक प्रतिमान की आवश्यकता के छह कारण[5]

*अगर आपने कोई ग़लती नहीं की, फिर भी आप हार रहे हैं ... तो आपको एक अलग ही खेल खेलना चाहिए।*

*—मास्टर योडा, स्टार वार्स*

निरंतर और व्यापक तकनीकी व्यवधान की दुनिया में जहाँ संगठन अपने अस्तित्व के लिए जूझ रहे हैं, वहाँ लगभग हर बड़े उद्यम में डिजिटल रूपांतरण की आवश्यकता अच्छी तरह से समझी जा सकती है। पिछले पाँच वर्षों में इनमें से ज़्यादातर कंपनियों ने बड़े पैमाने पर रूपांतरण कार्यक्रम चलाए हैं, हालाँकि, इन क़वायदों में भारी मात्रा में मानवशक्ति और संसाधन उड़ेलने के बावजूद, इन पहलों का वास्तविक व्यावसायिक प्रभाव कम और अपेक्षा से कम प्रभावी ही रहा है। कई अधिकारी इसको देखकर हैरान हैं।

मैंने प्रत्यक्ष रूप से यही देखा कि विरासती उद्यमों ने बिना यह जाने अपनी डिजिटल यात्रा शुरू कर दी कि डिजिटल व्यवसाय के अंतर्निहित व्यावसायिक और संगठनात्मक प्रेरक तत्व पारंपरिक व्यवसाय से बुनियादी तौर पर बहुत अलग होते हैं। अपने डिजिटल कार्यक्रमों में विरासती प्रबंधन और संगठनात्मक सिद्धांत लागू करना जारी रखते हुए, वे न केवल डिजिटल व्यवसाय की वास्तविक क्षमता के परिणाम को सीमित कर रहे हैं, बल्कि ज़्यादातर समय निराशाजनक असफलता का अनुभव भी कर रहे हैं।

इस दो भागों की चर्चा के भाग एक में हम यह पता लगाएँगे कि डिजिटल व्यवसाय में वास्तव में अलग क्या है। (भाग दो में, हम समझेंगे कि आज कंपनियों के लिए इन बदलावों के क्या मायने हैं और वे इन चुनौतियों का सामना कैसे कर सकती हैं।)

1. **नए दौर के ग्राहक :** आजकल के डिजिटल ग्राहक युवा हैं, अधिक अस्थिर हैं, और आमतौर पर अठारह से पैंतीस आयुवर्ग के हैं। वे न केवल सोशल मीडिया पर सक्रिय हैं, बल्कि ट्विटर (Twitter), फ़ेसबुक, इंस्टाग्राम(Instagram) और स्नैपचैट(Snapchat) जैसे विभिन्न प्लेटफ़ार्मों पर अपने साथियों और उनके द्वारा पसंद किए जाने वाले ब्रांडों से भी काफ़ी प्रभावित हैं। ऐसे 86 प्रतिशत युवाओं का कहना है कि वे सोशल मीडिया का बहुत ज़्यादा इस्तेमाल करते हैं। इसकी तुलना में पुरानी पीढ़ियों के बहुत कम लोग सोशल मीडिया का इस्तेमाल करते हैं।[6] इस वजह से, वे पुरानी पीढ़ियों के समान, ब्रांड के प्रति वफ़ादार नहीं हैं और क़ीमत के प्रति अत्यधिक संवेदनशील हैं। साथ ही, वे ज़्यादा माँग करने वाले हैं और उच्च गुणवत्ता वाले डिजिटल अनुभवों की अपेक्षा करते हैं।

2. **डेटा का विस्फोट :** आज हम जो डेटा देख रहे हैं, उसकी मात्रा, रफ़्तार और विविधता अभूतपूर्व है और यह डिजिटल व्यवसायों के लिए विशेष रूप से तेज़ी से बढ़ती रहेगी। डेटारिपोर्टल (DataReportal) के शोध से पता चला है कि दुनिया की आधी से ज़्यादा आबादी अब सोशल मीडिया का इस्तेमाल करती है, और सामान्य तौर पर ज़्यादा लोग सोशल मीडिया का इस्तेमाल करते हैं।[7] डेटा की यह विशाल मात्रा व्यवसायों को अभूतपूर्व अवसर देती है कि वे ग्राहकों को गहराई से समझें और उन्हें अधिक व्यक्तिगत अनुभव उपलब्ध कराएँ। यह चलन बनता जा रहा है और अब आमतौर पर ज़्यादातर ग्राहकों, संभावित ग्राहकों और साथियों द्वारा इसकी अपेक्षा की जाती है, जिनसे हम आजकल संवाद करते हैं। दूसरी तरफ़, डेटा मुश्किल भी बन सकता है – इस अर्थ में कि यदि कोई संगठन ग्राहक और संगठनात्मक लाभ के लिए इसका इस्तेमाल कुशलतापूर्वक नहीं करता है, तो यह फ़र्म को ऐसे निवेश चक्र में फँसा देगा जो कभी ख़त्म होना वाला नहीं है।

3. **बदलाव की बढ़ी हुई रफ़्तार :** सभी मोर्चों पर बदलाव की गति तेज़ हो गई है। क्लाउड और मोबाइल सरीखीं कुछ साल पहले की तकनीकें सामान्य हो गई हैं और उनकी जगह एआई, इंटरनेट ऑफ़ थिंग्स और ब्लॉकचेन जैसी नई तकनीकों ने ले ली है, जो वर्तमान संवाद का संचालन कर रही हैं। कुछ सालों में इन तकनीकों को भी किसी और चीज़ से बदल दिया जाएगा। व्यापार के मोर्चे पर भी बदलाव की रफ़्तार इतनी ही तेज़ है। उद्योग संरचनाएँ बदल रही हैं, और नतीजतन नए प्रतिस्पर्द्धी उभर रहे हैं। एक काल्पनिक उदाहरण दिया जा रहा है: मान लीजिए कि आप एक बड़ा वैश्विक बैंक चलाते हैं और आप एक डिजिटल रणनीति लागू कर रहे हैं। आप न केवल इस बारे में चिंतित हैं कि आपका प्रतिस्पर्द्धी बैंक क्या कर रहा है, बल्कि अब आप यह देखना का भी इंतज़ार कर रहे हैं कि अमेज़ॉन जैसा कोई व्यवधानकर्ता

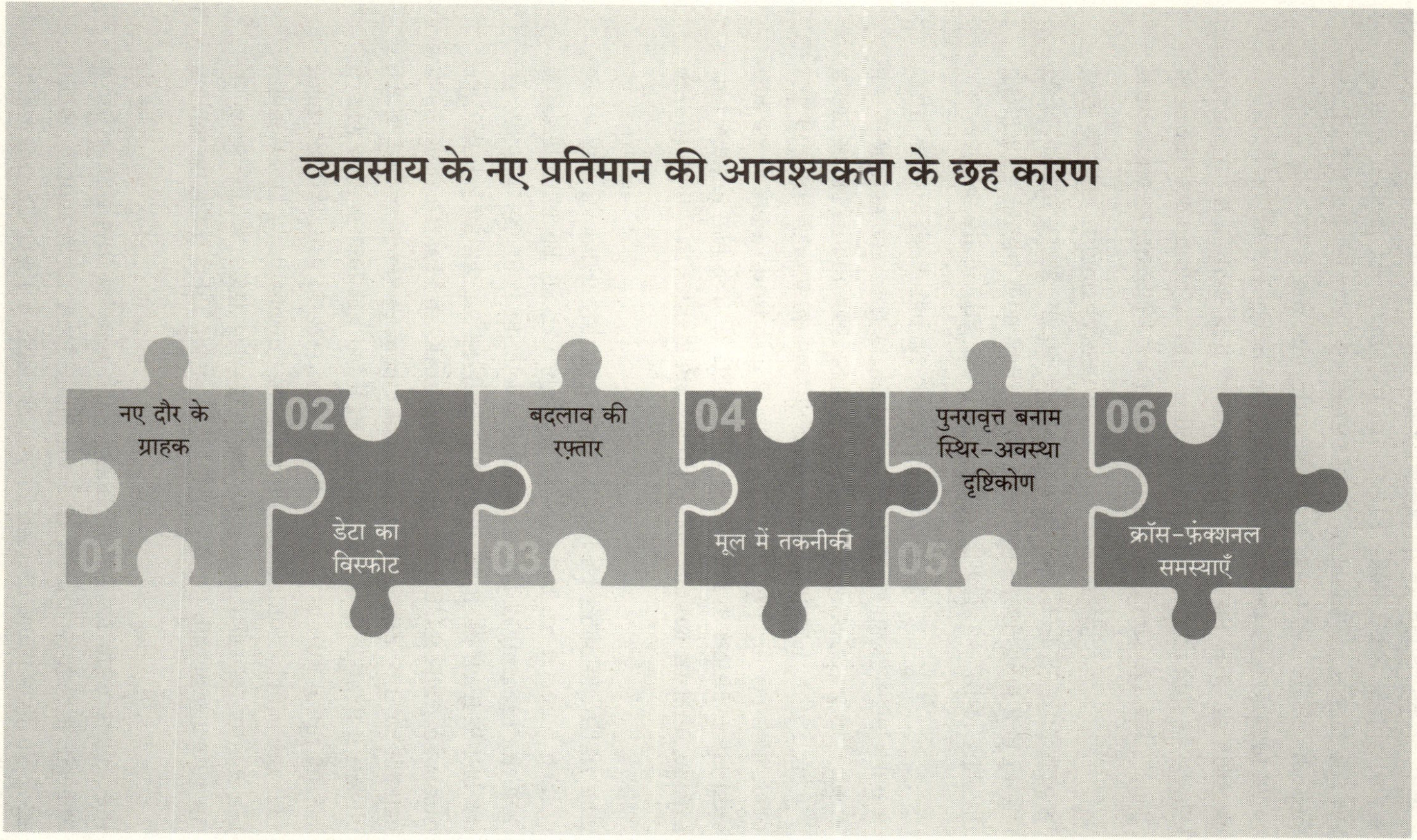
व्यवसाय के नए प्रतिमान की आवश्यकता के छह कारण
01
नए दौर के ग्राहक
02
डेटा का विस्फोट
03
बदलाव की रफ़्तार
04
मूल में तकनीकी
05
पुनरावृत्त बनाम स्थिर-अवस्था दृष्टिकोण
06
क्रॉस-फ़ंक्शनल समस्याएँ

वित्तीय सेवा की दुनिया में प्रवेश कर रहा है। एक और वास्तविकता यह है कि आपके पारंपरिक बाज़ार शायद आपके सामने उन अवसरों की पेशकश नहीं करते हैं, जो वे पहले करते थे; बहुत ज़्यादा विकास दर वाले नए बाज़ार लगातार उभर रहे हैं।

4. **तकनीक का केंद्र में होना :** तकनीक की शुरुआत सहयोगी कार्य के रूप में हुई थी, जो कंपनी सर्वर और डेटा केंद्र चलाती थी। पिछले एक दशक में, यह एक ऐसा प्रवर्तक बन गई है, जो व्यवसायों को चलाने वाले अनुप्रयोगों का निर्माण और रख-रखाव करती है। आज डिजिटल व्यवसाय एक तकनीकी व्यवसाय है और इस अर्थ में आज तकनीक आगे और केंद्र में है। इस नई डिजिटल वास्तविकता में सफलता पाने के लिए हर कंपनी को अपने आपको फिर से तैयार करने और एक तकनीकी डीएनए के निर्माण करने की ज़रूरत होती है। अगर सांगठनिक लीडर्स यह सचमुच नहीं समझते हैं कि तकनीक की ताक़त क्या है और यह उनकी कंपनी के लिए क्या कर सकती है, तो उनका डिजिटल व्यवसाय सफल नहीं हो सकता है। इसी तरह, तकनीकी विभाग की क्षमताओं और प्रोफ़ाइल को विशेष रूप से अपग्रेड करने की ज़रूरत होती है, क्योंकि अब हमें तकनीकी विभागों को रूपांतरकारी लीडर्स बनाने की ज़रूरत है।

5. **पुनरावृत्त बनाम स्थिर-अवस्था दृष्टिकोण :** डिजिटल रूपांतरण को निरंतर गतिशील लक्ष्य बनाने के लिए पुनरावृत्त दृष्टिकोण की आवश्यकता के संयोजन में तीन विषय काम कर रहे होते हैं। सबसे पहले तो ग्राहकों की हमेशा विकसित होने वाली ज़रूरतें होती हैं। दूसरा, डेटा का विस्फोट और एनालिटिक्स क्षमताओं में निरंतर सुधार होता है, जो आपको लगातार बेहतर अंतर्दृष्टि उपलब्ध कराने की अनुमति देता है। तीसरा, तेज़ी से परिपक्व होने वाली डिजिटल तकनीकें निरंतर तैनाती को सक्षम बनाती हैं, जिससे बड़े-बड़े क्रियान्वयन की ज़रूरतें नहीं रह जाती हैं।

   नतीजे के तौर पर 'सही पहली बार' मौजूद नहीं होता है; इसलिए आपके पूरे दृष्टिकोण को पुनरावृत्त बनना होगा। निरंतर प्रयोग और सीखना प्रमुख होता है। आप निष्पादित करते हैं, नई अंतर्दृष्टि हासिल करते हैं, ठीक करते हैं, सुधार करते हैं, इसके बाद फिर से निष्पादित करते हैं।

6. **क्रॉस-फ़ंक्शनल समस्याएँ :** जब डिजिटल व्यवसाय के निर्माण की बात आती है, तो समस्या केवल मार्केटिंग, वित्त, संचालन या तकनीक की नहीं होती है; डिजिटल समस्याएँ तो अंतर्विषयक होती हैं। इस प्रकार, यह इस बारे में है कि ग्राहक की समस्याओं का समाधान विकसित करने के लिए ये सभी विभिन्न कार्य किसी क्रॉस-फ़ंक्शनल सेट-अप में कैसे आते हैं। मेरे अनुभव से, इसके लिए अधिक सांगठनिक सहयोग और कई ऐसे कार्यों की ज़रूरत होती है,जो निर्बाध रूप से काम करें। मूल डिजिटल कंपनियाँ इस सहयोग को पूरा करने में ज़्यादा सफल होती हैं, जबकि विरासती उद्यम अपने जमे-जमाए सांगठनिक ढाँचे से दूर जाने के लिए जूझा करते हैं।

निष्कर्ष यह है कि किसी डिजिटल व्यवसाय की बुनियादी प्रकृति पारंपरिक व्यवसाय से बहुत अलग होती है। जब तक बड़े उद्यम इसे नहीं समझते, मेरा मानना है कि वे तब तक डिजिटल को सही तरह से हासिल करने के लिए जूझते ही रहेंगे।

संगठनात्मक मूल सिद्धांतों को बदले बिना किसी सफल डिजिटल व्यवसाय के निर्माण की उम्मीद करना निरर्थक प्रयास है। यह किसी डिजिटल व्यवसाय के निर्माण के ही बारे में नहीं है, बल्कि आमूलचूल व्यवसाय रूपांतरण के निर्माण के बारे में है।

## सारांश

- डिजिटल रूपांतरण का निष्पादन सफलतापूर्वक नहीं हुआ है, क्योंकि परंपरागत उद्यमों ने इसके प्रेरक तत्वों को ठीक से नहीं समझा है।
- युवा, अधिक माँग करने वाले लक्षित ग्राहक, डेटा का विस्फोट, बदलाव की अभूतपूर्व रफ़्तार के कारण डिजिटल व्यवसाय भिन्न होते हैं।
- तकनीक को सभी व्यावसायिक प्रक्रियाओं के मूल में होने की ज़रूरत होती है।
- 'पहली बार में सही' के बजाय पुनरावृत्त दृष्टिकोण की ज़रूरत होती है, और समस्याएँ बेहद अंतर्विषयक होती हैं।

# 4

# डिजिटल रूपांतरण की रूपरेखा भाग दो : सफल डिजिटल रूपांतरण के पाँच नियम[8]

*हमारी क़ाबिलियतों से कहीं ज़्यादा, हमारी पसंद ये बताती हैं कि वास्तव में हम क्या हैं।*

*— एल्बस डंबलडोर, हैरी पॉटर ऐंड द चैंबर ऑफ़ सीक्रेट्स*

यह तो सुस्थापित है कि हर कोई डिजिटल होने की कोशिश कर रहा है। फिर भी, संगठन डिजिटल रूपांतरण कार्यक्रमों से सफल व्यावसायिक प्रभाव प्राप्त करने के लिए जूझते रहते हैं। पिछले अध्याय में हमने देखा कि कोई डिजिटल व्यवसाय पारंपरिक व्यवसाय से बुनियादी तौर पर भिन्न होता है: उसमें ग्राहक युवा और अधिक माँग करने वाला होता है; डेटा का विस्फोट होता है; बदलाव की गति अभूतपूर्व होती है; तकनीक कोई सहायक कार्य नहीं, बल्कि मूल कार्य है; 'पहली बार में ही सही' दृष्टिकोण काम नहीं करता है; और अंत में, डिजिटल समस्याएँ अत्यधिक अंतर्विषयक होती हैं।

इस अंतर को पहचानने में असमर्थता विज़न की असफलता और डिजिटल रूपांतरण कार्यक्रमों में निष्पादन की असफलता दोनों की ओर ले जाती है। उद्यमों को यह समझना ज़रूरी है कि उन्हें डिजिटली बाधित दुनिया में सफल होने के लिए नई मानसिकता और नए दृष्टिकोण की ज़रूरत है, अन्यथा उनके समक्ष मूल डिजिटल कंपनियों के लिए ऐसा आधार खोने का ख़तरा है, जिसे एक बार खोने के बाद वापस नहीं पाया जा सकता।

अपनी डिजिटल यात्रा में रूपांतरकारी सफलता हासिल करने के पाँच कार्यबिंदु ये हैं :

## 1. बिज़नेस मॉडल पर फिर विचार करें

उद्योग मूल्य श्रंखलाएँ मध्यस्थहीन होती जा रही हैं! रिटेल ग्राहक, जो कभी कुछ क़दम दूर हुआ करता था, अब सीधे आपके उद्यम से संवाद करता है। इस मध्यस्थहीनता से लाभ उठाने और इस युवा तथा डिजिटल रूप से जानकार ग्राहक के साथ जुड़ने के लिए आपको अपने बिज़नेस मॉडल पर फिर विचार करने की ज़रूरत है। आपको अपने उत्पादों, मूल्य निर्धारण, ग्राहक संपर्क बिंदु, सेवा डिलीवरी मॉडल आदि पर भी फिर विचार करने की ज़रूरत है। जब आप बिज़नेस मॉडलों का विकास करते हैं, तो आप अपनी कुछ मौजूदा गतिविधियों या व्यवसाय के उपयोग में लाए जाने से डर नहीं सकते। बिज़नेस मॉडल के निर्णय अक्सर इस चिंता से घिरे होते हैं कि किसी मौजूदा चैनल या सेवा लाइन से आपका कुछ राजस्व प्रभावित हो सकता है। यह वृद्धिशील सोच डिजिटल युग में ठीक नहीं बैठती। अगर आप अपने व्यवसाय के एक हिस्से को अपनी लंबी अवधि और दीर्घ लाभ के लिए इस्तेमाल होने देने के लिए तैयार नहीं हैं, तो कोई और आएगा और आपका इस्तेमाल कर ले जाएगा।

## 2. व्यवसाय और ग्राहकों के परिणामों पर ख़ूब ध्यान दें

डिजिटल रूपांतरण पहले कभी न ख़त्म होने वाली भारी परियोजनाएँ बन सकती हैं, और लक्ष्य की ओर जाने वाले मार्ग से भटकना आसान होता है। मेरे अनुभव में, शुरू करने का आदर्श तरीक़ा स्पष्ट रूप से परिभाषित प्रमुख प्रदर्शन संकेतक (केपीआई) हैं, जो आपके व्यवसाय पर सबसे अधिक भौतिक प्रभाव डालेंगे। एक बार व्यवसाय केपीआई परिभाषित हो जाने के बाद, उन्हें समूचे रूपांतरण कार्यक्रम के लिए सूत्रधार बन जाना चाहिए। व्यावसायिक केपीआई आपकी रणनीतिक प्राथमिकताओं से प्रवाहित होने चाहिए, जैसे डिजिटल चैनल मिक्स को बढ़ाना, क्रॉस-सेलिंग या अप-सेलिंग बढ़ाना या ग्राहक-क़ायम रखने में सुधार करना। एक बार जब आप व्यावसायिक केपीआई को शुरुआती बिंदु के रूप में चुन लेते हैं, तो अगला क़दम ग्राहक के समस्या बिंदुओं की पहचान करना और उनका समाधान करना होता है, जो इन व्यावसायिक केपीआई को आगे बढ़ाएँगे। व्यवसाय और ग्राहक परिणामों पर पैनी नज़र रखने से आपको अपना ध्यान केंद्रित रखने और यह सुनिश्चित करने में सहायता मिलेगी कि आप सही समस्याओं का समाधान कर रहे हैं।

## 3. डेटा की ताक़त का इस्तेमाल करें

पिछले अध्याय में मैंने ग्राहकों को गहराई से समझने और उन्हें अधिक व्यक्तिगत अनुभव देने के लिए डेटा का इस्तेमाल करने के अभूतपूर्व अवसर के बारे में बात की थी,

जो व्यवसायों के समक्ष उपलब्ध है। चाहे ग्राहक यात्रा हो या आंतरिक प्रक्रिया, इनके सफलतापूर्वक अधिकतम इस्तेमाल की कुंजी विश्लेषणात्मक रूप से ठोस डेटा-संचालित निर्णयों में निहित होती है। गार्टनर के शोध में अनुमान लगाया गया है कि शीघ्र ही कॉर्पोरेट रणनीतियाँ 90 प्रतिशत सूचना को महत्त्वपूर्ण उद्यम संपत्ति के रूप में, और एनालिटिक्स को आवश्यक योग्यता के रूप में स्पष्ट रूप से उल्लिखत करेंगी।[9] डिजिटल ऑप्टीमाइजेशन में डेटा साइंस का प्रभावी इस्तेमाल सच्चे रूप में 'प्रमुख विशेषता' है। डेटा के आधार पर ऐल्गारिदम संबंधी निर्णय लेने से मानव बुद्धि पर जीत हासिल होती है, हालाँकि, समय और धन के मामलों में डेटा पहलों में 90 प्रतिशत या इससे भी ज़्यादा ध्यान आमतौर पर डेटा तैयार करने और इसे डेटा लेक में एक साथ लाने पर रहता है और अंतर्दृष्टि निकालने तथा निर्णय लेने के लिए डेटा का इस्तेमाल करने पर इससे कम ध्यान होता है। इस दृष्टिकोण को उलटिए: पहले, आप उस निर्णय का पता लगाइए, जो आप लेना चाहते हैं, फिर उसके लिए डेटा जुटाने के बारे में सोचिए। जब आप किसी समस्या को (अपने व्यावसायिक केपीआई द्वारा संचालित) हल करने की कोशिश कर रहे होते हैं, तो आप महसूस करेंगे कि आपके डेटा प्रबंधन प्रयास भी अधिक केंद्रित और प्रबंधन योग्य हो जाएँगे।

## 4. एकीकृत आमूलचूल दृष्टिकोण अपनाएँ

बड़े उद्यम बंद संरचनाओं में बँधे रहते हैं, जो कि उनके विरासती व्यवसायों के कार्य होते हैं।

जब ये उद्योग डिजिटल कार्यक्रम शुरू करते हैं, तो यह बड़ी चुनौती बन जाता है, क्योंकि डिजिटल अपने स्वभाव से ही अंतर्विषयक होता है। आपको नई संरचनाएँ स्थापित करने की ज़रूरत होती है, जिनसे सरलीकृत क्रॉस-फ़ंक्शनल सहयोग, त्वरित निर्णय लेने और एकीकृत दृष्टिकोण का मौक़ा मिले। आपके ऑपरेटिंग मॉडल को 'गठबंधन स्वायत्तता' को सक्षम करने लायक़ बनाने की ज़रूरत होती है, ताकि यह सुनिश्चित किया जा सके कि एंड-टू-एंड क्षमताओं को एक साथ लाया जाए और हर टीम परिणामों के स्वामित्व के साथ सशक्त और निहित हो। साथ ही व्यावसायिक नतीजे हासिल करने के लिए टीमों में स्पष्टता और उन्हें एक साथ लाने की ज़रूरत होती है।

कई उपभोक्ता इंटरनेट कंपनियों ने व्यावसायिक सफलता प्रबंधकों या उत्पाद प्रबंधकों को सशक्त बनाकर इसका समाधान निकाला है, जो पहलों का एंड-टू-एंड स्वामित्व और जवाबदेही रखते हैं। उत्पाद प्रबंधक जोड़ने वाले की भूमिका निभाता है, जो ग्राहक-केंद्रित दृष्टिकोण अपनाता है, व्यापार और तकनीक दोनों को ही समझता है, और वांछित नतीजे हासिल करने के लिए ज़रूरी विभिन्न क्षमताओं और पहलों को एक साथ लाने के लिए कनेक्टर का काम करता है।

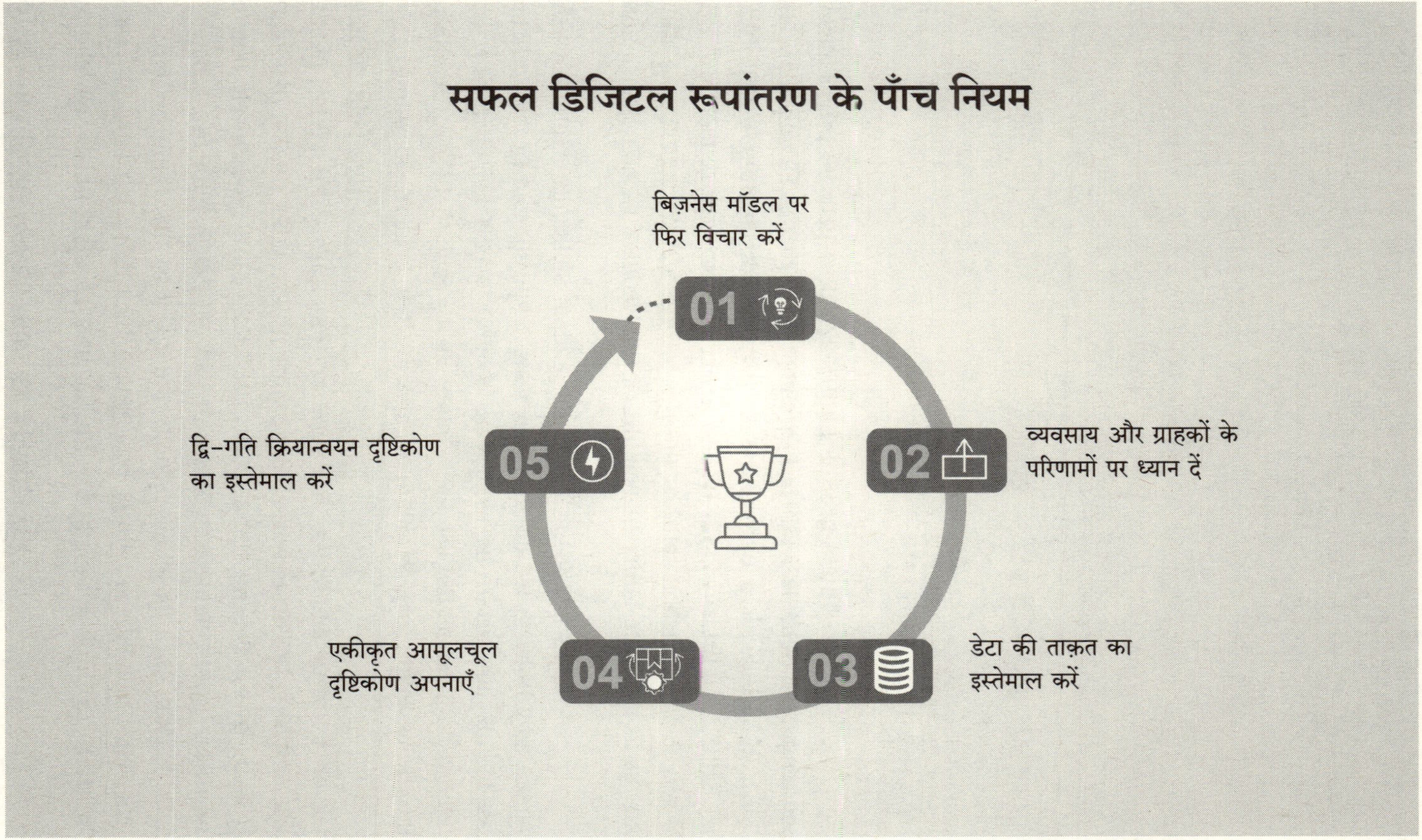
सफल डिजिटल रूपांतरण के पाँच नियम
बिज़नेस मॉडल पर
फिर विचार करें
01
02
व्यवसाय और ग्राहकों के
परिणामों पर ध्यान दें
03
डेटा की ताक़त का
इस्तेमाल करें
04
एकीकृत आमूलचूल
दृष्टिकोण अपनाएँ
05
द्वि–गति क्रियान्वयन दृष्टिकोण
का इस्तेमाल करें

## 5. द्वि–गति क्रियान्वयन दृष्टिकोण का इस्तेमाल करें

डिजिटल की पुनरावृत्त प्रकृति को देखते हुए 'बड़े–बड़े क्रियान्वयन' करना, मेरे अनुभव में, तबाही को न्योता देना है। साथ ही, संकीर्ण, तदर्थ इस्तेमाल के मामलों पर ध्यान लगाने से प्रभाव भी सीमित पड़ता है। मैं 'द्वि–गति' दृष्टिकोण अपनाने की पुरजोर वकालत करता हूँ –जिसमें उच्च प्रभाव के इस्तेमाल वाले मामलों पर ध्यान लगाया जाता है, जो वास्तव में यात्रा शुरू करने का संकेत देते हैं, साथ ही, डेटा और तकनीकी मंच के निर्माण में सफलताओं का लाभ उठाया जाता है। लगातार चुस्त क्रियान्वयन चक्रों में, द्वि–गति रणनीति आपको मापनीय मंच विकसित करते हुए सबसे मुख्य व्यावसायिक समस्याओं को हल करने का मौक़ा देगी।

द्वि–गति क्रियान्वयन न केवल तकनीकी कार्यक्रमों के लिए, बल्कि व्यावसायिक रणनीति के लिए भी प्रासंगिक है। बहु–वर्षीय, नियत व्यावसायिक रणनीतियाँ अपनाना ऐसे विश्व में मौत को चूमने के समान है, जहाँ ग्राहकों की आवश्यकताएँ और उपलब्ध तकनीकें, दोनों ही बहुत तीव्र गति से बदल रही हैं। इस प्रतिमान में, व्यावसायिक रणनीति चुस्त होनी चाहिए और आपके निष्पादन अनुभव से संचालित होनी चाहिए।

संगठन अपनी डिजिटल रूपांतरण यात्रा में तभी सफलता हासिल करेंगे, जब वे यह बात समझ लेंगे कि उनके डिजिटल व्यवसाय परंपरागत व्यवसायों से बुनियादी तौर पर भिन्न हैं और उन्हें अलग तरीक़े से चलाने की ज़रूरत होती है। डिजिटल व्यवसायों को आमूलचूल व्यावसायिक रूपांतरण की ज़रूरत होती है, जो सशक्त विज़न से शुरू होता हो और उसके बाद सफल निष्पादन के स्मार्ट तरीक़े अपनाए जाते हों। डिजिटल रूपांतरण को केवल एक तकनीकी परियोजना मानने से तो केवल सीमित नतीजे ही मिलेंगे।

# द्वि–गति क्रियान्वयन से सफल निष्पादन होता है

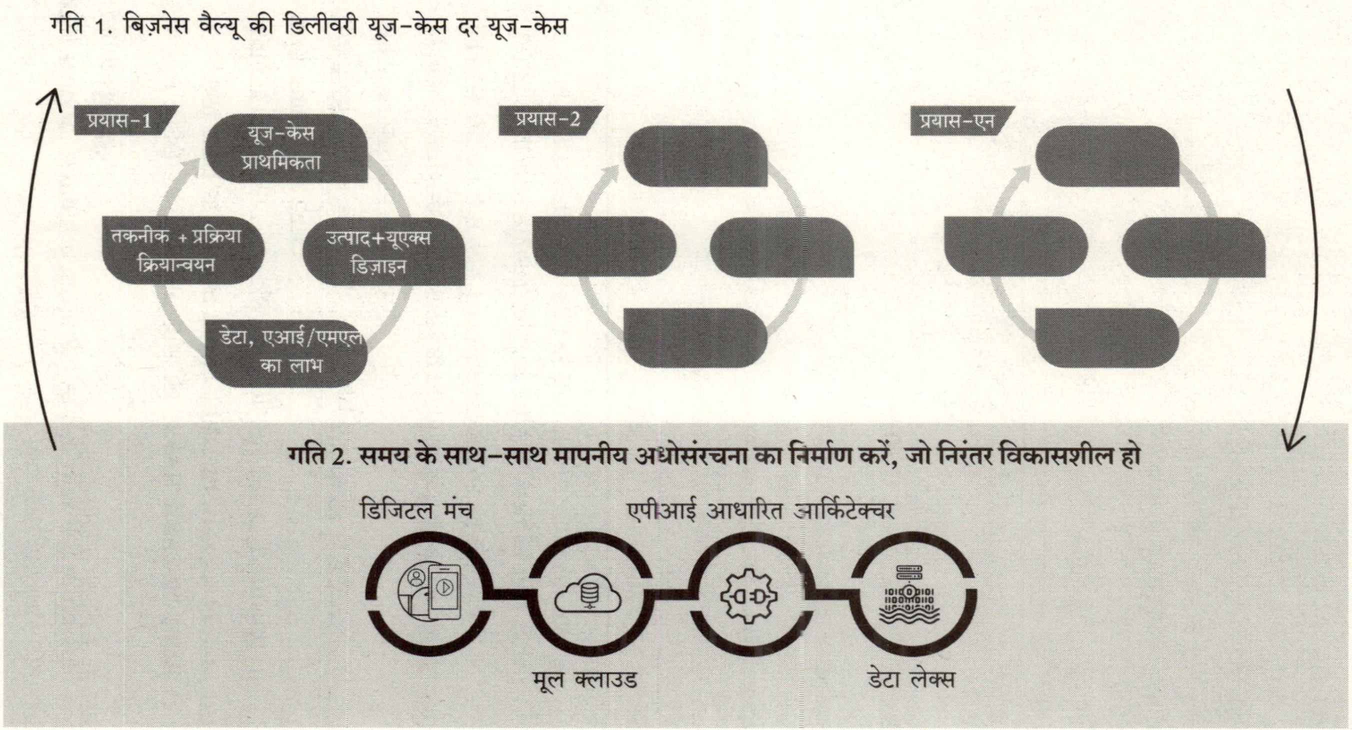

## सारांश

**डिजिटल रूपांतरण कार्यक्रम में सफल होने के लिए पाँच सूत्री कार्ययोजना, इसमें शामिल बिंदु हैं :**

- बिज़नेस मॉडल को युवा और डिजिटली जानकार ग्राहकों की ज़रूरतों के अनुरूप बनाने के लिए उस पर फिर विचार करना।
- केपीआई में सफलता के सहारे व्यवसाय और ग्राहक के परिणामों पर बहुत ज़्यादा ध्यान देना।
- अंतर्दृष्टियाँ हासिल करने और तथ्य आधारित निर्णय लेने में डेटा की ताक़त का इस्तेमाल करना।
- एकीकृत, आमूलचूल दृष्टिकोण अपनाना ताकि सरलीकृत क्रॉस-फ़ंक्शनल सहयोग और तीव्र निर्णय प्रक्रिया हासिल हो सके।
- द्वि-गति क्रियान्वयन दृष्टिकोण,जो उच्च प्रभाव के इस्तेमाल वाले मामलों पर ध्यान देता हो। यह आगे बढ़ने के लिए सचमुच आवश्यक होता है।

# 5

# डिजिटल तकनीक में निवेश के रिटर्न को अधिकतम करना, भाग एक : समस्याएँ क्यों बनी रहती हैं[10]

*करो... या न करो। कोशिश करने जैसा कुछ नहीं होता।*

*— मास्टर योडा, स्टार वार्स*

आज के बिज़नेस जगत में, डिजिटल मुख्यधारा बन चुका है। डिजिटल रूपांतरण हमारी पीढ़ी की सबसे बड़ी ट्रेंड है, और हर साल इसमें भारी संसाधन लगाए जा रहे हैं, हालाँकि जब हम सतह के नीचे देखते हैं, तो हम पाते हैं कि हार्वर्ड बिज़नेस रिव्यू[11] के अनुसार 70 *प्रतिशत डिजिटल पहलें नाकाम होती हैं।* अनेक फ़र्में अपने डिजिटल निवेशों का रिटर्न (आरओआई) अपेक्षा से कम पाती हैं, क्योंकि तकनीकी बजट बढ़ता रहता है और परिणाम दिखते नहीं हैं।

कुल मिलाकर, पूर्ण डिजिटल अभिग्रहण की दर काफ़ी कम है। बड़े उद्योगों के साथ मेरे अनुभव के आधार पर, पूर्ण अभिग्रहण की दर केवल 5–10 प्रतिशत है (हालाँकि कोविड–19 महामारी के कारण 2020 के साल में डिजिटल अभिग्रहण में काफ़ी तेज़ी आई है। उदाहरण के लिए, सेलेंट के अनुसार (द फ़ाइनेंशियल ब्रांड के मार्फ़त), केवल 11 *प्रतिशत बैंकिंग संस्थाएँ* ही चैनल–व्यापी रणनीति[12] का निष्पादन कर रही हैं, जबकि 50 प्रतिशत बैंक अब भी चैनल–व्यापी क्षमता पर शोध ही कर रहे हैं। कई मामलों में, वैयक्तिकरण भी बेहद सीमित होता है। जहाँ रेड पॉइंट ग्लोबल ने पाया है कि आज 63 प्रतिशत ग्राहक वैयक्तिकरण[13] की अपेक्षा करते हैं, वहीं बीसीजी ने पाया है कि केवल 15 प्रतिशत उद्यम ही वास्तव में वैयक्तिकरण के लीडर हैं।[14] रियल–टाइम डेटा का लाभ

उठाने की दर बेहद कम है और जुटाए गए डेटा के केवल एक प्रतिशत का विश्लेषण और इस्तेमाल[15] होता है, और केवल 16 प्रतिशत ब्रांड रियल-टाइम संवाद करने में काफ़ी प्रभावी हैं।[16]

संभावना और प्रभाव में इतना अंतर क्यों है, और कंपनियाँ इस अंतर को कैसे पाट सकती हैं? सबसे बड़ी समस्या यह है कि जब डिजिटल रूपांतरण की बात आती है, तो आज ज़्यादातर व्यवसाय दूसरों की बराबरी करने की कोशिश करते हैं। इसके बजाय कंपनियों को मूल डिजिटल कंपनियों से सीखने की कोशिश करनी चाहिए और उन्हें रक्षात्मक होने के बजाय आक्रामक होना चाहिए। पूर्ण डिजिटल अभिग्रहण करने वाले उद्यम अपने निवेशों से सार्थक प्रभाव निकाल पाने में सक्षम हैं, जैसे कि उत्पादकता में 25 प्रतिशत की बढ़ोतरी, ग्राहक- क़ायम रखने की दरों में दोगुना सुधार और साथियों की तुलना में दो से तीन गुना तीव्र वृद्धि।

### *डिजिटल रूपांतरण कर रही कंपनियों की समस्याएँ क्यों बनी रहती हैं*

जब डिजिटल रूपांतरण की बात आती है, तो बड़े उद्यमों के ज़्यादातर अधिकारी उनकी समस्याओं की जड़ों तक सहज रूप से पहुँच ही नहीं पाते। इस अध्याय में, मैंने असफल डिजिटल पहलों के मूल तकनीकी कारणों पर प्रकाश डाला है। बड़े विरासती उद्यमों के साथ काम करने के अपने अनुभव में मैंने चार सामान्य मूल कारण देखे हैं।

- **डेटा अधोसंरचना बिग डेटा को सँभालने में अक्षम होता है :** जब असंरचित डेटा से अंतर्दृष्टियाँ हासिल करने की बात आती है, तो मौजूदा डेटा अधोसंरचना की अपनी सीमाएँ होती हैं। मूल रूप से संरचित डेटा के लिए तैयार किए जाने के कारण यह अधोसंरचना बड़े डेटा विस्फोट को सँभालने के लिए तैयार नहीं होता है। एक बार परिभाषित हो जाने के बाद हिस्सों को बदलना कठिन होता है, क्योंकि नए डेटा आयाम जोड़ने के लिए महँगी डिज़ाइन और रिप्रोसेसिंग प्रयास की ज़रूरत पड़ती है। इसके अलावा, विरासती डेटा अधोसंरचना में अंतर्दृष्टियों की बारीक़ियों तक जाने में काफ़ी दिक्क़त आती है। उदाहरण के लिए, आपने आख़िरी बार अमेज़ॉन की तरह किसी बैंक को वैयक्तिकरण में सही-सही कब देखा है?
- **आईटी प्रक्रियाएँ प्रयोग और तेज़ी से काम करने वाली विधियों का समर्थन नहीं करती हैं :** वर्तमान में अनेक विरासती उद्यमों में काम कर रहे परंपरागत आईटी तैनाती चक्र, आधुनिक एनालिटिक्स के 'टेस्ट, लर्न, एडाप्ट' प्रतिमान को समर्थन देने और संचालित करने के लिए डिज़ाइन नहीं किए गए हैं। ये प्रक्रियाएँ प्रयोग पर आधारित होनी चाहिए। अगर किसी चीज़ को नाकाम होना ही है, तो उसे शीघ्र ही नाकाम हो जाना चाहिए। आप किसी चीज़ को आज़माते हैं, उसके परिणाम मापते हैं, नाकाम होते हैं, चीज़ें बदलते हैं, फिर से आज़माते हैं। इसके बजाय, किसी विरासती उद्यम में आपको विश्लेषण करने में, और यह सुनिश्चित करने में बहुत ज़्यादा समय लगाना

# डिजिटल पहलों के लक्ष्य पूरा न हो पाने के चार प्रमुख कारण

पड़ता है कि पहली ही बार में आप सफल हो जाएँ, क्योंकि अगर आप नाकाम होते हैं, तो यह घातक हो सकता है।

- **बैक-एंड सिस्टम रियल-टाइम संवाद नहीं सँभाल सकते :** ज़्यादातर विरासती उद्यमों में, यह सिस्टम अड़चन बनकर रह जाते हैं। वे ग्राहकों के संकेतों के लिए रियल-टाइम प्रतिक्रिया को सक्षम करने के वास्ते संभाव्य पसंद-आधारित कार्यप्रवाह को सँभालने के मकसद से डिज़ाइन किए ही नहीं गए हैं। क्या आपने ऑनलाइन बैंक खाता खोलने की कोशिश की है? यह संभव नहीं है, क्योंकि ज़्यादातर बैंकों में बैक-एंड सिस्टम इस सेवा का समर्थन करने या रियल-टाइम ग्राहक सेवाएँ ऑनलाइन देने में सक्षम नहीं हैं। नतीजतन, रियल टाइम ग्राहक सेवाओं और एंड-टू-एंड परिवर्तन से मज़बूती से जुड़े सिस्टम और स्वचालन की वास्तविक क्षमता को हासिल करने में व्यवसाय असमर्थ होते हैं।
- **विरासती व्यवसायों की प्रक्रियाएँ डिजिटल युग में बदलती अपेक्षाओं के हिसाब से बहुत धीमी हैं :** इन प्रक्रियाओं की बुनियादी मानसिकता केवल नियंत्रण, जोखिम प्रबंधन और विस्तृत होने के बारे में ही होती है। ये प्रक्रियाएँ पहली ही बार में बिना असफलता के सही नतीजा हासिल करने के लिहाज़ से तैयार की गई थीं। इसके परिणामस्वरूप, व्यवसायों ने असफलता से बचने के लिए बहुत जटिल प्रक्रियाएँ बना ली हैं, हालाँकि, जैसा कि हर बहुत जटिल चीज़ के बारे में होता है, इसके लिए रियल टाइम में तेज़ होना कठिन होता है। 'पहली बार में ही सही काम होने' की प्रक्रिया की विरासती मानसिकता पुनरावृत्त प्रयोग आधारित सुधारों को संचालित करना कठिन कर देती है। दूसरे शब्दों में, अगर तकनीक काम करती भी है, तो व्यावसायिक प्रक्रियाएँ चीज़ों को धीमा कर देती हैं।

## *खेल बदलना :*

टिकाऊ परिवर्तन हासिल करने के लिए मेरा मानना है कि विरासती कंपनियों को रक्षात्मक खेल बंद करने और आक्रामकता अपनाने की ज़रूरत है। उनको ऐसी मूल डिजिटल कंपनियों से सबक़ सीखने की ज़रूरत है, जिन्होंने इन आयामों पर फिर से विचार किया और छलांग लगाकर उनसे आगे बढ़ गईं।

मुख्य बात यह है कि डिजिटल पहलों को अपने आप में अग्रणी रणनीति होना चाहिए, न कि इसका उलटा। इससे व्यवसायों को बाज़ार में गति बढ़ाने, निवेश रिटर्न को प्रकट करने- और सबसे महत्त्वपूर्ण-खेल को रक्षात्मक से आक्रामक बनाने में मदद मिलेगी।

अगले अध्याय में, हम यह गहराई से जानेंगे कि उद्यम किस तरह से आक्रामक खेल सकते हैं।

## सारांश

- डिजिटल रूपांतरण हमारी पीढ़ी के सबसे बड़े चलनों में से एक है, हालाँकि डिजिटल रूपांतरण की 70 प्रतिशत पहलें अपेक्षित प्रभाव नहीं दे पाती हैं।
- अनेक उद्यम अपने डिजिटल तकनीक निवेशों के साथ अब भी रक्षात्मक खेल खेल रहे हैं।उद्योगों का डिजिटल अभिग्रहण 5–10 प्रतिशत जितना कम है और इसमें किसी बड़े सुधार की कोई स्पष्ट योजना नहीं है।
- असफल डिजिटल तकनीकी निवेश के मूल कारण डेटा अधोसंरचनाओं, आईटी प्रक्रियाओं, बैक-एंड सिस्टमों, विरासती व्यावसायिक प्रक्रियाओं में निहित हैं।

# 6

# डिजिटल तकनीक में निवेश के रिटर्न को अधिकतम करना, भाग दो: रक्षात्मक नहीं, आक्रामक खेलो[17]

*कई बार चलने से पहले ही आपको दौड़ना पड़ जाता है।*

*— टोनी स्टार्क, आयरन मैन*

पिछले अध्याय में हमने इस बात पर चर्चा की कि विरासती उद्यमों में किस तरह से डिजिटल निवेश अपेक्षित निवेश रिटर्न नहीं दे रहे हैं। हमने इसके तकनीकी तथा प्रक्रिया से संबंधित मूल कारणों की पड़ताल की। हमने यह भी सुझाव दिया कि विरासती उद्यमों को डिजिटल मूल कंपनियों से सीखकर अपने खेल का तरीक़ा बदलने की ज़रूरत है। मुख्य सुझाव यह है कि डिजिटल के मामले में विरासती उद्यमों को रक्षात्मक नहीं, बल्कि आक्रामक खेल खेलने की ज़रूरत है।

यहाँ मूल डिजिटल कंपनियों के कुछ विशिष्ट और कार्ययोग्य सर्वोत्तम तरीक़े दिए गए हैं, जो डिजिटल तकनीक में निवेश के रिटर्न में उल्लेखनीय वृद्धि करने में विरासती उद्यमों की मदद कर सकते हैं।

## i. क्लाउड–मूल संरचना

यह संरचना इस पहेली का आवश्यक हिस्सा है और हमारे लिए सौभाग्य की बात है कि यह यहाँ पहले से है। हाल के सालों में, क्लाउड रणनीति कंप्यूटर संसाधनों को सक्षम बनाने से आगे बढ़कर, एकीकृत प्लेटफ़ॉर्म एज़ ए सर्विस (पीएएएस) उपलब्ध कराने तक पहुँच गई है। गार्टनर का कहना है कि शीघ्र ही 75 प्रतिशत डेटाबेस किसी क्लाउड प्लेटफ़ॉर्म पर तैनात हो जाएगा या पहुँच जाएगा।[18]

पूरी तरह से हासिल करने पर क्लाउड तकनीकी कौशल सेट का मानकीकरण करता है, प्रतिभा अधिग्रहण का लाभ उठाता है और बेहतर विकास प्रक्रिया सक्षम करता है, और बाज़ार की ओर समय को तेज़ करता है। एडब्ल्यूएस (AWS), एज़र (Azure) और जीसीपी (गूगल क्लाउड) का लाभ उठाने से सर्वोत्तम गुणवत्ता बुनियादी ढाँचा उपलब्ध होता है, साथ में यह अतिरिक्त लाभ भी होता है कि ये क्लाउड प्रदाता तीव्र गति से विकसित और नवाचार करना जारी रखते हैं। इसका मतलब है कि उद्यम अत्यधिक मापनीय एंड-टू-एंड समाधानों को शीघ्रता से संरचित कर सकते हैं। इसलिए, व्यवसायों को क्लाउड एप्लीकेशन और डेटा माइग्रेशन रणनीतियों को विकसित करने की ज़रूरत होती है।

मूल क्लाउड-आधारित संरचना के सर्वोत्तम तरीक़ों में निम्नलिखित पाँच घटक शामिल होंगे :

## 1. डायग्नोस्टिक पाइपलाइंस

व्यवसाय की अधोसंरचना को शुरू से अंत तक की ग्राहक यात्रा, बहु-चैनल निकासी निरंतरता, समूची व्यावसायिक प्रक्रिया, बाज़ार की गतिशीलता और डेटा मॉडल जैसे तत्वों की निगरानी, भविष्यवाणी और इनके साथ प्रयोग करने के लिए व्यापक दृष्टिकोण लागू करना होगा।

यह इसलिए महत्त्वपूर्ण है, क्योंकि व्यावसायिक प्रभाव को साकार करने के लिए मापनीय, रियल-टाइम डेटा कैप्चर पाइपलाइंस तैयार करने और डेटा लेक में डेटा कैप्चर का एकीकरण करना आवश्यक है।

## 2. एकीकृत प्रयोग रूपरेखा

व्यावसायिक अधोसंरचना और एप्लीकेशंस को नवाचार चक्र को सक्षम बनाने के लिए प्रयोग को समर्थन देने की ज़रूरत है। इसका मतलब है स्पष्ट व्यावसायिक आधार रेखाओं की स्थापना, केपीआई गतिविधियों को सांख्यिकीय रूप से महत्त्वपूर्ण तरीक़े से मापना, और प्रभावों को मापने और उनका सत्यापन करने के लिए परिवर्तन प्रबंधन प्रक्रिया में प्रयोग को एकीकृत करना।

निरंतर प्रयोग चक्र के बिना परिचालन डेटा विज्ञान को सक्षम नहीं बनाया जा सकता है। ऐसे में व्यावसायिक अधोसंरचना की सभी परतों में प्रयोग को समाहित करना और प्रयोग-संचालित उत्पाद प्रबंधन प्रक्रिया विकसित करना, दोनों ही महत्त्वपूर्ण हो जाते हैं।

## 3. स्वचालित अंतर्दृष्टियाँ

पारंपरिक एनालिटिक्स दृष्टिकोण ने गैर-मापनीय मैनुअल टूलिंग और कार्यप्रणाली के कारण संगठनों में महत्त्वपूर्ण 'डेशबोर्ड फैटिग' पैदा की है। तदर्थ विश्लेषण के लिए महत्त्वपूर्ण प्रयास की ज़रूरत होती है और जो अक्सर विकास के नए प्रयास की तरफ़ ले जाता है। आक्रामक विचार, विश्लेषण के प्रति अत्यंत कठोर दृष्टिकोण की ओर ले जाते हैं, जिनसे एनालिटिक्स दृष्टिकोण और विचार सीमित हो जाते हैं। नई और सबसे अलग एनालिटिक्स

तकनीकें अक्सर प्रचार पर खरी नहीं उतरतीं, क्योंकि उनमें व्यवसाय-विशिष्ट मॉडल की कमी होती है।

इन चुनौतियों से निपटने के लिए, अंतर्दृष्टि प्रक्रियाओं को स्वचालित होना चाहिए। इसका अर्थ है, केपीआई ट्री कंपोजिशन, इनसाइट्स टूल्स और बिज़नेस-विशिष्ट मॉडल का फ़ायदा उठाकर डेटा साइंस-संचालित एनालिटिक्स दृष्टिकोण को लागू करना। यह संगठन को अंतर्दृष्टि प्रक्रिया के प्रमुख पहलुओं को प्रभावी ढंग से स्वचालित करने देगा।

### 4. रिकमंडेशन एप्लीकेशंस

रिकमंडेशन इंजन (आरई) व्यवसायों के लिए रियल टाइम, स्वायत्त निर्णय लेने का काम करते हैं। वे अधोसंरचना में स्वचालन को सक्षम करने के लिए ग्राहक वैयक्तिकरण से आगे बढ़ चुके हैं। आरई व्यावसायिक परिणामों और ग्राहक अनुभव को बढ़ाने की व्यापक सुविधाओं में कारक हो सकते हैं।

केपीआई कैप्चर, प्रयोग, मापनीय या स्केलेबिल डेटा पाइपलाइंस और व्यवसाय केंद्रित डेटा विज्ञान से संचालित - व्यापक डेटा रणनीति प्रभावी मॉडल स्थापना को सक्षम करती है।

### 5. डेटा लेक / फ़ीचर स्टोर

सामंजस्यपूर्ण, समेकित डेटा रणनीति डेटा विज्ञान के संचालन और रिलेशनल सिस्टम के शिथिल, अर्थपूर्ण समझौते से विकसित होने के लिए महत्त्वपूर्ण आवश्यकता है।

इस रणनीति में संरचित और असंरचित डेटा प्रकारों का समेकित दृष्टिकोण, संघबद्ध संगठन-पार एकीकरण को सक्षम करने के लिए अर्थपूर्ण योजना, डेटा विज्ञान विकसित करने के लिए सैंडबॉक्स परिवेश से अंतर्दृष्टियाँ, कैटलॉगिंग को चलाने के लिए फ़ीचर स्टोर और अर्थयुक्त रूप से सुसंगत डेटा का फिर से इस्तेमाल, और एकीकृत स्वचालन से संचालित डेटा गवर्नेंस रणनीति शामिल होनी चाहिए।

## ii. चुस्त और अनुकूलनीय डिज़ाइन

आधुनिक अधोसंरचनाओं को अत्यधिक अनुकूलनीय, चुस्त और मापनीय होना ज़रूरी है। रणनीति में निरंतर अनुकूलन और प्रयोग होना चाहिए। अच्छी ख़बर यह है कि क्लाउड आर्किटेक्चर परिवर्तन को एकीकृत करते हुए निरंतरता बनाए रखने के लिए नए विकास मॉडल को मौक़ा देता है। चुस्त आर्किटेक्चर रचना करते हैं और सिस्टम/टीम मोनोलिथ से बचते हैं, जबकि सफलता के लिए अनुकूलनीय पोर्टफोलियो प्रबंधन प्रक्रिया महत्त्वपूर्ण होता है।

प्रयोग और माप, प्रभाव-आधारित प्राथमिकता संचालित करते हैं। दूसरे शब्दों में, लाभ हासिल करने के लिए संगठन को चुस्त मानसिकता अपनानी चाहिए। बदलती व्यावसायिक परिस्थितियों में बने रहने के लिए परिणामों का लगातार मापन और मूल्यांकन किया जाना चाहिए।

## आक्रामक खेल के लिए ज़रूरी तीन महत्त्वपूर्ण बदलाव

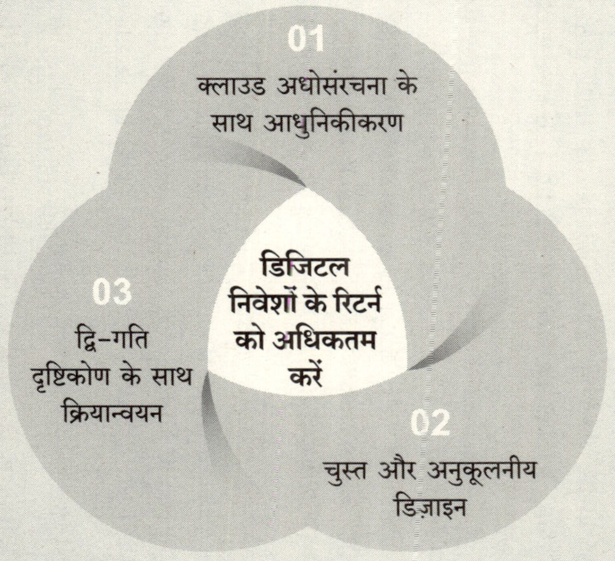

## iii. द्वि–गति दृष्टिकोण

तो, विरासती उद्यमों के लिए डिजिटल पहलों से निपटने का सबसे अच्छा और सबसे प्रभावी तरीक़ा कौन–सा है? रक्षात्मक के बजाय आक्रामक खेल खेलने की मेरी सिफ़ारिश के बावजूद, सारी ताक़त लगाने या 'ज़ोरदार धमाका' करने का तरीक़ा अपनाना ज़्यादातर मामलों में सही रणनीति नहीं होगी। ऐसा डिजिटल की पुनरावृत्त प्रकृति के कारण है; प्रयोग, सीखने और हाँ, संशोधन के लिए आपको समय देने की ज़रूरत होगी। दूसरी तरफ़, संकीर्ण इस्तेमाल के मामलों पर ध्यान देना बराबरी की स्पर्द्धा करने जैसा होगा और इस प्रकार इसका असर नहीं पड़ेगा या बहुत कम पड़ेगा। इसलिए, अपने 'आक्रामक' रवैये को सोच–समझकर विकसित करना महत्त्वपूर्ण हो जाता है।

विरासती उद्यमों में काम करने के अपने अनुभव के आधार पर मेरी अनुशंसा है कि व्यवसायों को द्वि–गति यानी टू स्पीड रवैया अपनाना चाहिए।

**स्पीड वन** में व्यवसाय तथा ग्राहकों की विशिष्ट समस्याएँ हल करना और प्रत्यक्ष प्रभाव डालना शामिल है। हल की जाने वाली विशिष्ट परियोजनाएँ तथा समस्याएँ आपकी विशिष्ट व्यवसाय प्राथमिकताओं पर आधारित होंगी। महत्त्वपूर्ण बात यह है कि ये परियोजनाएँ चुस्त क्रियान्वयन की मानसिकता के साथ निष्पादित की जानी चाहिए।

**स्पीड टू** का मतलब एक मापनीय प्लेटफ़ॉर्म का निर्माण और दीर्घकालीन क्षमता की वृद्धि होता है। यहाँ व्यवसायों को परियोजनाओं में सहयोगपूर्ण खोज और पुन:उपयोग, क्रॉस–बिज़नेस–यूनिट कैटलॉगिंग और कलाकृतियों को साझा करना, साथ ही समस्या की परिभाषा से लेकर समाधान नियोजन तक की विभिन्न प्रक्रियाओं के लिए सामान्य मानकों को अपनाना सुनिश्चित करना होता है।

एक बारगी तकनीकी परियोजना के रूप में डिजिटल रूपांतरण को अपनाना समय और संसाधनों की बर्बादी है; विरासती उद्यमों को यही महसूस करना है। इसका वांछित प्रभाव उत्पन्न नहीं होगा। विरासती उद्यमों को अपनी डिजिटल रूपांतरण यात्रा में सफल होने का एकमात्र रास्ता, मूल डिजिटल कंपनियों की राह पर चलने का है, जो बुनियादी तौर पर अलग तरीक़े से बनाई गई होती हैं। डिजिटल रूपांतरण शुरू से लेकर अंत तक होना होता है। इसकी शुरुआत एक विज़न के साथ होनी चाहिए, इसके बाद तकनीकी विकल्पों का बेहतरीन समूह होना चाहिए, और तब टू–स्पीड रवैये के साथ इन विकल्पों का सावधानीपूर्वक और रणनीतिक क्रियान्वयन होना चाहिए।

## क्लाउड मूल संरचना के पाँच एक्सटेंशन, जो स्पीड टू मार्केट संचालित करते हैं और निवेश रिटर्न को अनलॉक करते हैं।

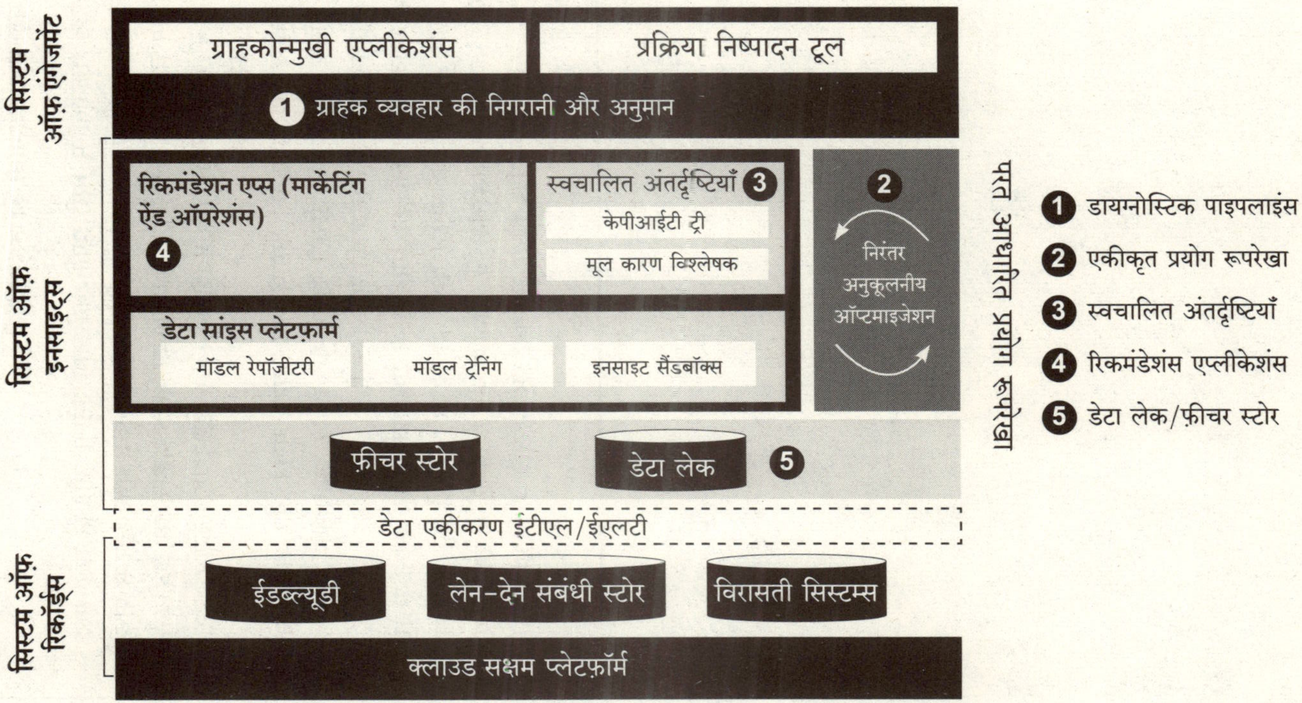

## सारांश

**डिजिटल तकनीक निवेशों में रक्षात्मक के बजाय, आक्रामक खेल खेलने के लिए तीन महत्त्वपूर्ण बदलावों की ज़रूरत होती है :**

- क्लाउड तकनीक में भारी प्रगति का लाभ उठाना और क्लाउड-मूल संरचना का अभिग्रहण करना। ऐसी संरचना में नीचे बताए कम से पाँच सर्वोत्तम चलन शामिल होने चाहिए: डायग्नोस्टिक पाइपलाइंस, एकीकृत प्रयोग संरचना, स्वचालित अंतर्दृष्टियाँ, रिकमंडेशन एप्लीकेशंस, डेटा लेक / फ़ीचर स्टोर।
- ऐसी चुस्त प्रक्रियाओं का निर्माण, जो प्रयोग, मापन और अनुकूलन को सक्षम बना सकें। अच्छी ख़बर यह है कि आधुनिक क्लाउड अधोसंरचना इस चुस्त रवैये की सुविधा देती है।
- उच्च प्रभाव के मामलों को स्पीड 1 में प्राथमिकता तय करके रखते हुए और स्पीड 1 के मार्फ़त पहले ही वितरित हिस्सों को साथ में लाकर मापनीय अधोसंरचना के निर्माण को स्पीड 2 में रखते हुए क्रियान्वयन का टू-स्पीड रवैया अपनाना इस बदलाव के निष्पादन की कुंजी है।

# 7

# वूका जगत में मापनीय मॉडलों का निर्माण : सीआईओ का दृष्टिकोण[19]

*अस्थिरता के आज के दौर में परिवर्तन करके नया रूप लाने के अलावा कोई और रास्ता नहीं है। आपके पास दूसरों से एकमात्र टिकाऊ बढ़त दक्षता की ही है, बस, क्योंकि और कुछ भी टिकाऊ नहीं है। आप जिस चीज़ की भी रचना करेंगे, कोई न कोई उसकी नक़ल कर ही लेगा।*

*— जेफ़ बेज़ॉस*

इस अध्याय में, मैं विभिन्न उद्योग क्षेत्रों में सीआईओ के साथ अपने कई साक्षात्कारों और चर्चाओं से हासिल महत्त्वपूर्ण अंतर्दृष्टियाँ साझा कर रहा हूँ। उद्योग जगत के ज़्यादातर लीडर्स को अहसास है कि वूका परिवेश यहाँ टिकने आया है और इन तीनों आयामों में इसके दूरगामी निहितार्थ हैं: लोग, प्रक्रिया और तकनीक। ऐसे वातावरण में डिजिटल रूपांतरण इस हद तक अपरिहार्य सांगठनिक अनिवार्यता बन चुकी है कि तकनीकी रणनीति ने 'उद्यमों के लिए रणनीति' का रूप ले लिया है। हाल के एक अध्ययन में 78 प्रतिशत उत्तरदाताओं ने खुलासा किया कि किसी कंपनी का अस्तित्व उसकी डिजिटल रूपांतरण क्षमताओं पर ही निर्भर करता है।[20]

ज़मीनी स्तर पर हालाँकि बदलाव तेज़ी से नहीं हो रहा है। उद्यम अपने डिजिटल प्रयासों की प्रभावशीलता के बारे में चिंताग्रस्त हैं। नई तकनीकों में महत्त्वपूर्ण निवेश के बावजूद उच्च प्रदर्शन और व्यावसायिक प्रभाव में सफलता आमतौर पर उम्मीदों पर खरी नहीं उतरती है। कंपनियों के लिए डिजिटल की विशाल क्षमता और इसके उप-प्रभाव की वर्तमान वास्तविकता के बीच अंतर को पाटने के तरीक़े खोजना महत्त्वपूर्ण हो गया है।

इस अध्याय में मैंने कई सीआईओ से प्राप्त फ़ीडबैक को तीन आयामों के तहत संक्षेप में प्रस्तुत किया है।

1. सीआईओ लोगों के लिए वूका का क्या अर्थ है
2. वूका जगत में डिजिटल रणनीति की प्रमुख प्राथमिकताएँ
3. डिजिटल रणनीति के क्रियान्वयन में चुनौतियाँ

## सीआईओ लोगों के लिए वूका का क्या अर्थ है

सारे उद्योगों में अनेक तरह के आंतरिक और बाह्य कारकों के कारण व्यवधान हो रहा है। तकनीकी परिदृश्य में परिवर्तन की रफ़्तार, ग्राहकों की लगातार बढ़ती अपेक्षाओं, उद्योग में व्यवधान पैदा करने वाले नए प्रतिस्पर्द्धियों और तेज़ी से बदलती प्रतिभा संबंधी ज़रूरतों के कारण उद्यम निरंतर परिवर्तन की स्थिति में हैं। राजस्व मॉडल, और कई बार संपूर्ण व्यवसाय मॉडल, तेज़ी से विकसित हो रहे हैं। इसके अलावा, कंपनियों को वैश्विक स्तर पर सरकारों के शुरू किए गए लगातार नियामक परिवर्तनों से जूझने की ज़रूरत है। इससे वूका युग का उदय हुआ है, जिसमें संगठन अभूतपूर्व रफ़्तार और परिवर्तन की विविधता के अनुकूल होने के लिए मज़बूर हैं।

ये तीव्र अनुकूलन कई स्तरों पर होते हैं। कंपनियों को अधिक डिजिटली जानकार ग्राहकों की ज़रूरतें पूरा करने और डिजिटल स्पेस में अपनी ब्रांडिंग बनाने के लिए उत्पादों में सुधार करना होता है। इसके लिए आम तौर पर एक नई तरह की प्रतिभा की ज़रूरत होती है। गतिशील रणनीतियाँ और गतिशील संसाधन आवंटन आदर्श बन गए हैं और किसी भी उद्यम के लिए निरंतर सफलता की आधारशिला हैं।

इतना ही नहीं, 'बिग इज़ *नो मोर* ब्यूटीफुल' (बड़ा होने का मतलब सुंदर होना नहीं रह गया है) एक सामान्य वूका विशेषता है, जिसके लिए सूक्ष्म दृष्टिकोण की ज़रूरत होती है जो व्यवधानों के साथ तेज़ी से विकसित होता है।

## वूका जगत में डिजिटल रणनीति की प्रमुख प्राथमिकताएँ

डिजिटल कोई चीज़ होने के बजाय, चीज़ों को करने का तरीक़ा ज़्यादा है। डिजिटल रणनीति रियल टाइम इंटेलिजेंस पर आधारित सही अनुभव वितरित करने की बुनियाद बनाती है।

तीन प्रभाव क्षेत्र हैं, जिनके इर्द-गिर्द कंपनियाँ अपनी डिजिटल रणनीति और प्रेरक परिणाम बुन सकती हैं: 1. ग्राहक अनुभव; 2.त्वरण या गति वृद्धि; 3.अंतर्दृष्टि

1. **ग्राहक अनुभव :** डिजिटल रूपांतरण उद्यमों को विभिन्न अलग-थलग ग्राहक अनुभव बनाने से दूर, एकीकृत, ग्राहक-केंद्रित दृष्टिकोण बनाने का मौक़ा देता है। ऐसा करने के साधन के रूप में उपलब्ध विकल्पों की बढ़ती संख्या और उसके साथ आने वाली डिजिटल गड़बड़ी के बीच, उद्यमों को टकरावमुक्त और सहज ग्राहक अनुभव

उपलब्ध कराने की ज़रूरत है, अन्यथा, उन्हें ग्राहक के फिर नहीं लौटने का जोखिम उठाना पड़ सकता है।

उद्यमों को जिन प्रमुख कारकों पर ध्यान देने की ज़रूरत है, वे हैं डिजिटली-सशक्त और सरल समाधानों की व्यवस्था, तत्काल और रियल टाइम समाधान सुनिश्चित करना, लगातार चैनल-व्यापी अनुभव और निरंतर नया स्वरूप हासिल करना। ऐसा करने के लिए, एक क्रॉस-फ़ंक्शनल नज़रिये की ज़रूरत होती है, जो काम में गति, दक्षता और फुर्ती सुनिश्चित कर सके।

निर्बाध, अच्छी तरह से एकीकृत, चैनल-व्यापी संचार रणनीति सुनिश्चित करना ग्राहक अनुभव को बढ़ाने का महत्त्वपूर्ण आयाम होता है। ग्राहकों के अनुभव अक्सर इस बात से निर्धारित होते हैं कि आपका ब्रांड ग्राहक के साथ कैसे संवाद करता है। जब ग्राहक उद्यमों के साथ संवाद करने के लिए कॉल, ईमेल या सोशल मीडिया का इस्तेमाल करते हैं, तो कंपनी की प्रतिक्रिया प्रणाली इस संबंध को बना या बिगाड़ सकती है। उदाहरण के लिए, अगर कोई ग्राहक पहले किसी कंपनी के पास कोई प्रश्न ईमेल के ज़रिये भेजता है और बाद में कॉल करके उसका फॉलोअप करता है, तो वह कंपनी के प्रतिनिधि से अपेक्षा करता है कि वह सभी डिजिटल प्लेटफ़ॉर्म पर बातचीत के इतिहास से परिचित होगा और उसके अनुसार प्रतिक्रिया देगा। इसके लिए विभिन्न उत्पाद रेखाओं और व्यवसायों में संवाद के एकीकरण की ज़रूरत होती है।

2. **त्वरण या गति-वृद्धि :** डिजिटल तकनीक और इसके साथ के व्यवसाय मॉडलों के सबसे बड़े अवसरों में से एक मापनीयता या स्केलेबिलिटी है। इनसे आपको तेज़ी से कोई नया व्यवसाय बनाने और बढ़ाने का मौक़ा मिल सकता है, हालाँकि, इसके लिए आपको बाज़ार के अनुकूल सही उत्पाद खोजने, सही व्यवसाय मॉडल विकसित करने, बुद्धिमान तकनीकी विकल्प अपनाने और पारिस्थितिकी तंत्र का चतुराई से लाभ उठाने की ज़रूरत होगी। ऐसे में ही सूक्ष्म और गतिशील रणनीति सफलता के लिए महत्त्वपूर्ण हो जाती है। ध्यान रखना होगा कि यह कोई अंत की अवस्था नहीं है। यह निरंतर परिवर्तन की प्रक्रिया है।
3. **अंतर्दृष्टियाँ :** डेटा की जो रफ़्तार, मात्रा और विविधता अब संभव है, वह भारी अवसर पेश करती है, जैसे कि एक स्तर पर ग्राहकों के लिए वन टू वन वैयक्तिकरण; और दूसरे स्तर पर, उद्यमों को अपने निर्णय लेने की गुणवत्ता में सुधार करने में मदद करना। इसके साथ ही, आर्टिफ़िशल इंटेलिजेंस और मशीन लर्निंग के ज़रिये लाए गए भारी अवसर भी हैं। डेटा द्वारा उपलब्ध कराए गए अवसर अभूतपूर्व हैं। शायद, यह कहना भी उचित है कि डिजिटल रणनीति वास्तव में डेटा रणनीति है!

डिजिटल केवल 'क्या' के बारे में नहीं है; यह 'कैसे' के बारे तेज़ी से होता जा रहा है। डिजिटल रणनीति मानसिकता में बदलाव की माँग करती है, जबकि संगठन विरासती स्वरूप से डिजिटल स्वरूप की ओर बढ़ रहा है। यह समग्र रणनीति है, न कि केवल कुछ कार्यों

या विभागों से संबंधित रणनीति है। यह यथास्थिति को पूरी तरह से हिला देने वाली है। यह क्रॉस-फ़ंक्शनल है। यह अंतर्विषयक है।

जहाँ वूका जगत में रणनीति के समग्र होने की ज़रूरत है, वहीं रणनीति के प्रति किसी के दृष्टिकोण पर बुनियादी रूप से पुनर्विचार करने की भी ज़रूरत है। रणनीति से निष्पादन तक कार्रवाई का पारंपरिक प्रवाह काम नहीं करता है और वूका जगत के गतिशील माहौल को देखते हुए यह अनुत्पादक भी हो सकता है। इसके लिए ज़्यादा गतिशील दृष्टिकोण की रणनीति की ज़रूरत होती है, जो अधिक रियल टाइम और अनुकूलनीय हो, जिसमें आप निष्पादित करते समय कई बदलाव करते हों। हवाई जहाज की पंखुड़ियों पर एलेरॉन हर मिनट हज़ारों बार विमान के उड़ान पथ को जिस तरह से समायोजित करते हैं, वह इसके लिए एक अच्छा उदाहरण है!

वूका जगत में रणनीति अस्त-व्यस्त होती है। **आप यह भी कह सकते हैं कि वूका तो रणनीति का अंत है!** हम निश्चित रूप से यह कह सकते हैं कि गतिशील संसाधनों के आवंटन के साथ वूका को रणनीति के लिए ज़्यादा गतिशील दृष्टिकोण की ज़रूरत होती है। यहाँ, रणनीति-से-निष्पादन वाला पारंपरिक चक्र उलट जाता है। पीछे मुड़कर देखने और बिंदुओं को जोड़ने पर ही आपकी रणनीति की स्पष्ट तसवीर सामने आती है।

यहीं से हम इस अध्याय में चर्चा के अंतिम विषय की ओर पहुँचते हैं।

## *डिजिटल रणनीति में क्रियान्वयन की चुनौतियाँ*

वूका जगत में संगठन अक्सर ही डिजिटल व्यवधान की चुनौतियों से निपटने के लिए जूझते रहते हैं। अपनी डिजिटल रणनीतियों के निष्पादन में उद्यम आमतौर पर पाँच चुनौतियों का सामना करते हैं। ये चुनौतियाँ उद्यम जगत में रणनीति और निष्पादन के बीच बड़े अंतर का कारण बनती हैं। इन चुनौतियों में से हरेक से कैसे निपटा जाता है, इसी से उद्यम का भविष्य तय होता है।

**आर्किटेक्चर या संरचना :** वूका के लिए कंपनियों को बड़ी, अखंड संरचनाओं से ज़्यादा सूक्ष्म-सेवा-आधारित चुस्त संरचना की तरफ़ बढ़ने की ज़रूरत होती है। 'पूर्ण संरचना' को परिभाषित करने से हटकर अब दृष्टिकोण 'उभरती संरचना' पर काम करने की ओर तेज़ी से स्थानांतरित हो रहा है, जो कि ऐसी संरचना है, जिसे एकीकृत किया जा सकता है और विस्तारणीय है।

संरचना अब ऐसी कोई चीज़ नहीं है, जिसे आप पूरी तरह से हल करते हैं, बल्कि कुछ ऐसी है, जिस पर आप प्रगति करते हैं। क्लाउड, वर्चुअलाइजेशन और एपीआई-आधारित संरचना कंपनी की गतिशील संरचना के प्रमुख घटक होते हैं। ग्राहक जीवन-चक्र का दृश्य किसी भी आईटी रूपांतरण पहल का आधार होना चाहिए। आईटी परिवेश को चुस्त बनाना एक और महत्त्वपूर्ण आयाम है, जो उद्यमों के आईटी परिवेश के अपने भागीदारों के साथ सहज एकीकरण को सक्षम करने में सहायता करता है।

## डिजिटल रणनीति के तीन बिल्डिंग ब्लॉक्स

**सुखद ग्राहक अनुभव :** ग्राहक केंद्रित रवैये और अच्छी तरह से एकीकृत चैनल व्यापी रणनीति के ज़रिये

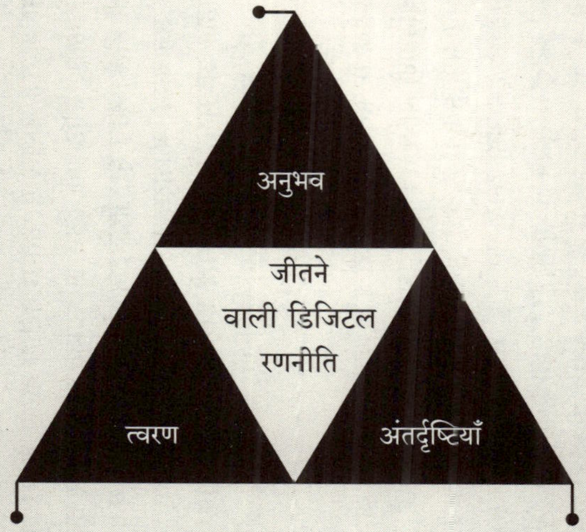


**गतिशील रणनीति :** सूक्ष्य-स्तर पर खंडनीय, निरंतर परिवर्तन वाली

**डेटा – गति, आकार और विविधता :** ग्राहकों के लिए व्यक्तिकरण, आंतरिक निर्णय की गुणवत्ता में सुधार

**सांगठनिक संरचना :** पारंपरिक संगठन आमतौर पर व्यावसायिक इकाइयों, कार्यों, भौगोलिक क्षेत्रों और इसी तरह के बंद ढाँचों में काम करते हैं। यह डिजिटल रूपांतरण में बड़ी बाधा है, जो स्वाभाविक रूप से क्रॉस-फ़ंक्शनल है। ग्राहकों की समस्याओं को हल करने के लिए डिजिटल को आम तौर पर एक साथ काम करने के लिए विभिन्न इकाइयों की ज़रूरत होती है। एक सीमाहीन संगठन जो ग्राहक-केंद्रित होता है, संगठन से सर्वश्रेष्ठ हासिल करता है और इसे वूका जगत में वितरित करने की गति और फुर्ती देता है। यही समय की माँग है।

**टैलेंट या प्रतिभा :** इस गतिशील दुनिया के अनुकूल बन सकने वाली प्रतिभाओं की तलाश एक चुनौती है। आप मौजूदा प्रतिभाओं को फिर से कुशल बनाने की कोशिश करते हैं या बस, नई प्रतिभाओं की नियुक्ति करते हैं? छोटा किंतु विशिष्ट तरीक़े से अपग्रेडेड टैलेंट पूल तैयार करना बेहद सकारात्मक गुणक हो सकता है, जो शेष प्रतिभाओं को भी अपनी तरफ़ खींच सकता है। हालाँकि, प्रतिभा के तेज़ बाज़ार में प्रतिभा तलाश करना केवल शुरुआत ही है;इसके बाद आपको उनके विकास, संगठन के लिए अभिग्रहित करने, और उन्हें रोके रखने की योजना की ज़रूरत पड़ती ही है। साथ ही, डिजिटल भी पुराने कौशलों को भूलने, नए कौशल सीखने, कौशल को उन्नत करने, कौशलों को फिर से सीखने के लिए 'भविष्य के कौशलों' पर ध्यान देने का महान अवसर है। अगर सही तरह से इस्तेमाल किया जाए तो डिजिटल प्रतिभाओं के लिए, और समग्र रूप से संगठन के लिए, नया अर्थ और नया मकसद ला सकता है।

**संस्कृति :** जहाँ डिजिटल को तकनीक के संदर्भ में देखा जाता है, वहीं डिजिटल की क्षमता को साकार करने के लिए सबसे बुनियादी बाधा तकनीकी (या रणनीति भी) नहीं है, बल्कि संगठनात्मक संरचना, प्रक्रियाएँ और मानसिकता हैं, जो किसी उद्यम की संस्कृति में निहित होती हैं। संस्कृति यानी 'जिस तरह से हम यहाँ काम करते हैं' सांगठनिक मानसिकता में गहराई से निहित होती है और उसे बदलना मुश्किल होता है। इसका एक उदाहरण दैनिक रिलीज़ चक्रों की ओर बढ़ने का है है, जो पुराने उद्यमों के लिए बड़ी चुनौती हो सकता है। यह केवल फुर्ती को लागू करने के बारे में नहीं है, बल्कि सांगठनिक फुर्ती के निर्माण के बारे में है। यह व्यापक परिवर्तन प्रबंधन प्रक्रिया है और इसके लिए पूरे संगठन को साथ लेकर चलने की ज़रूरत होती है।

**नेतृत्व :** तो, संस्कृति जैसी जटिल चीज़ को आप किस तरह से बदलते हैं? सीआईओ के हमारे पैनल का यह मज़बूत विश्वास है कि नेतृत्व इस परिवर्तन के लिए आरंभिक बिंदु है। डिजिटल रूपांतरण ने नेतृत्व की प्रकृति और गतिशीलता को पूरी तरह से बदलकर रख दिया है। कंपनियों को अब लीडर्स की ऐसी नई पीढ़ी की ज़रूरत है, जो तकनीक के मूल जानकार हों, जिनके पास रणनीतियाँ सक्रिय रूप से विकसित करने की दूरदृष्टि और विज़न हो, ताकि उद्यम टेक्टोनिक तकनीकी बदलाव से लाभ ले सकें। हालाँकि, सर्वाधिक महत्त्वपूर्ण बात यह है कि उन्हें बदलाव का कारक, ग्राहकों से जुड़ाव वाले संगठनों के निर्माता होने की ज़रूरत है, और वूका जगत में आने वाले कई झटकों को सहने और उनसे सीखने की क्षमता होनी चाहिए।

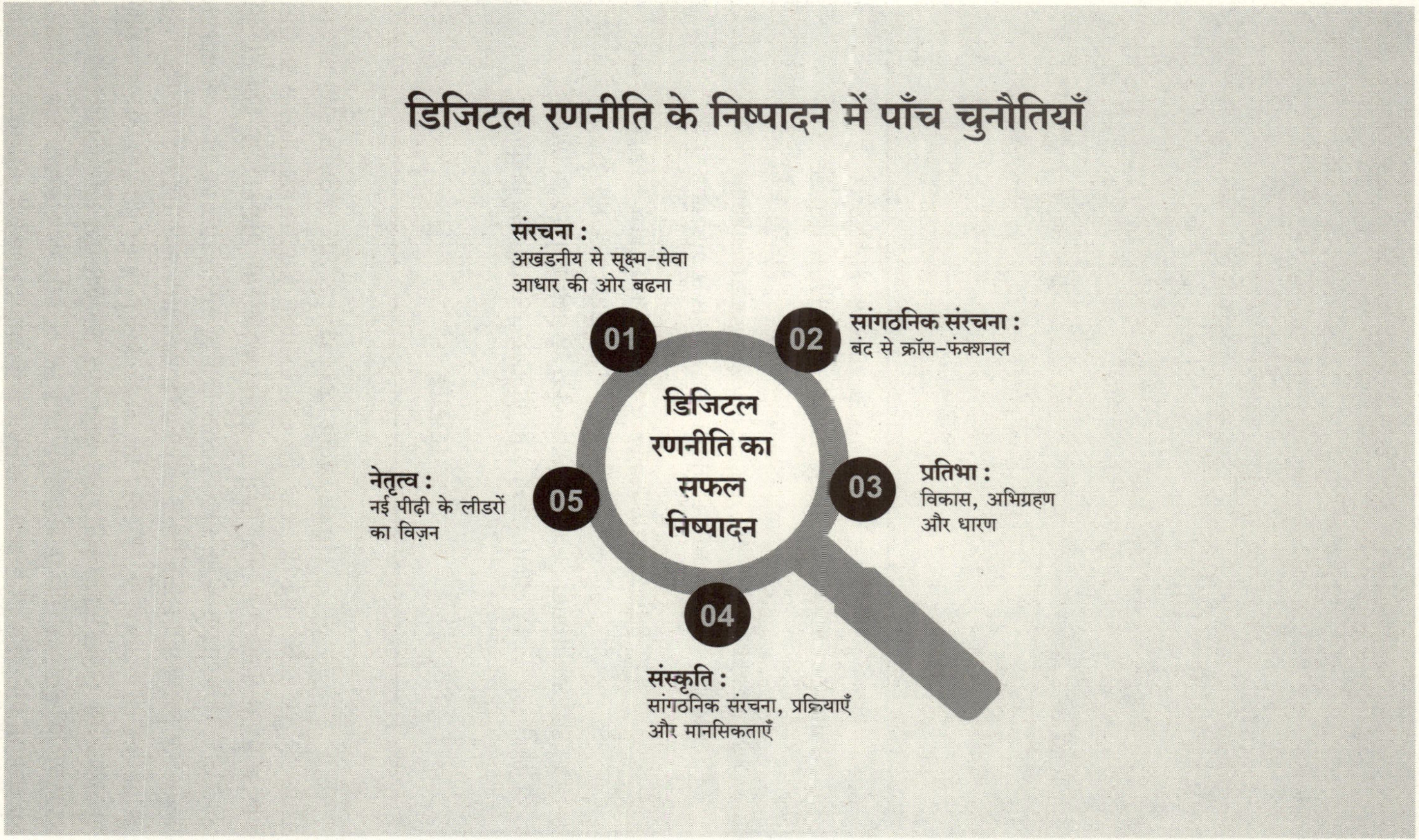
डिजिटल रणनीति के निष्पादन में पाँच चुनौतियाँ
संरचना :
अखंडनीय से सूक्ष्म-सेवा आधार की ओर बढना
01
02
सांगठनिक संरचना :
बंद से क्रॉस-फंक्शनल
डिजिटल रणनीति का सफल निष्पादन
03
प्रतिभा :
विकास, अभिग्रहण और धारण
04
संस्कृति :
सांगठनिक संरचना, प्रक्रियाएँ और मानसिकताएँ
05
नेतृत्व :
नई पीढ़ी के लीडरों का विज़न

कुल मिलाकर, वूका वास्तविकता है, और हम पहले से ही बड़े पैमाने पर डिजिटल रूपांतरण और व्यवधान के बीच में आ चुके हैं। उद्यमों के पास महत्त्वाकांक्षी डिजिटल रणनीतियाँ अपनाते हुए प्रतिस्पर्द्धा का स्तर बढ़ाने और उसमें छलांग लगाने का अवसर है, लेकिन अनेक चुनौतियाँ भी हैं, जिनके कारण हम देखते हैं कि डिजिटल की संभावनाओं और इसके वर्तमान प्रभाव के बीच अंतर है। तकनीक इसका केवल एक हिस्सा है; अधिक मौलिक मुद्दे उद्यम का संगठनात्मक डिज़ाइन, संस्कृति और नेतृत्व में निहित हैं। डिजिटल में इस 'रणनीति-से-निष्पादन' के अंतर को पाटने के लिए उद्यमों और उनके लीडर्स को कई स्तरों पर संगठनात्मक रूपांतरण संचालित करने की ज़रूरत है। यह आसान नहीं है, लेकिन जो ऐसा करने में सफल होंगे, वे बड़ी विजय हासिल करेंगे!

## सारांश

- कंपनियों की डिजिटल रणनीति और प्रेरक परिणाम, जिन तीन मुख्य बातों के इर्द-गिर्द बनते हैं, वे हैं- ग्राहक अनुभव, व्यावसायिक रणनीति त्वरण और डेटा अंतर्दृष्टियाँ।
- डिजिटल रणनीति के निष्पादन में शामिल पाँच चुनौतियाँ हैं:
    - अखंडनीय से सूक्ष्म-सेवा आधारित चुस्त संरचना की ओर बढ़ना,
    - सीमाहीन ग्राहक-केंद्रित संगठन और एक विशिष्ट अपग्रेडेड टैलेंट पूल रखना,
    - फुर्तीली संस्कृति, और ग्राहकों के प्रति बेहद जुड़ाव वाले लीडर्स, जो परिवर्तन के कारक के रूप में काम कर सकें।

# खंड – 2

# उद्योगों में रूपांतरण

# परिचय : उद्योगों में डिजिटल रूपांतरण

पिछले खंड में हमने देखा कि वूका (अस्थिरता, अनिश्चितता, जटिलता और अस्पष्टता) से व्यवसाय के नए नियम निर्धारित हो रहे हैं और सफल डिजिटल रूपांतरण जीत में अहम भूमिका निभा रहा है। डिजिटल रूपांतरण से उद्यमों को क्रांतिकारी बदलावों से लाभ उठाने के लिए मूल्य रचना के विशिष्ट अवसर मिलते हैं, जो सभी उद्योगों में देखे जा रहे हैं। जहाँ उद्योगों में इन बदलावों में बारीक़ अंतर हैं, वहीं उद्योगों में इन बदलावों को प्रत्यक्ष रूप से देखने में सक्षम होने के कारण मुझे उनमें कुछ समान विशेषताएँ भी दिखती हैं, क्योंकि इन्सीडो कई क्षेत्रों में अनेक फ़ॉर्च्यून 500 ग्राहकों को सेवा उपलब्ध कराती है। उसके साथ अपने अनुभव के आधार पर मैं सभी उद्योगों में डिजिटल व्यवधान के परिणामस्वरूप कम से कम **छह सामान्य बदलाव** देखता हूँ।

1. ***ग्राहकों की अपेक्षाएँ बेहतर अनुभव की तरफ़ बढ़ रही हैं,*** जिससे उन्हें दिए जा रहे मौजूदा ऑफ़रों और प्रक्रियाओं के बारे में क्रांतिकारी बदलाव की ज़रूरत हो गई है। फांग ने उपभोक्ताओं के अनुभवों को पूरी तरह से बदल दिया है, जिससे अन्य उद्योगों से की जाने वाली अपेक्षाएँ भी परिणामस्वरूप बदल चुकी हैं। मैकिंज़ी के एक सर्वेक्षण में, 80 प्रतिशत ग्राहकों ने बताया है कि वे नेटफ़्लिक्स शैली का अनुभव हर जगह चाहते हैं।[1]

2. ***उद्योगों में मध्यस्थहीनता से रिटेल–ग्राहकों तक डायरेक्ट चैनलों (डीटूसी) का हिस्सा बढ़ता जा रहा है :*** मीडिया और एंटरटेनमेंट तथा खुदरा क्षेत्रों में क्रमशः नेटफ़्लिक्स और अमेज़ॉन के रूप में हमने सबसे बड़ा बदलाव देखा ही है। इस तरह की मध्यस्थहीनता अन्य क्षेत्रों में भी देखी जा रही है;मसलन,भुगतान, यात्रा और होटल क्षेत्र। डायरेक्ट–टू–कस्टमर परचेज़ इंटेंट इंडेक्स ने भविष्यवाणी की है कि अगले पाँच सालों में 80 प्रतिशत से ज़्यादा रिटेल ग्राहक डीटूसी ब्रांड के ज़रिये कम से कम एक ख़रीद कर सकते हैं।[2]

3. ***उद्योगों में मूल्य श्रंखलाएँ बदल रही हैं, क्योंकि सीमाएँ धुँधली हो रही हैं :*** गूगल और टेनसेंट (Tencent) जैसे डिजिटल दिग्गजों के पास आज कई कार्यक्षेत्रों में अनेक

व्यवसाय हैं। वे अपनी ग्राहक पहुँच और/या डेटा और तकनीकी क्षमताओं के कारण कई नए क्षेत्रों में प्रवेश करने में सक्षम हुए हैं। इससे पारंपरिक उद्यम अपने व्यवसायों की बहुत अच्छी तरह से रक्षा करने, अपने ग्राहकों को बनाए रखने तथा अपने वॉलेट शेयर को बढ़ाने के वास्ते नए उद्यमों में निवेश करने के लिए मज़बूर हो रहे हैं।

4. ***नए प्रतिस्पर्द्धी उभर रहे हैं :*** एस ऐंड पी 500 कंपनियों में से 50 प्रतिशत अगले दशक में विस्थापित हो जाएँगी, यह कहना है इनोसाइट रिसर्च का।[3] नए दौर की कंपनियाँ ग्राहकों की उन समस्याओं का हल कर रही हैं, जिनका समाधान इतने सारे सालों में परंपरागत उद्यम नहीं कर पाए थे। इसके अतिरिक्त ,ये क्लाउड, एआई और ऑटोमेशन जैसी उभरती तकनीकों का लाभ उठाते हुए असीमित ग्राहक अनुभव प्रदान कर रही हैं, जिससे उन्हें परंपरागत उद्यमों पर जीत हासिल करने में मदद मिल रही है।

5. ***उत्पादों के प्रसार के कारण उपभोक्ताओं के पास व्यापक विकल्प हो गए हैं,*** *जिससे चक्र तुलनात्मक रूप से छोटे होने लगे हैं* / व्यवसाय आज अपने जीवन चक्र से तीस साल पहले की तुलना में दोगुनी तेज़ी से आगे बढ़ते हैं। डेटा विज्ञान को अपनाने वाले और अपने व्यावसायिक कार्यों को मूल रूप से एकीकृत करने के लिए अधोसंरचना का निर्माण करने वाले उद्यम ग्राहकों से अधिकतम आजीवन मूल्य (एलटीवी) पाने में सक्षम रहते हैं।

6. ***मूल्य निर्धारण का दबाव*** *व्यवसायों पर बढ़ रहा है, क्योंकि ग्राहक और नियामक दोनों ही अधिक पारदर्शिता की माँग कर रहे हैं।* डिजिटल युग में उत्पादों के बढ़ते प्रसार और छोटे व्यापार चक्रों से इसे और बल मिला है। मैकिंज़ी की एक रिपोर्ट में कहा गया है कि जो खिलाड़ी अपने उद्योगों में मूल डिजिटल कंपनियों का मुक़ाबला नहीं करते हैं, उन्हें शीर्ष चतुर्थक की तुलना में राजस्व में 3x अधिक कमी का सामना करना पड़ता है।[4]

इन बदलावों के नतीजे के तौर पर, **हर व्यवसाय अब डायरेक्ट-टू-कंज़्यूमर व्यवसाय होता जा रहा है।** ऐसे में रिटेल ग्राहक के नज़रिये से सोचना सफलता पाने के लिए ज़रूरी हो गया है। मैं सर्वाधिक परंपरागत उद्योगों में यह बदलाव होता देख रहा हूँ। **ग्राहक केंद्रीयता** डिजिटल युग में सभी उद्योगों में शायद सर्वाधिक महत्त्वपूर्ण प्रभाव है।

विभिन्न उद्योगों के लिए डिजिटल के जो भी मायने हैं, उनमें जहाँ समान विशेषताएँ हैं, वहीं उनमें कुछ विशिष्ट बारीक़ अंतर भी हैं। अलग-अलग उद्योग डिजिटल अभिग्रहण और डिजिटल रूपांतरण की अपनी अपनी गतियों में परिपक्वता के संदर्भ में अलग-अलग स्तरों पर हैं, हालाँकि, कोविड-19 महामारी के कारण हर उद्योग में डिजिटल रूपांतरण का परिपक्वता वक्र की गति निश्चित ही बढ़ी है।

इस खंड में, इन क्षेत्रों में इन्सीडो के काम के आधार पर कुछ चुने हुए कार्यक्षेत्रों के लिए मैं कुछ अवलोकन और अंतर्दृष्टियाँ साझा करता हूँ कि डिजिटल रूपांतरण का मतलब - प्रमुख चुनौतियाँ, प्राथमिकताएँ, आदि क्या हैं :

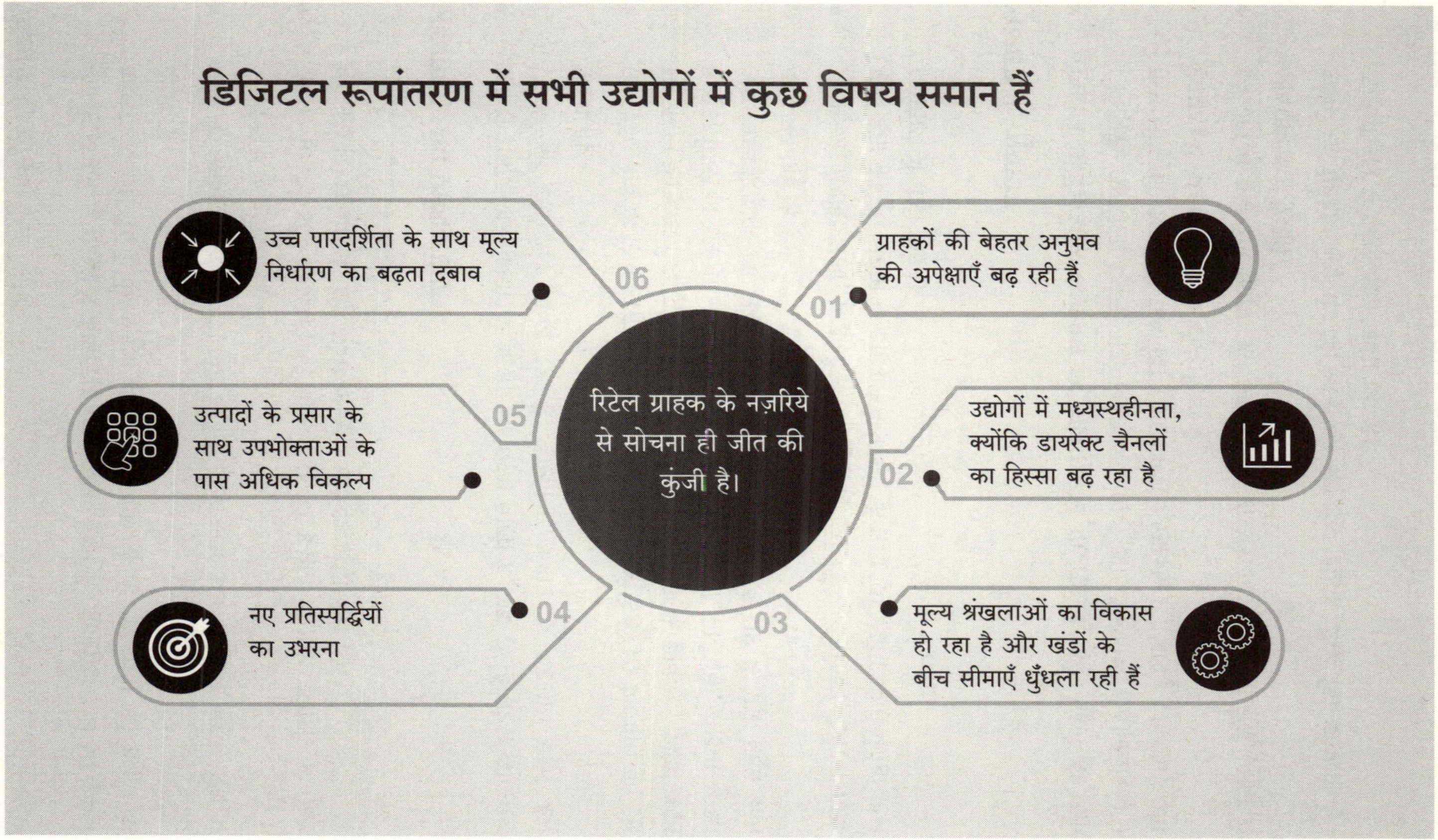
डिजिटल रूपांतरण में सभी उद्योगों में कुछ विषय समान हैं
रिटेल ग्राहक के नज़रिये से सोचना ही जीत की कुंजी है।
01
ग्राहकों की बेहतर अनुभव की अपेक्षाएँ बढ़ रही हैं
02
उद्योगों में मध्यस्थहीनता, क्योंकि डायरेक्ट चैनलों का हिस्सा बढ़ रहा है
03
मूल्य श्रृंखलाओं का विकास हो रहा है और खंडों के बीच सीमाएँ धुंधला रही हैं
04
नए प्रतिस्पर्द्धियों का उभरना
05
उत्पादों के प्रसार के साथ उपभोक्ताओं के पास अधिक विकल्प
06
उच्च पारदर्शिता के साथ मूल्य निर्धारण का बढ़ता दबाव

## अध्याय 1. बैंकिंग

- मूल डिजिटल कंपनियों ने बैंकों पर धावा बोल दिया है, हालाँकि अब भी इनका बाज़ार के बड़े हिस्से पर क़ब्ज़ा है, जो कि ग्राहकों के जुड़े रहने की प्रवृत्ति के कारण है।
- बैंकों के ज़्यादातर प्रयास फ्रंट-एंड के डिजिटलीकरण और कार्य के बेहतर सिस्टम के विकास पर केंद्रित रहे हैं।
- जबकि रिकॉर्ड और व्यावसायिक प्रक्रियाओं की उनकी विरासत प्रणाली के मुख्य मुद्दे अब भी क़ायम हैं, जो 'नियंत्रण' की मानसिकता में फँसे हैं।

## अध्याय 2. धन प्रबंधन उद्योग

- जब से रोबोट-सलाहकारों ने बाज़ार पर धावा बोला है, तब से डिजिटल रूपांतरण प्रबंधन की चर्चा का विषय रहा है, हालाँकि, ज़मीन पर बदलाव बहुत कम आया है।
- वर्क फ्रॉम होम के लिए उद्योग जगत कितना तैयार है, कोविड-19 महामारी का दौर इस तनाव की वास्तविक परीक्षा का था। शुरुआती चिंताओं के बावजूद, उद्योग जगत ने कुल मिलाकर इस परीक्षा को सफलतापूर्वक पास किया, हालाँकि, साइबर सुरक्षा और विश्व स्तर पर हुए नियमों की लहर की अनुपालना के बारे में अभी बहुत काम करने की ज़रूरत है।
- सलाहकार वैयक्तिकरण, मिड-बैक ऑफ़िस का इंटेलिजेंट ऑटोमेशन, और क्लाउड युक्त डेटा की पूरी क्षमता के दोहन जैसे विषयों के साथ हम उद्योग जगत में डिजिटल रूपांतरण में तेज़ी देखेंगे।

## अध्याय 3. भुगतान

- भुगतान तो डिजिटल रूपांतरण के अग्रिम मोर्चे पर रहा है, और पहले ही फांग (फ़ेसबुक, अमेज़ॉन, ऐपल, नेटफ़्लिक्स (Netflix) और अल्फाबेट (Alphabet) ) तथा चीन की तीन बड़ी कंपनियों (अलीबाबा (Alibaba) , बायडू (Baidu) और टेनसेंट) ने इस जगह धावा बोल दिया है।
- इस क्षेत्र में कुछ बड़े क़दमों की अपेक्षा की जा सकती है, क्योंकि तेज़ रफ़्तार से व्यवधान होते दिखेंगे।
- उद्यमों के भुगतान क्षेत्र में उसी तरह का बदलाव दिखेगा जैसा कि कस्टमर-टू-कस्टमर क्षेत्र में पहले देखा जाता रहा है।

## अध्याय 4. दूरसंचार

- उद्योग जगत के 2 जी से 5 जी की ओर बढ़ने के साथ-साथ दूरसंचार कंपनियाँ डिजिटल अधोसंरचना में काफ़ी निवेश कर रही हैं, हालाँकि, उन्हें इन निवेशों से वांछित मूल्य हासिल नहीं हुआ है।
- इसके बजाय, ओटीटी ने कंटेट का खेल जीत लिया है, और उस अधोसंरचना का फ़ायदा उठाया है, जिसमें दूरसंचार कंपनियों ने पहले निवेश किया था।
- अब, 5G दूरसंचार कंपनियों के सामने बड़ी सफलता का अवसर प्रस्तुत कर रहा है, हालाँकि इसका लाभ उठाने के लिए उन्हें अपने प्रस्तावों, बिज़नेस मॉडलों और आंतरिक प्रक्रियाओं को नया रूप देने की ज़रूरत है।

## अध्याय 5. उद्यम उत्पाद व्यवसाय

- यह उद्योग मेरे पसंदीदा उद्योगों में से एक है और क्लाउड की अगुवाई में 'सासिफ़िकेशन' का लाभ उठाते हुए यह डिजिटल से सर्वाधिक लाभ लेने और सफलता की छलांग भरने के लिए तैयार है।
- आक्रामक खेल खेलने और विजेता के रूप में उभरने के लिए यह महत्त्वपूर्ण है कि उत्पाद व्यवसाय पहले अच्छी तरह से रक्षात्मक खेलें।
- बदलाव लाने के लिए छह विषय हैं, जिन पर उत्पाद व्यवसायों के लीडर्स को ज़ोर देना होगा और उनका पुनर्मूल्यांकन करना होगा। इनमें मौजूदा ग्राहकों से आने वाले राजस्व का संरक्षण, मौजूदा उत्पादों के बीच के खाली स्थान में बढ़ने के अवसर, ग्लोबल डिलीवरी मॉडल का लाभ उठाने के लिए आगे आना, और गो-टू-मार्केट के लिए अभिनव भागीदारियाँ शमिल हैं।

## अध्याय 6. जीवन विज्ञान

- जीवन विज्ञान पिछड़े क्षेत्रों में से एक रहा है, लेकिन अब डिजिटल रूपांतरण के महत्त्वपूर्ण बिंदु पर है।
- जीतने के लिए, खिलाड़ियों को रोगी को केंद्र में रखकर व्यवसाय मॉडल में बुनियादी बदलाव पर विचार करना होगा। ऐतिहासिक रूप से, डॉक्टर इस उद्योग में ग्राहक रहे हैं।
- इस उद्योग में सफल निष्पादन के लिए चार अनिवार्यताएँ हैं: क्लाउड, ऑटोमेशन या स्वचालन, भागीदारी वाला पारस्थितिकी तंत्र और मुक्त नवाचार संचालन।

डिजिटल व्यवधान के कारण उद्योगों में हो रहे बुनियादी परिवर्तनों का बारीक़ी से निरीक्षण करना और मुझे दिखाई देने वाली विशिष्ट बारीक़ियों की तुलना और मेल करना मुझे

आकर्षित करता है। उद्योगों में ये बदलाव नए खिलाड़ियों और डिजिटल मूल कंपनियों के लिए समान रूप से विकास के आश्चर्यजनक अवसर पैदा कर रहे हैं। मुझे उम्मीद है कि इस खंड में बताई गईं अंतर्दृष्टियाँ कुछ सकारात्मक विचारों और कार्यों को प्रेरित करने में मदद करेंगी!

## डिजिटल परिपक्वता में उद्योग अलग-अलग स्तर पर हैं, जो भागीदारों को विविध तरह की चुनौतियाँ पेश कर रहे हैं

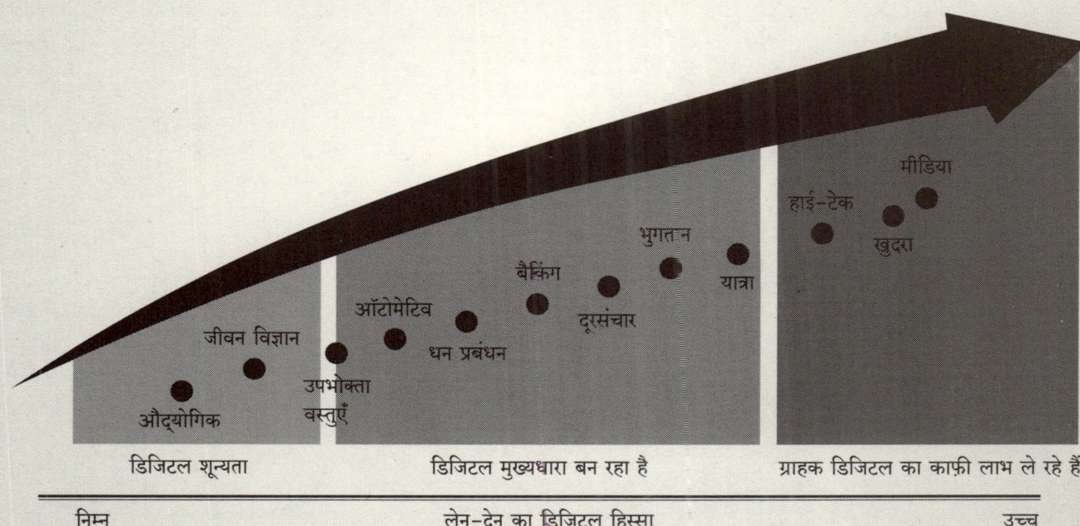

# 1

# डिजिटल बैंकिंग 2.0

*हमें अक्सर वही मारता है, जिसे हम जानते नहीं हैं।*

*—पेटर बेलिश, गेम ऑफ़ थ्रॉन्स*

आज की तारीख़ में बैंकिंग उद्योग में डिजिटल इनोवेशन मुख्य रूप से धन प्रबंधन के लेन-देन वाले पक्ष पर केंद्रित है - प्रमुख प्राथमिकताएँ हैं, ग्राहकों को अपने खातों का प्रबंधन करने और आहरण करने में सक्षम बनाना, डिजिटल भुगतान और कुछ बुनियादी विश्लेषण साधनों का प्रबंधन। प्याज की एक या दो परतें छीलिए और यह स्पष्ट हो जाता है कि बहुत कुछ नहीं बदला है; ग्राहकों के लिए उपलब्ध उत्पाद विकल्प कमोबेश एक जैसे हैं; ग्राहक-बैंक संबंध मज़बूत नहीं हुए हैं; और बैंकों की परिचालन लागत संरचना में पिछले कुछ वर्षों में कोई नाटकीय बदलाव नहीं हुआ है (अमेरिकी बैंकों के लिए औसत आरओई या रिटर्न ऑन इक्विटी 2000 के दशक की शुरुआत में 12-15 प्रतिशत से गिरकर 2012-18 में 8-10 प्रतिशत हो गया है)।[5]

ज़्यादातर ग्राहक अब भी बैंकों को 'जन-उपयोगी सेवा' से ज़्यादा कुछ नहीं मानते हैं - जहाँ नक़दी जमा की जा सकती है, स्थानांतरित की जा सकती है और उसकी निगरानी की जा सकती है। यही कारण है कि बैंकों पर फ़िनटेक और डिजिटल-ऑनली बैंकों के आक्रमण का जोखिम है, जो अपने विशेष समाधानों के साथ उनके ग्राहक आधार को ख़त्म करना जारी रखते हैं। उदाहरण के लिए, ब्राजील में एक डिजिटल बैंक, नूबैंक (Nubank) को फ़ोर्ब्स के एक अध्ययन[6] में ब्राजील में टॉप रैंक का बैंक बताया गया था। 2019 में इस बैंक का ग्राहक आधार 90 लाख से बढ़कर 2 करोड़ से ज़्यादा हो गया। और यह ट्रेंड लगातार तेज़ होता जा रहा है। 2020 में कोविड -19 महामारी की शुरुआत के साथ, नूबैंक ने कथित तौर पर पुराने जनसांख्यिकीय क्षेत्रों को शामिल करने के लिए अपने उपयोगकर्ता आधार का विस्तार किया, जो पारंपरिक बैंकों को छोड़कर आ रहे हैं।

यह संदेश तेज़ और स्पष्ट है: यही समय है कि वित्तीय संस्थान लेन-देन और भुगतान के लिए एक मात्र जन-उपयोगी सेवा के रूप में कार्य करने से आगे बढ़ने के लिए अपनी डिजिटल रणनीतियों पर फिर से विचार करें और मूल डिजिटल कंपनियों से सीखें कि मज़बूत ग्राहक संबंध कैसे बनाते हैं। इसके लिए उन्हें अपने ऑपरेटिंग मॉडलों पर फिर से विचार करना होगा, डेटा का फ़ायदा उठाना होगा और तकनीक में सार्थक तरीक़े से निवेश करना होगा।

## डिजिटल रूपांतरण 2.0: मुख्य बिल्डिंग ब्लॉक्स

परंपरागत रूप से, बैंकों ने विश्वास बनाने और शाखाओं के अपने डिलीवरी नेटवर्क की सुरक्षा बढ़ाने पर ध्यान केंद्रित किया है। कुल मिलाकर, बैंक अन्य उपभोक्ता व्यवसायों में देखे जा रहे ग्राहक अनुभव सुधारों के साथ तालमेल बैठाने के योग्य नहीं बन पाए हैं। जैसा कि नूबैंक ने ब्राजील में दिखाया है, बैंकों को बुनियादी रूप से फिर से विचार करना होगा कि वे अधिक ग्राहक-केंद्रित व्यापार मॉडल कैसे बनेंगे, आक्रामक रूप से अपने शाखा-आधारित डिलीवरी नेटवर्क से आगे कैसे निकलेंगे, और कम से कम परिचालन रूपांतरण में निवेश कैसे करेंगे, जो बड़े पैमाने पर रिटर्न ला सकता है। इसके लिए लोगों, प्रक्रियाओं और तकनीक के सभी आयामों में रणनीति से निष्पादन पर ध्यान केंद्रित करने में ज़बरदस्त बदलाव की ज़रूरत होगी। मेरा विश्वास है कि डिजिटल बैंकिंग 2.0 प्लेबुक में निम्नलिखित उद्देश्य शामिल होने चाहिए:

1. **उत्पाद-केंद्रित बंद सेवा से अधिक समग्र ग्राहक** केंद्रित दृष्टिकोण की ओर बढ़ने के लिए उत्पाद और सेवा जुड़ाव मॉडल पर पुनर्विचार करना।
2. **सही मायने में मल्टीचैनल दुनिया में ग्राहकों को** उनकी पसंद के चैनल में सेवा देकर व्यक्तिगत ग्राहक अनुभव बनाना।
3. **सरल, चुस्त प्रक्रियाओं** को बनाने के लिए संचालन की फिर से कल्पना करना, जो तेज़ी से विकसित हो रही ग्राहक जुड़ाव की ज़रूरतों को अनुकूलित करने में सक्षम हों।

इसके लिए डेटा और तकनीक की ज़रूरत होगी, जो नि:संदेह वह रीढ़ होगी, जिस पर निष्पादन प्रक्रिया चालू रहने के दौरान ये उद्देश्य टिके रहेंगे।

किसी बैंक की व्यापक तकनीकी रणनीति में निम्नलिखित बातें शामिल होनी चाहिए:

- **उद्यम एआई :** विश्लेषणात्मक मॉडलों की नई जेनरेशन को डिज़ाइन करने, प्रशिक्षित करने और तैनात करने के लिए।
- **डेटा अधोसंरचना :** एआई मॉडलों को सशक्त करने के लिए।
- **मूल बैंकिंग आधुनिकीकरण :** केवल स्वचालन या ऑटोमेशन को सक्षम बनाने के लिए नहीं, बल्कि, एआई मॉडल अनुशंसाओं पर आधारित कार्यों को संचालित करने के लिए भी।

## उत्पाद एवं सेवाओं से ग्राहकों का जुड़ाव

ज़्यादातर बैंकों में उत्पाद और सेवाएँ कार्यात्मक उत्पाद लाइनों के अनुसार डिज़ाइन और निष्पादित की जाती हैं। जहाँ यह उत्पाद-केंद्रित दक्षता की मानसिकता को संचालित करता है, वहीं यह इस महत्त्वपूर्ण कारक से चूक जाता है कि ग्राहक हमेशा अपनी वित्तीय यात्रा को ऐसे अच्छी तरह से परिभाषित कोष्ठक में रखने के बारे में नहीं सोचते हैं। उदाहरण के लिए, किसी परिवार को घर की मरम्मत और कॉलेज ट्यूशन के बीच चयन करना पड़ सकता है, जो दोनों ही, ग्राहक की जीवन यात्रा से संबंधित कारकों के संयोजन से प्रेरित होते हैं। इस परिदृश्य में, हर संभावना में, बैंक के अंदर दो अलग-अलग विभाग परिवार के लिए अलग-अलग प्रस्ताव तैयार करेंगे और उसे लक्षित करेंगे, न कि परिवार की किसी एक विकल्प को चुनने की दुविधा में साथ रहेंगे। इसके साथ एक और विरोधाभास होता है। आज बैंकों के लिए सबसे बड़े प्रतियोगी, फ़िनटेक आमतौर पर विशिष्ट उत्पादों की पेशकश करते हैं। पूरी संभावना होती है कि बैंक दो अलग-अलग फ़िनटेक के साथ प्रतिस्पर्द्धा करेगा - एक होम इक्विटी वाले से और दूसरे शिक्षा ऋण वाले से।

आज, बैंक इस चुनौती को अवसर के रूप में बदल सकते हैं: क्या होगा यदि बैंक उस ग्राहक का संपूर्ण जीवन चक्र-यात्रा दृष्टिकोण पर ध्यान दे और उसका इस्तेमाल मिश्रित उत्पाद प्रस्तावों को परिभाषित करने के लिए करे, जो गृह सुधार और शिक्षा ऋण को जोड़ सकता हो? डेटा-संचालित दृष्टिकोण कुछ इस तरह दिखाई देगा:

- एकल और मिश्रित अलग-अलग प्रस्तावों के वास्ते ग्राहकों की प्रतिक्रियाओं का अनुमान लगाने के लिए एआई-आधारित विकल्प मॉडलिंग का लाभ उठाना।
- बैंक और ग्राहक आधार, दोनों के लिए मूल्य और लागत दुविधाओं को मापने के लिए परिदृश्य मॉडलिंग का इस्तेमाल करना।
- अधिकतम आर्थिक मूल्य को बढ़ावा देने के लिए ग्राहक माइक्रो-सेगमेंट के लिए विशिष्ट प्रस्ताव तैयार करना।

ये डेटा-संचालित अनुशंसाएँ कस्टमर रिलेशनशिप मैनेजरों के लिए ग्राहकों के साथ वास्तव में गहरा और सार्थक जुड़ाव रखने के आधार के रूप में काम कर सकती हैं। इस क्रॉस-प्रॉडक्ट, ग्राहक-केंद्रित दृष्टिकोण में बैंकों के लिए विशिष्ट फ़िनटेक के मुक़ाबले उत्पाद-प्रतिस्पर्द्धी लाभ पैदा करने की क्षमता है।

क्लीवलैंड स्थित एक प्रमुख बैंक ने तीन नए बैंकिंग उत्पाद पेश किए: बिना शुल्क के ओवरड्राफ्ट सुरक्षा, 2 प्रतिशत कैश-बैक क्रेडिट कार्ड, और एक डेबिट-लिंक्ड बचत कार्यक्रम, जो सभी ग्राहकों को उनके वित्तीय लक्ष्यों की दिशा में काम करने के लिए पुरस्कृत करने के हल के रूप में एक साथ शामिल किए गए हैं। उत्तरी यूरोपीय बैंक, डांस्के बैंक एक क़दम आगे बढ़ा और वह अपने ग्राहकों को ऋण आवेदन, अनुमोदन और संवितरण प्रक्रिया सहित घर-ख़रीद प्रक्रिया को आगे बढ़ाने में मदद करने के लिए हाउस-बाइंग ऐप उपलब्ध कराता है। इससे भी आगे जाकर यह ग्राहकों को उपकरणों की ख़रीद आदि के लिए होम इक्विटी लोन की भी पेशकश करता है।

इन दोनों उदाहरणों में, इन बैंकों ने समग्र ग्राहक यात्रा को देखने और ग्राहक-केंद्रित समाधान तैयार करने के लिए अपनी पारंपरिक उत्पाद मानसिकता से बाहर निकलने का फ़ैसला किया। मुझे उम्मीद है कि बैंकों के उत्पाद बंडलों के ऐसे कई और उदाहरण देखने को मिलेंगे, जो ग्राहक-यात्रा की आवश्यकताओं के अनुसार हों।

## वैयक्तिक ग्राहक अनुभव

हाल के दिनों में उपभोक्ता बैंकिंग में दो सबसे बड़े जनसांख्यिकीय रुझान रहे हैं:

- **नए ग्राहक अभिग्रहण की धीमी रफ़्तार :** अमेरिका जैसी परिपक्व अर्थव्यवस्थाओं में पिछले कई सालों से जमा आधार नियत है। इसका मतलब यह हुआ कि बैंकों को अपनी डिलीवरी वृद्धि के लिए मौजूदा ग्राहक आधार पर ही निर्भर करना होगा।
- **आयु समूह के आधार पर चैनल प्राथमिकता :** जहाँ बेबी बूमर्स ने पूरे दिल से डिजिटल बैंकिंग को नहीं अपनाया है (हालाँकि महामारी के बाद की दुनिया में यह बदलाव हो रहा है), वहीं मिलेनियल और बाद की पीढ़ी, कुल मिलाकर, डिजिटल बैंकों को पसंद करती है।

इन दोनों निरपेक्ष प्रवृत्तियों का मतलब है कि बैंकों का प्रमुख विकास प्रेरक तत्व प्रति ग्राहक राजस्व बढ़ाना है – यही कारण है कि क्रॉस-सेलिंग और अप-सेलिंग ग्राहक जुड़ाव के प्रमुख तत्व बन रहे हैं। जैसे-जैसे अधिक से अधिक ग्राहक – जुड़ाव डिजिटल चैनलों में शिफ़्ट होते हैं, वैसे-वैसे पारंपरिक फ़र्मों के लिए तकनीकी फ़र्मों से सीखने का अवसर पैदा होता है। उदाहरण के लिए, अमेज़ॉन अपनी बिक्री का 35 प्रतिशत श्रेय क्रॉस-सेलिंग को देता है[7]– उसने डेटा और एआई के सारे हाइपर-पर्सनलाइज़्ड ग्राहक अनुभव बनाकर इसे हासिल किया है। उनकी प्लेबुक से सबक़ लेते हुए, यहाँ बताया गया है कि कोई बैंक वैयक्तिकरण की चुनौती से कैसे निपटना चाहेगा:

- फांग ने वैयक्तिकरण को सीमित करने वाले व्यापक खंडों के पारंपरिक विचार से दूर जाने के इरादे से 'सेगमेंट ऑफ़ 1' के विचार की अगुवाई की – जिसने दो आयामी रणनीति के साथ सूक्ष्म-खंडों को विकसित किया। इस रणनीति ने उन्हें ग्राहकों के साथ उच्च स्तर की सटीकता के साथ जुड़ने में सक्षम बनाया, जिसने बदले में ग्राहक संबंध और उनके लिए वॉलेट की हिस्सेदारी का काफ़ी विस्तार किया:
    - लेन-देन और व्यवहार संबंधी विशेषताओं की पहचान करना, जो ग्राहक विशेषताओं को उच्च स्तर के वैयक्तिकरण में परिभाषित करने में मदद करती हैं। किसी बैंक के लिए यह धन और आय, वित्तीय कौशल और डिजिटल परिष्कार के कई आयामों के साथ होगा।
    - सेगमेंटेशन को गतिशील रूप में देखें। किसी ग्राहक की जीवन यात्रा में, ज़रूरत की स्थिति और क्षमताएँ (विशेषकर वित्तीय स्थिति) बदलती रहती हैं, और

इसलिए, उनके व्यवहार हर समय विकसित होते रहते हैं। और इसके साथ ही, खंड को लगातार बढ़ती आवृत्ति के साथ परिष्कृत करने की ज़रूरत होगी।

- सूक्ष्म-खंडीकरण के साथ ही बैंकों की ग्राहकों की समझ गहरी होती है, तो उनके लिए विशिष्ट ग्राहक सूक्ष्म-खंडों के हिसाब से और ग्राहकों की ज़रूरत की स्थितियों के अनुरूप, **व्यक्तिगत ऑफ़र डिज़ाइन** करना संभव हो जाता है। नए ग्राहकों में सीमित शुद्ध वृद्धि का सामना करने वाले बैंक के लिए, उत्पाद श्रृंखलाओं से गुज़रने वाले उत्पादों और सेवाओं को डिज़ाइन और पेश करना महत्त्वपूर्ण हो जाता है। वैयक्तिक जुड़ाव को निम्नलिखित आयामों से हल करने की ज़रूरत होती है:
  - सर्वाधिक प्रासंगिक उत्पाद /सेवा क्या है?
  - सही चैनल क्या है? किसी बैंक को उस संभावना में एक कारक बनने की ज़रूरत होती है, जिसमें ग्राहक विशिष्ट संवादों के अंदर चैनल बदल सके। उदाहरण के लिए, कोई ग्राहक किसी डिजिटल ऑफ़र पर जवाब कॉल सेंटर फ़ोन करके या ब्रांच में आकर दे सकता है। बैंक को इन चैनल परिवर्तनों के ज़रिये ग्राहक को निर्बाध अनुभव देने की क्षमता की ज़रूरत होती है।
  - उचित जुड़ाव आवृत्ति क्या है? खुदरा ख़रीदारी के विपरीत, बैंकों के साथ ग्राहक संवाद तुलनात्मक रूप से कम आवृत्ति के होते हैं, क्योंकि ज़्यादा मूल्य के लेन-देन कभी-कभार ही होते हैं। इसके लिए बैंक को अपने चैनलों के ज़रिये जुड़ाव की सही आवृत्ति संचालित करने योग्य होना होता है, ताकि वह सही उत्पाद/सेवा के ज़रिये सही समय पर ग्राहक का ध्यान सचमुच आकर्षित कर सके।

- और अंतिम, किंतु महत्त्वपूर्ण बात, ग्राहक जीवन चक्र मूल्य (सीएलवी) का परंपरागत विचार खुदरा उद्योग में अग्रणी था और पिछले दो दशकों में बैंकों ने लॉयल्टी प्रोग्राम्स को सहारा देने के लिए इसे अपनाया है। लॉयल्टी के रूप में ख़ासकर जेन-जेड के बीच, लॉयल्टी कम होने से, बैंकों को ग्राहकों के कुल आजीवन मूल्य का अनुमान लगाने के प्रयास से बचने का समय आ गया है और इसके बजाय 'अगली सर्वोत्तम कार्रवाई' पर ध्यान देना चाहिए। ऐसी तत्काल कार्रवाइयों का अनुमान लगाना लक्ष्य होना चाहिए, जिनका ग्राहक प्रभाव उच्चतम हो और इसलिए अधिकतम प्रतिक्रिया दर होने की संभावना हो।
- आज के बेहद अस्थिर और अनिश्चित आर्थिक माहौल में यह और भी महत्त्वपूर्ण होता जा रहा है। उदाहरण के लिए, मौजूदा लड़खड़ाती अर्थव्यवस्था में, किसी बैंक को अपने क्रेडिट ग्राहकों की सुरक्षा पर ध्यान देना चाहिए, ताकि उनकी ज़रूरत की स्थितियों में संवेदनशील कार्रवाई की जा सके। उदाहरण के लिए, कमज़ोर सीएलवी की तरफ़ बाध्यकारी प्रतिक्रिया के विपरीत, ग्राहक की वर्तमान स्थिति पर ध्यान देते हुए लोन रिफाइनेंसिंग का सक्रिय समायोजन प्रस्ताव, ग्राहक लॉयल्टी के निर्माण में ज़्यादा कारगर और टिकाऊ हो सकता है।

## परिचालन

डिजिटल बैंकों ने परंपरागत बैंकों में परिचालन संबंधी दो मुख्य कमियों को उजागर किया है:

- बैक-एंड केंद्रीकृत प्रक्रियाओं (जैसे, लोन प्रोसेसिंग) से लेकर वितरित प्रक्रियाओं (जैसे, किसी शाखा में खाता खोलना) तक सब कुछ काफ़ी हद तक मैनुअल है। और जो कुछ स्वचालन मौजूद है, वह आम तौर पर कार्य के स्तर पर होता है; इतने वर्षों में प्रक्रियाओं में कोई बदलाव नहीं हुआ है। इस बीच, डिजिटल बैंकों ने यह दिखाया है कि बेहद सरलीकृत प्रक्रियाएँ संभव हैं।
- आईटी, अधोसंरचना, आदि के लिए अपने साझा ख़र्चों से बड़े खुदरा बैंक सालों से जो बड़े पैमाने पर लाभ हासिल करते आए हैं, वह बहुत लंबे समय तक क़ायम नहीं रह सकता है। डिजिटल बैंकों ने दिखाया है कि बैंक की प्रक्रियाओं में तकनीक (न केवल आरपीए, बल्कि संज्ञानात्मक एआई भी) की अगुवाई में उत्पादकता में सुधार संभव है।

ये दोनों कारक मिलकर न केवल बैंकों की लागत संरचना को प्रभावित कर रहे हैं, बल्कि काफ़ी बेहतर ग्राहक अनुभव भी पैदा कर रहे हैं। मुझे बैंकिंग परिचालनों को बदलने के अवसर के तीन बड़े क्षेत्र दिखाई दे रहे हैं:

1. **सेल्फ़ सर्विस और स्ट्रेट-थ्रू प्रोसेसिंग :** प्रक्रियाओं को 'जोखिम और नियंत्रण' की मानसिकता के साथ परिभाषित किया गया था, जो रफ़्तार और लचीलेपन की क़ीमत पर परिचालन जोखिम को न्यूनतम रखने पर केंद्रित थी। जैसा कि बैंकिंग से लेकर रिटेल तक की मूल डिजिटल कंपनियों ने दर्शाया है कि प्राथमिक लक्ष्य के रूप में ग्राहक अनुभव के साथ प्रक्रियाओं की फिर से कल्पना करना मुमकिन है, और फिर एक्सेप्शन प्रोसेसिंग के लिए तकनीक-सक्षम जोखिम गार्ड-रेल को परिभाषित करना मुमकिन है। ग्राहक तेज़ी से डिजिटल सेल्फ़-सर्विस विकल्पों को पसंद कर रहे हैं, इसलिए यह संभव है।

   सफलता की एक कहानी चेक जमाओं की दी जा रही है: यह प्रक्रिया मैनुअल, इन-ब्रांच गतिविधि से लगभग चूक-रहित स्ट्रेट-थ्रू प्रोसेसिंग अनुभव में बदल चुकी है। ऐसे कई और अवसर मौजूद हैं - जिन्हें पहचानने के लिए कठोर दृष्टिकोण की ज़रूरत होगी- उन एसएलए को परिभाषित कीजिए, जो प्रभावित हो सकते हैं, और उन्हें सक्षम करने के लिए समाधान संचालित कीजिए।

2. **इंटेलिजेंट ऑटोमेशन :** कुल मिलाकर, आरपीए के ज़रिये टास्क ऑटोमेशन (मसलन, ऑटो पॉप्यूलेट बनाने वाले बॉट्स) ने अपना काम पूरा कर लिया है और पॉइंट दक्षता लाभ वितरित कर दिया है। स्वचालन या ऑटोमेशन की अगली लहर एआई-सक्षम बुद्धिमान टास्क ऑटोमेशन (मसलन, दस्तावेज सत्यापन के कामों की एक क़िस्म के लिए डेटा निकालने के वास्ते दस्तावेज स्कैनिंग) और आमूलचूल

प्रोसेस ऑटोमेशन(मसलन, कस्टमर ऑनबोर्डिंग, सत्यापन और उपभोक्ता ऋणों का वितरण) सक्षम वाले कार्य-प्रवाह का मिश्रण है। ये न केवल आवश्यक समय और मेहनत को कम करके शानदार ग्राहक अनुभव बनाते हैं, बल्कि रिलेशनशिप मैनेजरों को अपने ग्राहकों के साथ गहरे और अधिक सार्थक तरीक़ों से जुड़ने के लिए ज़्यादा समय भी दे सकते हैं।

3. **प्रचालन प्रक्रियाओं का पुनर्निर्धारण :** यह तेज़ी से बदलते स्थूल-पर्यावरण और ग्राहक आधार पर इसके प्रभाव की प्रतिक्रिया में अधिक गतिशील और लचीला दृष्टिकोण अपनाने के लिए होगा, जैसा कि 2020 की घटनाओं से स्पष्ट है। एक प्रमुख उपभोक्ता बैंक कोविड महामारी से पैदा आर्थिक अफरा-तफरी के संदर्भ में अपने उपभोक्ता पोर्टफोलियो-स्तर के जोखिम मूल्यांकन का आकलन फिर से कर रहा है। डिफ़ॉल्ट के जोखिम का आकलन करने के लिए मात्र पेमेंट हिस्ट्री पर भरोसा करने के बजाय, बैंक कॉन्टेक्ट हिस्ट्री जैसे डेटा बिंदुओं से अंतर्निहित व्यवहार संबंधी कारक इकट्ठा करना चाहता है। इसमें वह न केवल संपर्कों और संपर्क चैनलों की संख्या पर, बल्कि संपर्क अनुक्रम पर भी ध्यान देता है – ताकि दैनिक आधार पर वह डिफ़ॉल्ट के जोखिम स्कोर का आकलन कर सके। इसके लिए न केवल एआई मॉडल बनाने की ज़रूरत है, जो जोखिम-स्कोरिंग मॉडल का पूरक हो सकता है, बल्कि इसका मतलब फील्ड एजेंटों को हस्तक्षेप का सुझाव देना भी होता है।

मेरा मानना है कि डिजिटल रूपांतरण 2.0 की यात्रा अभी शुरू ही हुई है। अगले कुछ सालों में मुझे डिजिटल रिटेल बैंकिंग में नाटकीय बदलाव देखने की उम्मीद है। ठीक उसी तरह, जिस तरह ऐल्गरिदम ट्रेडिंग और ऑटोमेशन के साथ कंप्यूटिंग तकनीक ने बैंकिंग पूँजी बाज़ार में बुनियादी परिवर्तन लाने में मदद की है, मेरा मानना है कि तकनीक भी उसी तरह उपभोक्ता बैंकिंग में परिवर्तन लाने में एक महत्त्वपूर्ण कारक होगी।

## तकनीक

बैंक परंपरागत रूप से बड़े तकनीकी व्ययकर्ता रहे हैं। कुछ सबसे बड़े बैंकों ने डिजिटल रूपांतरण की पहलों पर अरबों डॉलर ख़र्च किए हैं, लेकिन परिणाम संतोषजनक नहीं रहे हैं। हाल के एक सर्वेक्षण में, निवेशकों से पूछा गया, 'आप बैंकों की डिजिटल रूपांतरण रणनीतियों के असरकारक होने के बारे में कितने आश्वस्त हैं', तो 75 प्रतिशत ने या तो इसे 'संदेहजनक' बताया या फिर कहा कि 'अभी कुछ कहना जल्दबाजी होगा।' दूसरी ओर, इन्हीं बैंकों ने अपने राजस्व का औसतन 5 प्रतिशत के क़रीब अपने डिजिटल रूपांतरण कार्यक्रमों पर ख़र्च किया है, जो कि करोड़ों डॉलर की राशि होती है।[8] यह डिजिटल तकनीक के किसी जाल की तरह लगता है – जिसमें निवेश बहुत ज़्यादा है और परिणाम बहुत कम। और, जैसा कि अपेक्षित था,तकनीकी ख़र्च बैंकों में भिन्न-भिन्न होता है। जहाँ सबसे बड़े बैंक तकनीक पर अपने परिसंपत्ति आधार का लगभग 0.4 प्रतिशत ख़र्च करते हैं (जो कि जेपी मॉर्गन चेज़ के लिए ही 11.4 अरब डॉलर होता है), वहीं मध्य स्तरीय बैंक

(50 करोड़ और 5 अरब के बीच की संपत्ति वाले) 0.22 प्रतिशत, या बड़े बैंकों द्वारा लगाए गए परिसंपत्ति आधार के अनुपात में लगभग आधा ख़र्च करते हैं। सामान्यत: जहाँ बड़े बैंक अपने तकनीकी निवेश का परिणाम दिखाने के लिए जूझ रहे हैं, वहीं छोटे बैंक, सभी संभावनाओं के साथ, पर्याप्त ख़र्च नहीं कर रहे हैं।[9]

यह कहना काफ़ी है कि बड़े या छोटे बैंकों को अपनी डिजिटल रूपांतरण यात्रा में आगे रहने के लिए सावधानी से सोचने और तकनीकी प्राथमिकताओं के सही समूह को चलाने की ज़रूरत है। यह उन्हें यहाँ बताए गए प्रमुख बिल्डिंग ब्लॉक्स पर ज़ोर देकर करना होगा। और, मेरे अनुभव के हिसाब से, किसी भी डिजिटल तकनीक रणनीति में तीन क्षेत्रों में सार्थक निवेश शामिल होना चाहिए: बुनियादी ढाँचे का आधुनिकीकरण (टेबल स्टैक), उद्यम एआई और डेटा।

## अधोसंरचना का आधुनिकीकरण

बैंकिंग उद्योग बड़े पैमाने पर आईटी अधोसंरचना में निवेश शुरू करने वाले पहले उद्योगों में से था। और, जैसा कि अक्सर होता है, पहला क़दम उठाना एक पूँजी भी है और एक बोझ भी, हालाँकि इससे बैंकों में सालों से उत्पादकता में सुधार हुआ है, लेकिन हाल के सालों में पुरानी पड़ती तकनीक और कठोर अधोसंचरना उनके ऊपर बोझ बन गई है। इसने बैंकों को संपूर्ण तकनीकी अधोसंरचना उन्नयन में निवेश करने को प्रेरित किया है। जहाँ यह निश्चित रूप से आवश्यक है, वहीं यह प्रतिस्पर्द्धात्मक लाभ को चलाने के लिए पर्याप्त नहीं है, ख़ासकर जब प्रतिस्पर्द्धा में फ़िनटेक और डिजिटल बैंक शामिल हों।

अधोसंरचना का आधुनिकीकरण चल रहा है और आने वाले कई वर्षों तक बैंकों के लिए यह बड़ा निवेश क्षेत्र बने रहने की संभावना है।

उनकी मूल अधोसंरचना के आधुनिकीकरण की दीर्घकालिक सफलता को निर्धारित करने वाले कुछ प्रमुख कारक हैं :

1. **क्लाउड फ़र्स्ट :** ज़्यादातर सीआईओ ने इस तथ्य को स्वीकार किया है कि आईटी अधोसंरचना का प्रबंधन बैंक की मुख्य क़ाबिलियत नहीं है और बैंकों के लिए अपनी तकनीकी अधोसंरचना को आधुनिक बनाने में सक्षम होने के वास्ते क्लाउड माइग्रेशन और सक्षमता सबसे महत्त्वपूर्ण अनिवार्यता है।
2. **क्लाउड सिक्योरिटी :** क्लाउड माइग्रेशन की तरफ़ जाने को सही क्लाउड सुरक्षा के साथ संतुलित करने की ज़रूरत है, विशेष रूप से डेटा की संवेदनशीलता को देखते हुए, जिसे बैंकों को सँभालना होता है (क्योंकि बैंक दुष्ट हैकरों के पसंदीदा लक्ष्य बने हुए हैं)। ज़्यादातर बैंक, हाइब्रिड क्लाउड अधोसंरचना का चयन कर रहे हैं, जो ठीक ही है।
3. **आधुनिकीकरण एक यात्रा है :** कोर बैंकिंग प्लेटफ़ॉर्म और अन्य एप्लीकेशंस की परतों से शुरू होने वाली कई प्रणालियों का बैंकों पर बोझ हैं। इसने वर्षों में निर्मित

डेटा साझाकरण और एकीकरण का एक पैबंद तैयार किया है। कोर बैंकिंग से शुरू होने वाली, सभी प्रणालियों को आधुनिक क्लाउड इंफ्रास्ट्रक्चर में अपग्रेड करना एक बहु-वर्षीय यात्रा है। इन चरणबद्ध, बहु-वर्षीय प्रवासन कार्यक्रमों के ज़रिये, विरासती (ऑन-प्रिमाइसेस) और आधुनिक (ऑन-क्लाउड) प्रणालियों में डेटा दोहराव के चरणों से गुज़रना आवश्यक होगा। इस मज़बूर अक्षमता को एकीकरण व्यवस्था के साथ अच्छी तरह से प्रबंधित करने की ज़रूरत है।

4. **इंटरऑपरेबिलिटी या अंतरप्रचालनीयता :** किसी आधुनिक और वितरित एप्लीकेशन इकोसिस्टम का एक प्रमुख तत्व, जो चाहे सबसे महत्त्वपूर्ण न हो, आर्किटेक्चर और इंटरऑपरेबिलिटी मानकों को परिभाषित करना और उन्हें अपनाना है, जो एपीआई के ज़रिये डेटा साझा करने के लिए मॉड्यूलर आर्किटेक्चर तत्वों और अच्छी तरह से स्थापित प्रोटोकॉल पर निर्मित हों।

## उद्यमिता एआई

संगठनों को एआई प्रोजेक्ट चलाते हुए कई साल हो गए हैं, हालाँकि विपणन और जोखिम प्रबंधन के क्षेत्रों में उनके ज़्यादातर अलग-थलग उदाहरण हैं। ये परियोजनाएँ आम तौर पर डेटा और गणना बाधाओं तक सीमित रही हैं और फ़िनटेक तथा बिगटेक को शक्ति देने वाले बड़े, परिष्कृत एआई इंजनों को ये छू तक नहीं पाई हैं। बैंक अगर कम से कम प्रासंगिक बने रहने और आने वाले सालों में डिजिटल मूल कंपनियों से प्रतिस्पर्द्धा करने की उम्मीद करते हैं, तो वे अब अलग-अलग परियोजनाओं के स्तर पर बने रहने का जोखिम नहीं उठा सकते।

यह आवश्यक है कि बैंक आज निम्नलिखित स्पष्ट क्षमताओं के साथ उद्यम एआई में निवेश करें, ताकि उत्पादों और सेवाओं, ग्राहक जुड़ाव और प्रचालन में इस्तेमाल के मामलों की विस्तृत श्रृंखला का सहयोग किया जा सके :

1. उद्यम एआई प्लेटफ़ॉर्म असीमित तरीक़े से डीप लर्निंग में एआई तकनीकों में से कुछ नवीनतम तकनीकों का समर्थन कर सकता है। इससे भी अहम बात यह है कि इस प्लेटफ़ॉर्म में उन नवीनतम प्रगतियों को शामिल करने की क्षमता होनी चाहिए, जो अकादमिक स्तर और फांग आदि के मुक्त स्रोत से निकलकर आ रही हैं।
2. एआई में गणना-संसाधन की ज़रूरत होती है, और संसाधनों की कमी से ज़्यादा निराशाजनक कुछ नहीं हो सकता। पैमाने और प्रदर्शन स्तर पर परिणाम पाने के लिए ज़रूरी है कि उद्यम एआई प्लेटफ़ॉर्म क्लाउड आधारित हो।
3. यह हमेशा याद रखने योग्य बात है कि एआई सिर्फ़ एआई के लिए नहीं है – उसका लक्ष्य व्यावसायिक परिणाम देना है। और ऐसा होने के लिए, एआई सिफ़ारिशों को लेने और व्यावसायिक प्रक्रियाओं को चलाने के लिए उनका इस्तेमाल करने का एक स्पष्ट तरीक़ा होना चाहिए। इसके लिए उद्यम एआई प्लेटफ़ॉर्म को निम्नलिखित बातों ज़रूरत होती है:

i. एआई मॉडलों का संचालन करना- डेटा पाइपलाइंस, प्रशिक्षण, मॉडलों के नियोजन और मॉडलों की जारी निगरानी से शुरू करते हुए।

ii. समग्र निर्णय प्रक्रिया में निर्बाध रूप से एकीकृत करने के लिए मॉडलों के आउटपुट को प्रचालनीय प्रणालियों के साथ एकीकृत करना।

4. इस तथ्य को मान्यता देने की आवश्यकता है कि साझा डेटा सेट से लेकर साझा ऐल्गरिदम तक एआई की जड़ें ओपन-सोर्स उद्योग में हैं। उद्यम में मज़बूत एआई इकोसिस्टम को इस लोकतंत्रीकरण को कार्यात्मक दायरे में दोहराने में सक्षम होना ज़रूरी है। यह पुनः उपयोग और सबसे अच्छे तौर-तरीक़ों को साझा करने की संस्कृति को सक्षम करने के लिए अहम है; और शायद अधिक निस्वार्थ भाव से, उद्यम डेटा विज्ञान समुदाय के साथ सीखने के इकोसिस्टम को बनाने और बढ़ावा देने के लिए यह अहम है।

5. और आख़िरी बात भी कम महत्त्वपूर्ण नहीं है कि मज़बूत एआई गवर्नेंस की ज़रूरत को कम करके नहीं आँका जा सकता है। एआई की सबसे बड़ी चुनौतियों में से एक नैतिकता संबंधी है। उद्यमी एआई को निम्नलिखित नैतिक आयामों का स्वामित्व लेने की ज़रूरत है:

i. डेटा प्राइवेसी और सिक्योरिटी : डेटा की पहुँच को उद्यम सिक्योरिटी गाइडलाइंस के साथ संतुलित होना ज़रूरी है, ख़ासकर ग्राहकों के संवेदनशील डेटा के लिए तो यह बहुत ज़रूरी है।

ii. ऐल्गरिदम पूर्वाग्रह : उपभोक्ता बैंकिंग इसमें विशेष रूप से संवेदनशील है - ख़ासकर जब इसके किसी ख़ास आबादी समुदाय में भौतिक प्रभाव हों। पूर्वाग्रह रोकने के लिए ऐल्गरिदम की निरंतर निगरानी की ज़रूरत होती है।

## डेटा

इक्कीसवीं सदी के लिए डेटा ऑयल का काम करता हो या न करता हो, लेकिन यह वह ईंधन ज़रूर है, जो एआई को सशक्त बनाता है। और, इसके बावजूद, संगठन डेटा निर्माण को रणनीतिक पूँजी के रूप में बनाने और इस पर ध्यान देने में असफल रहे हैं। और अगर एआई ने अपेक्षित मूल्य प्रदान नहीं किए हैं, तो इसका एकमात्र कारण डेटा को लेकर निकट दृष्टिदोष है। बहुत लंबे समय तक तो संगठन डेटा को किसी बाद में विचार करने लायक़ चीज़ मानते रहे हैं: डेटा लेक्स और उनमें निवेश के बारे में हाल के उत्साह से भी कोई बहुत ज़्यादा फ़ायदा नहीं हुआ है।

बैंकों के साथ भी स्थिति कोई भिन्न नहीं है। टेक फ़र्मों से एक (और) सबक़ सीखना हो तो वह यही है कि डेटा ही फ़र्म के लिए सच्चे अर्थों में आर्थिक मूल्य पैदा करता है, इसलिए इसे व्यवसाय और ऑपरेटिंग मॉडल के शुरू से और केंद्र में महत्त्व देना चाहिए। जैसे-जैसे छोटे-बड़े बैंकों को पता चलता जा रहा है, वैसे ही ऐसा कहना आसान, किंतु करना कठिन होता जा रहा है। सबसे बड़ी बाधा विरासत की है। मौजूदा डेटा अधोसंरचना

और डेटा मॉडल, विलय और अधिग्रहण के ज़रिये कार्यात्मक दायरों, पुरातन प्रणालियों और असमान प्रणालियों के दशकों के संचय से विकसित हुए हैं। इसमें यह भी जोड़ा जा सकता है कि संगठनों में डेटा पर प्रभावशाली लोगों के प्रभुत्व के परिणामस्वरूप ऐसा डेटा इकोसिस्टम खड़ा करने में (बहुत से बहुत) असमान प्रगति हुई है, जो डिजिटल रूपांतरण करने के लिए एआई का सहयोग कर सके।

यही कारण है कि मैं मानता हूँ कि अगर बैंकों को फ़िनटेक के हमलों के बीच टिकना और बढ़ना है, तो उन्हें डेटा को अपनी शीर्ष सांगठनिक प्राथमिकताओं में शुमार करना होगा। कुछ प्रमुख डेटा प्राथमिकताएँ नीचे दी जा रही हैं, जिन्हें बैंकों को एकदम अभी अपनाने की ज़रूरत है:

1. **क्लाउड डेटा प्लेटफ़ॉर्म :** पिछले दशक में संगठनों ने हडूप सिस्टम पर लाखों ख़र्च किए, जो 'बिग डेटा' कथा के बहाव से प्रेरित थे। यह तेज़ी से सुलझ रहा है, क्योंकि आधार वाक्य यह है कि हडूप इंफ्रास्ट्रक्चर प्रदर्शन और लागत दोनों में बड़े पैमाने पर खरा नहीं उतर पा रहा है। यह क्लाउड की ओर जाने का समय है, और यह केवल लागत और मापनीयता के दृष्टिकोण से ही नहीं है। क्लाउड उद्यमों को विशेष रूप से इवेंट लॉग और स्ट्रीमिंग डेटा के साथ नवाचार करने की क्षमता भी उपलब्ध कराता है, जो रियल-टाइम डिजिटल ग्राहक जुड़ाव को चलाने वाला मुख्य आधार है।
2. **डेटा पाइपलाइन :** कोई भी डेटा अधोसंरचना केवल उतनी ही अच्छी होती है, जितना अच्छा डेटा होता है। यह स्पष्ट लग सकता है, लेकिन वास्तविकता यह है कि ज़्यादातर बैंकों ने कई विरासत प्रणालियों से डेटा को केंद्रीकृत स्रोत में स्थानांतरित करने के लिए पर्याप्त प्रयास नहीं किया है। बैंकों को सभी विश्लेषणात्मक ज़रूरतों के लिए केंद्रीकृत डेटा भंडार बनाने के वादे के साथ उद्यम डेटा लेक्स के निर्माण पर लाखों डॉलर ख़र्च करने हैं (और ख़र्च करना जारी रखना है)। स्पष्ट रूप से यह किसी भी हद तक सफल नहीं हुआ है-न केवल बैंकों में, बल्कि उद्योगों में भी सफल नहीं हुआ है - इसका मुख्य कारण यह है कि ज़्यादातर संगठनों के पास समय, प्रयास और ज़रूरी ध्यान की उपलब्धता होती ही नहीं है। आख़िरकार, इसका नतीजा साफ़ डेटा लेक कम और मैला डेटा दलदल अधिक होता है। किसी भी मामले में, क्लाउड-आधारित केंद्रीकृत भंडार में डेटा के प्रवाह को बनाना और इसे उपयोगी होने देने के लिए इसके बनाए रखने में निवेश करना महत्त्वपूर्ण होता है।
3. **डेटा सामंजस्य :** यह डेटा के हस्तांतरण से कुछ अधिक होता है; इसके लिए अलग-अलग प्रणालियों में पूर्ण एकीकरण और सामंजस्य रोडमैप की आवश्यकता होती है। किसी आम बैंक में, कस्टमर डेटा कई प्रणालियों से प्राप्त किया जाता है। इनमें कई बुनियादी प्रणालियाँ (मसलन, खाता लेन-देन, ऋण वितरण, कस्टमर केयर) हैं और कई ग़ैर बुनियादी प्रणालियाँ (मसलन, बैंकों के विलय और अधिग्रहणों से प्राप्त सिस्टम) हैं। संपूर्ण डेट व्यू बनाने के लिए इन प्रणालियों में एकीकरण ज़रूरी होता है। यह तकनीकी परिप्रेक्ष्य में तो कम, लेकिन संगठनात्मक प्रक्रिया परिप्रेक्ष्य में अधिक, और शायद सबसे कठिन चुनौती है।

4. **डेटा क्वालिटी :** गीगो (गारबेज इन गारबेज आउट) सिद्धांत डिजिटल जगत से पहले कभी इससे ज़्यादा सच साबित नहीं हुआ है। डेटा सामंजस्य की तरह, यह एक कठिन समस्या है और इसका समाधान किया जाना अभी शेष है। वह समय अब दूर नहीं, जब बैंकों को ग्राहकों के साथ वैयक्तिक जुड़ाव और आंतरिक रूप से प्रचालनों को स्वचालित करने की ज़रूरत पड़ेगी और तब अच्छी क्वालिटी के डेटा यह सुनिश्चित करने में प्रमुख भूमिका निभाएगा कि ये प्रक्रियाएँ अपेक्षित मूल्य प्रेरित करें।
5. **एआई के लिए डेटा :** एआई डेटा पर काम करता है और अच्छी एआई वह होती है, जो समय के साथ-साथ सीखती जाए और लगातार स्मार्ट होती जाए। इसके लिए, अच्छी तरह से दस्तावेज़ीकृत और भरोसेमंद प्रशिक्षण और सत्यापन वाले डेटा सेटों को तैयार करने की ज़रूरत है। उन्हें न केवल व्यापक होना चाहिए, बल्कि ऐल्गरिदम पूर्वाग्रह को मज़बूत होने से रोकने वाला भी होना चाहिए।
6. **डेटा गवर्नेंस :** उपरोक्त में से कोई भी मज़बूत डेटा गवर्नेंस के बिना, दूर से भी संभव नहीं है, जो बैंक-स्तर पर(कार्यात्मक समूह स्तर पर नहीं) काम करता है और नीचे बताए कामों की ज़िम्मेदारी लेता है :

    i. विश्वास के अवरोधों को तोड़ते हुए डेटा को समूहों के साथ साझा करना।
    ii. पूर्वाग्रह से बचाव के लिए डेटा नैतिकता ढाँचे की स्थापना करना।
    iii. सही सुरक्षा और नियामक अनुपालना के साथ केंद्रीकृत, साझा डेटा इकोसिस्टम के उद्देश्य को आगे बढ़ाना।

यह स्पष्ट, लेकिन दोहराने योग्य है कि अधोसंरचना के आधुनिकीकरण, उद्यम एआई और डेटा में इन तकनीकी निवेशों को अनुक्रमिक नहीं माना जाना चाहिए। बैंकों के लिए वास्तविक प्रतिस्पर्द्धात्मक लाभ इसमें है कि: लगातार विकास तथा बाज़ार की गतिशीलता तथा अन्य मैक्रो आर्थिक कारकों से सीखने के दौरान भी, तीनों मोर्चों पर निष्पादित करने की उसकी क्षमता कैसी है।

## निष्कर्ष

खुदरा बैंकिंग में डिजिटल रूपांतरण एक महत्त्वपूर्ण मोड़ पर है, और हम यह भी उम्मीद कर सकते हैं कि आने वाले सालों में इसमें काफ़ी तेज़ी आएगी, भले ही उद्योग कोरोना महामारी से पैदा होने वाली आर्थिक अनिश्चितता से उत्पन्न बड़े परिवर्तनों से गुज़र रहा है। इस कठिन माहौल में सफलता के लिए रणनीतिक दिशा में स्पष्टता, तकनीक और लोगों पर सही दाँव लगाने की क्षमता और सबसे बढ़कर निष्पादन में गति और फुर्ती की ज़रूरत होगी, हालाँकि यह बात तेज़ी से निश्चित होती जा रही है: कल के बैंक उन शाखा-आधारित नेटवर्क की तरह बहुत कम दिखेंगे, जिनके हम आदी रहे हैं और हर हाल में अधिक डिजिटल होंगे,

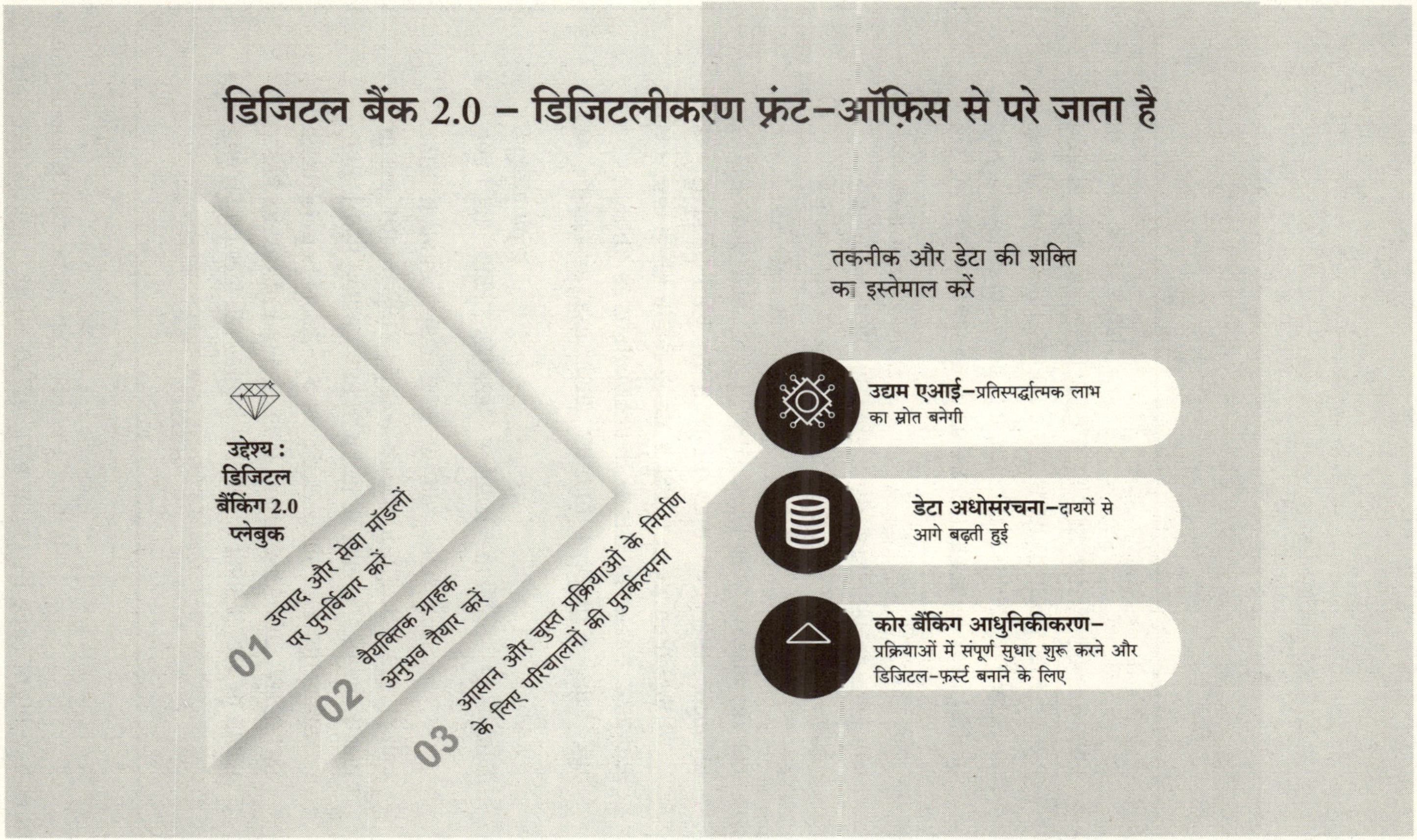
डिजिटल बैंक 2.0 – डिजिटलीकरण फ्रंट–ऑफ़िस से परे जाता है
उद्देश्य : डिजिटल बैंकिंग 2.0 प्लेबुक
01 उत्पाद और सेवा मॉडलों पर पुनर्विचार करें
02 वैयक्तिक ग्राहक अनुभव तैयार करें
03 आसान और चुस्त प्रक्रियाओं के निर्माण के लिए परिचालनों की पुनर्कल्पना
तकनीक और डेटा की शक्ति का इस्तेमाल करें
उद्यम एआई–प्रतिस्पर्द्धात्मक लाभ का स्रोत बनेगी
डेटा अधोसंरचना–दायरों से आगे बढ़ती हुई
कोर बैंकिंग आधुनिकीकरण–प्रक्रियाओं में संपूर्ण सुधार शुरू करने और डिजिटल–फ़र्स्ट बनाने के लिए

और उनकी सीमित भौतिक पहचान रह जाएगी। वे ग्राहकों को उनकी वित्तीय यात्रा के हर चरण में वास्तव में सहज मल्टी–चैनल अनुभव दिया करेंगे।


## सारांश

- बैंकों को डिजिटल मूल कंपनियों से ख़तरा है, हालाँकि, अब भी ग्राहकों के जुड़े रहने से प्रेरित होने के कारण, उनका उच्च बाज़ार हिस्सेदारी पर क़ब्ज़ा है। बैंकों ने फ्रंट-एंड को डिजिटलीकृत करने और जुड़ाव की बेहतर प्रणाली विकसित करने के प्रयासों पर ध्यान केंद्रित किया है, फिर भी उन्हें उद्योग में हो रहे डिजिटल व्यवधान में प्रतिस्पर्द्धा करने के अपने प्रयासों में महत्त्वपूर्ण क़दम उठाने की आवश्यकता होगी।
- बैंकों की अपनी डिजिटल रूपांतरण यात्रा में तीन प्रमुख अनिवार्यताएँ हैं :
    - ग्राहकों के लिए एआई आधारित हस्तक्षेपों के ज़रिये और परंपरागत उत्पाद मानसिकताओं से बाहर निकलकर, उत्पाद और सेवा जुड़ाव मॉडलों के बारे में फिर से विचार करना होगा।
    - वैयक्तिक ग्राहक अनुभव तैयार करना होगा। असर अधिकतम करने के लिए 'खंड 1' और 'अगले सर्वश्रेष्ठ एक्शन' पर फिर विचार करना होगा।
    - प्रचालनों की पुनर्कल्पना – 'सेल्फ़ सर्विस', आरपीए + एआई + संज्ञानात्मक आदि की व्यवस्था और प्रक्रियाओं का पुनर्निर्धारण करना होगा।
- उन्हें तकनीक और डेटा की ताक़त का इस्तेमाल करना होगा। विरासती प्रणालियों को अपग्रेड करना होगा और दायरे में सीमित डेटा अधोसंरचना से आगे बढ़ना होगा। उद्यमिता एआई के प्रतिस्पर्द्धात्मक लाभ का स्रोत बनने के बीच बैंकों को बुद्धिमानी से 'हाइब्रिड क्लाउड' का लाभ उठाने पर विचार करना चाहिए।

# 2

# धन प्रबंधन उद्योग में डिजिटल रूपांतरण

*हर मिनट, भविष्य अतीत बनता जा रहा है।*

*—थोर, मार्वेल कॉमिक्स*

धन प्रबंधन में डिजिटल रूपांतरण लंबे समय से महत्त्वपूर्ण विषय रहा है, लेकिन उद्योग में डिजिटल तकनीकों को अपनाने की गति अपेक्षाकृत धीमी रही है। धन प्रबंधन उद्योग व्यापार मॉडल बदलने, फ़िनटेक से मध्यस्थहीनता और व्यवधान, ग्राहकों की अपेक्षाओं में वृद्धि, शून्य कमीशन और वैकल्पिक शुल्क मॉडल के कारण राजस्व दबाव के रूप में चुनौतियों का सामना कर रहा है। कोविड-19 महामारी के परिणामस्वरूप उत्पन्न अस्थिरता में धन प्रबंधन सबसे अहम हो गया। महामारी के कारण हुए व्यवधान ने वूका परिवेश को और अधिक बढ़ा दिया है, और डिजिटलीकरण की आवश्यकता और तेज़ी अधिक से अधिक महत्त्वपूर्ण हो गई है।

मैंने पिछले एक दशक में इस उद्योग में हो रहे डिजिटल रूपांतरण को देखा है और उसमें शामिल रहा हूँ। शुरुआत में मैंने फ़िडेलिटी के अंतरराष्ट्रीय व्यापार के लिए रणनीति चलाने और रूपांतरण में मदद की थी। पिछले तीन सालों से, मैं इन्सीडो में धन प्रबंधन उद्योग मूल्य श्रृंखला में कुछ प्रमुख दिग्गजों के साथ काम कर रहा हूँ। इन अनुभवों के आधार पर, मैंने विशेष रूप से कोविड-19 महामारी को देखते हुए, धन प्रबंधन उद्योग में डिजिटल रूपांतरण के लिए दस प्राथमिकताओं की पहचान की है :

1. **सलाहकार सक्षमता महत्त्वपूर्ण है :** वित्तीय सलाहकार उद्योग लेन-देन की प्रमुखता वाले मॉडल से तेज़ी से अधिक संबंध-आधारित मॉडल की ओर बढ़ रहा है। वित्तीय

सलाहकार से अपने ग्राहकों को संपूर्ण लक्ष्य-आधारित वित्तीय नियोजन उपलब्ध कराने की अपेक्षा की जाती है, और इसमें उपकरण तथा क्षमताओं को वितरित करने में तकनीक की भूमिका सर्वोपरि हो जाती है। उद्योग के लिए सलाह-केंद्रित मॉडल के विकास में डिजिटलीकरण सबसे आगे रहता है। ग्राहक अपेक्षाएँ बढ़ रही हैं; ग्राहक अपने लक्ष्यों और जीवन की घटनाओं के अनुसार अधिक व्यक्तिगत सेवाओं और विशेष सलाह की अपेक्षा करते हैं। इसलिए, वित्तीय सलाहकार अधिक-वैयक्तिकरण करने, ग्राहक का पूर्ण विवरण जानने, और बड़े पैमाने पर सक्षम सेवा देने के लिए, वित्तीय सलाहकार उपकरणों और अंतर्दृष्टियों की माँग करने लगे हैं। सलाहकार एकीकृत अनुभव और कार्यात्मकता चाहते हैं जैसे खाता एकत्रीकरण, ग्राहक पोर्टल, ऑनलाइन दस्तावेज़ भंडारण, सीआरएम और ग्राहक सेवा उपकरण। कोविड -19 महामारी को देखते हुए डिजिटल उपकरणों की भूमिका अधिक महत्त्वपूर्ण हो गई है, इसलिए धन प्रबंधन फ़र्मों को इसमें अपने निवेश को करना चाहिए।

2. **निर्बाध प्रसंस्करण और व्यापक-चैनल सर्विसिंग के ज़रिये आगे बढ़ने की क्षमता में सुधार :** धन प्रबंधक अपने ग्राहकों को मूल्य प्रदान करने पर अधिक समय देना चाहते हैं। इसलिए समय लेने वाली और ग़लती की संभावनाओं वाली गतिविधियों को डिजिटलीकृत करने पर बहुत ध्यान दिया गया है। खाता खोलने, खाता परिवर्तन, दस्तावेज़ वितरण और ई-हस्ताक्षर जैसी गतिविधियों को डिजिटलीकरण करने से त्रुटियों और नीगो (नॉट इन गुड ऑर्डर) को कम करने और धन प्रबंधकों के लिए परिचालन पैमाने में सुधार करने में मदद मिली है। महामारी के दौरान, इन तकनीकों को अपनाने से ग्राहकों और सलाहकारों ने कार्यप्रवाह-आधारित डिजिटल उपकरणों का इस्तेमाल करके सीधे-सीधे प्रोसेसिंग को ज़बरदस्त बढ़ावा दिया। साथ ही, बाज़ारों में अस्थिरता और अनिश्चितता के कारण, निवेश की जानकारी और ग्राहक सेवा की ज़रूरत में नाटकीय रूप से वृद्धि हुई। धन प्रबंधन फ़र्मों ने अपने सलाहकारों और ग्राहकों को कई चैनलों के ज़रिये एक चैनल-व्यापी अनुभव देने के लिए जो निवेश किया था, उसके वास्तव में परिणाम निकले। इससे फ़र्मों को अपने संबंधित हितधारकों को प्रभावी ढंग से सेवा देने में मदद मिली।

3. **डिजिटल सहयोग ने व्यवधान की आशंकाओं को सँभालने में मदद की है :** धन प्रबंधन परंपरागत रूप से बेहद मानवीकृत उद्योग रहा है, जिसमें व्यक्तिगत सेवा की अपेक्षाएँ होती हैं, हालाँकि महामारी के दौरान, डिजिटल सहयोग के लिए उपलब्ध उपकरणों और तकनीकों ने उद्योग जगत के लोगों को व्यवधान के डर से मुक्ति पाने और अपने ग्राहकों को सुविधा देने में वास्तव में मदद की है। हम अपेक्षा करते हैं कि ये डिजिटल सहयोग चैनल वित्तीय योजना और सीआरएम जैसे उपकरणों के साथ एकीकरण के मार्फ़त और ज़्यादा विकसित होंगे। ऐसी तकनीकों को अपनाने में विफल रहने वाले धन प्रबंधक डिजिटल के अधिक जानकारों के हाथों अपने ग्राहकों को गँवा देते हैं।

4. **डेटा उपलब्धता के साथ एआई/एमएल का उपयोग बढ़ेगा :** धन प्रबंधन में एआई/एमएल धीरे-धीरे ड्राइंग बोर्ड से व्यावहारिक उपयोग की तरफ़ स्थानांतरित हो रहा है, लेकिन उपयोग के मामले अब भी सीमित हैं। रोबोट-सलाहकार एआई/एमएल का सबसे महत्त्वपूर्ण उपयोग बना हुआ है, और फ़र्मों ने निवेशकों की नई पीढ़ी को आकर्षित करने के लिए सलाहकारों के लिए ये उपकरण पेश किए हैं। हाल ही में, फ़र्मों ने अन्य क्षेत्रों में भी एआई / एमएल का इस्तेमाल शुरू कर दिया है, जैसे कि लीड प्रबंधन के लिए ट्रैकिंग और मॉडलिंग इवेंट्स में और यह सुनिश्चित करने के लिए कि अधिक गुणवत्ता वाले लीड्स को रूपांतरित किया जाए। कुछ धन प्रबंधन कंपनियाँ अव्यवस्थित डेटा अंतर्ग्रहण की रफ़्तार और सटीकता में सुधार के लिए ओसीआर और चरित्र पहचान तकनीकों का भी इस्तेमाल कर रही हैं।

बिक्री पक्ष या बाय-साइड फ़र्में मालिकाना मात्रा मॉडल का इस्तेमाल करते हुए ऐल्गारिदम ट्रेडिंग के लिए लंबे समय से एआई/एमएल का इस्तेमाल करती आ रही हैं, लेकिन दीर्घकालिक वित्तीय नियोजन में इसका इस्तेमाल अब भी सीमित है। जैसे-जैसे डेटा इकोसिस्टम अधिक परिपक्व होता जाएगा और वैकल्पिक अव्यवस्थित डेटा के उपभोग और व्याख्या करने की क्षमता बढ़ती जाएगी, वैसे ही एआई/एमएल का इस्तेमाल व्यापक होता जाएगा। भविष्य में, एआई/एमएल का इस्तेमाल 'अगली सर्वश्रेष्ठ' कार्रवाई, चैटबॉट, स्टॉक एनालिटिक्स, रैंकिंग (पहले से ही चल रही), मूल्य पूर्वानुमान और अल्फा जेनरेशन जैसे मामलों का इस्तेमाल करने के लिए और विस्तार करेगा। यह उनकी ग्राहक-सेवा और निवेश निर्णय लेने को बढ़ाने और सुधारने में धन प्रबंधकों के काम में काफ़ी पूरक भूमिका निभाएगा।

5. **प्रचालन रूपांतरण–** जहाँ कई ग्राहक उन्मुखी पहलें डिजिटल रूपांतरण पर बातचीत में ध्यान आकर्षित करती हैं, वहीं डिजिटलीकरण का प्रचालन में सुधार पर व्यापक प्रभाव पड़ा है। कई धन प्रबंधन फ़र्में अपने पुराने प्लेटफ़ॉर्म द्वारा शुरू की गई अक्षमताओं और अपने व्यवसाय में सहयोग देने के लिए बनाए गए वर्कअराउंड और कस्टमाइज़ेशन से जूझती हैं। तकनीक के लीडर्स के सामने यह दुविधा होती है कि फ़ोकस पॉइंट ऑटोमेशन का निर्माण किया जाए या बड़े रूपांतरण का विकल्प चुना जाए। किसी भी प्रचालन रूपांतरण पहल की सफलता के लिए फ़र्मों को अक्षम और नॉन-वैल्यू एडिंग गतिविधियों में कटौती करने के लिए अपनी विरासती प्रक्रियाओं को फिर से तैयार करने की ज़रूरत होती है। डिजिटल डिज़ाइन सिद्धांतों को लागू करने की समानांतर कोशिश के बिना, किसी भी रूपांतरण के परिणाम कमतर हो सकते हैं

6. **डेटा की केंद्रीय भूमिका :** डेटा मुख्य आधार है और वह बताई गईं तमाम पहलों के निष्पादन में केंद्रीय भूमिका निभाएगा, फिर चाहे वे मानवीकृत सेवाएँ हों, मात्रा बढ़ाने के लिए प्रचालनीय सेवाएँ हों या ग्राहक सेवाएँ और निवेश निर्णय के लिए एआई/एमएल का इस्तेमाल हो। ग्राहकों, सलाहकारों और अन्य भागीदारों के लिए अंतर्दृष्टियाँ निकालने और उन्हें वैयक्तिक सेवाएँ देने के लिए, ख़ासकर डिजिटल

जगत में डेटा का इस्तेमाल धन प्रबंधकों के लिए मुख्य प्राथमिकता रहेगा। जब बिज़नेस मॉडलों का विकास होता है, नियामक का दबाव बढ़ना जारी रहता है, और डेटा के स्रोत तथा मात्रा में विस्फोटक वृद्धि होती है, तो यह और भी ज़्यादा अहम हो जाता है। डेटा वृद्धि से निपटना, डेटा की गुणवत्ता और शुद्धता सुनिश्चित करना, अलग-अलग डेटा स्रोतों में सामंजस्य स्थापित करना और अच्छी डेटा गवर्नेंस परंपराओं को लागू करना धन प्रबंधन फ़र्मों के लिए सर्वोच्च प्राथमिकता होनी चाहिए। इसी से सुनिश्चित होगा कि उनके डेटा लेक्स डेटा दलदल में न बदलें और निर्णय लेने वालों के लिए कार्रवाई-योग्य अंतर्दृष्टियाँ पैदा करने में सक्षम हों।

7. **क्लाउड एडॉप्शन (अपनाना) :** ज़्यादातर धन प्रबंधन फ़र्में पहले से ही क्लाउड अपनाने की राह पर हैं। इसके पीछे मुख्य रूप से लचीलेपन, मापनीयता, तन्यता और अधोसंरचना की जटिलता को कम करने की इच्छा थी। जैसे-जैसे कंपनियाँ अपने तकनीकी भंडार का आधुनिकीकरण करती हैं, वैसे ही कई नए उपकरण सीधे क्लाउड पर बनाए और तैनात किए जाने लगे हैं। महामारी ने फ़र्मों की क्लाउड रणनीति को प्रभावित तो नहीं किया, लेकिन उद्योग के बढ़े हुए व्यापार, अस्थिरता और एप्लीकेशन उपयोग से प्रभावी ढंग से निपटने में सक्षम होने के तरीक़े को देखते हुए, इसने क्लाउड द्वारा दिए जाने वाले लचीलेपन और मापनीयता के अच्छे सत्यापन के रूप में कार्य किया।

8. **रिमोट कार्य परिवेश में साइबर सिक्योरिटी :** धन प्रबंधन उद्योग सर्वाधिक नियामित उद्योगों में से एक है, जिसमें नियमित तौर पर ऑडिट और रिपोर्टिंग होती है। जिस तरह के ग्राहकों और निवेश डेटा से फ़र्मों का पाला पड़ता है, उनकी प्रकृति को देखते हुए, ज़्यादातर बड़ी धन प्रबंधन फ़र्मों के डीएनए में साइबर सिक्योरिटी आंतरिक रूप से बनी हुई होती है, हालाँकि कोविड महामारी ने अलग तरह की चुनौतियाँ पेश की हैं, जिनमें ज़्यादातर कर्मचारी रिमोट वर्किंग कर रहे हैं। इस उद्योग को अब अतिरिक्त सिक्योरिटी पहलों की ज़रूरत है और इसमें ज़्यादा नियमित आंतरिक ऑडिट करना पड़ता है, ताकि डेटा सिक्योरिटी से किसी भी तरह का समझौता न हो।

9. **फ़िनटेक का प्रभाव और फांग से होने वाले व्यवधान का डर :** फ़िनटेक ने सलाहकारों और धन प्रबंधन फ़र्मों के लिए उपलब्ध तकनीकी विकल्पों के विस्तार में अहम भूमिका निभाई है। फ़िनटेक द्वारा पेश किए गए उपकरणों ने डिजिटल एजेंडा आगे बढ़ाने में भी सहायता की है, जिससे सलाहकारों के लिए उपलब्ध उपकरणों की उपयोगिता और संवादात्मक पहलुओं को परिष्कृत किया जा सकता है। इस उद्योग में, धन प्रबंधन मूल्य श्रृंखला में तमाम दिग्गजों द्वारा दी जाने वाली सेवाओं की ओवरलैपिंग भी देखने को मिल रही है। यह धन प्रबंधन फ़र्मों का नतीजा है, जो अधिक से अधिक ग्राहक वॉलेट हिस्सेदारी हासिल करना और उद्योग की मज़बूती देखना चाहती हैं।

हम देख रहे हैं कि ब्रोकर-डीलर तेज़ी से अपने आरआईए (पंजीकृत निवेश सलाहकार) चैनलों के विस्तार पर ध्यान दे रहे हैं। श्वाब और वेंगार्ड ने स्वचालित

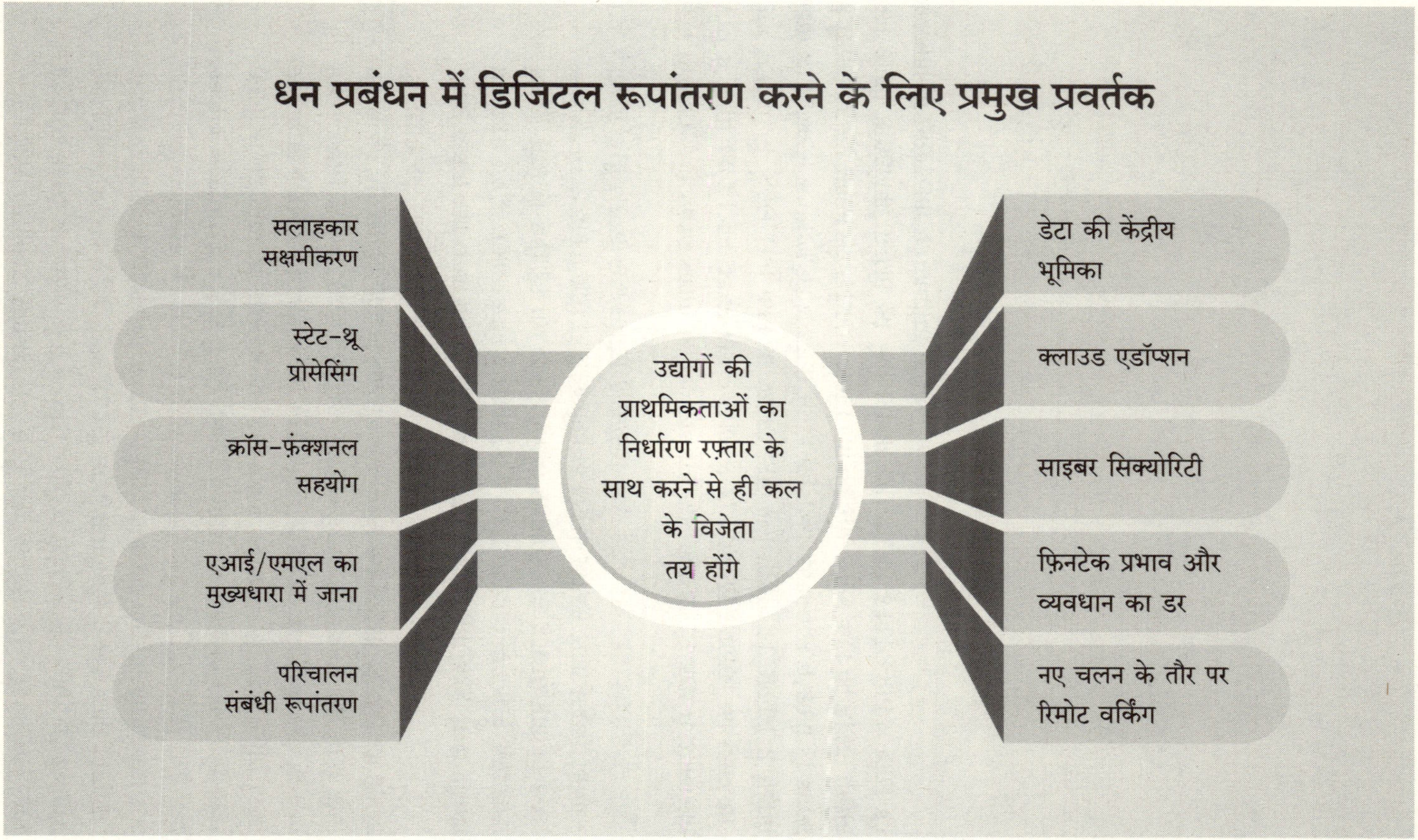
धन प्रबंधन में डिजिटल रूपांतरण करने के लिए प्रमुख प्रवर्तक
सलाहकार सक्षमीकरण
स्टेट-थ्रू प्रोसेसिंग
क्रॉस-फ़ंक्शनल सहयोग
एआई/एमएल का मुख्यधारा में जाना
परिचालन संबंधी रूपांतरण
उद्योगों की प्राथमिकताओं का निर्धारण रफ़्तार के साथ करने से ही कल के विजेता तय होंगे
डेटा की केंद्रीय भूमिका
क्लाउड एडॉप्शन
साइबर सिक्योरिटी
फ़िनटेक प्रभाव और व्यवधान का डर
नए चलन के तौर पर रिमोट वर्किंग

योजना और सलाहकार समाधान पेश करने शुरू कर दिए हैं। मॉर्गन स्टेनली और गोल्डमैन सॅक्स ने क्रमशः ई–ट्रेड और यूनाइटेड कैपिटल के अधिग्रहण के साथ खुदरा हिस्सेदारी को बढ़ावा दिया है। इसी तरह, सेवानिवृत्ति रिकॉर्ड कीपर, एम्पावर, पर्सनल कैपिटल के अधिग्रहण के साथ वित्तीय नियोजन सेवाओं की पेशकश शुरू करेगा। मैं इस प्रवृत्ति की वजह से फ़ेसबुक, ऐपल, अमेज़ॉन और गूगल जैसी बड़ी तकनीक कंपनियों के भविष्य में धन प्रबंधन में प्रवेश करते देख पा रहा हूँ। डिजिटल तकनीकों को अपनाना और इस तरह की पहलों को चलाने के लिए केंद्रीय विषय के रूप में डेटा का इस्तेमाल करना ऐसी प्रतिस्पर्द्धाओं के बीच टिके रहने के लिए बेहतर रहेगा। अंत में, सभी प्रतिस्पर्द्धा और नए विचार इस उद्योग और इसके सेवा मॉडल को विकास की ओर ले जाते हैं। यथास्थिति को चुनौती देने वाले नए दिग्गज ही उद्योग को आगे बढ़ाने में मददगार होंगे।

10. **रिमोट वर्किंग नया चलन बनेगा :** धन प्रबंधन फ़र्मों का ज़्यादातर काम दूरस्थ परिवेश में निर्बाध रूप से संक्रमण करने में सक्षम रहा है, और ज़्यादातर मामलों में उत्पादकता पिछले स्तरों से बढ़ी है। मुझे उम्मीद है कि महामारी कम होने के बाद भी दूरस्थ कार्य या रिमोट वर्किंग जारी रहेगी। व्यक्तिगत रूप से ऑफ़िस आना संयुक्त विचार–विमर्श जैसी ज़रूरतों तक सीमित हो सकता है।

कुल मिलाकर, धन प्रबंधन उद्योग कोविड व्यवधान को बहुत अच्छी तरह से अनुकूलित करने में सक्षम रहा है। धन प्रबंधन क्षेत्र में पहले से ही डिजिटल रूपांतरण का चलन था, और महामारी ने केवल लागू करने के प्रयासों और ऐसी पहलों को अपनाने में बढ़ावा दिया है। डिजिटल रूपांतरण की सफलता सफल तकनीकी क्रियान्वयन में उतनी ही कारक है,जितनी कि यह संगठन को डिजिटल मानसिकता की ओर उन्मुख करने की है। धन प्रबंधन फ़र्में अपनी सांगठनिक संस्कृति को कैसे आकार देती हैं, यह उनकी रूपांतरण पहल की सफलता या असफलता को निर्धारित करेगा।

## सारांश

- जब से रोबोट-सलाहकारों ने बाज़ार पर धावा बोला है, तभी से डिजिटल रूपांतरण चर्चा का विषय रहा है, हालाँकि धरातल पर बदलाव काफ़ी कम हुआ है।
- डिजिटल रूपांतरण में कोविड-19 महामारी के कारण तेज़ी आई, और ऑफ़िस स्पेस से काम शिफ़्ट हो गया और वैयक्तिक सेवा में कमी आई।
- डिजिटल का मुख्य विषय सलाहकार के लिए वैयक्तिकरण है, ताकि वे ग्राहकों के साथ बेहतर तरीक़े से जुड़ सकें।
- एआई/एमएल रोबोट-सलाह से आगे नए उपयोग देखेंगे।
- क्लाउड एडॉप्शन बढ़ेगा और साइबर सिक्योरिटी संवर्द्धित होगी। फांग का उद्योग में दाख़िला रोकने के लिए भविष्य के उपाय करने आवश्यक हैं।

  - निर्बाध प्रोसेसिंग और चैनल-व्यापी सेवा के ज़रिये मात्रा में सुधार।
  - री-डिज़ाइन प्रक्रियाएँ, जो कि प्रक्रियाओं में केवल क्रमिक बिंदु स्वचालन नहीं, बल्कि आमूलचूल सरलीकरण करें।
  - रूपांतरण की पहलों में मदद करने और डिजिटल डेटा प्रवाह का फ़ायदा उठाने वाली अंतर्दृष्टियाँ पैदा करने के लिए मुख्य आधार के रूप में डेटा अधोसंरचना में निरंतर निवेश।

# 3

# भुगतानों में डिजिटल किस तरह से व्यवधान पैदा कर रहा है

*मैं या तो इसे होते देख सकता हूँ या इसका हिस्सा हो सकता हूँ।*

*—एलन मस्क*

इन दिनों यह कहना अतिशयोक्ति नहीं होगा कि भुगतान उद्योग, व्यवधान के दौर से गुज़र रहा है। वाणिज्य करने के तरीक़ों में मूल बदलावों ने इन सभी सालों में भुगतान करने के तरीक़े को प्रभावित करना शुरू कर दिया है। एक तरफ़, भुगतान उद्योग में तमाम फ़िनटेक कंपनियों का प्रवेश देखा जा रहा है, जिनमें फ़ेसबुक और टेनसेंट जैसी दिग्गज कंपनियाँ शामिल हैं। इसके अलावा, बैंकों और निगमों के लिए बढ़ी हुई प्रतिस्पर्द्धा पेश करने वाले स्टार्ट-अप भी हैं। दूसरी ओर, ग्राहकों की तेज़ी से बढ़ रही अपेक्षाओं से होने वाला ख़तरा फ़िनटेक के कारण और बढ़ रहा है, जो समग्र रूप से उद्योग की सीमाओं को आगे बढ़ा रही हैं। यह तेज़ी से स्पष्ट होता जा रहा है कि भुगतान बाज़ार अब से एक दशक बाद बुनियादी तौर पर अलग दिखाई देगा। कुछ बदलाव होंगे, जिनमें नए फ़ॉर्म फ़ैक्टर, रियल-टाइम इंफ़्रास्ट्रक्चर, तथा सोशल मीडिया और ई-कॉमर्स के साथ एकीकरण के बड़े स्तर होंगे। वास्तव में पिछले एक दशक में उपभोक्ता भुगतान उद्योग को पूरी तरह से बाधित करने वाली क्रांति आख़िरकार कॉर्पोरेट भुगतान उद्योग को भी अपने पाले में ले रही है।

मुझे ऐसे तीन बड़े चलन दिखाई दे रहे हैं, जो सालाना आधा ट्रिलियन डॉलर के इस खंड को हिलाने की संभावना रखते हैं:

1. **डायरेक्ट टू कंज़्यूमर मॉडल :** उद्योगों की सभी फ़र्मों के अपने ग्राहकों के साथ डायरेक्ट जुड़ाव की ओर बढ़ने के कारण उनके लिए ज़रूरी हो गया है कि वे उसी स्तर का डिजिटल अनुभव दें, जो कि उपभोक्ता भुगतान उद्योग देता है।

2. **वैश्विक भुगतान प्रवाह :** सीमा पार भुगतान अब कुल कॉर्पोरेट भुगतान का 10 प्रतिशत हो गया है, और यह बढ़ता जा रहा है।[10] यह लगभग सारा प्रवाह डिजिटल प्रकृति का होता है, जिसमें,नियामक बाध्यताओं और जोखिम प्रबंधन की अतिरिक्त जटिलता शामिल होती है।
3. **डेटा मुद्रीकरण :** बैंक कोषागार (ट्रेजरी) सेवाओं को अपने कॉर्पोरेट ग्राहकों के बीच फ़ंड प्रवाह के प्रबंधन और सर्विसिंग का लाभ मिला है। और जैसे-जैसे ये फ़ंड प्रवाह तेज़ी से डिजिटल होता जा रहा है, उन्होंने बैंकों को डेटा गोल्डमाइन बनाने में सक्षम बनाया है। बैंक अब सक्रिय रूप से इस डेटा का फ़ायदा उठाने की कोशिश कर रहे हैं, ताकि अपनी सेवा की पेशकश को गहन कर सकें।

बैंकों और कॉर्पोरेट ने डिजिटल ज़रूरत का जवाब देना शुरू कर दिया है, और भुगतान प्रोसेसिंग उद्योग वर्तमान में अधोसंरचना के आधुनिकीकरण की लहर से गुज़र रहा है। मुझे सभी फ़र्मों के सीआईओ द्वारा महत्त्वपूर्ण तकनीकी निवेश होता दिखाई देता है, जो डिजिटल रूपांतरण की अगली लहर के लिए मंच तैयार कर रहा है। भुगतान उद्योग अब से कुछ वर्षों में मौलिक रूप से अलग दिखाई देगा। डिजिटल चैनलों को अपनाने, ऑटोमेशन को अपनाने, खुले मानकों को अपनाने और तकनीक में चतुराई से दाँव लगाने से, बैंक और कॉर्पोरेट, भुगतान बाज़ार में विजेता के रूप में उभर सकते हैं।

## डिजिटल रूपांतरण संभव बनाना

भुगतानों में डिजिटल रूपांतरण की पहलें तेज़ होने के साथ ही, फ़ोकस के चार मुख्य क्षेत्र हो जाते हैं, जिनमें से प्रत्येक डिजिटल भुगतान इकोसिस्टम के वास्ते न केवल ठोस आधार सुनिश्चित करने के लिए महत्त्वपूर्ण है, बल्कि राजकोष से राजस्व क्षमता को अनलॉक करने और भुगतान संचालन के लिए आधारभूत कार्य सुनिश्चित करने के लिए भी अहम है। ज़्यादातर संगठनों में इसका पूरा इस्तेमाल किया जाना शेष है:

1. **डिजिटल चैनलों को सक्षम बनाना :** डिजिटल भुगतान चैनलों की एक तेज़ी से बढ़ती श्रंखला है, जो उपभोक्ता भुगतान उद्योग से उत्साहित है और जिसे डिजिटल भुगतान सेवा प्रस्तावों में एकीकृत करने की ज़रूरत है।
2. **प्रोसेस ऑटोमेशन (प्रक्रिया स्वचालन):** भुगतान प्रक्रियाएँ आमतौर पर कंपनियों (बैंक-कॉर्पोरेशन-उपभोक्ता) के बीच होती हैं, और अलग-अलग प्रणालियों के बीच एकीकरण से मापनीय क्रियान्वयन को सक्षम बनाने के लिए महत्त्वपूर्ण आधार तैयार हो जाएगा।
3. **पेमेंट एनालिटिक्स :** डिजिटल चैनलों के बढ़ते जाने के बीच भुगतान प्रक्रियाएँ हमेशा डेटा समृद्ध, बल्कि इससे भी ज़्यादा रही हैं। बेहतर निर्णय लेने (जैसे, जोखिम प्रबंधन, धोखाधड़ी रोकने) के लिए डेटा का प्रभावी इस्तेमाल और इसके अलावा, डेटा मुद्रीकरण के अवसरों का अन्वेषण अहम होता जा रहा है।

4. **मानकों को अपनाना :** दुनियाभर में इकाइयों के साथ किसी भी बहु-इकाई इकोसिस्टम के लिए तकनीक के पैमाने पर मानक स्थापित करना आवश्यक है। डिजिटल भुगतान के सफल होने के लिए खुले बैंकिंग मानक अपनाने आवश्यक हैं - और इन मानकों का अपनाया जाना बढ़ रहा है। इसको देखते हुए हम एक महत्त्वपूर्ण मोड़ पर हैं।

## डिजिटल चैनल

कॉर्पोरेट भुगतान में सर्वव्यापी चेक अब सालों से मुख्य भूमिका में रहे हैं। सबसे महँगा भुगतान साधन होने के बावजूद, चेक दशकों से कॉर्पोरेट भुगतान की दुनिया में हावी बने हुए हैं। काग़ज़ी चेक की केवल प्रोसेसिंग लागत ही इसे बैंकों के लिए बोझ नहीं बनाती है, बल्कि इसकी सुरक्षा भी सिरदर्द है। यह जाना-माना तथ्य है कि काग़ज़ी चेक भुगतान धोखाधड़ी का सबसे बड़ा ज़रिया है।

यह सब अब बदल रहा है। और, जैसा कि आमतौर पर होता है, इसकी शुरुआत उपभोक्ता भुगतान व्यवसाय से हुई है। जैसे-जैसे डायरेक्ट-टू-कंज़्यूमर मॉडल विकसित होते जा रहे हैं, वैसे-वैसे बी2सी (बिज़नेस-टू-कंज़्यूमर भुगतान व्यवसाय तेज़ी से बढ़ता जा रहा है (डिजिटल ई-कॉमर्स की अगुवाई में 15 प्रतिशत की वार्षिक वृद्धि दर है)। और उपभोक्ता भुगतान उद्योग (जेले, पेपल, डिजिटल वॉलेट आदि) से निकलने वाली डिजिटल भुगतान तकनीकें बैंकों और कॉर्पोरेट को अपने ग्राहकों को डिजिटल अनुभव देने का समृद्ध विकल्प पेश करती हैं :

- **फ़ंड का संवितरण (Disbursement) :** स्वास्थ्य सेवा प्रदाताओं द्वारा अपने सदस्यों को मेडिकेयर/मेडिकेड फ़ंड के हस्तांतरण की मात्रा में वृद्धि जारी है और आमतौर पर यह डिजिटल होना चाहिए।
- **रिफ़ंड मैनेजमेंट :** डायरेक्ट-टू-कंज़्यूमर जगत में कॉर्पोरेशनों को अधिक भुगतान होने पर या प्रोडक्ट वापसी होने पर रिफ़ंड का भी प्रबंधन करना पड़ता है। इंस्टेंट डिजिटल भुगतान के आदी उपभोक्ता ई-कॉमर्स की दुनिया में भी हर जगह ऐसे ही अनुभव की अपेक्षा करते हैं।
- **लॉयल्टी/रिवॉर्ड संवितरण :** अपने ग्राहकों के साथ संबंध गहरे करने के लिए कॉर्पोरेशन ई-कॉमर्स खुदरा विक्रेताओं से ग्राहक एंगेजमेंट रणनीतियाँ अपनाते हैं। इनमें कैशबैक पेमेंट और लॉयल्टी पॉइंट्स कैश कराना शामिल होता है, जिनको डिजिटल चैनलों के ज़रिये निष्पादित कराना होता है।

इसी तरह की क्रांति बी 2 बी (बिज़नेस टू बिज़नेस) भुगतान में, एसीएच, वायर, वर्चुअल कार्ड आदि जैसे मौजूदा तरीक़ों के अलावा, डिजिटल वॉलेट जैसे उपभोक्ता सरीखे भुगतान रेल के विस्तार के साथ, हर ओर हो रही है। हमारा मानना है कि डिजिटल भुगतान की सुविधा केवल एक शुरुआती बिंदु है। इसमें और भी कई लाभ हैं :

- *भुगतान प्रक्रियाओं के सरलीकरण* (स्ट्रीमलाइनिंग) से कार्यशील पूँजी प्रबंधन पर सीधा असर पड़ता है। ट्रेड फ़ाइनैंस वैश्विक आपूर्ति श्रंखलाओं को सक्षम बनाने में प्रमुख भूमिका निभाता है और फ़िनटेक विशिष्ट समाधान लेकर आ रहे हैं।
- *आपूर्तिकर्ताओं और सहायक कंपनियों को भुगतान* करने के लिए भारी नियामक आवश्यकताओं का सामना करना पड़ता है, साथ ही धोखाधड़ी का ख़तरा भी रहता है। डिजिटल भुगतान लगातार सुरक्षित विकल्प बन रहा है। बाध्यकारी नियम पालन के अलावा, डिजिटल चैनल वैश्विक फ़ंड प्रवाह की पारदर्शिता सुनिश्चित कर सकते हैं।
- हाल ही में, *आपूर्तिकर्ताओं के इकोसिस्टम की गहन जानकारी हासिल करना महत्त्वपूर्ण कारक बन गया है।* (नीचे पेमेंट एनालिटिक्स का खंड देखें)।

## ऑटोमेशन (स्वचालन)

70 प्रतिशत कॉर्पोरेट कोषागारों और पेमेंट कर्मचारियों ने मैनुअल और अक्षम प्रक्रियाओं को अपनी सबसे बड़ी चुनौतयों में शुमार किया है। मैनुअल प्रक्रियाओं की लागत तो उच्च है ही, साथ ही अलग-अलग मात्राओं के कारण और संदिग्ध धोखाधड़ी के कारण, इनमें ग़लती की संभावनाएँ रहती हैं और इनका मापना भी कठिन होता है।

प्रक्रिया सरलीकरण और स्वचालन के अवसर - आपूर्तिकर्ताओं (बी2बी) और उपभोक्ताओं (बी2सी) के साथ भुगतान विनिमय की स्थापना से लेकर तीन-तरफ़ा (पीओ, बिल और रसीद) मिलान जैसी कई प्रकार की सेवाएँ बनाने तक, और सभी तरह से तमाम डिजिटल भुगतान चैनलों के ज़रिये धन के वितरण तक- मूल्य श्रंखला में फैले हुए हैं। कई फ़िनटेक इसे अवसर के बड़े क्षेत्र के रूप में देखते हैं और इसके लिए सहायक प्लेटफ़ॉर्म बना रहे हैं, जो कॉर्पोरेट सिस्टम के साथ एकीकृत हो सकें और एंड-टू-एंड प्रक्रियाओं को स्वचालित कर सकें।

बैंक कोषागार सेवाएँ अपने कॉर्पोरेट ग्राहकों को चेक प्रोसेसिंग से लेकर एसीएच/वायर तक कई तरह के उत्पाद और सेवाएँ देती हैं।

उदाहरण के लिए, एक बड़ा बैंक अमेरिका में किसी बड़े स्वास्थ्य सेवा प्रदाता के लिए सालाना आधार पर लेन-देन की 40 लाख प्रक्रियाएँ करता है, और उसकी समूची मूल्य श्रंखला को कवर करता है, जिसमें कॉर्पोरेट अस्पताल (बी2बी) से लेकर निजी डॉक्टर (बीटूसी) और फार्मास्यूटिक्ल (बीटूबी) शामिल हैं।

- इन संस्थाओं को डीआईवाई पोर्टलों का इस्तेमाल करके तेज़ी से, सुरक्षित तरीक़े से भुगतान नेटवर्क पर डिजिटल रूप से ऑनबोर्ड करने के साथ-साथ एक 'चैनल-व्यापी' जैसा अनुभव बनाने का स्पष्ट अवसर है, जो ऑनबोर्डिंग टकराव को कम करता हो।

- उद्यमों में कई विरासती प्रणालियों और, ईआरपी सिस्टम की वृद्धि को देखते हुए, इस आकार और जटिलता के भुगतान नेटवर्क को स्वचालित करना निश्चित ही एकीकरण संबंधी चुनौती है। एपीआई (एप्लीकेशन प्रोग्रामिंग इंटरफ़ेस) आधारित डेटा एक्सचेंज को त्वरित ढंग से अपनाने के साथ-साथ, डिजिटल भुगतान के लिए कई भुगतान रेल के साथ एंड-टू-एंड ऑटोमेशन एक आवश्यक बिल्डिंग ब्लॉक है।

## डेटा ऐंड एनालिटिक्स

डिजिटल चैनलों के ज़रिये भुगतान प्रोसेसिंग डेटा समृद्ध है: लेन-देन के डेटा पर विश्लेषण के ज़रिये रणनीतियाँ और निष्पादन कई तरीक़ों से मदद कर सकते हैं। ये तरीक़े हैं: राजस्व में सुधार, परिचालन लागत में कटौती, धोखाधड़ी और अन्य असंगत व्यवहार का पता लगाना।

**जोखिम और धोखाधड़ी एनालिटिक्स :** जैसे-जैसे भुगतान डिजिटल प्लेटफ़ॉर्म पर होने लगते हैं, वैसे-वैसे धोखाधड़ी का परिष्कृत होना भी लगभग अपरिहार्य हो जाता है। और, जैसे-जैसे भुगतान की मात्रा और जटिलता बढ़ती है, धोखाधड़ी को ट्रैक करना, पहचानना और रोकना उतना ही कठिन होता जाता है। धोखाधड़ी की रोकथाम को लेन-देन केंद्रित मूल्यांकन से आगे बढ़ाते हुए उभरती धोखाधड़ी का पता लगाने और रोकथाम करने के लिए एआई का लाभ उठाना होगा। मोटे तौर पर, संगठनों को दो स्तरों पर भुगतान धोखाधड़ी के बारे में सोचने की ज़रूरत है :

- **एकाउंट फ्रॉड :** डिजिटल पहचान की चोरी धोखाधड़ी का एक बड़ा कारण है। एटीओ (खाता अधिग्रहण) और सिंथेटिक पहचान निर्माण जैसे तरीक़ों का इस्तेमाल खातों तक पहुँच हासिल करने और फ़ंड निकालने के लिए किया जा सकता है। इसे ट्रैक करने और रोकने के लिए अनियमित पैटर्न की तलाश में प्रमाणीकरण यात्रा की निगरानी के लिए पारंपरिक ज्ञान-आधारित प्रमाणीकरण विधियों से परे जाने की ज़रूरत है।
- **आभासी भुगतान (फैंटम पेमेंट्स) :** व्यवसायों को आभासी भुगतानों से बड़ी राशि का नुक़सान होता है, जो कर्मचारियों (जैसे, आभासी भुगतान शुरू करके) या भुगतानकर्ता (जैसे, दोहरे चालान बनाकर) द्वारा किया जाता है। उनकी निगरानी और पहचान करने के लिए कई तरीक़ों की ज़रूरत होती है, जो नियम-आधारित प्रणालियों (जैसे लेन-देन अनुरोधों की निकटता) से शुरू होकर मशीन लर्निंग के अधिक परिष्कृत तरीक़ों (जैसे, प्राप्तकर्ता व्यवहार जोखिम-स्कोरिंग और प्रत्येक जोखिम खंड के प्रति संवेदनशील गार्ड-रेल की स्थापना) तक जाती हैं।

**डेटा मुद्रीकरण :** अपने कॉर्पोरेट ग्राहकों और उनके आपूर्तिकर्ताओं तथा ग्राहकों के नेटवर्क के बीच भुगतान प्रवाह का प्रबंधन करने वाले बैंक के पास इस नेटवर्क में सभी फ़र्मों के वित्तीय व्यवहार को समझने की अद्वितीय क्षमता होती है। यह बैंक के लिए अपने

# भुगतान–व्यवधान या बाधित होना!

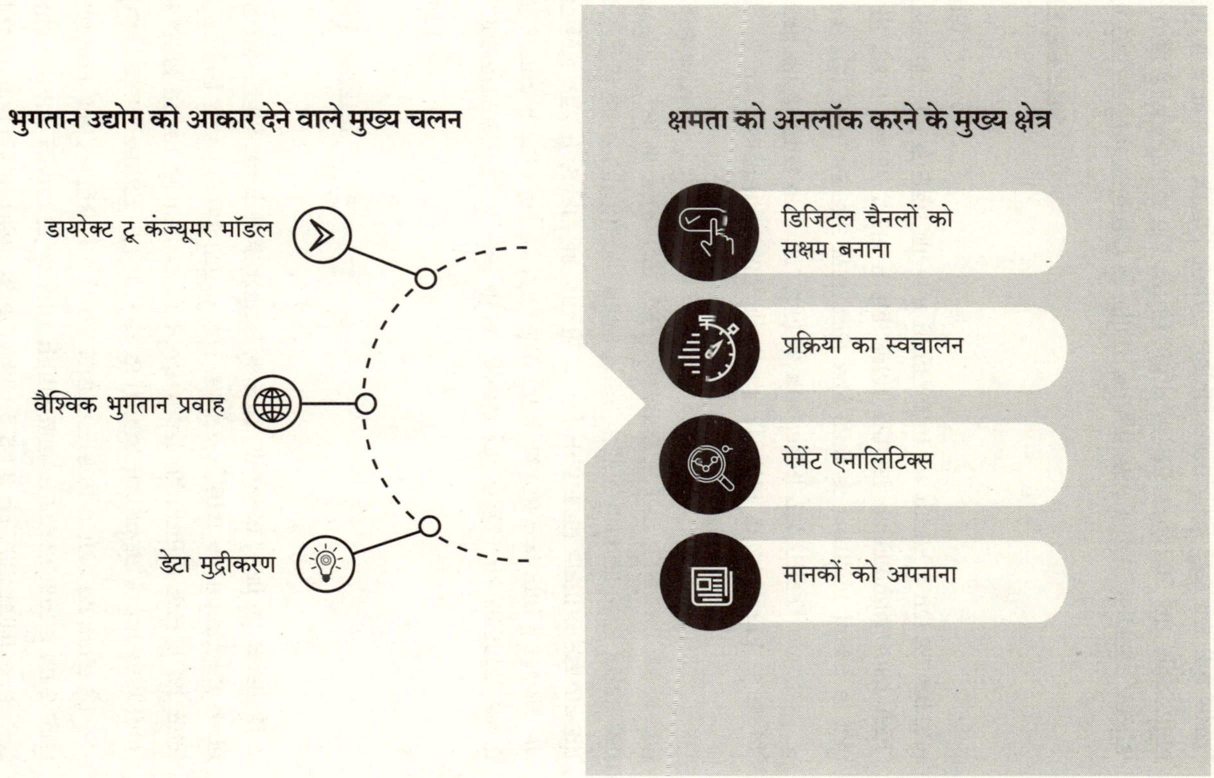

ग्राहकों को बेहतर अनुभव और वैल्यू देने के वास्ते लक्षित रणनीति विकसित करने का एक शक्तिशाली उपकरण हो सकता है :

- **कार्यशील पूँजी को अधिकतम करना:** बैंक फ़ंड प्रवाह की भविष्यवाणी करके और उसका इस्तेमाल इष्टतम फ़ंड को उनके भुगतान खातों में ट्रांसफर करने में करके अपने ग्राहकों को उनकी कार्यशील पूँजी को अधिकतम करने में मदद कर सकते हैं।
- **सर्विस बंडलिंग:** व्यवहार और लेन-देन के पैटर्न के संयोजन का इस्तेमाल करते हुए, बैंक अपने ग्राहकों की मदद इष्टतम सर्विस बंडलों को निर्धारित करने में कर सकते हैं। उदाहरण के लिए, कई देशों में फैले कॉर्पोरेट भुगतानों को विनिमय-दर बचाव और मुद्रा-प्रवाह समाधानों के संयोजन के साथ अधिकतम किया जा सकता है।

## मानकों को अपनाना

### मुक्त बैंकिंग

2015 में जब यूरोपीय संसद ने खुले बैंकिंग मानकों (पीएसडी2) को अपनाया, तब से मानकों को अपनाने में तेज़ी आई है। और, जैसा कि मानकों के साथ होता है कि एक बार जब वे महत्त्वपूर्ण मात्रा में अपना लिए जाते हैं, तो यह भुगतान की दुनिया में नवाचार और दक्षता को उत्प्रेरित कर सकता है। मुक्त बैंकिंग नियमों के लिए बैंकों को अपने सिस्टम और डेटा को सुरक्षित चैनलों के ज़रिये तीसरे पक्ष के प्रदाताओं के लिए खोलने की ज़रूरत होती है। इसमें नीचे बताई बातों में तेज़ी लाने की क्षमता होती है :

1. पॉइंट टू पॉइंट सॉफ़्टवेयर एकीकरणों के मौजूदा चलन पर निर्भर रहने के बजाय, मानकों का इस्तेमाल करते हुए, बैंकों के बीच निर्बाध फ़ंड ट्रांसफर।
2. अनेक मुद्राओं में कई बैंक खातों वाले कॉर्पोरेशनों के स्वचालित मिलान के लिए किसी एकल एकाउंट पोर्टल में बैंक खाता डेटा को कुशलतापूर्वक एकत्र करने, भुगतान लेन-देन के सबसे जटिल में से एक-सीमा पार भुगतान में मुद्दों को कम करने क्षमता।

## ब्लॉकचेन तकनीक

कई वित्तीय सेवा कंपनियाँ धोखाधड़ी के जोखिम को कम करने के लिए ब्लॉकचेन तकनीक पर निर्भर हो रही हैं। तकनीक के तीन मूलभूत आधार वितरित बहीखाता, और अपरिवर्तनीय तथा अनुमति प्राप्त पहुँच हैं। भुगतान प्रोसेसिंग सेवा को सहारा देने के लिए एक साथ लाकर, वे वायर ट्रांसफर के पूरे अनुक्रम का पता लगाना संभव बनाते हैं। वीज़ा ने तेज़ सीमा पार भुगतान को सक्षम करने के उद्देश्य से निजी ब्लॉकचेन पर आधारित अपना बी2बी कनेक्ट प्लेटफ़ॉर्म लॉन्च किया। इसी तरह, एचएसबीसी, बीएनपी पेरिबास और आईएनजी समेत

कई बैंकों ने कंटूर लॉन्च किया, जो एक ब्लॉकचेन-प्रेरित प्लेटफ़ॉर्म है, जिसे 18-ट्रिलियन डॉलर के व्यापार वित्त बाज़ार को अधिक कुशल और सुरक्षित बनाने के लिए डिज़ाइन किया गया है। मुझे आशा है कि आने वाले सालों में इस क्षेत्र में और अधिक कार्रवाई देखने को मिलेगी।

पुरानी प्रणालियों के साथ-साथ दशकों तक चलने के बाद, जाग रहे 2 ट्रिलियन डॉलर के विशाल वैश्विक भुगतान उद्योग को फ़िनटेक (पेपल द्वारा की गई एक तरह की क्रांति)[11] ने हिला दिया है। और, जैसा कि अक्सर होता है, एक क्षेत्र में नवाचार तेज़ी से निकटवर्ती क्षेत्रों में फैल जाता है। उपभोक्ता भुगतानों में शुरू हुए नाटकीय परिवर्तन ने कॉर्पोरेट भुगतानों में भी डिजिटल व्यवधान के लिए तकनीकी निर्माण खंड बनाए। मानकों को अपनाने और, विशेष रूप से, ब्लॉकचेन तकनीकों की परिपक्वता के साथ कॉर्पोरेट भुगतान उद्योग नवाचार के विस्फोट के लिए तैयार है।

## सारांश

- डिजिटल रूपांतरण के अग्रिम मोर्चे पर भुगतान रहे हैं, और फांग, चीन की बड़ी तिकड़ी (अलीबाबा, बायडू और टेनसेंट) ने इस क्षेत्र में धावा बोल दिया है।
- इस स्पेस में बड़े क़दमों की अपेक्षा की जा सकती है। उद्यमीय भुगतान उपभोक्ता भुगतानों के मार्ग पर जाएँगे।
- उद्यमों में जीत के क़दम होंगे: कॉर्पोरेट ग्राहकों के लिए डिजिटल भुगतान चैनलों को सक्षम करना, भुगतान स्वचालन और एनालिटिक्स, और मुक्त बैंकिंग मानकों को अपनाना।

# 4

# दूरसंचार कंपनियाँ डिजिटल युग में कैसे जीत सकती हैं

*अच्छी कंपनियाँ ग्राहकों की आवश्यकताओं को पूरा करती हैं, महान कंपनियाँ नए बाज़ारों का निर्माण करती हैं।*

*— फ़िलिप कोटलर*

दूरसंचार उद्योग संचार क्षेत्र में तकनीकी प्रगति के इर्द-गिर्द विकसित हुआ है। यह उद्योग लैंडलाइन सेवाओं के प्रदाता से बढ़कर उच्च गति वाली ब्रॉड और सर्वव्यापी गतिशीलता वाली सेवाएँ देने तक विकसित हो चुका है।

दूरसंचार उद्योग आज निश्चित रूप से बदलाव के मोड़ पर है, और तेज़ी से बदलते बाज़ार में प्रासंगिक बने रहने के लिए इसे कनेक्टिविटी उपलब्ध कराने की विरासत से विकसित होकर कंटेंट, एप्लीकेशंस और डेटा सेवाओं के अधिक मूल्य संवर्द्धित प्रदाता बनने की अपनी दीर्घकालिक आकांक्षा को पूरा करना होगा। असल में, उद्यमों द्वारा डिजिटल रूपांतरण को तेज़ी से अपनाना वैश्विक स्तर पर दूरसंचार कंपनियों के लिए बड़ा अवसर है। दूरसंचार कंपनियों के लिए, यह केवल उस डिजिटल रूपांतरण के बारे में नहीं है, जिससे वे स्वयं गुज़र रही हैं, बल्कि यह अन्य उद्यमों और क्षेत्रों के लिए उनके डिजिटली सक्षम होने के बारे में भी है। जीएसएमए (GSMA) ने अनुमान लगाया है कि कनेक्टेड डिवाइसों की संख्या 2018 में 7 अरब से बढ़कर 2025 में 25 अरब हो जाएगी[12], और टेलीकॉम ऑपरेटर नवाचारी डिजिटल कनेक्टिविटी समाधान उपलब्ध कराके इसका लाभ उठाने की अनूठी स्थिति में हैं, जो निकट भविष्य में विश्व स्तर पर डिजिटल जगत से जुड़े लोगों की रीढ़ बनेगा।

इस अध्याय में, मैं दूरसंचार उद्योग के समक्ष आने वाली प्रमुख चुनौतियों पर अपना दृष्टिकोण बताऊँ गा कि कैसे 5जी(5G) एक गेमचेंजर हो सकता है, और 5जी (5G) अवसर से मूल्य का अर्जन करने के लिए दूरसंचार कंपनियों को क्या कार्रवाई करने की ज़रूरत पड़ेगी। मेरा दृष्टिकोण उत्तरी अमेरिका में बड़ी दूरसंचार कंपनियों के साथ मेरे अनुभवों पर आधारित है, हालाँकि, मेरा मानना है कि ये अंतर्दृष्टियाँ दुनिया के अन्य हिस्सों के लिए भी प्रासंगिक होनी चाहिए।

दूरसंचार उद्योग के समक्ष चार बड़ी चुनौतियाँ :

1. **डेटा खपत बढ़ने के बावजूद, दूरसंचार कंपनियाँ, ओटीटी (ओवर द टॉप) के हाथों कंटेंट और एप्लीकेशन के युद्ध में मात खा रही हैं, और उनका राजस्व या तो स्थिर बना हुआ है या सिकुड़ रहा है।**

   सामान्य व्यापारिक शब्दों में, ग्राहक की माँग बढ़ने से राजस्व बढ़ता है, लेकिन दूरसंचार ऑपरेटरों के लिए डेटा उपयोग कई-कई गुना बढ़ने के बावजूद, राजस्व अधिक से अधिक स्थायी ही बना हुआ है। 3जी (3G) और 4जी (4G) में पिछले एक दशक में दूरसंचार कंपनियों के पूँजीगत निवेश के कारण हाई स्पीड ग्लोबल मोबाइल नेटवर्क के रूप में बड़ा तकनीकी शिफ़्ट आया है। इन ज़्यादातर निवेशों ने ओटीटी प्लेयरों का प्रवेश कराया है, जो उपभोक्ताओं को अभिनव सेवाएँ ऑफ़र करते हैं। जहाँ दूरसंचार कंपनियों द्वारा उपलब्ध कराए कनेक्टिविटी इंफ्रास्ट्रक्चर का पूरा फ़ायदा उठाने वाले ओटीटी प्लेयरों का पिछले दशक में राजस्व कई गुना ज़्यादा बढ़ा है, वहीं दूरसंचार कंपनियाँ इस माहौल का मुद्रीकरण करने में सक्षम नहीं हुई हैं और इस वजह से अपना राजस्व बिलकुल भी नहीं बढ़ा पाई हैं।

2. **5जी इंफ्रास्ट्रक्चर में भारी निवेश किया जा रहा है, हालाँकि,आईओटी (IOT) सोल्यूशंस के ज़रिये मुद्रीकरण तथा दूरसंचार कंपनियों की नई राजस्व धाराएँ पैदा करने की योग्यता अस्पष्ट है।**

   जब दूरसंचार ऑपरेटरों के लिए नई राजस्व धाराओं की बात आती है, तो आईओटी सूची में सबसे ऊपर होता है। आख़िरकार, आईओटी एक बड़ी परिघटना है, जो दुनियाभर में अरबों कनेक्टेड डिवाइस पैदा कर सकती है। ये इन दूरसंचार कंपनियों द्वारा सशक्त होंगी। जहाँ 5 जी+आईओटी संयोजन की क्षमता में कोई संदेह नहीं है,वहीं बड़ा प्रश्न यह है कि दूरसंचार कंपनियाँ किस तरह से इसका पूँजीकरण करने जा रही हैं, और अपने लिए राजस्व पैदा करने जा रही हैं। कई सारे ट्रायल और पायलट क्रियान्वयनों के बावजूद, यह स्पष्ट नहीं है कि दूरसंचार कंपनियाँ क्या भूमिका निभा सकती हैं या कनेक्टिविटी प्रोवाइडर से परे, इनका क्या बिज़नेस मॉडल हो सकता है।

**3. डिजिटल चैनलों केअपेक्षित परिणाम नहीं निकले हैं;अनेक अग्रणी दूरसंचार कंपनियों की कुल बिक्री और सेवाओं में डिजिटल का योगदान 15 प्रतिशत से भी कम है।**

पिछले पाँच से सात सालों में दूरसंचार कंपनियों ने डिजिटल रूपांतरण में बहुत ज़्यादा निवेश किया है, हालाँकि इन निवेशों का अपेक्षित परिणाम नहीं सामने आया है और ग्राहक अपनी ज़रूरतों के लिए ज़्यादातर स्टोर और कॉल सेंटर पर निर्भर बने हुए हैं। इसका मुख्य कारण यह है कि दूरसंचार कंपनियों ने अपने उत्पादों और सेवाओं को डिजिटल चैनलों के अनुकूल नहीं किया है। इस उद्योग में, नीतियाँ, नियम और शर्तें तथा मूल्य लगातार जटिल बने हुए हैं, जिससे सहायक बिक्रियों की ज़रूरत बनी हुई है, हालाँकि, दूरसंचार कंपनियों की डिजिटल यात्राओं ने भौतिक यात्राओं को प्रतिबिंबित किया है जिससे वे लंबी और बोझिल हो गई हैं।

दूरसंचार कंपनियाँ एक और चुनौती का सामना कर रही हैं और वह यह है कि जहाँ वे ग्राहक उपयोग पर बहुत भारी मात्रा में डेटा पैदा करती हैं, वहीं इस डेटा को ग्राहकों के लिए वैयक्तिक अनुभव में बदलने वाली अंतर्दृष्टियों की प्रणालियों का विकास अपेक्षित रफ़्तार से नहीं हुआ है।

**4. साइबर सिक्योरिटी, नियामक तथा सरकारी नीतिगत बदलावों के साथ सामंजस्य बनाना।**

नियामकों का ज़ोर लगातार सामान्य डेटा सुरक्षा नियमों (जीडीपीआर) की तरफ़ बढ़ता जा रहा है, जबकि थोक मूल्यन और वीओआईपी (VoIP) इंटरकनेक्शन नियमन जैसे विरासती मुद्दे आसान हो रहे हैं, हालाँकि नियमन के अन्य क्षेत्र बड़ी तेज़ी से बदल रहे हैं, और स्पेक्ट्रम रिलीज रोडमैप, डेटा सुरक्षा फ्रेमवर्क और एकाउंट नियम, ये सभी हमेशा विकास की स्थिति में हैं।

कॉल मॉनिटरिंग और संचार गुणवत्ता यह सुनिश्चित करने के लिए महत्त्वपूर्ण है कि ग्राहक उस तरह की दूरसंचार सुविधा पाएँ, जिसके वे हक़दार हैं। एक अन्य कारण यह भी है कि दूरसंचार कंपनियों को उनका संचार जीवन चक्र समझना ज़रूरी है – जो डेटा और प्राइवेसी से जुड़ा है। ग्राहक अपनी पहचान चोरी और वित्तीय नुक़सान की आशंका से पीड़ित हैं। इसके परिणामस्वरूप, ग्राहक अपने पर्सनल डेटा पर उसी तरह का नियंत्रण चाहते हैं, जैसा कि वे बैंक अकाउंट और ईमेल एड्रेस पर रखते हैं। दूरसंचार कंपनियों को ऐसा माहौल बनाने के लिए कड़ी मेहनत करने की ज़रूरत है, जिसमें लोग सुरक्षित महसूस कर सकें।

दूरसंचार ऑपरेटर एआई/एमएल (AI/ML) और डिजिटल एनालिटिक्स क्षमताओं का लाभ उठाते हुए व्यक्तिगत अनुभव उपलब्ध कराने के लिए काम कर रहे हैं, जो कि ग्राहक-केंद्रित नज़रिये से सही काम है, हालाँकि, ग्राहक इस बात पर समझौता नहीं करना चाहते कि उनका डेटा किस तरह से सुरक्षित और संग्रहित किया जाता है। दूरसंचार कंपनियों को यह सुनिश्चित करने की ज़रूरत है कि उनके नेटवर्क, उद्योग के मानकों के अनुरूप और अपने ग्राहकों की संतुष्टि के स्तर पर उपभोक्ताओं के डेटा सुरक्षित रख सकते हैं।

हालाँकि परिस्थितियाँ विपरीत हैं, और यह देखते हुए कि दूरसंचार उद्योग परिवर्तन के मोड़ पर है, दूरसंचार कंपनियाँ अपनी अंतर्निहित ताक़तों का इस्तेमाल अपने लाभ के लिए उठा कर स्थिति को बदल सकती हैं। दूरसंचार कंपनियों के पास बहुत बड़ी भौतिक संपत्ति है, जो एक प्रवेश बाधा (स्टार्ट अप के लिए) का कार्य करती है; वे ग्राहक के उपयोग की 'हमेशा चालू' प्रकृति को देखते हुए भारी मात्रा में ग्राहक डेटा पैदा करती हैं, और ऐसी सेवा उपलब्ध कराती हैं, जो जीवन के कई पहलुओं में आवश्यक हो चुकी हैं। ये फ़ायदे, उद्योग के लिए शायद सबसे महत्त्वपूर्ण तकनीकी परिवर्तन - 5जी - के साथ मिलकर ताक़त कई गुना करने वाले साबित हो सकते हैं। जहाँ दूरसंचार उद्योग में कई तकनीकी सुधार हुए हैं, और हर सुधार पहले की तुलना में अधिक महत्त्वपूर्ण है, वहीं 5जी ने उद्योग में हर किसी को पहले की तरह उत्साहित किया है। और इसका एक अच्छा कारण भी है।

दूरसंचार ऑपरेटरों में 5जी का जुनून क्यों है?

- दूरसंचार कंपनियों द्वारा पिछले दशक में 3जी और 4 जी में किए गए पूँजीगत निवेश ने हाई-स्पीड वैश्विक मोबाइल नेटवर्क के रूप में बड़ा तकनीकी बदलाव उपलब्ध कराया है। हम इस बात पर पहले ही चर्चा कर चुके हैं कि इसके कारण किस तरह से ओटीटी प्लेयरों की एंट्री हुई, जो कि दूरसंचार कंपनियों की इंफ्रास्ट्रक्चर कनेक्टिविटी का लाभ उठाते हुए, पिछले दशक में अपना राजस्व कई गुना बढ़ा चुके हैं, जबकि दूरसंचार ऑपरेटरों ने इसके ज़रिये पर्याप्त लाभ नहीं कमाया है।

- ठीक अपने पूर्ववर्तियों की तरह 5जी भी रफ़्तार, क्षमता और लेटंसी (डेटा ट्रैक पर डेटा के एक विशिष्ट ब्लॉक को रीड/राइट करने में लगने वाला समय) के मामले में आगे की तरफ़ काफ़ी बड़ी छलांग है, लेकिन बितरित संरचना और रियल टाइम एज कंप्यूटिंग (real time Edge computing) क्षमता के साथ जब यह तकनीक जुड़ जाती है, तो बेजोड़ हो जाती है। एज कंप्यूटिंग इंफ्रास्ट्रक्चर, दूरसंचार कंपनियों को डेटा प्रोसेसिंग और एप्लीकेशन नियोजन को *उनके* द्वारा नियंत्रित उपकरणों पर स्थानांतरित करने की अनुमति देता है, और इस तरह से यह ओटीटी प्रदाताओं के साथ उनके समीकरण को बदल देता है।

- उद्यमों की कनेक्टिविटी आवश्यकता तेज़ी से विकसित हो रही है। उद्यमों की दिलचस्पी अब स्थैतिक सेवाओं में नहीं रह गई है; अब तो वे अलग-अलग क्यूओई (QoE, अनुभव की गुणवत्ता) के आधार पर अलग-अलग रफ़्तार को सब्स्क्राइब करने की क्षमता, या नेटवर्क संसाधनों को गतिशील रूप से घटाने या बढ़ाने के विकल्प के साथ अलग-अलग नेटवर्क क्षमता/स्लाइस का इस्तेमाल करने की क्षमता चाहते हैं। 5जी तकनीक की असली ताक़त उद्यमों और औद्योगिक ग्राहकों के लिए ऐसी रूपांतरणकारी सेवाएँ सक्षम करने और उपलब्ध कराने की क्षमता में निहित है।

- हालाँकि, इस परिदृश्य में दूरसंचार कंपनियों को जीत हासिल करने के वास्ते अपने ग्राहकों को आईओटी उपकरणों और एप्लीकेशंस सहित विश्वस्तरीय अनुभव देने

के लिए उत्पाद डिज़ाइन के मामले में छलांग लगाने की ज़रूरत होगी। इसके लिए ओईएम (OEM)निर्माताओं के साथ अभिनव सहयोग की ज़रूरत होगी, जो पॉइंटेड एप्लीकेशंस बनाने के लिए तकनीकी स्टार्टअप के सफल इकोसिस्टम का निर्माण करे, और इन सभी तत्वों को तमाम उद्योग-आधारित उद्यम ग्राहकों और वास्तविक उपभोक्ताओं के लिए आकर्षक समाधानों में जोड़ने के वास्ते अपने ख़ुद के उत्पाद विकास और जीटीएम अधोसंरचना को अपग्रेड करे।

5जी का अर्थ दूरसंचार कंपनियों की ओर से भारी निवेश होगा। उनके इसके बारे में इतना उत्साहित होने का कारण यह है कि यह ग्राहक के वॉलेट में हिस्सेदारी को उनके पक्ष में वापस झुका सकता है। यह नए उत्पादों और सेवाओं के संदर्भ में नई संभावनाओं के द्वार खोलता है, जो वे ऑफ़र कर सकती हैं, और इस तरह से नई राजस्व धाराएँ चला सकती हैं। साथ ही, 5जी ओएसएस/बीएसएस (OSS/BSS, ऑपरेशंस सपोर्ट सिस्टम/ बिज़नेस सपोर्ट सिस्टम) में उन्हें विरासती आधुनिकीकरण का रास्ता भी उपलब्ध कराता है, जो लागत का अनुकूलन कर सकता है और उनके संगठनों को दशकों पुरानी प्रणालियों और प्रक्रियाओं से मुक्त कर सकता है।

हालाँकि, 5जी के इन लाभों और वादों का पूँजीकरण करने के लिए दूरसंचार कंपनियों को नीचे बताए क्षेत्रों पर भी ध्यान देना होगा :

- डिजिटल चैनलों पर और ज़्यादा मज़बूत दबाव।
- अपनी भारी डेटा परिसंपत्तियों का मुद्रीकरण।
- संगठन को विरासत से मुक्त करने के लिए आधुनिकीकरण।
- अभिनव समाधानों के निर्माण और नए बाज़ारों में प्रवेश के लिए एआई (AI) का लाभ उठाना।

डिजिटल चैनल भारी क्षमता को प्रेरित कर सकते हैं और विशाल भौतिक परिसंपत्तियों में फँसे बहुत ज़्यादा डॉलरों को अनलॉक कर सकते हैं, लेकिन इसके लिए अलग नज़रिये की ज़रूरत है :

- *उत्पादों और सेवाओं का सरलीकरण*–दूरसंचार कंपनियों के उत्पाद, योजनाएँ, मूल्यन और प्रक्रियाएँ जटिल होती हैं- वेब पर मूल्य के लिए हज़ारों तरह की विरासती योजनाएँ और जटिल क्रय यात्राएँ होती हैं, जिन्हें ग्राहकों को समझाने के लिए एजेंट की ज़रूरत पड़ती है। डिजिटल सरलीकरण करता है, क्योंकि यदि उत्पाद सहज नहीं हैं और ग्राहकों पर उच्च संज्ञानात्मक भार डालते हैं, तो ग्राहकों के बिना सहायता प्राप्त चैनलों को अपनाने में कमी आती है। यह सरलीकरण तकनीकी ढेर और उत्पादों का समर्थन करने के लिए आवश्यक प्रक्रियाओं को युक्तिसंगत बनाकर समग्र रूप से दक्षता बढ़ा सकता है।

## क्रॉसरोड पर दूरसंचार–अवसर का लाभ उठाने की राह में आने वाली प्रमुख चुनौतियों का हल

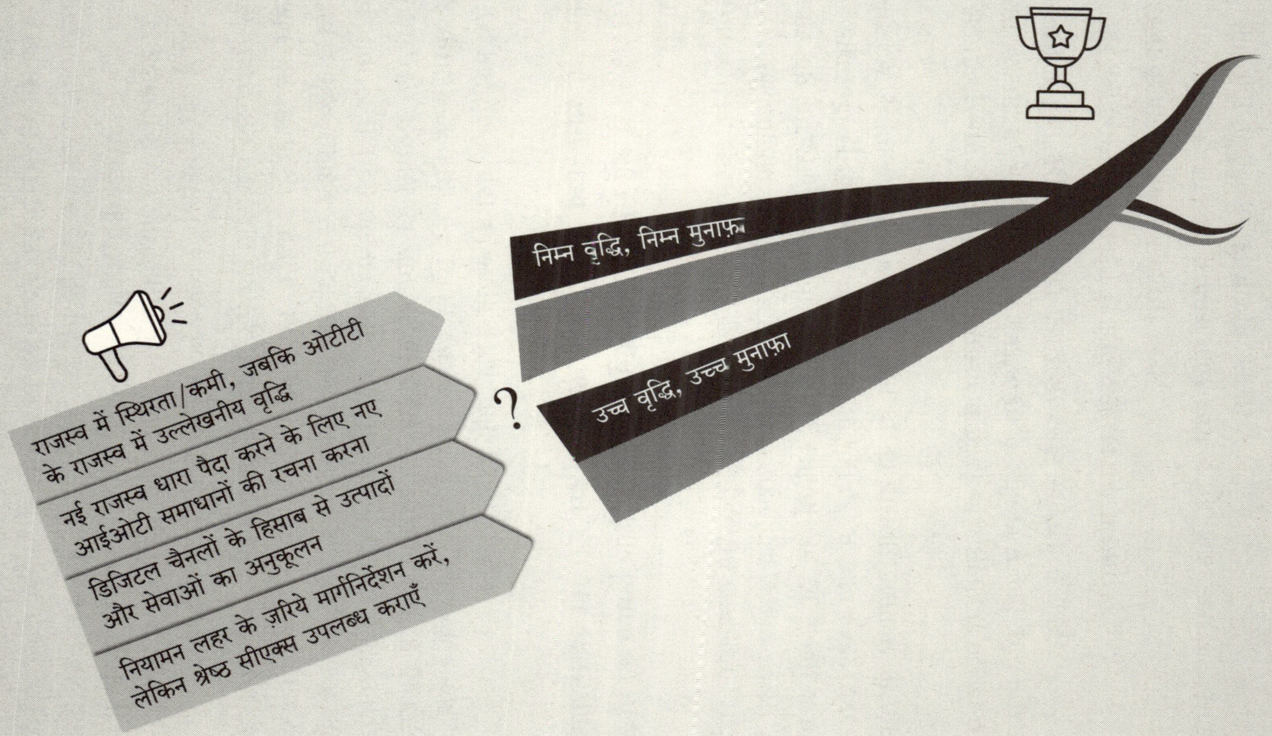

- *चैनल-व्यापी रणनीति*-दूरसंचार कंपनियाँ इन-स्टोर/कर्ब-साइड पिक-अप, स्थानीय डिलीवरी (स्टोर से) आदि जैसे तंत्रों के माध्यम से अपने भौतिक स्टोर को डिजिटल बिक्री के सहयोगी के रूप में परिवर्तित कर सकती हैं। इसके लिए प्रोत्साहनों के नए स्वरूप की भी आवश्यकता होगी, जो इस तरह से हों कि चैनल एक दूसरे के प्रतिस्पर्द्धी नहीं, बल्कि एक दूसरे के पूरक हों। डिज़्नी, टारगेट, स्टारबक्स, वालग्रीन्स (Disney, Target, Starbucks, Wallgreens) आदि पारंपरिक ईंट-गारे के व्यवसायों के बेहतरीन उदाहरण हैं, जो उपभोक्ता के लिए चैनल व्यापी अनुभवों में सफलतापूर्वक बदल गए हैं और ई-कॉमर्स (e-commerce) के ख़तरे से लड़ रहे हैं।
- *ग्राहक सेवा :* यह एक और क्षेत्र है, जिसमें डिजिटल रूपांतरण भारी मूल्य को अनलॉक कर सकता है। अमेज़ॉन, ऊबर, जैसी डिजिटल मूल कंपनियाँ अपनी 90 प्रतिशत से अधिक ग्राहक सेवा डिजिटल सेल्फ़ सर्विस तंत्र के ज़रिये चलाते हैं और ग्राहक सेवा के मुद्दों का अनुमान लगाने और उन्हें रोकने के लिए एआई/एमएल (AI/ML) के इस्तेमाल की सीमाओं का दायरा लगातार आगे बढ़ा रहे हैं। दूसरी ओर, दूरसंचार कंपनियों की स्थिति एकदम उलट है और उनके पीऐंड एल में सहायता प्राप्त ग्राहक सेवा की लागत काफ़ी आती है।

**दूरसंचार कंपनियाँ भारी मात्रा में डेटा पैदा करती हैं; इस डेटा को शक्तिशाली अंतर्दृष्टियों में बदलने से उन्हें सहयोगात्मक डोमेन विशिष्ट समाधान निर्माण का मौक़ा मिल सकता है।**

- दूरसंचार कंपनियाँ आईसीटी (ICT, इंफ़ॉर्मेशन ऐंड कम्युनिकेशंस टेक्नॉलॉजी) वैल्यू चेन में अपनी अद्वितीय स्थिति के कारण, ग्राहक व्यवहार तथा उपयोग के बारे में गहनतम और समृद्धतम पहुँच रखती हैं। दूरसंचार कंपनियाँ अब इन अंतर्दृष्टियों को रियल टाइम और लक्षित आधार पर, बहु-उपयोगी मामलों में उन्नत एआई/एमएल तकनीकों के इस्तेमाल से पूरा करने में सक्षम हैं, जो दूरसंचार उद्योग से भी आगे जाती हैं।
- इस क्षमता का लाभ उठाने के लिए दूरसंचार कंपनियाँ बाह्य भागीदारी मॉडलों का विकास कर रही हैं, ताकि डिजिटल इकोसिस्टम में अभिनव उत्पादों और सेवाओं के निर्माण के लिए डेटा का फ़ायदा उठा सकें। इसके उदाहरणों में शामिल हैं :
    - और ज़्यादा प्रभावी मार्केटिंग के लिए फुटफाल एनालिटिक्स।
    - सेवा के तौर पर क्रेडिट स्कोरिंग।
    - धारण योग्य तकनीक का इस्तेमाल करके स्वास्थ्य विश्लेषण। स्वास्थ्य देखभाल और बीमा एप्लीकेशंस को मज़बूत बनाना।
- डेटा की क्षमता को पूरी तरह से सामने लाने के लिए, दूरसंचार कंपनियों को एक अधिक उद्यमशील संस्कृति और तंत्र बनाने की ज़रूरत पड़ेगी। उन्हें क्रॉस-फंक्शनल

पीओडी (POD) बनाने के लिए अपने कार्यात्मक दायरों को पार करने की ज़रूरत होगी, जो उत्पाद डिज़ाइन और जीटीएम निर्णय लेने लायक हों, और साथ ही इन समाधानों की व्यावसायिक सफलता के लिए जवाबदेह हों।

## विरासती ओएसएस (OSS ऑपरेशन सपोर्ट सिस्टम) /बीएसएस (BSS, बिज़नेस सपोर्ट सिस्टम) अधोसंरचना का आधुनिकीकरण दूरसंचार ऑपरेटरों के लिए प्रमुख सशक्तकर्ता है

*ओएसएस/बीएसएस (OSS/ BSS) के आधुनिकीकरण करने में असफलता का परिणाम राजस्व पर तत्काल और नकारात्मक प्रभाव के रूप में हो सकता है और संभावित राजस्व का 67 प्रतिशत तक ख़तरे में पड़ सकता है।*[13]

*— टीएम फ़ोरम*

दूरसंचार ऑपरेटर नए राजस्व मार्गों के निर्माण में बेचैनी से लगे हैं और 5जी के आगमन के साथ, नेटवर्क वर्चुअलाइजेशन और नेटवर्क स्लाइसिंग जैसी अपेक्षाकृत नई तकनीकें दूरसंचार कंपनियों के लिए अभिनव डिजिटल कनेक्टिविटी समाधान विकसित करने की संभावनाएँ पैदा करेंगी, हालाँकि, दूरसंचार ऑपरेटरों को तब तक अपेक्षित राजस्व वृद्धि हासिल नहीं होगी, जब तक कि इन नए राजस्व निर्माण सेवाओं में प्रचालन और बिलिंग सँभालने के लिए परंपरागत ओएसएस-बीएसएस प्रणालियों और एप्लीकेशंस का आधुनिकीकरण नहीं हो जाता।

परंपरागत रूप से ये ओएसएस/बीएसएस सिस्टम और एप्लीकेशन बंद दायरे में अचल और मैनुअल कार्यप्रवाह के साथ ऑपरेट करते हैं। सभी दूरसंचार कंपनियों के लिए यह अनिवार्य हो गया है कि वे दशकों पुरानी ओएसएस विरासती अधोसंरचना को आधुनिक बनाएँ। इससे उन्हें अपने ग्राहकों को रियल टाइम आधार पर नेटवर्क संसाधन आवंटित करने में मदद मिलेगी। इस क्षमता से उन्हें अपने मौजूदा और नए ग्राहकों के लिए नए सेवा प्रस्ताव तैयार करने में मदद मिलेगी। ओएसएस आधुनिकीकरण के साथ, बिलिंग के ढेर का आधुनिकीकरण भी ज़रूरी है, ताकि बड़े पैमाने पर (अरबों उपकरणों को जोड़ने वाली) इन गतिशील रूप से प्रावधान की गई स्वयं-सेवाओं के बिल भी एसएलए प्रतिबद्धताओं के अनुसार ग्राहकों के पास जा सकें।

दूरसंचार ऑपरेटरों की ओर से उद्यम ग्राहकों के लिए ज़्यादातर नए सेवा प्रस्ताव रियल टाइम के परिदृश्य में नियोजन, प्रावधान और संचालन की माँग करते हैं। इसका तात्पर्य निम्न ज़रूरतों से है:

1. नेटवर्क प्लानिंग और इष्टतमीकरण कार्य का आधुनिकीकरण।
2. ग्राहकों के लिए रियल-टाइम सेवा प्रस्तावों को सँभालने के वास्ते सेवा प्रावधान और पूर्ति एप्लीकेशंस में बुनियादी बदलाव।
3. भौतिक और आभासी डोमेन्स में कई नेटवर्क हिस्सों में संचालन के लिए नेटवर्क प्रबंधन और बिलिंग सिस्टम की पुनर्कल्पना।

4. सेवा आश्वासन और ग्राहक अनुभव प्रबंधन प्रणालियों को दोनों दिशाओं में यानी, नेटवर्क से उपयोगकर्ताओं तक और उपयोगकर्ताओं से वापस नेटवर्क में, डेटा प्रवाह के लिए तैयार किया जाना चाहिए।

**आर्टिफ़िशल इंटेलिजेंस (एआई) दक्षता बढ़ा सकती है, ग्राहक अनुभव में सुधार कर सकती है और उत्पाद तथा सेवा नवाचार का स्रोत बन सकती है।**

एआई से दुनिया के व्यापार करने के तरीक़े बदल रहे हैं, और इससे दूरसंचार उद्योग भी अलग नहीं है। जिन प्रमुख क्षेत्रों में दूरसंचार कंपनियाँ एआई में निवेश कर रही हैं, उनमें शामिल हैं:

- *चैटबोट और वर्चुअल असिस्टेंट के ज़रिये कस्टमर सर्विस में सुधार*–दूरसंचार कंपनियों *को इंस्टालेशन।* समस्या निवारण और रख–रखाव के लिए बड़ी संख्या में ग्राहक सेवा अनुरोध मिलते हैं। वर्चुअल असिस्टेंट स्वचालित रूप से इन अनुरोधों पर तेज़ गति से प्रतिक्रिया देते हैं, जिससे व्यावसायिक ख़र्चों में नाटकीय रूप से कटौती होती है और ग्राहकों की संतुष्टि में सुधार होता है। वोडाफ़ोन के चैटबॉट टोबी और नोकिया के वर्चुअल असिस्टेंट मीका या टेलिफोनिका की ऑरा कम क़ीमत पर बेहतर ग्राहक अनुभव प्रदान करने के लिए चैटबोट और वर्चुअल असिस्टेंट का लाभ उठाने वाली दूरसंचार कंपनियों के अच्छे उदाहरण हैं।

- *प्रेडिक्टिव मेंटेनेंस और सेल्फ़–ऑर्गनाइजिंग नेटवर्क (एसओएन)* का इस्तेमाल करके *नेटवर्क की गुणवत्ता में सुधार।*

  एआई/एमएल प्रेडिक्टिव मॉडल का इस्तेमाल कटौती में रोकथाम, महँगे सपोर्ट कॉल और रिएक्टिव ट्रक रोल्स को रोककर भारी लागत बचत कराते हुए ग्राहक अनुभव को बढ़ा सकता है।

- *धोखाधड़ी की पहचान और रोकथाम।*

  धोखाधड़ी लागत बढ़ने और ख़राब ग्राहक अनुभव का एक बड़ा कारण होती है। धोखाधड़ी को रोकने के लिए, दूरसंचार कंपनियाँ प्रतिबंधात्मक नीतियाँ, नियंत्रण और संतुलन लागू करती हैं, जिनसे उनके वास्तविक ग्राहकों को भी कठिनाई होने लगती है। एआई/एमएल परिष्कृत मॉडल और बड़े पैमाने पर डेटा का इस्तेमाल करके धोखाधड़ी का पूर्वानुमान और पता लगाने की कंपनियों की क्षमता में काफ़ी ज़्यादा वृद्धि कर देते हैं। वे अब अधिक सूक्ष्म नियंत्रण लागू कर सकती हैं, जो संदिग्ध गतिविधियों पर बहुत ज़्यादा तीखी नज़र रखते हैं।

- *वैयक्तिक अनुशंसाएँ।*

  जब दूरसंचार कंपनियाँ अपने कारोबार को डिजिटल चैनलों में स्थानांतरित करती हैं, तो एआई–आधारित भविष्यसूचक मॉडल उन्हें अधिक वैयक्तिक प्रस्ताव और ख़रीद

## 5 जी जगत में लाभ के लिए ध्यान केंद्रित करने के क्षेत्र

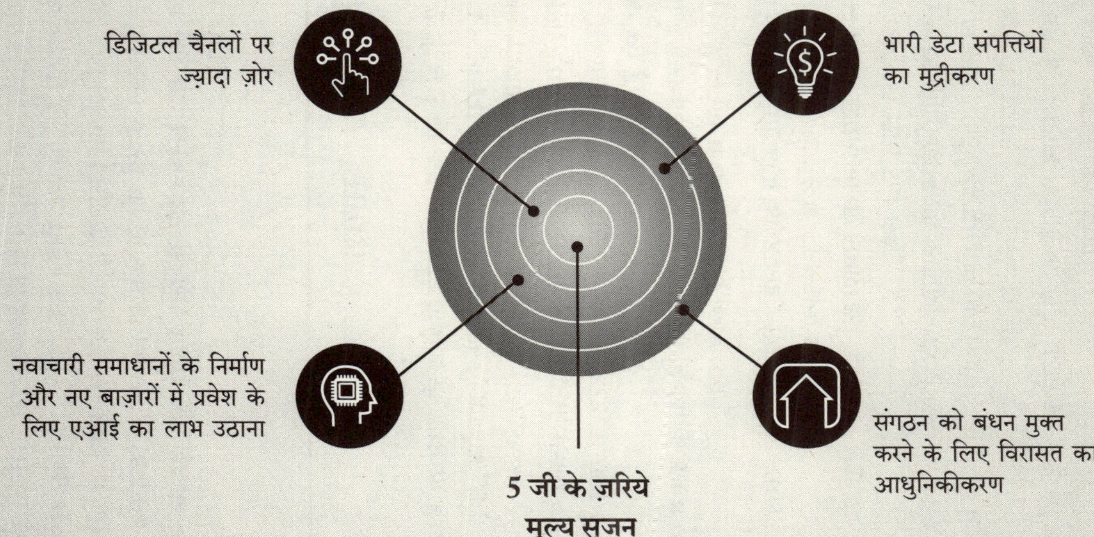

यात्राएँ बनाने का मौक़ा देते हैं, जिससे डिजिटल चैनलों को अपनाने में सुधार होता है और राजस्व, क्रॉस सेलिंग/अपसेलिंग जैसे केपीआई में सुधार होता है।

5जी निश्चित रूप से दूरसंचार ऑपरेटरों के लिए परिदृश्य बदल देने वाला है, क्योंकि इसमें नए राजस्व मोर्चे को खोलने की क्षमता है, साथ ही यह ओटीटी कंपनियों से ग्राहकों के स्वामित्व के संतुलन को उनके पक्ष में स्थानांतरित कर रहा है, हालाँकि इस अवसर को भुनाने के लिए, दूरसंचार कंपनियों को विरासती अधोसंरचना का समय पर आधुनिकीकरण सुनिश्चित करना होगा, डिजिटल चैनलों को अधिक प्रभावी ढंग से विकसित करना होगा और ग्राहकों को विश्व स्तर का अनुभव देने के लिए एआई और एमएल जैसी उभरती तकनीकों को अपनाना होगा।

## सारांश

- उद्योग के 2 जी से 5 जी तक आगे बढ़ने के साथ ही, दूरसंचार कंपनियाँ डिजिटल अधोसंरचना में काफ़ी निवेश कर रही हैं, हालाँकि, उन्हें अभी तक वांछित परिणाम हासिल नहीं हुआ है।
- इसके बजाय, दूरसंचार कंपनियों ने वर्षों से जिस अधोसंरचना में निवेश किया है, उसका लाभ उठाते हुए, ओटीटी ने कंटेंट के खेल में जीत हासिल कर ली है।
- अब 5 जी ने दूरसंचार कंपनियों को बाज़ार के विजेता के रूप में उभरने के मौक़े दिए हैं, बशर्ते वे नीचे दिए गए क़दम उठाएँ:
    - **मूल डिजिटल दृष्टिकोण को अपनाएँ,** जिसमें उत्पाद-सरलीकरण, चैनल व्यापी रणनीति और स्वयं-सेवा शामिल है,
    - **डोमेन विशिष्ट समाधानों का निर्माण करें** जो कस्टर डेटा की गहरी अंतर्दृष्टियों का लाभ उठा सकें,
    - **विरासत का आधुनिकीकरण,** ऑपरेशन सपोर्ट सिस्टम (ओएसएस) और बिज़नेस सपोर्ट सिस्टम (बीएसएस) अधोसंरचना की विरासत का आधुनिकीकरण
    - **नवाचार का संचालन**, एआई का लाभ उठाते हुए करें, जो दक्षता और ग्राहक अनुभव को बढ़ाए।

# 5

# अनिश्चित समय में उद्यम उत्पाद व्यवसाय का संचालन

*हम इस ब्रह्मांड में बदलाव करने ही आए हैं, वरना हम सबका यहाँ और काम ही क्या है?*

*— स्टीव जॉब्स*

*वैश्विक व्यवसाय में महामारी ने जिस तरह से अभूतपूर्व कठिनाइयाँ पैदा की हैं, उसे देखते हुए सफल होने के लिए सॉफ़्टवेयर प्रोडक्ट कंपनियाँ कौन सी रणनीतियाँ अपना सकती हैं?*

बड़े पैमाने पर लॉकडाउन लगने से, पूरी तरह से ठप हुए सारे उद्योग और अस्थिर वैश्विक वित्तीय बाज़ार, जैसे हालात में कोविड -19 महामारी ने दुनियाभर में गतिविधि के लगभग हर क्षेत्र में गंभीर व्यवधान पैदा कर दिया है। अस्थिरता, अनिश्चितता, जटिलता और अस्पष्टता (वूका) कई गुना बढ़ गई हैं। जैसे-जैसे व्यवसाय नई बाज़ार वास्तविकताओं के साथ तालमेल बना रहे हैं, वैसे-वैसे वे अपनी व्यावसायिक रणनीतियों और विकास योजनाओं पर पुनर्विचार करने और सबसे अहम, डिजिटल और तकनीक को अपनाने में तेज़ी लाने पर विवश हो रहे हैं।

महामारी ने नए रुझानों और अवसरों को देते हुए एक 'नए चलन' का रास्ता बनाया है। कई पारंपरिक व्यवसायों के लिए, डिजिटल रूपांतरण सामान्य तौर पर अपेक्षा की जाने वाली चीज़ से आगे जाकर त्वरित अभिग्रहण चक्रों की माँग करने वाली अवस्था की ओर बढ़ गया है। इसने तकनीकी नवाचार के वास्ते विशेष रूप से सॉफ़्टवेयर प्रोडक्ट कंपनियों के लिए ज़बरदस्त संभावनाएँ पैदा की हैं, जो इस बदलाव का लाभ उठा सकती हैं।

## अग्रिम पंक्ति के बिज़नेस लीडर्स से सीखना

मैंने बाज़ार की अग्रणी सॉफ़्टवेयर प्रोडक्ट कंपनियों के बिज़नेस और इंजीनियरिंग लीडर्स से बात की और समझने की कोशिश की कि वे इस संकटकाल में कैसे आगे बढ़ रहे हैं। क्या संगठनों को रक्षात्मक खेल खेलना चाहिए या आक्रामकता अपनानी चाहिए-उन्हें अपने मौजूदा व्यवसायों के एकीकरण और संरक्षण पर ध्यान देना चाहिए या विकास और विस्तार के लिए अधिक आक्रामक नज़रिया अपनाना चाहिए? स्थिति का लाभ उठाने के लिए वे कितनी जल्दी ख़ुद को पुनर्गठित कर सकते हैं?

हमारी बातचीत में छह अहम अंतर्दृष्टियाँ उभरकर आईं, जिनसे पता लगता है कि उद्योग जगत की कंपनियों को निम्न उपाय करने चाहिए :

1. **अपने ग्राहकों की ज़रूरतों का ध्यान रखते हुए मौजूदा राजस्व को क़ायम रखें**

   हमने सार्वजनिक रूप से सूचीबद्ध उत्पाद कंपनियों से जाना कि उनमें से 60 प्रतिशत को पिछले तीन वर्षों में से किसी एक वर्ष में राजस्व संपीडन का सामना करना पड़ा। इसके अलावा, कोरोना महामारी का प्रभाव भी व्यापक रूप से दिखाई दे रहा है और इसने कई उद्योगों को बहुत ज़्यादा प्रभावित किया है, जिनमें एयरलाइंस, होटल, अवकाश पैकेज और आतिथ्य, मोटर वाहन, तेल और गैस शामिल हैं। एक सॉफ़्टवेयर उत्पाद प्रदाता के रूप में, कोविड-19 के प्रभाव का मूल्यांकन करना बहुत आवश्यक है। ऐसी कई कंपनियों के कार्यकारी और व्यापारिक लीडर्स ने अपने मौजूदा राजस्व को संरक्षित करने और अपने पूर्वानुमानों को फिर से सत्यापित करने के लिए वार रूम स्थापित किए हैं, क्योंकि मूल राजस्व पूर्वानुमान अब असामान्य परिस्थितियों में विश्वसनीय नहीं रह गए हैं।

   ज़्यादातर लीडर्स ने अवसरों के नए क्षेत्रों को भुनाने और समग्र राजस्व गिरावट को रोकने में सक्षम होने के मकसद से ग्राहकों के बदलते ख़र्च पैटर्न की लगातार समीक्षा करना शुरू कर दिया है, हालाँकि ग्राहक प्रतिधारण (बनाए रखना) हमेशा ही ज़्यादातर व्यावसायिक रणनीतियों का अभिन्न अंग रहा है, लेकिन संबंधों को मज़बूत करने और बनाए रखने की आवश्यकता आज और भी अधिक स्पष्ट हुई है। नए रिश्ते बनाना मुश्किल हो रहा है, इसलिए मौजूदा दीर्घकालिक संबंध बनाए रखना और उनका विस्तार करना महत्त्वपूर्ण हो गया है।

2. **मौजूदा उत्पाद प्रस्तावों के बीच खाली जगह पर विकास के अवसर तलाशें**

   यह स्पष्ट है कि सॉफ़्टवेयर उत्पाद कंपनियों में व्यापार जगत के लीडर्स के हाथों में दोहरे कार्य हैं। सबसे पहले, उन्हें संकट से बचने और अपने मैदान की रक्षा करने के लिए देखना होगा। दूसरा, जैसा कि नया चलन अधिक से अधिक वास्तविक होता जाता है, तो उन्हें दौड़ जीतने में सक्षम होने के लिए अवसरों के नए क्षेत्रों में निवेश करना होगा। बीसीजी शोध के मुताबिक़, किसी के मुख्य उत्पादों[14] से आगे जाने के लिए आरऐंडडी में दोगुना निवेश लगता है, इसलिए यह स्पष्ट है कि पूरी तरह से नए उत्पाद क्षेत्रों में निवेश करना कोई आसान खेल नहीं है।

अगले कुछ सालों में उभरने वाले आर्थिक परिदृश्य देश और उद्योग के हिसाब से व्यापक रूप से भिन्न होंगे, जो कोरोना महामारी के स्थानीय प्रभाव, सरकारी प्रोत्साहन पैकेज और अन्य कारकों पर निर्भर करेंगे। प्रमुख संकेतकों को देखते रहना और निष्पादन के साथ तेज़ी से आगे बढ़ना महत्त्वपूर्ण होगा। जैसे-जैसे बाज़ार की माँग बढ़ती है, वैसे-वैसे मौजूदा उत्पादों और समाधान प्रस्तावों के साथ निकटता का पता लगाना और खंडीकरण के ज़रिये ग्राहकों की ज़रूरतों को निर्धारित करना दिलचस्प हो सकता है। कुछ मामलों में, इसका मतलब मौजूदा रोड मैप में नए उत्पादों/प्रस्तावों को शामिल करना हो सकता है, और अन्य मामलों में पूरी तरह से किसी अलग ग्राहक खंड का पीछा करना हो सकता है।

3. **उत्पाद रोड मैप की प्राथमिकताएँ फिर तय करना और फिर ध्यान देना**

अस्थिर और अनिश्चित बाज़ार परिदृश्य में संगठन अपनी योजनाओं की फिर से प्राथमिकता तय करने के लिए मजबूर हो रहे हैं। सॉफ़्टवेयर उत्पाद कंपनियों में व्यवसाय और इंजीनियरिंग के लीडर्स भी सक्रिय रूप से अपनी उत्पाद रोडमैप प्राथमिकताओं में बदलाव करने, बजट कम करने या पुनः आवंटित करने पर विचार कर रहे हैं। आज की वास्तविकताओं को देखते हुए चुस्त योजना, तेज़ी से पुनर्मूल्यांकन और उच्च गति से निष्पादन सफलता के प्रमुख मंत्र हैं। ग्राहकों की बढ़ती ज़रूरतों के आधार पर लगातार पुनरावृति करने में सक्षम होने के लिए अधिक लचीले उत्पाद पोर्टफ़ोलियो अपनाने का समय आ चुका है। संभावित विकास क्षेत्रों की पहचान के बाद, उत्पाद रोड मैप का पुनर्मूल्यांकन करना और रणनीतिक लक्ष्यों, वित्तीय बाधाओं तथा संसाधन क्षमता के अनुरूप आधारभूत प्राथमिकताओं को फिर से निर्धारित करना ज़रूरी हो गया है।

4. **एकीकरण संचालित करने और नए प्रस्ताव निर्माण के लिए ग्लोबल डिलीवरी मॉडल का फ़ायदा उठाना**

अनिश्चितता और परिवर्तन से प्रभावी ढंग से निपटने के लिए, प्रत्येक व्यवसाय को अधिक चुस्त और अनुकूलनीय होने की ज़रूरत है। उन कंपनियों के इस वूका दौर में सफल होने की ज़्यादा संभावना होती है, जो अधिक लचीलेपन और जवाबदेही बनने के लिए अपने व्यय का अनुकूलन कर सकती हैं। इसलिए, लगभग हर कोई परिचालन लागत में कटौती करने और तूफ़ान का सामना करने के लिए नक़दी प्रवाह में सुधार करने की कोशिश कर रहा है। सॉफ़्टवेयर उत्पाद कंपनियों के विकास में तेज़ी लाने के लिए अनुसंधान और विकास गतिविधियों में निवेश करना भी ज़रूरी होता है। हमारी बातचीत में यह स्पष्ट हुआ कि लीडर्स उभरती हुई तकनीकी क्षमताओं का लाभ उठाते हुए, अनुसंधान और विकास में निवेश पर अधिकतम रिटर्न के लिए साधन तलाश रहे हैं, और वे निष्पादन की गति के बारे में भी उतने ही चिंतित हैं। इन विविध और अक्सर परस्पर विरोधी उद्देश्यों को पूरा करने के लिए ग्लोबल डिलीवरी मॉडल का लाभ उठाना और भी अहम हो जाता है।

5. **पहुँच और पैठ को तीव्र करने के लिए नए युग के बिज़नेस मॉडल अपनाएँ**

ग्राहकों के क्रय पैटर्न में बदलाव से कुछ ऐसे क्षेत्रों में वृद्धि तेज़ हुई है, जो कोविड दौर से पहले भी सॉफ़्टवेयर उत्पाद कंपनियों के राडार पर रहे हैं। उदाहरण के लिए, डिजिटल गतिविधियों में अचानक आई तेज़ी से विभिन्न उद्योगों में साइबर सुरक्षा और क्लाउड आधारित उत्पादों पर व्यय बढ़ा है। डिजिटल अवसर बढ़ने के अलावा, बेहतर संचार और परिचालन अधोसंरचना की भी माँग बढ़ी है। इसलिए, डोमेन पर ध्यान देने वाली कंपनियाँ इन विशिष्ट क्षेत्रों में अपने प्रस्तावों का तेज़ी से विस्तार करना चाहती हैं। कई सॉफ़्टवेयर उत्पाद कंपनियाँ उत्पाद प्रस्तावों को बढ़ाने और बाज़ार में जाने के दृष्टिकोण से अपने भागीदार इकोसिस्टम के विस्तार का मूल्यांकन कर रही हैं। ग्राहकों की बदलती ज़रूरतों पर केंद्रित एंड-टू-एंड समाधान निर्माण के लिए और उच्च-वृद्धि वाले बाज़ारों को शीघ्र संबोधित करने के लिए, कई उत्पाद कंपनियाँ सेल-विद और सेल-थ्रू व्यापार मॉडलों में नई साझेदारियाँ कर रही हैं।

6. **विलय और अधिग्रहण: विजेताओं का ध्रुवीकरण**

कई लोगों को ख़ासकर महामारी की स्थिति के दौरान, यह आक्रामक और बेहद आशावादी दृष्टिकोण लग सकता है, लेकिन विलय और अधिग्रहण पोर्टफ़ोलियो का विस्तार करने और बाज़ार की नई स्थिति के साथ तालमेल बैठाने के लिए नई क्षमताओं के निर्माण का तेज़ तरीक़ा है। इसलिए, कई कंपनियाँ कुछ प्रमुख क्षेत्रों में अपनी उपस्थिति को व्यापक बनाने के लिए रणनीतिक अधिग्रहण और साझेदारी पर गंभीरता से विचार कर रही हैं। बड़ी कंपनियाँ अधिग्रहण में निवेश करके विस्तार कर सकती हैं। छोटे विशिष्ट व्यवसायों के लिए, अधिग्रहण प्रभावी उत्तरजीविता रणनीति साबित हो सकती है। सफल, नक़दी-समृद्ध सॉफ़्टवेयर उत्पाद कंपनियाँ वर्तमान और भविष्य के व्यावसायिक दृष्टिकोण से, अपने क्षितिज का विस्तार करने के लिए प्रमुख क्षमताएँ हासिल करके अवसर का लाभ उठाना चाह रही हैं। साथ ही, जो कंपनियाँ विकास और नक़दी प्रवाह के लिए जूझ रही हैं, उन्हें बाहर निकलने का एक अच्छा रास्ता मिल रहा है। कई मायनों में, हम बाज़ार में 'विजेताओं का ध्रुवीकरण' होता देख रहे हैं।

भले ही नया मापदंड सॉफ़्टवेयर उत्पाद कंपनियों को कुछ नए अवसर देता है, फिर भी कई लोग सावधानी बरत रहे हैं और अपने व्यवसाय मज़बूत करने के लिए रक्षात्मक रास्ता अपना रहे हैं। बहुत से लोग मानते हैं कि शुरू में रक्षात्मक खेलने से लचीलापन बनाने में मदद मिलती है और मज़बूत नींव तैयार होती है, जिससे वे बाज़ार तैयार होने पर आक्रामक रणनीति अपनाने में सक्षम होते हैं। तो आक्रामकता संभव है, लेकिन ऐसा करने का रास्ता अच्छी तरह से रक्षात्मक खेलकर ही निकलता है। आख़िरकार, किसी संगठन के लंबे समय तक जीवित रहने और फलने-फूलने की उसकी क्षमता का निर्धारण इसी पर निर्भर करता है कि वह इन दोनों में कैसे संतुलन बनाता है।

## उद्यम उत्पाद –महामारी के दौर में जीतने के लिए अच्छी तरह से रक्षात्मक खेलें

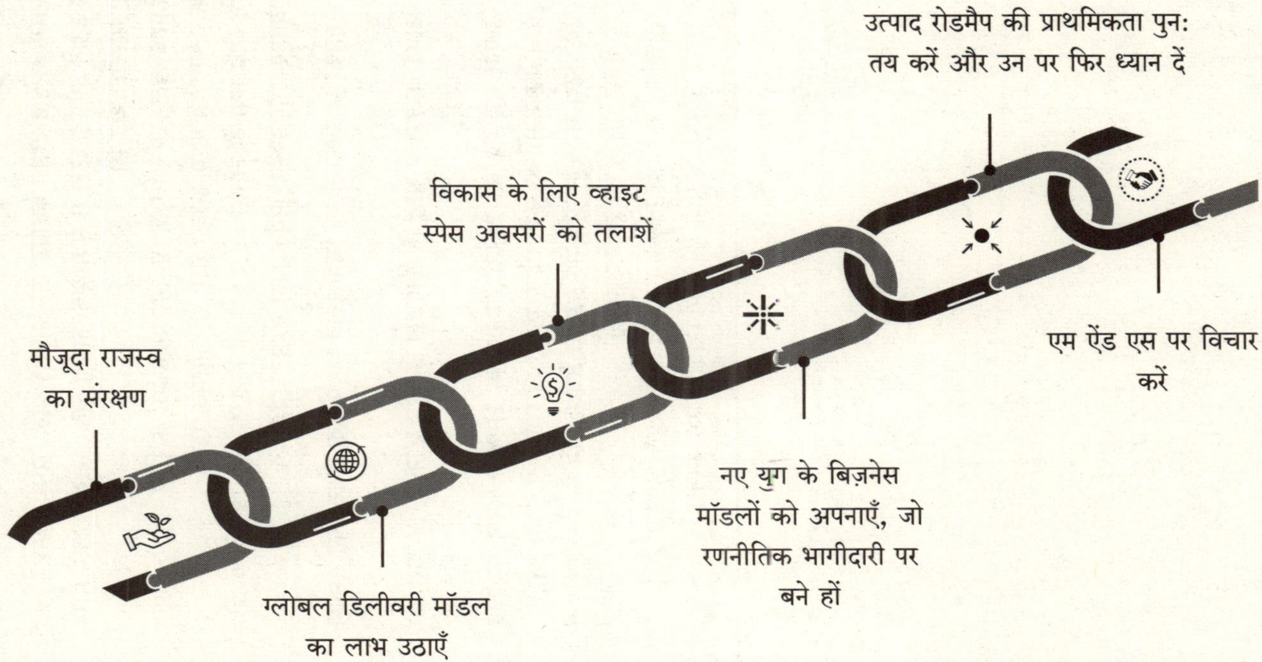

## सारांश

- सॉफ़्टवेयर उत्पाद उद्योग क्लाउड की अगुवाई वाले 'सासीफिकेशन' का लाभ उठाते हुए डिजिटल से सर्वाधिक फ़ायदा लेकर, लंबी छलांग मारने वाला पसंदीदा क्षेत्र है।
- आक्रामक खेलने और विजेता के तौर पर उभरने के लिए यह महत्त्वपूर्ण है कि उत्पाद व्यवसाय अच्छी तरह से रक्षात्मक खेलें।
- उत्पाद व्यवसायों के लीडर्स को जीतने के लिए इन छह विषयों पर ज़ोर देना चाहिए और इनका पुनर्मूल्यांकन करना चाहिए
    - ग्राहकों की ज़रूरतों का ध्यान रखते हुए मौजूदा राजस्व का संरक्षण करें।
    - अपने बाज़ारों में वृद्धि के लिए खाली जगहों/निकट अवसरों का पता लगाएँ,
    - उत्पाद रोड मैप को उभरती ज़रूरतों के अनुकूल बनाने के लिए प्राथमिकताओं का पुनर्निर्धारण करना और फिर से ध्यान देना,
    - एकीकरण संचालन और नए प्रस्ताव तैयार करने के लिए ग्लोबल डिलीवरी मॉडल का लाभ उठाना,
    - पहुँच तेज़ करने के लिए नए युग की भागीदारी अपनाना,
    - विलय और अधिग्रहण की संभावनाएँ तलाश करना।

# 6

# जीवन विज्ञान में डिजिटल

*व्यवसाय में लंबी आयु का मतलब ख़ुद की फिर खोज करना या अपने भविष्य का आविष्कार करना होता है।*

*—सत्य नडेला*

'आप किस बिज़नेस में हैं?' - हार्वर्ड बिज़नेस रिव्यू (2006) के एक लेख में प्रोफ़ेसर थियोडोर लेविट ने यह सवाल उठाया था, जिसका सामना जीवन विज्ञानों के निर्माता करते हैं।[15] यह सवाल इस उद्योग में हो रहे डिजिटल रूपांतरण के हृदय में निहित है। औषधि निर्माताओं ने परंपरागत रूप से अपना व्यवसाय उत्पाद की श्रेष्ठता और डॉक्टरों (उनके 'ग्राहकों') को लक्षित करने पर केंद्रित किया, जिनके पास मरीज़ (उनके उत्पादों के अंतिम उपयोगकर्ता) आते हैं। डिजिटल के सर्व-व्यापी होने, उद्योग के विशेषज्ञता तथा वैयक्तिक व्यवहार की तरफ़ बढ़ने से, अंतिम उपयोगकर्ता यानी मरीज़ के पुनर्निर्धारण का रास्ता प्रशस्त करने वाली प्रक्रिया में, अंतिम उपयोगकर्ता की आवश्यकताओं को समझने की ज़रूरत पहले कभी इतनी नहीं रही।

जीवन विज्ञान उद्योग में नए और ग़ैर परंपरागत कंपनियों के आने से, काम में व्यवधानकारी ताक़तों का एक और आयाम जुड़ गया है, जिससे किसी औषधि कंपनी की भावी अवस्था रणनीति के केंद्र में डिजिटल रूपांतरण की ज़रूरत महसूस होने लगी है, क्योंकि इन नई कंपनियों में कई मूल डिजिटल कंपनियाँ भी हैं। अन्य क्षेत्रों के विपरीत, औषधि उद्योग में डिजिटल अपनाने में ऐतिहासिक रूप से ही पिछड़ापन रहा है। 2018 के डेलॉइट-एमआईटी सोलन रिव्यू स्टडी में पाया गया था कि 20 फ़ीसदी से कम औषधि कंपनियों ने वर्तमान में डिजिटल क्षमताओं का लाभ उठाने में निर्णायक और साहसिक क़दम उठाए थे।[16] ये घटनाक्रम साथ में मिलकर आधुनिक विचारधारा वाली कंपनियों को मरीज़ों

की बेहतर सेवा करने की उनकी प्राथमिक चिंता के समाधान के लिए डिजिटल एजेंडा को आकार देने का बेहतरीन अवसर देते हैं।

डिजिटल ने इन कंपनियों को अपने ग्राहकों (मरीज़ों) को मूल्य मुहैया कराने और अपने लिए प्रतिस्पर्द्धात्मक लाभ तैयार करने के नए तरीक़े प्रस्तुत किए हैं। डेटा को काम में लाने और क्लाउड आधारित तकनीकों के इस्तेमाल के साथ ही ग्राहकों तथा उनकी अधूरी ज़रूरतों की गहरी समझ से मरीज़ों के परिणाम सुधारने के लिए अनुसंधान और विकास में नवाचार करने तथा विशेष बहु-चैनलीय मरीज़ सम्मिलन कार्यक्रमों के वितरण की नई संभावनाएँ पैदा होती है।

## अनुसंधान और विकास में पुनर्कल्पना

**चिकित्सकीय अनुसंधान और नई चिकित्सा पद्धतियों** की खोज की रैखिक विधियाँ आरऐंडडी लागतों के बढ़ने तथा लघु उत्पाद ('औषधि') जीवन चक्र के दबाव का लगातार सामना करती हैं।

जहाँ प्रायोगिक औषधियों से नियंत्रित चिकित्सकीय ट्रायल स्वर्ण मानक बने हुए हैं, वहीं सिंथेटिक नियंत्रण शाखाएँ नए उपचार हस्तक्षेपों के आकलन के नए तरीक़े देती हैं। सिंथेटिक नियंत्रण के अध्ययन के आधार पर बैटन बीमारी के लिए बायोमारिन से ब्रिनुरा के लिए अमेरिकी फूड एंड ड्रग एडमिनिस्ट्रेशन (एफडीए) की मंज़ूरी, और फेफड़ों के कैंसर के एक विशिष्ट रूप के लिए रोश से एलेसेन्सा का त्वरित अनुमोदन इस क्षेत्र में निरंतर नवाचार के वास्ते नई आशा और संभावनाएँ देते हैं।

क्लीनिक ट्रायल की यह विधि वास्तविक जगत के प्रमाण (आरडब्ल्यूई) के इस्तेमाल की तरफ़ उल्लेखनीय बदलाव को दर्शाती है। मरीज़ों को ट्रायल में इस्तेमाल करने की परंपरागत डेटा संग्रहण विधियों को इस्तेमाल करने की जगह सिंथेटिक नियंत्रण शाखाएँ वास्तविक जगत के डेटा का इस्तेमाल करके उन तुलनाकारियों को गढ़ती हैं। स्रोतों से वास्तविक जगत के डेटा का इस्तेमाल से समान और उपयोगी तुलनाएँ होती हैं जिनमें मरीज़ों के इलेक्ट्रॉनिक हेल्थ रिकॉर्ड, चिकित्सकीय उपकरण से पेशेंट जेनरेटिड डेटा और ऐतिहासिक ट्रायल डेटा शामिल होते हैं।

मशीन लर्निंग और नेचुरल लैंग्वेज प्रोसेसिंग समेत उन्नत एनालिटिक्स के साथ मिलकर, समान और उपयोगी ट्रायल अंतर्दृष्टियाँ उपलब्ध होती हैं, और क्लीनिकल ट्रायल की लागत घटाते हुए उनकी रफ़्तार भी तेज़ करती हैं।

## ग्राहकों के साथ कनेक्शन-डिजिटल मरीज़ सम्मिलन मॉडलों का उभार

खुदरा दुनिया में ऐसे उदाहरण भरे पड़े हैं, जो उपभोक्ता के भौतिक और डिजिटल अनुभवों को जोड़ने वाली तकनीक को सन्निहित करने के महत्त्व को दर्शाते हैं। इस तरह का समग्र अनुभव बनाने के केंद्र में डेटा और सही डिजिटल चैनलों का लाभ उठाने की क्षमता है ताकि प्रत्येक उपभोक्ता को व्यक्तिगत, लक्षित और अनुकूलित अनुभव दिया जा सके।

दवा ब्रांडों के लिए, स्वास्थ्य देखभाल प्रणाली में उपभोक्ता (मरीज़) की अधूरी ज़रूरतों को उजागर करने और हितधारकों के साथ (चिकित्सक, नर्स, भुगतानकर्ता, रोगी अधिवक्ता) प्रभावी ढंग से भागीदार बनने की तत्काल ज़रूरत है, जो पेशेंट-एट-द-सेंटर अनुभव देने के अलग सेवा मॉडल का संबल बन सके।

उदाहरण के लिए, मरीज़ों के लिए बाज़ार पहुँच कार्यक्रमों को लीजिए। मरीज़ों और मरीज़ों की देखभाल में सहयोग करने वाले भागीदारों के बीच स्पर्श बिंदु डिजिटल हो रहे हैं और कई स्रोतों के ज़रिये आते हैं, जिसके परिणामस्वरूप मरीज़ों को असंगत, उच्च घर्षण, डिस्कनेक्ट और उनकी ज़रूरतों के लिए एक ब्रांड के साथ जुड़ने वाले बोझ का अनुभव होता है। इन समस्याओं में स्पर्श बिंदुओं (एचसीपी/ अभ्यास, पहुँच, संपर्क केंद्र, बीमा) के बीच तालमेल की कमी और फ़ीडबैक लूप की कमी से मरीज़ से बार-बार भ्रमित करने वाली बातचीत शामिल हैं। मरीज़ के सफ़र को सही ढंग से नहीं समझने के कारण सेवा संवाद टूट जाता है। जब कोई संचालनों के ऐसे पैमाने को जोड़ता है, जिसमें आमतौर पर एक कार्यक्रम में 500,000 या इससे अधिक मरीज़ शामिल हो सकते हैं - जिसमें कई स्पर्श बिंदु शामिल होते हैं, जिसमें 1000 से ज़्यादा व्यक्ति संपर्क केंद्र शामिल होते हैं - तो ब्रांड और चिकित्सीय क्षेत्रों में, समस्या शीघ्र बहुत जटिल हो जाती है।

दवा ब्रांडों की ज़रूरत और अवसर इस समस्या के समाधान में और इस प्रक्रिया में सेवा संवाद से मिली नई अंतर्दृष्टियों को डेटा विज्ञान से मिलाने वाले एकीकृत फ्रेमवर्क के इस्तेमाल से प्रतिस्पर्द्धात्मक लाभ हासिल करने में निहित है। इसके बाद वे ब्रांड मरीज़ के अनुभव को फिर डिज़ाइन करने के लिए आगे बढ़ सकते हैं, जिसमें मरीज़ की यात्रा में वांछनीय परिवर्तनों को प्रभावी ढंग से शामिल कर सकते हैं।

## निष्पादन का अंतर

जीवन विज्ञानों के व्यवसाय और तकनीकी अधिकारियों के लिए, डिजिटल, भविष्य के लिए नई क्षमताओं और अलग अवसरों का एक विशिष्ट समूह प्रस्तुत करता है, हालाँकि सफलता का रहस्य उन तरीक़ों में निहित है, जो वे अपने संगठनों के अंदर निष्पादन के लिए अपनाते हैं।

उद्योग में सफल डिजिटल रूपांतरणों का मतलब होगा विचारशील दृष्टिकोण और निष्पादन का तरीक़ा :

1. **क्लाउड-फ़र्स्ट रणनीति अपनाना :** दवा कंपनियाँ हाल तक क्लाउड-आधारित समाधानों को मुख्यधारा की रणनीति के रूप में अपनाने में धीमी रही हैं, जो अक्सर उद्योग के नियामक प्रभावों से जुड़े जोखिमों से अशक्त रही होती हैं। पहले के विपरीत, अमेज़ॉन एडबल्यूएस, माइक्रोसॉफ़्ट एज़र और गूगल के जीसीपी सहित प्रमुख क्लाउड प्रदाताओं के पास बिल्ट-इन क्लीनिकल और हेल्थकेयर संपत्तियाँ हैं, जिनमें मशीन लर्निंग मॉडल, क्लीनिकल कार्यप्रवाहों के साथ एकीकरण और एप्लीकेशन डोमेन-रेडी डेटा मॉडल शामिल हैं। तकनीकी रणनीति के केंद्र के रूप

में क्लाउड-फ़र्स्ट दृष्टिकोण, उद्यम को अंतिम उपभोक्ता ('मरीज़') के परिणामों की सेवा में उत्पादन-ग्रेड एप्लीकेशंस को तेज़ी से विकसित करने, उनका परीक्षण करने और उन्हें तैनात करने में सक्षम बनाता है।

2. **एआई के ज़रिये मूल बिज़नेस प्रक्रियाओं का स्वचालन और निर्णय में सुधार:** फार्मास्युटिकल कंपनी की मूल बिज़नेस प्रक्रियाएँ नियामक अनुपालन बढ़ाने और जोखिम को कम करने के लिए डिज़ाइन एक परिवेश में संचालित होती हैं, हालाँकि, इस विरासत का नकारात्मक पहलू यह है कि यह उस गति को बेहद धीमा कर देता है, जिसके साथ कंपनियाँ अपने डिजिटल रूपांतरण पहल के मूल्य को अर्जित करना शुरू कर देती हैं। यूआई पाथ, ब्लू प्रिज़्म, या ऑटोमेशन एनीवेयर जैसे रोबोटिक्स प्रोसेस ऑटोमेशन (आरपीए) प्लेटफ़ॉर्म का इस्तेमाल करके विचारशील स्वचालन रणनीति अपनाकर, तकनीकी अधिकारी अक्षमताओं को ख़त्म कर सकते हैं और अपनी मुख्य प्रक्रियाओं को सरल बना सकते हैं।

   हालाँकि, आरपीए का इस्तेमाल करके स्वचालित करना केवल आधा उत्तर है। बाक़ी आधा उत्तर डेटा विज्ञान में निहित है। मशीन लर्निंग और एनएलपी तकनीकें लागू करने से, स्वचालित व्यवसाय प्रक्रिया बुद्धिमान हो जाती है और निर्णय लेने में काफ़ी सुधार हो जाता है।

3. **ख़ुद करो बनाम पार्टनर मॉडल :** वे दिन लद गए, जब दवा तकनीकी एक्ज़ीक्यूटिव यह फ़ैसला करते थे कि ख़रीदा जाए या बनाया जाए, लेकिन सब कुछ ख़ुद करने बनाम निष्पादन के लिए किसी डिजिटल तकनीक पार्टनर का चयन करने का विकल्प अभी बचा हुआ है।

निर्णय लेने के फ्रेमवर्क में कुछ प्रश्नों का समाधान ढूँढना शामिल है, जो निम्नानुसार हैं :

- *विभेद का स्रोत :* किसी दवा कंपनी के लिए किस प्रकार की बौद्धिक संपदा (आईपी) बनाना सार्थक होगा, और यह मरीज़ के परिणामों में सुधार के प्राथमिक लक्ष्य के साथ कितनी निकटता से जुड़ी होगी?
- *प्रयोग की सीमा :* हर समस्या से शुरू से ही निपटाना क्या सही तरीक़ा है या भागीदार समाधानों का फ़ायदा उठाते हुए त्वरकों का इस्तेमाल किया जाना चाहिए, जो पहले ही कड़ी मेहनत कर चुके हों? रोगी डेटा हब, पूर्व-संरचित क्लीनिकल कार्यप्रवाह, रोगी यात्रा मॉडल और पूर्व संरचित मशीन लर्निंग मॉडल ऐसे ही कुछ नाम हैं।

4. **मुक्त नवाचार और सहयोग :** जीवन विज्ञानों के अधिकारी, ख़ासकर अनुसंधान और विकास के अधिकारी, अपनी अनुसंधान गतिविधियों को तेज़ करने के लिए बाहरी भागीदार इकोसिस्टम का लाभ उठाते हैं। इसी तरह का अवसर इन संगठनों में डिजिटल रूपांतरण के निष्पादन तक फैला होता है, जहाँ वे कम लागत पर नए समाधानों के संयुक्त विकास के वास्ते सहयोगी मुक्त नवाचार इकोसिस्टम विकसित करने के लिए पारंपरिक तकनीकी भागीदार मॉडल से परे जाते हैं।

## जीवन विज्ञान–डॉक्टर से हट कर मरीज़ की ओर बदलता प्रतिमान

मरीज़ को केंद्र में रखने की नीति अब जारी रहने वाली है। जीवन विज्ञान कंपनियों में यह बिज़नेस को पुन: परिभाषित कर रहा है। इन संगठनों में डिजिटल रूपांतरण इस बात को नया अर्थ प्रदान करेगा कि वे किसकी सेवा करते हैं। इस प्रक्रिया में वे मरीज़ों के लिए परिणामों में सुधार करेंगे और प्रतिस्पर्द्धी लाभ भी अर्जित करेंगे। भागीदारी मॉडलों के सही विकल्प के साथ डेटा, एनालिटिक्स और क्लाउड फ़र्स्ट निष्पादन की रणनीति दूरदृष्टि रखने वाली कंपनियों को डिजिटल युग में जीतने की दौड़ में काफ़ी आगे रखेगी।

## सारांश

- जीवन विज्ञान अब तक डिजिटल रूपांतरण में पिछड़ा रहा है, लेकिन वर्तमान में वह इस दिशा में आगे बढ़ने के बिंदु पर है।
- सफल होने के लिए कंपनियों को मरीज़ों को केंद्र में लाकर बिज़नेस मॉडल में बुनियादी बदलाव पर विचार करना होगा। ऐतिहासिक रूप से डॉक्टर ही उद्योग के ग्राहक रहे हैं।
- सफल निष्पादन के लिए चार अनिवार्यताएँ हैं:
    - क्लाउड फ़र्स्ट रणनीति अपनाना।
    - मूल बिज़नेस प्रक्रियाओं को स्वचालित करना और एआई की मदद से निर्णय प्रक्रिया में सुधार करना।
    - किसी के साथ भागीदारी करने या अपनी ख़ुद की महत्त्वपूर्ण क्षमताओं के विकास के बारे में विचारशील फ़ैसला करना।
    - मुक्त नवाचार अपनाना, जिसमें कम लागत पर नए समाधानों के संयुक्त विकास पर ज़ोर हो।

# खंड – 3

# डिजिटल रूपांतरण के तकनीकी बिल्डिंग ब्लॉक्स

# परिचय : डिजिटल रूपांतरण के तकनीकी बिल्डिंग ब्लॉक्स

किताब के परिचय में, मैंने बताया था कि डिजिटल रूपांतरण बहु-आयामी होता है। अधिक स्पष्ट करने के लिए, मैंने इसे सात बिल्डिंग ब्लॉक्स में विभाजित किया था। इस खंड में, मैं तकनीक पर ध्यान केंद्रित करूँगा, जो डिजिटल रूपांतरण का दिल होती है।

डिजिटल तकनीक भंडार में सात प्रमुख बिल्डिंग ब्लॉक्स होते हैं। ये हैं डिज़ाइन/ग्राहक अनुभव, एनालिटिक्स/डेटा साइंस, ऑटोमेशन/ऑपरेशंस ट्रांसफॉर्मेशन, आर्टिफ़िशल इंटेलिजेंस (एआई), डेटा इंफ्रास्ट्रक्चर, ब्लॉकचेन और क्लाउड। ये डिजिटल रूपांतरण के निष्पादन में अहम भूमिका निभाते हैं। ये सफल डिजिटल कार्यक्रमों के पीछे सामूहिक शक्ति होते हैं।

## डिजिटल रूपांतरण एंड-टू-एंड होता है

इन तकनीकी बिल्डिंग ब्लॉक्स का सबसे अहम पहलू यह है कि ये स्वतंत्र नहीं होते, बल्कि परस्पर जुड़े होते हैं। जब वे ऊपर से नीचे तक जुड़े होते हैं, तो उद्यम उनसे रूपांतरकारी मूल्य अर्जित करते हैं। ये बिल्डिंग ब्लॉक्स तकनीकी भंडार की विभिन्न परतों का प्रतिनिधित्व करते हैं; और उन्हें कसकर जोड़ने से एक पवित्र चक्र बनता है।

रणनीति और ग्राहक अनुभव को परिभाषित करने के लिए डिजिटल को डिज़ाइन सोच के साथ शुरू करना चाहिए। पूरे अनुभव पर एकदम शुरू से सोचा जाना चाहिए और 'यह क्या है' से शुरू करने के बजाय 'यह क्या होना चाहिए' के लिए फिर से डिज़ाइन किया जाना चाहिए। डिजिटल ग्राहक अनुभव के विशिष्ट पहलुओं में से एक यह है कि इसे अत्यधिक व्यक्तिगत और व्यक्ति पर लक्षित किया जा सकता है। इसे एनालिटिक्स ने सक्षम किया होता है। एनालिटिक्स ग्राहक अंतर्दृष्टि, बिक्री प्रदर्शन और परिचालन क्षमता के विश्लेषण को भी सक्षम बनाता है, और व्यवसाय चलाने में मदद करने वाले अन्य प्रमुख व्यावसायिक निर्णयों को सूचित करता है।

डिजिटल से जो बेहतर ग्राहक अनुभव होता है, उसे आंतरिक संचालन से पूरा किया जाता है। आमतौर पर डिजिटल के लिए काफ़ी बेहतर प्रतिक्रिया समय की ज़रूरत होती है, और इसके लिए प्रक्रियाओं की नई डिज़ाइन की ज़रूरत होती है, जिसे स्वचालन से सक्षम किया जाता है। आर्टिफ़िशल इंटेलिजेंस (एआई) उद्यमों को डिजिटल रूपांतरण की अगली सीमा तक पहुँचने की शक्ति दे सकता है। एआई द्वारा मुहैया कराई जाने वाली सेल्फ़-लर्निंग क्षमता समय के साथ-साथ ग्राहक अनुभव और संचालन दक्षता को तेज़ी से बढ़ा सकती है।

हमने जिस हर चीज़ के बारे में बात की है – डिज़ाइन / ग्राहक अनुभव, एनालिटिक्स / डेटा विज्ञान, स्वचालन / परिचालन रूपांतरण- उसका आधार डेटा है। इन सभी तकनीकी बिल्डिंग ब्लॉक्स में उच्च गुणवत्ता और गहन डेटा की ज़रूरत होती है। डेटा उस जगह भी है, जहाँ तकनीकी बिल्डिंग ब्लॉक्स के बीच पुनरावर्ती संबंध या पवित्र चक्र होता है।

डिजिटल – मात्रा, विविधता और वेग में डेटा विस्फोट की ओर अग्रसर है, हालाँकि, इस 'डिजिटल डेटा बाढ़' की पूरी क्षमता को हासिल करने के लिए, उद्यमों को मापनीय डेटा अधोसंरचना को अपग्रेड करना और उसका निर्माण करना होगा। ऐसा कहना तो आसान है, लेकिन करना मुश्किल है। ज़्यादातर उद्यम एक साथ उच्च-गुणवत्ता, और सामंजस्यपूर्ण डेटा हासिल करने के लिए संघर्ष करते हैं।

क्लाउड की शुरुआत मापनीयता मुहैया कराने और लागत को परिवर्तनशील बनाने में मदद करने के बुनियादी ढाँचे की क्षमता के रूप में हुई थी, वह अब पूरे तकनीकी भंडार में रूपांतरण के लिए महत्त्वपूर्ण प्रवर्तक बन रहा है, जिसके बारे में हमने बताया है। क्लाउड का दायरा और क्षमताएँ काफ़ी बढ़ रही हैं, और कई उद्यम क्लाउड-नेटिव संरचना में संक्रमण कर रहे हैं। यह उन्हें तकनीकी भंडार के विभिन्न तत्वों को अपग्रेड करने और, विशेष रूप से, डेटा अधोसंरचना और गुणवत्ता के उन मुद्दों को हल करने का एक शानदार अवसर उपलब्ध कराता है, जिनके बारे में हमने बात की है।

जैसा कि आप देखते हैं, विभिन्न तकनीकें जो डिजिटल की बिल्डिंग ब्लॉक्स हैं, किसी ऑर्केस्ट्रॉ के हिस्सों की तरह होती हैं। हर हिस्से को बहुत अच्छा होना पड़ता है, लेकिन जब उनका आपसी तालमेल होता है, तभी सुंदर संगीत जन्म लेता है। वही सुंदर संगीत, हमारे मामले में, *डिजिटल रूपांतरण की पूरी क्षमता को अर्जित करना* है!!

इस खंड में, मैंने उन सारी विभिन्न तकनीकों को शामिल किया है, जो डिजिटल के लिए बिल्डिंग ब्लॉक्स हैं। मैंने इन तकनीकी बिल्डिंग ब्लॉक्स में से हरेक की भूमिका साझा की है, उनका फ़ायदा उठाने में आने वाली चुनौतियों के बारे में और उनके भविष्य की संभावनाओं के बारे में बताया है। हम इन्सीडो में अपने ग्राहकों के साथ जो काम करते रहे हैं, उससे ये बहुत सारे विचार प्रभावित हुए हैं। इन्सीडो का ज़ोर एंड-टू-एंड डिजिटल रूपांतरण पर है और इस पर काम करना आकर्षक लगता है और इस प्रक्रिया में उद्योगों की बहुत सारी प्रमुख कंपनियों की डिजिटल रूपांतरण की यात्रा को देखने और उनसे सीखने को मिलता है।

## अध्याय1: सीएक्स डिज़ाइन–डिजिटल रूपांतरण यात्रा का आरंभिक बिंदु

- वेब/मोबाइल संवाद ज़रूरत तो है, लेकिन ग्राहक अनुभव में स्वर्ण मानक देने के लिए अपने आप में पर्याप्त नहीं हैं। डिजिटल यात्रा उपभोक्ता के पहले स्पर्श बिंदु से बढ़कर अनुभवों के पूरे जीवन चक्र तक आगे जानी चाहिए। डिजिटल मूल कंपनियों ने इसे विभिन्न उद्योगों में सफलतापूर्वक किया है; और उम्मीद है कि विरासत उद्यम भी इसी तरह से करेंगे।
- ग्राहक अनुभव या सीएक्स ब्रांडों का नया चेहरा/वादा है, जो विजेताओं को हारने वालों से अलग करता है। उच्च कस्टमर लॉयल्टी क़ायम रखना डिजिटल युग में शेयरधारक मूल्य उत्पन्न करने की कुंजी है।
- सफल रूपांतरण कार्यक्रम समग्र दृष्टिकोण अपनाते हैं – उपभोक्ता को केंद्र में रखने वाले अनुभव को परिभाषित करते हैं, अनुभव को निर्बाध रूप से वितरित करने के लिए संगठनात्मक प्रक्रियाओं को फिर से शुरू करते हैं, और लगातार उच्च गुणवत्ता वाले अनुभव देने के लिए एंड-टू-एंड एकीकरण को सक्षम बनाते हैं।

## अध्याय2: एनालिटिक्स–प्रतिस्पर्द्धात्मक लाभ का स्रोत

- डिजिटल अनुभव और इसके वैयक्तिकरण के वादे को प्रभावी ढंग से तभी पूरा किया जा सकता है, जब एनालिटिक्स 'मैन + मशीन' एजेंटों को डिजिटल युग में उपभोक्ताओं के साथ सक्रिय रूप से जुड़ने के लिए सूचित करता है।
- अब तक, पारंपरिक उद्यमों ने क्रमिक मूल्य जोड़ने के लिए एनालिटिक्स तैनात किया है, जो कि डिजिटल मूल कंपनियों के तरीक़े के एकदम विपरीत है, जो वास्तव में इसे प्रतिस्पर्द्धात्मक लाभ का स्रोत बनाने के लिए होता है।
- विश्लेषण के वादे और वास्तविकता के बीच व्यापक अंतर होता है। यह छह प्रमुख कारणों से होता है, जिन्हें मैंने प्रासंगिक अध्याय में रेखांकित किया है। डिजिटल युग में एनालिटिक्स को अपने लिए प्रतिस्पर्द्धात्मक लाभ का स्रोत बनाने के वास्ते उद्यमों को इन्हें सावधानीपूर्वक इस्तेमाल करना चाहिए।

## अध्याय 3: परिचालन रूपांतरण – डिजिटल रूपांतरण की पूरी क्षमता अर्जित करने की कुंजी

- वादा किए गए ग्राहक अनुभव को देने के लिए आमतौर पर व्यावसायिक प्रक्रियाओं के एंड-टू-एंड निरीक्षण की ज़रूरत होती है।
- आज भी, कई पारंपरिक उद्यम नियंत्रण मानसिकता के साथ फँसे हैं और उनकी प्रक्रियाएँ जटिल बनी हुई हैं। यह अक्सर नौकरशाही, धीमी गति और इस प्रकार ग्राहक के लिए टकराव की ओर जाता है।

- उद्यमों को संचालन के लिए वृद्धिशील दृष्टिकोण से परे जाने की ज़रूरत है और अधिक रूपांतरकारी तथा एंड-टू-एंड परिवर्तन कार्यक्रमों को शुरू करके आत्मविश्वास तैयार करना चाहिए। इन परिवर्तनों में, परिचालन के डेटा-संचालित मापन, आरपीए से परे इंटेलिजेंट ऑटोमेशन, और प्रक्रियाओं के सेल्फ़ लर्निंग के लिए एआई का लाभ उठाना शामिल होना चाहिए।

## अध्याय 4: एआई–अगली सीमा तक पहुँचने के लिए महत्त्वपूर्ण

- एआई ख़ासकर मूल डिजिटल कंपनियों के बीच मुख्यधारा बनता जा रहा है, हालाँकि, यह अभी तक कई पारंपरिक उद्यमों में बड़े पैमाने पर नहीं पहुँचा है, क्योंकि इसे ज़्यादातर 'आर्किटेक्चर' के बजाय 'फ़ीचर' के रूप में अपनाया जाता है।
- एआई में ग्राहक अनुभव और परिचालन रूपांतरण में डिजिटल रूपांतरण की अगली सीमा को चलाने की क्षमता है। ऐसा करने के लिए, चार प्रमुख विचार हैं, जिन्हें मैंने एआई पर अध्याय में बताया है।

## अध्याय 5: डेटा–डिजिटल तकनीक भंडार का आधार

- डेटा डिजिटल परिवर्तन का केंद्रबिंदु है, जो डिज़ाइन, एनालिटिक्स, परिचालन रूपांतरण और एआई को सक्षम बनाता है। डेटा के बिना, डिजिटल रणनीति को अमल में नहीं लाया जा सकता।
- डेटा की मात्रा और विविधता में घातीय और अभूतपूर्व रफ़्तार से वृद्धि, डिजिटल मूल कंपनियों के लिए सफलता का इंजन है। साथ ही, यह ऐसे कई पारंपरिक उद्यमों को पंगु बना रहा है, जिन्होंने इसमें लाखों डॉलर का निवेश किया है, लेकिन उन्होंने इसके वांछित प्रभाव को हासिल नहीं किया है।
- यह अनिवार्य है कि उद्यम एक डिजिटल डेटा संरचना विकसित करें, जो उद्देश्य के लिए उपयुक्त हो और वे डिजिटल युग में डेटा की शक्ति का इस्तेमाल करने के लिए अपनी परिचालन प्रक्रियाओं को भी बदल दें।

## अध्याय 6: ब्लॉकचेन–नई अधोसंरचना–संबंधित क्षमता

- जैसे ही बिटकॉइन का प्रचार फीका पड़ा, कई लोग इसे ब्लॉकचेन तकनीक की असफलता मानने लगे। यह सही नहीं है। ब्लॉकचेन एक शक्तिशाली तकनीक है, जो अभी धरातल पर उतर ही रही है।
- ब्लॉकचेन एक नई आधारभूत संरचना से संबंधित क्षमता देता है, जो पारदर्शिता मुहैया कराता है, जिससे सिस्टम में विश्वास बढ़ता है। इसमें कई उद्योगों में मूल्य श्रृंखला को बदलने की क्षमता है। इसकी उपयोगिता का एक अच्छा उदाहरण बैंकों में भुगतान का है।

## सफल डिजिटल रूपांतरण के लिए ज़रूरी एंड-टू-एंड तकनीकी क्षमताएँ

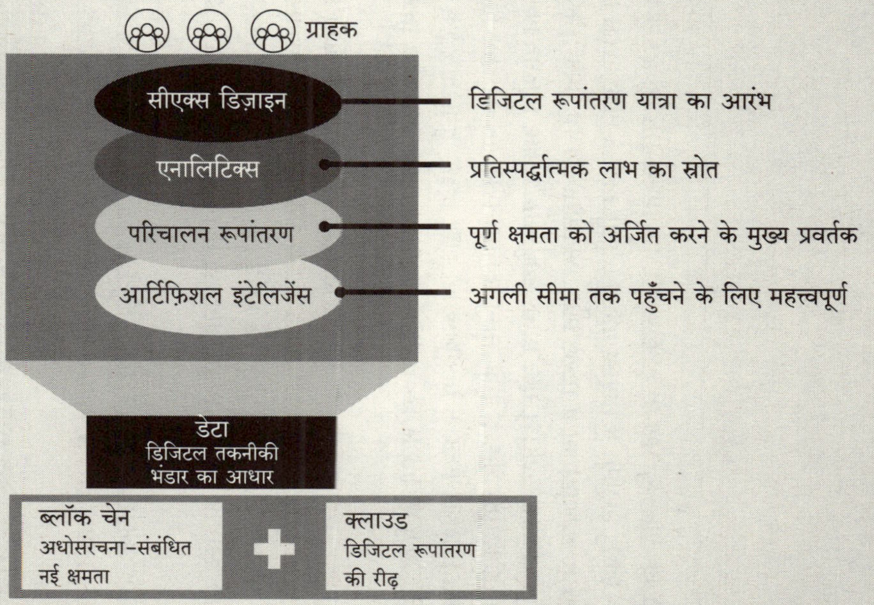

- ब्लॉकचेन वर्तमान में शुरुआती अवस्था में है, जिसमें कई पीओसी का उद्योगों में परीक्षण किया जा रहा है। मुख्यधारा की तकनीक बनने से पहले इसे कई चुनौतियों के समूह (इस विषय का अध्याय में वर्णन) को हल करने की ज़रूरत होगी।

## अध्याय 7 : क्लाउड–रूपांतरण का प्रवर्तक बनने के लिए अधोसंरचना की मापनीयता से परे जाना

- क्लाउड तेज़ी से तकनीकी भंडार की रीढ़ बनता जा रहा है, और पूरे डिजिटल रूपांतरण कार्यक्रम को एक साथ जोड़ रहा है। पहले, उद्यम क्लाउड को अधोसंरचना में लागत निकालने के लिए नीचे लटके हुए फल के तौर पर देखते थे, लेकिन अब क्लाउड की संभावनाएँ काफ़ी बढ़ गई हैं।
- व्यावसायिक इकाइयाँ और सीआईओ की टीमें, क्लाउड से अब केवल लागत में विविधता लाने और अधोसंरचना को मापनीय बनाने के बजाय व्यापक उद्देश्यों की उम्मीद कर रही हैं।
- बिज़नेस लीडर पूँजीगत व्यय की फिर से कल्पना करने में क्लाउड का मूल्य समझ रहे हैं और नए ज़माने की प्रतिस्पर्द्धाओं को देखते हुए टाइम–टू–मार्केट कम कर रहे हैं। वहीं सीआईओ उद्यम डेटा को बेहतर ढंग से प्रबंधित करने और पूरे उद्यम में एआई को बढ़ाने के लिए क्लाउड का फ़ायदा उठा रहे हैं।

ये सभी तकनीकें किसी सफल डिजिटल रूपांतरण कार्यक्रम को चलाने के लिए महत्त्वपूर्ण बिल्डिंग ब्लॉक्स हैं। कई मामलों में, उद्यम डिजिटल कार्यक्रमों में अपने निवेश में एकतरफ़ा होते हैं, किसी विशेष तकनीक पर बहुत अधिक निर्भर होते हैं और वांछित प्रभाव का इंतज़ार करते हैं। इसका परिणाम अक्सर वास्तविक प्रभाव और डिजिटल कार्यक्रमों के वादे के बीच अंतर के रूप में होता है। यह पहचानना बहुत ज़रूरी है कि डिजिटल में सफलता एंड–टू–एंड होती है। सफल उद्यम इन तकनीकी बिल्डिंग ब्लॉक्स में संतुलित निवेश करते हैं और अपने डिजिटल निवेश की पूरी क्षमता को अर्जित करने के लिए द्वि–गति की रणनीति के साथ निष्पादन करते हैं।

# 1

# ग्राहक अनुभव डिज़ाइन (सीएक्स डिज़ाइन)–डिजिटल रूपांतरण यात्रा का आरंभिक बिंदु

*आपको ग्राहक अनुभव से शुरुआत करनी होगी और फिर पीछे तकनीक की ओर काम करना होगा। इसके विपरीत दिशा में नहीं।*

*—स्टीव जॉब्स*

डिजिटल तकनीक ने उपभोक्ताओं की आदतें बदल दी हैं और उनकी अपेक्षाओं में भारी बदलाव ला दिया है, जिससे एक नए तरह का आधुनिक क्रेता पैदा हो गया है। ये क्रेता अपने ग्राहक अनुभव के आधार पर संगठनों की रेटिंग करते हैं, इसमें उनके डिजिटल ग्राहक अनुभव लगातार सबसे पहले होते जा रहे हैं। और ये डिजिटल अनुभव केवल उद्यम की वेबसाइट तक ही सीमित नहीं हैं, बल्कि ग्राहक यात्रा के सभी पहलुओं को कवर करने वाले चैनलों और स्पर्शबिंदुओं तक फैल गए हैं।

इन डिजिटल अनुभवों के बेंचमार्क फांग कंपनियों समेत मूल डिजिटल कंपनियों द्वारा तय किए जा रहे हैं। ग्राहक जितने भी व्यवसायों से इंटरेक्ट कर रहे हैं, वे उन सभी से समान बेहतर अनुभवों की अपेक्षा कर रहे हैं। जब वे उत्पादों या सेवाओं की खोज करते हैं, तो वे ऐसी खोज चाहते हैं, जो गूगल की तरह सहज ज्ञानात्मक हो; वे ऐसी उत्पाद अनुशंसाएँ चाहते हैं, जो कि नेटफ़्लिक्स की तरह वैयक्तिक हों; वे ऐसा चेकआउट अनुभव चाहते हैं, जो अमेज़ॉन की तरह आसान हो।

चूँकि ग्राहक अपने स्मार्टफ़ोन और अन्य उपकरणों के ज़रिये इन कंपनियों से दैनिक आधार पर इंटरेक्ट करते हैं, इसलिए ये अपेक्षाएँ लगातार बढ़ती जा रही हैं और इन मापदंडों को पूरा न करने वाली कोई भी कंपनी तुरंत ख़ारिज कर दी जाती है।

अनुभव डिज़ाइन के आरंभिक बिंदु होने के कारण, सफल डिजिटल रूपांतरण पहलों में निम्न बातें शामिल होनी ज़रूरी हैं :

- अनुभव ऐसे हों, जो सहज ज्ञान से उत्पन्न और वैयक्तिकृत हों, और उनके केंद्र में ग्राहक हो।
- संगठनात्मक प्रक्रियाएँ विश्वस्तरीय अनुभव प्रदान करने के अनुकूल हों – ऑनबोर्डिंग, बिलिंग, सप्लाई चेन, ग्राहक सेवा जैसी उद्यम प्रक्रियाओं का तकनीक और एआई/एमल के इस्तेमाल से, निर्बाध एकीकरण हो।
- भागीदारों, सप्लायरों और अन्य इकोसिस्टम कंपनियों के साथ एंड-टू-एंड एकीकरण हो, ताकि सभी स्पर्श बिंदुओं को उच्च स्तरीय अनुभव वितरित हो सके।

मेरा मानना है कि ग्राहक अनुभव डिज़ाइन अगले तीन से पाँच सालों में नीचे बताए रुझानों के अनुसार आकार लेंगे :

## ग्राहक अनुभव को सरलीकृत करने वाली कंपनियाँ बड़े अंतर से जीत रही हैं

- ग्राहकों का ध्यान व्यापक रूप से सिकुड़ चुका है – वे ऐसे अनुभवों की खोज में हैं, जो सरल और पारदर्शी हों, और जो बारीक अक्षरों में नीतियों और छिपे हुए शुल्कों को छिपाते न हों या जटिल नियम और शर्तें न रखते हों।
- सिंपलसिटीइंडेक्स डॉट कॉम के अध्ययन के अनुसार, ग्राहक अनुभव सरलीकरण इंडेक्स में शीर्ष दस कंपनियों के स्टॉक पोर्टफ़ोलियो ने 2009 और 2018 के बीच प्रमुख सूचकांकों से 679 प्रतिशत बेहतर प्रदर्शन किया।[1]
- सरलीकरण के लिए ग्राहकों की ज़रूरतों की गहरी समझ और उन ज़रूरतों के लिए अनुभवों को वैयक्तिकृत करने की ज़रूरत होती है। इसे हासिल करने के लिए, कंपनियों को नीचे बताए काम करने चाहिए :
    - विभिन्न स्पर्श बिंदुओं और व्यवसायों में ग्राहक का एकीकृत दृश्य तैयार करें।
    - उनके द्वारा बड़ी मात्रा में एकत्र किए गए डेटा को सार्थक अंतर्दृष्टियों में परिवर्तित करें।
    - रियल टाइम आधार पर जुड़ाव की प्रणालियों के साथ अंतर्दृष्टियों को एकीकृत करें।

## ग्राहक निर्बाध चैनल-व्यापी अनुभव की आशा कर रहे हैं

- यह बात सच है, फिर चाहे आपके ग्राहक आपके ब्रांड के साथ कैसे भी इंटरेक्ट करना चुनें, चाहे वह वेब, मोबाइल डिवाइस, सोशल मीडिया, आईवीआर, कॉल सेंटर, चैट या किसी अन्य उपलब्ध चैनल के ज़रिये हो।

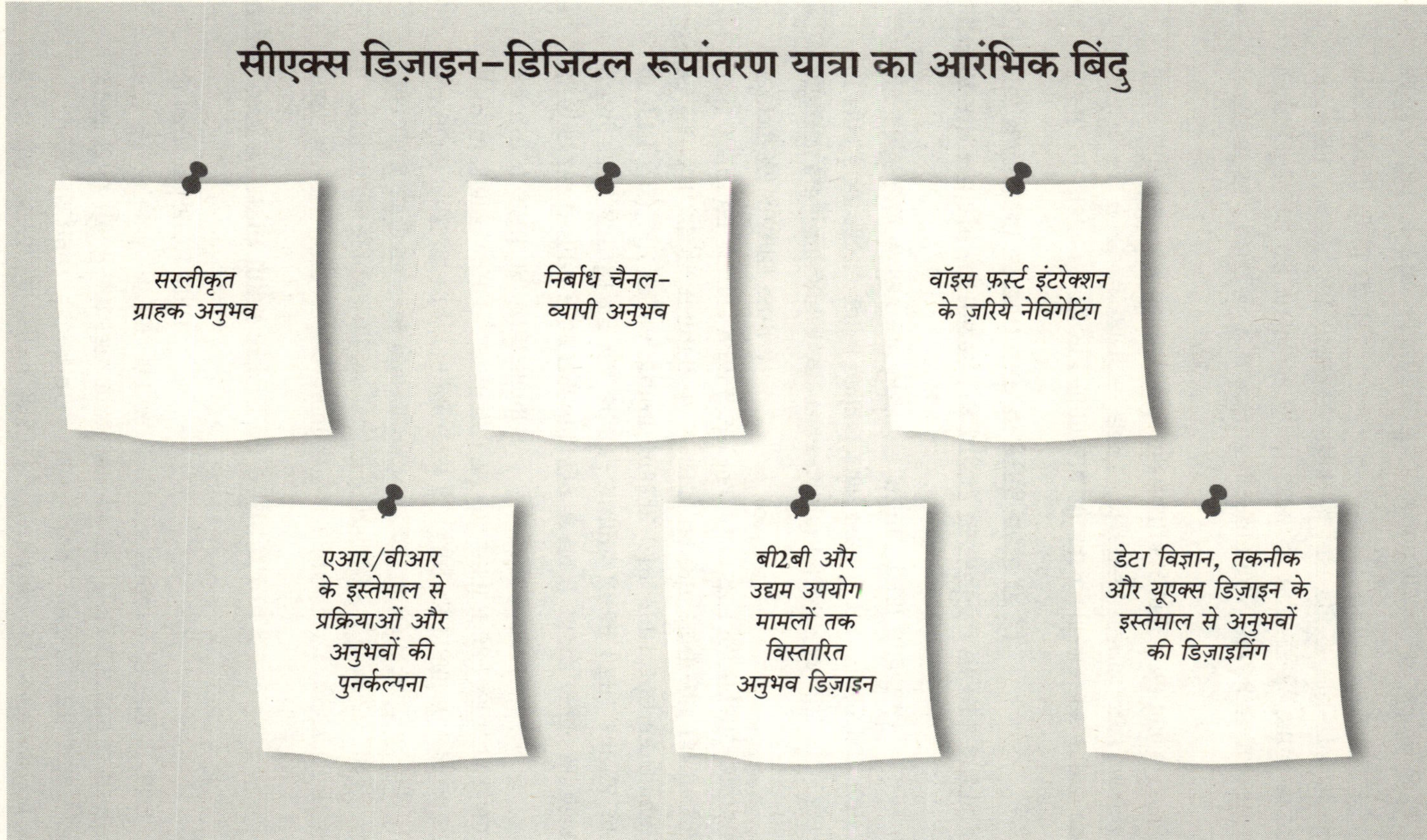
सीएक्स डिज़ाइन–डिजिटल रूपांतरण यात्रा का आरंभिक बिंदु
सरलीकृत ग्राहक अनुभव
निर्बाध चैनल-व्यापी अनुभव
वॉइस फ़र्स्ट इंटरेक्शन के ज़रिये नेविगेटिंग
एआर/वीआर के इस्तेमाल से प्रक्रियाओं और अनुभवों की पुनर्कल्पना
बी2बी और उद्यम उपयोग मामलों तक विस्तारित अनुभव डिज़ाइन
डेटा विज्ञान, तकनीक और यूएक्स डिज़ाइन के इस्तेमाल से अनुभवों की डिज़ाइनिंग

- ग्राहक ऐसे एंड-टू-एंड अनुभव चाहते हैं, जो एकीकृत हों। व्यक्तिगत रूप से ऐसे अनुकूलित संपर्क बिंदु समाधान (मसलन, बिक्री, बिलिंग, सेवा आदि), जो डिस्कनेक्ट हो चुके हैं और जिन्हें ग्राहकों को कई प्रणालियों/अनुप्रयोगों में इस्तेमाल करने की ज़रूरत है, वे काम नहीं करेंगे। एकीकृत समाधानों के लिए पूरे उद्यम में एकीकरण की ज़रूरत होगी।

## वॉइस-फ़र्स्ट इंटरेक्शन ग्राहक अनुभव को बाधित कर रहे हैं

- निर्देशों का संचार करने के लिए इंसानों के लिए आवाज़ ज़्यादा प्रभावशाली तरीक़ा है-वॉइस कमांड नेविगेशन मेनू की तुलना में अधिक दक्ष होते हैं, मल्टी-टास्किंग का मौक़ा देते हैं और, प्राकृतिक भाषा-प्रसंस्करण एआई/एमएल में प्रगति की मदद से, कम सटीक निर्देशों के साथ काम कर सकते हैं, जिससे यह ग्राहकों के लिए अधिक सुलभ हो जाता है (मसलन, उपयोगकर्ता को सही वर्तनी न आने की वजह से कोई सर्च बीच में अधूरी नहीं छोड़ी जाएगी)।
- हालाँकि, कई स्थितियों में आउटपुट मैकेनिज़्म के रूप में आवाज़, स्क्रीन की तुलना में कम कुशल होती है। यह शुद्ध आवाज़-आधारित सिस्टम (जैसे, अमेज़ॉन इको या गूगल होम) और स्क्रीन-आधारित आउटपुट (जैसे, गूगल असिस्टेंट सहायक) को इको जैसे हाइब्रिड समाधानों के अभिसरण की ओर अग्रसर कर रहा है। इको पहले आवाज़ का इस्तेमाल करता है और फिर ज़रूरत पड़ने पर जीयूआई-आधारित इंटरेक्शन का इस्तेमाल करता है।
- अभिसरण इसके बाद आवाज़ और स्क्रीन-आधारित इंटरेक्शन के बीच सही संतुलन पर ध्यान केंद्रित करेगा, क्योंकि कंपनियाँ प्रयोग करती हैं और तमाम उपयोग मामलों और ग्राहक खंडों के लिए सही मिश्रण का इस्तेमाल करना सीखती हैं।

## आभासी और संवर्द्धित वास्तविकता से ग्राहकों के कंपनियों के साथ जुड़ने और उनके कर्मचारियों के काम करने के तरीक़े बदल रहे हैं।

- वीआर और एआर की शुरुआत गेमिंग और वीडियो एप्लीकेशन तक सीमित एक जुनून के रूप में हुई थी, हालाँकि, तकनीक में तरक़्क़ी के साथ-साथ, कंपनियाँ वीआर और एआर का इस्तेमाल करके प्रक्रियाओं और अनुभव की फिर से कल्पना कर रही हैं।
- रिमोट वर्किंग, डिजिटल ट्विन्स, पेपरलैस एनवायरनमेंट और हैंड्स-फ्री वर्किंग एनवायरनमेंट कुछ ऐसे एप्लीकेशन हैं, जो उद्यमों को बदल रहे हैं, क्योंकि वीआर और एआर हार्डवेयर और सॉफ़्टवेयर अधिक बुद्धिमान होने के साथ-साथ अधिक लागत प्रभावी भी हो रहे हैं।
- कॉर्पोरेट ट्रेनिंग, कस्टमर ऑनबोर्डिंग, वेयरहाउस परिचालन, लॉजिस्टिक्स आदि में बढ़ते एप्लीकेशंस के साथ, कंपनियाँ लागत और दूरी के नुक़सान को कम करने के

लिए संवर्द्धित वास्तविकता समाधानों की ओर रुख कर रही हैं। हम उम्मीद करते हैं कि इन समाधानों को कोविड-19 महामारी के कारण मानव-से-मानव संपर्क पर बाधाओं के परिणामस्वरूप और भी अधिक बढ़ावा मिलेगा।

## अनुभव डिज़ाइन बी2सी से बी2बी तक और उद्यम उपयोग के मामलों में भी विस्तारित हो रहा है

- ग्राहक अनुभव डिज़ाइन का बड़ा हिस्सा अब तक उपभोक्ता की अगुवाई वाले इंटरेक्शन और व्यवसायों पर केंद्रित है, हालाँकि, कंपनियाँ इन डिज़ाइन सिद्धांतों को बी2बी ग्राहकों और आंतरिक उद्यम प्रक्रियाओं और प्रणालियों पर भी तेज़ी से लागू कर रही हैं।
- ऐसा अहसास बढ़ता जा रहा है कि ग्राहक अनुभव केवल वेबसाइट/ऐप के इस्तेमाल या स्टोर पीओएस (प्वाइंट ऑफ़ सेल) पर इंटरेक्शन तक ही सीमित नहीं है। किसी संगठन का हरेक कार्य प्रत्यक्ष या परोक्ष रूप से ग्राहक अनुभव को प्रभावित कर सकता है। कर्मचारियों को अपने कार्यों को समय पर और कुशल तरीक़े से करने में सहायक प्रभावी उद्यम प्रक्रियाओं को डिज़ाइन करने से लागत कम हो सकती है और ग्राहकों को बेहतर उत्पाद और सेवाएँ मिल सकती हैं।

## डेटा विज्ञान, तकनीक और यूएक्स डिज़ाइन का इंटरसेक्शन विश्वस्तर के अनुभव को डिज़ाइन करने की कुंजी है

- सबसे प्रभावी अनुभव डिज़ाइन तब सामने आते हैं, जब बाएँ-दिमाग़ और दाएँ-दिमाग़ वाले दृष्टिकोण उपभोक्ता व्यवहार की अच्छी तरह से समझ विकसित करने के लिए एक साथ आते हैं, उन्नत प्रवृत्ति मॉडल के साथ क्लासिकल उपभोक्ता अनुसंधान का संयोजन करते हैं।
- अपने डिज़ाइनों का परीक्षण और परिशोधन करती रहने वाली कंपनियाँ, उन कंपनियों की तुलना में लगातार बेहतर प्रदर्शन करती हैं, जो बड़े पैमाने पर डिज़ाइन प्रयासों में निवेश करती हैं। गूगल, फ़ेसबुक, अमेज़ॉन जैसी मूल डिजिटल कंपनियाँ एक साथ हज़ारों अनुभव डिज़ाइन परीक्षण चलाने के लिए अपने ए/बी परीक्षण अधोसंरचना में भारी निवेश करती हैं।

इस डिजिटल युग में जीतने वालों और हारने वालों के बीच ग्राहकों का अनुभव महत्त्वपूर्ण अंतर बना रहेगा। डिजिटल रूपांतरण सबसे शक्तिशाली उपकरणों में शामिल है, जो किसी संगठन के पास ग्राहक अनुभव के मोर्चे पर ख़ुद को अलग करने के लिए होता है। इसे प्रथम श्रेणी का नागरिक बनाने के लिए संगठन के अंदर ग्राहक अनुभव डिज़ाइन की भूमिका को ऊपर उठाने की ज़रूरत होगी। प्रभावी ढंग से ऐसा करने वाले संगठन कस्टमर लॉयल्टी और शेयरधारक मूल्य के मामले में भारी लाभ हासिल करेंगे।

## सारांश

**ग्राहक डिजिटल अनुभव के बेंचमार्क आरंभिक रूप से फांग कंपनियों ने तय किए थे। अब ग्राहक अन्य व्यवसायों से भी समान अनुभवों की अपेक्षा करते हैं। निम्नलिखित रुझानों से डिजिटल अनुभवों के डिज़ाइन का रूप तय होने की उम्मीद है :**

- ग्राहक अनुभव का लगातार सरलीकरण।
- ग्राहक निर्बाध चैनल-व्यापी अनुभव की तलाश कर रहे हैं।
- जैसे-जैसे वॉइस फ़र्स्ट इंटरेक्शन बढ़ रहे हैं, वैसे-वैसे वॉइस और स्क्रीन आधारित इंटेरेक्शन में संतुलन बन रहा है
- वीआर और एआर के इस्तेमाल से प्रक्रियाओं और अनुभवों की फिर से कल्पना हो रही है।
- अनुभव डिज़ाइन बी2सी से बी2बी की तरफ़, और उद्यम उपयोग मामलों की तरफ़ भी बढ़ रहा है,
- डेटा विज्ञान, तकनीक और यूएक्स डिज़ाइन का इंटरसेक्शन विश्वस्तरीय अनुभव डिज़ाइन करने की कुंजी है।

# 2

# उचित इस्तेमाल करने पर एनालिटिक्स प्रतिस्पर्द्धात्मक लाभ का स्रोत होता है[2]

*अगर आपको पता नहीं है कि आपको जाना कहाँ है, तो फिर इस बात से कोई फ़र्क़ नहीं पड़ता कि आप कौन-सा रास्ता चुनते हैं।*

*—चेशर कैट, एलिस इन वंडरलैंड*

इस बात में कोई शक नहीं कि एनालिटिक्स इस डिजिटल युग के स्तंभों में शामिल है। डेटा विस्फोट के माहौल में, डेटा आधारित अंतर्दृष्टियाँ विकसित करने के लिए एनालिटिक्स टूल्स और तकनीकों का फ़ायदा उठाना, निर्णय प्रक्रिया में उनकी मदद लेना, निर्णयों के प्रभाव की लगातार निगरानी करना और निरंतर तरीक़े में सुधार करना तार्किक है। प्रदर्शन को इष्टतम बनाने के लिए एनालिटिक्स का फ़ायदा उठाने की यह प्रक्रिया डिजिटल युग में व्यवसायों के लिए आदर्श बन चुकी है, फिर चाहे वह ई-कॉमर्स में ग्राहकों के लिए अनुशंसाओं को वैयक्तिकृत करने की बात हो, किसी रासायनिक संयंत्र में परिचालन नियंत्रण को अनुकूलित करने की बात हो, या तक़रीबन हर खेल में रणनीति डिज़ाइन करने की बात हो।

मैं पिछले बीस वर्षों से एनालिटिक्स से निकटता से जुड़ा हुआ हूँ और मुझे यह देखकर बहुत प्रसन्नता हो रही है कि यह मुख्यधारा की क्षमता और किसी भी डिजिटल रूपांतरण का अभिन्न बिल्डिंग ब्लॉक बन चुका है। ऐसी स्थिति हमेशा से नहीं थी। मैंने 2002 में मैकिंज़ी नॉलेज सेंटर में अपना एनालिटिक्स का सफ़र शुरू किया था। जब मैं कंसल्टिंग ऑफ़िस से नॉलेज सेंटर गया, तो मैं यह देखकर चकित हुआ कि डेटा की गहनता और एनालिटिकल टूल्स के संयोजन ने कैसे ऐसा विश्लेषण संभव बनाया, जो कि परंपरागत परामर्श टीमों के दायरे से परे था, और भले ही उन टीमों में बहुत उच्च क्षमता की प्रतिभा थी। मैंने संभावना देखी कि एनालिटिक्स मुख्य सेवा लाइन बन सकता है और संभावित रूप से मैकिंज़ी जैसी कंसल्टिंग फ़र्म के लिए प्रतिस्पर्द्धात्मक लाभ का स्रोत बन सकता है।

उस स्तर पर एनालिटिक्स की क्षमता का प्रचार करना आसान नहीं था। इसे एक सुपर-स्पेशलाइजेशन, 'बोरिंग पीएचडी' के डोमेन के रूप में देखा जाता था। मैकिंज़ी के अंदर एनालिटिक्स को पूर्ण सेवा लाइन के रूप में स्थापित करने में कई सालों तक लगातार प्रयास और आंतरिक बिक्री का समय लगा। मुझे यह देखकर बहुत प्रसन्नता हो रही है कि इतनी सारी कंपनियों ने एनालिटिक्स को मुख्य क्षमता के रूप में अपनाया है और यह हाशिए से केंद्र स्तर तक पहुँच चुकी है। इसने बड़े पैमाने पर उद्यम और जनता की कल्पना में जगह बनाई है, जो महत्त्वपूर्ण रोजगार सृजन का स्रोत भी बन चुका है।

## एनालिटिक्स में नाटकीय रूप से बदलाव हो रहा है, और यह भी ज़्यादा शक्तिशाली उपकरण बनता जा रहा है

पिछले बीस सालों में जब से मैं इससे जुड़ा हूँ, तब से एनालिटिक्स का दायरा और पैमाना काफ़ी बढ़ गया है, हालाँकि, मुझे लगता है कि हम अब भी केवल ऊपरी हिस्सा देख पा रहे हैं। डेटा में निरंतर विस्फोट और तकनीक में तेज़ी से प्रगति के साथ, एनालिटिक्स में कई तरह की प्रगति हो रही है, जो इसके प्रभाव को पूरी तरह से अलग स्तर पर ले जाएगी, जिससे यह उद्यमों के डिजिटल रूपांतरण सफ़र के लिए और भी अधिक प्रभावी हो जाएगा।

मैं विशेष रूप से चार रुझानों के बारे में बताना चाहता हूँ,जो एनालिटिक्स के प्रभाव को महत्त्वपूर्ण रूप से बढ़ा सकते हैं :

1. **पूर्व निर्देशात्मक या प्रिस्क्रिप्टिव एनालिटिक्स :** एनालिटिक्स, वर्णनात्मक (क्या हुआ) और भविष्य कहने वाला (क्या होने की संभावना है) से पूर्व निर्देशात्मक (क्या किया जाना चाहिए) की ओर बढ़ गया है। यह एनालिटिक्स को अंतर्दृष्टि से कार्रवाई तक और समर्थन क्षमता के दायरे से फ्रंट-लाइन क्षमता तक आगे बढ़ाता है। एनालिटिक्स से लेकर कार्रवाई तक की इस प्रगति में मशीन लर्निंग एक महत्त्वपूर्ण उत्प्रेरक होता है।
2. **सतत एनालिटिक्स :** डेटा के सबसे बड़े रुझानों में रियल-टाइम डेटा का विस्फोट शामिल रहा है। यह एनालिटिक्स को 'बैच मोड' से सतत एनालिटिक्स और अंतर्दृष्टियों की ओर ले जा रहा है। 'बैच मोड' में विश्लेषण ऑफ़लाइन किया गया था। यह रुझान उपभोक्ता और औद्योगिक दोनों स्थितियों में मुख्यधारा में है। आईओटी इस रुझान का महत्त्वपूर्ण चालक है; यह गतिशील ट्रैकिंग और अनुकूलन को सक्षम करने वाले लाखों रियल-टाइम संकेत उत्पन्न कर सकता है।
3. **संवर्द्धित एनालिटिक्स :** यह एआई और मशीन लर्निंग के साथ एनालिटिक्स के संयोजन और उन कार्यों को स्वचालित करता है, जो पारंपरिक रूप से डेटा वैज्ञानिक या प्रोफ़ेशनल एनालिटिक्स विशेषज्ञ द्वारा किए जा सकते हैं। संवर्द्धित एनालिटिक्स के सबसे बड़े फ़ायदों में डेटा गुणवत्ता में सुधार शामिल है। अक्सर, एनालिटिक्स परियोजनाओं पर ख़र्च किया गया 80 प्रतिशत से अधिक समय और लागत, पर्याप्त डेटा गुणवत्ता सुनिश्चित करने में चला जाता है। एआई और एमएल डेटा की गुणवत्ता

## एनालिटिक्स में नाटकीय रूप से बदलाव, यह पहले से ज़्यादा शक्तिशाली टूल

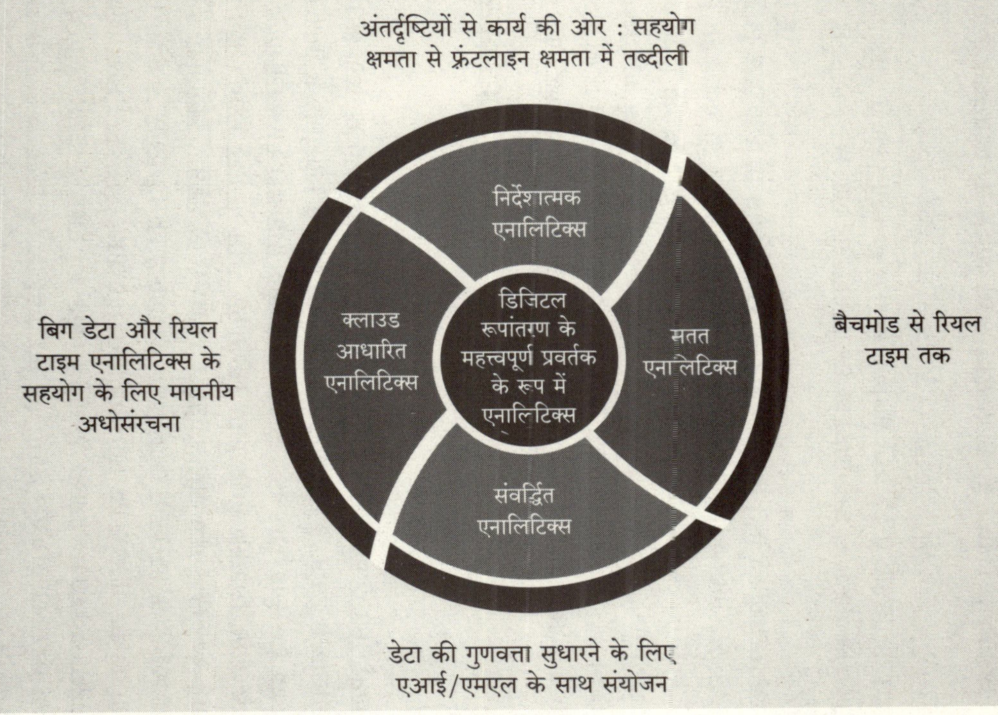

में सुधार करने में अहम भूमिका निभा सकते हैं, जिससे एनालिटिक्स प्रक्रिया की प्रभावशीलता और दक्षता में काफ़ी सुधार हो सकता है।

4. **क्लाउड–आधारित एनालिटिक्स :** क्लाउड हमारे समय के सबसे बड़े तकनीकी प्रचलनों में से एक है और मेरा मानना है कि इसका एनालिटिक्स करने के तरीक़े पर गहरा प्रभाव पड़ेगा। क्लाउड प्लेटफ़ॉर्म, निश्चित रूप से, कंप्यूटिंग के लिए मापनीय अधोसंरचना उपलब्ध कराते हैं, जो बिग डेटा और रियल–टाइम एनालिटिक्स का समर्थन करते हैं और उन्हें सक्षम कर सकते हैं। इसके अलावा, क्लाउड प्लेटफ़ॉर्म डेटा इकट्ठा करने, संश्लेषित करने और संसाधित करने की प्रक्रिया को कारगर बनाने में मदद कर सकते हैं। यह उत्पादकता बढ़ाने वाला प्रमुख कारक हो सकता है। इसके अतिरिक्त एडब्ल्यूएस (AWS), जीसीपी और एज़र (Azure) जैसे क्लाउड प्रदाता अपने एनालिटिक्स प्लेटफ़ॉर्म की क्षमताओं में ज़बरदस्त प्रगति कर रहे हैं। एनालिटिक्स विशेषज्ञ द्वारा ऐतिहासिक रूप से किए जाने वाले कई कार्य इन प्लेटफ़ार्मों में अंतर्निहित हैं। यह काफ़ी आकर्षक विकास है और एनालिटिक्स विशेषज्ञों के लिए ज़रूरी भूमिकाओं और कौशल के संदर्भ में इसके दूरगामी प्रभाव होंगे।

## वादे और वास्तविकता में अंतर

एनालिटिक्स के एक दशक से भी अधिक समय से मौजूद होने और उपलब्ध उपकरणों तथा तकनीकों में महत्त्वपूर्ण सुधारों के बावजूद ज़्यादातर संगठनों ने अब भी यह पता नहीं किया है कि एनालिटिक्स उद्यम के अंदर रूपांतरकारी भूमिका कैसे निभा सकता है। एनालिटिक्स की अनंत संभावनाओं को ध्यान में रखते हुए, आज एनालिटिक्स तकनीक का उपयोग इसकी संभावित परिपक्वता के 5–10 प्रतिशत ही होने की संभावना है, और यहाँ तक कि प्रमुख कंपनियाँ अब भी बहुत सीमित तरीक़े से निर्णय लेने के लिए एनालिटिक्स का उपयोग कर रही हैं।[3]

अगर ठीक से इस्तेमाल किया जाए तो एनालिटिक्स प्रतिस्पर्द्धात्मक लाभ का स्रोत हो सकता है। ऐसे में ज़्यादातर एनालिटिक्स पहलों के अपेक्षित मूल्य देने में नाकामी के छह मुख्य कारण हैं:

1. **व्यावसायिक समस्याओं के बजाय पहले विश्लेषणात्मक समस्याओं पर ध्यान देना :** ज़्यादातर एनालिटिक्स प्रोजेक्ट्स में, व्यावसायिक संदर्भ की समझ और उसे हल की जा रही एनालिटिक्स समस्या में बदलने में अंतर होता है। एनालिटिक्स प्रोजेक्ट्स किसी एनालिटिक्स समस्या को बहुत अच्छी तरह से हल करने पर बहुत ज़्यादा ध्यान देते हैं, जबकि इसके बजाय उन्हें व्यवसाय और कार्यात्मक संचालकों के बीच के संबंध को समझकर व्यावसायिक समस्या हल करने पर ध्यान देना चाहिए। मेरे अनुभव में, डेटा वैज्ञानिक अक्सर बौद्धिक रूप से चुनौतीपूर्ण समस्याओं और सर्वाधिक परिष्कृत तकनीकों के इस्तेमाल की ओर आकर्षित होते हैं, हालाँकि,

कठिन समस्याओं को हल करना उन समस्याओं को हल करने की तुलना में बहुत कम प्रासंगिक होता है, जो वास्तव में मायने रखती हैं।

समस्या समाधान प्रक्रिया में, समस्या का पता लगाना और उसका दायरा समझना एनालिटिक्स से कहीं अधिक प्रासंगिक होता है। इसलिए, हर एनालिटिक्स क़वायद विशिष्ट इस्तेमाल के मामलों और व्यावसायिक मुख्य प्रदर्शन संकेतक (केपीआई) पर आधारित एक स्पष्ट रूप से परिभाषित व्यावसायिक समस्या के साथ शुरू होनी चाहिए। ऐसा समस्या की परिभाषा गढ़ने और समाधान के डिज़ाइन में व्यावसायिक टीमों की अग्रिम भागीदारी से किया जा सकता है।

2. **परिवर्तन एंड-टू-एंड रूपांतरण की तरह संचालित नहीं है :** एनालिटिक्स में चार विभिन्न परतें होती हैं। पहली है रणनीति परत, जिसमें मूल व्यावसायिक समस्याओं की पहचान की जाती है; दूसरी परत है मॉडल बिल्डिंग, जो आपकी विशिष्ट समस्या के लिए सही तरह के डेटा मॉडलिंग को चुनने पर आश्रित है; तीसरी परत वास्तविक डेटा (पहुँच और संग्रह) है, और चौथी परत है बुद्धिमान अनुप्रयोग यानी इंटेलिजेंट एप्लीकेशंस। कई डेटा एनालिटिक्स प्रोजेक्ट यह पहचान करने में नाकाम रहते हैं कि वास्तविक व्यावसायिक प्रभाव हासिल करने के लिए परिवर्तन को एंड-टू-एंड रूपांतरण के रूप में संचालित करने की ज़रूरत पड़ती है, जिसमें व्यापार-समस्या का निर्धारण, एनालिटिक्स मॉडलिंग, डेटा प्लेटफ़ॉर्म, तकनीक और संचालन क्रियान्वयन मज़बूती से एकीकृत होते हैं। मॉडलिंग के परिणामों पर अक्सर ज़्यादा ध्यान दिया जाता है और सभी चार परतों को जोड़ने के लिए मूल बिल्डिंग ब्लॉक्स पर पर्याप्त ध्यान नहीं दिया जाता है।

मैंने ऐसी कई कंपनियाँ देखी हैं, जिनमें एनालिटिक्स टीमों के पास सैकड़ों मॉडल होते हैं, लेकिन कोई उनका इस्तेमाल नहीं कर रहा होता है। डेटा वैज्ञानिक अक्सर महान मॉडल बनाकर बहुत संतुष्टि हासिल करते हैं, लेकिन किसी मॉडल से अपने आप में कोई उद्देश्य पूरा नहीं होता है। यह केवल तभी प्रासंगिक होता है, जब वह एक स्पष्ट व्यावसायिक समस्या को हल कर रहा हो। इसके साथ ही, भले ही मॉडल किसी व्यावसायिक समस्या से अच्छी तरह से जुड़ा हो, लेकिन आपको यह सुनिश्चित करना होगा कि आप उसे संचालित कर सकते हैं और उसे उत्पादन में लगा सकते हैं। कंपनियों को अपने समाधान बनाने के लिए एकीकृत दृष्टिकोण अपनाने की ज़रूरत होती है; तभी वे अपने एनालिटिक्स निवेश से अहम लाभ हासिल कर सकती हैं।

3. **छोटे से शुरू करने के बजाय बड़े फ़ैसलों को लागू करना :** एनालिटिक्स समस्या समाधान स्वाभाविक रूप से पुनरावर्ती होता है। इसे ठीक ढंग से करने के लिए उचित मात्रा में प्रयोग की ज़रूरत होती है। आपको छोटे से शुरू करने और प्रगतिशील तरीक़े से निर्माण करने की ज़रूरत होती है। बहुत बड़ी समस्या से शुरू करना विशिष्ट क्रियाओं, पुनरावृत्ति और अंतर्दृष्टियों की खोज को कठिन बना देता है। जैसा कि मैंने पहले कहा है, विश्लेषणात्मक समस्या-समाधान में कोई 'फ़र्स्ट टाइम राइट' नहीं

होता है। पार-संगठनात्मक प्रभाव वाले बड़े डेटा समूह के साथ किसी बड़े प्रयास को लागू करने की कोशिश करना निश्चित रूप से आपदा के लिए एक नुस्ख़ा है।

4. **क्रॉस-फ़ंक्शनल सहयोग को बाधित करने वाली कठोर संरचनाएँ :** आज ज़्यादातर संगठन नगण्य क्रॉस-फ़ंक्शनल सहयोग के साथ रैखिक रूप से संरचित हैं। सफल एनालिटिक्स प्रोजेक्ट्स को डेटा वैज्ञानिकों, आर्किटेक्ट्स, इंजीनियरों के साथ-साथ व्यापार, संचालन और वित्त की टीमों से बनी क्रॉस-फ़ंक्शनल टीमों की ज़रूरत होती है, जो अपनी व्यावसायिक ज़रूरतें पूरी करने के लिए समाधान ढूँढने तक, कुशल क्रियान्वयन चक्रों के ज़रिये काम कर सकें। जो मानसिकता और संस्कृति कुशल नहीं हैं, और जो संरचनाएँ क्रॉस-फ़ंक्शनल सहयोग को रोकती हैं, वे ही अक्सर एनालिटिक्स-संचालित रूपांतरणों में असफलता का छिपा हुआ कारण होती हैं।

    इसके अलावा, संगठन के भीतर एनालिटिक्स विभाग की नियुक्ति ही चुनौती पैदा कर सकती है। मैं एनालिटिक्स के प्लेसमेंट के लिए विभिन्न संगठनात्मक मॉडल देखता हूँ – मसलन, किसी व्यावसायिक इकाई के अंदर, एकल साझा सेवा के रूप में, तकनीकी फंक्शन के साथ रखा गया आदि। इनमें से हर मॉडल की अपनी समस्याएँ हैं। व्यवसाय के अंदर रखे गए एनालिटिक्स को व्यावसायिक संदर्भ और हल की जाने वाली समस्या से निकटता का लाभ होता है, लेकिन आमतौर पर यह स्थिति गहराई और गुणवत्ता के निर्माण के लिए स्केल का मौक़ा नहीं देती है। स्टैंडअलोन एनालिटिक्स इकाइयाँ अक्सर 'लावारिस' हो जाती हैं और संगठनात्मक प्रमुखता के लिए जूझती हैं। तकनीक के साथ रखी गई एनालिटिक्स इकाइयों को डेटा के क़रीब होने का लाभ होता है, लेकिन वे व्यावसायिक संदर्भ से बहुत दूर हो जाती हैं। स्पष्ट रूप से, एनालिटिक्स के लिए कोई सही संरचनात्मक समाधान नहीं है। इसलिए, क्रॉस-फ़ंक्शनल टीम और एनालिटिक्स के महत्त्व पर ज़ोर देने वाली संस्कृति, एनालिटिक्स के इस्तेमाल में सफलता की कुंजी होती है।

5. **डेटा की उपलब्धता और गुणवत्ता ख़राब है या डेटा मौजूद नहीं है :** डेटा, एनालिटिक्स के लिए जीवनदायी है। डेटा के सही प्रकार और गुणवत्ता के बिना, एनालिटिक्स संभव नहीं है। मैंने पहले बताया है कि एनालिटिक्स प्रोजेक्ट्स पर ख़र्च किया जाने 80 प्रतिशत या उससे अधिक समय एक साथ डेटा की सही गुणवत्ता हासिल करने में लग सकता है। कुछ उद्यमों में, डेटा दुर्गम चुनौती बन सकता है। या तो डेटा मौजूद नहीं होता है, या इसकी गुणवत्ता बहुत ख़राब होती है, या तकनीकी प्रणालियों का इस्तेमाल करके उस तक पहुँच हासिल करना बहुत मुश्किल होता है। मैंने देखा है कि डेटा न होने पर कई डेटा वैज्ञानिक पूरी तरह से जड़वत हो जाते हैं। यहीं पर एनालिटिक्स प्रोफ़ेशनल्स के लिए न केवल डेटा के साथ काम करने के लिए कौशल विकसित करना, बल्कि डेटा न होने या सीमित होने पर प्रभावी होने के लिए समस्या-समाधान कौशल विकसित करना भी बहुत महत्त्वपूर्ण हो जाता है!!

6. **एनालिटिक्स टैलेंट गुणवत्ता – समस्याओं के समाधान में अक्षमता :** पिछले एक दशक में डेटा वैज्ञानिक की श्रेणी में नौकरियों का असली विस्फोट हुआ है,

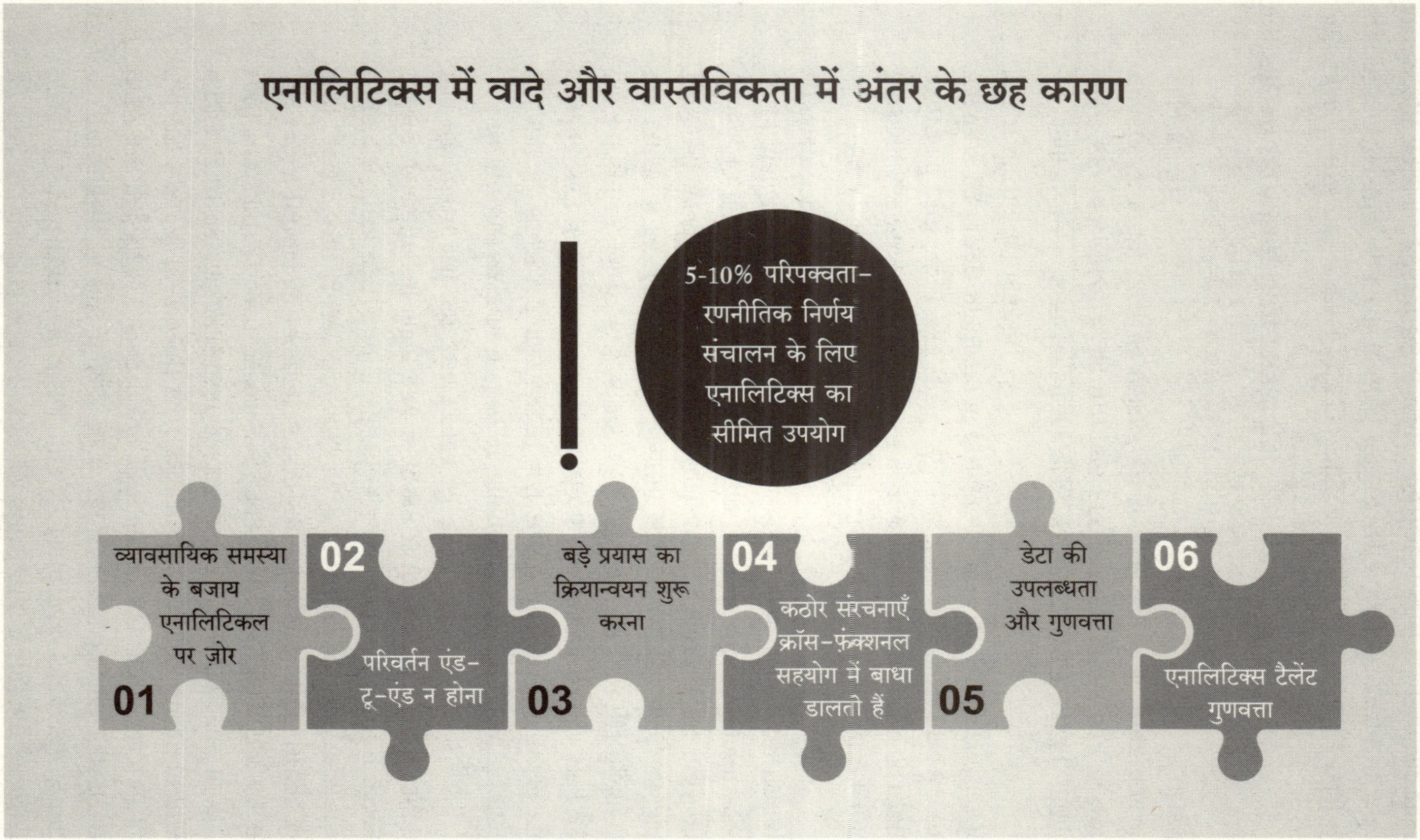

एनालिटिक्स में वादे और वास्तविकता में अंतर के छह कारण
5-10% परिपक्वता–
रणनीतिक निर्णय
संचालन के लिए
एनालिटिक्स का
सीमित उपयोग
01
व्यावसायिक समस्या के बजाय एनालिटिकल पर ज़ोर
02
परिवर्तन एंड-टू-एंड न होना
03
बड़े प्रयास का क्रियान्वयन शुरू करना
04
कठोर संरचनाएँ क्रॉस-फंक्शनल सहयोग में बाधा डालती हैं
05
डेटा की उपलब्धता और गुणवत्ता
06
एनालिटिक्स टैलेंट गुणवत्ता

हालाँकि, डेटा वैज्ञानिकों के कौशल प्रोफ़ाइल और गुणवत्ता में भारी परिवर्तनशीलता दिखती है। एनालिटिक्स एक कौशल समूह है, जिसमें शीर्ष दशमक और मध्यमों की प्रभावशीलता के बीच में अंतर बहुत बड़ा हो सकता है। जहाँ एनालिटिक्स प्रोफ़ेशनल्स एनालिटिकल उपकरणों और तकनीकों पर बहुत अधिक ध्यान देते हैं, वहीं मेरा विचार है कि सफलता का सबसे बड़ा प्रवर्तक उनका समस्या-समाधान कौशल रहेगा। यह शीर्ष एनालिटिक्स प्रोफ़ेशनल्स और औसत प्रोफ़ेशनल्स के बीच सबसे बड़ा अंतर है। जब विश्लेषणात्मक उपकरण और तकनीकें यांत्रिक रूप से और समस्या समाधान के तेज़ उपायों के बिना लागू की जाती हैं, तो उनसे शायद ही कभी अच्छे परिणाम निकलते हैं। चुनौती यह है कि समस्या हल करने के कौशल कार्यक्रम संचालित करने के तरीक़े से विकसित करना आसान नहीं होता। ये कौशल प्रशिक्षण देकर और उन्हें पोषित करने के माध्यम से विकसित किए जाते हैं। इसके लिए सही रोल मॉडलों और उद्यम संस्कृति की ज़रूरत होती है।

विरासत वाले हर उद्यम ने, जिन्हें मैं जानता हूँ, एनालिटिक्स समूहों का गठन तो किया है, लेकिन वे एनालिटिक्स से जुड़ी सही गुणवत्ता वाली प्रतिभाओं को आकर्षित करने के लिए संघर्ष कर रहे हैं। प्रतिभा को आकर्षित करने में उनकी यह अक्षमता इसलिए नहीं है कि वे अधिक डॉलर ख़र्च करने को तैयार नहीं हैं, बल्कि ऐसा इसलिए है कि वे ऐसी संस्कृति विकसित करने के लिए जूझ रहे हैं, जो शीर्ष प्रतिभा को आकर्षित कर सके। विरासत वाले उद्यमों में प्रतिभा के इस मसले का एनालिटिक्स कार्यों के परिणाम पर बहुत अधिक असर होता है, जहाँ अक्सर बहुत अधिक एनालिटिक्स गतिविधियाँ तो होती हैं, लेकिन उसके अनुरूप उच्च गुणवत्ता का कोई परिणाम नहीं निकलता।

संक्षेप में, एनालिटिक्स से संबंधित चुनौतियों को लेकर यही कहा जा सकता है कि इनका क्रियान्वयन भी किसी जटिल समस्या का जादुई हल नहीं है। एनालिटिक्स परियोजनाएँ अस्त-व्यस्त करने वाली, जटिल और पुनरावृत्ति वाली होती हैं। जब तक एंड टू एंड बिज़नेस मानसिकता के साथ उनका सामना नहीं किया जाएगा, उनके इच्छित परिणाम नहीं निकलेंगे।

एनालिटिक्स के भीतर बिंदुओं को जोड़ने की क्षमता आसान नहीं है। वर्तमान में ऐसे बहुत कम संगठन हैं, जो वास्तविक बिज़नेस प्रभाव हासिल करने के लिए समीकरण के प्रत्येक हिस्से को एकीकृत ढंग से जोड़ते हुए उनका प्रबंधन करने में सक्षम हुए हैं।

## एनालिटिक्स का भविष्य कैसा दिखता है?

स्पष्ट रूप से, एनालिटिक्स न केवल डिजिटल रूपांतरण के लिए, बल्कि डिजिटल युग में व्यवसाय करने के तरीक़े के बारे में महत्त्वपूर्ण बिल्डिंग ब्लॉक है। इसके अलावा, डेटा के विस्फोट और तकनीक में, विशेष रूप से एआई और क्लाउड के साथ, होने वाली प्रगति में एनालिटिक्स क्षमताएँ लुभावनी गति से बढ़ती रही हैं, हालाँकि, हमने यह भी देखा है कि

वर्तमान में एनालिटिक्स के निष्पादन में कई चुनौतियाँ हैं, जिसका अर्थ है कि संगठन अभी तक एनालिटिक्स की पूरी क्षमता का उपयोग नहीं कर पाए हैं।

तो, एनालिटिक्स का भविष्य कैसा दिखता है? मुझे इसमें कोई शक नहीं है कि एनालिटिक्स का महत्त्व बढ़ता रहेगा और सामान्य रूप से डिजिटल रूपांतरण और व्यवसाय, दोनों में ही बहुत बड़ी भूमिका निभाएगा, हालाँकि, एनालिटिक्स का आकार महत्त्वपूर्ण रूप से विकसित होगा। मेरे पास इन परिवर्तनों के बारे में तीन प्रमुख परिकल्पनाएँ हैं।

सबसे पहले, एनालिटिक्स मुख्यधारा बनेगा और सब जगह व्याप्त हो जाएगा तथा एनालिटिक्स संभावित रूप से किसी स्टैंडअलोन क्षमता या कार्य के रूप में मौजूद नहीं रहेगा। जैसा कि हम जानते हैं कि एनालिटिक्स क्षमताएँ दो भागों में विभाजित हो जाएँगी। पहले भाग का विलय व्यावसायिक कार्यों के साथ हो जाएगा, और एनालिटिकल कौशल मार्केटिंग, वित्त, परिचालन, परामर्श, या किसी अन्य कार्य में सभी व्यावसायिक प्रोफ़ेशनल्स के लिए मुख्य कौशल अपेक्षा बन जाएगा। एनालिटिक्स के दूसरा भाग का टेक्नोलॉजी फ़ंक्शन के साथ विलय हो जाएगा। पिक्चर डेटा, एआई और क्लाउड इंटरसेक्टिंग सर्किल के रूप में और जिसे हम आज एनालिटिक्स के रूप में जानते हैं, वह इन इंटरसेक्टिंग सर्किल में समाहित हो जाएगा।

दूसरा, एनालिटिक्स में सेवाओं और प्लेटफ़ार्मों के बीच की सीमाएँ धुँधली हो जाएँगी। एनालिटिक्स का संबंध शुरू में सेवाओं से ही अधिक था, जिसमें डेटा-गहन समस्याओं पर मज़बूत मात्रात्मक कौशल के साथ उच्च गुणवत्ता वाली प्रतिभा की तैनाती शामिल थी। पिछले कुछ सालों में, एनालिटिक्स आधारित उत्पादों और प्लेटफ़ार्मों का एक समूह उभरा है। क्लाउड के विकास के साथ, ये प्लेटफ़ॉर्म अधिक व्यापक हो गए हैं। और, एआई के साथ, कई बिंदु समाधानों में वृद्धि हुई है। प्लेटफ़ार्मों और उत्पादों में यह वृद्धि जारी रहेगी जिससे उत्पाद और सेवाओं के बीच की ये लाइनें धुँधली हो जाएंगी, परिणामस्वरूप इनमें से कई प्लेटफ़ॉर्म और उत्पाद सेवाओं के साथ काम करेंगे।

तीसरा, डेटा वैज्ञानिकों और एनालिटिक्स प्रोफ़ेशनल्स से अपेक्षाओं में भारी बदलाव हो जाएगा। अब तक, उनसे सांख्यिकीय मॉडलिंग के मुख्य कौशल की अपेक्षा की जाती थी। एनालिटिकल प्लेटफ़ार्मों के विकास के साथ, मॉडलिंग के विभिन्न पहलू ऑटोमेटेड और सरलीकृत हो जाएँगे, और इसे अब मुख्य कौशल नहीं माना जाएगा। मेरी परिकल्पना यह है कि हम दो प्रकार के एनालिटिक्स प्रोफ़ेशनल्स का उदय देखेंगे: एक तो वे जो गहन डोमेन ज्ञान और समस्या-समाधान कौशल वाले होंगे, और दूसरे वे जिनके पास मज़बूत तकनीकी कौशल होगा और जो बड़े डेटा, एआई और क्लाउड के इंटरसेक्शन पर काम करते हैं।

मेरे लिए एनालिटिक्स आकर्षक स्थान बना हुआ है। मुझे विश्वास है कि एनालिटिक्स के सबसे अच्छे दिन हमारे आगे आने वाले हैं और इसकी भूमिका और प्रभाव का दायरा उससे कहीं आगे बढ़ जाएगा, जितना कि आज हम देख पा रहे हैं, हालाँकि, यह ध्यान रखना ज़रूरी है कि लंबी अवधि में इसकी संरचना और रूप बेहद भिन्न होंगे। इसके बहुत सारे निहितार्थ होंगे, उद्यमों के लिए भी और उस टैलेंट के लिए भी, जो एनालिटिक्स में अपना करियर बनाना चाहता है। इस क्षेत्र में आगे बहुत कुछ देखने को मिलेगा!!

## सारांश

- एकत्र डेटा में घातीय वृद्धि से उद्यमों को एनालिटिक्स के ज़रिये मूल्य को अर्जित करने का अनोखा मौक़ा मिलता है।
- इसके अलावा, एनालिटिक्स की क्षमता, डेटा विस्फोट और तकनीक ख़ासकर, एआई तथा क्लाउड में आश्चर्यजनक तेज़ी से बढ़ रही है।
- हालाँकि, एनालिटिक्स का प्रभाव इसकी क्षमता के मुक़ाबले काफ़ी कम है। एनालिटिक्स से मूल्य को अर्जित करने में छह चुनौतियों से निपटने की ज़रूरत है:
  - व्यावसायिक संदर्भ को समझने में अंतर।
  - एंड-टू-एंड दृष्टिकोण की कमी और मॉडलिंग पर असंगत तरीक़े से फ़ोकस करना।
  - एनालिटिक्स पहलें स्वाभाविक रूप से पुनरावर्ती होने के बावजूद बड़े प्रयासों को लागू करना।
  - कुशल मानसिकता तथा संस्कृति की कमी और सांगठनिक मॉडलों की सीमितता।
  - डेटा उपलब्धता तथा गुणवत्ता में समस्याएँ, तथा एनालिटिक्स प्रोफ़ेशनल्स के अंदर ऐसी स्थितियों में प्रभावी होने की अक्षमता।
  - उच्चस्तरीय एनालिटिक्स टैलेंट को आकर्षित करने और उसमें निखार लाने में कठिनाइयाँ, और,समस्या समाधान कौशल निर्माण में चुनौतियाँ।

# 3

# परिचालन रूपांतरण–डिजिटल रूपांतरण के समूचे लाभ को अर्जित करने के लिए आवश्यक..., और यह आसान नहीं है...

*क्रांति कोई सेब का फल नहीं है, जो पक कर अपने आप गिर जाएगा। आपको उसे गिराना पड़ेगा।*

*—चे गेवारा, अर्जेंटीना के क्रांतिकारी लीडर और लेखक*

## परिचालन रूपांतरण को पूर्ण सुधार की ज़रूरत कब होती है

प्रत्येक उद्योग में, ग्राहकों की डिजिटल अपेक्षाएँ बढ़ती जा रही हैं, सीधे डिजिटल उत्पादों और सेवाओं के लिए भी, और परोक्ष रूप से गति, सटीकता, उत्पादकता और सुविधा के लिए भी, जो डिजिटल संभव बनाता है। संगठनों ने महसूस किया है कि इन अपेक्षाओं को पूरा करने में कस्टमर-फेसिंग डिजिटल संपत्तियाँ बनाने की तुलना में कहीं ज़्यादा समय लगता है: इसके लिए एंड-टू-एंड प्रक्रियाओं के पूर्ण सुधार की ज़रूरत होती है: मल्टी-चैनल पूर्ति और कस्टमर सपोर्ट से लेकर बिलिंग और प्राप्य वस्तुओं तक। अमेज़ॉन ने खुदरा उद्योग को ईंट-और-गारा ऑपरेटिंग मॉडल की नक़ल करके नहीं, बल्कि पूरे खुदरा मॉडल को डिजिटल-फ़र्स्ट मानसिकता के साथ फिर से तैयार किया है। जहाँ अमेज़ॉन को मूल डिजिटल व्यवसाय के रूप में शुरुआत करने का फ़ायदा हो सकता है, वहीं वॉलमार्ट और होम डिपो ने अपने भौतिक और डिजिटल दोनों चैनलों को ज़बरदस्त प्रतिस्पर्द्धात्मक लाभ के लिए सफलतापूर्वक एकीकृत किया है। तीनों फ़र्मों के लिए एक बात सबसे अलग

है: उन्होंने समस्या को डिजिटल ग्राहक अनुभव के संकीर्ण अर्थ में नहीं, बल्कि समग्र एंड-टू-एंड रूपांतरण के रूप में देखा, जिससे उनके परिचालन में डिजिटल रूपांतरण के संचालन पर मुख्य फ़ोकस हुआ। इन फ़र्मों ने शीघ्र ही महसूस किया कि पारंपरिक प्रदर्शन सुधार की पहलों - प्रक्रिया की रीइंजीनियरिंग, पीस-मील स्वचालन द्वारा लागत में कटौती और परिचालन की आउटसोर्सिंग - में समग्र रूपांतरण सक्षम करने के लिए ज़रूरी फुर्ती, लचीलेपन और जवाबदेही की कमी होती है। दूसरे शब्दों में, परिचालन रूपांतरण के लिए एक पूर्ण सुधार की ज़रूरत थी।

## परिचालन रूपांतरण की अगली लहर का प्रवर्तन करने वाले तीन रुझान

हमने देखा है कि यह सभी उद्योगों में होता है - और अब यह स्पष्ट है कि डिजिटल रूपांतरण को वास्तविक बनाने और वास्तविक आर्थिक मूल्य बनाने के लिए, प्लेबुक में दो प्रमुख तत्व होने चाहिए :

- परिचालन रूपांतरण को किसी भी डिजिटल रूपांतरण के रोडमैप का अभिन्न अंग होना आवश्यक है।
- परिचालन को सही मायने में बदलने के लिए तकनीक एक महत्त्वपूर्ण प्रवर्तक होती है। जहाँ अकेले तकनीक पर्याप्त नहीं है, वहीं यह भी स्पष्ट है कि मज़बूत तकनीकी फ़ोकस के बिना, आज की दुनिया में परिचालन का विस्तार संभव नहीं है।

और जैसा कि खुदरा ई-कॉमर्स जगत ने दिखाया है, कंप्यूटिंग, डेटा और आर्टिफ़िशल इंटेलिजेंस की तिकड़ी द्वारा परिचालन को शक्ति प्रदान करने वाली तकनीक को सक्षम किया गया है। हम तीन स्पष्ट तकनीकी रुझान देखते हैं, जिनसे परिचालन रूपांतरण की अगली लहर चलने की उम्मीद है :

1. **डेटा विस्फोट,** जो कि डेटा प्रेरित विधियों के इस्तेमाल से प्रक्रिया डिज़ाइन और अनुकूलन के प्रवर्तन में मदद करेगा।
2. **एआई प्रगति,** जो सेल्फ़ लर्निंग प्रक्रियाओं को डिज़ाइन करने और लागू करने में मदद करेगी, जो बदलती व्यावसायिक ज़रूरतों के अनुकूल हो सकती हैं।
3. **ऑटोमेशन मैच्योरिटी,** जो संगठनों को टास्क ऑटोमेशन से परे जाने और संज्ञानात्मक तकनीकों को सक्षम बनाने में मदद करेगी।

अनुसंधान से स्पष्ट पता चलता है कि भविष्य उन्हीं संगठनों का है, जो इंटेलिजेंट परिचालन की ओर जाएँगे और जो लचीली प्रक्रियाओं का विकास और प्रबंधन करने के लिए डेटा और एआई का लाभ उठाएँगे और उनमें कुशलता और जवाबदेही शामिल करेंगे। अनुमान है कि 2030 तक बैंकिंग परिचालन बेहद अलग दिखने लगेगा: लेन-देन के परिचालन (मसलन भुगतान प्रक्रिया) का 75-80 प्रतिशत, और अन्य रणनीतिक गतिविधियों (मसलन, एफपी

ऐंड ए, कोषागार) का **40** प्रतिशत तक स्वचालित हो जाएगा।[4] यह एक और भी बड़े संरचनात्मक रूपांतरण के अतिरिक्त है, जो अच्छी तरह से चल रहा है: शाखा नेटवर्क तेज़ी से सिकुड़ते जा रहे हैं; डिजिटल-ओनली बैंक मैदान में कूद रहे हैं। इन रुझानों के दोहरे असर का मतलब यह होगा कि बैंक परिचालन आज की तुलना में बहुत अलग हो जाएगा। और इससे बैंकों के लिए परिचालन रूपांतरण चुनौती को प्राथमिकता के आधार पर हल करना ज़रूरी हो जाता है।

**डेटा विस्फोट : निदान और अनुकूलन का पुनर्निर्धारण**

टाइम क्वालिटी मैनेजमेंट (टीक्यूएम) के दिग्गज एडवर्ड डेमिंग के बारे में कहा जाता है कि उन्होंने कहा था, ''जो आप माप नहीं सकते, उसे आप सुधार नहीं सकते।'' डिजिटल-पूर्व युग में, प्रक्रिया निगरानी में श्रमसाध्य समय और गति अध्ययन शामिल थे। आज, ज़्यादातर संगठनों में ऐसे सिस्टम (जैसे, ईआरपी, डब्ल्यूएमएस और अन्य लेन-देन प्रसंस्करण एप्लीकेशंस) हैं, जो पूरे उद्यम में सूचना के प्रवाह को मापते हैं। इसने प्रोसेस माइनिंग के ज़रिये - विश्लेषण तथा अनुकरण के लिए मौजूदा प्रक्रियाओं और उनकी मॉडलिंग के 'डिजिटल ट्विन्स' - के निर्माण को सक्षम बनाया है।

प्रोसेस माइनिंग, व्यवसाय प्रक्रिया रूपांतरण में तकनीक के प्रमुख साधन के रूप में उभरा है। डेटा माइनिंग ऐल्गरिदम का इस्तेमाल लेन-देन सिस्टम द्वारा रिकॉर्ड इवेंट लॉग डेटा पर भी किया जाता है। यह प्रोसेस-टाइम विलंबों, थ्रूपुट रेट्स और शिफ़्ट करने की बाधाओं से संबंधित रुझानों और पैटर्न की पहचान करेगा। ऐसा करने में ख़ास फ़ायदे हैं :

1. **निष्पादन में समस्याओं की खोज :**
   - एक्टिविटी-लेवल इवेंट डेटा लॉग से शिफ़्टिंग की मुश्किल राहों की पहचान।
   - गुणवत्ता के मुद्दों को प्रमुखता देना और जटिल क्रॉस-फ़ंक्शनल प्रक्रियाओं पर दोबारा कार्य करना।
2. **प्रक्रिया अनुपालन और ऑडिटिंग में सुधार :**
   - प्रोसेस माइनिंग गुणवत्ता नियंत्रण तंत्र के रूप में कार्य करता है और नियामक/ऑडिटरी उद्देश्यों के लिए प्रक्रिया अनुपालन को डेटा समर्थित रियल-टाइम साक्ष्य प्रदान करता है।
3. **प्रभाव का आकलन :**
   - किसी सुधार कार्य के डॉलर प्रभाव का आकलन करने में यह मदद करता है।
   - कामगार और सत्र के स्तरों पर प्रक्रिया के प्रदर्शन में बारीक दृश्यता उपलब्ध कराता है।

### 4. ऑटोमेशन के अवसरों की पहचान :

- प्रोसेस माइनिंग आरपीए और एमएल-आधारित प्रोसेस ऑटोमेशन के लिए विशिष्ट अवसरों को उजागर करती है।
- ऑटोमेशन के अवसरों की प्राथमिकताएँ निर्धारित करने में सहायता करती है।

## एआई: अपवादों से निपटने के लिए सेल्फ़-लर्निंग प्रक्रियाएँ

गूगल के अल्फागो ने गेम गो में विश्व चैंपियन को पराजित कर दिया, जो कि यक़ीनन दुनिया का सबसे जटिल गेम है। यह किसी शोध परियोजना से भी कहीं ज़्यादा था : इसने डिजाइनिंग और परिचालन प्रक्रियाओं के वास्ते सेल्फ़-लर्निंग इंजन बनाने के लिए डीप लर्निंग विधियों का फ़ायदा उठाने की संभावनाएँ खोल दी हैं। इसका व्यावसायिक परिचालन के लिए महत्त्वपूर्ण प्रभाव हो सकता है, जिसमें अक्षमता का एक प्रमुख स्रोत अपवाद प्रबंधन है। दूसरे शब्दों में, 'स्ट्रेट-थ्रू प्रोसेसिंग' के दायरे को व्यापक परिदृश्यों को कवर करने के लिए विस्तारित किया जा सकता है, जिन्हें पहले से परिभाषित करने की ज़रूरत नहीं होती है, लेकिन प्रक्रिया अनुकूलित हो सकती है और सीख सकती है, क्योंकि यह रियल-लाइफ के परिदृश्यों के साथ विकसित होती रहती है।

हम पहले से ही कृत्रिम तंत्रिका नेटवर्क (आर्टिफ़िशल न्यूरल नेटवर्क- एएनएन) को प्रक्रिया अनुकूलन समस्याओं को हल करने में इस्तेमाल होते देख रहे हैं। मानव मस्तिष्क की संरचना से प्रेरित होकर, तंत्रिका नेटवर्क में डेटा से सीखने के लिए ख़ुद को प्रशिक्षित करने की क्षमता होती है। दूसरे शब्दों में, अब आपको ऑपरेटिंग नियमों के पूरे समूह को पहले से संहिताबद्ध करने की ज़रूरत नहीं है, लेकिन एआई इंजन को नियम विकसित करने दीजिए, क्योंकि यह रियल-लाइफ के परिदृश्यों से सीखता रहता है। विभिन्न परिचालन प्रक्रियाओं में कई संभावित एप्लीकेशन होते हैं, जिन्हें अन्यथा मानवीय हस्तक्षेप की ज़रूरत होती है, और जहाँ निर्णय अक्सर सहज-ज्ञान से किए जाते हैं। कुछ उदाहरण इस प्रकार हैं:

- लॉजिस्टिक्स: डिलीवरी चैनलों में जोखिम प्रबंधन रणनीतियाँ, परिवहन क्षमता का डिज़ाइन और प्रबंधन।
- मानव संसाधन: व्यक्तिगत स्तर पर प्रदर्शन और इंसानी व्यवहार की रणनीतियों का प्रबंधन, आर्थिक संगठन स्तर कार्मिक संरचना आवंटन के आकार का निर्धारण।
- एकाउंटिंग:वित्तीय धोखाधड़ियों की पहचान, ऑडिट प्रक्रियाएँ।

## टास्क ऑटोमेशन से परे इंटेलिजेंट ऑटोमेशन के साथ तीसरी लहर का शिखर

पिछले दस वर्षों में ऑटोमेशन में ज़बरदस्त प्रगति हुई है। पहली लहर में पारंपरिक ऑटोमेशन देखा गया, जो स्वचालित विशिष्ट कार्यों (जैसे, डेटा निकालने के लिए स्क्रीन स्क्रैपिंग, स्क्रीन रिकॉर्डर, आदि) को स्वचालित करता है। ये क्रमिक कार्य-स्तरीय क्षमताएँ

# डिजिटल रूपांतरण के लिए परिचालन रूपांतरण अनिवार्य

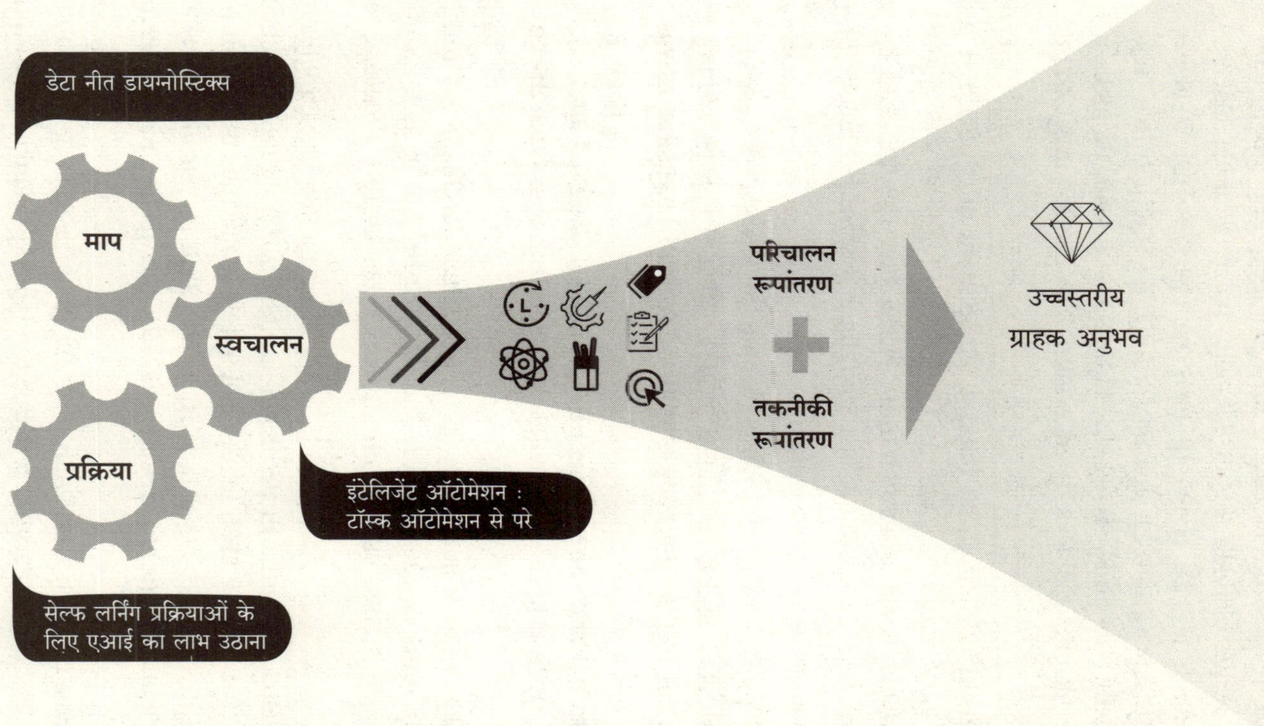

वितरित करने का कार्य करते थे। हम वर्तमान में दूसरी लहर में हैं, जिसमें सॉफ़्टवेयर बॉट, प्रोसेस डिज़ाइन टूल और वर्कफ़्लो नियम इंजनों ने विशिष्ट कार्यों को स्वचालित करने में मदद की है (उदाहरण के लिए, कस्टमर केयर कॉल की सही एजेंट के पास ऑटो-रूटिंग; नियम-आधारित पीओ अनुमोदन प्रक्रियाएँ)। ये प्रक्रियाओं में दक्षता बढ़ाना जारी रखते हैं, जो पूर्वनिर्धारित नियमों के आधार पर अच्छी तरह से परिभाषित प्रवाह में ख़ुद को शामिल करते हैं।

मेरा मानना है कि हम एनएलपी, वॉइस-टू-टेक्स्ट और कंप्यूटर विज़न के औद्योगीकरण के साथ 'इंटेलिजेंट ऑटोमेशन' की तीसरी लहर के शिखर पर हैं, जो अब तक असंरचित डेटा स्रोतों से मूल्यवान जानकारी हासिल करने के लिए परिष्कृत एआई तकनीकों पर निर्भर हैं। पूरक तकनीकों के संयोजन के साथ कार्यात्मक प्रक्रिया स्तर पर एक व्यापक इंटेलिजेंट ऑटोमेशन रणनीति को लागू करने की ज़रूरत है :

1. **टास्क स्वचालन :** असंरचित डेटा को संसाधित करने के लिए एआई एप्लीकेशंस में ज़बरदस्त प्रगति के साथ, स्वचालन के दायरे का विस्तार करने का अवसर होता है, जिसमें ऐसी गतिविधियाँ शामिल होती हैं, जो पहले इंसानी कारकों पर निर्भर होती थीं:

    i. **कस्टमर केयर :** कॉल ट्रांसक्रिप्शन और वर्गीकरण रियल टाइम में वॉइस-टू-टेक्स्ट बॉट द्वारा किया जा सकता है, जिससे एजेंट कस्टमर इंटरेक्शन पर ध्यान दे सकता है।

    ii. **एकाउंट ऑनबोर्डिंग :** ग्राहक जुड़ाव पर ध्यान केंद्रित करने के लिए संचालन बैंडविड्थ को मुक्त करते हुए, डाक्यूमेंट स्कैनिंग और कस्टमर इनफॉरमेशन निकालना, हस्ताक्षर सत्यापन, आदि को कंप्यूटर विज़न बॉट्स पर लोड किया जा सकता है।

2. **इंटेलिजेंट बीपीएम :** व्यावसायिक कार्यप्रवाह के लिए अब बहुत कठोर प्रक्रियात्मक चरणों की ज़रूरत नहीं रही। एआई एक्सपर्ट सिस्टम एक प्रारूपीय प्रक्रिया कार्यप्रवाह को परिभाषित करने का तरीक़ा प्रदान करते हैं, और जब सिस्टम रियल लाइफ के अनुभव से सीखता है, तो यह कार्यप्रवाह के नियमों को परिष्कृत और विकसित करना जारी रखता है :

    i. **ऑडिट प्रक्रिया :** एआई बॉट्स रियल टाइम में जर्नल एंट्री सबमिशन का मूल्यांकन कर सकते हैं और प्रासंगिक जानकारी के आधार पर (मसलन, कौन, कब, कहाँ और कैसे एंट्री तैयार और जमा की जाती है) और उचित समीक्षा के लिए उन्हें फ्लैग कर सकते हैं। एंट्री से जुड़े डेटा में मानक एकाउंटिंग नियमों के अलावा ईमेल और सहायक डॉक्यूमेंट्स शामिल हो सकते हैं। इसमें पोस्ट-फैक्टो एनालिसिस से लेकर इन-प्रोसेस, रियल-टाइम एक्टिविटी तक ऑडिट प्रक्रिया की फिर से कल्पना करने की क्षमता होती है।

ii. **गतिशील सूची प्रबंधन :** सप्लाई चेन में प्रत्येक स्तर पर सुरक्षा स्टॉक का पारंपरिक तरीक़ा हमेशा बेहद अक्षम रहा है। एआई-सक्षम सिस्टम पहले से ही रियल टाइम में सप्लाई चेन में संकेतों का जवाब देकर और सेवा स्तरों को बेहतर ढंग से प्रबंधित करने के लिए गतिशील रूप से पुन: आवंटित सूची के ज़रिये यहाँ बड़ा प्रभाव डाल रहे हैं। इन प्रणालियों में सीखने और सुधार करने की क्षमता होती है - और आगे इन्हें नए उत्पाद लॉन्चिंग जैसे विशिष्ट लक्ष्यों के अनुकूलन का काम सौंपा जा सकता है।

3. **स्मार्ट एनालिटिक्स :** जैसे-जैसे व्यावसायिक जटिलता बढ़ती जा रही है, वैसे-वैसे प्रबंधकों से भी अपेक्षा की जाती है कि वे अक्सर सीमित जानकारी के साथ ही, तेज़ी से निर्णय लें। डिसीजन सपोर्ट इंजन - वर्णनात्मक, नैदानिक और पूर्व सूचक अंतर्दृष्टियाँ और अनुशंसाओं के रूप में - इंसानों को बेहतर निर्णय लेने में मदद करने के लिए अमूल्य साबित हो रहे हैं। हम देखते हैं कि निर्णयकर्ता मशीन-सक्षम अनुशंसाओं के साथ अपने अंतर्ज्ञान और अनुभव को तेज़ी से बढ़ाने लगे हैं:

i. **संसाधन नियोजन और आवंटन :** पूँजीगत संसाधनों (मसलन, मशीनरी, वाहन बेड़ा आदि) से लेकर मानव संसाधन तक, एनालिटिक्स प्राथमिकता वाले क्षेत्रों में उनके अनुकूल आवंटन में मदद कर सकता है। यह परफॉर्मेंस ट्रैकिंग और निगरानी प्रणाली के साथ, संभावित हॉटस्पॉट की पहचान करने और हस्तक्षेप की ज़रूरत वाले विशिष्ट क्षेत्रों में ध्यान देने में मदद कर सकता है।

ii. **ऑपरेशनल मैट्रिक्स :** व्यवसाय परिचालन टीमें प्रमुख परिचालन मापदंडों को परिभाषित करने के लिए डेटा-संचालित तरीक़ों पर तेजी से भरोसा कर रही हैं, जिनमें बजट से लेकर लगभग सभी कार्यात्मक क्षेत्रों में दैनिक परिचालन की निगरानी तक शामिल हैं। उदाहरण के लिए, किसी बैंक में ग्राहक की ऑनबोर्डिंग टीम 'राजस्व की गति' को ट्रैक करती है और बाद में, ऑनबोर्डिंग प्रक्रिया की योजना बनाने और उसे क्रियान्वित करने के लिए एक प्रमुख मेट्रिक के रूप में सीसेट का इस्तेमाल करती है।

यह स्पष्ट है कि ऑनलाइन और चैनल-व्यापी ग्राहक अनुभव बनाने की डिजिटल रूपांतरण की पहली लहर के बाद, परिचालन रूपांतरण में मूल्य की अगली लहर बनाई जा रही है। और, जैसा कि अमेज़ॉन, वॉलमार्ट और होम डिपो जैसी फ़र्मों ने दिखाया है कि वास्तव में सफल संगठन वही हैं, जो अपने फ्रंट-एंड अनुभवों को अपने बैक-एंड परिचालन के साथ एकीकृत करने में सफल होते हैं। यह तो तय है कि तकनीक अकेले ही उत्तर नहीं हो सकती - परिचालन रूपांतरण के लिए प्रक्रियाओं में पूर्ण सुधार पर ख़ास ध्यान देने की ज़रूरत होगी। अक्सर किसी अक्षम प्रक्रिया को स्वचालित करना इसे अकेले छोड़ने से भी बुरा होगा। इसलिए लोगों में निवेश करना उतना ही महत्त्वपूर्ण है; संगठन के किसी भी अन्य हिस्से की तुलना में, परिचालन के लिए, इंसानी अंतर्ज्ञान और मशीनों की शक्ति और

मापनीयता के मिश्रण की ज़रूरत होती है, जिसके लिए प्रशिक्षण कार्मिकों से लेकर नौकरी के विवरण दोबारा लिखने आदि बदलावों की ज़रूरत होती है। दूसरे शब्दों में, परिचालन रूपांतरण आसान नहीं है, लेकिन फिर, यह भी स्पष्ट है कि इसे न करने का अब कोई विकल्प नहीं रह गया है।

## सारांश

- डिजिटल रूपांतरण की शुरुआत ग्राहक अनुभव और फ्रंट एंड एप्लीकेशंस पर ध्यान देने से हुई थी। हालाँकि अब डिजिटल रूपांतरण का फ़ोकस मूल परिचालनों पर हो गया है, क्योंकि ग्राहक अनुभवों में स्थायी बदलाव परिचालनों में बिना पर्याप्त रूपांतरण के नहीं किए जा सकते हैं।
- परिचालन रूपांतरण महत्वपूर्ण है, लेकिन अभी तक इनका पूरा फ़ायदा नहीं उठाया गया है। ज़्यादातर प्रयास क्रमिक बदलाव पर केंद्रित हैं, जबकि ज़रूरत परिचालनों की पुनर्कल्पना की है।
- तकनीकों के तीन रूझान हैं, जिनसे परिचालन रूपांतरण संचालित करने की अपेक्षा की जा सकती है:
    - डेटा विस्फोट,जो प्रोसेस माइनिंग और नैदानिकी के प्रसंस्करण में मदद करता है।
    - एआई में प्रगति सेल्फ़ लर्निंग प्रक्रियाओं को डिज़ाइन करने और उनके क्रियान्वयन में मदद करती है।
    - स्वचालन परिपक्वता, जो संगठनों को टास्क ऑटोमेशन से आगे जाने और संज्ञानात्मक तकनीकों को सक्षम बनाने में मदद करती है।

# 4

# एआई यानी आर्टिफ़िशल इंटेलिजेंस, डिजिटल रूपांतरण को आगे बढ़ने की शक्ति देता है

*आर्टिफ़िशल इंटेलिजेंस एक 'मुख्य रूपांतरकारी तरीक़ा है, जिसके द्वारा हम पुनर्विचार कर रहे हैं कि हम सब कुछ कैसे कर रहे हैं।'*

*— सुंदर पिचाई*

डिजिटल तकनीकें और डिजिटल रूप से संचालित व्यावसायिक प्रक्रियाएँ उद्योग दर उद्योग को नया आकार दे रही हैं और उन्हें बदल रही हैं। यह प्रदर्शित करने के लिए व्यापक सबूत हैं कि कैसे डिजिटल तकनीकों ने उद्यमों के लिए एक अपूर्व स्तर का मूल्य अनलॉक किया है, जिसने नवीन उत्पादों, व्यवसाय मॉडल और उद्यम संचालन मॉडल की पुनर्कल्पना को जन्म दिया है।

हाँ, हम इस बात पर बहस कर सकते हैं कि बड़ी संख्या में व्यवसायों में जो रूपांतरण की यात्राएँ शुरू हुई हैं, उनके लिए तय मूल्यों को अर्जित करना मुश्किल हो गया है, हालाँकि, इसकी वजह व्यवसायों के लिए डिजिटल के अर्थ को समझने की स्पष्टता में कमी के साथ-साथ ख़राब निष्पादन भी माना जा सकता है। वैसे इन सब कारणों ने डिजिटल तकनीकों की तेज़ रोशनी की चमक को कम नहीं किया है। डिजिटल रूपांतरण का सफर आगे बढ़ रहा है – तेज़, मज़बूत और पहले से कहीं अधिक ऊर्जा के साथ।

अब, जैसा कि हमने डिजिटल रूपांतरण की पहल से शुरुआती सफलता हासिल कर ली है, तो वास्तव में सवाल यह है कि **हम इसे अगले स्तर पर कैसे लेकर जा सकते हैं?** उत्तर का सबसे महत्त्वपूर्ण हिस्सा है **कि डिजिटल रूपांतरण की अगली सीमा तक पहुँचने के लिए आर्टिफ़िशल इंटेलिजेंस की शक्ति को उजागर करना ज़रूरी है।**

डिजिटल रूपांतरण को आगे बढ़ाने में एआई की संभावनाएँ और प्रभाव पहले से ही हमारे आस-पास उपयोग के कई तरीक़ों की एक विस्तृत श्रंखला के साथ अच्छी तरह से स्थापित हैं - उदाहरण के लिए, ग्राहकों के लिए व्यक्तिगत पेशकश की सिफ़ारिशें, इमेज प्रोसेसिंग और चेहरे की पहचान तकनीक, धोखाधड़ी का पता लगाना, हालाँकि, हमने अभी सिर्फ़ इसकी सतह को ही खरोंचा है। हम अब तक इस शक्ति को व्यावसायिक प्रक्रियाओं में एक ऐड-ऑन के रूप में इस्तेमाल कर रहे हैं और वास्तव में एआई-सक्षम प्रक्रियाओं को फिर डिज़ाइन नहीं कर रहे हैं।

इसमें कोई संदेह नहीं है कि डेटा और बुनियादी ढाँचे की सीमाओं के कारण एआई की क्षमता को हासिल करने में बाधाएँ आई हैं, लेकिन डिजिटल डेटा उपलब्धता में तेज़ी से उछाल और अत्यधिक लोचदार क्लाउड कंप्यूटिंग अधोसंरचना के तेज़ी से बढ़ने के साथ, एआई अगली सीमा तक डिजिटल रूपांतरण यात्रा को बढ़ावा देने के लिए तैयार है।

## आर्टिफ़िशल इंटेलिजेंस की ताक़त डिजिटल ट्रांसफॉर्मेशन को अगले स्तर पर कैसे ले जा सकती है

पिछले कुछ वर्षों में एआई की क्षमताएँ वास्तव में परिपक्व हो गई हैं। एआई एक प्रायोगिक विषय से महत्त्वपूर्ण मूल्य प्रदान करने वाली मुख्यधारा की तकनीक में परिपक्व हो गया है। जैसे-जैसे एआई-सक्षम डिजिटल प्रक्रियाओं में विश्वास बढ़ रहा है, वैसे-वैसे उद्यमियों को अपनी व्यावसायिक प्रक्रियाओं के जटिल मूल में लाने के लिए एआई एप्लीकेशन की सीमाओं को आगे बढ़ाने की आवश्यकता है।

- **सभी इंटरेक्शन में अति-वैयक्तिकरण**

  आज के डिजिटल हाइपर एक्टिविटी के माहौल में, ग्राहकों को उत्पादों, सेवाओं और सामग्री में पसंद के मामलों में बिगाड़ दिया जाता है। जहाँ यह सच्चे निर्वाण की तरह लगता है, वहीं इसका एक बड़ा पहलू भी है। बहुत सारे विकल्पों और निर्णयों के बीच, ग्राहक अक्सर ख़राब विकल्प चुनते हैं और अंत में कम विकल्पों की स्थिति की तुलना में कम संतुष्ट होकर रह जाते हैं। और कभी-कभी, अभिभूत होने पर, जब उन्हें कोई विकल्प चुनना होता है, तो वे पूरी तरह से अनिर्णय की स्थिति में रह जाते हैं।

  आर्टिफ़िशल इंटेलिजेंस द्वारा संचालित अति-वैयक्तिकरण या हाइपर-पर्सनलाइज़ेशन, यानी, ग्राहक के लिए सर्वोत्तम विकल्पों का स्वचालित क्यूरेशन (चयन), इंटरेक्शन के तमाम चैनलों में रियल टाइम में वितरित, डिजिटल ग्राहक जुड़ाव को अगले स्तर तक ले जाने की कुंजी है। उदाहरण के लिए, जब दूरसंचार ग्राहक नई योजनाएँ लेना चाहते हैं या अपनी मौजूदा योजना को अपग्रेड करना चाहते हैं, तो उनके सामने डिवाइस, प्लान, डेटा प्लान, टॉक टाइम, बंडल, एक्सेसरीज़ आदि के रूप में असीमित विकल्प प्रस्तुत किए जाते हैं। इन विकल्पों में से वास्तव में

निर्णय लेना बेहद होशियारी का काम हो सकता है, हालाँकि, दूरसंचार सेवा प्रदाता शीर्ष तीन विकल्पों को सरल बनाने के लिए ग्राहक वरीयताओं, उपयोग पैटर्न और अन्य प्रमुख विशेषताओं का विश्लेषण और खुलासा करने के लिए एआई का लाभ उठा सकते हैं। यह न केवल ग्राहक को आसानी देता है, बल्कि उसको प्रसन्न भी करता है।

- **ऑटोमेशन सचमुच इंटेलिजेंट बन जाता है**

जहाँ डिजिटल रूपांतरण की पहली लहर का फ़ोकस ग्राहक जुड़ाव पर रहा है, वहीं उद्यम की अंतर्निहित व्यावसायिक प्रक्रियाओं – जैसे कि ग्राहक सेवा, सप्लाई चेन, व्यवसाय परिचालन – के डिजिटल रूपांतरण का वास्तविक मूल्य अभी तक अर्जित नहीं किया गया है। रोबोटिक प्रक्रिया स्वचालन जैसी तकनीकों का लाभ उठाने में महत्त्वपूर्ण प्रगति हुई है, ताकि कुछ हद तक स्वचालन को साधारण, मानक और विशाल प्रक्रियाओं में लाया जा सके, हालाँकि, निर्णय लेने की बुद्धिमत्ता की ज़रूरत वाली जटिल प्रक्रियाओं को देखते हुए, ये तकनीकें काफ़ी हद तक अपर्याप्त रही हैं।

जटिल प्रक्रिया यात्राओं में निर्णय लेने को बढ़ाने, स्वचालित करने और तेज़ करने के लिए एआई का इस्तेमाल वास्तव में स्वचालन को इंटेलिजेंट बनाने और इसे सरल प्रक्रिया चरणों के दायरे से परे स्वचालित जटिल निर्णय लेने में महत्त्वपूर्ण उत्प्रेरक है।

ऐसा ही मामला किसी भी बैंक या धन प्रबंधन संगठन में बैक-ऑफ़िस परिचालन हो सकता है, जो सबसे महत्त्वपूर्ण और सबसे अधिक संसाधन-गहन प्रक्रियाओं में से एक है। तमाम तरह के दस्तावेजों और सूचनाओं के प्रबंधन की जटिलता किसी भी आरपीए तकनीक के लिए इसे स्वचालित करना अत्यंत कठिन बना देती है। एआई और प्राकृतिक भाषा प्रसंस्करण क्षमताएँ वास्तव में इंटेलिजेंट टेक्स्ट डेटा निष्कर्षण और व्याख्या के साथ स्वचालन की सीमाओं को आगे बढ़ा रही हैं, जिससे एनालिस्ट्स को तेज़, बेहतर निर्णय लेने में मदद मिलती है, इसलिए प्रत्येक अनुरोध के लिए एएचटी (एवरेज हैंडलिंग टाइम) कम हो जाता है। कई मामलों में, एआई-संचालित क्षमताएँ पूर्ण निर्णय लेने की क्षमता हासिल कर सकती हैं, जिससे स्ट्रेट-थ्रू प्रक्रिया एक असलियत बन जाती है।

- **एआई की नई सीमाएँ खोलना–एआई डिजिटल तकनीक ही नहीं, बल्कि डिजिटल तकनीक के लिए भी है**

डिजिटल रूपांतरण वास्तव में प्रत्येक व्यवसाय को तकनीकी व्यवसाय में बदल रहा है। नए तकनीक-केंद्रित उत्पादों, सेवाओं और व्यवसाय मॉडल के बढ़ने के साथ, डिजिटल तकनीक के सभी स्तरों- अधोसंरचना, डेटा, एप्लीकेशंस और सुरक्षा में निवेश उनका समर्थन करने के लिए है। तकनीक दरअसल निवेश, परिचालन फ़ोकस

और व्यावसायिक मूल्य प्राप्ति का मूल बन गई है। आईटी अधोसंरचना के व्यवधान या डाउनटाइम की अवसर लागत, एप्लीकेशंस का अनिश्चित व्यवहार, ख़राब डेटा गुणवत्ता या यहाँ तक कि डेटा चोरी हल्के में लेने लायक़ नहीं है।

किसी भी डाउनटाइम या व्यवधान से बचने, और मूल्य प्राप्ति को बढ़ाने, क़ीमती संसाधनों का सर्वोत्तम इस्तेमाल करने के लिए तकनीकी स्टैक को अनुकूलित करने के वास्ते एआई का लाभ उठाने की क्षमता बहुत महत्त्वपूर्ण और वास्तविक होती है। तकनीकी प्रणालियों के कुशल प्रबंधन के लिए एआई-संचालित दृष्टिकोण महत्त्वपूर्ण होता जा रहा है; उदाहरण के लिए, डिजिटल अधोसंरचना की स्वचालित निगरानी और भविष्य के लिए रख-रखाव किसी अन्य की तरह की एक महत्त्वपूर्ण प्रक्रिया है ताकि यह सुनिश्चित किया जा सके कि राजस्व पैदा करने वाले एप्लीकेशंस में कोई व्यवधान न हो। एआई ऐल्गरिदम रियल टाइम में सर्वर लॉग, इवेंट, डेटा ट्रैफिक और अन्य सिस्टम मापदंडों की निगरानी कर सकता है, ताकि डिजिटल अधोसंरचना - सर्वर, डिवाइस, नेटवर्क और एप्लीकेशन की स्वचालित रूप से निगरानी की जा सके। एआई ऐल्गरिदम सक्रिय रख-रखाव के लिए प्रारंभिक चेतावनी देता है, और कुछ मामलों में ऑटो-हील सिस्टम भी देता है।

इसी तरह, जहाँ डिजिटल डेटा को लेकर बहुत उत्साह है, वहीं वास्तव में इसके मूल्य को अनलॉक करने के लिए इसे उच्च गुणवत्ता का होना चाहिए। छिपी हुई डेटा विसंगतियों जैसे डेटा गुणवत्ता के मुद्दों को उजागर करने और उन्हें सुधारने में मदद करने के लिए एआई दृष्टिकोण का लाभ उठाने से, वास्तव में अर्जन करने योग्य मूल्य डिजिटल डेटा से अगले स्तर तक चला जाएगा।

चूँकि डेटा और डिजिटल तकनीक उद्यम की जीवनदायिनी बन चुके हैं, इसलिए मज़बूत साइबर सुरक्षा क्षमता की ज़रूरत को कभी भी ज़्यादा महत्त्वपूर्ण नहीं माना गया। साइबर ख़तरों की बढ़ती चतुराई के साथ, अनधिकृत पहुँच प्रयासों और नेटवर्क तथा सिस्टम की कमज़ोरियों को स्वचालित रूप से समझने और दूर करने के लिए एआई-संचालित दृष्टिकोण, और दुर्भावनापूर्ण हमलों और डेटा चोरी के जोखिम को कम करने के लिए सुरक्षा मुद्दों की सिफ़ारिश या ऑटो फिक्स बेहद अहम हो सकते हैं।

- **टीम में एआई – मानव प्लस आर्टिफ़िशल इंटेलिजेंस = ऑगमेंटेड इंटेलिजेंस**

डिजिटल रूपांतरण की यात्रा आगे बढ़ने के साथ-साथ, उद्यमों को *टीम के मुख्य सदस्य के रूप में एआई* के बारे में सोचने की आवश्यकता है। मानव बुद्धि बनाम कृत्रिम बुद्धि की बहस अप्रासंगिक है। डिजिटल रूपांतरण की सतह से नीचे उतरने के लिए, उद्यमों को मानव और कृत्रिम बुद्धिमत्ता की पूरकता का इस्तेमाल करने की ज़रूरत है।

जब हम डिजिटल-संचालित ऑपरेटिंग मॉडल और व्यावसायिक प्रक्रियाओं पर फिर से विचार करते हैं, तो एआई को अब बाद में विचार की बात नहीं माना

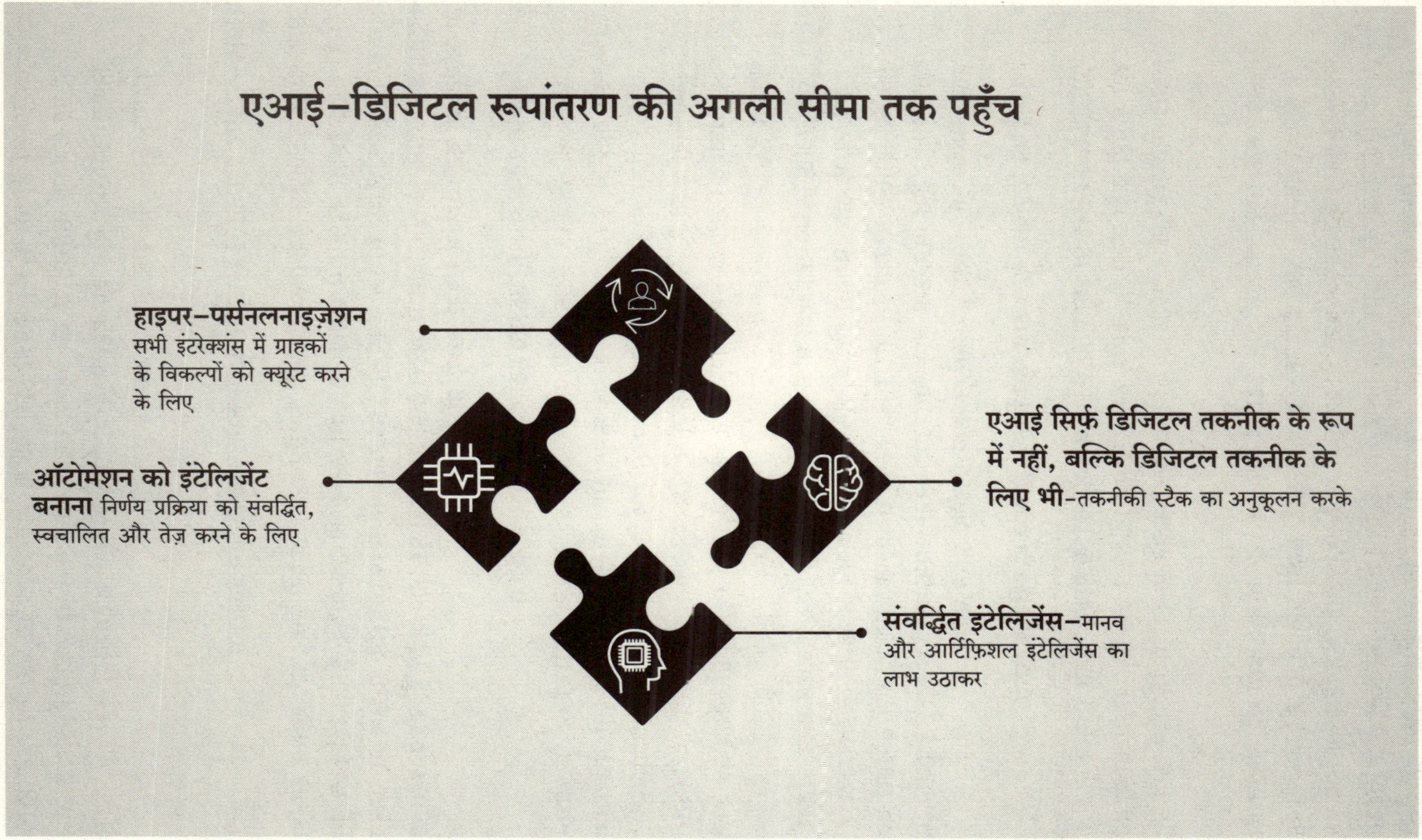
एआई–डिजिटल रूपांतरण की अगली सीमा तक पहुँच
हाइपर–पर्सनलनाइज़ेशन सभी इंटरेक्शंस में ग्राहकों के विकल्पों को क्यूरेट करने के लिए
ऑटोमेशन को इंटेलिजेंट बनाना निर्णय प्रक्रिया को संवर्द्धित, स्वचालित और तेज़ करने के लिए
एआई सिर्फ़ डिजिटल तकनीक के रूप में नहीं, बल्कि डिजिटल तकनीक के लिए भी–तकनीकी स्टैक का अनुकूलन करके
संवर्द्धित इंटेलिजेंस–मानव और आर्टिफ़िशल इंटेलिजेंस का लाभ उठाकर

जा सकता है, बल्कि इसे मूल में होना चाहिए। मुख्य बात इस बारे में सोचना है कि एआई क्षमताएँ कर्मचारियों का प्रदर्शन बढ़ाने वाली कैसे हो सकती हैं, बेहतर, तेज़ निर्णय लेने और छिपे हुए डेटा पैटर्न के विश्लेषण को सक्षम कैसे करती हैं, जिन्हें उजागर करना मानवीय रूप से असंभव होता है।

## एआई–सक्षम डिजिटल रूपांतरण: निष्पादन की अनिवार्यताएँ

आर्टिफ़िशल इंटेलिजेंस तकनीकें डिजिटल रूपांतरण की अगली लहर को बढ़ावा देने जा रही हैं। मुख्य क्षमता के रूप में एआई का लाभ उठाने की उद्यमों की क्षमता डिजिटल युग में प्रतिस्पर्द्धात्मक लाभ हासिल करने में डिजिटल लीडर्स को पिछड़े संगठनों से अलग करेगी। जब उद्यम एआई–सक्षम डिजिटल रूपांतरण यात्रा पर आगे बढ़ते हैं, तो कुछ प्रमुख अनिवार्यताओं को ध्यान में रखना ज़रूरी हो जाता है :

- **बिज़नेस स्टैक में आर्टिफ़िशल इंटेलिजेंस का लाभ उठाना**

  उद्यमों को बिज़नेस स्टैक यानी ग्राहक अनुभव, व्यवसाय परिचालन के साथ–साथ तकनीक इकोसिस्टम में एआई क्षमताओं का लाभ उठाने के बारे में सोचना चाहिए। जिस तरह से वे डिजिटल रूप से संचालित व्यावसायिक प्रक्रियाओं की पुनर्कल्पना करते हैं, उसी तरह से बिज़नेस स्टैक में उद्यमों को व्यवसाय में अवसरों को व्यवस्थित रूप से चुनने की ज़रूरत होती है, जहाँ एआई मौलिक प्रभाव डाल सकता है।

  एआई–सक्षम डिजिटल प्रक्रिया के मानचित्रों को फिर डिज़ाइन करने, बेहतर, रियल टाइम और स्वायत्त निर्णय लेने में सक्षम बनाने में कुंजी निहित होती है, जो व्यावहारिक सिफ़ारिशों और स्वचालन से संचालित होती है। ऐसे अवसरों को प्राथमिकता देना और उन्हें बार–बार लागू करना उद्यमों को डिजिटल रूपांतरण में सफलता के अगले स्तर को हासिल करने के लिए प्रेरित करेगा।

- **'एआई को विशेषता के बजाय मूल शिल्प' के रूप में स्वीकार करना**

  आर्टिफ़िशल इंटेलिजेंस क्षमताओं को अब तकनीकों के मौजूदा भंडार में मात्र वृद्धि के रूप में नहीं देखा जाता है, बल्कि इसके बजाय डिजिटल तकनीक के हर घटक को एआई–सक्षम रियल टाइम निर्णय लेने के मूल सिद्धांत के रूप में डिज़ाइन करने की ज़रूरत है।

  इसके लिए तकनीक और डेटा रणनीति पर फिर विचार करने की ज़रूरत है। अंतर्निहित तकनीक और डेटा संरचना को एआई–सक्षम प्रक्रियाओं की ज़रूरतों के अनुरूप बनाने की आवश्यकता है। उदाहरण के लिए, एआई ऐल्गरिदम को छिपे हुए पैटर्न को उजागर करने और सही निर्णय लेने के लिए विविध डिजिटल डेटा बिंदुओं (एकाधिक प्रारूप, स्रोत, उच्च गति, बड़ी मात्रा) की विस्तृत श्रंखला तक पहुँच की

ज़रूरत होती है। अंतर्निहित डेटा तकनीकी संरचना में ऐसे जटिल डेटा इकोसिस्टम को सँभालने और एआई ऐल्गरिदम को शक्ति देने के लिए इसे वास्तविक समय में संसाधित करने की क्षमता होनी चाहिए। इसी प्रकार, एआई ऐल्गरिदम के काम करने के लिए इस डेटा को संसाधित करने की ज़रूरत के लिए डिजिटल तकनीक अधोसंरचना की अंतर्निहित गणना क्षमता रियल टाइम में प्रतिक्रिया करने में सक्षम होनी चाहिए।

- **नई एआई तकनीकों में निवेश और प्रयोग :** आर्टिफ़िशल इंटेलिजेंस तकनीकें ख़ुद ही बहुत तेज़ी से विकसित हो रही हैं। नई एआई तकनीकें जैसे कन्वोल्यूशनल न्यूरल नेटवर्क, सेल्फ़-लर्निंग ऐल्गरिदम जैसे रीइन्फोर्समेंट लर्निंग, संज्ञानात्मक इंटेलिजेंस टेक्नोलॉजी जैसे कंप्यूटर विज़न आदि सभी की क्षमताओं में बढ़ोतरी हो रही है और नई व्यावसायिक प्रक्रियाओं में एप्लीकेशन की नई संभावनाएँ उजागर हो रही हैं।

  उद्यमों को इन नई तकनीकों के साथ व्यवस्थित रूप से प्रयोग करने, उनके संभावित प्रभाव का आकलन करने के लिए अपनी व्यावसायिक प्रक्रियाओं में उनका परीक्षण करने और सफल तकनीकों को मुख्यधारा की एआई क्षमताओं के रूप में मापने की ज़रूरत है।

  प्रयोग-संचालित नवाचार की संस्कृति उद्यमों को डिजिटल रूपांतरण में निवेश से लगातार प्रभाव देने के लिए एआई का लाभ उठाने में सबसे आगे रहने में मदद करेगी।

- **एआई-सक्षम दुनिया में टैलेंट मॉडल पर पुनर्विचार**

  जैसा कि मैने इस अध्याय में पहले भी कहा है कि उद्यमों को मानव और कृत्रिम बुद्धि की पूरकता का इस्तेमाल करने की ज़रूरत है। इस पूरकता की अभिव्यक्ति एक टैलेंट मॉडल के रूप में होती है, जो एआई-सक्षम दुनिया में प्रासंगिक होगी। इसके वास्ते कर्मचारियों को मशीनों के साथ सह-अस्तित्व बनाए रखने और उनके साथ आगे बढ़ने के लिए तैयार करने और सक्षम करने के लिए कौशल तथा प्रशिक्षण की ज़रूरत होती है। एआई के साथ काम करने या इस्तेमाल करने की क्षमता केवल अत्यधिक कुशल तकनीकी समूहों तक ही सीमित नहीं है, बल्कि इसे उद्यम के सभी कौशल समूहों और स्तरों में व्यापक बनाने की ज़रूरत है। यदि कोई ग्राहक सेवा प्रतिनिधि, जो एआई-संचालित इंटेलिजेंस सिस्टम और ग्राहकों की समस्याओं को तेज़ी से और ग्राहक की ख़ुशी के लिए इसकी सिफ़ारिशों का लाभ उठा सकता है, तो वह व्यावसायिक सफलता के मामले में कहीं अधिक महत्त्वपूर्ण प्रभाव डाल सकता है। जैसे-जैसे डिजिटल रूपांतरण की लहर आगे बढ़ती है, वैसे-वैसे न केवल एआई सिस्टम डिज़ाइन करके, बल्कि उनका इस्तेमाल करके भी उनके प्रभाव को बढ़ाने की कंपनी के कर्मचारियों की क्षमता किसी सफल डिजिटल व्यवसाय के लिए सबसे महत्त्वपूर्ण संपत्तियों में से एक होगी।

डिजिटल तकनीकें सर्वव्यापी हैं और तेज़ी से हमें डिजिटल रूपांतरण की यात्रा पर आगे बढ़ा रही हैं। हमने अभी तो मात्र सतह को खरोंचा है और इससे शुरुआती सफलता का स्वाद चखा है। आर्टिफ़िशल इंटेलिजेंस की क्षमताएँ अब तक कभी न देखे गए व्यवसाय मूल्य को उजागर करते हुए, डिजिटल रूपांतरण की अगली लहर को बढ़ावा देंगी।

## सारांश

- आर्टिफ़िशल इंटेलिजेंस तकनीक के रूप में एक महत्त्वपूर्ण बिंदु पर पहुँच रही है, जहाँ अब यह व्यवसायों के लिए डिजिटल रूपांतरण को अगले स्तर तक ले जाने के लिए तैयार है।
- आर्टिफ़िशल इंटेलिजेंस सभी इंटरेक्शन में हाइपर-पर्सनलाइज़ेशन को सक्षम कर सकता है, ऑटोमेशन को अधिक इंटेलिजेंट बना सकता है, अन्य डिजिटल तकनीकों की तैनाती में सहायता कर सकता है और मानव बुद्धि तथा निर्णय लेने में वृद्धि कर सकता है।
- आर्टिफ़िशल इंटेलिजेंस से अधिकाधिक लाभ उठाने के लिए, इसे मुख्य क्षमता के रूप में माना जाना चाहिए और इसे प्रौद्योगिकी स्टैक में अंतर्निहित होना चाहिए।

# 5

# डिजिटल डेटा प्रलय–वरदान या अभिशाप?

*ईश्वर में हम विश्वास करते हैं, बाक़ी सब डेटा लाते हैं*

*—एडवर्ड डब्ल्यू डेमिंग*
*गणितीय भौतिक विज्ञानी एवं संस्थापक टीक्यूएम मूवमेंट*

जब उद्यम यह मानने ही लगे थे कि वे अपने उद्यम डेटा को सँभाल सकते हैं और उनके पास आवश्यक प्रबंधन और शासन इकोसिस्टम है, तभी वे तकनीक-संचालित डिजिटल रूपांतरण की अभूतपूर्व लहर की चपेट में आ गए। डिजिटलीकरण के रूप में नई तकनीकी लहर ने दुनियाभर में क़ब्ज़ा कर लिया है, सतर्कतापूर्वक तैयार किए गए डेटा प्रबंधन फ्रेमवर्क को पुराना कर दिया है। जिन उद्यमों के बारे में माना जाता था कि उन्होंने डेटा प्रबंधन परिपक्वता हासिल कर ली है, वे अचानक ही डिजिटल डेटा को सँभालने की क्षमता में नौसिखियों के स्तर तक आ गए हैं।

मोबाइल एप्लीकेशन, सोशल मीडिया, क्लाउड और उपकरणों से उत्पन्न जटिल, उच्च गति का असंरचित और संरचित डेटा की भारी मात्रा से प्रेरित डिजिटल लहर ने अपने डेटा से मूल्य को प्रबंधित करने और उत्पन्न करने की उद्यम की क्षमता को महत्त्वपूर्ण रूप से प्रभावित किया है। इंटरनेट ऑफ़ थिंग्स (आईओटी) के उदय, आर्टिफ़िशल, जीनोम सीक्वेंसिंग और संवर्द्धित वास्तविकता जैसी नई तकनीकों ने चुनौतियों को और भी अधिक बढ़ा दिया है।

**प्रभाव?** उद्यमों को एक नए, गतिशील और जटिल डिजिटल एजेंडे का सामना करना पड़ रहा है, जो उनके डेटा प्रबंधन और क्यूरेशन क्षमताओं को बाधित कर रहा है। इस व्यवधान से उन अवसरों पर विचार करना महत्त्वपूर्ण हो गया है, जो डिजिटल रूपांतरण ने उनके लिए

पेश किए हैं, ताकि वे डिजिटल डेटा के अभूतपूर्व और नए जोखिमों का प्रबंधन कर सकें, जो लहरों के रूप में इस तरह आ रहा है कि उसे उनकी दीवारें नहीं सँभाल सकतीं और जिस पर उनका कोई नियंत्रण नहीं है।

**अवसर और जोखिम?** डिजिटल डेटा संभावित सोने की खान है, और गूगल, फ़ेसबुक और अमेज़ॉन जैसी मूल डिजिटल कंपनियाँ पहले से ही एआई और मशीन लर्निंग तकनीकों के साथ जुड़े डिजिटल डेटा के प्रभाव को डिजिटल व्यवसाय और मूल्य बनाने में दिखा चुकी हैं, जहाँ पहले ऐसा कुछ मौजूद नहीं था। कई प्रमुख उद्यमों ने इन सिद्धांतों और आर्टिफ़िशल इंटेलिजेंस तकनीकों को अपने बीटूबी डेटा पर लागू करना भी शुरू कर दिया है, जिसका तेज़ी से विस्तार भी हो रहा है। सिक्के के दूसरे पहलू में संभावित जोखिम हैं – गोपनीयता, सुरक्षा और बहुत कुछ – जो कि ठीक से न सँभाले जाने पर डिजिटल डेटा उद्यमों के लिए पैदा करता है।

जैसे-जैसे उद्यम डिजिटल युग में नेविगेट करते हैं, नए डिजिटल अवसर पैदा करने के लिए एआई, मशीन लर्निंग, ऑटोमेशन और क्लाउड जैसी डिजिटल तकनीकों का लाभ उठाते हुए, उन्हें यह महसूस करने की ज़रूरत होती है कि **डिजिटल डेटा डिजिटल तकनीकी स्टैक का मुख्य आधार और डिजिटल रूपांतरण का केंद्रबिंदु है।** उद्यमों को अपने डेटा प्रबंधन दृष्टिकोण को फिर से परिभाषित करने की ज़रूरत है – लोगों, प्रक्रियाओं और तकनीक को एक चुस्त, मापनीय, सुरक्षित और सबसे ऊपर, डिजिटल-तैयार उद्यम डेटा आर्किटेक्चर बनाने के लिए एक पंक्ति में लाने की ज़रूरत है।

## डिजिटल युग में डेटा का बदलता प्रोफ़ाइल

डिजिटल युग की प्रवृत्तियों के बारे में बहुत कुछ कहा और लिखा गया है, जो व्यवसायों के परिचालन के तरीक़े और उपभोक्ताओं के साथ इंटरेक्शन करने के तरीक़े को मौलिक रूप से बदल रहे हैं। ये इंटरेक्शन और ऑपरेटिंग मॉडल अभूतपूर्व डेटा रूपों की विस्तृत श्रृंखला पैदा कर रहे हैं।

**इसके अनेक उदाहरणों में से कुछ नीचे दिए जा रहे हैं, लेकिन ये सीमित नहीं हैं :**

- कनेक्टेड चिकित्सा उपकरण, टेली-हेल्थ और उपभोक्ता-संचालित स्वास्थ्य सेवा।
- विशिष्ट उपचार तरीक़ों के बारे में निर्णय लेने के लिए जीनोमिक सीक्वेंसिंग डेटा और सटीक तथा वैयक्तिक दवा में इसका इस्तेमाल, जो संबंधित व्यक्ति के लिए प्रभावी हो सकता है।[5]
- इंटरनेट ऑफ़ थिंग्स, जिसमें मशीन-टू-मशीन (एम2एम) एकीकरण और विनिर्माण, सप्लाई चेन, दूरसंचार, तेल और गैस, और उपयोगिताओं में सेंसर तकनीक सहित अन्य क्षेत्र शामिल हैं।

- खुदरा, उपभोक्ता वस्तुओं, बैंकिंग और बीमा लेन-देन में चैनल-व्यापी उपभोक्ता विकल्प।
- उद्यमों और उपभोक्ताओं के बीच डिजिटल भुगतान और लेन-देन, जो दुनियाभर में तेज़ी से बढ़ रहा है।
- गेमिफिकेशन - बैंकिंग, वित्तीय सेवा और बीमा कंपनियों की बढ़ती संख्या द्वारा - नियमों, प्रतिस्पर्द्धा, पुरस्कार या अंक-अर्जन जैसी गेम मेट्रिक्स की शुरुआत।
- उन्नत, अनुकूलित उपभोक्तावाद, जैसे कि चेहरे की पहचान और बायोमेट्रिक्स का इस्तेमाल, जो व्यक्तिगत अनुभव बनाने के लिए पिछले ख़रीद व्यवहार और तेज़ी से परिष्कृत भविष्य कहे जाने वाले एनालिटिक्स पर आधारित होती है।
- विशिष्ट उपभोक्ताओं पर लक्षित डिजिटल मार्केटिंग, जो उनके अद्वितीय डिजिटल प्रोफ़ाइल और ऑनलाइन व्यवहार के आधारित होती है।

इन डेटा रूपों की विशेषताएँ ईआरपी, सीआरएम, सेल्स एवं फ़ाइनैंस जैसे आम उद्यम डेटा से व्यापक रूप से भिन्न होती हैं, जिनसे उद्यम और एक्ज़ीक्यूटिव परिचित होते हैं। जब हम इन डिजिटल डेटा प्रोफ़ाइलों को निकटता से देखते हैं, तो कुछ मुख्य विषय उभरते हैं। इन डिजिटल डेटा प्रोफ़ाइलों और विषयों को समझना बेहद महत्त्वपूर्ण है, तभी डिजिटल युग के लिए डेटा मैनेजमेंट फ्रेमवर्क का निर्धारण और निर्माण संभव है।

- **विविधता- अभूतपूर्व डेटा रूपों की अज्ञात दुनिया :** डिजिटल तकनीकों के तीव्र विकास से नए और ग़ैर परंपरागत डेटा रूपों, मसलन रेडियो फ्रीक्वेंसी आइडेंटीफिकेशन (आरएफआईडी) टैग्स, स्मार्ट मीटर, ग्लोबल पॉजीशनिंग सिस्टम्स (जीपीएस) और मशीन-टू-मशीन में घातीय वृद्धि हो रही है। यह सब वेबसाइटों, मोबाइल एप्लीकेशन और अन्य प्लेटफ़ॉर्म के साथ हमारे इंटरेक्शन के ज़रिये उत्पादित क्लिकस्ट्रीम डेटा के अतिरिक्त है।

  बैंकिंग उद्योग में, जैसे-जैसे बैंक अधिक से अधिक काग़ज़ रहित होते जाएँगे, पहचान का समाधान दस्तावेज़ीकरण के बजाय रेटिना स्कैन या छवि पहचान के साथ हासिल किया जाएगा; भौतिक हस्ताक्षरों को डिजिटल हस्ताक्षरों से प्रतिस्थापित किया जाएगा; और काग़ज़ी चेकों को डिजिटल रूप से हस्ताक्षरित ई-चेक से बदल दिया जाएगा।

  डेटा अधोसंरचना को सीखना चाहिए कि इन डिजिटल डेटा फॉर्म (जैसे कि इमेज, फिंगरप्रिंट, रेटिनल स्कैन, डिजिटल सिग्नेचर और सोशल मीडिया डेटा) को कैसे हैंडल, स्टोर और प्रोसेस करना है, जो पारंपरिक ग्राहक जनसांख्यिकीय या वित्तीय लेन-देन के डेटा से परे हैं।

- **मात्रा–गीगाबाइट बीते दिनों की बात हो गई हैं, पेटाबाइट और एक्साबाइट नए ज़माने की ज़रूरतें हैं**

एक एकल मानव जीनोम 100 गीगाबाइट तक स्टोरेज स्पेस लेता है, और जैसे–जैसे अधिक से अधिक मानव जीनोम अनुक्रमित होते जाते हैं, डेटा स्टोरेज और प्रोसेसिंग की ज़रूरतें गीगाबाइट से पेटाबाइट्स से एक्साबाइट्स तक जाएँगी। 2025 तक, मानव जीनोम डेटा के लिए लगभग 40 एक्साबाइट स्टोरेज क्षमता की ज़रूरत होगी। जहाँ स्टोरेज एक चुनौती है, वहीं इससे भी बड़ी चुनौती 'सिग्नल' का पता लगाने के लिए इस डेटा को प्रोसेस करने के वास्ते वर्तमान डेटा अधोसंरचना की क्षमता है।

उपभोक्ता जगत के क़रीब आने के लिए, आईडीसी ने भविष्यवाणी की है कि 2025 तक औसत व्यक्ति प्रतिदिन लगभग 5,000 डिजिटल इंटरेक्शन करेगा, जो वर्तमान में 700 से 800 के औसत से अधिक है। इस तरह का उच्च–मात्रा वाला इंटरेक्शन उपभोक्ता डेटा को प्रोसेस और क्यूरेट करने के लिए पहले से ही जूझ रहे उद्यम डेटा इकोसिस्टम पर अत्यधिक दबाव डालेगा।[6]

- **रफ़्तार–विचार की रफ़्तार से डेटा निर्माण**

दैनिक आधार पर, फ़ेसबुक 4 पेटाबाइट डेटा पैदा करता है, हम वॉट्सएप पर 294 बिलियन ईमेल, और 65 बिलियन संदेश भेजते हैं और गूगल पर 3.5 बिलियन सर्च करते हैं।[7]

यह इंटरनेट, उपभोक्ता, वित्तीय लेन–देन और आईओटी से पूरे बोर्ड में उत्पन्न इवेंट और स्ट्रीमिंग डेटा की अद्भुत रफ़्तार है। उद्यमों को अपने ग्राहकों के साथ इंटरेक्शन करने और उन्हें सेवा देने के लिए 'रियल–टाइम' या 'हाई–स्पीड' डेटा प्रोसेसिंग और एकीकरण की ज़रूरत होती है। उद्यम डेटा संरचना ने धीमी गति वाले बैच डेटा को प्रोसेस करने में कुछ हद तक दक्षता हासिल की थी, और अब अचानक उन्हें रफ़्तार की ज़रूरत के अनुकूल होने की ज़रूरत है।

- **सर्वव्यापी डेटा स्रोत–हर चीज़ और हर कोई डेटा स्रोत है**

डिजिटल इकोसिस्टम में लगभग हर उपकरण और हर इंसान भारी मात्रा में डेटा उत्पन्न कर रहा है। प्रत्येक इंटरेक्शन कई तरह के व्यवहार, बातचीत, बातचीत को कवर करते हुए समृद्ध डेटा की विस्तृत श्रृंखला उत्पन्न कर रहा है।

ईमेल, मैसेज, लेन–देन, ब्राउज़िंग, सर्च, वीडियो, फोटो, स्वास्थ्य, महत्त्वपूर्ण जानकारी, बायोमेट्रिक्स और बहुत कुछ के रूप में हरेक व्यक्ति प्रतिदिन औसतन 2.4 जीबी डिजिटल डेटा उत्पन्न कर रहा है। प्रत्येक उपकरण – औद्योगिक, सेंसर, पहनने योग्य, कंप्यूटिंग – अलग–अलग रूपों के डेटा का उत्पादन कर रहा है, जिनमें तापमान, दबाव, भौगोलिक स्थान, बायोमेट्रिक, लॉग, घटनाएँ आदि शामिल हैं।

उद्यम और बाहरी डिजिटल डेटा के स्रोत अप्रबंधनीय रूप से असंख्य हो गए हैं और लगातार बढ़ रहे हैं।

इन डिजिटल डेटा विशेषताओं से वर्तमान उद्यम डेटा प्रबंधन प्रणालियों की तुलना में इसे सँभालना और उससे मूल्य हासिल करना काफ़ी अधिक जटिल बन जाता है। डिजिटल डेटा की अंतर्निहित जटिलता डेटा इकोसिस्टम पर बेहद दबाव डालती है।

## डेटा इकोसिस्टम के 'दबाव बिंदु'

अच्छी ख़बर यह है कि उद्यमों ने अपने डेटा इकोसिस्टम और तकनीक में जो निवेश किया है, वह व्यर्थ नहीं गया है। ईआरपी, सीआरएम और अन्य परिचालन प्रणालियों के उद्यम डेटा को अभी भी प्रबंधित, प्रोसेस और क्यूरेट करने की ज़रूरत है।

यह कोई अच्छी ख़बर नहीं है कि ये सिस्टम डिजिटल डेटा की जटिलता को सँभालने के लिए सुसज्जित नहीं हैं। वर्तमान उद्यम डेटा इकोसिस्टम में कई दबाव बिंदु हैं।

- **तेज़ रफ़्तार, जटिल डिजिटल डेटा की खपत करने, प्रोसेस करने और एकीकृत करने में अक्षमता**

  पारंपरिक डेटा सिस्टम के मोनोलिथिक डेटा आर्किटेक्चर में तमाम स्रोतों से डेटा को अंतर्ग्रहित और संग्रहीत करने की क्षमता का अभाव होता है। उनके पास कई डेटा रूपों - संबंधपरक, ग़ैर-संबंधपरक, टेक्स्ट, स्ट्रीमिंग आदि को प्रोसेस करने के लिए पर्याप्त प्रोसेसिंग क्षमता नहीं होती है।

  कई संगठनों ने इस चुनौती को दूर करने के वास्ते, ऑन-प्रेमिस डेटा इकोसिस्टम स्थापित करते हुए, बड़ी डेटा तकनीकों को बढ़ाने या स्थानांतरित करने के लिए क़दम उठाए हैं। कुछ समय तक तो इसने ठीक काम किया, लेकिन जब वॉल्यूम क्षमता से अधिक बढ़ने लगे, तो बड़ा डेटा इकोसिस्टम भी माँग वाले डिजिटल डेटा की ज़रूरतों को पूरा करने में पर्याप्त साबित नहीं हुआ।

- **'सिग्नल' को 'शोर' से अलग करने और पहचानने की सीमा- एआई/एमएल-संचालित अंतर्दृष्टियाँ सक्षम करते हुए**

  डिजिटल डेटा का सबसे बड़ा मूल्य, व्यवहार, पैटर्न, सिफ़ारिशों, आरंभिक चेतावनियों, अगली सर्वोत्तम क्रियाओं आदि के रूप में आर्टिफ़िशल इंटेलिजेंस और मशीन लर्निंग का इस्तेमाल करके गहन अंतर्दृष्टियाँ सक्षम करने की क्षमता में निहित होता है। यह अत्यधिक व्यक्तिगत, रियल टाइम की कार्रवाइयों और सूचना के साथ व्यावसायिक निर्णय समर्थन का मौक़ा देता है।

  हालाँकि, उद्यम डेटा सिस्टम की कठोर सूचना संरचना गतिशील व्यापार एनालिटिक्स की माँग को सक्षम करने के बजाय डेटा मॉडल और एनालिटिकल उपकरणों के मानकीकरण पर केंद्रित होती है। इसलिए, यह डिजिटल डेटा से एआई/एमएल-संचालित अंतर्दृष्टियाँ उत्पन्न करने के लिए अपर्याप्त है। इन प्रणालियों में रियल टाइम में इस तरह के जटिल, बड़ी मात्रा में डेटा को वास्तव में अलग करने और व्यावसायिक कार्यों और व्यक्तिगत ग्राहक हस्तक्षेपों के लिए मूल्यवान संकेतों को निकालने की क्षमता नहीं है।

- **'गोल्डन रिकॉर्ड' अब पर्याप्त नहीं है – समग्र 360-डिग्री के परिदृश्य के डिजिटल इंटरेक्शन के लिए 'गोल्डन नेटवर्क' की ज़रूरत है**

उद्यमों के पास बहुत सारा डेटा होता है, लेकिन यह बंद और डिस्कनेक्ट होता है। डेटा कई सारे विभागों (सीआरएम, बिक्री, विपणन, उत्पाद विकास, ग्राहक सेवा), उत्पाद लाइनों, प्लेटफ़ार्मों (वेब टीम, डेटा वेयरहाउस, एनओएसक्यूएल, डेटा लेक), स्थानों (क्लाउड, ऑन-प्रिमाइसेस, एज, आईओटी, मोबाइल) और सिस्टम में फैला होता है। इस जटिल इकोसिस्टम से डिस्कनेक्टेड डेटा बनता है, जिससे समस्याएँ होती हैं।

अपने उपयोगकर्ताओं, ग्राहकों, उत्पादों, खातों, भागीदारों, स्थान आदि का समग्र या 360-डिग्री परिदृश्य, उद्यमों के लिए डिजिटल से मूल्य का लाभ उठाने के केंद्र में होता है। आरडीबीएमएस बैकबोन पर निर्मित ज़्यादातर एमडीएम सिस्टम, 'गोल्डन रिकॉर्ड' बनाने पर ध्यान लगाते हैं, और वे एकीकृत 360-डिग्री परिदृश्य बनाने में अक्षम साबित हो रहे हैं। उन्नत कंप्यूटिंग और हाई-स्पीड नेटवर्क के साथ भी, इस तरह के सिस्टमों का प्रदर्शन और उनकी क्षमता ज़रूरतों से कम रहना जारी रहती है। क्यों? क्योंकि अब यह कोई गोल्डन रिकॉर्ड बनाने के लिए पर्याप्त नहीं रह गया है। डिजिटल डेटा अब संस्थाओं और संबंधों का एक इंटरकनेक्टेड नेटवर्क है, इसलिए आधुनिक एमडीएम प्रणाली को छिपे हुए संबंधों और अंतर्दृष्टियों को उजागर करने वाले तमाम डेटा डोमेन को जोड़ने और उन्हें सहसंबंधित करने की क्षमता की ज़रूरत पड़ती है।

इसलिए, जहाँ वर्तमान एमडीएम दृष्टिकोण मोनोलिथिक मास्टर डेटा उपयोग मामलों को हल करना जारी रखते हैं, वहीं वे कनेक्टेड डेटा उपयोग मामलों की सेवा में अप्रभावी साबित हुए हैं।

- **साइबर हमलों और डेटा चोरी की बढ़ती चतुराई ने डेटा सुरक्षा की माँगों को फिर से परिभाषित किया है**

डिजिटल रूपांतरण डेटा को ज्ञान में बदलता है, और इसमें हमेशा ऊँचे दाँव लगते हैं, क्योंकि यह डेटा-संचालित और डेटा कनेक्टेड दुनिया लाता है। इस रूपांतरण का दूसरा पहलू डेटा उल्लंघनों और साइबर हमलों का बढ़ता जोखिम है, जो सबसे लचीले संगठनों को भी पंगु बना सकता है। इसके अतिरिक्त , व्यक्तिगत डेटा सुरक्षा के स्तर पर सामान्य डेटा संरक्षण विनियम जैसे नए नियम डेटा उल्लंघनों की लागत को और भी अधिक बढ़ा देते हैं।

स्थानों (क्लाउड, ऑन-प्रिमाइसेस, एज) में डेटा के वितरण के साथ, महत्त्वपूर्ण ग्राहक और उद्यम डेटा की सुरक्षा और गोपनीयता का प्रबंधन करना बहुत मुश्किल हो गया है। उद्यम की दीवारों के अंदर डेटा सुरक्षित रखने में बहुत अच्छी तरह से काम करने वाले सुरक्षा ढाँचों को डिजिटल डेटा के साथ सुरक्षित होने के लिए विकसित होने की ज़रूरत होगी, जबकि उद्यम भी इसके द्वारा प्रस्तुत व्यावसायिक अवसर का लाभ उठाएँ।

## डिजिटल डेटा प्रलय–डिजिटल युग में डेटा का बदलता प्रोफ़ाइल

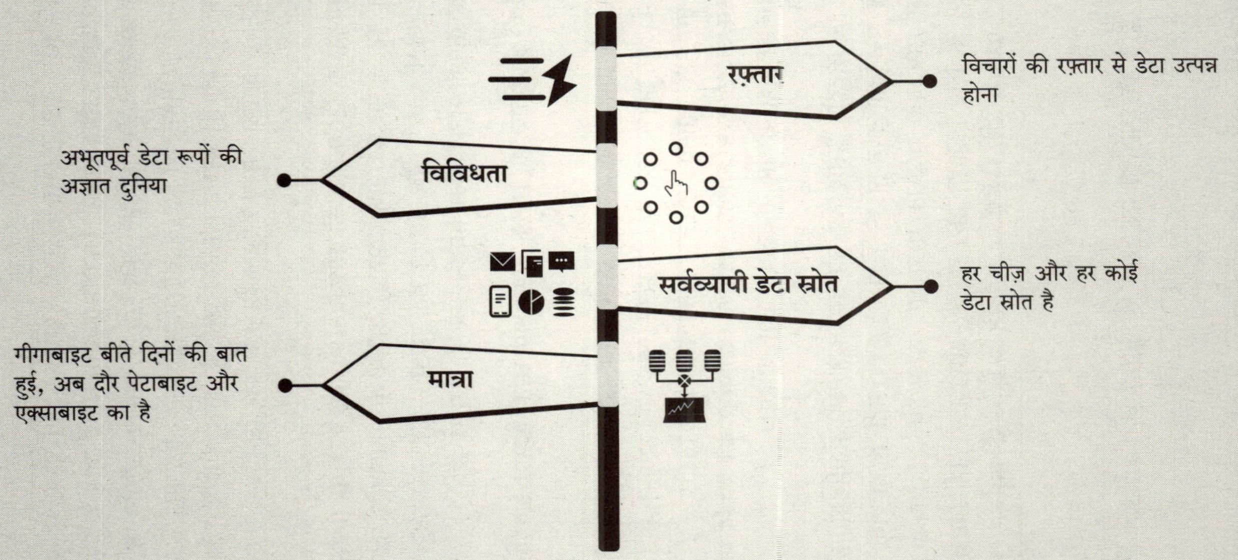

- **ख़राब डेटा गवर्नेंस और गुणवत्ता, डिजिटल डेटा और आर्टिफ़िशल इंटेलिजेंस क्षमताओं से सही मायने में मूल्य हासिल करने में सबसे महत्त्वपूर्ण चुनौतियाँ साबित हो रही हैं**

  डेटा गुणवत्ता और उद्यम डेटा गवर्नेंस की कमी डिजिटल डेटा प्रलय से मूल्य का दोहन करने में शीर्ष बाधा साबित हो रही है। उच्च गुणवत्ता वाली उद्यम डेटा संपत्तियों तक आसान और पारदर्शी पहुँच डिजिटल और एआई/एमएल-उपयोग के मामलों को सक्षम करने के लिए महत्त्वपूर्ण है, जिनकी क़ीमत अनेक मिलियन (और कई बार अरबों) डॉलर में होती है। डेटा गवर्नेंस उन फ़र्मों के बीच शीर्ष विभेदकों में से एक है, जिन्होंने डेटा से अपेक्षित मूल्य हासिल किया है और जिन फ़र्मों ने ऐसा नहीं किया है।

  जहाँ कई संगठनों ने डेटा गवर्नेंस की परिपक्वता हासिल करने का प्रयास किया है, वहीं डिजिटल डेटा डोमेन की अधूरी समझ, अक्षम या अनुपलब्ध उद्यम डेटा संरचना, ख़राब मेटाडेटा प्रबंधन और मज़बूत डेटा गुणवत्ता प्रबंधन प्रक्रियाओं की कमी से लेकर कई कारणों से ज़्यादातर संगठन अब भी जूझ रहे हैं।

- **जब भी और जहाँ भी आवश्यक हो, रियल-टाइम और ऑन-डिमांड अंतर्दृष्टियों की उपलब्धता**

  उद्यम डेटा इकोसिस्टम ग्राहक को ख़रीदारी करते समय सर्वोत्तम संभव ऑफ़र देने के लिए अंतर्दृष्टियाँ और अनुशंसाओं तक 'रियल-टाइम' या 'ऑन-डिमांड' पहुँच प्रदान करने में सक्षम होना चाहिए, संभावित धोखाधड़ी वाले वित्तीय लेन-देन के बारे में रियल-टाइम अलर्ट करना चाहिए, या मशीन ऑपरेटर को उसकी मशीन में संभावित रख-रखाव के मुद्दों के बारे में चेतावनी देना चाहिए।

मौजूदा डेटा इकोसिस्टम के अंतर्दृष्टि प्रसार तंत्र को इस तरह की अंतर्दृष्टियों को तुरंत या सबसे उपयुक्त समय पर वितरित करने के लिए डिज़ाइन नहीं किया गया है। वे एक निश्चित आवृत्ति पर और एक निश्चित समय पर व्यावसायिक अधिकारियों को रिपोर्ट और अंतर्दृष्टियाँ देने के लिए डिज़ाइन किए गए हैं, और ज़रूरी नहीं कि वे 'सही समय' और 'सही जगह' पर स्वचालित रूप से वितरित करें, जहाँ कार्रवाई की जा रही है।

## *डिजिटल युग में उद्यम डेटा प्रबंधन का नया मंत्र डिजिटल डेटा संरचना दक्षता है, परिपक्वता नहीं*

ज़्यादातर उद्यम डेटा प्रबंधन परिपक्वता पाने के लिए तरसते हैं और इस अंतिम उद्देश्य के लिए निवेश करते रहते हैं। उस दृष्टिकोण में मूलभूत दोष यह अंतर्निहित धारणा है कि लक्ष्य अवस्था (उच्च परिपक्वता स्तर) स्थिर है। डिजिटल रूपांतरण की वूका जगत की

वास्तविकता, और इसलिए इसके द्वारा उत्पन्न डिजिटल डेटा, उस धारणा के बिलकुल विपरीत है।

डिजिटल डेटा की अनिश्चित और जटिल दुनिया में, डिजिटल रूपांतरण की वादा की गई क्षमता पाने के लिए *दक्षता (परिपक्वता नहीं) अधिक प्रभावी मौलिक डिज़ाइन सिद्धांत है।* जैसे-जैसे डिजिटल लहर आगे बढ़ती है, वैसे-वैसे कई और जटिल डेटा परिदृश्य सामने आते हैं, जबकि वे परिदृश्य भी चलते रहते हैं, जिनके बारे में हमें पहले से पता है कि उन्हें हैंडल किया जा रहा है। इसलिए, उद्यमों की डिजिटल डेटा संरचना में आज के सभी विविध परिदृश्यों को सँभालने की क्षमता होनी चाहिए, लेकिन साथ ही गतिशील डिजिटल डेटा परिदृश्य को जल्दी से अनुकूलित करने की क्षमता भी होनी चाहिए।

*तो, डिजिटल डेटा संरचना के लिए उद्यमों को किन प्रमुख दक्ष डिज़ाइन सिद्धांतों पर विचार करना चाहिए?*

1. **डेटा स्टैक को मोनोलिथिक होने की ज़रूरत नहीं, उन्हें डेटा उपयोग मामलों के अनुरूप होने की ज़रूरत है**

विभिन्न स्टैक (पारंपरिक आरडीबीएमएस, ओपन-सोर्स बिग डेटा या क्लाउड-मूल) सह-अस्तित्व में हो सकते हैं और एक दूसरे के पूरक भी हो सकते हैं। असली बात उन उपयोग मामलों की पहचान करना है, जिनके लिए विभिन्न स्टैक सबसे उपयुक्त होते हैं।

ईआरपी, सीआरएम और अन्य परिचालन प्रणालियों से आने वाले बड़े उद्यम डेटा का प्रबंधन, जो कि बड़े पैमाने पर संरचित, संबंधपरक और पूर्वानुमेय होते हैं, अच्छी तरह से परीक्षण किए गए डेटा वेयरहाउसिंग तकनीकों का लाभ उठाते हुए ऑन-प्रिमाइसेस डेटा सिस्टम द्वारा सबसे अच्छा किया जाता है, हालाँकि, गतिशील और जटिल डिजिटल डेटा का प्रबंधन और इससे अंतर्दृष्टियां हासिल करने के वास्ते आर्टिफ़िशल इंटेलिजेंस का लाभ उठाने के लिए आधुनिक स्टैक की ज़रूरत होती है, जो लचीले, लोचदार और उच्च रफ़्तार वाले होते हैं।

इसलिए, डिजिटल डेटा संरचना के जटिल प्रश्न का उत्तर मिश्रित, उद्देश्य के अनुकूल इकोसिस्टम में तमाम डेटा तकनीकी स्टैक की पूरकता में निहित है।

2. **बाहरी डेटा इकोसिस्टम के इस्तेमाल से समृद्ध इंटरफ़ेस के साथ दक्ष डेटा अंतर्ग्रहण और प्रोसेसिंग क्षमता**

इवेंट-स्ट्रीमिंग डेटा वह है, जो वास्तव में डिजिटल डेटा प्रोफ़ाइल का प्रतीक है - यह तेज़, जटिल, उच्च मात्रा वाला होता है। इवेंट-स्ट्रीमिंग डेटा मानक, लेन-देन (ईआरपी-जनरेटेड) डेटा की तुलना में कहीं अधिक बड़ा और तेज़ होता है। इसके अलावा, ये डेटा प्रारूप विविध होते हैं। डिजिटल डेटा संरचना को विभिन्न स्रोतों - संरचित / असंरचित, बैच / स्ट्रीमिंग, संबंधपरक / ग़ैर-संबंधपरक, से ऐसे डेटा को अंतर्ग्रहित करने की क्षमता के साथ डिज़ाइन किया जाना चाहिए।

इतना ही नहीं, सिस्टम को बैच, मिनी-बैच या रियल-टाइम स्ट्रीम प्रोसेसिंग के लिए डेटा पाइपलाइनों को सँभालने की क्षमता के लिए प्रावधान करना चाहिए, जिससे व्यावसायिक उद्देश्यों की विस्तृत श्रंखला के लिए प्रासंगिक डेटा की तत्काल उपलब्धता को सक्षम किया जा सके।

डेटा अंतर्ग्रहण और प्रोसेसिंग क्षमता की दक्षता नए उभरते डेटा स्रोतों की खोज और ऑनबोर्डिंग करते समय अत्यधिक उच्च मूल्य की ज़रूरत बन जाती है, जिससे डेटा संपत्ति समृद्ध होती है और एआई / एमएल एप्लीकेशन अधिक प्रभावी होते हैं।

3. **डेटा भंडारण लोचदार होना चाहिए – और जब डेटा वॉल्यूम तेज़ी से बढ़ता है, तब इसका विस्तार लागत प्रभावी ढंग से करना चाहिए**

उद्यम परिसंपत्तियों में डेटा सबसे महत्त्वपूर्ण होता है, लेकिन अगर हमारे पास इसे स्टोर और मैनेज करने के लिए लागत प्रभावी अधोसंरचना नहीं है, तो यह बहुत जल्दी बोझ बन सकता है, जिसके परिणामस्वरूप या तो स्टोरेज क्षमता की कमी के कारण डेटा का रिसाव हो सकता है या इसे स्टोर करने के लिए भारी ख़र्च और लागत उठानी पड़ती है।

डेटा के बढ़ने पर कच्चे डेटा, प्रक्रिया और एनालिटिकल डेटा का भंडारण करने के लिए प्रभावी डिजिटल डेटा संरचना को स्तरित संरचना के साथ न केवल लचीला होना चाहिए, बल्कि संसाधनों के इष्टतम इस्तेमाल को सुनिश्चित करने के लिए लागत प्रभावी भी होना चाहिए। असली बात प्रभावी डेटा स्टोरेज ढाँचे में निहित है, जो डेटा परिसंपत्तियों को गर्म, गुनगुनी या ठंडी श्रेणियों में विभाजित करने और उपयुक्त डेटा स्टोरेज रणनीतियों को परिभाषित करने, क्लाउड और ऑन-प्रिमाइसेस स्टोरेज सिस्टम का सर्वोत्तम लाभ उठाने में सक्षम बनाता है।

4. **आधुनिक मास्टर डेटा का प्रबंधन**

मास्टर डेटा किसी उद्यम के लिए महत्त्वपूर्ण हर चीज़ का आधिकारिक रिकॉर्ड होता है, जिसमें उपयोगकर्ताओं, ग्राहकों, उत्पादों, खातों, भागीदारों, स्थानों के अलावा और भी बहुत कुछ की जानकारी शामिल होती है। यह संपूर्ण डेटा इकोसिस्टम का मुख्य विषय है। पूर्व में, एमडीएम को एक केंद्रीकृत दृष्टिकोण की ज़रूरत थी। इसने एक स्थिर, ग़ैर-गतिशील इकोसिस्टम में बहुत अच्छा काम किया, हालाँकि, डिजिटल युग में, उस केंद्रीकरण और कठोर ढाँचे ने परिवर्तन और परिवर्द्धन को कठिन और समय लेने वाला बना दिया है, जो मूल्य का दोहन करने और गतिशील 360-डिग्री परिदृश्य बनाने की उद्यम की क्षमता को सीमित करता है।

आधुनिक एमडीएम को सभी दायरों में काम करने, सूचना के नए स्रोतों को अवशोषित करने, छिपे हुए संबंधों को खोजने, जल्दी से अंतर्दृष्टियाँ उत्पन्न करने और रियल टाइम में बड़े पैमाने पर परिणाम देने की क्षमता की ज़रूरत होती है। यह किसी भी प्रश्न का उत्तर देने के लिए पर्याप्त चुस्त होना चाहिए, और केवल पहले से

प्रत्याशित प्रश्नों के उत्तर देने के लिए नहीं होना चाहिए। आधुनिक एमडीएम प्रणाली के मूल में इकाई नेटवर्क और *मास्टर कनेक्ट* डेटा को समझने, पहचानने और प्रबंधित करने की क्षमता निहित होनी चाहिए।

**5. एआई/एमएल और एनालिटिक्स वर्कबेंच सक्षम करना**

डिजिटल डेटा का सही मूल्य आर्टिफ़िशल इंटेलिजेंस और एनालिटिक्स ऐल्गरिदम को बढ़ावा देने की क्षमता में निहित होता है। यह ग्राहकों को जोड़ने, जोखिम कम करने और अत्यधिक कुशल परिचालन को सक्षम करने के वास्ते व्यावसायिक निर्णय लेने और रियल टाइम की सिफ़ारिशों के लिए महत्त्वपूर्ण अंतर्दृष्टियाँ उत्पन्न करने में मदद करता है।

व्यवसायों की ख़ुफ़िया ज़रूरतें बहुत गतिशील होती हैं और ज़्यादातर मामलों में, किसी मानक एनालिटिक्स टूलसेट से हल नहीं की जा सकतीं। डिजिटल डेटा संरचना को कार्यक्षेत्र के रूप में एआई, एमएल, एनालिटिक्स और इंटेलिजेंस टूलसेट के एक विविध व्यूह के लिए क्यूरेटेड डेटा को सक्षम करना चाहिए, जो वास्तव में उद्यम में विभिन्न टीमों में डेटा अंतर्दृष्टियाँ हासिल करने और उपयोग करने की क्षमता का लोकतंत्रीकरण कर सकता हो, जिस तरह से भी वे इसे चाहें।

एक चुस्त एआई/एमएल और एनालिटिक्स वर्कबेंच ओपन-सोर्स दुनिया में नई, अभिनव एआई/एमएल क्षमताओं को ऑनबोर्ड करने और उनका लाभ उठाने के लिए उद्यम लचीलापन भी उपलब्ध कराता है, इसलिए मूल्य प्रदान करने के लिए हमेशा बेस्ट-ऑफ़-ब्रीड लाता है।

**6. एपीआई-संचालित, रियल टाइम, ऑन-डिमांड डेटा और अंतर्दृष्टि प्रसार**

'रियल टाइम'और 'ऑन डिमांड' डिजिटल के लिए पर्यायवाची होते जा रहे हैं। जब डेटा और अंतर्दृष्टियों की दुनिया डिजिटल और आर्टिफ़िशल इंटेलिजेंस में विकसित हुई, तब सबसे मौलिक बदलाव डेटा के रियल टाइम जेनरेशन और अंतर्दृष्टियों की रियल टाइम उपलब्धता की अपेक्षा के संदर्भ में हुआ। आज, उपभोक्ताओं को तत्काल सिफ़ारिशों की ज़रूरत होती है, व्यवसायों को तत्काल अंतर्दृष्टि की ज़रूरत होती है, ऑपरेटरों को तत्काल अलर्ट की ज़रूरत होती है ... और यह सूची ख़त्म ही नहीं होती।

आधुनिक डिजिटल डेटा संरचना के मूल डिज़ाइन सिद्धांतों में से एक प्रश्न होना चाहिए: हम कार्रवाई के उस बिंदु पर अंतर्दृष्टि का प्रसार कैसे करेंगे, जब और जहाँ उपयोगकर्ता इसे चाहे? इस क्षमता को सक्षम करने के लिए आरईएसटी एपीआई का लाभ उठाने वाला एक बहु-मॉडल रियल-टाइम अंतर्दृष्टि वितरण दृष्टिकोण महत्त्वपूर्ण होता है, जिससे एंड-यूजर सिस्टम रियल-टाइम और ऑन-डिमांड में अंतर्दृष्टियों तक पहुँच सके।

7. **मज़बूत डेटा गवर्नेंस एवं गुणवत्ता प्रबंधन**

उद्यम डेटा की वृद्धि इसके गवर्नेंस को अत्यंत महत्त्वपूर्ण बना देती है, और यह अब एक अच्छा विषय नहीं रह सकता है। डेटा डोमेन में डेटा गुणवत्ता में सुधार के लिए और स्वचालित डेटा कैटलॉगिंग के ज़रिये उद्यम डेटा पारदर्शिता को सक्षम करने के लिए विशिष्ट इंस्ट्रूमेंटेशन के साथ मूल डेटा गवर्नेंस प्रक्रियाओं और नीतियों का होना महत्त्वपूर्ण है।

एआई/एमएल दृष्टिकोण का लाभ उठाने से डेटा गुणवत्ता दृष्टिकोण को स्वचालित करने में मदद मिल सकती है और छिपे हुए डेटा गुणवत्ता मुद्दों को उजागर करने में सहायता मिल सकती है।

8. **सुपरिभाषित और परिश्रम से प्रबंधित डेटा सुरक्षा और नियामक अनुपालना**

डिजिटल डेटा संरचना मल्टी-लोकेशन (क्लाउड, ऑन-प्रिमाइसेस) और मल्टी-स्टैक दृष्टिकोणों का लाभ उठाता है, इसलिए एक अच्छी तरह से परिभाषित और सख़्ती से लागू की गई डेटा सुरक्षा रणनीति ज़रूरी है। उद्यमों को महत्त्वपूर्ण डेटा की गोपनीयता और सुरक्षा, क्लाउड पर नेटवर्क सुरक्षा, और ऑन-प्रेमाइस सिस्टम से कनेक्टिविटी बनाए रखने के वास्ते डेटा सुरक्षा का प्रबंधन करने के लिए सुरक्षा प्रक्रियाओं और प्रोटोकॉल को लागू करने की ज़रूरत होती है, उन्हें आईएएम उपयोगकर्ता-समूह स्तर की नीतियों को कार्य भूमिकाओं के आधार पर सीमित पहुँच के साथ परिभाषित करने और अंत में डेटा इकोसिस्टम की एआई-सक्षम सक्रिय निगरानी की ज़रूरत होती है।

अंत में, डिजिटल डेटा का प्रलय अभूतपूर्व है और अन्य ऐसी डेटा चुनौतियों से बहुत अलग है, जिसे उद्यमों ने अब तक सँभाला है। इस घटना द्वारा प्रस्तुत अवसरों का लाभ लेने के लिए अभिनव और चुस्त दृष्टिकोण की ज़रूरत है, जबकि इसके द्वारा प्रस्तुत जोखिमों को प्रभावी ढंग से प्रबंधित करना भी ज़रूरी है। चुस्त, अनुकूलनीय और भविष्य के लिए तैयार डिजिटल डेटा संरचना उद्यमों के लिए डिजिटल लहर से छुटकारा पाने में सक्षम होने की एक महत्त्वपूर्ण क्षमता है। जैसे-जैसे उद्यम दक्ष डिजिटल डेटा संरचना हासिल करने के लिए अपनी यात्रा शुरू करते हैं या प्रगति करते हैं, वैसे-वैसे उन्हें अपने वर्तमान डेटा इकोसिस्टम के मूल्य और क्षमताओं का विश्लेषण करने और डिजिटल डेटा संरचना के बिल्डिंग ब्लॉक्स के साथ इसे पूरक करने के लिए पुनरावर्ती क़दम उठाने की ज़रूरत होती है।

डिजिटल डेटा संरचना एक अंतर्निहित आधार है, जिस पर उद्यमों को रूपांतरकारी व्यावसायिक प्रभाव और स्थायी प्रतिस्पर्द्धात्मक लाभ हासिल करने के लिए अपनी डिजिटल यात्रा का निर्माण करने की ज़रूरत होगी।

## डिजिटल डेटा का अधिकतम लाभ उठाना – डिज़ाइन के मुख्य सिद्धांत

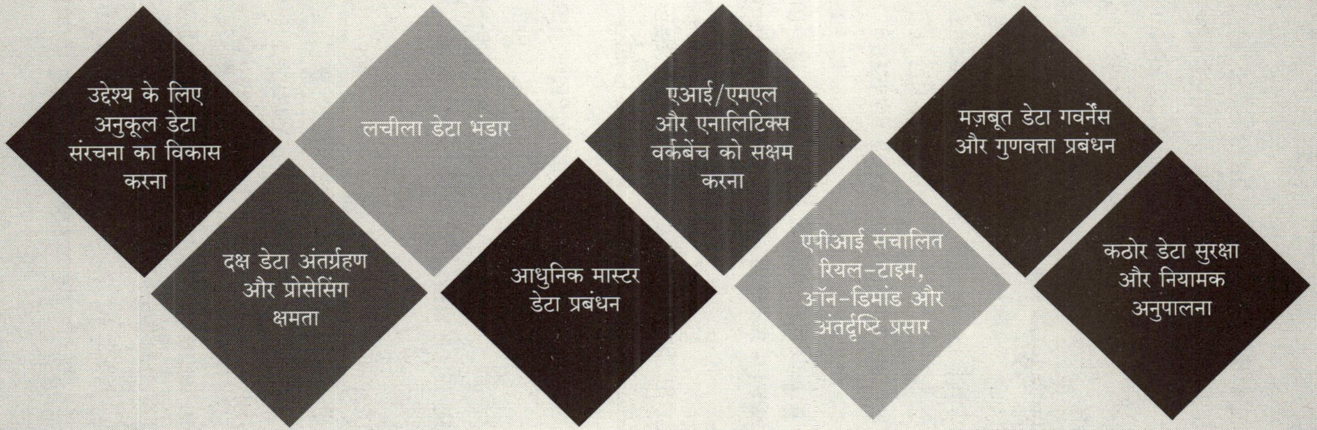

## सारांश

- वे उद्यम भी आज बड़ी मात्रा में डेटा उत्पन्न होने से हार मान रहे हैं, जो मानते थे कि उन्होंने डेटा प्रबंधन परिपक्वता हासिल कर ली है। डेटा की विविधता, मात्रा और रफ़्तार एक अभूतपूर्व डिजिटल डेटा प्रलय पैदा कर रहे हैं।
- वर्तमान में उद्यम डेटा इकोसिस्टम कई दबाव बिंदुओं का सामना कर रहा है:
    - हाई-स्पीड, जटिल डिजिटल डेटा का उपभोग करने, उसे संसाधित करने और उसके एकीकरण में असमर्थता,
    - 'सिग्नल' को 'शोर' से अलग करने और पहचानने की सीमा,
    - 'गोल्डन रिकॉर्ड' अब पर्याप्त नहीं है, हमें समग्र 360-डिग्री परिदृश्य की ज़रूरत है,
    - साइबर हमलों और डेटा चोरी की बढ़ती चतुराई ने डेटा सुरक्षा माँगों को फिर से परिभाषित किया है,
    - कमज़ोर डेटा गवर्नेंस और गुणवत्ता,
    - रियल-टाइम और ऑन-डिमांड अंतर्दृष्टियाँ।
- उद्यम डेटा प्रबंधन के लिए नया मंत्र है दक्षता, *न कि परिपक्वता*। यह डिजिटल रूपांतरण में वूका जगत की वास्तविकता को पहचान रहा है कि 'अंतिम अवस्था' जैसा कुछ भी नहीं है।
    - उद्यमों के लिए चुस्त डिज़ाइन सिद्धांत: डेटा स्टैक को मोनोलिथिक होने की ज़रूरत नहीं है; उन्हें डेटा उपयोग के मामलों में अनुकूल बनाने की ज़रूरत है।
    - बाहरी डेटा इकोसिस्टम का इस्तेमाल करके समृद्ध इंटरफ़ेस के साथ दक्ष डेटा अंतर्ग्रहण और प्रोसेसिंग क्षमता।
    - डेटा भंडारण लोचदार होना चाहिए, और इसका विस्तार लागत प्रभावी ढंग से करना चाहिए।
    - आधुनिक मास्टर डेटा के प्रबंधन के लिए फैले दायरों में काम करने, सूचना के नए स्रोतों को अवशोषित करने, छिपे हुए संबंधों को खोजने, जल्दी से अंतर्दृष्टियाँ उत्पन्न करने और रियल टाइम में बड़े पैमाने पर परिणाम देने की क्षमता की ज़रूरत होती है।
    - एआई/एमएल और एनालिटिक्स वर्कबेंच को सक्षम करना।
    - एपीआई-संचालित, रियल टाइम, ऑन-डिमांड डेटा और अंतर्दृष्टि प्रसार।
    - मज़बूत डेटा गवर्नेंस और गुणवत्ता प्रबंधन।
    - अच्छी तरह से परिभाषित और कड़ाई से प्रबंधित डेटा सुरक्षा और नियामक अनुपालना।

# 6

# ब्लॉकचेन–प्रचार से परे स्थायी मूल्य का निर्माण[8]

*मुझे सिखाया गया था कि प्रगति की राह न तो तेज़ है और न ही आसान।*

*—मैरी क्यूरी, पॉलिश-फ्रांसीसी रसायनशास्त्री और भौतिकशास्त्री, भौतिकशास्त्र और रसायनशास्त्र में नोबेल पुरस्कार प्राप्त*

ब्लॉकचेन सबसे महत्त्वपूर्ण विध्वंसकारी तकनीकों में से एक है और इसके डिजिटल अर्थव्यवस्था का प्रमुख बिल्डिंग ब्लॉक होने की संभावना है। पिछले दो या तीन वर्षों में इस तकनीक के बारे में बड़े पैमाने पर प्रचार और तर्कहीन उत्साह दिखता रहा है, जो मुख्य रूप से बिटकॉइन के उन्माद से प्रेरित है। यह प्रचार अब कम होता जा रहा है, जो शायद ब्लॉकचेन के लिए सबसे अच्छी बात हो सकती है, क्योंकि अब हम अपना ध्यान 'गेट-रिच स्कीम्स' से अधिक स्थायी मूल्य के निर्माण पर स्थानांतरित कर सकते हैं।

इस अध्याय में, मैं ब्लॉकचेन के निम्नलिखित पहलुओं के बारे में बताऊँगा:

- ब्लॉकचेन से जुड़ा प्रचार ख़त्म होता जा रहा है।
- ब्लॉकचेन तकनीक के साथ अवसर, क्यों अभी तक इसका पटाक्षेप नहीं हुआ है।
- क्रियान्वयन में चुनौतियाँ।
- ब्लॉकचेन क्रियान्वयन के लिए 'टू-स्पीड' रणनीति।

## ब्लॉकचेन से जुड़ा प्रचार ख़त्म होता जा रहा है

बहुत समय पहले एक सर्वेक्षण में बताया गया था कि विज्ञापनदाताओं का मानना है कि 'ब्लॉकचेन' 2018 का सबसे ज़्यादा ओवररेटेड शब्द था। यह शायद ही कोई आश्चर्य की बात है, क्योंकि क्रिप्टोकरेंसी से पूरी तरह से असंबंधित क्षेत्रों की कई कंपनियों ने दावा किया है कि उन्होंने एक साल पहले ब्लॉकचेन तकनीक का इस्तेमाल या परीक्षण किया था और इससे कुछ ख़ास फ़ायदा नहीं हुआ था।

सर्वेक्षण के नतीजे इस बात की पुष्टि करते हैं कि विज्ञापनदाताओं को पता था कि कैसे कंपनियों ने 'ब्लॉकचेन' शब्द का दुरुपयोग सिर्फ़ मीडिया का मुफ़्त प्रचार पाने के लिए किया था। यह भी बताया गया कि मैनेजमेंट कंसल्टेंसी फ़र्म मैकिंज़ी ने निर्धारित किया था कि ब्लॉकचेन के लिए 100 से अधिक अनुमानित उपयोग के मामलों में, ज़्यादातर पायलट और अवधारणा के सबूत तब भी 'अग्रणी मोड' में फँस गए थे या बंद किए जा रहे थे।[9]

इसके अलावा, ब्लॉकचेन उद्यम आईटी के लिए सबसे विघटनकारी डेटा और एनालिटिक्स क्षमताओं की गार्टनर इंक की वार्षिक सूची में सबसे नीचे गिर गया है, जिसे आर्टिफ़िशल इंटेलिजेंस और मशीन लर्निंग का लाभ उठाने वाले उपकरणों ने प्रतिस्थापित किया है।

क्या यह ब्लॉकचेन का अंत है? ब्लॉकचेन के लिए निश्चित रूप से एक रियल्टी चेक है, लेकिन किसी भी तरह से यह इस तकनीक के लिए पटाक्षेप नहीं है, हालाँकि, हमें यह पहचानने की ज़रूरत है कि ब्लॉकचेन तकनीक अब भी एक अग्रणी चरण में है और इसके प्रभावी होने में कई साल लगेंगे।

## ब्लॉकचेन तकनीक के साथ अवसर, अभी तक क्यों इसका पटाक्षेप नहीं

ब्लॉकचेन को रेखांकित करने वाली वितरित लेजर तकनीक रिकॉर्ड रखने और लेन-देन दोनों की सुविधा उपलब्ध कराती है। इसका मौलिक मूल्य विश्वास बढ़ाने में निहित है। ऐसा यह पारदर्शिता और सत्यता को बढ़ाकर करती है। उच्च विश्वास नियंत्रण की कई परतों और प्रक्रियाओं को कम करने में मदद करता है, इससे प्रभावशाली रूप से गति और दक्षता में सुधार होता है।

कई प्रकार के उद्योगों और कार्यात्मक क्षेत्रों में रिकॉर्ड कीपिंग और लेन-देन में विश्वास में सुधार प्रासंगिकता का विषय है। आने वाले दो या तीन वर्षों में मैं दो क्षेत्रों,वित्तीय सेवाओं और ई-गवर्नेंस में ब्लॉकचेन तकनीकों के सबसे गहन एप्लीकेशन को देखता हूँ।

- वित्तीय सेवाएँ : ब्लॉकचेन का बैंकों में व्यापक अनुप्रयोग है, विशेष रूप से भुगतान पक्ष में इसका काफ़ी इस्तेमाल है। उपयोग के मामले व्यापार वित्त, डेरिवेटिव नेटिंग और प्रेषण की प्रोसेसिंग तक हैं। मैं देखता हूँ कि कई बैंक अब ब्लॉकचेन पीओसी (अवधारणाओं का प्रमाण) के साथ प्रयोग कर रहे हैं। इस गतिविधि की प्रकृति

उसके समान है, जो हम कुछ साल पहले एआई और मशीन लर्निंग के साथ देख रहे थे। मुझे उम्मीद है कि आने वाले दो या तीन वर्षों में बैंकों में इनमें से कुछ ब्लॉकचेन उपयोग के मामले मुख्यधारा में आ जाएँगे।

- ई-गवर्नेंस : भारत सहित कई सरकारों के लिए डिजिटलीकरण एक महत्त्वपूर्ण उद्देश्य है, और अधिक पारदर्शी तथा सुलभ सार्वजनिक रिकॉर्ड बनाकर ब्लॉकचेन की इसमें बहुत अहम भूमिका है। उदाहरण के लिए, ब्लॉकचेन भूमि अभिलेखों में और ऐसे ज़्यादातर क्षेत्रों में अहम भूमिका निभा सकता है, जहाँ प्रमाण-पत्र जारी करने की ज़रूरत होती है।

वित्तीय सेवाओं और ई-गवर्नेंस के अलावा, स्वास्थ्य देखभाल और सप्लाई चेन दो अन्य उद्योग हैं, जो ब्लॉकचेन तकनीक के वितरित खाता बही अनुप्रयोगों के आस-पास महत्त्वपूर्ण प्रयोग देख रहे हैं।

## ब्लॉकचेन क्रियान्वयन के ब्लॉक्स

आज ब्लॉकचेन से मिलने वाले अवसरों और उनकी प्राप्ति के बीच बड़ा अंतर है। हाल के एक सर्वेक्षण से पता चला है कि ब्लॉकचेन पर पहले से ही शोध कर रहे 61 प्रतिशत संगठनों में से, केवल 28 प्रतिशत ने किसी ब्लॉकचेन प्रदाता को चुना है। सर्वेक्षण के अनुसार, ज़्यादातर निर्णयकर्ता अब भी तकनीक की पड़ताल कर रहे हैं और विक्रेताओं की तुलना कर रहे हैं, और अभी तक ब्लॉकचेन तकनीक पर अपने रुख को परिभाषित नहीं कर पाए हैं।[10]

टीडी बैंक के एक सर्वेक्षण से पता चला है कि 90 प्रतिशत ट्रेजरी और वित्तीय प्रोफ़ेशनल्स का मानना है कि ब्लॉकचेन और वितरित लेज़र तकनीक (डीएलटी) भुगतान उद्योग को सकारात्मक रूप से प्रभावित करेगी, हालाँकि, सर्वेक्षण में, केवल 14 प्रतिशत उत्तरदाताओं ने कहा कि उनके संगठनों के पास ब्लॉकचेन के लिए प्रशिक्षण रणनीतियाँ हैं।[11]

ग्लोबल ब्लॉकचेन बिज़नेस काउंसिल के एक सर्वेक्षण से पता चला है कि 63 प्रतिशत उत्तरदाताओं का मानना है कि वरिष्ठ व्यावसायिक अधिकारियों को ब्लॉकचेन तकनीक की कमज़ोर समझ है, 30 प्रतिशत इस उभरती हुई तकनीक के अपने ज्ञान को 'औसत' मानते हैं, जबकि शेष 7 प्रतिशत ने वरिष्ठ कार्यकारी स्तर पर ब्लॉकचेन की समझ को 'अच्छा' बताया।[12]

उपरोक्त उदाहरण इस बात पर प्रकाश डालते हैं कि ब्लॉकचेन ऐसी तकनीक है, जो अब भी विकास के अधीन है और इसके क्रियान्वयन में कई चुनौतियाँ हैं। मेरा मानना है कि ब्लॉकचेन क्रियान्वयन से स्थायी मूल्य हासिल करने के लिए निम्नलिखित छह प्रमुख चुनौतियों को हल करने की ज़रूरत है:

1. **मौजूदा तकनीक के साथ एकीकरण** – ब्लॉकचेन तकनीक लागू करने वाले कई उद्योग ऐसे पारंपरिक उद्योग हैं, जिनमें विरासती आईटी अधोसंरचना है। इसका

तात्पर्य एकीकरण प्रयासों में निवेश से है, जो समय लेने वाला और महँगा हो सकता है।

2. **प्रबंधन में बदलाव**– वरिष्ठ अधिकारियों के बीच ब्लॉकचेन तकनीकों की समझ अक्सर कम होती है; इसलिए, संगठन के अंदर निरंतर प्रचार और जागरूकता निर्माण की ज़रूरत है।

3. **भौतिक रिकॉर्ड का डिजिटलीकरण** – कई मामलों में अंतर्निहित रिकॉर्ड अब भी भौतिक रूप में हैं (उदाहरण के लिए, भारत में भूमि रिकॉर्ड) और ब्लॉकचेन तकनीकों को लागू करने के लिए इनके डिजिटलीकरण की ज़रूरत है।

4. **ब्लॉकचेन तकनीक को बड़े पैमाने पर हासिल करना** – ब्लॉकचेन अधोसंरचना बड़े पैमाने पर अपनाए जाने के लिए तैयार नहीं है। इसके लिए महत्त्वपूर्ण निवेश की ज़रूरत होती है, और इस प्रकार अन्य तकनीकी विकल्पों की तुलना में कुछ उपयोग मामलों में ब्लॉकचेन अपनाने की लागत प्रतिस्पर्द्धी नहीं होती है। यह भुगतान उद्योग में विशेष रूप से सही है, जहाँ ब्लॉकचेन के सिद्ध उपयोग के मामलों के बावजूद, लागत के कारण उनका बड़े पैमाने पर व्यावसायीकरण नहीं किया गया है, ख़ासकर जब उस मूल्य की तुलना करें, जो कुछ फ़िनटेक हासिल करने में सक्षम भी रहे हैं।

5. **टैलेंट** – ब्लॉकचेन तकनीकों में प्रशिक्षित प्रोफ़ेशनल्स की कमी है, इसलिए प्रशिक्षण और साझेदारी के निर्माण में निवेश ज़रूरी है।

6. **इकोसिस्टम का विकास** – ब्लॉकचेन तकनीकों और उनके अनुप्रयोगों का समर्थन करने के लिए आवश्यक विक्रेता और भागीदार इकोसिस्टम अब भी विकसित ही हो रहे हैं, इसलिए उपयोग के मामलों पर एक रियल्टी चेक की ज़रूरत है, जिन्हें न केवल क्रियान्वित किया जा सके, बल्कि उनका समर्थन हो सके, और भागीदारों की पसंद में भी सावधानीपूर्वक विचार किया जा सके।

ये चुनौतियाँ ब्लॉकचेन के लिए महत्त्वपूर्ण हैं, लेकिन फ़ायदे के आकार को देखते हुए उन्हें हल करना सार्थक है। जहाँ ब्लॉकचेन का भविष्य अभी धुँधला है, वहाँ समझदार क्रियान्वयन का तरीक़ा भी है।

## ब्लॉकचेन क्रियान्वयन के लिए 'टू-स्पीड' रणनीति

यह देखते हुए कि ब्लॉकचेन तकनीक अब भी आरंभिक अवस्था में है, और जिन चुनौतियों पर हमने ऊपर चर्चा की है, उन्हें देखते हुए, मैं ब्लॉकचेन क्रियान्वयन के लिए टू-स्पीड की रणनीति की सिफ़ारिश करता हूँ।

- **स्पीड 1: केस क्रियान्वयन का इस्तेमाल करें** – ब्लॉकचेन कभी-कभी समस्याओं को हल करने के लिए खोज करने वाली तकनीक की तरह लगता है! ब्लॉकचेन कार्यक्रमों को अच्छी तरह से परिभाषित उपयोग के मामलों में सहारा देना महत्त्वपूर्ण हैं, जहाँ व्यापार पेन पॉइंट और प्रभावित होने वाले केपीआई बहुत स्पष्ट होते हैं। यह

## ब्लॉकचेन एक व्यवधानकारी तकनीक – इस अग्रणी अधोसंरचना क्षमता का नवाचार के लिए इस्तेमाल करें

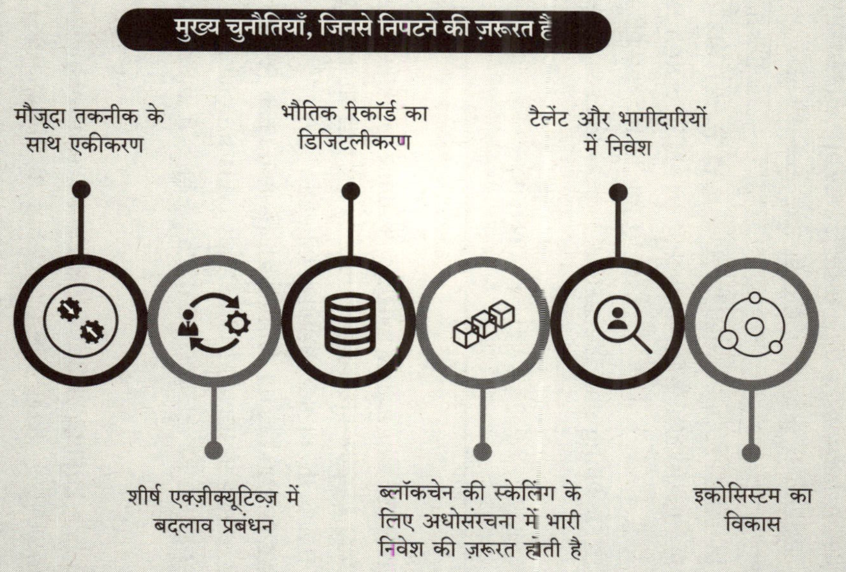

व्यावसायिक उपयोगकर्ताओं की सहभागिता सुनिश्चित करेगा और मूर्त परिणाम देने के लिए एंड-टू-एंड क्रियान्वयन पर ध्यान लगाएगा।

- **स्पीड 2 : बिल्डिंग ब्लॉक्स का प्रगतिशील विकास –** जहाँ उपयोग के मामले किसी ब्लॉकचेन कार्यक्रम पर ध्यान केंद्रित करने और शुरू करने के सही तरीक़े हैं, वहीं वे अकेले पर्याप्त भी नहीं हैं। स्थायी और मापनीय प्रभाव के लिए अंतर्निहित ब्लॉकचेन तकनीकी अधोसंरचना और अन्य प्रमुख बिल्डिंग ब्लॉक्स (जैसे, भौतिक रिकॉर्ड का डिजिटलीकरण) विकसित किया जाना ज़रूरी है।

  बिल्डिंग ब्लॉक्स की स्पीड 2 को उपयोग के मामलों की स्पीड 1 के समानांतर चलना चाहिए, जिससे उपयोग के मामले के प्रत्येक हिस्से के क्रियान्वयन से बिल्डिंग ब्लॉक्स को परिपक्वता के अगले स्तर तक उत्तरोत्तर विकसित करने में मदद मिले।

ब्लॉकचेन एक उभरती हुई तकनीक है, लेकिन रिकॉर्ड रखने और लेन-देन दोनों में विश्वास बढ़ाने की संभावना को देखते हुए इसमें क्षमता ज़बरदस्त है। बिटकॉइन के तेज़ी से उदय के कारण ब्लॉकचेन अपने समय से काफ़ी पहले ही प्रचार पा गई थी। बिटकॉइन के प्रचार का ग़ायब हो जाना अच्छी बात है, जिससे अंतर्निहित ब्लॉकचेन तकनीक पर फ़ोकस वापस आया है। कई चुनौतियाँ अब भी बनी हुई हैं, लेकिन केंद्रित और संतुलित क्रियान्वयन दृष्टिकोण इस शक्तिशाली तकनीक की क्षमता को अनलॉक करने में मदद कर सकते हैं।

## सारांश

- बिटकॉइन ने ब्लॉकचेन के इर्द-गिर्द अचानक तेज़ प्रचार पैदा किया, जो अब काफ़ी हद तक कम हो गया है।
- हालाँकि इस प्रचार का ग़ायब हो जाना ब्लॉकचेन के लिए अच्छी बात है, क्योंकि अब फिर से इसके बुनियादी लाभों और अनुप्रयोगों पर फ़ोकस हो सकता है।
- ब्लॉकचेन को रेखांकित करने वाले वितरित खाता बही से पारदर्शिता आती है और इस प्रकार विश्वास में सुधार होता है। यह मूल्य श्रृंखला को सकारात्मक रूप से बाधित करने का अवसर है और वित्तीय सेवाओं, ई-गवर्नेंस, स्वास्थ्य देखभाल और सप्लाई चेन जैसे क्षेत्रों में एप्लीकेशन पा सकता है।
- ब्लॉकचेन तकनीक अब भी आरंभिक चरण में है, और इसे महत्त्वपूर्ण मात्रा तक पहुँचने के लिए समय और इसमें निरंतर निवेश की ज़रूरत है।

# 7

# क्लाउड-डिजिटल रूपांतरण का प्रवर्तक

*क्लाउड नेक्स्ट जेनरेशन का सुपरकंप्यूटर बन चुका है, और स्मार्टफ़ोन ने इसके इस्तेमाल को प्रोत्साहित करने के लिए क्रांति उपलब्ध करा दी है।*

*—जेरी यंग, संस्थापक, याहू*

ज़्यादातर सीआईओ के लिए कई सालों से क्लाउड सर्वोच्च प्राथमिकताओं में रहा है। दरअसल, कुछ सीआईओ आईटी और समग्र व्यवसाय के बीच संबंधों को बदलने के तरीक़े के रूप में क्लाउड का लाभ उठाने में सफल रहे हैं। उन्होंने आईटी को पहले से कहीं अधिक लचीला, कुशल और बदलती व्यावसायिक गतिशीलता के अनुकूल होने में सक्षम बनाया है, हालाँकि, यह भी स्पष्ट होता जा रहा है कि लागत कम करने और संसाधन उपयोग में सुधार के लिए क्लाउड को सिर्फ़ अधोसंरचना की क्षमता के रूप में चिह्नित करने का मतलब इसको पूरी तरह से न बेचना है। हमारा मानना है कि संगठनों को क्लाउड के बारे में अधिक रणनीतिक दृष्टिकोण रखना चाहिए।

## *आधुनिक क्लाउड एंड-टू-एंड डिजिटल रूपांतरण को किस तरह से तेज़ कर सकता है?*

अपनी डिजिटल रूपांतरण यात्रा के हिस्से के रूप में, संगठन अपने ग्राहक अनुभव, नवाचार, उत्पादकता और डेटा रणनीति (और यह सूची अधूरी है) की फिर से कल्पना कर रहे हैं। वास्तव में, मूल डिजिटल कंपनियों ने प्रदर्शित किया है कि क्लाउड इन सभी आयामों के साथ निष्पादन का अभिन्न अंग है, और न केवल राजस्व वृद्धि के लिए, बल्कि डिजिटल रूपांतरण के ज़रिये प्रतिस्पर्द्धात्मक लाभ को संचालित करने के लिए एक शक्तिशाली

उत्प्रेरक बन सकता है। मूल डिजिटल कंपनियों के बाहर क्लाउड उपयोग का ट्रैक रिकॉर्ड उत्कृष्ट नहीं रहा है: अनुमान है कि 2019 में 27 प्रतिशत संगठनों का क्लाउड कंप्यूटिंग बजट बर्बाद हो गया था।[13]

प्रतिस्पर्द्धात्मक लाभ प्राप्त करने के लिए जिस तरह से मूल डिजिटल कंपनियों ने क्लाउड का लाभ उठाया, उससे हम क्या सीख सकते हैं?

हम दो विशिष्ट क्षेत्रों को देखकर शुरू करते हैं, जहाँ क्लाउड व्यावसायिक प्रदर्शन में सुधार कर सकता है (यह पूरी सूची नहीं है, बल्कि केवल दो सबसे अधिक प्रभाव वाले क्षेत्र हैं) :

- **ग्राहक अनुभव की पुनर्कल्पना –** क्लाउड कैसे न केवल ग्राहक जुड़ाव रणनीतियों के तेज़ी से निष्पादन को सक्षम कर सकता है, बल्कि उनकी फिर से कल्पना करने में भी मदद कर सकता है?
- **बाज़ार में लगने वाले समय की बचत –** क्लाउड किसी संगठन को प्रतिस्पर्द्धा में आगे रहने में मदद करने के लिए नवाचार की गति को कैसे तेज़ कर सकता है।

इसके अलावा, आंतरिक रूप से क्लाउड अधोसंरचना का अवलोकन दो क्षेत्रों से बेहतर मूल्य हासिल करने के लिए महत्त्वपूर्ण है, जहाँ संगठनों का महत्त्वपूर्ण निवेश होता है:

- **डेटा :** डेटा परिसंपत्तियों से मूल्य हासिल करने की प्रक्रिया को सुव्यवस्थित करना।
- **एआई एवं मशीन लर्निंग :** परिचालन प्रक्रियाओं के साथ एकीकरण को सक्षम करने के लिए एआई की स्केलिंग।

सिर्फ़ तकनीक के लिए तकनीक अपनाना संगठनों का अभिशाप रही है– और यही सबसे बड़ा कारण है कि क्लाउड से संभावनाओं के अनुरूप परिणाम हासिल नहीं किए जा सके हैं। सिर्फ़ क्लाउड तकनीक नहीं, बल्कि अधिक समग्र तरीक़े से क्लाउड अपनाने के लिए संगठनों को ख़ुद को उन्मुख करना होगा।

हम कुछ प्रमुख कारकों पर गौर करेंगे, जिन्हें संगठनों को अपनी क्लाउड यात्रा में ध्यान में रखना चाहिए।

## *व्यवसाय रूपांतरण में त्वरक के रूप में क्लाउड*

### *ग्राहक अनुभवों की पुनर्कल्पना*

डिजिटल अनुभव स्पष्ट रूप से उद्योगों में टेबल स्टैक होता है। उपभोक्ता अपनी जानकारी तक पहुँच के साथ एक पूर्ण डिजिटल स्वयं-सेवा अनुभव, यानी किसी भी उपकरण से कभी भी, कहीं भी लेन-देन करने की सुविधा की अपेक्षा करते हैं। जवाब में, फ़र्मों को एक आदर्श डिजिटल अवस्था हासिल करने के प्रयास में अपने संपूर्ण ग्राहक कार्यप्रवाह पर फिर से विचार करना पड़ रहा है। यह डिजिटल अवस्था जो ईमेल, मोबाइल, वेबसाइट, पुश

नोटिफिकेशन, वॉइस और कई सारी चीज़ों में काम आए। ऐसा करने पर प्रमुख सक्षमकर्ता के रूप में क्लाउड का लाभ उठाने का अवसर मिलता है :

- **विरासती तकनीकी बाधा को दूर करना :** विरासती तकनीक की बुनियाद पर किसी सहज डिजिटल उपयोगकर्ता अनुभव को एक साथ रखना केवल कठिन नहीं है, बल्कि कई मामलों में यह स्पष्ट रूप से असंभव भी है। क्लाउड ने फ़र्मों को अपनी पुरानी अधोसंरचना को पूरी तरह से अपग्रेड किए बिना डिजिटल अनुभव को एक साथ रखने का तरीक़ा उपलब्ध कराया है। यह उन फ़र्मों के लिए विशेष रूप से सही है, जिनके पास कोर सिस्टम के पुराने इंस्टॉलेशन हैं। उस अधोसंरचना पर किसी डिजिटल स्टैक का निर्माण स्पष्ट रूप से असफल होता है। क्लाउड कोई डिजिटल उपयोगकर्ता अनुभव शुरू करने का तरीक़ा उपलब्ध कराता है, भले ही विरासती तकनीक आधुनिकीकरण कैच-अप गेम खेल रहा हो।
- **नेक्स्ट जेनरेशन तकनीकों का एकीकरण :** ग्राहकों को सहज डिजिटल अनुभव देने के लिए डिजिटल सहायकों (जैसे, चैटबॉट) से छवि पहचान (जैसे, डिजिटल सत्यापन) तक कई नेक्स्ट जेनरेशन की तकनीकों के एकीकरण की ज़रूरत पड़ती है। इन तकनीकों का निर्माण करना और इन-हाउस टैलेंट का इस्तेमाल करके मौजूदा तकनीकी अधोसंरचना के अंदर ग्राहक कार्यप्रवाह में एकीकृत करना अक्सर असंभव हो जाता है। दूसरी ओर, सभी प्रमुख क्लाउड प्रदाता पूर्व-पैक समाधान उपलब्ध कराते हैं, उनमें से कई एआई-संज्ञानात्मक तकनीकों के साथ उच्च स्तर की सटीकता के लिए सालों से प्रशिक्षित हैं। उदाहरण के लिए, यूपीएस ने अपने मोबाइल ऐप में चैटबॉट तैनात करने के लिए माइक्रोसॉफ़्ट की क्लाउड-आधारित एज़र बॉट सेवा का फ़ायदा उठाया, जो ग्राहकों को शिपमेंट, दरों और यूपीएस स्थानों के बारे में आवश्यक जानकारी हासिल करने के लिए टेक्स्ट-आधारित और आवाज़-आधारित बातचीत में शामिल होने में सक्षम बनाता है।[14]

## *बाज़ार के समय में बचत*

ख़ासतौर पर खुदरा, बैंकिंग और वित्तीय सेवाओं में उद्योगों में बाज़ारों को ऊपर उठा रही मूल डिजिटल कंपनियों में सामान्य विषय यह है कि वे क्षीण, चपल और बाज़ार में समय कम करने में 'तेज़ी से असफल' होती हैं। उनकी सफलता के केंद्र में एक सुसंगत सक्षम कारक बिंदु समाधान के प्रदाताओं के साथ उनकी भागीदारी है। उदाहरण के लिए, ई-कॉमर्स रिटेलर्स क्लाउड-नेटिव सॉल्यूशन प्रोवाइडर्स जैसे शॉपिफाई, स्ट्राइप, स्क्वायर और अन्य के साथ भागीदारी का विकल्प चुन रहे हैं, ताकि पेमेंट, ऑनलाइन स्टोर और फ्रॉड प्रोटेक्शन जैसी ज़रूरतों को सँभाला जा सके। ये सेवाएँ क्लाउड-नेटिव हैं और इनका इस्तेमाल पूरी तरह से परिवर्तनशील संरचना पर किया जा सकता है। और, इससे भी अहम बात यह है कि यह उद्यमों को अपने ग्राहकों पर ध्यान लगाने की क्षमता देता है, और सबसे बढ़कर नए उत्पादों और सेवाओं के लिए बाज़ार में लगने वाले समय को कम करता है।

पारंपरिक फ़र्मों के लिए ई-कॉमर्स प्लेबुक से सीखना और बाज़ार में अपना समय कम करने के वास्ते क्लाउड की मदद लेना अच्छा रहेगा - यह दोनों ही स्थितियों के लिए सही है, यानी डिजिटल चैनलों को शामिल करने के लिए अपने उत्पादों और सेवाओं का विस्तार करने के साथ-साथ डिजिटल-फ़र्स्ट सेवाएँ डिज़ाइन और लॉन्च करने के लिए। यहाँ उनकी प्लेबुक से कुछ टिप्स दिए जा रहे हैं :

- **गैर-मूल गतिविधियों के लिए भागीदारी** और मूल उत्पाद विकास पर ध्यान देने से बाज़ार के समय और लागत की बचत होती है। फ़ोकस समूहों के साथ उत्पाद सुविधाओं, मूल्य बिंदुओं आदि की खोज के पारंपरिक तरीक़े हमेशा धीमे और महँगे होते हैं और अक्सर हिट-या-मिस हो जाते हैं। बाज़ार में उत्पाद की अनुकूलता को समझने के लिए फ़र्में इस प्रक्रिया को प्रॉक्सी के रूप में डिजिटल प्रयोगों में तेज़ी से बदल रही हैं। एक प्रमुख दूरसंचार सेवा प्रदाता ने वरिष्ठ नागरिकों के लिए चिकित्सा सहायक उपकरण के रूप में पहनने योग्य सामान के वास्ते उचित बाज़ार-मूल्य की खोज के लिए ऐसी रणनीति अपनाई। उन्होंने क्लाउड-आधारित प्रदाता के साथ साझेदारी करके ए/बी प्रयोगों की श्रृंखला चलाई, जिससे उन्हें दूरसंचार प्रदाता के ई-कॉमर्स पोर्टल के साथ एकीकरण करके प्रयोगों को डिज़ाइन और निष्पादित करने में मदद मिली। जिस प्रक्रिया में आम तौर पर कई महीने लगते थे, उसमें राष्ट्रीय स्तर पर सेवा शुरू करने से पहले सिर्फ़ कुछ हफ़्ते में लगे थे।
- **निर्माण बनाम ख़रीद बनाम** सब्स्क्राइब एक महत्त्वपूर्ण विकल्प है, जो किसी उद्यम की ऑनबोर्ड क्षमता को निर्धारित करता है और तेज़ी तथा निर्बाध रूप से सेवाएँ देता है और जहाँ संभव हो, बेस्ट-इन-क्लास प्रदाताओं के पेश किए गए सब्स्क्रिप्शन-आधारित समाधान नाटकीय रूप से बाज़ार में समय को कम कर सकते हैं। चिकित्सा प्रदाता कई वर्षों से टेली-हेल्थ यात्रा जारी रखे हैं। किसी डिजिटल चैनल के ज़रिये गुणवत्तापूर्ण देखभाल प्रदान करने के लिए कई तकनीकों के एकीकरण की ज़रूरत होती है:सुरक्षित तरीक़े से हाई-फ़िडेलिटी वीडियो इंटरेक्शन और मेडिकल डेटा को मापने और ट्रैक करने के लिए रिमोट डिवाइस मैनेजमेंट कुछ ऐसे ही नाम हैं। इन सेवाओं के लिए अपने आप में परिष्कृत तकनीक की ज़रूरत होती है, और यह उल्लेख करने की ज़रूरत नहीं है कि इन्हें साथ रखकर डॉक्टर और रोगी को सहज अनुभव पैदा किया जाता है। यह कहने की भी ज़रूरत नहीं है कि ज़्यादातर चिकित्सा प्रदाताओं ने इन सेवाओं को बाज़ार तक ले जाने के लिए क्लाउड-आधारित समाधानों का विकल्प चुना है।
- **बाज़ार के संकेतों का रफ़्तार से जवाब देना :** विश्वसनीय डिजिटल समाधानों की आवश्यकता और तात्कालिकता कभी भी उतनी मज़बूत नहीं रही, जितनी कि कोविड के बाद की दुनिया में, जिसमें कुछ ही सप्ताहों में डिजिटल जुड़ाव में तेज़ वृद्धि हुई। एक हालिया आँकड़ा: जहाँ डिजिटल ग्राहक इंटरेक्शन की औसत हिस्सेदारी 20 प्रतिशत (जून 2017) से बढ़कर 36 प्रतिशत (दिसंबर 2019) हो गई, वहीं कोविड महामारी के बाद बढ़कर यह 36 प्रतिशत (दिसंबर 2019) से

> बढ़कर 58 प्रतिशत (जुलाई 2020) हो गई।[15] और यह कोई अस्थायी उछाल भी नहीं है – यह 'न्यू नॉर्मल' होने की संभावना है। डिजिटल चैनलों पर तेज़ी से स्विच होने का जवाब देने के लिए उद्योगों में कंपनियाँ अपनी अधोसंरचना को बढ़ाने के लिए जूझी हैं – केवल वे कंपनियाँ बची रहीं, जो पहले से ही क्लाउड अधोसंरचना पर थीं। यदि और कुछ नहीं हुआ, तो भी इससे क्लाउड अपनाने में तेज़ी तो आई ही है।

यह स्पष्ट है कि क्लाउड न केवल मौजूदा प्रक्रियाओं के पैमाने और तेज़ी से निष्पादन को सक्षम कर रहा है, बल्कि शायद, अधिक महत्त्वपूर्ण रूप से, नए व्यापार मॉडल को भी सक्षम कर रहा है। ज़्यादातर फ़र्मों ने डिजिटल रूपांतरण के संचालन में क्लाउड की पेशकश के पैमाने, गति और नवाचार क्षमता की सतह को खरोंचना शुरू कर दिया है।

## *संगठनात्मक निवेश के प्रवर्तक के रूप में क्लाउड*

डिजिटल रूपांतरण के लिए हमेशा महत्त्वपूर्ण रहीं दो प्रमुख संगठनात्मक संपत्तियाँ डेटा और एआइ (AI) हैं, फिर भी, ज़्यादातर संगठनों ने इन दोनों क्षमताओं का सार्थक इस्तेमाल करने में अच्छा प्रदर्शन नहीं किया है। उनके ऐसा न कर पाने के कई कारण हैं: संगठनात्मक दायरा, विरासती तकनीक, टैलेंट की कमी (मैंने एआई और डेटा पर पहले के अध्यायों में इन चुनौतियों का वर्णन किया है)। इनमें से कई चुनौतियाँ विकट हैं – और इसमें कोई संदेह नहीं है कि संगठनों को उन्हें हल करने के लिए कड़ी मेहनत करने की ज़रूरत है। हमारा मानना है कि क्लाउड तकनीकें डिजिटल रूपांतरण पहलों को सशक्त बनाने के लिए डेटा और एआई (AI) परिसंपत्तियों को बेहतर ढंग से सक्षम करने की प्रक्रिया को तेज़ कर सकती हैं।

### *डेटा*

विरासत तकनीकी अधोसंरचना ने किसी क्षेत्र में बोझ बनाया है, तो उद्यम डेटा क्षेत्र में बनाया है। पिछले कुछ सालों में, अलग-अलग एप्लीकेशंस के पैचवर्क के परिणामस्वरूप डेटा का एक स्मोरगास्बोर्ड (अक्सर एक बड़ा विविध मिश्रण) बन गया है – जिसमें दोहराव, असंगत परिभाषाएँ और डेटा गुणवत्ता पर अपर्याप्त ध्यान शामिल है। असंरचित डेटा में विस्फोट, वितरित डेटा निर्माण और प्रोसेसिंग आदि में डिजिटल पहलों ने इस प्रवृत्ति को तेज़ कर दिया है। इन सभी ने मिलकर डेटा से वास्तविक मूल्य निकालने में कंपनियों के लिए महत्त्वपूर्ण चुनौतियाँ खड़ी की हैं, हालाँकि क्लाउड कोई जादू की छड़ी नहीं हो सकता है, जो सभी डेटा मुद्दों को हल करता है। इनमें से कुछ चुनौतियों को हल करने के लिए क्लाउड माइग्रेशन प्रक्रिया के हिस्से के रूप में क्लाउड-देशी तकनीकों का लाभ उठाने की क्षमता निश्चित रूप से मौजूद है।

**डेटा की गुणवत्ता :** डेटा एकीकरण में कई तकनीकी विक्रेता (उदाहरण के लिए, टैलेंड, इंफॉर्मेटिका) नियम-आधारित और एआई / एमएल(AI/ML) -आधारित डेटा प्रोफ़ाइलिंग और गुणवत्ता पद्धतियों को तैनात करने की क्षमता उपलब्ध कराते हैं, जिन्हें स्रोत सिस्टम

से अंतर्ग्रहण के बिंदु पर डेटा पर लागू किया जाना चाहिए। यह ऐसे नए डेटा स्रोतों को सूचीबद्ध करने में विशेष रूप से उपयोगी है, जो असंरचित होते हैं (जैसे, कॉल ट्रांसक्रिप्ट), और उच्च मात्रा में शोरयुक्त डेटा (जैसे, क्लिकस्ट्रीम डेटा)।

**डेटा एकीकरण :** विरासती प्रणालियों से क्लाउड तक के इंटरफ़ेस को स्पष्ट उद्देश्य के साथ विकसित किया जाना चाहिए, ताकि विभिन्न स्रोतों से डेटा को अच्छी तरह से स्थापित तात्विकी के आधार पर एकीकृत किया जा सके। यह कहना आसान है, कर पाना कठिन है – विशेष रूप से जब दशकों के ऐतिहासिक डेटा का संचय होता है। यही कारण है कि फ़र्मों को ऐतिहासिक डेटा एकीकरण मुद्दों से प्रभावित हुए बिना, भविष्योन्मुखी आधार पर डेटा एकीकरण को परिभाषित करने का विकल्प चुनना चाहिए।

**क्लाउड डेटा गवर्नेंस :** क्लाउड में माइग्रेशन से क्लाउड गवर्नेंस को फिर से परिभाषित करने का अवसर मिलता है – जिसमें अनुपालन और नियामक निरीक्षण शामिल हैं। ऐसी कई फ़र्में हैं, जो डेटा गवर्नेंस के संचालन के लिए डेटा अंतर्ग्रहण के समय डेटा कैटलॉगिंग (जैसे, एलेशन) और मेटाडेटा प्रबंधन (जैसे, कोलिब्रा) जैसे तकनीक-आधारित गवर्नेंस समाधान उपलब्ध कराती हैं। ।

*उद्यम आई की स्केलिंग*

उद्यमों ने संगठन के तमाम हिस्सों में एकतरफ़ा एआई समाधान पर ध्यान केंद्रित किया है – और इसे जारी रखे हैं, हालाँकि, इनमें से कई मॉडल एकमुश्त पीओसी से आगे बढ़ने के लिए संघर्ष करते हैं, ऐसा अक्सर इसलिए होता है, क्योंकि उन्हें सीमित डेटासेट पर प्रशिक्षित किया जाता है। इन मॉडलों को स्केल करना संभव नहीं है, लेकिन क्लाउड में यह सब बदलने की क्षमता है:

**एआई मॉडल ट्रेनिंग और सत्यापन :** क्लाउड के डेटा के साथ, यह उत्पादन परिवेशों में मॉडलों को प्रशिक्षित और संचालित करने के लिए और अधिक कुशल तथा प्रभावी हो जाता है। क्लाउड कंप्यूट और स्टोरेज की उपलब्धता हमेशा बढ़ते डेटा स्रोतों के साथ मॉडल के प्रशिक्षण/सत्यापन के लिए आवश्यक है।

**एआई मॉडल फ़ीचर स्टोर :** मौजूदा फ़ीचरों के पुनर्पयोग के लिए केंद्रीकृत क्लाउड-नेटिव फ़ीचर का निर्माण करना उद्योगों में डेटा विज्ञान की टीमों के लिए मददगार होता है। आगे चलकर, यह पुनर्पयोग को प्रोत्साहित करेगा।

**बड़े पैमाने पर एआई मॉडल प्रशिक्षण :** एआई ऐल्गारिदम आमतौर पर डेटा होते हैं और गहन गणना करते हैं। क्लाउड की लोचदार प्रकृति किसी परिवर्तनीय लागत संरचना में मॉडल के प्रशिक्षण और सत्यापन को सँभालने के लिए गणना क्षमता के स्केलिंग अप/डाउन में बहुत उपयोगी हो सकती है।

**एआई के सर्वश्रेष्ठ तरीक़े :** ज़्यादातर क्लाउड एआई प्लेटफ़ॉर्म में ओपन सोर्स ऐल्गारिदम शामिल होते हैं, जिन्हें वर्षों से क्यूरेट किया गया है। क्लाउड एआई प्लेटफ़ॉर्म तक पहुँच इन सर्वश्रेष्ठ तरीक़ों तक पहुँच को सक्षम बनाती है।

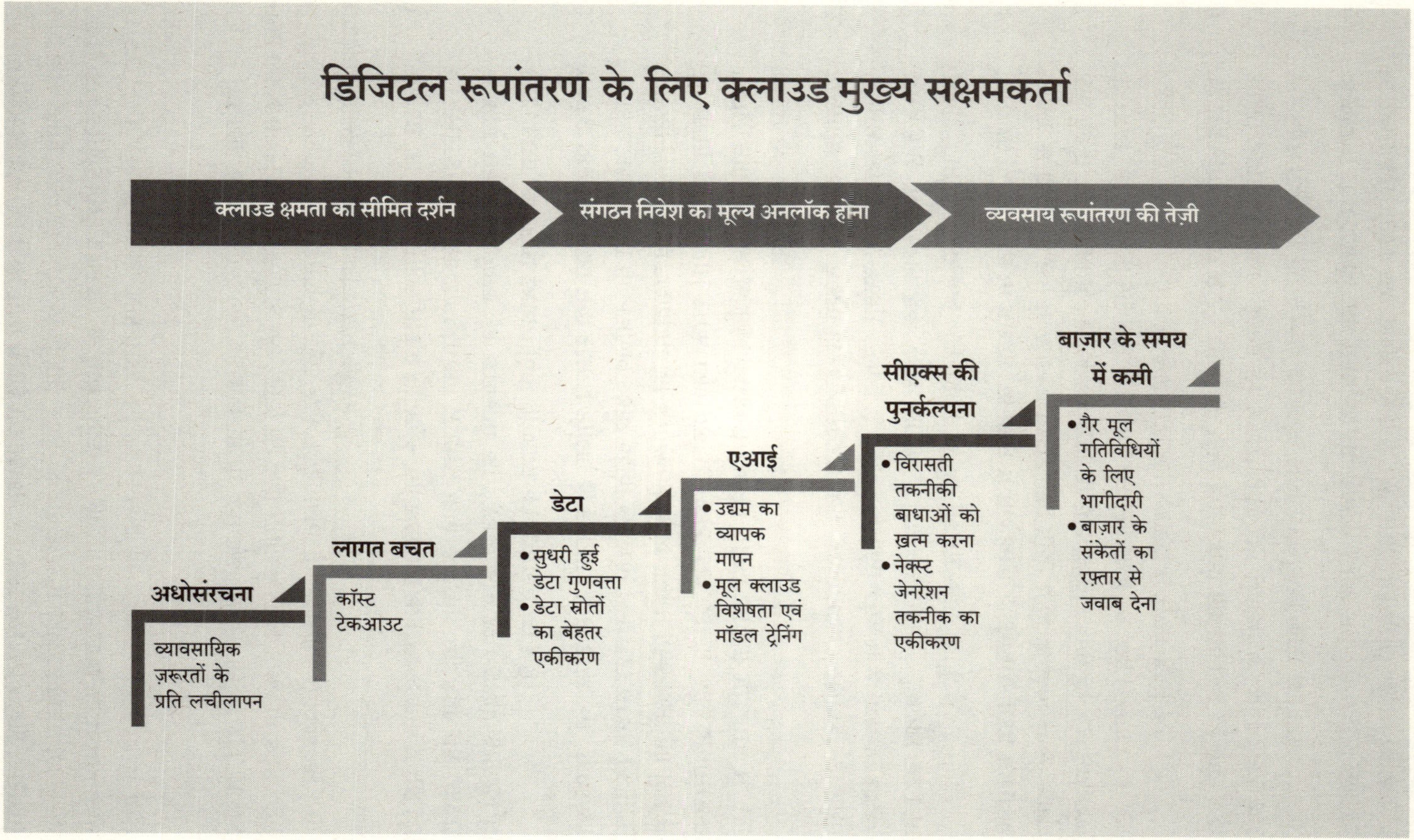
डिजिटल रूपांतरण के लिए क्लाउड मुख्य सक्षमकर्ता
क्लाउड क्षमता का सीमित दर्शन
संगठन निवेश का मूल्य अनलॉक होना
व्यवसाय रूपांतरण की तेज़ी
अधोसंरचना
व्यावसायिक ज़रूरतों के प्रति लचीलापन
लागत बचत
कॉस्ट टेकआउट
डेटा
• सुधरी हुई डेटा गुणवत्ता
• डेटा स्रोतों का बेहतर एकीकरण
एआई
• उद्यम का व्यापक मापन
• मूल क्लाउड विशेषता एवं मॉडल ट्रेनिंग
सीएक्स की पुनर्कल्पना
• विरासती तकनीकी बाधाओं को ख़त्म करना
• नेक्स्ट जेनरेशन तकनीक का एकीकरण
बाज़ार के समय में कमी
• ग़ैर मूल गतिविधियों के लिए भागीदारी
• बाज़ार के संकेतों का रफ़्तार से जवाब देना

**परिचालन प्रणालियों के साथ एआई एकीकरण:** ज़्यादातर क्लाउड एआई प्लेटफ़ॉर्म अधिकांश प्रमुख उद्यम लेन-देन प्रणालियों (जैसे, ईआरपी) और निर्णय समर्थन प्रणालियों (जैसे, कार्यप्रवाह प्रबंधन प्रणाली) के साथ एपीआई-आधारित एकीकरण का समर्थन करते हैं। यह निर्णय लेने में मॉडल सिफ़ारिशों के संचालन के लिए समय कम करने में मदद करता है।

क्लाउड डिजिटल रूपांतरण का एक प्रमुख घटक है, यह अब कोई सवाल ही नहीं है। जब संगठन अधोसंरचना से परे क्लाउड की क्षमता का सही मायने में लाभ उठाने पर काम करते हैं और उसे रूपांतरण के प्रमुख प्रवर्तक के रूप में मानते हैं, तो ध्यान में रखने के लिए सफलता के कुछ ख़ास मंत्र नीचे दिए जा रहे हैं:

1. **क्लाउड को आईटी पहल मात्र न मानिए – यह व्यवसाय के साथ संयुक्त प्रयास भी है:** क्लाउड की शक्ति का पूरी तरह से दोहन करने के लिए, व्यवसाय और आईटी के बीच संयुक्त स्वामित्व उन कार्यक्रमों की पहचान करने और प्राथमिकता देने में मदद करेगा, जो सीधे व्यावसायिक परिणामों को प्रभावित करते हैं।

2. **गवर्नेंस प्रक्रियाओं को नया स्वरूप दीजिए :** क्लाउड-फ़र्स्ट दुनिया में, फ़र्मों को क्लाउड अधोसंरचना के लचीलेपन और दक्षता को खोए बिना डेटा सुरक्षा, नियामक और अनुपालन आवश्यकताओं को सँभालने के लिए गवर्नेंस प्रक्रियाओं को फिर से परिभाषित करना होगा। इसके लिए क्लाउड-फ़र्स्ट डेटा, सुरक्षा और अधोसंरचना गवर्नेंस संगठन बनाने के लिए विरासती गवर्निंग प्रक्रियाओं को पूरी तरह से नया स्वरूप देने की ज़रूरत है।

3. **विस्तारित क्लाउड तकनीकी इकोसिस्टम को अपनाना :** क्लाउड-आधारित अधोसंरचना क्लाउड बाज़ार-स्थानों के ज़रिये तकनीकी स्टैक में हर स्तर पर बेस्ट-इन-क्लास एप्लीकेशन तक पहुँच खोलती है। संगठनों को एप्लीकेशंस के लिए अपनी 'निर्माण बनाम क्रय' रणनीतियों पर फिर विचार करना चाहिए।

4. **'सत्य के एकल स्रोत के मिथक' के झाँसे में मत आइए :** उद्यम क्लाउड माइग्रेशन प्रयासों के हिस्से के रूप में 'गोल्डन रिकॉर्ड' का पीछा करने के लिए लाखों डॉलर ख़र्च करना जारी रखते हैं, जो अक्सर खोखला वादा साबित होता है। डेटा अंतर्ग्रहण के समय फॉरवर्ड-लुकिंग डेटा गुणवत्ता और सामंजस्य पर ध्यान लगाना अक्सर बेहतर होता है, और समय के साथ डेटा की गुणवत्ता में सुधार होता है।

5. **यह सब लोगों के बारे में है :** सालों से, फ़र्मों ने विरासती तकनीकों के इर्द-गिर्द बड़ी आईटी टीमों का निर्माण किया है। आईटी और डेटा संगठनों के अंदर टैलेंट और संगठनात्मक मॉडल का मूल्यांकन निरंतर आधार पर किया जाना चाहिए।

6. **परियोजना से प्लेटफ़ॉर्म और कार्यक्रम मानसिकता :** एक बार नेतृत्व टीम क्लाउड के रणनीतिक महत्त्व को पहचान लेती है, तो सभी हितधारकों को परियोजनाओं के बजाय कार्यक्रमों और प्लेटफ़ार्मों की ओर उन्मुख करना अहम हो जाता है।

> परियोजनाएँ आम तौर पर बिंदु समस्याओं के लिए एकमुश्त निवेश होती हैं और अल्पकालिक प्राथमिकताओं से संचालित होती हैं। क्लाउड प्लेटफ़ॉर्म्स के लिए, विशेष रूप से, किसी बहु-वर्ष की अवधि में लगातार स्वामित्व के साथ स्थिर, निरंतर फ़ोकस और प्रायोजन की ज़रूरत होती है।

पिछले 25 सालों में, आईटी संगठन कई तकनीकी प्रचार चक्रों से गुज़रे हैं – उनमें से कई बस ऐसे ही थे। यदि क्लाउड को केवल एक और तकनीकी सनक के रूप में समझे जाने का कोई संदेह था, तो कंपनियों में कोविड-19 महामारी से शुरू हुई डिजिटल सक्षमता के अति-त्वरण को संभव करने में क्लाउड की महत्त्वपूर्ण भूमिका ने उन संदेहों को दूर कर दिया है। अब यह स्पष्ट हो गया है कि क्लाउड व्यवसाय-संचालित मूल्य का प्रतिनिधित्व करता है, और इसके साथ ही ध्यान उस मूल्य पर क़ब्ज़ा करने के तरीक़े पर स्थानांतरित हो रहा है। अब यह सुनिश्चित करने पर ध्यान देने की ज़रूरत है कि कंपनियाँ कोविड-19 के बाद 'नेक्स्ट नॉर्मल' चरण में अपनी डिजिटल रूपांतरण यात्रा पर क्लाउड की ओर बहुत धीरे-धीरे न बढ़ें। उन्हें डिजिटल-प्रथम और चुस्त प्रतिस्पर्द्धा से व्यवधान का जोखिम न हो।

## सारांश

- संगठनों को क्लाउड के प्रति अधिक रणनीतिक परिदृश्य रखना चाहिए।
- आधुनिक क्लाउड एंड-टू-एंड डिजिटल रूपांतरण को तीव्र कर सकता है, जैसा कि डिजिटल मूल कंपनियों ने दर्शाया है, लेकिन ग़ैर डिजिटल मूल कंपनियों में क्लाउड के इस्तेमाल का ट्रैक रिकॉर्ड प्रभावकारी नहीं है।
- क्लाउड ग्राहक अनुभवों का पुनर्निर्धारण करके व्यवसाय प्रदर्शन सुधार सकते हैं और बाज़ार का समय घटा सकते हैं।
- इसी तरह से, आंतरिक रूप से क्लाउड उद्यमों के लिए दो महत्त्वपूर्ण क्षेत्रों में निर्णायक हो सकता है: डेटा, एआई और मशीन लर्निंग से बेहतर मूल्य हासिल करना।
- तकनीक के लिए तकनीक अपनाना संगठनों के लिए अभिशाप रहा है। यही कारण है कि ऐसा प्रतीत होता है कि क्लाउड से परिणाम हासिल नहीं हुआ है। क्लाउड की रूपांतरकारी क्षमता को अर्जित करने के लिए व्यवसाय और आईटी के बीच संयुक्त प्रयास की ज़रूरत है। इसके अलावा, परियोजना से प्लेटफ़ॉर्म और कार्यक्रम मानसिकता से दूर होने की ज़रूरत है, क्योंकि क्लाउड पहल के लिए स्थिर, निरंतर फ़ोकस और बहु-वर्ष की अवधि में प्रायोजन की ज़रूरत होती है।

# खंड – 4

# वैश्विक अनुकूलता का फ़ायदा उठाना

# परिचय : वैश्विक अनुकूलता का फ़ायदा उठाना

खंड 1 में हमने व्यवसायों में संलग्नता के नए नियम वूका की बात की और चर्चा की कि उद्यमों के लिए डिजिटल रूपांतरण क्यों मायने रखता है। जब उद्योगों में उद्यम, डिजिटल रूपांतरण की ओर अग्रसर होते हैं, तो उन्हें अपने उद्योगों में विशिष्ट चुनौतियों का समाधान करना होता है, जैसा कि हमने खंड 2 में विस्तार से बताया है। उद्यमों को उन प्रमुख तकनीकों का इस्तेमाल भी करना चाहिए, जो डिजिटल स्टैक के बिल्डिंग ब्लॉक्स होते हैं, जैसा कि खंड 3 में बताया गया है।

इस खंड में, मैं यह प्रस्ताव करना चाहता हूँ कि डिजिटल युग में हर उद्यम को एक वैश्विक उद्यम होना चाहिए। खंड 1 के अध्याय 1 में प्रबंधन के अपने आठ नए नियमों का परिचय देते हुए, मैंने उल्लेख किया था कि कोई भी इसे वूका जगत में अकेले नहीं कर सकता है। डिजिटल युग बहुत जटिल है और इसमें बहुत सारी ताक़तें लगी हैं। बंद दायरे में परिचालन करना और सफल होना बहुत मुश्किल है। इसलिए, मेरा सातवाँ नियम था, 'एक मुक्त संगठन और भागीदारी का जाल बनाइए'। इसके सबसे महत्त्वपूर्ण पहलुओं में से एक है, वैश्विक मानसिकता रखना और वैश्विक अवसरों को बाज़ार की माँग और आपूर्ति श्रृंखला के दृष्टिकोण से भुनाना।

आईटी सेवा उद्योग एक महत्त्वपूर्ण प्रवर्तक है, जो डिलीवरी में वैश्विक अनुकूलता का लाभ उठाने में उद्यमों की मदद करता है। इस उद्योग का भारत, पूर्वी यूरोप और कई अन्य उभरती अर्थव्यवस्थाओं में गुरुत्वाकर्षण का एक मज़बूत केंद्र है। यह दुनियाभर के उद्यमों को कई उभरती अर्थव्यवस्थाओं की ओर से पेश लागत, टैलेंट और स्केल की अनुकूलताओं से लाभ उठाने का मौक़ा देता है।

वैश्विक आईटी सेवाओं के इस पदचिह्न में सेवा कंपनियाँ और वैश्विक उद्यम, दोनों ही शामिल होते हैं, जिन्होंने उभरती अर्थव्यवस्थाओं में अपनी समर्पित तकनीकी और परिचालन केंद्र स्थापित किए हैं। इस खंड में, मैंने दोनों प्रकार की संस्थाओं (सेवा कंपनियों और इन-हाउस सेंटर) को कवर करने के लिए ग्लोबल डिलीवरी सेंटर या जीडीसी शब्द का इस्तेमाल किया है। मैंने दोनों के बीच स्पष्ट अंतर के बावजूद, दोनों प्रकार की संस्थाओं

के लिए जानबूझकर एक ही शब्द का इस्तेमाल किया है। जहाँ इन संस्थाओं की स्वामित्व संरचना अलग होती है और इन विकल्पों के बीच अक्सर 'निर्माण बनाम क्रय' में संतुलन होता है। मेरी मान्यता यह है कि परिचालन मॉडल और मानसिकता दोनों तरह की कंपनियों के लिए समान होनी चाहिए - वैश्विक उद्यम के रूप में गहरी साझेदारी और एकीकरण वाली।

डिजिटल युग में उद्यमों के सफल होने के लिए जीडीसी बेहद महत्त्वपूर्ण हैं। तकनीक डिजिटल का मूल आधार है, और जीडीसी इस तकनीक के निष्पादन के लिए गुरुत्व का केंद्र हैं। वे न केवल लागत, बल्कि वूका जगत में ज़रूरी नवाचार और गति लाभ की आपूर्ति भी करते हैं। जहाँ जीडीसी कई सालों से अस्तित्व में है, वहीं डिजिटल युग में तकनीक से नई अपेक्षाओं को पूरा करने के लिए, जीडीसी के प्रस्ताव और परिचालन मॉडल में महत्त्वपूर्ण बदलाव करने होंगे। ऐतिहासिक रूप से, जीडीसी को लागत और निष्पादन केंद्रों के रूप में देखा गया है, लेकिन इसे बदलने की ज़रूरत है, और उन्हें राजस्व और नवाचार केंद्र बनाना होगा। यह आकर्षक अवसर है। इस परिवर्तन को करने में सक्षम और वैश्विक डिलीवरी का प्रभावी लाभ उठाने वाले उद्यम डिजिटल युग में निश्चित रूप से वास्तविक लाभ हासिल करेंगे।

मैं तक़रीबन बीस साल से जीडीसी के विकास को आकार देने में मदद करने के लिए इस उद्योग में भागीदार और लीडर रहा हूँ। मैंने **2002** से **2010** तक भारत में मैकिंज़ी नॉलेज सेंटर की कमान सँभाली। यह न केवल एक अत्याधुनिक केंद्र बनाने का अवसर था, जो लगातार यह परिभाषित कर रहा था कि जीडीसी से क्या किया जा सकता है, बल्कि यह मैकिंज़ी में हमारे लिए एक शोपीस भी बन गया, जिससे हम जीडीसी स्थापित करने की इच्छा रखने वाले हमारे ग्राहकों के लिए जीडीसी के सर्वोत्तम तरीक़े प्रदर्शित कर सकते थे। इसके बाद, मैंने छह सालों तक फ़िडेलिटी के अंतरराष्ट्रीय व्यापार के लिए ग्लोबल डिलीवरी नेटवर्क की कमान सँभाली। इस दौरान, मैंने कई वर्षों तक नैसकॉम (आईटी और बीपीओ कंपनियों के लिए भारत में उद्योग निकाय) के लिए ग्लोबल इनहाउस सेंटर्स फ़ोरम का नेतृत्व किया, जहाँ मैंने जीडीसी के लिए मूल्यवर्द्धन ढाँचे और परिपक्वता रोडमैप निर्धारित करने में मदद की।

यह देखना और इसे आकार देना मेरे लिए आकर्षक यात्रा रही है कि जीडीसी कैसे वैश्विक उद्यमों के लिए समर्थन केंद्र से आगे बढ़कर प्रतिस्पर्द्धात्मक लाभ का स्रोत बनने के रूप में विकसित हुए हैं। वैश्विक अनुकूलता - क्यों, क्या और कैसे - का लाभ उठाने के अवसर पर इस खंड में फ़ोकस किया गया है।

### अध्याय 1: डिजिटल युग में उद्यमों को ग्लोबल डिलीवरी मॉडल की ज़रूरत क्यों है

यहाँ मैं यह स्थापित करता हूँ कि डिजिटल युग में सफलता के लिए ग्लोबल डिलीवरी मॉडल अहम है। भविष्य के विकास के लिए निवेश करते हुए उद्यमों को अपने मौजूदा राजस्व स्रोतों

की रक्षा करने की दोहरी चुनौती का सामना करना पड़ रहा है। ग्लोबल डिलीवरी मॉडल, लागत कम करने के साथ-साथ रूपांतरण/नवाचार की रफ़्तार को बढ़ाने के अलावा विश्वस्तरीय क्षमताओं के निर्माण में कौशल अंतराल को दूर करने के लिए भी ज़रूरी है।

**अध्याय 2: ग्लोबल डिलीवरी सेंटर अग्र-बिंदुओं के क़रीब हैं, और क़दम बढ़ाने के लिए तैयार हैं**

मैं अपनी टिप्पणियों को साझा करता हूँ कि कई जीडीसी अग्र-बिंदुओं यानी टिपिंग पॉइंट पर पहुँच रहे हैं और अपनी भूमिका बढ़ाने के लिए तैयार हैं। कई जीडीसी अपने पैमाने और क्षमताओं के सह-स्थान के आधार पर उद्यमों के लिए रणनीतिक संपत्ति के रूप में विशिष्ट रूप से स्थित हैं। इसके अतिरिक्त , जीडीसी की नेतृत्व परिपक्वता उद्यमों के लिए मूल्य प्राप्ति में और तेज़ी ला सकती है।

**अध्याय 3: ग्लोबल डिलीवरी सेंटर राजस्व और नवाचार केंद्र हो सकते हैं**

इस अध्याय में, मैं इस बात पर रोशनी डालता हूँ कि किस प्रकार बेस्ट-इन-क्लास जीडीसी नवाचार और राजस्व केंद्र के ज़रिये पर्याप्त मूल्य वर्द्धित लाभ दे रहे हैं। एक ओर, वे उद्यमों के लिए परिवर्तन/निरंतर सुधार के केंद्र बन रहे हैं, और दूसरी ओर, वे मौजूदा सेवाओं में मूल्य श्रंखला को आगे बढ़ा रहे हैं। डिजिटल युग में जीडीसी के लिए 'लागत+टैलेंट+डोमेन विशेषज्ञता'सफलता का नुस्ख़ा है। मैंने उद्योग में अपने स्वयं के अनुभव से उदाहरण देते हुए छह सिद्धांतों का विस्तृत विवरण दिया है, जिन्होंने जीडीसी को मूल्य श्रंखला तक ले जाने में अच्छा काम किया है।

**अध्याय 4: संगठनात्मक दृष्टिकोण में परिवर्तन के ज़रिये ग्लोबल डिलीवरी सेंटर की क्षमता को अधिकतम करना**

इस अध्याय में, मैं यह टिप्पणी करता हूँ कि क्षितिज पर अवसरों के बावजूद, कई जीडीसी ने अपनी पूरी क्षमता को अर्जित नहीं किया है। मैं उन कारकों पर अपना दृष्टिकोण साझा करता हूँ, जिन पर उद्यमों को अपने जीडीसी से अधिकतम मूल्य हासिल करने के लिए फिर से विचार करना चाहिए। इनमें परिचालन मॉडल के बारे में संरचनात्मक और मानसिकता में बदलाव, सीएक्सओ-स्तरीय जुड़ाव को बढ़ाना और जीडीसी में उद्यमशीलता का नेतृत्व लाना शामिल है।

**अध्याय 5: ग्लोबल डिलीवरी सेंटरों का विकास और जीडीसी लीडर्स की नई ज़रूरत**

जीडीसी के लिए कार्रवाई का यह आह्वान निष्पादन से नेतृत्व की ओर बढ़ना है। यह समय की माँग है, ताकि जीडीसी और वैश्विक उद्यम पूरी तरह से अपने अवसरों को अर्जित कर सकें। इस क़दम को साकार करने के लिए, नई पीढ़ी के लीडर्स को विकसित करने की अहम ज़रूरत है, जो निष्पादन से नेतृत्व तक की यात्रा में जीडीसी के पथप्रदर्शक होंगे। ऐसा

करने के लिए जीडीसी लीडर्स के स्तर पर आवश्यक चार अहम बदलावों की ज़रूरत है, जिन पर इस अध्याय में विस्तार से चर्चा की गई है।

अंत में, अध्याय में यह मार्गदर्शन दिया गया है कि जीडीसी प्रबंधक कैसे वैश्विक मानसिकता का निर्माण कर सकते हैं और सफल लीडर बन सकते हैं।

## अध्याय 6: विश्वस्तरीय नॉलेज सेंटर का निर्माण कैसे करें

इस अध्याय में, मैं विश्व स्तरीय नॉलेज सेंटर के निर्माण पर अपना दृष्टिकोण प्रस्तुत करता हूँ। किसी उद्यम के दीर्घकालिक स्थायी प्रतिस्पर्द्धात्मक लाभ के लिए डिजिटल युग में स्वामित्व ज्ञान एक अहम ज़रूरत है। नॉलेज सेंटर नवाचार का स्रोत बन सकता है, बड़ी वैश्विक फ़र्मों के लिए मुख्य प्रस्ताव और सेवा मॉडल को बदल सकता है। मैं यात्रा के अपने दृष्टिकोण का वर्णन करता हूँ और मैकिंज़ी नॉलेज सेंटर के लीडर के रूप में अपने अनुभवों के आधार पर नॉलेज सेंटर के लिए ज़रूरी मुख्य बिल्डिंग ब्लॉक्स पर चर्चा करता हूँ।

यह केस स्टडी न केवल अनुसंधान या एनालिटिक्स प्रकार की क्षमताओं के लिए, बल्कि कई अन्य उच्च-स्तरीय, विशेषज्ञता-उन्मुख क्षमताओं के लिए अच्छा उदाहरण पेश करती है, जो कि जीडीसी बना सकते हैं। मेरा दृढ़ता से मानना है कि मैकिंज़ी नॉलेज सेंटर के निर्माण से मुझे मिली सीख अब भी बहुत प्रासंगिक है और डिजिटल युग में जीडीसी को जहाँ जाने की ज़रूरत है, उसके लिए एक शानदार ढाँचा उपलब्ध कराती है।

# 1

# डिजिटल युग में उद्यमों को ग्लोबल डिलीवरी मॉडल की ज़रूरत क्यों है

*विकास केवल राष्ट्रों के बीच प्रभावी सहयोग से ही हासिल किया जा सकता है। दुनिया एक वैश्विक गाँव है और समस्याएँ सुलझाने के लिए वैश्विक दृष्टिकोणों की ज़रूरत है।*

*—जोसेफ इनून्यु, पीएचडी, सेंट्रल मिशिगन यूनिवर्सिटी*

डिजिटल युग में, जैसे-जैसे व्यवसाय और उत्पाद चक्र सिकुड़ते जा रहे हैं, वैसे-वैसे उद्यगों के लिए दीर्घकालिक, स्थायी प्रतिस्पर्द्धात्मक लाभ विकसित करने की ज़रूरत बढ़ती जा रही है। जहाँ दुनियाभर के उद्यम नवाचार में निवेश कर रहे हैं, वहीं निष्पादन के लिए काम करने और सहयोग करने के नए तरीक़ों की भी ज़रूरत है। डिजिटल युग में जीत के लिए उद्यमों के पास **आज तीन प्रमुख अनिवार्यताएँ होनी चाहिए :**

- **मौजूदा राजस्व की रक्षा और भविष्य के विकास के लिए निवेश की दोहरी चुनौती का समाधान करना** – जब व्यवसाय और उत्पाद चक्र छोटे होते जाते हैं, तो उद्यमों को अपनी मौजूदा राजस्व धाराओं की रक्षा करनी चाहिए और भविष्य के विकास के लिए लगातार नई रणनीतिक पहलों को स्व-निधि देना चाहिए। एसऐंडपी के शोध के अनुसार, लगभग सभी उद्योग ऐसे प्रतिकूल हालात से जूझ रहे हैं, जो विकास को बाधित कर रहे हैं और साख गुणवत्ता के लिए जोखिम पैदा कर रहे हैं।[1] छह सबसे अधिक संपत्ति-भारी क्षेत्रों – दूरसंचार, उपयोगिता, ऊर्जा, सामग्री, मोटर वाहन और उद्योग – में 1,200 कंपनियों के प्रदर्शन पर किए गए शोध में एमआईटी स्लोन ने समान रूप से चिंताजनक प्रवृत्ति का ख़ुलासा किया।[2] पारंपरिक उद्यम 'उद्योग

संपीड़न'का सामना कर रहे हैं, जिसके परिणामस्वरूप परिचालन लाभ और राजस्व दोनों में ही लंबे समय तक गिरावट आती है। इसलिए, उन्हें नई पहलों और आस-पास के क्षेत्रों में निवेश करना चाहिए, ताकि नई राजस्व धाराएँ समय के साथ मिश्रण में अधिक हिस्सेदारी हासिल कर सकें। इसका एक अच्छा उदाहरण दूरसंचार में है, जहाँ वॉइस से औसत राजस्व में प्रति उपयोगकर्ता (एआरपीयू) 2013-2015[3] के दौरान वैश्विक स्तर पर 19 प्रतिशत की गिरावट हुई है और तब से इसमें ही गिरावट आती जा रही है। इसलिए, यह स्वाभाविक है कि दूरसंचार कंपनियों ने 4जी/5जी अधोसंरचना के निर्माण में भारी निवेश किया है, ताकि वे नए समाधानों और सेवाओं से राजस्व बढ़ा सकें।

- **क्लाउड-फ़र्स्ट वर्ल्ड के लिए तैयार होने के वास्ते रूपांतरण का संचालन करें :** और वृद्धिशील तथा कैच-अप चालों में न फँसें। यह हॉकी-स्टिक प्रदर्शन को हासिल करने की कुंजी है। हम ध्रुवीकरण की प्रवृत्ति और उच्च-विकास कंपनियों के प्रदर्शन और बाक़ी उद्योगों के प्रदर्शन के बीच व्यापक अंतर देख रहे हैं। मैकिंज़ी के अनुसार, आर्थिक लाभ के आधार पर सबसे अच्छा प्रदर्शन करने वाली शीर्ष 10 प्रतिशत कंपनियों और सभी क्षेत्रों में सबसे ख़राब प्रदर्शन करने वाली 10 प्रतिशत कंपनियों के बीच का अंतर बढ़ रहा है।[4] यह अंतर बहुत व्यापक है और 2008 के संकट की तुलना में ध्रुवीकरण बहुत अधिक है। जब तक लीडर्स 'क्या हो सकता है' के बारे में नहीं सोचते और केवल 'क्या है' को सुधारने पर ध्यान केंद्रित नहीं करते, तब तक सफल प्रदर्शन की संभावना कम है।

- **नए ज़माने के प्रतिस्पर्द्धियों के ख़िलाफ़ आगे बढ़ें** जो उद्योगों में विकास के मानक स्थापित कर रहे हैं। इनोसाइट के शोध के अनुसार, 1965 में एसऐंडपी 500 में कंपनियों का औसत कार्यकाल 33 साल था। 1990 तक, यह 20 साल था। 2026 तक इसके घटकर 14 साल तक हो जाने का अनुमान है। वर्तमान एसऐंडपी 500 घटकों में से लगभग 50 प्रतिशत को अगले दस सालों में प्रतिस्थापित किए जाने की संभावना है।[5] जब ग्राहकों के बीच डिजिटल को मुख्यधारा में अपनाने के साथ उद्योग में डिजिटल परिपक्वता बढ़ती है, तो पिछड़ने वाली कंपनियों के बाहर हो जाने की संभावना बढ़ जाती है। यह पारंपरिक मीडिया जैसे उद्योगों में देखा गया है, जहाँ डिजिटल एजेंसियों ने उनसे बेहतर प्रदर्शन किया है, और खुदरा क्षेत्र में, जहाँ ई-कॉमर्स की आज उच्च बाज़ार हिस्सेदारी है।

इन तीन अनिवार्यताओं के लिए, **उद्यमों को अपनी प्रमुख चुनौतियों का समाधान करने के लिए निम्नलिखित काम करने चाहिए:**

i. सेल्फ़-फ़ंड वाली नई रणनीतिक पहलों के लिए मौजूदा लागत कम करें।
ii. रूपांतरण और नवाचार की रफ़्तार बढ़ाएँ।
iii. प्रासंगिक डोमेन और तकनीकी कौशलों समेत विश्व-स्तरीय क्षमताओं के निर्माण में कौशल-अंतराल से निपटें।

## उद्यमों को डिजिटल युग में सफलता के लिए ग्लोबल डिलीवरी पर विचार करना ही चाहिए

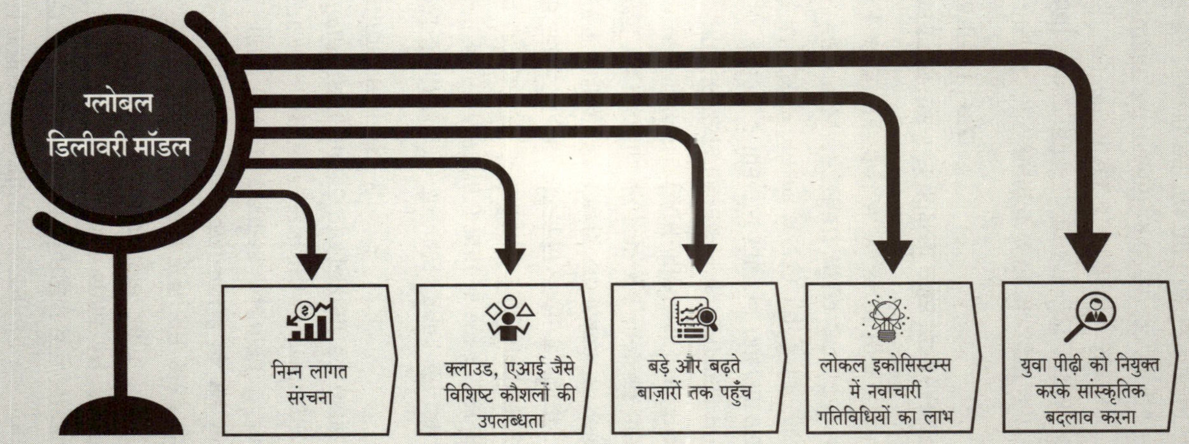

i. **सेल्फ़-फ़ंड वाली नई रणनीतिक पहलों के लिए मौजूदा लागत कम करें :** दीर्घकालिक लाभप्रद वृद्धि के लिए लागत संरचना से निपटने के विवेकपूर्ण दृष्टिकोण की ज़रूरत होती है। उद्यम समग्र रूप से घटते लागत आधार में परिवर्तन-संबंधी लागतों की हिस्सेदारी बढ़ाते हुए व्यवसाय-सामान्य लागत को कम करने के तरीक़ों की तलाश कर रहे हैं। रणनीतिक ऑफ़ शोरिंग/आउटसोर्सिंग एक ऐसा ही तरीक़ा है, जो दक्ष और कुशल टीमों के निर्माण के लिए विरासती उच्च लागत वाली टीमों को युक्तिसंगत बनाता है। इससे उद्यमों को अपनी लागत 50-60 प्रतिशत तक कम करने में मदद मिलती है। ये बचत प्रमुख रणनीतिक क्षमता निर्माण पहलों को चलाने में मदद करती हैं, ताकि उद्यम मज़बूत बन सकें और प्रतिस्पर्द्धात्मक लाभ हासिल कर सकें। डेलॉइट के एक अध्ययन में कहा गया है कि 84 प्रतिशत उद्यम आउटसोर्सिंग के केवल लागत लाभ से संचालित व्यवधानकारी समाधानों की ओर आगे बढ़े हैं।[6] इन संगठनों ने विक्रेता के साथ मज़बूत संबंधों और उनके द्वारा लाई गई क्षमताओं के परिणामस्वरूप पायलट परियोजनाओं का संचालन किया है और/या व्यवधानकारी समाधान लागू किए हैं।

ii. **रूपांतरण और नवाचार की रफ़्तार बढ़ाएँ :** जैसे-जैसे ग्राहकों की ज़रूरतें तेज़ी से विकसित हो रही हैं और नए ज़माने के प्रतियोगी ख़तरे के रूप में उभर रहे हैं, वैसे-वैसे ये उद्यम वक्र से आगे रहने के लिए 'रणनीति + उत्पाद'मानसिकता को अपना रहे हैं। यह काम करने के नए तरीक़े को परिभाषित करता है, जिसमें ओवरटाइम क्या और कैसे पुनरावर्ती रूप से विकसित होते हैं, जो ग्राहकों को उनकी तेज़ी से विकसित होने वाली ज़रूरतों को संबोधित करते हुए मूल मूल्य को तीव्र करता है। टीमों के संरेखण और ज्ञान के परा-परागण (क्रॉस-पॉलीनेशन) को सक्षम करने के लिए इसका एक प्रसिद्ध उदाहरण स्क्वायड ऐंड ट्राइब्स का स्पॉटिफाई मॉडल है। यह नए उत्पादों और सुविधाओं के लिए इंजीनियरिंग की उच्च गति पैदा करता है, जो बेहतर ग्राहक परिणाम देते हैं। डेलॉइट सर्वेक्षण में कहा गया है कि उद्यमों के लिए यह महत्त्वपूर्ण विचार है, जिसमें ग्लोबल डिलीवरी मॉडल अपनाने में 40 प्रतिशत उत्तरदाताओं ने नवाचार को प्रमुख अनुबंध घटक के रूप में माना है।[7]

iii. **प्रासंगिक डोमेन और क्लाउड जैसे तकनीकी कौशलों समेत विश्व-स्तरीय क्षमताओं के निर्माण में कौशल-अंतराल से निपटें**

डिजिटल क्षमताओं को अपनाने और समाहित करने में उद्यमों की सबसे बड़ी चुनौतियों में से एक चुनौती विशिष्ट कौशल, मसलन-डेटा विज्ञान, एआई और क्लाउड के साथ सही टैलेंट को खोजने की है, जहाँ माँग और आपूर्ति के बीच व्यापक अंतर है। यह सब ग्राहकों की बदलती अपेक्षाओं की पृष्ठभूमि में भी किया जाना है, और इन ग्राहकों की ज़रूरतों को पूरा करने के लिए तमाम कौशल एक साथ लाने होंगे। इसके अतिरिक्त , क्लाउड में काम करने के लिए ज़रूरी विशेषज्ञता प्राप्त प्रतिभाओं को आकर्षित करने और बनाए रखने के लिए मानव संसाधन, वेतन और स्थान संबंधी नीतियाँ लागू करनी होंगी।

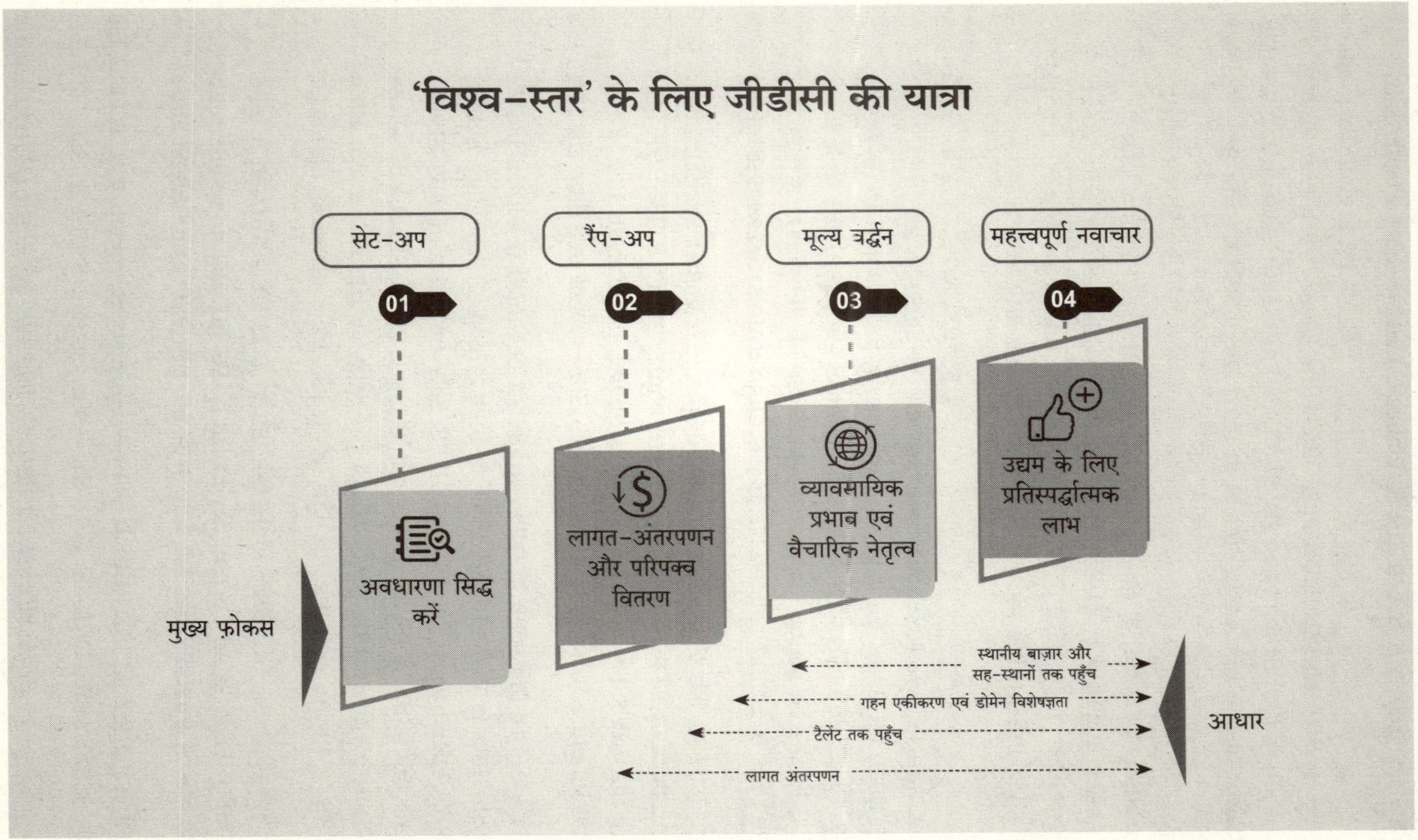

'विश्व-स्तर' के लिए जीडीसी की यात्रा
सेट-अप
रैंप-अप
मूल्य वर्द्धन
महत्त्वपूर्ण नवाचार
01
02
03
04
अवधारणा सिद्ध करें
लागत-अंतरपणन और परिपक्व वितरण
व्यावसायिक प्रभाव एवं वैचारिक नेतृत्व
उद्यम के लिए प्रतिस्पर्द्धात्मक लाभ
मुख्य फ़ोकस
स्थानीय बाज़ार और सह-स्थानों तक पहुँच
गहन एकीकरण एवं डोमेन विशेषज्ञता
टैलेंट तक पहुँच
लागत अंतरपणन
आधार

*ग्लोबल डिलीवरी मॉडल इन महत्त्वपूर्ण चुनौतियों का समाधान करेगा*

पिछले दो दशकों में ग्लोबल डिलीवरी मॉडल, ऐसे उद्यमों का प्रसिद्ध आश्रय रहा है, जो कम लागत के साथ मापनीय परिचालन मॉडल बनाना चाहते हैं। ऐसा निम्न कारणों से है:

- **लागत संरचना**–भारत और सस्ते श्रम वाले अन्य देश उच्च मुद्रास्फीति के बावजूद पर्याप्त लागत लाभ देना जारी रखे हैं। मसलन, अमेरिका में भारत की तुलना में सभी कार्यों में एंट्री/मिड लेवल पर 3–4 गुना उच्च लागत पड़ती है।[8]

- **कौशल की उपलब्धता** – इन देशों में एक बड़ा और युवा टैलेंट पूल भी है, जिसे एआई और क्लाउड जैसे नए कौशलों में प्रशिक्षित किया जा सकता है। ये विशिष्ट कौशल आज मज़बूत आपूर्ति में नहीं हैं, जबकि माँग बढ़ रही है, क्योंकि डिजिटल रूपांतरण अब मुख्यधारा बन चुका है। उदाहरण के लिए, भारत सालाना 2.8 मिलियन इंजीनियरिंग स्नातक पैदा करता है, जो अमेरिका की तुलना में बहुत ज़्यादा है, जहाँ हर साल 0.6 मिलियन इंजीनियरिंग स्नातक ही उत्तीर्ण होते हैं।[9]

- **बड़ा और बढ़ता हुआ बाज़ार** – भारत जैसे बाज़ार सबसे तेज़ी से बढ़ने वाले बाज़ारों में से हैं, और यह उद्यमों को स्थानीय बाज़ारों को सर्विस देने का अवसर देता है। भारत जैसे स्थानों में जीडीसी स्थापित करने वाले कई उद्यम भी इन स्थानीय बाज़ारों में ब्रांड उपस्थिति स्थापित करने के लिए बिक्री परिचालन खोल चुके हैं।

- **स्थानीय इकोसिस्टम में नवाचार गतिविधि** – मौजूदा तकनीकी इकोसिस्टम और युवा टैलेंट के संयोजन को देखते हुए कई उभरती अर्थव्यवस्थाएँ नवाचार का केंद्र बन रही हैं। भारत के नैसकॉम जैसे कई उद्योग संघ इनक्यूबेशन केंद्र स्थापित कर रहे हैं, जो नवाचार को प्रोत्साहित कर रहे हैं। जैसा कि उद्यम हमेशा ऐसे विचारों की तलाश में रहते हैं, जो उनके व्यवसायों को आगे बढ़ा सकें, ऐसे इन्क्यूबेटरों और त्वरक का दोहन ज़बरदस्त मूल्य जोड़ सकता है।

- **युवा आबादी से सांस्कृतिक परिवर्तन आसान होता है**– जब कर्मचारी युवा होते हैं, तो सांस्कृतिक परिवर्तन करना बहुत आसान होता है। मैकिंज़ी में मेरे अनुभव के अनुसार, भारत में एक नॉलेज सेंटर ने शोध कार्य के तरीक़े में सांस्कृतिक बदलाव में महत्त्वपूर्ण योगदान दिया और आख़िरकार वैश्विक फ़र्म के लिए सबसे महत्त्वपूर्ण नवाचार केंद्र बन गया।

ग्लोबल डिलीवरी मॉडल को उसकी पूरी क्षमता के साथ क्रियान्वित करने के लिए मौजूदा मानसिकता और परिचालन मॉडल में बड़े बदलाव की ज़रूरत है। एक सबसे अहम बदलाव उद्देश्य निर्धारित करने में है – अकेले लागत अंतर–पणन से प्रतिस्पर्द्धात्मक लाभ के स्रोत + लागत अंतर–पणन में उसे बदलना।

**प्रतिस्पर्द्धात्मक लाभ + लागत अंतरपणन के स्रोत के रूप में जीडीसी** इस खंड के परिचय में, मैंने ग्लोबल डिलीवरी सेंटरों (जीडीसी) की अवधारणा के बारे में बताया

था। उद्यमों को जीडीसी पर प्रतिस्पर्द्धी लाभ के स्रोत यानी उद्यम के 'गुप्त हथियार'के रूप में विचार करना चाहिए। जीडीसी को केवल लागत अंतरपणन का स्रोत मानने की बजाय अगर ठीक से इसका लाभ उठाया जाए, तो इसमें लागत से 3-5 गुना मूल्य पैदा करने की क्षमता है।

जीडीसी के 'विश्व स्तरीय' बनने का नया बेंचमार्क सफल नवाचार है। यह केवल क्रमिक सुधारों के बारे में नहीं है, बल्कि आईपी और नए उत्पादों तथा सेवाओं को विकसित करने के बारे में है, जो कंपनी की शीर्ष पंक्ति में वास्तविक अंतर लाते हैं। आप लागत केंद्र से राजस्व केंद्र में कैसे पहुँचते हैं? आप उद्यम की सबसे अधिक दबाव वाली व्यावसायिक समस्याओं का समाधान कैसे बनते हैं? हम इस खंड के अगले अध्यायों में इन प्रश्नों का और अधिक अध्ययन करेंगे।

संक्षेप में, किसी उद्यम को डिजिटल युग में प्रतिस्पर्द्धा करने में सक्षम होने के लिए ग्लोबल डिलीवरी मॉडल ज़रूरी है। यह प्रतिस्पर्द्धात्मक लाभ का स्रोत और सफलता का गुप्त हथियार हो सकता है। ग्लोबल डिलीवरी मॉडल संरचनात्मक रूप से लागत कम करने के साथ-साथ भविष्य के विकास के लिए सेल्फ़-फ़ंडिंग पहलों की कुंजी है। और यह याद रखना चाहिए कि इस माहौल में अकेले लागत में कमी ही पर्याप्त नहीं है; बल्कि उद्यमों को एक साथ रूपांतरण/नवाचार की गति बढ़ानी चाहिए और विश्व स्तरीय क्षमताओं के निर्माण में कौशल अंतराल दूर करना चाहिए। ऐसा करने के लिए, लीडर्स को यह ध्यान रखना चाहिए कि पारंपरिक आउटसोर्सिंग और ऑफ़शोरिंग मॉडल, इसकी अलग-अलग टीम संरचना, ऑनसाइट और ऑफ़शोर - और इसकी विभेदित भूमिकाओं के साथ, अब डिजिटल दुनिया में प्रासंगिक नहीं है। उद्यमों को एक टीम संरचना बनानी चाहिए, जो निष्पादन के साथ रणनीति को मज़बूती से जोड़े और उन्हें फ़ंक्शनल टीमों में उत्पाद मानसिकता भी लानी चाहिए।

## सारांश

आज के दौर में उद्यमों के लिए जीत की तीन मुख्य अनिवार्यताएँ :

- मौजूदा राजस्व की सुरक्षा और भावी वृद्धि में निवेश की दोहरी चुनौती से निपटना,
- क्लाउड-फ़र्स्ट दुनिया में तैयार रहने के लिए रूपांतरण संचालन करना,
- नए युग के प्रतिस्पर्द्धियों के ख़िलाफ़ आगे बढ़ना।

इन चुनौतियों से कैसे निपटें :

- नई रणनीतिक पहलों को सेल्फ़-फ़ंड देने के लिए मौजूदा लागतों को कम करें,
- रूपांतरण और नवाचार की गति बढ़ाएँ,
- विश्वस्तरीय क्षमताओं के निर्माण के लिए कौशल-अंतराल को दूर करें।

भारत, पूर्वी यूरोप और ऐसी ही अन्य उभरती अर्थव्यवस्थाओं का लाभ उठाने वाला ग्लोबल डिलीवरी मॉडल इन चुनौतियों का समाधान है :

- सतत लागत लाभ
- कौशल की उपलब्धता,
- सांस्कृति परिवर्तन को आसान बनाने वाली युवा आबादी,
- लोकल इकोसिस्टम में नवाचार गतिविधि से लाभ,
- बड़े और बढ़ते बाज़ार में व्यवसाय से जुड़ना और उसका निर्माण करना।

# 2

# अग्र बिंदुओं तक पहुँचते और आगे बढ़ने के लिए तैयार ग्लोबल डिलीवरी सेंटर[10]

*आपको यहाँ और अभी स्व, अपना सच्चा स्व होने की स्वतंत्रता है - और कुछ भी आपके रास्ते में नहीं आ सकता।*

*—जोनाथन लिविंगस्टन सीगल, किताब*

यह देखते हुए कि यह उद्योग भारत में और कुछ पूर्वी यूरोपीय और लेटिन अमेरिकी देशों में कुछ समय से अस्तित्व में है, कई जीडीसी इतने अग्र बिंदु पर पहुँच गए हैं कि वैश्विक उद्यमों के लिए उनके रणनीतिक प्रभाव को काफ़ी बढ़ाया जा सकता है। उनकी बढ़ती परिपक्वता वह आधार उपलब्ध कराती है, जिसके द्वारा उद्यम, लागत + टैलेंट ऑफ़शोरिंग प्रस्ताव की पूरी क्षमता को अर्जित कर सकते हैं। ऐसे चार आयाम हैं, जहाँ जीडीसी की बढ़ती परिपक्वता विशेष रूप से प्रासंगिक है, और जो उद्यमों के लिए महत्त्वपूर्ण अतिरिक्त अवसर पैदा कर रहे हैं:

1. **डोमेन विशेषज्ञता :** जीडीसी कार्यात्मक और तकनीकी विशेषज्ञता से परे जा रहे हैं और जिस मूल कंपनी में वे परिचालित हो रहे हैं, उनके व्यवसाय और उद्योग की गहरी समझ का निर्माण कर रहे हैं। यह मौजूदा भूमिकाओं को उच्चतर मूल्य वर्द्धन क्षमता प्रदान करती है और उन्हें अधिक जटिल फ़्रंट ऑफ़िस भूमिकाओं को अपनाने के योग्य बनाती है।

2. **स्केल :** कुछ जीडीसी केंद्र अपनी मूल कंपनियों के लिए सबसे बड़े परिचालन स्थलों के रूप में उभरे हैं, जिनमें अक्सर कुल कर्मचारियों का बहुत बड़ा हिस्सा होता है। इससे उद्यमों को संगठन के अंदर परिवर्तन करने और नवाचार में निवेश का फ़ायदा उठाने का मौक़ा मिलता है।

3. **कार्यों का सह–स्थान** – कई जीडीसी अपने मूल संगठनों के सूक्ष्म जगत बन चुके हैं, जिनमें कार्यों और क्षेत्रों में क्षमताओं का सह–स्थान है। अक्सर, किसी जीडीसी को सह–स्थान के अवसरों की पेशकश करने के लिए विशिष्ट रूप से रखा जाता है, जो पारंपरिक संगठनात्मक संरचनाओं से परे जाते हैं, यानी एकमात्र स्थान जहाँ वह सह–स्थान संभव है। यह सहयोग के माध्यम से नवाचार और बेहतर वितरण की सुविधा में मदद करता है।

4. **नेतृत्व परिपक्वता और नेटवर्क निर्माण**–जीडीसी अक्सर एक ऐसे नेतृत्व का दावा करते हैं, जिसने मूल कंपनी की संस्कृति की गहरी समझ बनाई है। इसके अलावा, जीडीसी ने संगठन के अंदर अपनी वितरण विश्वसनीयता और नेटवर्क को मज़बूत किया है। इससे जीडीसी के लिए रणनीतिक चर्चाओं में शामिल होना और सीनियर स्पॉन्सरशिप हासिल करना आसान हो जाता है।

वैश्विक उद्यमों के अपने जीडीसी में बढ़ते विश्वास के साथ मिलकर ये चार कारक, केंद्रों के लिए मूल्यवर्द्धन के अगले स्तर को वितरित करने के वास्ते ज़रूरी सक्षम परिवेश को मज़बूत कर रहे हैं। इसके अलावा, कई वैश्विक उद्यम अब अत्यधिक प्रतिस्पर्द्धी माहौल में काम कर रहे हैं, जो जीडीसी के समक्ष अपने व्यवसाय मॉडल को फिर से डिज़ाइन करने के लिए सुधारवादी विकल्पों को देखने के मामले में अतिरिक्त दबाव पैदा कर रहा है। उनकी बढ़ती परिपक्वता को देखते हुए, जीडीसी अब न केवल सीओओ/सीएफओ के लिए, बल्कि सीईओ और व्यवसायों के प्रमुखों के लिए भी रणनीतिक विकल्प के रूप में उभर सकते हैं।

## सारांश

- जीडीसी मॉडल कुछ समय से अस्तित्व में है, लेकिन कई जीडीसी अब अग्र बिंदु पर पहुँच रहे हैं, जहाँ वे अगले स्तर के मूल्यवर्द्धन उपलब्ध कराने और वैश्विक उद्यमों के लिए प्रतिस्पर्द्धात्मक लाभ का स्रोत बनने की स्थिति में हैं।
- चार कारक संचालक हैं, जो जीडीसी को अब मूल्यवर्द्धन का अगले स्तर वितरित करने में सक्षम बनाते हैं:
    - डोमेन विशेषज्ञता बढ़ाना।
    - महत्त्वपूर्ण निवेश को संभव बनाने वाला पैमाना।
    - कार्यों का सह–स्थान, जो नवाचार के अवसर उपलब्ध कराता है।
    - वैश्विक उद्यम के भीतर नेतृत्व परिपक्वता और नेटवर्क।

## अनेक जीडीसी अग्र–बिंदु तक पहुँच चुके हैं और लागत अंतरपणन से परे मूल्य वर्द्धन के लिए तैयार हैं

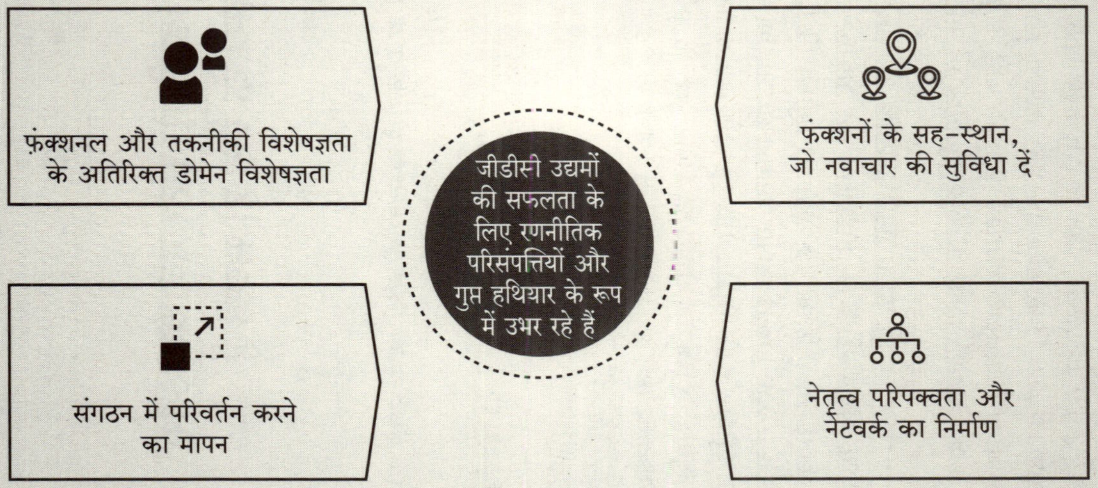

# 3

# ग्लोबल डिलीवरी सेंटर नवाचार और राजस्व के केंद्र हो सकते हैं

*अवसरों के पायदानों पर चढ़कर ही सफलता की सीढ़ी सबसे अच्छी तरह से चढ़ी जा सकती है।*

*— आयन रैंड*

जीडीसी की बढ़ती परिपक्वता उन्हें मूल्यवर्द्धन में सक्षम बनाती है, जो सॉफ़्टवेयर विकास और बैक-ऑफ़िस प्रक्रियाओं पर श्रम-लागत अंतरपणन से परे है, जबकि उनमें से ज़्यादातर ने इसी के साथ अपनी यात्रा शुरू की थी। जीडीसी के मूल्यवर्द्धन के फ्रेमवर्क में चार इंटरलॉक लीवर हैं - नवाचार, विशेषज्ञता, ग्राहक अनुभव और राजस्व वृद्धि। मैं इन्हें इंटरलॉकिंग लीवर कहता हूँ, क्योंकि इन सभी का एक दूसरे पर प्रभाव पड़ता है। संगठनात्मक दृष्टिकोण से, मैं नवाचार और विशेषज्ञता को इनपुट लीवर कहता हूँ और ग्राहक अनुभव तथा राजस्व प्रभाव को आउटपुट लीवर कहता हूँ।

- कई जीडीसी ने विशेषज्ञता पर ध्यान केंद्रित करके अपनी मूल्यवर्द्धन यात्रा शुरू की। हम विशेषज्ञता के कई उदाहरण देखते हैं: व्यवसाय अनुसंधान, निवेश अनुसंधान, विश्लेषण, अनुसंधान एवं विकास और भी बहुत कुछ। जहाँ इन उच्च-कौशल क्षमताओं का निर्माण अपने आप में एक महान मूल्यवर्द्धन रहा है, वहीं इन्होंने जीडीसी के संगठनात्मक डीएनए को बढ़ाने में भी मदद की है। इससे नवाचार के अधिक अवसर पैदा करने में मदद मिली है और वरिष्ठ प्रबंधन के बीच जीडीसी की प्रासंगिकता भी बढ़ी है।

## नवाचार एवं राजस्व केंद्रों के तौर पर जीडीसी

- **नवाचार**–ज़्यादातर जीडीसी (GDC) में ऐतिहासिक रूप से प्रक्रिया में सुधार की मज़बूत संस्कृति रही है, क्योंकि कार्य का ऑफ़शोर स्थान परिवर्तन उनकी प्रक्रियाओं को उन्नत करने का स्वाभाविक अवसर था। जीडीसी प्रक्रिया नवाचार से परे जाने लगे हैं और उत्पाद नवाचार पर अधिक ध्यान केंद्रित कर रहे हैं। कैडेंस (Cadence) और एसएपी (SAP) जैसी तकनीकी उत्पाद कंपनियाँ उत्पाद नवाचार पर कुछ बेहतरीन काम कर रही हैं, और सेवा कंपनियों को अब उनसे सीखने का अवसर है।
- आज के हमारे अत्यधिक प्रतिस्पर्द्धी कारोबारी माहौल में, **ग्राहक अनुभव में सुधार** करना प्रमुख प्राथमिकता है। उदाहरण के लिए, मेरी पूर्व फ़र्म फ़िडेलिटी (Fidelity) में ग्राहक शुद्ध प्रमोटर स्कोर (एनपीएस) में सुधार हमारे सबसे प्रमुख केपीआई में शामिल हो गया था, जो शायद संपत्ति एकत्र करने और लाभप्रदता से भी अधिक महत्त्वपूर्ण था। जीडीसी के पैमाने और इस तथ्य को देखते हुए कि वे ग्राहक डिलीवरी प्रक्रिया के साथ और ज़्यादा गहराई से जुड़ रहे हैं, जीडीसी के पास ग्राहक अनुभव के मामले में लक्ष्य बढ़ाने का एक अनूठा अवसर है।
- राजस्व प्रभाव **अहम लक्ष्य** है। ज़्यादातर जीडीसी, लागत केंद्रों के रूप में शुरू हुए, लेकिन उनके लिए प्रत्यक्ष और अप्रत्यक्ष रूप से उद्यम की शीर्ष पंक्ति में योगदान करने का वास्तविक अवसर है। एनालिटिक्स ने विपणन प्रभावशीलता और इसलिए राजस्व उपज में सुधार के लिए बहुत सारे रास्ते खोले हैं। मुझे कई जीडीसी को एंड-टू-एंड सेवाओं को डिज़ाइन और वितरित करते हुए देखना बहुत रोमांचक लगता है, जिनका राजस्व पर अहम प्रभाव पड़ता है, और इस प्रकार टॉप लाइन पर सीधा प्रभाव पड़ता है।

मेरे अवलोकन में, छह सिद्धांत रिटेल ग्राहक और राजस्व-केंद्रित मूल्यवर्द्धन को बढ़ावा देते हैं। साथ ही, मैं उन जीडीसी के उदाहरण साझा कर रहा हूँ, जिन्होंने मूल्यवर्द्धन को प्रेरित किया है, जिनके परिणामस्वरूप उनके मूल संगठनों को आम तौर पर अपेक्षा से अधिक ठोस लाभ हुआ है।

1. **कम लागत का लाभ उठाते हुए सेवाओं के दायरे का विस्तार** *उन क्षेत्रों में करना, जहाँ पारंपरिक मॉडलों का इस्तेमाल करते हुए सेवाएँ देना कठिन है :* महत्त्वपूर्ण रूप से कम लागत वाली संरचना उन अवसरों को खोलती है, जिन तक अन्यथा पहुँचना मुश्किल हो सकता है। कई बैंकिंग जीडीसी ने इस सिद्धांत का इस्तेमाल टिकट आकार से नीचे के संग्रह के दायरे का विस्तार करने के लिए किया है, जिसका अन्यथा नकारात्मक आरओआई होता।
2. **सेवा की गुणवत्ता** *को तेज़ी से बढ़ाने के लिए* **सुपीरियर टैलेंट** *(कम लागत पर उच्च गुणवत्ता वाले टैलेंट की उपलब्धता को देखते हुए) को सोर्स करना :* 5-6 गुना लागत अंतरपणन के लक्ष्य के बजाय, कुछ कंपनियाँ कम अंतरपणन को पसंद करती हैं और सरप्लस को टैलेंट प्रोफ़ाइल महत्त्वपूर्ण रूप से बढ़ाने में निवेश करती हैं,

बजाय उसके, जिसके साथ उन्होंने अतीत में काम किया है। सेवा की गुणवत्ता को पूरी तरह से फिर परिभाषित करने का यह बड़ा अवसर है। 1998 में जब मैकिंज़ी नॉलेज सेंटर की शुरुआत हुई, तो इसकी शुरुआत दस एमबीए की भर्ती से हुई। यह परंपरा की अहम विदाई थी, क्योंकि तब तक मैकिंज़ी काफ़ी हद तक अपने अनुसंधान कार्य के लिए पुस्तकालय और सूचना विज्ञान प्रोफ़ाइल पर निर्भर थी। यह एक गेमचेंजर था और आख़िरकार मैकिंज़ी में वैश्विक स्तर पर अनुसंधान कार्य के दायरे और भूमिका में महत्त्वपूर्ण सुधार हुआ। एक और उदाहरण कई जीडीसी द्वारा उच्च-गुणवत्ता वाले बिक्री-समर्थन कार्यों की स्थापना का रहा है। इससे फ्रंट-लाइन बिक्री टीमों को अपने ग्राहकों पर ध्यान देने और अपने बिक्री प्रयासों में बहुत अधिक उत्पादक बनाने में मदद मिली है।

3. **नवाचार के लिए 'बाधा दर'** *को कम करते हुए उन पहलों को संभव बनाना, जो अन्यथा सुसंगत नहीं होतीं :* कम लागत और उच्च गुणवत्ता वाले टैलेंट का मेल नवाचार के लिए महान प्रवर्तक है। मैं इसे **'गोल्डन इक्वेशन'** कहता हूँ। परंपरागत रूप से, सेवाओं की प्रति यूनिट लागत को कम करने के लिए कम लागत का लाभ उठाया जाता रहा है, हालाँकि नवाचारों में निवेश लागत को कम करने के लिए भी इसका लाभ उठाया जा सकता है। यह किसी उद्यम को अपने नवाचार कार्यक्रम को जोखिम से मुक्त करने की गुंजाइश दे सकता है और साथ ही, इसकी नवाचार क्षमता में महत्त्वपूर्ण वृद्धि कर सकता है। मैंने मैकिंज़ी और फ़िडेलिटी में इस सिद्धांत का फ़ायदा उठाया है, जिनमें हमने भारत की फ़र्मों के लिए नई, विशिष्ट एनालिटिक्स सेवाएँ स्थापित की हैं। न्यू यॉर्क या लंदन में इन नई क्षमताओं का निर्माण करना बहुत महँगा होता, और इस प्रकार इन विचारों पर शायद कभी अमल नहीं हुआ है। हम न्यूनतम निवेश के साथ भारत में इन नवाचारों के लिए पायलट परियोजनाओं को आगे बढ़ाने और अवधारणा को साबित करने में सक्षम थे। कई कंपनियाँ सहज रूप से इस सिद्धांत का फ़ायदा उठाती हैं। इसका और अधिक स्पष्ट रूप से इस्तेमाल करने का शानदार मौक़ा है।

4. *नई/परिष्कृत सेवाओं को डिज़ाइन करने के वास्ते* **ग्राहक की ज़रूरतों के 'पैटर्न की पहचान'** *के लिए ग्राहक डेटा का फ़ायदा उठाना :* कई जीडीसी, ग्राहक डिलीवरी प्रक्रियाएँ चलाते हैं और इसलिए ग्राहक अनुरोधों और डेटा के क़रीब होते हैं। यह न केवल ग्राहकों के बारे में अधिक जानने, बल्कि उन अंतर्दृष्टियों का लाभ उठाने का बेहतरीन मौक़ा होता है, जो नए उत्पाद विकसित करने में दोहराए जाने वाली ग्राहकों की ज़रूरतों को पूरा करने और समस्या के बिंदुओं को हल करने में काम आता है। मैकिंज़ी नॉलेज सेंटर में, हमने अनुसंधान उत्पादों की श्रृंखला विकसित करने के लिए परामर्श टीमों से आने वाले अनुसंधान अनुरोधों का विश्लेषण किया, जिसने न केवल विश्लेषक उत्पादकता को बढ़ाया, बल्कि गुणवत्ता में भी काफ़ी सुधार किया।

इन अनुसंधान उत्पादों ने आख़िरकार नई ज्ञान-उन्मुख सेवाओं के आधार के रूप में कार्य किया, जिसे मैकिंज़ी ने अपने ग्राहकों के लिए पेश किया। एक अन्य उदाहरण

मार्केटिंग एनालिटिक्स फ़ंक्शन है, जिसे कई जीडीसी ने बनाया है; यह फ़ंक्शन ग्राहक डेटा को देखता है और नियमित आधार पर व्यावसायिक इकाइयों के प्रमुखों को समृद्ध अंतर्दृष्टियाँ प्रदान करता है।

5. **नए सेवा मॉडल और नवाचार** *को प्रेरित करने के लिए कार्यात्मक और क्षेत्रीय क्षमताओं के* **सह–स्थान** *का लाभ उठाना :* मैंने बताया है कि कई जीडीसी अपनी मूल फ़र्मों का पूर्ण सूक्ष्म जगत या माइक्रोकॉस्म होते हैं। वे अक्सर कई कार्य करते हैं और तमाम व्यावसायिक लाइनों और भौगोलिक क्षेत्रों में सर्विस देते हैं। यह सह–स्थान या को–लोकेशन फ़ीचर सहयोग का अनूठा अवसर है, जो किसी फ़र्म के लिए दुनिया में कहीं और उपलब्ध नहीं हो सकता है। अभिनव विचार अक्सर किसी बंद बक्से से नहीं, बल्कि कई बक्सों के मेल से आते हैं। स्वचालन और सेवा प्लेटफ़ार्मों के निर्माण की दिशा में बढ़ते दबाव को देखते हुए, विशेष रूप से बड़े डेटा स्पेस में एनालिटिक्स और तकनीक के बीच तथा परिचालन और तकनीक के बीच सहयोग के शक्तिशाली अवसर हैं। यहाँ एक और शक्तिशाली मौक़ा ज्ञान साझा करने और वैश्विक उत्पादों/क्षमताओं के निर्माण का है, जब विभिन्न भौगोलिक क्षेत्रों की सेवा करने वाले कार्य सह–स्थित होते हैं।

6. **उभरते बाज़ारों के लिए उत्पाद/सेवा नवाचार को बढ़ावा देना** – कई उद्यमों ने स्थानीय बाज़ारों में अपना व्यवसाय शुरू करने के लिए अपने जीडीसी को इन्क्यूबेटरों के रूप में इस्तेमाल किया है। अवसर इन बाज़ारों में पारंपरिक सेवाओं को शुरू करने से कहीं आगे के हैं। भारत जैसे उभरते बाज़ार अक्सर बहुत प्रतिस्पर्द्धी होते हैं और उद्यमों को सफल होने के लिए सेवा प्रस्ताव और डिलीवरी मॉडल में नवाचारों की ज़रूरत पड़ती है। सेवाओं और उत्पादों में ये नवाचार अधिक विकसित बाज़ारों में शक्तिशाली निर्यात हो सकते हैं। मैकिंज़ी ने यहाँ अपने नॉलेज सेंटर का फ़ायदा उठाकर भारत में नई ग्राहक सेवा लाइनों में अपनी ज्ञान क्षमताओं को 'उत्पादक' बनाने में अपने कुछ सबसे महत्त्वपूर्ण प्रयोग किए। इन सेवाओं में से कई अंततः बड़ी वैश्विक सेवा लाइनों में विकसित हुईं। एक अन्य उदाहरण दूरसंचार का है, जिसमें उभरते बाज़ार के लिए विकसित किए गए एक बहुत ही सरल उत्पाद ने नए ग्राहकों के बीच बहुत अधिक संतुष्टि प्रदर्शित की। इसे बाद में विकसित बाज़ारों में बड़ी दूरसंचार कंपनी ने पेश किया था।

स्पष्ट रूप से, जीडीसी वैश्विक उद्यमों को लागत अंतरपणन से परे जाने में मदद कर सकते हैं। यदि लागत + टैलेंट प्रस्ताव और जीडीसी की बढ़ती परिपक्वता का प्रभावी ढंग से लाभ उठाया जाता है, तो वे जीडीसी को लागत केंद्र से राजस्व केंद्र में बदल सकते हैं। यह कई महत्त्वपूर्ण समस्याओं को हल करने में व्यवसाय प्रमुखों के लिए एक रणनीतिक लीवर बन सकता है, जिससे मौजूदा क्षेत्रों में अधिक लाभप्रद रूप से सेवा दी जा सकती है, नए उत्पादों और सेवाओं को विकसित करने तथा नए बाज़ारों में प्रवेश करने में बाज़ार की रफ़्तार हासिल हो सकती है।

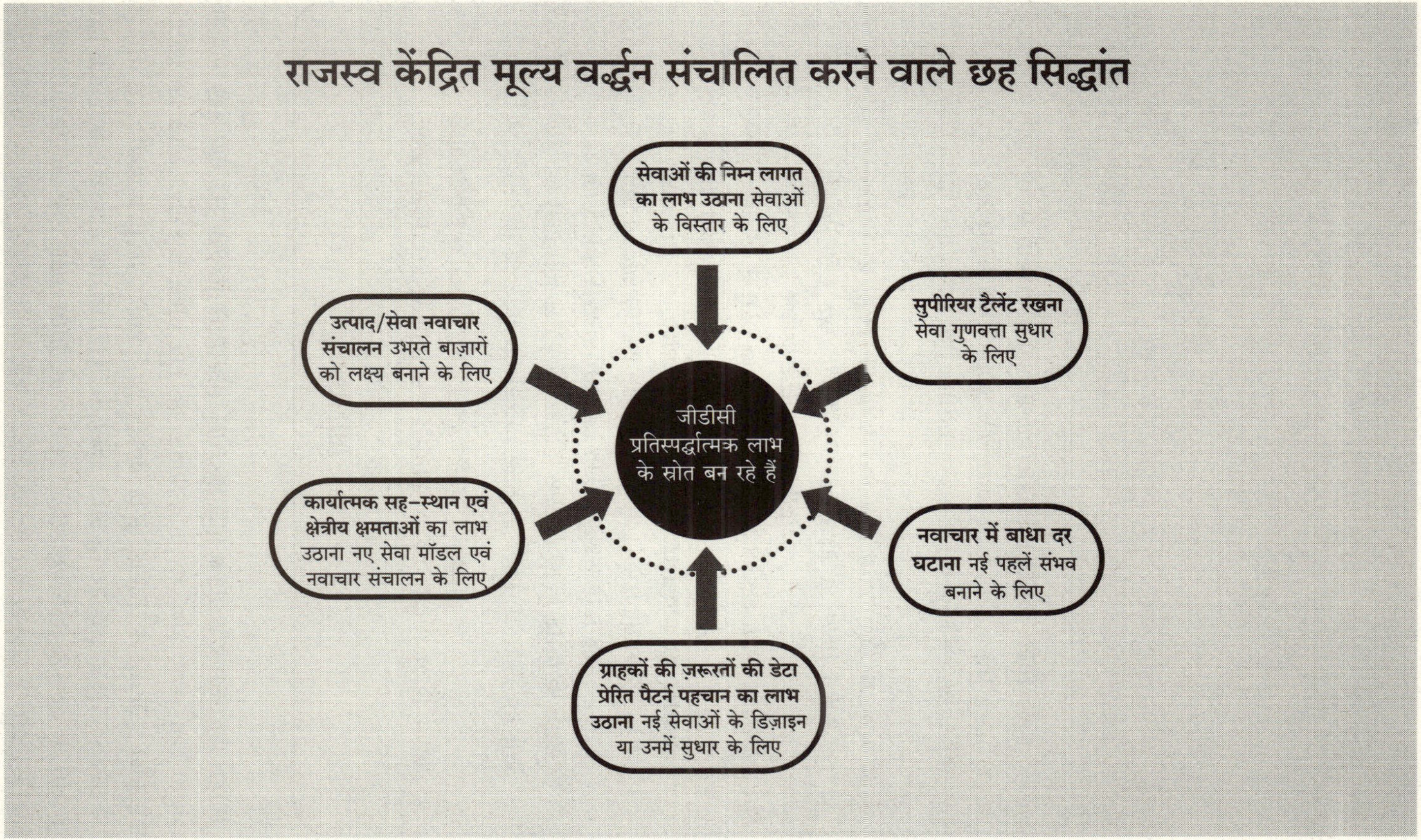
राजस्व केंद्रित मूल्य वर्द्धन संचालित करने वाले छह सिद्धांत
सेवाओं की निम्न लागत का लाभ उठाना सेवाओं के विस्तार के लिए
उत्पाद/सेवा नवाचार संचालन उभरते बाज़ारों को लक्ष्य बनाने के लिए
सुपीरियर टैलेंट रखना सेवा गुणवत्ता सुधार के लिए
जीडीसी प्रतिस्पर्द्धात्मक लाभ के स्रोत बन रहे हैं
कार्यात्मक सह–स्थान एवं क्षेत्रीय क्षमताओं का लाभ उठाना नए सेवा मॉडल एवं नवाचार संचालन के लिए
नवाचार में बाधा दर घटाना नई पहलें संभव बनाने के लिए
ग्राहकों की ज़रूरतों की डेटा प्रेरित पैटर्न पहचान का लाभ उठाना नई सेवाओं के डिज़ाइन या उनमें सुधार के लिए

जीडीसी के लिए विशिष्ट मूल्यवर्द्धन अवसर व्यापक रूप से भिन्न हो सकते हैं। यह जीडीसी परिचालित करने वाले उद्योग और इसकी ऑफ़शोरिंग यात्रा के चरण के साथ ही साथ संगठनात्मक संस्कृति और क्षमताओं पर निर्भर करता है। उदाहरण के लिए, पहली बार जीडीसी की स्थापना करने वाले संगठनों को शुरुआत से ही जीडीसी के डीएनए में रणनीतिक भूमिका को शामिल करने में सक्षम होने का फ़ायदा होगा, जो जीडीसी के लिए अधिक योगदान करने और इस तरह प्रतिस्पर्द्धात्मक लाभ का स्रोत बनने का अवसर पैदा करेगा।

## सारांश

- निम्नलिखित छह सिद्धांतों का इस्तेमाल करके जीडीसी रिटेल ग्राहक और राजस्व केंद्रित मूल्यवर्द्धन को बढ़ावा दे सकते हैं :
    - सेवाओं के दायरे का विस्तार करने के वास्ते उन खंडों की सेवा के लिए कम लागत का फ़ायदा उठाना, जिनमें पारंपरिक मॉडलों का इस्तेमाल करके सेवा कर पाना मुश्किल होता है।
    - सेवा की गुणवत्ता को तेज़ी से बढ़ाने के लिए सुपीरियर टैलेंट (कम लागत पर उच्च गुणवत्ता वाले टैलेंट की उपलब्धता को देखते हुए) को सोर्स करना।
    - 'नवाचार के लिए बाधा दर' *कम करते हुए उन पहलों को संभव बनाना, जो अन्यथा सुसंगत नहीं होतीं।*
    - *नई/परिष्कृत सेवाओं को डिज़ाइन करने के वास्ते* ग्राहक की ज़रूरतों के 'पैटर्न की पहचान'के *लिए ग्राहक* डेटा *का फ़ायदा उठाना।*
    - नए सेवा मॉडल और नवाचार के संचालन के लिए बहु कार्यात्मक और क्षेत्रीय क्षमताओं के सह-स्थान का फ़ायदा उठाना।
    - उभरते बाज़ारों के लिए उत्पाद/सेवा नवाचार को बढ़ावा देना।

## 4

# ग्लोबल डिलीवरी सेंटर्स की पूरी क्षमता को साकार करने के लिए संगठन के दृष्टिकोण में बदलावों की ज़रूरत होती है[11]

*आप मौजूदा वास्तविकता से लड़कर चीज़ों को कभी नहीं बदलते। कुछ बदलने के लिए, नया मॉडल बनाइए, जो मौजूदा मॉडल को प्रचलन से बाहर कर दे।*

*—बकमिंस्टर फुलर, आर्किटेक्ट, डिज़ाइनर, सिस्टम सिद्धांतकार और प्रेसिडेंशियल मेडल ऑफ़ फ्रीडम के विजेता*

जहाँ जीडीसी मूल्यवर्द्धन यात्रा शुरू करने के लिए अच्छी तरह से तैयार हैं, वहीं विशेष रूप से निरंतर ट्रैक रिकॉर्ड वाले सफल उदाहरण अपेक्षा से कम हैं। ज़्यादातर जीडीसी एक सीमित चक्र में फँसकर रह गए हैं। उद्यमों की अपेक्षाएँ लागत लाभ और निष्पादन क्षमता तक सीमित हैं, और जीडीसी एसएलए परिचालन को पूरा करने/या उससे अधिक पर ध्यान देना जारी रखे हैं। अक्सर दोनों सिरों पर आत्म-संतुष्टि का दृष्टिकोण होता है, जो विकास को सीमित कर देता है। ज़्यादातर जीडीसी मानते हैं कि उनकी स्थिति अद्वितीय है और वे बेहतरीन काम कर रहे हैं। यह यथास्थिति को चुनौती देने के लिए अनुकूल नहीं है। जीडीसी को यह पता लगाने के लिए कड़ी मेहनत करने की ज़रूरत है कि क्या और किया जा सकता है।

अपनी मूल्यवर्द्धन यात्रा को आगे बढ़ाने और जारी रखने के लिए जीडीसी और उनके मूल संगठनों के अंदर बड़े पुनर्विचार की ज़रूरत होती है। अब तक काम कर चुके परिचालन मॉडल, मानसिकता/संस्कृति और नेतृत्व को क्षितिज पर नए अवसरों के समूह का लाभ

उठाने के लिए बदलना ज़रूरी होता है। अक्सर, गवर्नेंस और लोगों के मॉडल के आस-पास लंबे समय से रूढ़िवादिता जमी होती है, जिसे चुनौती देने की ज़रूरत पड़ सकती है। यहाँ तक कि सीईओ और बोर्ड स्तर पर भी ध्यान देने की ज़रूरत होती है। ऐसा करने में नाकामी के कारण जीडीसी या तो पूर्ण रूप से अवसरों से लाभ हासिल करने में सक्षम नहीं होते हैं या आशाजनक पहलों को स्थायी सफलता नहीं बदल पाते हैं।

### *जीडीसी दृष्टिकोण में व्याख्यात्मक परिवर्तन*

- ***सहयोगात्मक परिचालन मॉडल डिज़ाइन करना :*** आम तौर पर 'ऑनशोर'और 'ऑफ़शोर' (जीडीसी) के बीच कामकाजी संबंध बहुत निर्देशित होते हैं। ऑनशोर निर्देश देता है और ऑफ़शोर आज्ञाकारी 'आदेश लेने वाले' के रूप में काम करता है। यह मॉडल सुनिश्चित करता है कि निष्पादन कुशलतापूर्वक किया जाए और यह तब काफ़ी मददगार होता है, जब जीडीसी क्षमताएँ परिपक्व नहीं होती हैं, हालाँकि, यह स्पष्ट है कि इस तरह का निर्देशित मॉडल वैचारिक नेतृत्व और नवाचार के लिए अनुकूल नहीं है, जो कि डिजिटल युग में ज़रूरी होता है। ऐसा होने के लिए आपको बराबरी के रिश्ते, सहयोग और खुली सोच को प्रोत्साहित करने वाली साझेदारी की मानसिकता की ज़रूरत होती है।

  यह एक बड़ा बदलाव है, जिसके लिए कई डिज़ाइन परिवर्तनों की ज़रूरत होती है और इसके लिए ऊपर से संकेत देना पड़ता है। उदाहरण के रूप में, मैंने देखा है कि निम्नलिखित दो डिज़ाइन परिवर्तन जीडीसी के लिए अच्छी तरह से काम करते हैं :

  - भूगोल (ऑनशोर बनाम ऑफ़शोर) के बजाय कार्य/प्रक्रिया द्वारा नेतृत्व और ज़िम्मेदारियों को सरेखित करने से ग्राहक पर अधिक ध्यान केंद्रित होता है। जीडीसी लीडर्स को जहाँ प्रासंगिक हो, वहाँ एंड-टू-एंड प्रोसेस का स्वामित्व लेने पर विचार करना चाहिए।
  - सफलता के एक सामान्य माप को परिभाषित करना, उदाहरण के लिए, परिचालन एसएलए के बजाय सीसेट स्कोर, जो टीमों के बीच बेहतर सहयोग की ओर ले जाता है।

- ***क्या और कैसे के बीच पुनरावर्ती लूप का विकास करना :*** डिजिटल युग में ग्राहकों की ज़रूरतें लगातार बदल रही हैं। इसके लिए 'कैसे' के प्रयोग की एक पुनरावर्ती प्रक्रिया की ज़रूरत होती है, जो आगे रणनीति के 'क्या' को सूचित करती है। इसलिए, मैदान पर टीमों को नियमित रूप से बड़ी तसवीर के साथ जुड़े रहना चाहिए, ताकि वे लगातार रणनीति को परिष्कृत करने की सूचना दे सकें। इसके लिए परिचालन मॉडल में बदलाव की ज़रूरत होती है। अक्सर 'क्या'को 'ऑफ़शोर'के साथ 'कैसे'के स्वामित्व के साथ 'ऑनशोर' परिभाषित किया गया है। इस तरह के अनुक्रमिक मॉडल डिजिटल युग में काम नहीं कर सकते हैं, क्योंकि इसमें पुनरावर्ती

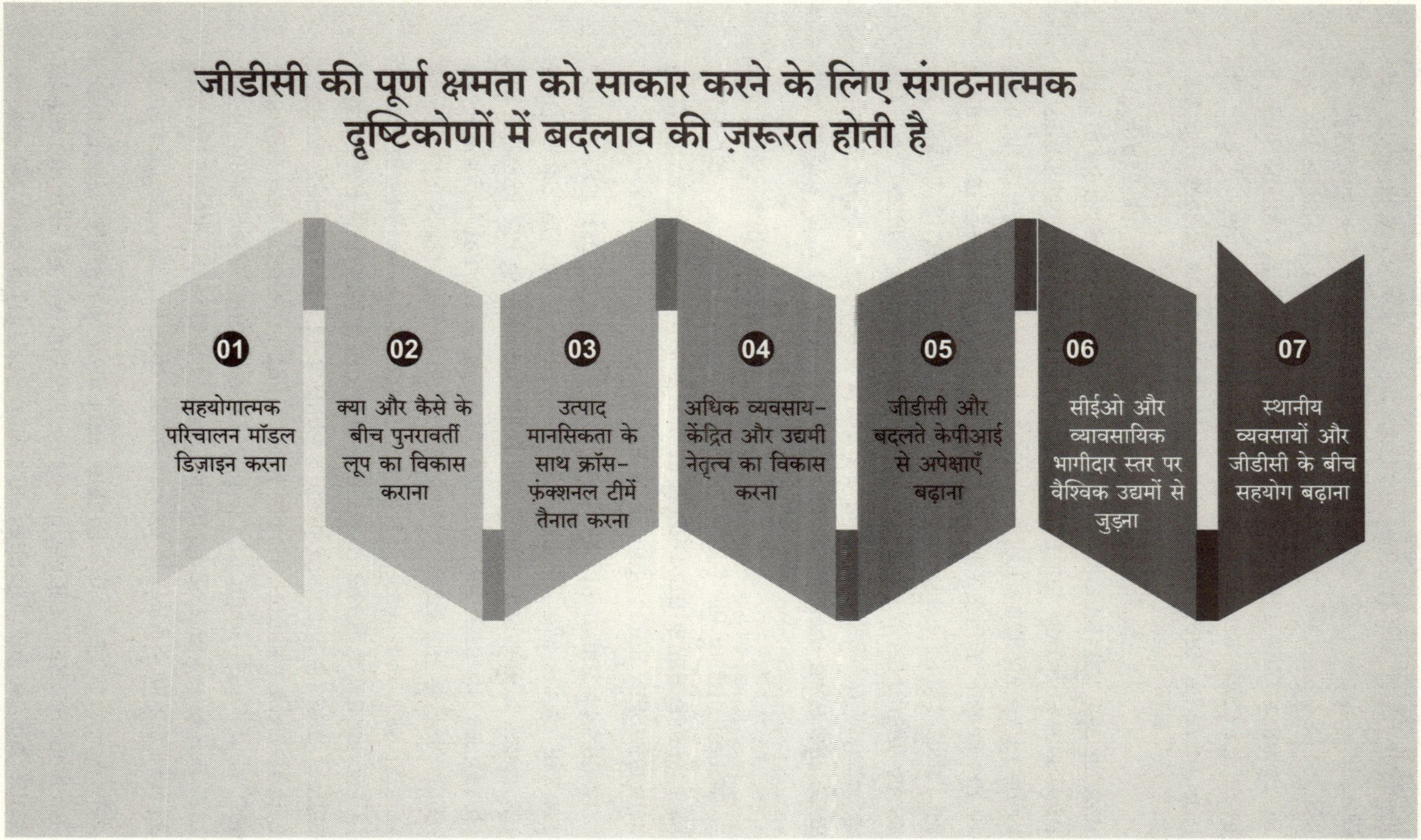

जीडीसी की पूर्ण क्षमता को साकार करने के लिए संगठनात्मक दृष्टिकोणों में बदलाव की ज़रूरत होती है
01
सहयोगात्मक परिचालन मॉडल डिज़ाइन करना
02
क्या और कैसे के बीच पुनरावर्ती लूप का विकास कराना
03
उत्पाद मानसिकता के साथ क्रॉस-फ़ंक्शनल टीमें तैनात करना
04
अधिक व्यवसाय-केंद्रित और उद्यमी नेतृत्व का विकास करना
05
जीडीसी और बदलते केपीआई से अपेक्षाएँ बढ़ाना
06
सीईओ और व्यावसायिक भागीदार स्तर पर वैश्विक उद्यमों से जुड़ना
07
स्थानीय व्यवसायों और जीडीसी के बीच सहयोग बढ़ाना

फ़ीडबैक लूप अहम होते हैं। यह उत्पाद और इंजीनियरिंग टीमों के बीच अधिक सहयोग और यहाँ तक कि एकीकरण की भी माँग करता है, जिन्हें अक्सर क्रमशः 'ऑनशोर' और 'ऑफ़शोर' में अलग किया जाता है।

- ***उत्पाद मानसिकता के साथ क्रॉस-फ़ंक्शनल टीमों की तैनाती :*** यह देखते हुए कि डिजिटल समस्याएँ अंतर्विषयक हैं, उद्यमों को अपनी टीमों पर फिर से नज़र ज़रूर डालनी चाहिए, और क्रॉस-फ़ंक्शनल टीमों को परिभाषित करना चाहिए और उनके बीच मज़बूत उत्पाद मानसिकता लानी चाहिए। परंपरागत रूप से, उद्यमों ने कार्यात्मक दायरे बनाए हैं, जिन्हें सीमित भूमिकाएँ सौंपी जाती हैं। इससे निष्पादन के स्वामित्व में कमी आती है और सफल निष्पादन में टकराव के बिंदु बन जाते हैं। उदाहरण के लिए, एक बार सीईओ पीएमओ में एक विचार आया, जिसे डिजिटल पीएमओ और आईटी पीएमओ को अपनाना था, जो उत्पाद टीम के साथ कार्यक्रम को आगे बढ़ाते, फिर उस पर एक चुस्त अग्रदस्ता तैनात करना था। इस दस्ते को ऐसी डेवलपमेंट टीम के साथ काम करना था, जिसका अलग टेस्टिंग फंक्शन और रिलीज़ फंक्शन हो। क्या यह भ्रमित करने वाला नहीं है? कोई आश्चर्य नहीं, कई डिजिटल पहलें कभी पूरी नहीं होती हैं या बहुत धीरे-धीरे वितरित की जाती हैं।

  क्रॉस-फ़ंक्शनल टीमों को तैनात करने का नया तरीक़ा उत्पाद मानसिकता वाला है। इसमें, एक बार विचार आने के बाद यह डिजिटल दस्ते के पास जाएगा, जिसमें आईटी, डिजिटल, मार्केटिंग और बिज़नेस लीड शामिल होते हैं। इसे सीएक्सओ के साथ तिमाही आधार पर ट्रैक किया जाएगा।

- ***ऐसा जीडीसी नेतृत्व विकसित करना, जो अधिक व्यवसाय-केंद्रित और उद्यमी हो*** *(बनाम परिचालन के हिसाब से 'सुरक्षित हाथों' पर केंद्रित हो)* ***:*** जीडीसी के लीडर्स को व्यवसाय की गहरी समझ होनी चाहिए, ताकि वे व्यावसायिक ज़रूरतों और जीडीसी की क्षमता के बीच 'बिंदुओं को जोड़ सकें'। इसके अलावा, उन्हें यथास्थिति को चुनौती देने, लोगों को उनके 'कंफ़र्ट ज़ोन' से बाहर निकालने और नई क्षमताओं का निर्माण करने के वास्ते दृढ़ रहने के लिए उद्यमी होने की भी ज़रूरत है। व्यावसायिक क्षेत्रों और देशों में जीडीसी के अंदर और बाहर घूमने वाले लीडर्स का कार्यक्रम मूल कंपनी और जीडीसी दोनों में ही उच्च क्षमता वाले टैलेंट को तैयार करने में मदद कर सकता है।

- ***जीडीसी से अपेक्षाएँ बढ़ाना और केपीआई को बदलना :*** जीसीसी को वितरित मूल्य को मापने के लिए एसएलए से आगे बढ़कर रणनीतिक इच्छा दिखाने की ज़रूरत है। इसके अलावा, जीडीसी को चल रही मूल्य वृद्धि और बाहरी बेंचमार्किंग पर ज़ोर देना चाहिए। जीडीसी और मूल कंपनी के संबंध अक्सर 'कंफ़र्ट ज़ोन' में होते हैं, लेकिन दोनों पक्षों को अपेक्षाओं की रेखा को ऊपर उठाने के लिए जागरूकता और साहस की ज़रूरत होती है। इस बदलाव के बिना, जीडीसी की पूरी क्षमता को अर्जित करना मुश्किल होगा।

- **सीईओ और व्यवसाय–हितधारक स्तर पर वैश्विक उद्यम के साथ जुड़ाव** *(बनाम पारंपरिक दृष्टिकोण में संगठन के केवल सीओओ/सीआईओ के साथ जुड़ाव)* – यह सुनिश्चित करने के लिए ज़रूरी है कि जीडीसी द्वारा उपलब्ध कराए जा सकने वाले गेम–चेंजिंग अवसर व्यावसायिक रणनीति चर्चाओं का हिस्सा हों। अक्सर, जीडीसी की 'समर्थन केंद्र' के रूप में ऐतिहासिक स्थिति को देखते हुए, यह इन रणनीतिक चर्चाओं में शामिल नहीं होता है। सीईओ/व्यवसाय के प्रमुख के साथ वर्तमान जुड़ाव से व्यावसायिक समस्याओं और समाधान उपलब्ध कराने के लिए जीडीसी का लाभ उठाने के बीच संबंध क़ायम करना आसान हो सकता है।

- **स्थानीय/क्षेत्रीय व्यवसाय और ऑफ़शोर सेवा केंद्रों के बीच सहयोग बढ़ाना** ताकि नवाचार के लिए ज़रूरी ग्राहक निकटता को सुविधाजनक बनाया जा सके और नए उत्पादों/सेवाओं को विकसित किया जा सके – अक्सर, जीडीसी नेतृत्व रिटेल ग्राहक से बहुत दूर होता है और उसे व्यावसायिक संदर्भ की अच्छी समझ नहीं होती। इस अंतर को पाटने की ज़रूरत है, ताकि उत्पाद/सेवा नवाचार में जीडीसी अधिक अहम भूमिका सके। स्थानीय/क्षेत्रीय व्यवसाय के साथ जुड़ाव इस ग्राहक कनेक्शन को संभव बनाने का सबसे स्वाभाविक अवसर उपलब्ध कराता है। इसे सुविधाजनक बनाने के लिए, स्थानीय व्यवसाय और ऑफ़शोर केंद्रों को एक ही नेतृत्व में लाया जाता है, जिसके उदाहरण सामने आ रहे हैं।

### *वैश्विक उद्यम में व्याख्यात्मक परिवर्तन*

- **गवर्नेंस मॉडल की समीक्षा करना** ताकि *जीडीसी की बढ़ती भूमिका और क्षमता* प्रतिबिंबित हो सके – उदाहरण के लिए, जीडीसी नेतृत्व को वरिष्ठ वैश्विक प्रबंधन मंचों में शामिल किया जाना चाहिए, ताकि वे 'निर्णय लेने वाले समूह के सदस्य' हों और महत्त्वपूर्ण पहलों तथा निर्णयों को प्रेरित करने के लिए सशक्त हों। अक्सर, इसके लिए पारंपरिक संगठनात्मक संरचनाओं और पदानुक्रम से परे जाने की ज़रूरत हो सकती है।

- ***जन मॉडल की समीक्षा,*** *जीडीसी और उद्यम स्तर दोनों पर और इसे ज़रूरत के हिसाब से अपनाना*–जब मुख्य व्यवसाय क्षेत्रों में जीडीसी की भूमिका बढ़ती है, तब मूल संगठन में भी जन मॉडल पर इसका असर पड़ने की संभावना होती है। लोगों के प्रोफ़ाइल, भर्ती दृष्टिकोण, करियर ट्रैक और जन मॉडल के अन्य पहलुओं को बदलने की ज़रूरत हो सकती है। इन्हें पूरी तरह से समझने की आवश्यकता है ताकि ज़रूरी बदलाव किए जा सकें।

स्पष्ट रूप से, जीडीसी की पूर्ण मूल्यवर्द्धन क्षमता को अर्जित करना आसान नहीं है। इसके लिए अंतर्निहित संगठनात्मक मानसिकता, परिचालन मॉडल और दृष्टिकोण में महत्त्वपूर्ण बदलाव की ज़रूरत होगी। ऐसे संगठन, जिनके पास इस परिवर्तन प्रबंधन प्रयास को करने की दूरदर्शिता और धैर्य है, वे बड़े व्यावसायिक लाभ हासिल कर सकते हैं।

## सारांश

- सांगठनिक मानसिकता और परिचालन मॉडलों में जीडीसी की मूल्यवर्द्धन क्षमता को अर्जित करने के लिए महत्त्वपूर्ण बदलाव करने की ज़रूरत है।
- परिचालन मॉडल और मानसिकता को निर्देशित ('आदेश लेने वाले') से एक सच्चे सहयोग में स्थानांतरित करने की ज़रूरत है।
- पारंपरिक 'क्या-कैसे'दृष्टिकोण को बदलने की ज़रूरत है। अधिक पुनरावर्ती, चुस्त और क्रॉस-फंक्शनल दृष्टिकोण और टीम मॉडल विकसित करने की ज़रूरत है, जो डिजिटल युग के लिए ज़्यादा प्रासंगिक हैं।
- उद्यम के साथ-साथ जीडीसी के प्रभाव की उम्मीदों में अहम परिवर्तन होना चाहिए, ताकि प्रक्रिया को आगे बढ़ाया जा सके और जीडीसी के मूल्य-वर्द्धन अवसर को साकार किया जा सके।
- जीडीसी को स्थानीय लीडर्स का विकास करना चाहिए, जो अधिक व्यवसाय-केंद्रित और उद्यमशील हों और सीईओ तथा व्यावसायिक हितधारकों जैसे प्रमुख हितधारकों को शामिल कर सकें।
- वैश्विक उद्यमों को जीडीसी अवसर का पूरा लाभ उठाने के लिए अपने लोगों और गवर्नेंस मॉडल में परिवर्तन करने की ज़रूरत हो सकती है।

# 5

# ग्लोबल डिलीवरी सेंटर्स का विकास और जीडीसी लीडर्स की नई माँग[12]

*छोटे से छोटा इंसान भी भविष्य की दिशा बदल सकता है।*

*— लेडी गैलाड्रियल, लॉर्ड ऑफ़ द रिंग्स*

*इस अध्याय को उन कई व्याख्यानों को मिलाकर तैयार किया गया है, जो मैंने नैसकॉम के आयोजनों में जीडीसी के लीडर्स को दिए हैं।*

खंड के पिछले अध्याय में हमने देखा है कि डिजिटल युग में सफल होने के वास्ते ग्लोबल डिलीवरी मॉडल उद्यमों के लिए कैसे महत्त्वपूर्ण हैं। इसके अलावा हमने देखा कि किस तरह से जीडीसी की भूमिका को विकसित करने और उन्हें मूल्यवर्द्धन वक्र पर क़दम बढ़ाने की ज़रूरत है। इन सभी को पूरा करने की ज़िम्मेदारी जीडीसी लीडर्स के कंधों पर है। इस अध्याय में मैं जीडीसी लीडर्स को संबोधित करता हूँ और उन प्रमुख बदलावों पर ध्यान केंद्रित करता हूँ, जो उन्हें करने की ज़रूरत है। मेरी अंतर्दृष्टियाँ और सुझाव तीन भागों में संरचित किए गए हैं :

- जीडीसी का विकास और प्राथमिकताएँ
- जीडीसी लीडर्स के नेतृत्व की माँग और उन्हें जो बदलाव करने की ज़रूरत है
- वैश्विक मानसिकता – क्या और कैसे

## *जीडीसी परिपक्व हो रहे हैं और अगले स्तर पर जाने के लिए तैयार हैं*

अकेले भारत में 1,200 से अधिक जीडीसी हैं। इनमें से कई जीडीसी पंद्रह साल से ज़्यादा समय से अस्तित्व में हैं। जीडीसी दस-बारह साल पहले की तुलना में अब बहुत अलग स्थान पर हैं। समय के साथ-साथ वे न केवल डिलीवरी क्षमता और पैमाने में आगे बढ़े हैं, बल्कि अपने वैश्विक संगठनों के अंदर व्यावसायिक विशेषज्ञता, नेतृत्व परिपक्वता और विश्वसनीयता में भी बढ़े हैं, जो अब इस इन-हाउस मॉडल के कई अद्वितीय फ़ायदों का लाभ उठाते हैं। कई जीडीसी अगले स्तर पर जाने लगे हैं, **जहाँ उनकी भूमिका उनके संगठनों के अंदर निष्पादन से लेकर नेतृत्व** तक बढ़ने लगी है।

जीडीसी की बढ़ती परिपक्वता और उनकी भूमिका निष्पादन से नेतृत्व की ओर बढ़ने के छह मुख्य पहलू हैं :

1. **मूल्य वर्द्धन अब ज़बरदस्त अवसर है।** जीडीसी के लिए बैक - ऑफ़िस प्रक्रियाओं में लागत और उत्पादकता पर पारंपरिक फ़ोकस से प्राप्त होने वाले मूल्य से परे मूल्य जोड़ने के ज़बरदस्त अवसर हैं। रिसर्च और एनालिटिक्स जैसी उच्च-कौशल क्षमताओं के विकास ने काफ़ी गति पकड़ी है। इसके अलावा, विशेष रूप से विकासशील बाज़ारों के लिए उत्पाद/सेवा नवाचार चलाने वाले जीडीसी के कई उदाहरण हैं। अंत में, राजस्व सृजन में उनके योगदान के उभरते उदाहरण हैं। कई जीडीसी उन क्षेत्रों और बाज़ारों में सेवाओं का विस्तार करने के लिए लागत + टैलेंट बढ़त का लाभ उठा रहे हैं, जो पहले सेवा के लिए मूल संगठन के मामले में व्यावहारिक नहीं थे। यह न केवल जीडीसी, बल्कि उनके मूल संगठनों के लिए भी रूपांतरकारी अवसर है। लागत केंद्रों से राजस्व केंद्रों तक जीडीसी के विकास की कल्पना करना अब दूर की कौड़ी नहीं रह गई है!
2. **लागत और उत्पादकता महत्त्वपूर्ण बने हुए हैं।** जहाँ मूल्यवर्द्धन में काफ़ी रुचि है, वहीं लागत और उत्पादकता एक फ़ोकस क्षेत्र बना हुआ है। यह अभी भी ऑनशोर हितधारकों से की जाने वाली एक मुख्य अपेक्षा है, और जीडीसी लीडर्स को इस पर ध्यान केंद्रित करना जारी रखना होगा।
    - अच्छी ख़बर यह है कि जीडीसी मॉडल 40-70 प्रतिशत बचत देना जारी रखता है, और ये लागत अंतरपणन लाभ जल्दी से दूर होने नहीं जा रहे हैं। उनके कम से कम पंद्रह या बीस साल तक बने रहने की संभावना है, जो शायद पच्चीस साल तक भी चल सकते हैं।
    - हालाँकि, जीडीसी का काम आसान नहीं है। लागत और उत्पादकता लाभ के कुछ शुरुआती प्रवर्तक कम हो सकते हैं। उदाहरण के लिए, कई जीडीसी ने अपने शुरुआती सालों में जो उच्च वृद्धि देखी, वह टैलेंट पिरामिड और प्रति-इकाई अधोसंरचना की लागत के कुशल प्रबंधन में सहायक थी। कर्मचारियों की संख्या में बढ़त स्थिर होने के साथ, जीडीसी केंद्रों के लिए उन लागतों का

प्रबंधन करना अधिक चुनौतीपूर्ण हो जाता है। इसलिए, जीडीसी को लागत और उत्पादकता पर लाभ को बनाए रखने और संभावित रूप से बेहतर बनाने के लिए परिचालन उत्कृष्टता और टैलेंट मॉडल अनुकूलन पर कड़ी मेहनत करनी होगी।

3. **ग्लोबल डिलीवरी नेटवर्कों का विकास।** कई जीडीसी भारत में एक ही स्थान से स्थानों के वैश्विक नेटवर्क में चले गए हैं। जहाँ भारत स्थानों के मामले में सबसे बड़ा बना रह सकता है, वहीं संगठन कई विकल्प रखना चाहते हैं। स्थान चयन केवल लागत-अंतरपणन निर्णय तक सीमित नहीं रह गया है। यह केंद्रीकरण जोखिम के शमन, टैलेंट के नए पूल तक पहुँच और रणनीतिक व्यावसायिक विचारों से प्रेरित होता है। भारत में भी, जीडीसी के अक्सर कई स्थान होते हैं और ये टियर-2 शहरों में अपने पदचिह्नों का विस्तार कर रहे हैं। इसके अलावा, संगठन के अंदर जीडीसी को स्वतंत्र स्थलों के बजाय किसी एकीकृत वैश्विक नेटवर्क के रूप में प्रबंधित किया जाने लगा है।

4. **जीडीसी के लिए सोर्सिंग मॉडल अधिक जटिल होता जा रहा है।** 'निर्माण बनाम क्रय' की बहस सदाबहार रही है। कई संगठन अब यह मानने लगे हैं कि दोनों की एक भूमिका हो सकती है और ये मॉडल सह अस्तित्व में रह सकते हैं और इस तरह से ये संगठन अब इस बहस से आगे निकल चुके हैं। इसलिए, हाइब्रिड सोर्सिंग अब तेज़ी से आदर्श बन रहा है, जहाँ इन-हाउस केंद्र और विक्रेता दोनों सह-अस्तित्व में होते हैं। इसके अलावा, अतीत से एक महत्त्वपूर्ण प्रस्थान में, इन-हाउस केंद्रों को अक्सर अपनी फर्मों के लिए साझेदार संबंधों के प्रबंधन में प्रमुख भूमिका निभाने के लिए कहा जाता है, जबकि पहले ऐसे संबंधों को सीधे प्रधान कार्यालय से प्रबंधित किया जा सकता था।

5. **गवर्नेंस के दृष्टिकोण विकसित हो रहे हैं।** ऐतिहासिक रूप से, जीडीसी परिचालन मॉडल स्पेक्ट्रम के दो सिरों पर रहे हैं - या तो साझा सेवा मॉडल या लंबवत एकीकरण मॉडल। जीडीसी के विकसित होते दायरे को देखते हुए, अधिक जटिल हाइब्रिड परिचालन मॉडल उभर रहे हैं। यह उनके गवर्नेंस को, विशेष रूप से मेट्रिक्स के प्रबंधन को और अधिक चुनौतीपूर्ण बना देता है। इसके अलावा, संगठन के अंदर जीडीसी की नियुक्ति भी विकसित हो रही है। सीओओ या सीआईओ में रिपोर्ट करने के अलावा, अब आपके पास अक्सर जीडीसी में प्रत्यक्ष दिलचस्पी लेने वाले व्यवसाय प्रमुख होते हैं। नतीजतन, जीडीसी के लीडर्स की भूमिकाएँ और अपेक्षाएँ भी उनके वैश्विक संगठनों के संदर्भ में बढ़ती जा रही हैं।

6. **कार्यबल परिपक्व और अधिक विविध होता जा रहा है।** जीडीसी की बढ़ती परिपक्वता को देखते हुए, कार्यबल का कार्यकाल भी बढ़ रहा है। यह एक अच्छा अवसर तो है, लेकिन साथ ही चुनौती भी है। कई जीडीसी कर्मचारियों ने अब व्यावसायिक विशेषज्ञता हासिल कर ली है, जिसका लाभ उच्च मूल्य वर्द्धित भूमिकाओं के लिए

उठाया जा सकता है। यह एक ज़बरदस्त अवसर है, हालाँकि, कर्मचारियों को अधिक चुनौतीपूर्ण करियर मार्ग और प्रोफ़ेशनल विकास के अवसर उपलब्ध कराने की भी ज़रूरत है। यदि आप ऐसा नहीं करते हैं, तो आपके समक्ष बेस्ट टैलेंट खोने का जोखिम रहेगा। इसके अलावा, बड़ी संख्या में नेक्स्ट जेनरेशन के शामिल होने के साथ, विशेष रूप से प्रवेश स्तरों पर, कार्यबल अधिक विविध होता जा रहा है।

## *जीडीसी लीडर्स को क़दम बढ़ाने की ज़रूरत*

जीडीसी बहुत अधिक परिवर्तन का सामना कर रहे हैं और उनके समक्ष अपने संगठनों के अंदर प्रभाव और प्रासंगिकता के अगले स्तर पर जाने के लिए भारी अवसर हैं, हालाँकि ये यात्रा आसान नहीं है। अवसरों का लाभ उठाने के लिए, जीडीसी लीडर्स को अपने खेल को महत्त्वपूर्ण रूप से आगे बढ़ाने की ज़रूरत है।

कभी-कभी जीडीसी लीडर्स 'कंफ़र्ट ज़ोन'में फँसे रह जाते हैं। वैचारिक नेतृत्व और नवाचार की अपेक्षाएँ अक्सर कम होती हैं। जीडीसी लीडर्स अपेक्षाओं के निष्पादन पर अच्छा प्रदर्शन करने में सक्षम होते हैं, परिणाम भी अच्छे होते हैं, लेकिन इससे आगे बढ़ने की कोई तत्काल आवश्यकता नहीं होती। यह उनके विकास को विचारशील लीडर्स के रूप में सीमित कर सकता है। जीडीसी लीडर्स को इसके प्रति सचेत रहना होगा और 'कंफ़र्ट ज़ोन'की बाधा का लगातार मुक़ाबला करना होगा। उन्हें यह सुनिश्चित करना होगा कि वे यथास्थिति को चुनौती दे रहे हैं और क्षमताओं को आगे बढ़ा रहे हैं। नई पीढ़ी के लीडर्स को विकसित करने की महत्त्वपूर्ण आवश्यकता है, जो निष्पादन से नेतृत्व तक रोमांचक जीडीसी यात्रा के लिए पथ प्रदर्शक होंगे।

जीडीसी के समक्ष अगले स्तर पर जाने के ज़बरदस्त अवसर हैं, लेकिन सफलता का महत्त्वपूर्ण कारक जीडीसी लीडर्स के क़दम बढ़ाने में निहित है। यह क़दम कोई छिटपुट नहीं, बल्कि ऐसा होना चाहिए, जिससे जीडीसी समुदाय को प्राथमिकता के आधार पर निपटना है।

कई जीडीसी लीडर्स के साथ सर्वेक्षणों और चर्चाओं के आधार पर, मैंने चार कौशल समूहों की पहचान की है, जिन्हें मैं महत्त्वपूर्ण मानता हूँ :

1. **वैश्विक मानसिकता :** लीडर से न केवल वैश्विक परिवेश में टीम के खिलाड़ी के रूप में प्रभावी होने की, बल्कि विश्व स्तर पर प्रभावी होने और नेतृत्व करने की अपेक्षा है। यह तीन बलों के कारण महत्त्वपूर्ण होता जा रहा है। पहला, जीडीसी की प्रक्रिया निष्पादन से सोच नेतृत्व और ग्लोबल डिलीवरी नेटवर्क के विकास की अपेक्षाओं में परिवर्तन, जिसमें भारत अक्सर अग्रणी होता है। दूसरा, संगठन तेज़ी से उभरती अर्थव्यवस्थाओं को टैलेंट के स्रोत के रूप में देखते हैं। तीसरा, यह तथ्य कि उभरती अर्थव्यवस्थाओं में जीडीसी में नेतृत्व टैलेंट अपेक्षाकृत अनुभवहीन है।

2. **उद्यमी नेतृत्व :** जीडीसी के विकास का अगला चरण आसान नहीं होगा। लागत अंतरपणन-संचालित विकास किसी स्तर पर एक स्थिर स्थिति में पहुँच जाएगा और

व्यवसाय में मूल्य जोड़कर नई वृद्धि को प्रेरित किया जाएगा। इसके लिए ऐसे लीडर्स की ज़रूरत होती है, जो न केवल ठोस परिचालन प्रबंधक हों, बल्कि उद्यमी और व्यवसाय उन्मुखी भी हों। लीडर्स की नई पीढ़ी को रचनात्मक और व्यावसायिक होना चाहिए, व्यवसाय को अच्छी तरह से समझना चाहिए और न केवल सीओओ/सीआईओ या सीएफओ के साथ, बल्कि सीईओ के साथ भी अच्छी तरह से जुड़ना चाहिए। उनमें जोखिम लेने का साहस भी होना चाहिए और किसी भी विरोध और असफलताओं को दूर करने के लिए लचीलापन होना चाहिए, जो आपके द्वारा कुछ नया निर्माण करने के लिए अपरिहार्य हैं।

3. **नेटवर्किंग और इन्फ्लूएंसिंग कौशल :** मेट्रिक्स का प्रबंधन हरेक जीडीसी के लिए वास्तविकता है। जीडीसी और गवर्नेंस मॉडल के विकसित हो रहे दायरे के साथ, यह और भी जटिल होता जा रहा है। आपको अक्सर प्रत्यक्ष अधिकार के बिना अपने प्रभाव का दावा करने की ज़रूरत होती है। कई एजेंडों के साथ कई हितधारकों को नेविगेट करने और सरेखित करने के लिए आपको चतुर होने की ज़रूरत है। और, आपको ऐसे समर्थकों का गठबंधन बनाने की ज़रूरत है, जो जीडीसी के विकास को अगले स्तर तक प्रायोजित करें और उसकी अगुवाई करें।

4. **जेनरेशन 'वाई' का प्रबंधन :** जीडीसी कार्यबल अधिक विविध और निश्चित रूप से युवा होता जा रहा है। जेनरेशन वाई में बहुत संभावनाएँ हैं। वे रचनात्मक और आत्मविश्वासी हैं और उनमें 'कर सकते हैं' का रवैया बहुत अधिक है, हालाँकि, पारंपरिक कमांड-एंड-कंट्रोल प्रबंधन शैली उनके साथ नहीं चल सकती। उनकी पर्याप्त ऊर्जा का पूरी तरह से इस्तेमाल करने के लिए उन्हें अच्छी तरह से समझना और उनसे जुड़ना ज़रूरी है।

## *जीडीसी लीडर्स को जो बदलाव करने की ज़रूरत है*

वैचारिक नेतृत्व और नवाचार में विश्वस्तरीय होने के लिए विभिन्न मानसिकता और क्षमताओं की ज़रूरत होती है। मैं चार महत्त्वपूर्ण बदलाव देखता हूँ, जिन्हें जीडीसी लीडर्स को इस मक़ाम तक पहुँचने के लिए करने की ज़रूरत है।

1. परिचालन **प्रबंधकों** से लेकर **विचारशील लीडर्स और नवप्रवर्तकों तक।** जीडीसी प्रबंधक निष्पादन में, काम पूरा कराने में बहुत अच्छे होते हैं, चाहे वह परियोजना डिलीवरी हो या सेवा गुणवत्ता का प्रबंधन हो। विचारशील लीडर और नवप्रवर्तक बनने के लिए उन्हें कठिन और महत्त्वपूर्ण समस्या-समाधान कौशल बनाने की ज़रूरत होगी। उन्हें 'महत्त्वपूर्ण-लेकिन अत्यावश्यक नहीं' से निपटना सीखने के लिए 'तत्काल और निकट-अवधि' पर ध्यान केंद्रित करने की अपनी मानसिकता को बदलने की ज़रूरत होगी, क्योंकि यह बहुत सारे वैचारिक नेतृत्व और नवाचार की प्रकृति है। उन्हें अधिक जटिल वार्तालापों को प्रबंधित करने की भी ज़रूरत होगी। निष्पादन के प्रबंधन में अपेक्षाकृत संरचित और पूर्वानुमेय बातचीत शामिल होती हैं।

वैचारिक नेतृत्व संघर्ष की अधिक संभावनाओं को लेकर ऑनशोर हितधारकों के साथ अधिक जटिल बातचीत करेगा, जो शायद ऑफ़शोर मैनेजरों से जुड़ाव के उस तरीक़े के अभ्यस्त नहीं हों।

2. **कार्यात्मक विशेषज्ञों** से लेकर **व्यावसायिक विशेषज्ञों तक**–जीडीसी के पास मज़बूत तकनीकी और प्रक्रिया कौशल होते हैं, हालाँकि, मूल्य वर्द्धन यात्रा के अगले चरण में सफलता का मुख्य कारक व्यवसाय और रिटेल ग्राहक की जानकारी है। मैनेजरों को इस सेल्फ़-लर्निंग में निवेश करने की ज़रूरत होगी, वरना वे पीछे छूट जाएँगे।

3. **'सुरक्षित हाथों'से उद्यमिता जोखिम उठाने वालों तक**–वर्तमान प्रक्रियाओं और डिलीवरी मॉडल को अक्सर जोखिम कम करने और अनुमानित डिलीवरी सुनिश्चित करने के लिए डिज़ाइन किया जाता है। इसके लिए हमने 'सुरक्षित हाथ'की तलाश करने और उसे प्रोत्साहित करने का प्रयास किया है। ऐसे युग में जहाँ नवाचार सर्वोपरि है, आपको उद्यमी जोखिम लेने वालों की ज़रूरत है। यह कोई साधारण परिवर्तन नहीं है, क्योंकि यह संगठन की संस्कृति में गहराई से निहित होता है। वरिष्ठतम लीडर्स को व्यक्तिगत रूप से अपने कामों के ज़रिये संस्कृति परिवर्तन का संकेत देना होगा।

4. **स्थानीय अगुवाओं से लेकर वैश्विक असरदारों तक**–स्थानीय स्तर पर टीमों के प्रबंधन से लेकर वरिष्ठ प्रबंधन से वैश्विक स्तर पर नेतृत्व करने और प्रभाव डालने की उम्मीद की जाएगी। इसके लिए उच्च स्तर की बहुसांस्कृतिक संवेदनशीलता, परिष्कृत संवाद कौशल और सबसे महत्त्वपूर्ण वैश्विक संगठनात्मक प्राथमिकताओं की गहरी समझ की ज़रूरत है।

संक्षेप में, इस परिवर्तन के लिए प्रबंधकों को क़दम बढ़ाने और लीडर बनने की ज़रूरत है। परिवर्तन का सबसे महत्त्वपूर्ण पहलू उत्कृष्टता की 'भूख' और उसकी निरंतर खोज का प्रेरक तत्व होगा। यदि हम अपने प्रबंधकों के बीच उस जुनून और ऊर्जा का निर्माण कर सके तथा उसे बनाए रख सके, तो बाक़ी आवश्यक परिवर्तन होकर रहेंगे।

## वैश्विक मानसिकता–क्या और कैसे

सफल वैश्विक लीडर की प्रमुख विशेषता प्रभाव या इन्फ्लूएंस होती है। वैश्विक लीडर को भौगोलिक और संस्कृति पर प्रभाव डालने के लिए सीमाओं से परे जाने की ज़रूरत होती है। सफल वैश्विक लीडर्स की अन्य प्रमुख विशेषताओं में विज़न, रचनात्मकता, संसाधन आवंटन में कौशल और जोखिम लेने की तत्परता शामिल हैं।

तो, जीडीसी लीडर वैश्विक मानसिकता का निर्माण कैसे कर सकते हैं और कैसे सफल वैश्विक लीडर बन सकते हैं? अग्रणी वैश्विक फ़र्मों में बीस साल के मेरे अनुभव से, निम्नलिखित छह सबक़ महत्त्वपूर्ण हैं :

## मूल्य–वर्द्धन के लिए जीडीसी लीडर्स में ज़रूरी चार बदलाव

| यहाँ से | यहाँ तक |
|---|---|
| परिचालन मैनेजर | वैचारिक लीडर्स और नवाचारी |
| कार्यात्मक विशेषज्ञ | व्यावसायिक विशेषज्ञ |
| सुरक्षित हाथों की जोड़ी | उद्यमिता के ख़तरे उठाने वाले |
| स्थानीय चैंपियन | वैश्विक प्रभावकारी |

1. **समझने का प्रयास करना :** वैश्विक प्रबंधक को ख़ुद को दूसरे व्यक्ति के स्थान पर रखकर देखना चाहिए, परानुभूतिपूर्ण होना चाहिए और निष्कर्ष पर जल्दी से जाने के बजाय उनके दृष्टिकोण को समझने का प्रयास करना चाहिए। उसे बौद्धिक रूप से जिज्ञासु होना चाहिए और उसमें नई संस्कृतियों तथा लोगों के बारे में जानने की ललक होनी चाहिए।
2. **नवीनता से सामना :** कंफ़र्ट ज़ोन से बाहर जाना और लगातार तथा विविध तरह के अनुभव हासिल करना। यह लीडर्स को आगे बढ़ाता है और उन्हें ज़्यादा अनुकूलनशील बनाता है।
3. **वैश्विक साथियों और ग्राहकों के साथ ज़्यादा समय बिताना :** वैश्विक लीडर्स को अपने कार्यालयों से बाहर निकलने और दुनिया में ज़्यादा समय बिताने की ज़रूरत होती है। उन्हें परिचालन और जन प्रबंधन से परे जाने की ज़रूरत होती है और नेटवर्किंग तथा संबंध निर्माण पर ध्यान देने की आवश्यकता होती है।
4. **स्वार्थ से परे जाना और विश्वास का निर्माण करना :** विश्वास निर्माण के लिए, मैनेजर को निजी स्वार्थ और अपना एजेंडा निलंबित कर देना चाहिए। इसके बजाय दूसरों के लिए सही काम करने की वास्तविक इच्छा लानी चाहिए। इसके अलावा, लीडर को खुला और ईमानदार संवाद सुनिश्चित करना चाहिए। उसे बुरी ख़बर साझा करने में भी संकोच नहीं करना चाहिए। हर संकट विश्वास पैदा करने का अवसर होता है!
5. **मेट्रिक्स का प्रबंधन :** संगठनात्मक राजनीति एक हक़ीक़त है, इसलिए लीडर को मेट्रिक्स में टकराव का सामना करने से नहीं शर्माना चाहिए। ग्राहक के लिए जो सही है, उस पर हमेशा ध्यान केंद्रित करके संभावित टकरावों का समाधान किया जाना चाहिए।
6. **स्वाभाविक और साहसी होना :** जहाँ यह बेहद महत्त्वपूर्ण है कि लीडर समझने और फिर अनुकूलन करने की कोशिश करे, वहीं यह भी उतना ही महत्त्वपूर्ण है कि लीडर स्वाभाविक हो और अपने विश्वासों पर खरा रहता हो। उसे अपनी प्रवृत्ति पर भरोसा करना चाहिए, अपने स्वाभिमान को संजोना चाहिए, और जो जैसा है, वह बताना चाहिए!

संक्षेप में, प्रभावी वैश्विक लीडर होने का मतलब बाहरी दिखावा(जैसे, भाषा, प्रवाह) नहीं, बल्कि अच्छा लीडर होने के मूल सिद्धांतों का होना है। जीवन में ज़्यादातर चीज़ों की तरह, वैश्विक लीडर के लिए यह महत्त्वपूर्ण है कि वह परस्पर विरोधी अपेक्षाओं के बीच संतुलन बनाए। विशेष रूप से, किसी वैश्विक लीडर को 'अपनी ज़ंजीरों को काटने'और 'अपनी जड़ों के प्रति सच्चे रहने' के बीच संतुलन तलाशना चाहिए।

यह कहना अतिशयोक्ति नहीं होगी कि जीडीसी का भविष्य काफ़ी हद तक इस बात पर निर्भर करता है कि उनके लीडर कैसे क़दम बढ़ाते हैं और कैसे बदलाव लाते हैं।

## सारांश

- किसी जीडीसी को चार महत्त्वपूर्ण कौशलों की ज़रूरत होती है: वैश्विक मानसिकता, उद्यमिता नेतृत्व, नेटवर्किंग और कौशल प्रभाव, जेनरेशन 'वाई' का प्रबंधन।
- वैश्विक मानसिकता के लिए, लीडर्स को उत्सुक, परानुभूतिपूर्ण, प्रामाणिक होना चाहिए, और उसे विश्वास-आधारित संबंध विकसित करने चाहिए।

# 6

# विश्व-स्तरीय नॉलेज सेंटर का निर्माण कैसे करें[13]

*ज्ञान में किए गए निवेश से हमेशा ही सबसे अच्छा ब्याज़ मिलता है।*

*—बेंजामिन फ्रैंकलिन, संस्थापक,*
*यूनाइटेड स्टेट्स ऑफ़ अमेरिका ऐंड अमेरिकन पॉलीमैथ*

मेरा सौभाग्य रहा है कि भारत में मैकिंज़ी नॉलेज सेंटर के निर्माण में मुझे शामिल होने का मौक़ा मिला। आमतौर पर मैक्केसी कहलाने वाला यह संस्थान अनुसंधान और एनालिटिक्स क्षमताओं की व्यापकता का चमकदार उदाहरण है, जिसे भारत जैसे स्थान से वितरित किया जा सकता है, और इस तरह का केंद्र एक बड़े और वैश्विक संगठन में नवाचार और रूपांतरण के लिए शक्ति कैसे बन सकता है। यहाँ मैंने उन प्रमुख पाठों का सार देने की कोशिश की है, जो मैंने मैक्केसी के निर्माण के आठ अद्भुत वर्षों में सीखा है।

## 1. *सेंटर को आम आईटी/बीपीओ प्रक्रियाओं से भिन्न दृष्टिकोण की ज़रूरत है*

कोई नॉलेज सेंटर आम आईटी/बीपीओ केंद्र से अलग संस्था होता है। नॉलेज सेंटर की कम से कम तीन विशेषताएँ अद्वितीय होती हैं: इसकी क्षमताएँ सटीक परिभाषा की अवहेलना करती हैं; वे अक्सर कंपनी के मूल हिस्से होते हैं; और टैलेंट के रूप में उच्च कौशल की ज़रूरत होती है।

अनुसंधान, एनालिटिक्स और अन्य ज्ञानोन्मुख क्षमताएँ, जो नॉलेज सेंटर का हिस्सा होती हैं, वे सटीक उत्पाद या प्रक्रियाएँ नहीं होती हैं। वे ऐसी क्षमताएँ होती हैं, जहाँ

डिलीवरी योग्य उत्पाद डेटा-टू-इनसाइट्स सातत्य पर व्यापक रूप से भिन्न हो सकते हैं। इसके अलावा, इन क्षमताओं के लिए गुणवत्ता और उत्पादकता को परिभाषित करना और मापना भी मुश्किल होता है। इसलिए, इन क्षमताओं में बढ़ने और इन्हें बनाने के लिए ज़रूरी दृष्टिकोण आईटी / बीपीओ कार्यों के पैमाने से अलग होता है, जिनकी प्रवृत्ति अच्छी तरह से परिभाषित डिलीवरी-योग्य उत्पादों तथा प्रक्रियाएँ रखने की होती है।

अनुसंधान और एनालिटिक्स अक्सर किसी संगठन के मूल आईपी, 'सीक्रेट सॉस'का हिस्सा होते हैं। इसलिए, जब ऐसी क्षमताओं के लिए परिचालन मॉडल को बदलने की बात आती है, तो अक्सर उच्च स्तर की चिंता होने लगती है। गुणवत्ता कमज़ोर पड़ने के जोखिम को अक्सर ऑफ़शोरिंग से होने वाले किसी भी फ़ायदे से कहीं अधिक अहम माना जाता है।

अंत में, आपको आमतौर पर अक्सर किसी नॉलेज सेंटर के लिए विशिष्ट और/या अच्छी शिक्षा की पृष्ठभूमि वाले उच्च स्तरीय टैलेंट की ज़रूरत होती है। इस टैलेंट प्रोफ़ाइल की उच्च आकांक्षाएँ होती हैं और ये अपने सामने आने वाले अवसरों के प्रति बहुत सचेत होते हैं। इसके अलावा, ये कर्मचारी अपनी कार्य स्थिति – 'बैक ऑफ़िस'में – के बारे में संवेदनशील होते हैं और अक्सर 'फ्रंट ऑफ़िस'में जाने के इच्छुक होते हैं। ये कारक किसी नॉलेज सेंटर में टैलेंट को बनाए रखने की अतिरिक्त चुनौती पेश करते हैं।

इन तीन अनोखी विशेषताओं को देखते हुए, यह स्पष्ट है कि नॉलेज सेंटर के निर्माण के दृष्टिकोण को विशिष्ट आईटी/बीपीओ प्रक्रियाओं से अलग होना चाहिए। यह तब और भी महत्त्वपूर्ण हो जाता है, जब नॉलेज सेंटर एक बड़े जीडीसी का हिस्सा हो। ऐसे मामलों में, प्रबंधन आईटी/बीपीओ प्रक्रियाओं पर अधिक ध्यान केंद्रित करेगा, जो कि बड़े पैमाने पर होते हैं। उन्हें अपने सामान्य दृष्टिकोण को जाँचने और नॉलेज सेंटर के निर्माण पर पर्याप्त ध्यान देने के लिए विशेष प्रयास करने की ज़रूरत होगी।

## *2. तेज़ चलने के लिए पहले धीरे चलिए*

किसी नॉलेज सेंटर के समक्ष मूल्य वर्द्धन करने और संभावित रूप से किसी संगठन के लिए प्रतिस्पर्द्धात्मक लाभ का स्रोत बनने के ज़बरदस्त अवसर हैं, हालाँकि, इस अवधारणा को साबित करने और शुरुआती ख़रीद हासिल करने के लिए शायद छोटी और धीमी शुरुआत करना ही ज़रूरी होता है। जैसा कि बताया गया है, अनुसंधान और एनालिटिक्स क्षमताएँ अच्छी तरह से परिभाषित नहीं हैं और उनकी ओर संक्रमण मुश्किल है। इसके अलावा, गुणवत्ता के अच्छी तरह से परिभाषित उपायों की कमी को देखते हुए, शंकालुओं के लिए गुणवत्ता में ख़राब और मूल्य वर्द्धन न करने के रूप में ऑफ़शोर क्षमताओं की ब्रांडिंग करना आसान है। कोई भी शुरुआती भूल नॉलेज सेंटर की प्रगति को बहुत कठिन बना सकती है। इसलिए प्राथमिक उपयोगकर्ताओं के साथ बहुत स्पष्ट और मज़बूत मूल्य प्रस्ताव स्थापित करने से पहले अच्छी तरह से सोच-विचार करना ज़रूरी हो जाता है। प्रस्ताव अनोखा होना ज़रूरी नहीं है – प्रमुख उपयोगकर्ताओं के लिए कुछ वास्तविक समस्याओं को हल करने पर ध्यान केंद्रित किया जाना चाहिए। मैक्केसी के लिए, शुरुआती मूल्य प्रस्ताव अमेरिका में स्थित परामर्श टीमों के लिए विश्लेषण की रातों-रात डिलीवरी करने का था। इससे परामर्श

टीमों की जीवनशैली और उत्पादकता में सुधार करने में मदद मिली। इस सरल, लेकिन स्पष्ट प्रस्ताव से मैक्केसी को मैकिंज़ी के अंदर सलाहकारों के बीच मज़बूत समर्थन हासिल करने में मदद मिली और फिर मैक्केसी के तेज़ी से उभरने की नींव पड़ी।

यहाँ खरगोश और कछुआ की कहानी का उदाहरण लेना चाहिए, क्योंकि नॉलेज सेंटर बनाने में भी कछुआ संभवत: खरगोश पर जीत हासिल कर लेता है !!

### 3. *मूल संगठन में स्वामित्व सुनिश्चित करना*

ज्ञान और विशेषज्ञता उच्च गुणवत्ता वाले अनुसंधान और एनालिटिक्स क्षमताओं की बुनियाद हैं। हालाँकि, ये अक्सर अच्छी तरह से कोडिफाइड नहीं होते हैं और लोगों के दिमाग़ और लैपटॉप में निहित होते हैं। ऑफ़शोर नॉलेज सेंटर के अंदर विशेषज्ञता का निर्माण करने के लिए इन विशेषज्ञों के साथ घनिष्ठ कार्य संबंध होना ज़रूरी है। ज्ञान किसी संक्रमण प्रक्रिया के ज़रिये नहीं, बल्कि निकट संपर्क के प्रभाव के ज़रिये स्थानांतरित किया जाता है, क्योंकि नॉलेज सेंटर में ऑनशोर विशेषज्ञ और ऑफ़शोर एनालिस्ट मिलकर काम करते हैं। ऐसा होना सुनिश्चित करने के लिए, संगठनात्मक निर्माण होना महत्त्वपूर्ण है, जहाँ ऑनशोर संगठन ऑफ़शोर केंद्र के उच्च स्तर के स्वामित्व का अहसास करता है। उन्हें ऑफ़शोर केंद्र को अपनी सफलता में योगदान के रूप में देखना चाहिए, न कि प्रतिस्पर्द्धा के रूप में।

मैक्केसी में, हमें अपने ऑनशोर सहयोगियों ('कार्य प्रणाली') को हम पर अधिक स्वामित्व लेने के लिए सचेत प्रयास करने पड़े थे। हमने एक शोध 'साझा सेवा'बनाकर मैक्केसी की शुरुआत की थी, जो सभी कार्यालयों और कार्य प्रणालियों को सेवा देता था। समय के साथ-साथ, हमने उद्योग और कार्यात्मक ज्ञान में विशेषज्ञता वाली टीमों का विकास किया, हालाँकि, हमने महसूस किया था कि हम कार्य प्रणाली के प्रत्यक्ष स्वामित्व के बिना टीमों को एक स्तर से आगे विकसित करने में सक्षम नहीं हैं। उस स्तर पर, हमने उन विशेष टीमों (पी ऐंड एल योगदान सहित) के स्वामित्व को सीधे कार्य प्रणालियों में स्थानांतरित करने का निर्णय लिया। स्थानीय प्रबंधन में हमारे लिए टीमों और क्षमताओं को छोड़ना मुश्किल था, जिसे बनाने में हमने इतना प्रयास किया था, हालाँकि, यह एक क़दम मैक्केसी में विकास का अगला चरण शुरू करने के लिए महत्त्वपूर्ण था। कार्य प्रणालियों के प्रत्यक्ष स्वामित्व ने हमारे लोगों को गहन विषय वस्तु विशेषज्ञों के रूप में विकसित करने में मदद की, और इसने उनके प्रोफ़ेशनल विकास और नॉलेज सेंटर के विस्तार के अगले चरण, दोनों में योगदान दिया।

### 4. *वैश्विक अनुसंधान संगठन के लिए परिवर्तन का स्रोत बनिए*

ज़्यादातर संगठनों में अनुसंधान सेट-अप पारंपरिक हैं, और विज्ञान से ज़्यादा कला के प्रतीक हैं। विरासत की कमी, और ऑफ़शोर मॉडल तथा नॉलेज सेंटर का स्केल किसी संगठन में फिर निर्यात के लिए नई प्रक्रियाओं और प्रणालियों के निर्माण के लिए अच्छा अवसर देते हैं। मैक्केसी में हमने इसे कई तरह से होते देखा है। सबसे महत्त्वपूर्ण बात टैलेंट

प्रोफ़ाइल में थी। मैकिंज़ी के अंदर अनुसंधान नेटवर्क ऐतिहासिक रूप से सहयोगी संगठन था, हालाँकि, जब हमने 1998 में मैक्केसी की स्थापना की, तो हमने उच्च गुणवत्ता वाले एमबीए कैंडीडेट्स नियुक्त करके शुरुआत की। यह अनुसंधान नेटवर्क में पारंपरिक रूप से काम पर रखे जाने वाले टैलेंट से एक बड़ा बदलाव था। इससे इस बारे में जागरूकता बढ़ी कि अनुसंधान की गुणवत्ता पर उच्च-गुणवत्ता वाले टैलेंट का प्रभाव हो सकता है, और ऐसे प्रोफ़ाइल अब मैकिंज़ी के वैश्विक अनुसंधान नेटवर्क के बड़े हिस्से में आदर्श बन गए हैं। मैक्केसी के विकास ने ग्राहकों की संतुष्टि को मापने के लिए औपचारिक 'आदेश लेने' संबंधी कार्यप्रवाह प्रबंधन प्रणालियों और प्रक्रियाओं के विकास को भी ज़रूरी बना दिया। इन सभी प्रणालियों को बाद में ग्लोबल नेटवर्क में वापस निर्यात किया गया था और मैकिंज़ी की अन्य शोध इकाइयों में ये तेज़ी से आदर्श बन गए हैं।

शायद मैकिंज़ी के वैश्विक शोध नेटवर्क में मैक्केसी का सबसे महत्त्वपूर्ण योगदान मैकिंज़ी के अंदर अनुसंधान की संरचना में लाया गया पूर्ण परिवर्तन है। परंपरागत रूप से, अनुसंधान प्रोफ़ेशनल्स को मैकिंज़ी के प्रत्येक कार्यालय में रखा जाता था। मैक्केसी की सफलता न केवल ऑफ़शोर डिलीवरी की सफलता थी, बल्कि इसने यह भी साबित किया कि किसी नॉलेज सेंटर में अनुसंधान का एकीकरण और ज्ञान प्रोफ़ेशनल्स के लिए अच्छी तरह से पहचाने जाने वाले घर का निर्माण अनुसंधान क्षमताओं के निर्माण के लिए सही विन्यास था। इसके बाद, ब्रसेल्स और बोस्टन के पास, बाद में शंघाई में और फिर पोलैंड और कोस्टा रिका में नॉलेज सेंटर स्थापित किए गए।

## *5. नई सेवाओं में नवाचार करें और सीमाओं को आगे बढ़ाएँ*

मैंने पहले ज़िक्र किया था कि यह सुनिश्चित करने के लिए कि आप एक स्पष्ट और अडिग नींव स्थापित कर रहे हैं, नॉलेज सेंटर के निर्माण में धीमी गति से चलना महत्त्वपूर्ण हो जाता है, हालाँकि एक बार जब आप अपनी मूल क्षमताओं में परिपक्वता तक पहुँच जाते हैं तो नवाचार पर ज़ोर देना और यह पता लगाना महत्त्वपूर्ण हो जाता है कि आप संगठन के लिए नई सेवाएँ कैसे बना सकते हैं। नवाचार एक शानदार अवसर है, लेकिन नॉलेज सेंटरों के लिए स्थिरता सुनिश्चित करने के वास्ते यह अनिवार्यता भी है। क्षमताओं की प्रकृति को देखते हुए, वे मुख्य प्रस्ताव और संभावित रूप से संगठनों की शीर्ष पंक्ति को आगे बढ़ाने में अहम किरदार निभा सकते हैं। इसी तरह से, नई पीढ़ी की क्षमताओं को विकसित करने से आपके द्वारा नियुक्त उच्च गुणवत्ता वाले टैलेंट को प्रोफ़ेशनल विकास के अवसर मिल सकते हैं। इस तरह की वृद्धि के अभाव में या तो पलायन होगा या लागत बढ़ेगी।

मैक्केसी की असली सफलता मैकिंज़ी के नवाचार केंद्र के रूप में इसके विकास में है। हम 'रिसर्च बैक ऑफ़िस'होने के शुरुआती दायरे से परे सेवाओं को विकसित करने में बहुत सफलतापूर्वक सक्षम हो चुके थे, और इन सेवाओं ने समय के साथ-साथ मैकिंज़ी के ग्राहकों की सेवा करने के तरीक़े को बदल दिया है। मैक्केसी में 50 फ़ीसदी से ज़्यादा ज्ञान प्रोफ़ेशनल नई सेवाओं पर काम करते हैं, जो अन्य कार्यालयों से स्थानांतरित की गई भूमिकाओं में सेवा करने के विपरीत है।

हमारे द्वारा चलाए गए ज़्यादातर नवाचारों को रेखांकित करने वाले तीन सिद्धांत अनिवार्य रूप से थे : 1) कम लागत + उच्च गुणवत्ता वाले टैलेंट का मेल, जिससे उन क्षमताओं में निवेश करना संभव हो पाया, जो अन्यथा व्यावहारिक नहीं हो पाते, 2) नए ज्ञान उत्पाद और आईपी बनाने के लिए विशेषज्ञता का एकीकरण और 3) कई उद्योगों, कार्यात्मक और क्षेत्रीय क्षमताओं के सह-स्थान का लाभ उठाना।

पहले सिद्धांत का एक अच्छा उदाहरण एनालिटिक्स सर्विसेज़ ऐंड सेंटर्स ऑफ़ कॉम्पीटेंस (सीओसी) का निर्माण था। मैकिंज़ी के पास ऐतिहासिक रूप से कभी भी बहुत ज़्यादा विशेष एनालिटिक्स क्षमता नहीं थी। मैक्केसी ऐसी विशेष क्षमता के निर्माण में निवेश करने का अच्छा मौक़ा था, जिसे अन्यथा बनाना संभव नहीं था। सीओसी, ग्राहक जुड़ाव में चुने हुए मॉड्यूल को मानकीकृत करने और उन्हें वितरित करने के लिए मैक्केसी के उच्च-गुणवत्ता वाले विशेषज्ञों का फ़ायदा उठाने के बारे में थे। इससे मैकिंज़ी को अधिक प्रतिस्पर्द्धी बनने और ग्राहकों के लिए अपनी सेवाओं का विस्तार करने में मदद मिली है, जिससे महत्त्वपूर्ण टॉपलाइन योगदान हुआ है। यह महत्त्वपूर्ण नवाचारों को चलाने के लिए कम क़ीमत के बिंदुओं पर विशिष्ट टैलेंट्स का लाभ उठाने का एक और बेहतरीन उदाहरण है।

दूसरे सिद्धांत पर, हमने विशेषज्ञता को नए ज्ञान उत्पादों में बदलने के लिए लगाया, जिसे ग्राहकों तक भी ले जाया जा सकता था। मैक्केसी मैकिंज़ी में स्वामित्व ज्ञान के विकास में महत्त्वपूर्ण भूमिका निभा रहा है, जिससे फ़र्म को ग्राहक प्रस्तावों के रूप में आंतरिक ज्ञान के विकास में निवेश का मुद्रीकरण करने में मदद मिल रही है। इसका एक शक्तिशाली उदाहरण बेंचमार्किंग सेवाओं में उद्योग डेटाबेस के विस्तार का है, जिससे ग्राहकों को नए और उपयोगी तरीक़ों से सेवा देना संभव हो रहा है।

अंत में, क्षमताओं के सह-स्थान का लाभ उठाना भी बड़ा अवसर साबित हुआ। हमने ऐसे कई उदाहरण देखे हैं, जहाँ क्षेत्रीय तरीक़े मैक्केसी में उन क्षमताओं के मौजूदा सह-स्थान के परिणामस्वरूप, किसी वैश्विक तरीक़े को एकीकृत तथा विकसित करने में सक्षम हुए थे। कई सीओसी और स्वामित्व ज्ञान सेवाओं के विकास में भी, कई अनुसंधान और एनालिटिक्स क्षमताओं का सह-स्थान महत्त्वपूर्ण रहा था, हालाँकि, मैं अब भी सह-स्थान लाभों को अल्प-अन्वेषित अवसर के रूप में देखता हूँ। इस अवसर को पूरी तरह से हासिल करने के लिए, आपको मौजूदा गवर्नेंस दायरे से आगे जाने के तंत्र की ज़रूरत है। इसे पूरा करने के लिए वरिष्ठ प्रबंधन जागरूकता और दृढ़ इच्छाशक्ति की ज़रूरत है।

### 6. *नवाचार संचालन के लिए मज़बूत स्थानीय क्षमताएँ आवश्यक हैं*

जहाँ मैक्केसी में विशेषज्ञता का निर्माण करने के लिए कार्यप्रणाली में उनका मज़बूत स्वामित्व ज़रूरी था, वहीं नवाचार केंद्र के रूप में इसके विकास को प्रोत्साहन स्थानीय पहल से मिला था। स्थानीय स्वामित्व वाली साझा सेवाओं की क्षमता और मज़बूत नेतृत्व की नवाचार को बढ़ाने में महत्त्वपूर्ण भूमिका थी। मैक्केसी में, व्यवहार-स्वामित्व वाली अनुसंधान क्षमताओं के अलावा, हमारे पास नॉलेज-ऑन-कॉल (केओसी) नामक साझा अनुसंधान सेवा थी।

जहाँ केओसी का उद्देश्य बुनियादी अनुसंधान अनुरोधों पर सभी कार्यालयों और तरीक़ों का समर्थन करना था, वहीं यह आश्चर्यजनक रूप से, कई अत्याधुनिक और विशिष्ट क्षमताओं के लिए नर्सरी की तरह भी था। यहाँ तक कि एनालिटिक्स जैसी विशिष्ट क्षमता भी केओसी से उभरी हैं। उर्ध्व स्वामित्व के चलन वाली अनुसंधान टीमें विषय वस्तु विशेषज्ञता के निर्माण के लिए अनुकूल हैं, लेकिन टीमों ने भी सुपरिभाषित और अक्सर सीमित प्रेषण के साथ काम किया। केओसी निर्माण का मतलब निम्न विशेषज्ञता, लेकिन अधिक उद्यमशीलता की स्वतंत्रता और निवेश करने की क्षमता था। बाद के दो कारकों के साथ मज़बूत स्थानीय प्रबंधन का संयोजन मैक्केसी की बेहतरीन नवाचार यात्रा को बढ़ाने में बेहद अहम था।

## *7. मूल व्यवसाय में अनुभव वाले नेतृत्व को लाएँ*

किसी नॉलेज सेंटर के लिए सफलता का मुख्य कारक संचालन दक्षता नहीं, बल्कि मूल संगठन के साथ एकीकृत करने और आख़िरकार नवाचार का स्रोत बनने की क्षमता होता है। इसलिए, ऐसे लीडर्स को लाना ज़रूरी होता है, जिनके पास मुख्य व्यवसाय का गहरा अनुभव और विश्वसनीयता हो। आरंभिक चरणों में, यह व्यावसायिक अनुभव नॉलेज सेंटर के लिए मूल्य प्रस्ताव को आकार देने में सहायक होता है। दूसरे चरण में यह अनुभव जीडीसी को मूल संगठन के साथ एकीकृत करने में मदद करता है। बाद के चरणों में, नवाचार के अवसर का लाभ उठाने के लिए, रिटेल ग्राहक की ज़रूरतों सहित मुख्य व्यवसाय का पूरा दृष्टिकोण होना ज़रूरी है। पृथक्करण में नवाचार नहीं हो सकता। इसके सार्थक होने के लिए, नवाचार को दो अलग-अलग पहलुओं – रिटेल ग्राहक सेवा प्रस्ताव में अंतराल और नॉलेज सेंटर के अद्वितीय लाभ- को जोड़ना होगा। इनके बीच सेतु बनाना कठिन हो सकता है। जिन लीडर्स के पास व्यावसायिक अनुभव और इन दोनों के बीच संबंध बनाने की उद्यमशीलता की क्षमता हो, वे संगठन के लिए नॉलेज सेंटर को बड़ी सफलता की ओर ले जा सकते हैं।

## *8. अपने टैलेंट के लिए करियर मार्ग तैयार करें*

जहाँ आईपी महत्त्वपूर्ण है, वहीं नॉलेज सेंटर के लिए मुख्य संपत्ति टैलेंट है। जैसा कि पहले बताया गया है, यह देखते हुए कि इस टैलेंट की आकाँक्षाएँ ऊँची होती हैं, इसलिए उनके लिए स्थायी करियर मार्ग उपलब्ध कराना ज़रूरी होता है। केवल धन या नौकरी की सुरक्षा से बहुत लंबे समय तक टैलेंट को बनाए रखना संभव नहीं हो पाता। इसके अलावा, इस टैलेंट में से ज़्यादातर विशेषज्ञ के रूप में विकसित होने की इच्छा रखते हैं, न कि प्रबंधकों के रूप में (करियर मार्ग, जो ऑफ़शोर सेट-अप में उपलब्ध कराना आसान होता है)। इसलिए, करियर मार्गों का विकास और संचार निष्क्रिय नहीं, बल्कि सक्रिय प्रक्रिया होना चाहिए।

मेरा मानना है कि नॉलेज सेंटर प्रोफ़ेशनल्स के लिए आकर्षक करियर राहें विकसित करने के तीन प्रमुख पहलू होते हैं :

- **अधिक मूल्य वर्द्धित क्षमताएँ** विकसित करने पर निरंतर ज़ोर देने से प्रोफ़ेशनल्स को ख़ुद को चुनौती देने और तरक़्क़ी करने की गुंजाइश मिलती है। मैक्केसी में,

एनालिटिक्स और सीओसी के विकास ने प्रोफ़ेशनल्स को उस नॉलेज सेंटर की सेवा लाइनों से आगे बढ़ने का अवसर उपलब्ध कराया, जिसमें वे शामिल हुए थे। यह लंबे समय तक संगठन के भीतर टैलेंट को बनाए रखने के लिए अहम था।

- **'फ़्रंट ऑफ़िस' भूमिकाओं में स्थानांतरण के अवसर**। हालाँकि इसे किसी परिभाषित करियर के रूप में बनाना संभव नहीं हो सकता, लेकिन ऑफ़शोर सेट-अप से ग्राहक सेवा कार्यालय में स्थानांतरण के कुछ उदाहरण भी टीम के लिए बड़ी प्रेरणा के रूप में कार्य कर सकते हैं।
- **लोगों की प्रोफ़ाइल के साथ लगातार प्रयोग,** ताकि उन सेवा लाइनों के अनुरूप कौशल तथा आकाँक्षाओं को खोजा जा सके, जिनसे वे जुड़े होते हैं। मैक्केसी में, जहाँ हमने लगातार नई सेवा लाइनों में वृद्धि की, वहीं साथ ही हमने अपने लोगों की प्रोफ़ाइल का विस्तार भी किया। हम शुरू में अपनी कोर रिसर्च सर्विस लाइन केओसी के लिए एमबीए प्रोफ़ेशनल लाते थे, फिर हम चार्टर्ड अकाउंटेंट्स और कॉमर्स ग्रेजुएट्स को हायर करने लगे। आख़िर में हम ग़ैर-वित्त पृष्ठभूमि के स्नातकों को काम पर रखने लग गए। बढ़ते मानकीकरण और प्रक्रिया परिपक्वता ने इस परिवर्तन को सुगम बनाया, और हम गुणवत्ता में किसी भी गिरावट के बिना आगे बढ़ने में सक्षम हुए (वास्तव में, ग्राहक संतुष्टि मेट्रिक्स में सुधार हुआ !!) इसके समानांतर, हम उच्च कोटि के प्रोफ़ाइल को नई और मूल्य वर्द्धित सेवा लाइनों में स्थानांतरित करने में सक्षम हुए, जिन्हें हम तैयार कर रहे थे। मैक्केसी में स्थिर टैलेंट मॉडल बनाने में नए प्रोफ़ाइल के साथ प्रयोग करने और सर्विस लाइन में उनका ख़ाका तैयार करने की यह प्रक्रिया महत्त्वपूर्ण थी।

9. *हाँ, यह मूल्यवर्द्धन से संबंधित है, लेकिन लागत नियंत्रण में चूक न करें*

किसी नॉलेज सेंटर से अपेक्षाओं को देखते हुए, लागत नियंत्रण से नज़र हट जाना आसान होता है। उच्च गुणवत्ता वाले टैलेंट को हायर करने, उन्हें बनाए रखने तथा मूल संगठन के साथ उच्च एकीकरण सुनिश्चित करने से लागत बढ़ सकती है। यदि इसे अच्छी तरह से प्रबंधित नहीं किया जाता है, तो आप लागत सर्पिल में उलझ सकते हैं, जो शीघ्र ही ऑफ़शोर नॉलेज सेंटर के लागत लाभ को नष्ट कर सकता है। ऐसा नहीं होना चाहिए। यदि आप टैलेंट प्रबंधन और प्रशासन के बारे में व्यावहारिक हैं, तो आप लागत बढ़े बिना उच्च गुणवत्ता वाली क्षमताएँ वितरित कर सकते हैं। असली बात मूल्य वर्द्धित क्षमताओं को निरंतर बढ़ाते रहने और नए से नए टैलेंट प्रोफ़ाइलों के साथ प्रयोग करने में संयोजन की है, जैसा कि मैंने पहले ज़िक्र किया है।

इससे आप अधिक मूल्य वर्द्धित सेवाओं के लिए उच्च लागत वाले संसाधनों का इस्तेमाल करते हुए पिरामिड के आधार पर कम लागत वाले संसाधन हासिल कर सकते हैं। सेवा लाइन विकास और टैलेंट मॉडल प्रयोग का यह संयोजन विशिष्ट होता है। उन पर स्थिर रहने से महत्त्वपूर्ण लागत वृद्धि हो सकती है।

## विश्वस्तरीय ज्ञान केंद्र के बिल्डिंग ब्लॉक्स

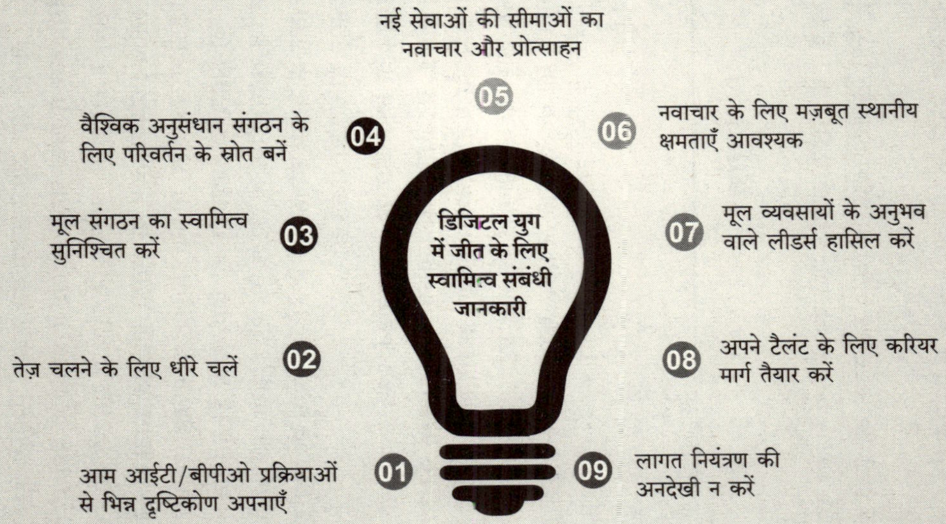

लागत नियंत्रण का दूसरा महत्त्वपूर्ण पहलू मूल संगठन के साथ आपके केंद्र के एकीकरण का स्तर है। सुविधा मानकों, लाभों, यात्रा की मात्रा आदि के संदर्भ में लागत का एकीकरण होता है। इनमें से कई पहलू (विशेषकर यात्रा) उच्च गुणवत्ता वाले नॉलेज सेंटर के निर्माण के लिए ज़रूरी हो सकते हैं, हालाँकि, वास्तविकता की जाँच करना और अपने ख़र्चों के मूल्य पर सवाल उठाना अहम होता है। व्यावहारिक 80/20 दृष्टिकोण के साथ, आप गुणवत्ता से समझौता किए बिना लागत प्रबंधन कर सकते हैं।

लागत पर अंतिम बिंदु – लागत माप और नियंत्रण की अक्सर अनदेखी कर दी जाती है और इन्हें नॉलेज सेंटर जैसी उच्च गुणवत्ता वाली क्षमता में महत्त्वपूर्ण नहीं माना जाता है। यह बहुत बड़ी भूल है। सेवा में लागत में कमी अपने आप में संगठनों के लिए बड़ा अवसर नहीं हो सकता है, हालाँकि, जब नवाचार के अवसर की बात आती है, तो लागत महत्त्वपूर्ण कारक होती है। किसी नॉलेज सेंटर से नवाचार की सबसे बड़ी सूत्रधार इसकी कम लागत वाली संरचना है, जो निवेश पर बाधा दर को कम करती है। इस प्रकार निवेश के अवसरों की एक व्यापक रेंज व्यावहारिक हो जाती है, जो अन्यथा नहीं हो पाती है। यदि ऑफ़शोर नॉलेज सेंटर लागत के बारे में सतर्क नहीं हैं, तो अंत में वे नवाचार इंजन को नुक़सान पहुँचाने वाले बड़े कारक साबित हो सकते हैं।

नॉलेज सेंटर किसी संगठन के लिए बेहतरीन व्यावसायिक मूल्य बनाने का विशिष्ट अवसर होता है। मैक्केसी न केवल अनुसंधान और एनालिटिक्स क्षमताओं की व्यापकता का अद्भुत उदाहरण है, जिसे ऑफ़शोर केंद्र से वितरित किया जा सकता है, बल्कि यह इस बात की भी मिसाल है कि कैसे कोई जीडीसी मैकिंज़ी की तरह बड़ी और वैश्विक कंपनियों के लिए मुख्य ग्राहक सेवा मॉडल को बदलने वाले नवाचार का स्रोत बन सकता है। मुझे उम्मीद है कि यह कहानी कई लोगों के लिए और भी रोमांचक तथा मूल्य–सृजन यात्रा शुरू करने के लिए प्रेरणा स्रोत बनेगी।

## सारांश

- नॉलेज सेंटर किसी फ़र्म के आईपी को कई गुना बढ़ा सकता है और यह वैश्विक उद्यम के लिए विलक्षण व्यवसाय मूल्य की रचना का विशिष्ट अवसर होता है।
- विश्वस्तरीय नॉलेज सेंटर बनाने के बिल्डिंग ब्लॉक्स में शामिल हैं :
    a. उच्च गुणवत्ता वाले टैलेंट को लाना (परंपरागत आईटी/बीपीओ प्रक्रियाओं वाले टैलेंट से आगे जाकर), जो असंरचित स्थितियों में काम कर सकें और जटिल टास्क निपटा सकें,
    b. मापने से पहले छोटे और धीमे तरीक़े से शुरुआत करना,

c. मूल संगठनों के साथ सह-स्वामित्व तथा सह-निर्माण, जिससे गहन संदर्भ सुनिश्चित हो सके और निहित ज्ञान साझा हो सके,

d. मूल उद्यम के लिए नवाचार केंद्र बनना और इसके लिए ज्ञान उत्पादों तथा आईपी में निवेश के लिए 'बड़े पैमाने पर विशेषज्ञता' का लाभ उठाना, और बहु-क्षमताओं के सह-स्थान का फ़ायदा भी उठाना,

e. मज़बूत स्थानीय नेतृत्व और निवेश करने की योग्यता के साथ उद्यमिता स्वतंत्रता,

f. मूल व्यवसायों के अनुभव वाले नेतृत्व को हायर करना,

g. टैलेंट शामिल करने के लिए वैकल्पिक प्रोफ़ाइलों के साथ प्रयोग जारी रखना, साथ ही उच्च नस्लीय संसाधनों को नई मूल्यवर्द्धित सेवा लाइनों की ओर बढ़ाना, ताकि टैलेंट प्रबंधन हो सके।

- नॉलेज सेंटरों से मिला ज्ञान बेहतरीन फ्रेमवर्क उपलब्ध कराता है, जिसके अनुसार जीडीसी को मूल्य-वर्द्धन यात्रा पर आगे बढ़ने की ज़रूरत होती है।

# खंड – 5

# डिजिटल युग में जीत के लिए संगठन का रूपांतरण

# परिचय : डिजिटल युग में जीत के लिए संगठन का रूपांतरण

खंड एक से तीन में, मैंने बात की कि डिजिटल रूपांतरण क्या है और क्यों होना चाहिए। खंड चार में, हमने चर्चा डिजिटल रूपांतरण के तरीक़े पर शिफ़्ट की, और बताया कि ग्लोबल डिलीवरी मॉडल डिजिटल युग में निष्पादन का महत्त्वपूर्ण पहलू कैसे है। इस खंड में, मैं डिजिटल निष्पादन की गहराई में जाता हूँ और सफल डिजिटल रूपांतरण का समर्थन करने के लिए आवश्यक संगठनात्मक तत्वों का पता लगाता हूँ।

## सांगठनिक रूपांतरण के बिना डिजिटल रूपांतरण सफल नहीं हो सकता

मैंने पहले के खंडों में यह बात कही है कि डिजिटल रूपांतरण को सफल बनाने के लिए इसे एंड टू एंड होना चाहिए। डिजिटल रूपांतरण केवल तकनीक की बात नहीं है। वास्तव में, कई डिजिटल रूपांतरण कार्यक्रम इसीलिए असफल हो जाते हैं, क्योंकि उनकी कल्पना और क्रियान्वयन उन्हें केवल तकनीकी कार्यक्रम मानकर किया जाता है। इसके अलावा, डिजिटल केवल ग्राहक अनुभव को बदलने की बात नहीं है, यह व्यवसाय और परिचालन मॉडल बदलने की भी बात है। परिवर्तन का इतना महत्त्वपूर्ण दायरा तब तक सफल और टिकाऊ नहीं हो सकता, जब तक कि इसके साथ सांगठनिक रूपांतरण न हो।

डिजिटल काम करने का नया तरीक़ा है। आपको गति के साथ आगे बढ़ने, क्रमिक रूप से चलने के बजाय पुनरावर्ती रूप से निष्पादन करने, प्रयोग और नवाचार पर ज़्यादा ध्यान देने, और बहुत सारा जोखिम उठाने की ज़रूरत है। इसके अलावा, चाहे आप किसी भी उद्योग में हों, तकनीक को आपके डीएनए का मुख्य हिस्सा बनना होगा। इन परिवर्तनों को सांगठनिक संस्कृति की पुनर्रचना के बिना क़ायम नहीं रखा जा सकता है। सांगठनिक संस्कृति में परिवर्तन शायद डिजिटल रूपांतरण के लिए सबसे महत्त्वपूर्ण प्रवर्तक है, जिससे उद्यम अलग-अलग कार्यक्रमों से परे जा सकते हैं और सांगठनिक डीएनए में अधिक व्यापक बदलाव को प्रभावित कर सकते हैं।

हालाँकि संस्कृति को विकसित होने में लंबा समय लगता है और किसी उद्यम तथा उसके कार्यों को जल्दी से बदलना आसान नहीं होता है। डिजिटल युग में जब परिवर्तन की रफ़्तार बहुत ज़्यादा है, जब नए प्रतियोगी उभर रहे हैं और व्यापार चक्र सिकुड़ रहे हैं, तो यह सवाल उठता है कि संगठन की सफलता का स्थायी आधार क्या है?

मेरा मानना है कि ऐसी कम से कम सात सांगठनिक क्षमताएँ हैं, जो डिजिटल युग में टिकाऊ सफलता के लिए अनिवार्य हैं:

1. **स्वामित्व ज्ञान :** ऐसे युग में जब सूचना इतनी आसानी से सुलभ है, तब स्वामित्व ज्ञान प्रतिस्पर्द्धात्मक लाभ का स्रोत बन जाता है। वास्तव में, मैं यह कहूँगा कि डिजिटल युग में प्रत्येक उद्यम को ज्ञान कंपनी होना चाहिए, हालाँकि, चुनौती इसमें यह है कि स्वामित्व ज्ञान आमतौर पर छिपा हुआ होता है। इसलिए, उद्यमों को इस छिपे ज्ञान को कोडिफाई करने और इसे बाक़ी संगठन के लिए सुलभ बनाने में बेहद उद्देश्यपूर्ण होना चाहिए।
2. **नवाचार :** नवाचार तो डिजिटल युग की नींव है, और हरेक संगठन को इसे अपनी मुख्य क्षमता बनाना होगा। नवाचार चार प्रकार के होते हैं: प्रक्रिया, उत्पाद, ग्राहक अनुभव और व्यवसाय मॉडल। अक्सर उद्यम क्रमिक प्रक्रिया नवाचार पर अधिक ध्यान देते हैं, हालाँकि, डिजिटल युग में प्रतिस्पर्द्धा करने के लिए, उद्यमों के पास अधिक क्रांतिकारी व्यवसाय मॉडल नवाचारों में निवेश करने के अलावा कोई अन्य विकल्प नहीं है। इसके अलावा, इसके लिए एक बार के प्रयास या प्रतिभा के इधर-उधर भटकने की ज़रूरत नहीं है। नवाचार को व्यवस्थित प्रक्रिया और सांगठनिक क्षमता के रूप में उद्यम में शामिल करना पड़ेगा।
3. **दक्षता :** रफ़्तार शायद डिजिटल युग की सबसे बड़ी विशेषता है। बाज़ार का समय और चक्र समय की ज़रूरतें नाटकीय रूप से बदल रही हैं। यह तब तक हासिल नहीं किया जा सकता, जब तक कि 'हमारे काम करने के तरीक़े' में कोई बुनियादी बदलाव न हो जाए। दक्षता वही मौलिक बदलाव है। दक्षता सॉफ़्टवेयर विकास करने के एक नए तरीक़े के रूप में शुरू हुई, लेकिन किसी उद्यम में रणनीति-से-निष्पादन चक्र में सभी गतिविधियों को कवर करने के लिए इसका विस्तार हो गया।
4. **लर्निंग :** डिजिटल युग निरंतर परिवर्तन का युग है। इसलिए, कोई उद्यम या कोई व्यक्ति जिस तरह से मुख्य रूप से प्रासंगिक हो सकता है, तो वह निरंतर लर्निंग से ही हो सकता है। सीखने की प्रकृति नाटकीय रूप से बदल रही है। यह अधिक स्व-निर्देशित, डिजिटल और बाइट-साइज की होती जा रही है। उद्यमों को सीखने के तरीक़ों और तकनीक में हो रही ज़बरदस्त प्रगति का दोहन करना चाहिए और लर्निंग को मुख्य क्षमता के रूप में बनाना चाहिए।
5. **विविधता:** आज हम जिस जटिल दुनिया में रह रहे हैं, उसमें मोनोलिथिक दृष्टिकोण काम नहीं कर सकता। जटिलता से प्रभावी ढंग से निपटने के लिए विचार और अनुभव की विविधता ज़रूरी है। अपने सभी आयामों में लिंग संबंधी, नस्लीय, भौगोलिक, आयु संबंधी विविधता अब किसी भी संगठन के लिए डिजिटल युग में

प्रभावी रूप से प्रतिस्पर्द्धा करने के वास्ते केवल अच्छा ही नहीं, बल्कि आवश्यक आधार है।

6. **बदलाव का प्रबंधन :** डिजिटल युग में, परिवर्तन एक महत्त्वपूर्ण और निरंतर होती रहने वाली चीज़ है। आप अपनी प्रशंसा से संतुष्ट होकर नहीं बैठ सकते। मेरा मानना है कि ज़्यादातर उद्योगों में कंपनियों को अब हर तीन से चार साल में – रणनीति से लेकर परिचालन मॉडल तक – ख़ुद को महत्त्वपूर्ण रूप से बदलने की ज़रूरत होती है। ऐसे परिदृश्य में, परिवर्तन प्रबंधन को हर संगठन में मुख्य योग्यता बनना होगा।
7. **सक्षम करने वाले कार्य :** मानव संसाधन और वित्त को आमतौर पर सहयोगी कार्यों के रूप में देखा जाता है, हालाँकि, डिजिटल युग में इनकी भूमिका ज़्यादा अहम हो गई है। एचआर सांगठनिक रूपांतरण के ज़्यादातर तत्वों का प्रमुख प्रवर्तक है, जिसका हमने ज़िक्र किया है। डिजिटल युग में प्रतिस्पर्द्धा के लिए उद्यम के उच्च जोखिम और निवेश की ज़रूरतों को देखते हुए, वित्त की भूमिका भी अधिक अहम हो जाती है। सीएचआरओ और सीएफ़ओ की भूमिकाएँ सीईओ के अलावा, सबसे महत्त्वपूर्ण सीएक्सओ भूमिकाएँ बन रही हैं, हालाँकि, इन कार्यों को अक्सर विरासती आदेश लेने वाले या नियंत्रण मानसिकता में व्यवस्थित किया जाता है, लेकिन नई अपेक्षाओं को पूरा करने के लिए महत्त्वपूर्ण क़दम उठाने की ज़रूरत है।

जैसे–जैसे डिजिटल युग आगे बढ़ रहा है, वैसे–वैसे काम के भविष्य के बारे में सवाल उठता है। 'फ़्यूचर ऑफ़ वर्क' दशकों से चर्चा का विषय रहा है। यह चर्चा अब एआई के विकास के साथ–साथ और अधिक वास्तविक होती जा रही है। इंसान–बनाम–मशीन की बहस अब आम होती जा रही है। मेरा विश्वास है कि एआई का कार्य –प्रकृति पर बहुत महत्त्वपूर्ण प्रभाव पड़ेगा। यह इंसान *और* मशीन का सवाल है न कि इंसान *बनाम* मशीन का। यह अहम है कि उद्यम और लीडर अपने विशिष्ट उद्योगों और कार्यों पर एआई के प्रभाव को समझें और उसके अनुसार नौकरियों को नया स्वरूप देने के लिए सक्रिय क़दम उठाएँ।

इस खंड में, मैंने परिचय में बताए गए कई विषयों का विश्लेषण किया है:

## 1. डिजिटल युग में सफल होने के लिए सांगठनिक संस्कृति का निर्माण

मैकिंज़ी और फ़िडेलिटी जैसी कई विश्व स्तरीय फ़र्मों की स्थायी सफलता का आधार उनकी संस्कृति रही है, जो उनके वैश्विक पदचिह्न में स्थिरता और एक समान उद्देश्य लाती है।

- वूका जगत में, किसी उद्यम के लिए एकरूप कार्य संस्कृति का होना ज़रूरी होता है; हालाँकि, इसे एक क़दम आगे जाने और सफल होने के लिए उद्यमशीलता संस्कृति का निर्माण करने की ज़रूरत होगी। इस अध्याय में, मैं नौ पहलुओं को साझा करता हूँ, जो डिजिटल युग में सफलता के लिए ज़रूरी हैं। ये अहम विशेषताएँ हैं, जिन्हें उद्यमों को सचेत रूप से अपनी संस्कृति में शामिल करने की ज़रूरत होगी।

- हालाँकि, केवल इन विशेषताओं को व्यक्त करना ही पर्याप्त नहीं है। हमें उन्हें उद्यम में निश्चित संस्कृति बनाने के लिए काम करने के तरीक़े में एकीकृत करना होगा। यह धीमी और जटिल प्रक्रिया है। यह स्पष्ट रूप से व्यक्त *मूल्यों* के समूह के ज़रिये कर्मचारियों के लिए दिशा निर्धारित करके, नेतृत्व द्वारा *रोल मॉडलिंग* को प्रोत्साहित करके, और प्रदर्शन तथा पुरस्कार प्रक्रियाओं जैसे तरीक़ों के ज़रिये *संस्कृति को संस्थागत* बनाया जा सकता है।

## 2. ज्ञान प्रबंधन – डिजिटल युग में अलग दिखने के लिए आवश्यक कार्य

इस अध्याय में मैंने विशेषज्ञों के छोटे समूह के साथ ज्ञान को निहित करने के दृष्टिकोण में बदलाव की ज़रूरत को शामिल किया है, ताकि ज्ञान प्रबंधन की व्यवस्थित पद्धति विकसित हो सके। इसमें शामिल हैं :

- *प्रभावी ज्ञान प्रबंधन क्षमताओं का निर्माण करना और ज्ञान चक्र को सक्षम बनाना :* आपको व्यावसायिक प्राथमिकताओं के अनुसार, तमाम तरह की ज्ञान आवश्यकताओं की पहचान करनी होगी। दूसरा, आपको ज्ञान विशेषज्ञों और ज्ञान की आवश्यकता वाले लोगों को स्पष्ट रूप से स्थापित करना होगा। और तीसरा, आपको अंत में प्रक्रियाओं को स्थापित करने और तकनीक में निवेश करने की ज़रूरत होगी, ताकि यह सुनिश्चित हो सके कि ज़रूरतमंदों को आवश्यक ज्ञान समय पर उपलब्ध हो।
- *ज्ञान-साझाकरण और सहयोग की संस्कृति की स्थापना करना :* ज्ञान प्रबंधन की पहलें जटिल और समय लेने वाली होती हैं। इसके अलावा, उनका निवेश रिटर्न आसानी से स्थापित नहीं किया जा सकता। किसी भी ज्ञान प्रबंधन प्रयास की सफलता नेतृत्व प्रायोजन पर निर्भर करती है, और यह ऐसी संस्कृति की स्थापना करती है, जो ज्ञान-साझाकरण और सहयोग को प्रोत्साहित करती है, तथा ज्ञान प्रक्रियाओं एवं तकनीक में सही निवेश द्वारा समर्थित सुपरिभाषित ज्ञान संरचना का निर्माण करती है।

## 3. नवाचार–कार्रवाई का आह्वान

इस अध्याय में मैंने भारतीय आईटी/बीपीएम उद्योग का उदाहरण लेकर नवाचार पर ध्यान केंद्रित किया है।

- इस उद्योग का मूल्य प्रस्ताव उच्च गुणवत्ता, कम लागत वाला तकनीक टैलेंट, रफ़्तार से बढ़ने की क्षमता, ग्राहक प्रतिक्रिया और मज़बूत प्रक्रिया अभिविन्यास पर बनाया गया था।

## डिजिटल युग में जीतने के लिए संगठन का रूपांतरण

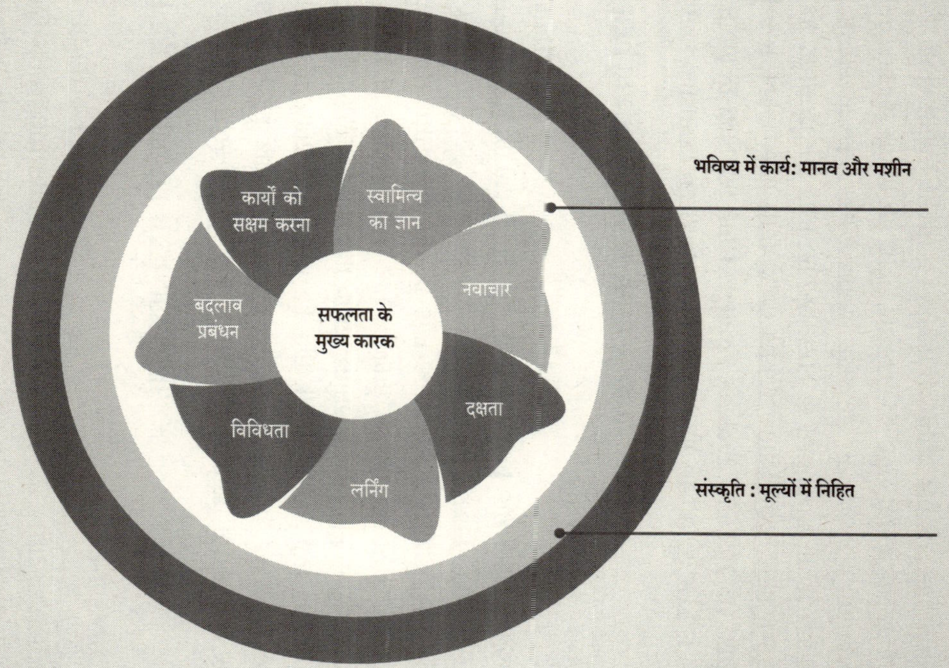

- हालाँकि, डिजिटल रूपांतरण के प्रभाव और ग्राहकों की बदलती अपेक्षाओं के कारण, भारतीय आईटी/बीपीएम फ़र्मों की माँग में काफ़ी बदलाव आया है।
- जब नवाचार की बात आती है, तो भारतीय आईटी/बीपीएम उद्योग को अपने कार्य में तेज़ी लाने की ज़रूरत होती है। यह अब क्रमिक दृष्टिकोण बर्दाश्त नहीं कर सकता है और उत्पाद तथा व्यापार मॉडल के नवाचार पर बड़ा दाँव लगाने की ज़रूरत है।
- इस चुनौती का सामना करने के लिए, आईटी उद्योग को लंबे समय से चले आ रहे सफलता के अपने फ़ॉर्मूले से परे जाना होगा, अपनी नवाचार बजट प्रतिबद्धताओं को आगे बढ़ाना होगा, ग्राहकों के समस्या बिंदुओं को बेहतर ढंग से समझना होगा, और स्टार्ट-अप के साथ सहयोग का पता लगाना होगा तथा विशिष्ट कौशल वाली फ़र्मों का अधिग्रहण करना होगा।

## 4. मेरे पहले दक्ष प्रशिक्षण की मुख्य अंतर्दृष्टियाँ

इस अध्याय में, मैंने अपने पहले दक्ष प्रशिक्षण के बाद अपने प्रतिबिंबों से दक्षता पर अपनी प्रमुख अंतर्दृष्टियाँ दी हैं। मैंने आठ प्रमुख बिंदुओं में सार निकाला है, जैसे दक्षता केवल परियोजना नियोजन और सॉफ़्टवेयर विकास की बात नहीं है, बल्कि सभी व्यावसायिक कार्यों पर लागू होती है, जिसमें रणनीति तथा योजना शामिल हैं; दक्ष होने के लिए आपको अपनी प्रक्रियाओं को सरल बनाना होगा और परिणामों को आगे बढ़ाने के लिए टीमों को सशक्त करना होगा; ऐसी दुनिया में जहाँ आप अगले छह से बारह महीनों से आगे के विकास की भविष्यवाणी नहीं कर सकते हैं, उसमें 'तेज़ी से असफल' दृष्टिकोण सबसे अच्छा काम करता है, और आपको क्रमिक रूप से काम न करने और संचालन करने की आदत डालनी होगी।

## 5. कल के लिए फिर से आविष्कार करना सीखना

हर संगठन को अपने कर्मचारियों को डिजिटल युग की बदलती ज़रूरतों के अनुकूल बनाने के लिए निरंतर सीखने पर ध्यान देना होगा। लर्निंग ऐंड डेवलपमेंट (एल और डी) कार्य का अगर अच्छी तरह से फ़ायदा लिया जाता है, तो इसका इस्तेमाल उद्यम क्षमता के निर्माण के साथ-साथ इसे प्रतिस्पर्द्धात्मक लाभ उपलब्ध कराने के लिए भी किया जा सकता है। एल और डी प्राथमिकताओं को मज़बूत तकनीकी, प्रोफ़ेशनल, नेतृत्व और परिवर्तन प्रबंधन क्षमताओं का निर्माण करके संगठन को अपने अल्पकालिक और दीर्घकालिक लक्ष्यों को पूरा करने में मदद करनी चाहिए। सीखने की प्रक्रिया के प्रभावी होने के लिए, सामग्री में वैयक्तिकरण का अंश होना चाहिए, उसे बाइट-साइज और आभासी होना चाहिए, और स्व-निर्देशित सीखने की संस्कृति को चलाना चाहिए।

## 6. नेतृत्व में महिलाएँ

ज़्यादातर तकनीकी कंपनियाँ बड़ी संख्या में महिलाओं को रोज़गार देती हैं, जो उनके कुल कार्यबल का 25 प्रतिशत से 45 प्रतिशत तक होता है, हालाँकि, जैसे-जैसे आप मध्य-वरिष्ठ प्रबंधन स्तरों पर पहुँचते हैं, वैसे-वैसे यह अनुपात नाटकीय रूप से गिरता जाता है। कार्यबल में विविधता अनिवार्य है। इससे न केवल यह सुनिश्चित होता है कि इसमें समाज का अच्छा प्रतिनिधित्व है, बल्कि यह भी तय होता है कि यह नवाचार की प्रेरक है, परानुभूति का सही संतुलन है और ग्राहकों के ख़रीद व्यवहार की बेहतर समझ देती है।

बेहतर विविधता प्रतिनिधित्व क़ायम रखने के लिए, उद्यमों को प्रक्रियाओं के साथ-साथ कार्यस्थल डिज़ाइन में बदलाव करने की ज़रूरत होगी, जो महिला कर्मचारियों को मातृत्व का प्रबंधन करने और उसके बाद, उनके काम पर लौटने में मदद करने के साथ-साथ उन्हें कार्यबल में बनाए रखने में मदद करें, क्योंकि उनकी ज़िम्मेदारियाँ बढ़ जाती हैं।

## 7. परिवर्तन प्रबंधन के सबक़

डिजिटल युग में, संगठनों के पास तेज़ी से बदलते परिवेश के अनुकूल होने के अलावा कोई विकल्प नहीं है।

- परिवर्तन की अनिवार्यता के बावजूद, कई संगठन प्रभावी परिवर्तन प्रबंधन कार्यक्रम चलाने में दिक़्क़त महसूस कर रहे हैं। इस अध्याय में, मैंने सात ऐसे सर्वोत्तम तरीक़ों को स्पष्ट किया है, जो किसी सफल परिवर्तन प्रबंधन कार्यक्रम के महत्त्वपूर्ण घटक हैं।
- कुल मिलाकर, उद्यमों को रूपांतरण प्रक्रिया सावधानीपूर्वक तैयार करनी होती है और उसकी निगरानी करनी होती है तथा अपने लोगों के दिल और दिमाग़ पर क़ब्ज़ा करने के लिए सभी संभावित साधनों का इस्तेमाल करना होता है।
- रूपांतरण यात्रा स्पष्ट परिवर्तन लक्ष्यों को निर्धारित करने के साथ शुरू होनी चाहिए, कर्मचारियों को परिवर्तन प्रक्रिया के निहितार्थों को समझने में मदद करनी चाहिए, और रफ़्तार बनाने के लिए त्वरित जीत का जश्न मनाना चाहिए। संचार एक शक्तिशाली प्रवर्तक है, जिसका यदि अच्छी तरह से इस्तेमाल किया जाए, तो परिवर्तन प्रक्रिया को प्रेरित करने में इसका बड़ा प्रभाव हो सकता है।

## 8 वूका जगत में आगे बढ़ने के लिए एचआर को किस तरह से रूपांतरण की ज़रूरत है

एचआर के पास वूका जगत में अनिश्चित समय के दौर में संगठनों की मदद करने में अपनी महत्त्वपूर्ण भूमिका निभाने का ऐतिहासिक अवसर है। ऐसा इसलिए है, क्योंकि वूका जगत में संगठनों के सामने आने वाली चुनौतियों की प्रकृति ऐसी होती है कि इनका समाधान एचआर को निकालने की ज़रूरत है।

- जिन क्षेत्रों में एचआर को परिवर्तन संचालन में अग्रणी भूमिका निभानी चाहिए, उनमें शामिल हैं: – संस्कृति के अगुवा की भूमिका निभाना, संगठनात्मक रीडिज़ाइनिंग, सीखने और विकास रणनीतियों को फिर से तय करना, वूका जगत में टैलेंट अधिग्रहण और जुड़ाव के लिए नए दृष्टिकोण चलाने की भूमिका निभाना।
- हालाँकि, एचआर विभाग को अपना प्रभाव बढ़ाने के लिए कई बदलाव करने की ज़रूरत होती है, जैसे कि अपनी स्वयं के टैलेंट डीएनए को अपग्रेड करना, तकनीक और डेटा में प्रगति का लाभ उठाना, और उद्यम में अपने कार्य की स्थिति को आगे बढ़ाना।

## 9. कार्य का भविष्य: एआई के ज़रिये कार्यबल की क्षमता उजागर करना

इस अध्याय के ज़रिये मैंने कार्य के भविष्य पर एआई के प्रभावों की बेहतर समझ उपलब्ध कराने का प्रयास किया है। मेरा दृढ़ विश्वास है कि भविष्य 'इंसान और मशीन' का होगा न कि 'इंसान बनाम मशीन' का। अगर हम अपनी व्यावसायिक प्रक्रियाओं को फिर से शुरू करते हैं, तो हम अपने कार्य की प्रकृति को मौलिक रूप से बदलने, सकारात्मक व्यावसायिक प्रभाव पैदा करने और अपने कार्यबल के लिए लाभ हासिल करने में एआई तकनीकों का लाभ उठाने में सक्षम होंगे। एआई न केवल नौकरियों की प्रकृति को प्रभावित करेगी, बल्कि उद्यमों को अधिक गतिशील रूप से मुद्दों को ट्रैक करने तथा अधिक लक्षित और व्यक्तिगत हस्तक्षेपों में सक्षम बनने में उनकी मदद करके कर्मचारी जुड़ाव भी बढ़ा सकती है।

मेरा दृढ़ विश्वास है कि सांगठनिक रूपांतरण सफल और स्थायी डिजिटल रूपांतरण की कुंजी है। और मुझे उम्मीद है कि आगे के अध्यायों में मेरे अनुभव और मेरी अंतर्दृष्टियाँ आपके उद्यम को बदलने की आपकी यात्रा में सहायक होंगी।

# 1

# डिजिटल युग में सफल होने के लिए सांगठनिक संस्कृति का निर्माण

*संस्कृति, रणनीति को नाश्ते में चबा जाती है।*

*—पीटर ड्रकर, लेखक*
*मैनेजमेंट टास्क्स, रेस्पॉन्सबिलिटीज़, प्रैक्टिसेस*

इस किताब में मैंने बार-बार ज़िक्र किया है कि डिजिटल युग में संस्कृति किसी उद्यम के लिए सफल होने का महत्त्वपूर्ण आधार कैसे है। खंड 1 में, जहाँ मैंने डिजिटल युग में सफल होने के लिए प्रबंधन के नए नियम पेश किए हैं, उनमें से एक प्रमुख नियम उद्यमी संस्कृति का निर्माण का था। इस अध्याय में, मैं यह पता लगाऊँगा कि डिजिटल युग में सफल होने के लिए ज़रूरी संस्कृति के कौन-कौन से पहलू हैं और आप उन्हें कैसे बनाते हैं।

मैं बहुत भाग्यशाली था कि मैंने अपने करियर के पहले 20 साल मैकिंज़ी और फ़िडेलिटी जैसी बड़ी फ़र्मों में बिताए, जिन्होंने मुझे दिखाया कि संस्कृति कैसे उनकी स्थायी सफलता का आधार थी और कैसे इसकी वजह से विशाल वैश्विक फ़र्मों में स्थिरता और सामान्य उद्देश्य आए। पिछले पाँच वर्षों में, मुझे डिजिटल युग के अत्याधुनिक बनने की प्रक्रिया का हिस्सा होने का अवसर मिला है। असली डिजिटल मूल कंपनी फ़्लिपकार्ट में मेरा समय और इन्सीडो में मेरे बिताए तीन वर्षों ने मुझे दुनिया की कुछ सबसे बड़ी कंपनियों को उनकी डिजिटल रूपांतरण यात्रा में समर्थन देने का अवसर मिला। इस अवसर ने मुझे डिजिटल युग में सफल होने के लिए ज़रूरी संस्कृति की गहन समझ दी है।

मार्शल गोल्डस्मिथ का प्रसिद्ध आदर्श वाक्य है, 'जिसने आपको यहाँ पहुँचाया, वह आपको वहाँ नहीं पहुँचाएगा!' यह वाक्य डिजिटल युग की ओर रूपांतरण करने वाले उद्यमों के लिए बड़ी सच्चाई है। डिजिटल युग में सफल होने के लिए कुछ बड़ी विशेषताओं की

ज़रूरत होती है, जिन्हें उद्यमों को अपनी संस्कृति में बहुत सचेत रूप से बनाने की ज़रूरत होती है। संस्कृति के कम से कम नौ पहलू हैं, जिनके बारे में मेरा मानना है कि डिजिटल युग में सफल होने के लिए उद्यमों को उनका निर्माण करने की ज़रूरत है :

1. **डेटा और अंतर्ज्ञान को संतुलित करने का निर्णय लेना :** डिजिटल युग की विशेषता डेटा की प्रचुरता है। अधिकारियों को डेटा के विस्फोट की मात्रा और विविधता का इस्तेमाल करने और इसका इस्तेमाल करके निर्णय लेने में सहज होने की ज़रूरत है। डेटा-संचालित निर्णय लेना ऐसी संस्कृति है, जिसका निर्माण, ख़ास तौर पर स्पष्ट ग़लतियों को हटाने के लिए ज़रूरी है। साथ ही, डिजिटल युग में जब सभी के लिए डेटा और निर्णय लेने के उपकरण उपलब्ध हैं, तो आप फ़र्क़ कैसे करते हैं और कैसे बेहतर निर्णय लेते हैं? मुझे विश्वास है कि डेटा के साथ-साथ, अंतर्ज्ञान की भूमिका भी बेहद महत्त्वपूर्ण होती है। यह विरोधाभासी लग सकता है, लेकिन ऐसे कई विरोधाभास हैं, जिन पर अधिकारियों को डिजिटल युग में महारत हासिल करने की ज़रूरत है।

2. **अस्पष्टता के तहत कार्य की रफ़्तार :** खंड 1 में, मैंने वूका (VUCA) जगत की बात की। कार्रवाई की गति वूका जगत में सफल होने की महत्त्वपूर्ण आवश्यकताओं में शामिल है, ख़ासकर तब, जब ज़्यादातर बाज़ार बहुत तेज़ी से बदल रहे हैं और व्यापार तथा उत्पाद चक्र छोटे होते जा रहे हैं, हालाँकि, बड़े संगठनों को अक्सर रफ़्तार के साथ संचालन में समस्या आती है। यह निश्चित रूप से जटिलता और अतिरिक्त प्रक्रियाएँ हैं, जो बड़े पैमाने पर आती हैं। इससे भी ज़्यादा, कभी-कभी जोखिम-प्रतिकूल संस्कृति विकसित हो सकती है, जो निर्णय लेने और कामों की रफ़्तार को धीमा कर देती है। कार्रवाई की रफ़्तार को तेज़ करने का संबंध प्रक्रियाओं और संरचना को सरल बनाने से उतना ही है, जितना कि संस्कृति परिवर्तन से है। अब बारीक बात यह है कि वूका जगत में आपको रफ़्तार से काम करना होता है, लेकिन अस्पष्टता के तहत; तसवीर अक्सर धुँधली होती है, इसलिए नेविगेशन और भी मुश्किल हो जाता है। ऐसी स्थितियों में निर्णय लेना अर्जित कौशल का मामला होता है, और उद्यमों को अपने कौशल में सुधार लाने के वास्ते अधिकारियों के लिए सुरक्षित स्थान बनाने की ज़रूरत होती है।

3. **दुस्साहस और बुद्धिमत्तापूर्वक जोखिम लेना :** फ़्लिपकार्ट से जो सबसे प्रेरक पहलू मैंने हासिल किया, उनमें दुस्साहस की संस्कृति का पहलू भी था, जिसका मतलब था बड़े सपने देखने की हिम्मत और बड़े पैमाने पर अमल करना, जो भारत जैसे बड़े और जटिल बाज़ार में शायद ही कभी देखा गया हो। डिजिटल युग में, जब तीव्र गति से नए अवसर पैदा हो रहे हैं, प्रवेश की बाधाएँ कम हो रही हैं और पहले से मौजूद कंपनियों की स्थिति ज़्यादा मायने नहीं रखती है, तब दुस्साहस सफलता का महत्त्वपूर्ण कारक है। कुछ लीडर आंतरिक रूप से अधिक दुस्साहसी हो सकते हैं, लेकिन ज़्यादातर के लिए यह अर्जित कौशल है, हालाँकि, कार्रवाई की रफ़्तार के पिछले बिंदु की तरह, दुस्साहस एकदम आसान नहीं होता है। जोखिम उठाना ज़रूरी

तो है, लेकिन जुए की तरह खेलना नहीं, बल्कि 'बुद्धिमत्तापूर्ण तरीक़े से जोखिम लेना' चाहिए। यह द्वैत या विरोधाभास का एक और उदाहरण है, जिस पर लीडर्स और उद्यमों को डिजिटल युग में महारत हासिल करने की ज़रूरत है।

4. **नवाचार एवं रचनाशीलता :** डिजिटल युग में प्रतिस्पर्द्धा करने के लिए परंपरागत तौर-तरीक़े से परे जाने की ज़रूरत है, जिसमें एक छोर पर अति-प्रतिस्पर्द्धा और दूसरे छोर पर प्रचुर मात्रा में नए अवसरों की विशेषता है। नवाचार और रचनाशीलता का मतलब प्रतिभा का एक झोंका मात्र नहीं होना चाहिए, बल्कि इसे संगठन संस्कृति का हिस्सा होना चाहिए। नवाचार व्यवसाय के हर हिस्से के लिए प्रासंगिक होता है और इसे सभी स्तरों पर होना चाहिए। नवाचार और रचनाशीलता की संस्कृति को व्यवस्थित रूप से बनाया जाना चाहिए। इसके लिए न केवल नई क्षमताओं में विशिष्ट निवेश की ज़रूरत होती है, बल्कि अक्सर प्रक्रियाओं और अधोसंरचना को फिर से डिज़ाइन करने की ज़रूरत भी होती है। उदाहरण के रूप में, जब फ़िडेलिटी में नवाचार एक बड़ी प्राथमिकता बन गया था, तब हम अपने कार्यालयों में बड़े बदलावों के दौर से गुज़रे थे - कार्यालयों में अधिक खुली डिज़ाइन, अधिक सहयोगी स्थान तैयार किया गया। यहाँ तक कि हम रंग योजनाओं में भी बदलाव ला चुके थे!

5. **तकनीक का डीएनए** (DNA) **:** तकनीक डिजिटल युग के केंद्र में होती है और तकनीक के डीएनए का निर्माण उन सबसे महत्त्वपूर्ण दक्षताओं में से एक होता है, जिसे किसी उद्यम को बनाने की ज़रूरत होती है, हालाँकि, यह ऐसी योग्यता है, जिसे बनाना पारंपरिक उद्यमों के लिए सबसे कठिन होता है। कई व्यवसायों में, तकनीक, अधोसंरचना के प्रावधान और रख-रखाव पर केंद्रित एक सहयोगी काम रहा है। वहाँ से अत्याधुनिक तकनीकी क्षमता के निर्माण तक का सफ़र लंबा होता है। आपको सही लीडर्स को लाना होगा। उदाहरण के लिए, इन्सीडो में हमारे अपने कुछ ग्राहकों में, मैंने देखा कि सीआईओ/सीटीओ (CIO/CTO) विभाग (जो पहले मौजूद नहीं था) पिछले 3-4 वर्षों में स्थापित किया गया है और वरिष्ठ लीडर्स को लाया गया है। आपको सही टैलेंट लाकर नेतृत्व को पूरक करना होगा। तकनीक ऐसा क्षेत्र है, जिसमें शीर्ष चतुर्थक और औसत टैलेंट के बीच उत्पादन में अंतर बहुत महत्त्वपूर्ण होता है। यह स्वाभाविक रूप से टैलेंट के लिए युद्ध छेड़ सकता है और इसका तात्पर्य है कि आपको न केवल ग्राहक-केंद्रित बल्कि कर्मचारी-केंद्रित भी होना चाहिए। यह न केवल दर्शन में बदलाव की माँग करता है, बल्कि प्रक्रियाओं और तरीक़ों में भी यह बदलाव दिखना चाहिए। यह जल्दबाजी का काम या अस्थायी हल नहीं है, बल्कि यह बहुत ही महत्त्वपूर्ण परिवर्तन है, जिसे लंबे समय तक चलने देना होगा।

6. **लगातार सीखना और विनम्रता :** बाज़ार, उत्पाद, चैनल, प्रतिस्पर्द्धा, और हाँ तकनीक में परिवर्तन की ऊँची रफ़्तार- को डिजिटल युग की विशेषता माना जाता है, जिसमें वास्तव में व्यवसाय के हर संभव पहलू शामिल हैं। इतने सारे बदलावों के साथ, उद्यम और व्यक्तिगत स्तरों पर निरंतर सीखना अत्यंत विशिष्ट होता है। सीखने

में सबसे बड़ी चुनौती इस घमंड की होती है कि आप यह सब जानते हैं और/या मैं सबसे अच्छा जानता हूँ। सफल उद्यम और लीडर तो घमंड के और भी ज़्यादा शिकार हो सकते हैं। अत्यधिक घमंड पतन का कारण बन सकता है! घमंड का प्रतिकार विनम्रता को विकसित करके हो सकता है। मेरा दृढ़ विश्वास है कि लंबी अवधि की सफलता सुनिश्चित करने के लिए विनम्रता एक ज़रूरी घटक है। अब सवाल यह है कि विनम्रता कैसे पैदा करें? मैंने देखा है कि 'ग़ैर परंपरागत तरीक़े अपनाना' और अनुभवों का व्यापक समूह हासिल करना और तमाम क्षेत्रों में उस्तादों के साथ काम करना आपको 'रियल्टी चेक' का मौक़ा देता है और विनम्रता पैदा करने का एक अच्छा तरीक़ा है।

7. **प्रेरणा ज़्यादा, प्रबंधन कम :** डिजिटल युग इतना जटिल और गतिशील है कि कोई भी व्यक्ति, चाहे वह कितना भी प्रतिभाशाली क्यों न हो, सब कुछ प्रबंधित नहीं कर सकता। अभी बहुत कुछ हो रहा है, और किसी एक व्यक्ति के लिए सभी मोर्चों पर निष्पादन तो दूर की बात, उन पर नज़र रख पाना तक असंभव है। इसका तात्पर्य यह है कि न केवल एक व्यक्ति या 'नायक' केंद्रित संस्कृति काम नहीं कर सकती, बल्कि पारंपरिक कमांड-ऐंड-कंट्रोल संस्कृतियाँ भी काम नहीं करेंगी। आपको तमाम स्तरों पर टीमों की ज़रूरत होती है, और उन्हें अपेक्षाकृत स्वायत्त तरीक़े से काम करने देना होगा, ताकि वे प्रतिक्रिया दे सकें और परिवर्तनों को जल्दी से अनुकूलित कर सकें, हालाँकि, इन स्वायत्त टीमों को कुछ सरेखण (लक्ष्यों की स्पष्टता) और सामान्य निर्देश की भी ज़रूरत होती है। मैं इसे 'सरेखित स्वायत्तता' (मिशन, विज़न और लक्ष्यों के अनुरूप होना) की ज़रूरत कहता हूँ। ऐसे कई पहलू हैं, जो सरेखित स्वायत्तता को लागू करते हैं, लेकिन सबसे महत्त्वपूर्ण है संस्कृति और नेतृत्व शैली, जो प्रबंधन से अधिक प्रेरणा है। इसका परिभाषित करने और कड़ाई से प्रबंधन करने से ज़्यादा मतलब नहीं है, बल्कि ज़्यादा मतलब तो निर्देश उपलब्ध कराने, सामान्य उद्देश्य के लिए सरेखण करने, और फिर प्रयोग तथा ग़लतियाँ करने के लिए जगह रखने से है।

8. **अव्यवस्था में मानवीय और केंद्रित होना :** डिजिटल युग को आर्टिफ़िशल इंटेलिजेंस (एआई) के पथ प्रदर्शक के रूप में तकनीक का अप्रतिरोध्य अभियान माना जाता है। जब हमारी दुनिया में मशीनों का बोलबाला है और रिमोट वर्किंग आम होती जा रही है (कोविड -19 महामारी के कारण और तेज़ होती जा रही है), तो इंसानी स्पर्श और भी अहम होता जा रहा है। प्रगाढ़ अच्छे संबंध न केवल कर्मचारियों की निष्ठा और उनके टिके रहने को सक्षम करते हैं, बल्कि वे सामान्य उद्देश्य की भावना को भी मज़बूत करते हैं। मैकिंज़ी नॉलेज सेंटर की आश्चर्यजनक सफलता के प्रमुख कारणों में से एक अविश्वसनीय रूप से प्रगाढ़ अच्छे संबंधों और टीम भावना का विकास था। फ़िडेलिटी इंडिया में, साल का हमारा महत्त्वपूर्ण क्षण परिवार दिवस हुआ करता था, जिसमें हम अपने सभी कर्मचारियों के परिवारों (बच्चों सहित) को एक साथ बुलाते थे। मैंने पाया है कि सामुदायिक सेवा में स्वाभाविक जुड़ाव एक और शक्तिशाली

# डिजिटल युग में सफल होने के लिए सांगठनिक संस्कृति का निर्माण

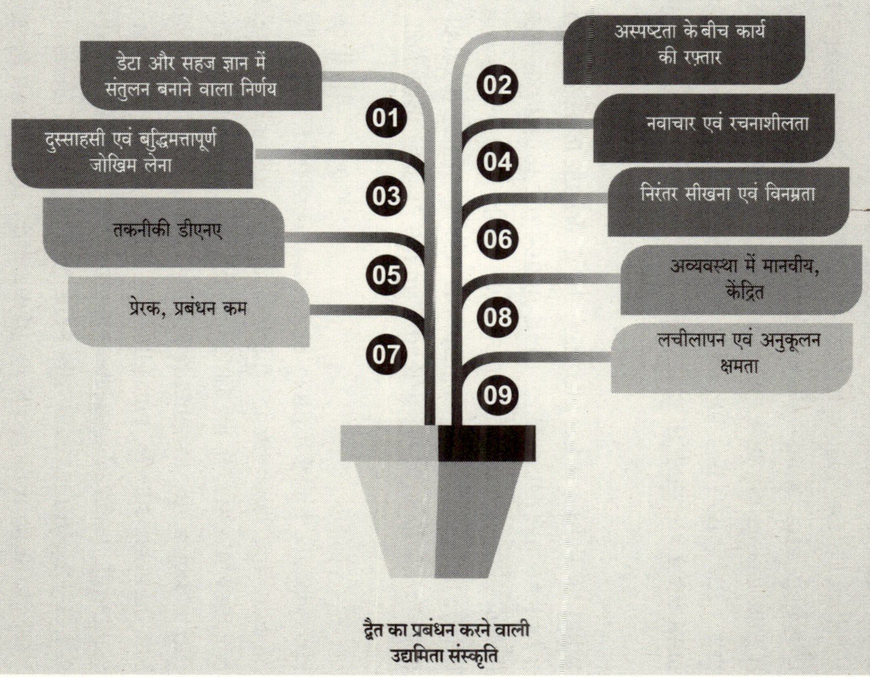

तरीक़ा है, जो कंपनी के लिए महान इंसानी संबंध और निष्ठा बनाता है। यहाँ केवल कुछ उदाहरण मात्र दिए गए हैं, और मुझे विश्वास है कि मशीनों के प्रभुत्व वाली दुनिया में इंसानी संबंध और भी महत्त्वपूर्ण हो जाते हैं। यह एक और विरोधाभास है, जिस पर उद्यमों और लीडर्स को डिजिटल युग में महारत हासिल करने की ज़रूरत है।

9. **लचीलापन और अनुकूलनशीलता :** डिजिटल युग में अस्थिरता और अनिश्चितता रहती ही हैं। इसलिए यह लगभग तय है कि आपको उद्यम और व्यक्तिगत स्तर पर अपनी यात्रा में कई बाधाओं और असफलताओं का सामना करना पड़ेगा। यह अहम बात है कि आप वापस आने के लिए लचीलापन और आवश्यक समायोजन करने के लिए अनुकूलन क्षमता विकसित करें। इसके लिए एक महत्त्वपूर्ण प्रवर्तक दीर्घकालिक दृष्टिकोण है, जो आपको उतार-चढ़ाव का समान भाव के साथ मुक़ाबला करने की क्षमता देता है। एक अन्य महत्त्वपूर्ण प्रवर्तक संगठनात्मक और व्यक्तिगत स्तरों पर सहयोगी नेटवर्क का होना है। मेरे लिए व्यक्तिगत रूप से, लचीलापन बनाने में मेरी मदद करने वाला एक और महत्त्वपूर्ण सहयोगी आध्यात्मिकता और ध्यान का अभ्यास रहा है, जो मुझे सहारा देता है। यह जीवन के बारे में व्यापक दृष्टिकोण बनाने में मेरी मदद करता है।

मैंने संस्कृति के नौ पहलू साझा किए हैं, और मेरा मानना है कि डिजिटल युग में उद्यमों को इन पहलुओं के निर्माण की ज़रूरत है। अब स्पष्ट प्रश्न यह है कि आप अपनी संस्कृति का निर्माण या रूपांतरण करते कैसे हैं। सही संस्कृति का निर्माण लंबी और जटिल प्रक्रिया होती है। यह जल्दी ठीक नहीं होती है और लगातार प्रयास करने में सालों लग सकते हैं। मैं अपने अनुभव से कुछ सबक़ साझा कर रहा हूँ कि कैसे सचेत रूप से संस्कृति का निर्माण किया जाए:

1. **मूल्यों को परिभाषित करने से करें शुरुआत :** संस्कृति की बुनियादें स्पष्ट रूप से बताए गए मूल्य होती हैं। संस्कृति समय के साथ-साथ विकसित होती रहती है और निर्णयों तथा कार्यों के संचय पर आधारित होती है। मूल्य ही निर्णयों को निर्देशित करने में मदद करते हैं। मूल्यों को परिभाषित करना आसान नहीं होता है, इसके लिए बहुत सोच-विचार और चिंतन की ज़रूरत होती है। उदाहरण के लिए, जब मैंने इन्सीडो में काम करना शुरू किया, तो मुझे कंपनी की रणनीति विकसित करने में तीन महीने से भी कम समय लगा था, लेकिन मुझे अपने मूल्य परिभाषित करने में बारह महीने लग गए थे। मैंने मूल्य परिभाषित करने को ज़्यादा महत्त्वपूर्ण और निर्णय बदलने में कठिन पाया, और मैं इसके बारे में सुनिश्चित होना चाहता था। मैंने स्लाइड में इन्सीडो के मूल्य साझा किए हैं।
2. **लीडर्स द्वारा रोल मॉडलिंग :** मैं अक्सर कंपनियों को भौतिक और आभासी दोनों तरह से अपने मूल्यों और मिशन/विज़न कथन को उनकी दीवारों पर बिखेरता हुआ देखता हूँ। जहाँ जागरूकता पैदा करने और मूल्यों तथा संस्कृति को निहित करने के

# व्याख्यात्मक–इन्सीडो मिशन और मूल्य

**इन्सीडो का दोहरा मिशन**

**ग्राहक : डेटा और उभरती तकनीकों** का लाभ उठाकर दीर्घकालिक भागीदारियाँ बनाना और गेम चेंजिंग व्यावसायिक प्रभाव वितरित करना।

**लोग : विश्वस्तरीय संगठन बनाना,** जो बेस्ट टैलेंट को आकर्षित करे, उनका विकास करे और उन्हें टिकाए रखे, तथा जो उन्हें उनकी क्षमता तक विकास का मौक़ा प्रदान करे।

## 8 मुख्य मूल्यों से प्रबलित

### 1 ग्राहक की अपेक्षाओं से अधिक करना

- **ग्राहक प्रथम :** ग्राहक के हितों को सर्वोपरि रखना
- **विश्वसनीय भागीदार :** जो वादा करें, उसे हमेशा पूरा करना
- **स्वामित्व : अति** सक्रिय रहना, ग्राहक–सफलता की ज़िम्मेदारी लेना
- **जुड़ाव :** गहरे व स्थायी संबंध बनाना
- **मूल्यवर्द्धन :** उम्मीदों से आगे निकलना

### 2 उत्कृष्टता के पीछे लगे रहना

- **समस्या समाधान :** सही समस्या क्षेत्र पर केंद्रित रहना और संरचित तरीक़े से हल करना
- **विशेषज्ञता : ज्ञान में** वृद्धि करना
- **रणनीति से निष्पादन तक :** बड़े परिदृश्य से क्रियान्वयन तक जाने में सक्षम होना
- **विश्व स्तर की गुणवत्ता :** हम जो कुछ भी करते हैं, उसमें उच्चतम गुणवत्ता सुनिश्चित करना
- **सकारात्मक दृष्टिकोण :** समाधान उन्मुख बनना, सीमा को लगातार ऊपर उठाने के लिए जोश और ऊर्जा रखना

### 3 दीर्घकाल के लिए निर्माण

- **रणनीतिक :** ग्राहकों, क्षमताओं और लोगों पर दीर्घकालीन ढाँचों में निवेश करना
- **दुस्साहसी :** बड़ी सोच रखना, विकास के लिए रूपांतरणकारी और प्रेरित होना
- **प्रक्रिया अभिविन्यास :** परिणामों के लिए सही तरीक़े और संरचना पर ध्यान देना
- **लचीलापन :** राह पर चलते रहना
- **टू–स्पीड :** अल्पकाल और दीर्घकाल को जोड़ने में सक्षम, द्वैत का प्रबंधन

### 4 परिवर्तन और नवाचार अपनाना

- **बाहरी रूप से जागरूक होना :** बाज़ार और तकनीकी रूझानों के बारे में अच्छी तरह से अवगत रहना
- **उद्यमिता :** उभरते अवसरों को पकड़ना, जल्दी से अनुकूलन करना, कार्रवाई के लिए पूर्वाग्रह रखना
- **सीखने की मानसिकता :** जिज्ञासु बनना और निरंतर सीखने में निवेश करना
- **प्रयुक्त नवाचार :** ग्राहक–समस्याओं को हल करने के लिए नए विचार लाना

### 5 वैश्विक टीम के रूप में काम करना

- **सामान्य उद्देश्य : निजी** स्वार्थ से अधिक टीम मिशन पर ध्यान देना
- **सहयोग :** ज्ञान का निर्माण और उसे साझा करना। इससे इन्सीडो में हमेशा सर्वश्रेष्ठ परिणाम निकलते हैं
- **समावेशी :** विविधता के पक्ष में रहना
- **ग़ैर :** पदानुक्रमिक–हर स्तर पर एक दूसरे के विचारों का सम्मान करना
- **निष्पक्ष और पारदर्शी :** संवाद में विषयनिष्ठ और गैर–राजनीतिक रहना और स्पष्टता रखना

### 6 देखभाल करने वाला बौद्धिक तंत्र बनना

- **उच्च गुणवत्ता का टैलेंट :** बेस्ट टैलेंट लाना, उच्च भर्ती मानकों का पालन करना
- **कर्मचारी प्रथम :** सभी प्रक्रियाओं और तरीक़ों के लिए कर्मचारी नज़रिया अपनाना
- **लीडर्स का विकास करना :** विस्तार के अवसर देना, विकास में निवेश करना
- **उच्च प्रदर्शन मानक :** स्पष्ट और महत्वाकांक्षी लक्ष्य निर्धारित करना, समय पर फीडबैक लेना और देना
- **मज़ा और गर्मजोशी :** खुशहाल, सुरक्षित और पारिवारिक माहौल वाला कार्यस्थल बनाना

### 7 वाणिज्यिक कठोरता पर चलना

- **मूल्य के लिए क़ीमत :** उच्च गुणवत्ता वाले स्थायी व्यवसाय का निर्माण
- **डेटा संचालित :** प्रमुख मैट्रिक्स को परिभाषित और ट्रैक करना, निर्णय लेने के लिए डेटा का इस्तेमाल करना
- **मालिक की मानसिकता:** अपने पैसे की तरह व्यय करना
- **मितव्ययी, किंतु प्रभावी :** कुशल बनना, लेकिन निवेश करने में संकोच न करना

### 8 हमेशा ईमानदारी से काम करना

- **नैतिक मानक :** सभी आचरणों में उच्चतम मानकों का पालन करना
- **जीरो टॉलरेंस :** विश्वास और सशक्त करना, लेकिन विश्वास–भंग के लिए जीरो टॉलरेंस रखना
- **कठिन निर्णय लेना :** आसान नहीं, बल्कि सही काम करना
- **असहमति जताना :** अगर कोई काम हमारे मूल्यों के अनुरूप नहीं है, तो असहमति जताना

लिए संचार महत्त्वपूर्ण होता है, वहीं यह केवल आंशिक सफलता दिला सकता है। इससे भी ज़्यादा महत्त्वपूर्ण लीडर्स के काम होते हैं। 'काम शब्दों की तुलना में ज़्यादा ज़ोर से बोलते हैं' यहाँ विशेष रूप से सच है। इस प्रकार लीडर्स द्वारा रोल मॉडलिंग संस्कृति का सबसे महत्त्वपूर्ण संचालक होता है।

3. **प्रक्रियाओं के ज़रिये संस्थागत करना :** संस्कृति आपके काम करने का तरीक़ा होती है। इसलिए, संस्कृति छिटपुट प्रयासों का नाम नहीं है, बल्कि इसे संस्थागत रूप देना होता है और इस प्रकार सभी प्रक्रियाओं में यह अंतर्निहित होती है। चाहे वह आपकी ग्राहक सेवा नीतियाँ हों या भर्ती और प्रदर्शन प्रबंधन जैसी आंतरिक प्रक्रियाएँ, सभी में आपके मूल्यों और संस्कृति को प्रतिबिंबित होने की ज़रूरत होती है।

4. **'सत्य के पलों' में ही संस्कृति की परख होती है :** संकट के पलों में ही हमारे अंदर के सर्वश्रेष्ठ या सबसे बुरे गुण सामने आते हैं। संकट के दौरान उद्यम और लीडर जिस तरह से काम करते हैं, उसमें 'सत्य के पल' ही वास्तव में संगठन की संस्कृति को आकार देते हैं। जब हमारी गहराई से परीक्षा होती है, तो हमारे कार्य व्यक्ति और उद्यम के चरित्र को सही मायने में परिभाषित करते हैं और उन्हें आकार देते हैं। ऐसे 'सत्य के पलों' में हमारे कार्य ग्राहक और कर्मचारियों के लिए समान रूप से गहरी छाप छोड़ते हैं, और इस प्रकार संस्कृति के लिए परिभाषित बिंदु बन जाते हैं। कोविड-19 महामारी ने निश्चित रूप से उद्यमों और लीडर्स के लिए सत्य का इतना महत्त्वपूर्ण पल प्रस्तुत किया है।

डिजिटल युग को अक्सर तकनीक परिवर्तन के रूप में देखा जाता है। जहाँ तकनीक निश्चित रूप से डिजिटल युग का एक बहुत महत्त्वपूर्ण प्रवर्तक है, वहीं संस्कृति शायद इस युग में विजेताओं और पिछड़ों के बीच सबसे महत्त्वपूर्ण अंतर है। ऐसा इसलिए भी ज़्यादा है, क्योंकि इसमें कई विरोधाभास हैं। इसमें परस्पर विरोधी उद्देश्य और अपेक्षाएँ दिखाई देती हैं, जिनका सामना करना होता है। अधिक उद्यमशील संस्कृति और विरोधाभासों या 'द्वंद्व' का प्रबंधन डिजिटल युग में संस्कृति के सबसे अनूठे पहलू हैं। मुझे उम्मीद है कि मेरे अनुभव इन दोनों विषयों पर आपको कुछ उपयोगी दृष्टिकोण उपलब्ध कराएँगे कि वांछनीय संस्कृति तत्व क्या हैं और उन्हें कैसे बनाया जाए।

## सारांश

**डिजिटल युग में सफल होने के लिए, उद्यमों को अपनी संस्कृति को इस युग की अनूठी विशेषताओं और अपेक्षाओं के अनुकूल बनाने की ज़रूरत होती है :**

सफल होने के लिए उद्यमों को अपनी संस्कृति में नौ प्रमुख पहलुओं का निर्माण करने की ज़रूरत है :

- **निर्णय लेने में डेटा और अंतर्ज्ञान का संतुलन शामिल होना चाहिए,** जिससे ग़लतियों को कम किया जा सके और बेहतर परिणाम दिए जा सकें।

## डिजिटल युग में सफलता के लिए संगठन संस्कृति का निर्माण–मार्गदर्शक सिद्धांत 'कैसे'

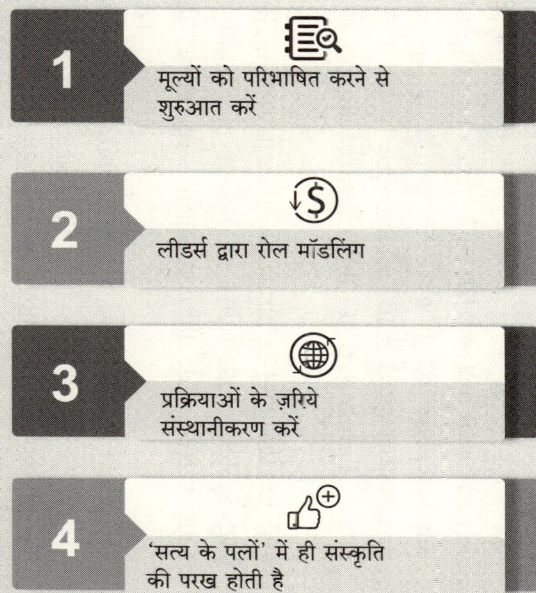

- **अस्पष्टता के तहत कार्रवाई की रफ़्तार** – अधिकारियों को अपने निर्णय लेने के कौशल को सुधारने के लिए सुरक्षित स्थान की ज़रूरत होती है।
- **दुस्साहस और बुद्धिमत्तापूर्ण तरीक़े से जोखिम लेना** – बड़े सपने देखने और बड़े पैमाने पर अमल करने की क्षमता के लिए बुद्धिमत्तापूर्ण तरीक़े के साथ जोखिम लेने की ज़रूरत पड़ती है।
- **नवाचार और रचनाशीलता** – इन दोनों तत्वों को संगठन की संस्कृति में समाहित करने की आवश्यकता है और यह सभी स्तरों पर होनी चाहिए।
- **तकनीक का डीएनए** – डिजिटल युग में यह महत्त्वपूर्ण योग्यता है और प्रत्येक उद्यम को उद्योग की परवाह किए बिना इसे बनाने की ज़रूरत है। कई संगठनों के लिए यह बड़ा भारी बदलाव है, क्योंकि यह एक नई योग्यता है, जिसे उन्हें अर्जित करना है।
- **निरंतर सीखना और विनम्रता**– उद्यम और व्यक्तिगत दोनों ही स्तरों पर यह ज़रूरी है।
- **प्रेरणा ज़्यादा, प्रबंधन कम** – सशक्तिकरण और प्रेरक नेतृत्व के ज़रिये 'सरेखित स्वायत्तता' की संस्कृति का निर्माण करना टीमों के लिए महत्त्वपूर्ण है, ताकि वे परिवर्तनों को शीघ्रता से क्रियान्वित करें और प्रतिक्रिया दें।
- **अव्यवस्था में मानवीय और केंद्रित होना** –डिजिटल युग की विशेषता तकनीक और एआई हैं। मशीनों के इस युग में इंसानी स्पर्श और भी महत्त्वपूर्ण हो जाता है। इसमें कार्मिक, उनके परिवार, सामुदायिक सेवा और जुड़ाव शामिल होने चाहिए, ताकि कंपनी के लिए संबंध और निष्ठा को प्रेरित किया जा सके।
- **लचीलापन और अनुकूलनशीलता** – वर्तमान युग में उद्यम और व्यक्तिगत स्तर पर झटके लगना प्रत्याशित है। लचीलापन बनाने में मदद करने वाले पहलुओं में शामिल हैं – एक समान दृष्टिकोण, सहयोगी नेटवर्क, आध्यात्मिकता और ध्यान का अभ्यास।

इन नौ पहलुओं को संस्कृति में समाहित करने के लिए, उद्यमों को स्पष्ट और कार्रवाई योग्य मूल्यों को परिभाषित करने, नेतृत्व द्वारा रोल मॉडलिंग को प्रोत्साहित करने और संगठन प्रक्रियाओं के ज़रिये संस्थागत बनाने की ज़रूरत होती है।

## 2

# ज्ञान प्रबंधन– डिजिटल युग में अलग दिखने की कुंजी

*ज्ञान तब साझा होता है, जब लोग कार्रवाई के लिए नई क्षमताओं के विकास में वास्तव में एक दूसरे की मदद करने में दिलचस्पी लेते हैं। इसका संबंध सीखने की प्रक्रिया के निर्माण से होता है।*

*—पीटर सेंगे, फिफ़्थ डिसीप्लिन के लेखक*

डिजिटल तकनीकें पारंपरिक उद्योगों को गहराई से बाधित कर रही हैं और नए व्यवसाय मॉडल के ऐसे अवसरों की पेशकश कर रही हैं, जो सालों पहले अनसुने थे। जैसे-जैसे संगठन डिजिटल युग में सफल होने के लिए अपने मुख्य व्यवसायों को बदलना शुरू करते हैं, तो कुछ प्रश्न उठते हैं: **बाज़ार में प्रतिस्पर्द्धात्मक लाभ का हमारा स्रोत क्या होगा? *हमारे उत्पादों और सेवाओं के लिए अलग मूल्यन की माँग करने की हमारी क्षमता कौन निर्धारित करेगा?*** उदाहरण के लिए, कृषि उपकरण निर्माता जॉन डीरे का उपकरण और मशीन उपलब्ध कराने वाली कंपनी से विशुद्ध कृषि कंपनी में सफल रूपांतरण हुआ, जो किसान परिचालन और उनकी बॉटम लाइन बेहतर बनाने के लिए आईओटी, डेटा और एनालिटिक्स का इस्तेमाल करती है। शुद्ध उपकरण निर्माता से डेटा-संचालित तकनीक कंपनी में बदलने के लिए मौलिक बदलाव की ज़रूरत होती है। सोच प्रक्रिया विशेषज्ञों के एक छोटे समूह के साथ तकनीकी जानकारी को निहित करने से आगे जाकर एक व्यवस्थित दृष्टिकोण में शिफ़्ट हो जाती है, जहाँ संगठन फिर निर्धारित करता है कि सभी कार्यों से स्वामित्व ज्ञान का लाभ उठाते हुए, प्रक्रियाओं और प्रणालियों को कैसे समाहित किया जाए।

सूचना के विस्फोट तथा सूचना की व्यापक उपलब्धता के आम चलन वाली डिजिटल अर्थव्यवस्था में सफल होने तथा ग्राहकों को अद्वितीय तरीक़ों से सेवा देने के लिए **उच्च**

**गुणवत्ता वाला, प्रासंगिक स्वामित्व ज्ञान विकसित करने की किसी संगठन की क्षमता** अलग दिखने और प्रतिस्पर्द्धात्मक लाभ का प्रमुख स्रोत बन जाती है।

**डिजिटल अर्थव्यवस्था में स्वामित्व ज्ञान क्या है?** यह किसी संगठन का अनुभवात्मक ज्ञान और डिजिटल संपत्ति – डेटा, ऐल्गरिदम, सॉफ़्टवेयर (कोड), विधियाँ, तकनीक और प्रक्रियाएँ – का अनूठा संग्रह है, जो किसी प्रतिस्पर्द्धी के पास नहीं है। यह संगठन में अपनी विशेषज्ञता का प्रतिनिधित्व करने वाले व्यक्तियों और टीमों का सामूहिक अनुभव होता है। स्वामित्व ज्ञान समस्याओं को हल करने और संगठन के विभिन्न कार्यों से पैटर्न को पहचानने की अद्वितीय क्षमता को समर्थ बनाता है, उन्हें ऐसे तरीक़ों से जोड़ता है, जिनसे ग्राहकों को असाधारण मूल्य वितरित होता है। अक्सर, स्वामित्व ज्ञान संगठन द्वारा अपने ग्राहकों को दिए गए कार्यों और संगठन के साथ अपने करियर के ज़रिये इस विशेषज्ञता को विकसित करने वाले व्यक्तियों द्वारा किए गए कार्यों के आधार पर अनुभवों का संग्रह होता है। **इस व्यक्तिगत विशेषज्ञ-स्तरीय छिपे ज्ञान को व्यापक रूप से और माँग पर इस्तेमाल के लिए उपलब्ध कोडिफाइड संग्रह में बदलने में चुनौती निहित है।** इस तरह के किसी भी रूपांतरण को आगे बढ़ाने में, उच्च मूल्य के छिपे ज्ञान के स्रोतों की पहचान करने के लिए विचारशील दृष्टिकोण लेने के बजाय सभी तरह के छिपे ज्ञान को कोडिफाइड करना दृष्टिकोण में एक सामान्य कठिनाई है।

हालाँकि, डिजिटल अर्थव्यवस्था में सफल होने के लिए उस संगठन का रूपांतरण करना कोई मामूली क़वायद नहीं है, जिसमें स्वामित्व ज्ञान और विशेषज्ञता व्यावसायिक रणनीति का केंद्र बिंदु बन जाती है। इसके लिए मुख्य व्यवसाय प्रक्रियाओं में मौलिक बदलाव की ज़रूरत होती है, जिसमें लोगों सहित किसी उत्पाद या सेवा को बेचने (डिलीवरी क्षमता) और व्यवसाय विकास (बिक्री और विपणन) में सक्षम बनाने वाले मूल्य श्रृंखला कार्य में बदलाव भी शामिल है। ज्ञान प्रबंधन के शीर्षक के तहत संगठन में पहलों को ढूँढना असामान्य नहीं है, जो लंबे समय में डिस्कनेक्ट किए गए ज्ञान के ऐसे दायरे बनाकर समस्या को और बिगाड़ देते हैं – जो अक्सर अनुपयोगी संपत्ति होते हैं और बाद में लागत युक्तिकरण क़वायद का हिस्सा बन जाते हैं। इससे इस भ्रांति को बढ़ावा मिलता है कि 'अगर आप इसे बनाते हैं, तो वे आएँगे'।

*अपनी पूरी क्षमता को अनलॉक करने और अपने स्वामित्व ज्ञान को भुनाने के लिए किसी संगठन का दृष्टिकोण किसी अधिक जुड़े उद्यम और प्रभावी ज्ञान चक्र को लागू करने में निहित होता है – जिसमें आपके द्वारा बनाई गई संपत्ति संगठन के रणनीतिक लक्ष्यों को पूरा करने के लिए माँग में है।* जब इसे सही तरीक़े से किया जाता है, तो यह मौजूदा और नए डेटा से बेहतर अंतर्दृष्टियाँ, अधिक सटीक और कुशल निर्णय लेने, नए उत्पाद की पेशकश की अवधारणा को बेहतर बनाने की क्षमता देता है और प्रतिस्पर्द्धियों के बीच बाज़ार में अलग स्थिति दिला देता है। एक विषय के रूप में ज्ञान प्रबंधन तब बेहतर प्रदर्शन करने और प्रभाव बनाने के लिए अपनी ज्ञान संपत्तियों को विकसित करने और उनका लाभ उठाने में संगठन की व्यावसायिक रणनीति का अभिन्न अंग बन जाता है।

ज्ञान प्रबंधन क्षमता और सहायक प्रक्रियाओं के सफल क्रियान्वयन में दो-तरफ़ा दृष्टिकोण शामिल होते हैं :

पहले में आपूर्ति और माँग के सिद्धांतों पर ज्ञान बाज़ार का निर्माण और पवित्र ज्ञान चक्र वितरित करना शामिल है। दूसरा दृष्टिकोण, स्थायी संगठनात्मक परिवर्तन करने के लिए छह महत्त्वपूर्ण ज्ञान प्रबंधन तरीक़ों के अमल पर ज़ोर देता है।

## ज्ञान बाज़ार-स्थान का दृष्टिकोण

किसी संगठन को ऐसी संस्थागत ज्ञान प्रबंधन क्षमता कैसे विकसित करनी चाहिए, जिसमें निर्मित ज्ञान संपत्तियाँ वे होती हैं, जो अपने ग्राहकों को अलग तरह का मूल्य वितरित करने के लिए उच्च माँग में होती हैं? *इसका उत्तर ज्ञान बाज़ार-स्थान बनाने में है।* ज्ञान बाज़ार-स्थान का दृष्टिकोण किसी संगठन को संस्थागत क्षमता विकसित करने में सक्षम बनाता है, जहाँ ज्ञान चाहने वाले (माँग) और ज्ञान योगदानकर्ता (आपूर्ति) आत्म-सृजन, आत्म-स्थायी, पवित्र ज्ञान चक्र बनाने और क़ायम रखने के लिए ज्ञान बाज़ार-स्थान में एक साथ आते हैं।

उदाहरण के लिए, स्वास्थ्य देखभाल के लिए विशेष रसायनों के एक प्रमुख उत्पादक को द्वि-मॉडल कार्यबल चुनौतियों का सामना करना पड़ रहा था, जिसमें शामिल थे :

1. अनुसंधान एवं विकास कार्यबल की सेवानिवृत्ति और विशेषज्ञता का नुक़सान - *उद्यम दशकों की विषय वस्तु विशेषज्ञता के ज्ञान का लाभ कैसे उठाता है?*
2. ऑनबोर्ड नए वैज्ञानिकों के बीच उत्पादकता अंतराल - *संस्थागत ज्ञान को सक्षम बनाने का सर्वश्रेष्ठ रास्ता कौन सा है?*

व्यक्तिगत विशेषज्ञता ज्ञान को प्रलेखित संस्थागत ज्ञान में कोडिफाई करने वाले ज्ञान बाज़ार-स्थान के दृष्टिकोण को लागू करने के साथ ही उत्पादक बनने के लिए नए वैज्ञानिकों को स्वामित्व ज्ञान के उपभोक्ताओं के तौर पर जोड़कर, संगठन ने अपने प्रतिस्पर्द्धात्मक लाभ की रक्षा की है और उसमें सुधार किया है।

बाज़ार के आवश्यक घटकों में शामिल होने चाहिए :

1. **ज्ञान सामग्री (डेटा और ज्ञान)** - ज्ञान के प्रकार, जिनको कोई संगठन सँभालकर रखता है और स्वामित्व ज्ञान परिसंपत्तियों पर ज़ोर देते हुए ज्ञान आधार तैयार करते समय जिन पर ध्यान देता है :
    - **प्रकट सामग्री :** कलाकृतियों, ऐल्गारिदम, डेटा, उद्योग डोमेन मॉडल, सॉफ़्टवेयर और कोड पुस्तकालयों के रूप में कोडिफाइड ज्ञान का प्रतिनिधित्व करने वाली सामग्रियाँ।
    - **छिपा हुआ ज्ञान :** अनुभव और रेफरेंस में निहित विशेषज्ञता, सहज ज्ञान और पैटर्न की पहचान का प्रतिनिधित्व करने वाला ज्ञान।

- **संरचित डेटा :** इसमें आमतौर पर वह डेटा शामिल होता है, जो डेटाबेस में पाया जाता है, कतारों और स्तंभों से संबद्ध होता है। आमतौर पर इस डेटा में किसी उद्योग के कुल डेटा का क़रीब 20 फ़ीसदी शामिल होता है।
- **असंरचित डेटा :** वह डेटा, जो टेक्स्ट, डायग्राम, ऑडियो, वीडियो, स्ट्रीमिंग डेटा आदि के रूप में ज्ञान का प्रतिनिधित्व करता है।

2. **आपूर्ति (ज्ञान प्रदाता) और माँग (ज्ञानार्थी) :** बाज़ार-स्थल में ज्ञान की आपूर्ति विशेषज्ञों और विभिन्न ज्ञान सामग्रियों का संयोजन होती है, जो कि किसी संगठन के व्यापक इस्तेमाल के लिए सर्वाधिक महत्त्वपूर्ण होती है। ज्ञानार्थी सुनिश्चित करते हैं कि ज्ञान की आपूर्ति माँग के अनुसार है।
3. **ज्ञान बाज़ार :** यह ज्ञान मध्यस्थों के ज़रिये आपूर्ति और माँग के बीच परस्पर क्रिया और संबंध को सक्षम बनाता है। मध्यस्थ वे ज्ञान प्रोफ़ेशनल हैं, जो बाज़ार में ज्ञान-आपूर्ति और माँग के सर्वोत्तम इस्तेमाल की सुविधा का मार्ग प्रशस्त करते हैं। वे ज्ञान प्रणालियों द्वारा ज्ञान संग्रह और अंतर्निहित तकनीक अधोसंरचना के रूप में सर्च से सक्षम होते हैं।

## ज्ञान प्रबंधन पहलें क्यों नाकाम हो जाती हैं

जब संगठन ज्ञान अर्थव्यवस्था को अपनाते हैं और डिजिटल युग में जीतने के लिए रणनीतियों और कार्यक्रमों का विकास करते हैं, तो कई संगठनों में ज्ञान प्रबंधन की पहलों को देखना कोई असामान्य बात नहीं है, हालाँकि, नीचे दिए गए कारणों से कई ऐसी पहलें अब भी नाकाम हो जाती हैं:

1. **सांगठनिक संस्कृति :** पीटर ड्रकर का मशहूर कथन है, 'संस्कृति, रणनीति को नाश्ते में निगल जाती है'। यह ज्ञान प्रबंधन पर अच्छी तरह से लागू होता है। ऐसी संगठनात्मक संस्कृति उस संगठन के लिए महत्त्वपूर्ण बाधा बन जाती है, जिसमें अधिकतर सोचते हैं कि 'हमने हमेशा ऐसे ही काम किया है'। ऐसे संगठन की मानसिकता को 'ज्ञान मेरा है, मुझे क्यों साझा करना चाहिए?' से 'मैं खुले तौर पर ज्ञान को साझा करूँगा और उसका उपभोग करूँगा' वाली मानसिकता में स्थानांतरित करने में बड़ी दिक़्क़त आती है। किसी संगठन की डिजिटल रणनीति के उत्प्रेरक के रूप में ज्ञान प्रबंधन को शामिल करना ऊपर से सांस्कृतिक परिवर्तन को प्रेरित करता है और इसे व्यवस्थित बनाता है।
2. **ज्ञान-विशिष्टता :** ज्ञान की संपत्ति को सामान्य-उद्देश्य और अमूर्त निर्माण के रूप में देखने से हमेशा ऐसी स्थिति पैदा होती है, जहाँ वह उपलब्ध होता है, लेकिन कोई भी उसका इस्तेमाल नहीं करना चाहता है। उपयोगी और कार्रवाई योग्य ज्ञान परिसंपत्तियाँ उद्योग-विशिष्ट, डोमेन-समृद्ध होती हैं, और कार्य प्रदर्शन में सुधार करने में मदद करने वाली होनी चाहिए।

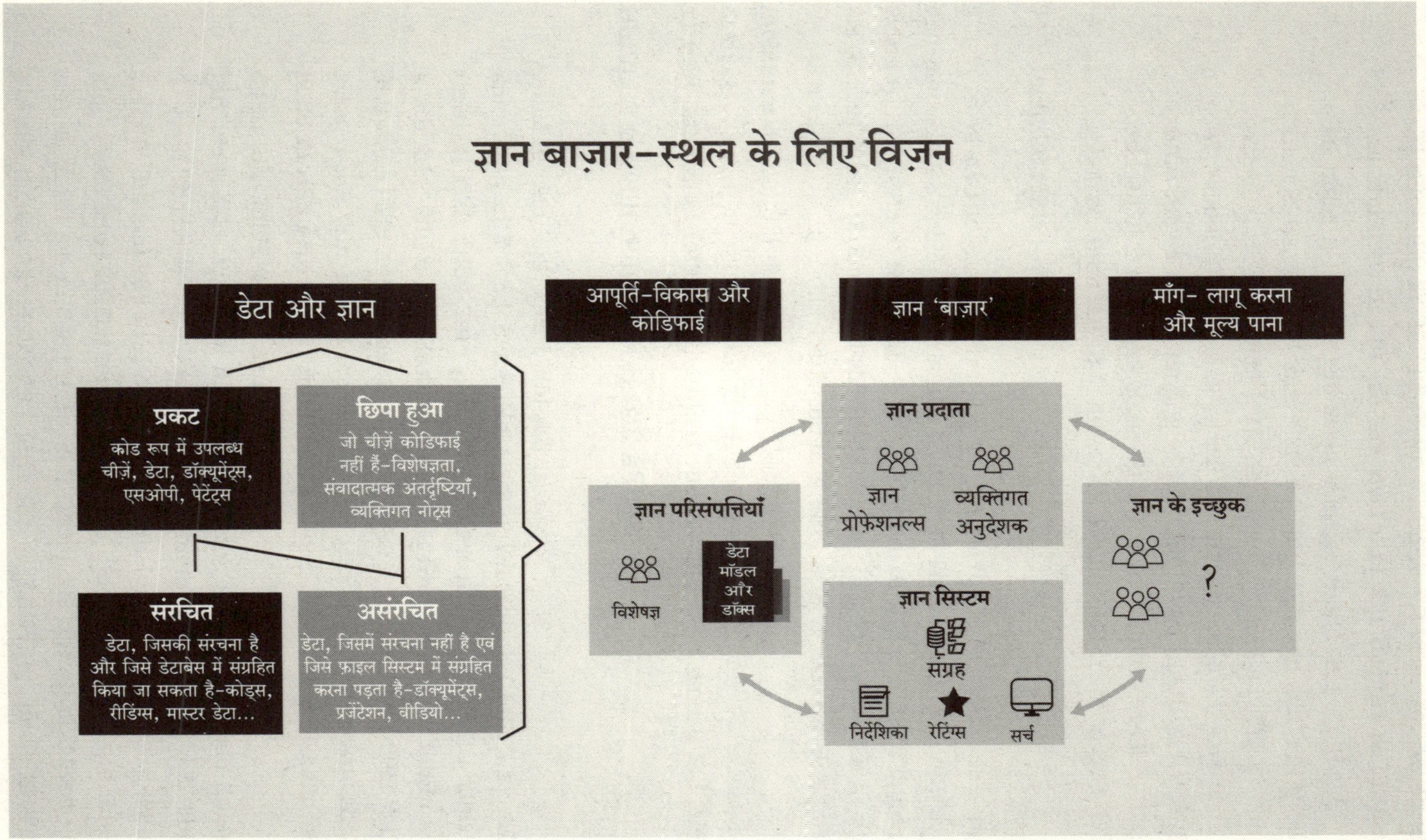
ज्ञान बाज़ार–स्थल के लिए विज़न
डेटा और ज्ञान
आपूर्ति–विकास और कोडिफाई
ज्ञान 'बाज़ार'
माँग– लागू करना और मूल्य पाना
प्रकट
कोड रूप में उपलब्ध चीज़ें, डेटा, डॉक्यूमेंट्स, एसओपी, पेटेंट्स
छिपा हुआ
जो चीज़ें कोडिफाई नहीं हैं–विशेषज्ञता, संवादात्मक अंतर्दृष्टियाँ, व्यक्तिगत नोट्स
संरचित
डेटा, जिसकी संरचना है और जिसे डेटाबेस में संग्रहित किया जा सकता है–कोड्स, रीडिंग्स, मास्टर डेटा...
असंरचित
डेटा, जिसमें संरचना नहीं है एवं जिसे फ़ाइल सिस्टम में संग्रहित करना पड़ता है–डॉक्यूमेंट्स, प्रजेंटेशन, वीडियो...
ज्ञान परिसंपत्तियाँ
विशेषज्ञ
डेटा मॉडल और डॉक्स
ज्ञान प्रदाता
ज्ञान प्रोफ़ेशनल्स
व्यक्तिगत अनुदेशक
ज्ञान सिस्टम
संग्रह
निर्देशिका
रेटिंग्स
सर्च
ज्ञान के इच्छुक
?

3. **ज्ञान चक्र डिज़ाइन और क्रियान्वयन :** ख़राब तरह से डिज़ाइन और क्रियान्वित ज्ञान चक्र का नतीजा एक ऐसा ज्ञान बाज़ार होगा, जिसमें ज्ञान परिसंपत्तियाँ उपलब्ध तो होंगी, लेकिन उनका इस्तेमाल बहुत कम होगा। यह माँग और आपूर्ति के बीच संपर्क न होने या उन्हें लागू करने वाली प्रक्रियाओं में तालमेल न होने की ओर इशारा करता है। निरंतर अपनाने के तरीक़े, सुधार के लिए लगातार फ़ीडबैक तथा मूल्य और विभेदीकरण प्रदान करने वाली परिसंपत्तियों पर ध्यान केंद्रित करने के लिए प्रभावी गवर्नेंस और ऑडिट तंत्र की ज़रूरत होती है।
4. **निवेश पर रिटर्न (आरओआई) भ्रामक होता है :** किसी ज्ञान पहल में अल्पकालिक निवेश से तुरंत लाभ पाने की अपेक्षा करना और रिटर्न न मिलने पर मोहभंग होना आम बात है। ज्ञान प्रबंधन पहलों से प्राप्त रिटर्न निवेश को मापना अक्सर कठिन होता है और इसके आने में लंबा समय लग सकता है, जिससे कार्यकारी का मोहभंग हो सकता है। किसी स्थायी उच्च- रिटर्न निवेश कार्यक्रम में टू-स्पीड दृष्टिकोण शामिल होगा, जिसमें स्पीड 1 मूर्त अल्पकालिक लक्ष्यों के लिए होगी और स्पीड 2 बुनियाद निर्माण के लिए होगी, जिससे आगे बढ़ा जा सके।

## सांगठनिक सफलता के लिए छह सर्वश्रेष्ठ क़वायदें

जो सबसे ज़्यादा मायने रखता है, जो स्वामित्व ज्ञान का प्रतिनिधित्व करता है और ज्ञान बाज़ार के दृष्टिकोण पर फ़ोकस करना ज़रूरी है, लेकिन ये तीन तत्व अपने आप में संगठनात्मक परिवर्तन नहीं कर सकते।

मुझे मैकिंज़ी के भीतर ज्ञान प्रबंधन क्षमता विकसित करने में गहन रूप से शामिल होने और कई ग्राहकों के साथ उनकी ज्ञान प्रबंधन यात्रा में जुड़ने का अवसर मिला है। मेरे अनुभव में, ज्ञान प्रबंधन के छह सर्वश्रेष्ठ तरीक़े हैं, जो स्थायी परिवर्तन और उसकी गति को बनाए रखने और उस संगठन में दिन-प्रतिदिन के कार्यों को शिफ़्ट करने के लिए महत्त्वपूर्ण हैं, जहाँ व्यक्ति यह रवैया रखने के अभ्यस्त हैं कि 'हम अपना काम इस तरह से करते हैं।'

### 1. रणनीतिक लीवर

a. ***नेतृत्व की प्रतिबद्धता*** और संगठन की रणनीति तथा मूल्यों में ज्ञान की आकाँक्षाओं के रणनीतिक महत्त्व को स्पष्ट रूप से समाहित करना - शीर्ष स्तरीय वैश्विक परामर्श अपनी नेतृत्व प्रतिबद्धता के ज़रिये किसी ज्ञान संस्कृति को अपनाता है: 'ज्ञान किसी भी फ़र्म का जीवनदायी होता है।' हमने पिछले कुछ सालों में ज्ञान में अपने निवेश को आसानी से दोगुना कर दिया है। अगर इसका मतलब है कि हम आज ग्राहक का 10 से 15% कम काम करते हैं, तो हम भविष्य में निवेश के लिए उसकी क़ीमत का भुगतान करने को तैयार हैं।'

b. ***ऐसी सांगठनिक संस्कृति, जो ज्ञान साझा करने और प्रोत्साहन के डिज़ाइन को बढ़ावा देती हो,*** *जो लंबी अवधि में करियर के विकास और प्रमोशन के लिए ज़रूरी है* - किसी संगठन के पास लीडर्स के रूप में ऐसे रोल मॉडल्स

## ज्ञान प्रबंधन में सांगठनिक सफलता के लिए छह सर्वश्रेष्ठ कार्य प्रणालियाँ

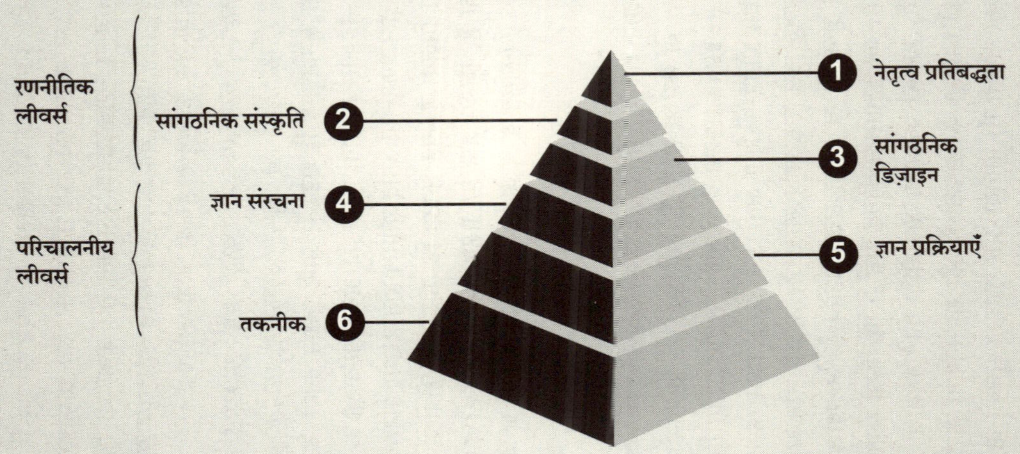

होने चाहिए, जो विचारशील नेतृत्व को प्रेरित करें और अन्य लोगों को भी जुड़ने के लिए प्रोत्साहित करें। लीडर्स, जब रोल मॉडल्स बन जाते हैं, तो विचारशील नेतृत्व को प्रेरणा मिलती है और यह समय चक्र के साथ हर बार नया आविष्कार करने की बजाय आंतरिक विशेषज्ञता का लाभ उठाने में सक्षम बनाता है। यह उच्च गुणवत्ता वाले प्रोफ़ेशनल्स से ज्ञान पहल का नेतृत्व कराने की संगठनात्मक प्रतिबद्धता को दर्शाता है, जो उन्हें वित्तीय लाभों के निरंतर संचार और उत्पादकता में बढ़ोतरी के ज़रिये संगठन में दृश्यमान बना देता है। सफल ज्ञान पहलों को उसी उत्साह के साथ प्रोफ़ाइल किया जाना चाहिए, जिस तरह से व्यावसायिक सफलता की कहानियों किया जाता है। इसके अतिरिक्त , प्रोत्साहनों को ज्ञान के विकास और उसे साझा करने की संस्कृति को बढ़ावा देने के अनुरूप किया जाना चाहिए।

c. ***सांगठनिक डिज़ाइन– ज्ञान प्रबंधन उत्पादों और आउटपुट को व्यक्तिगत भूमिकाओं तथा ज़िम्मेदारियों एवं प्रदर्शन उपायों में शामिल करना :*** किसी बेस्ट–इन–क्लास सांगठनिक डिज़ाइन में ज्ञान प्रबंधन कार्यों के प्रवर्तक जैसे अनुसंधान, ज्ञान–विकास सहयोग, पैमाने की अर्थव्यवस्थाओं के लिए केंद्रीकृत कार्यों के रूप में ज्ञान प्रणालियाँ आदि शामिल होते हैं और अनुभवी प्रोफ़ेशनल्स का उन्हें सहयोग मिलता है। यह संगठन के कार्यात्मक क्षेत्रों में परंपराओं को विकेंद्रीकृत करता है, जिसमें ज्ञान का प्रसार, सर्वश्रेष्ठ तरीक़ों को साझा करना और नए दृष्टिकोण विकसित करने के लिए सीखने के एजेंडे शामिल होते हैं।

## 2. परिचालनीय लीवर

d. ***ज्ञान संरचना :*** *ज्ञान क्षेत्र की विशिष्टता किसी प्रभावी ज्ञान संरचना के पीछे महत्त्वपूर्ण सिद्धांत के रूप में होती है।* विशिष्टता का परिणाम तब होता है, जब वर्गीकरण और इसकी संरचना के डिज़ाइन सिद्धांत उद्योग विशिष्ट होते हैं। कोई ज्ञान मानचित्र डोमेन–विशिष्ट क्षेत्रों और इसके दायरे के तहत संपत्तियों का मानचित्रण करके इसे एक साथ लाता है। अच्छी तरह से डिज़ाइन की गई ज्ञान संरचना ज्ञान की खोज को सक्षम बनाती है, जो खोज क्षमताओं से संचालित होती है। यह क्लासिक कीवर्ड सर्च से परे किसी संज्ञानात्मक खोज तक जा सकती हैं, जो कई प्रकार के ज्ञान स्रोतों को एक साथ ला सकती हैं, खोज के इरादे की व्याख्या कर सकती हैं और प्रासंगिकता के लिए परिणामों को वैयक्तिकृत कर सकती हैं। नीतियों और गुणवत्ता सूचकों के ज़रिये, गवर्नेंस यह सुनिश्चित करता है कि ज्ञान बाज़ार में ज्ञान परिसंपत्ति उच्च गुणवत्ता की हो और प्रकाशन से पहले संपादकीय समीक्षा प्रक्रिया से गुज़रे।

e. ***ज्ञान प्रक्रियाएँ :*** *कंटेंट सृजन और क्यूरेशन की प्रक्रियाएँ और निर्देशात्मक तरीक़े काम के मौजूदा निकायों से छिपे ज्ञान के कोडिफिकेशन और ज्ञान पर नियंत्रण, उसके मानकीकरण और उपलब्धता के लिए अनुशासन लागू करने के महत्त्वपूर्ण प्रवर्तक होते हैं।* इसमें कभी–कभी विशेष परियोजनाएँ शामिल होती

हैं, जैसे किसी संगठन में एआई ऐल्गरिदम के ज्ञान के आधार को क्यूरेट करने के लिए सही प्रक्रियाओं और विधियों का निर्माण। नॉलेज बेस में प्रासंगिकता और उच्च गुणवत्ता वाली सामग्री सुनिश्चित करने के लिए वर्गीकरण विज्ञान प्रबंधन (या टैक्सोनॉमी प्रबंधन) और ऑडिट तंत्र को कवर करने वाली प्रमुख सहायक प्रक्रियाएँ ज्ञान की परिसंपत्ति के पुराने पड़ने और उपयोगकर्ताओं के लिए कम मूल्य की होने के जोखिम से बचने के लिए महत्त्वपूर्ण होती हैं। किसी उद्योग या कार्य के फ़ंक्शनल क्षेत्र द्वारा आयोजित अनुकूलित वर्गीकरण और इसे विषय वस्तु, विषयों और परिसंपत्तियों के अगले स्तरों तक विभाजित करने से ज्ञान अंतराल की व्यवस्थित पहचान और संगठन में ज्ञान की माँग की प्रकृति का निरंतर चक्र सुनिश्चित होता है।

f. **तकनीक :** मशीन लर्निंग और एआई समेत डिजिटल तकनीकें ज्ञान प्रबंधन प्लेटफ़ॉर्मों में इस्तेमाल के लिए विशिष्ट नई क्षमताएँ पेश करती हैं। एनएलपी का इस्तेमाल करने वाली सिमेंटिक सर्च क्षमताएँ सबसे अधिक प्रासंगिक परिणाम देने के लिए इरादे की व्याख्या कर सकती हैं और ज्ञान परिसंपत्तियों के बीच संबंध बना सकती हैं। जहाँ तकनीकें इस स्थान में कई नई संभावनाओं को प्रदर्शित करती हैं, वहीं इस तरह की पहलों के सामान्य नुक़सान से बचना भी ज़रूरी होता है :

- *खंडित तकनीकी पहल,* (अलग-अलग डेटा सेट, अद्वितीय वर्गीकरण प्रणाली) जो एकीकरण के दु:स्वप्न की ओर ले जाती है।
- *पहुँच बिंदुओं की बहुलता* (माइक्रोसाइट्स, खोज उपकरण), जिससे अंतिम उपयोगकर्ता के लिए अक्सर भ्रमित करने वाला अनुभव पैदा होता है।
- असंगत और ग़ैर-मापनीय संरचना।

सर्वश्रेष्ठ तरीक़े अपनाकर, उच्च निवेश-रिटर्न देने वाली पहलों पर ध्यान देकर, तकनीक किसी संगठन के ज्ञान प्रबंधन दृष्टिकोण और लक्ष्यों को प्रभावी ढंग से सक्षम कर सकती है।

डिजिटल व्यवधान उन संगठनों के लिए उद्योगों में अद्वितीय अवसर देता है, जहाँ वैश्विक बाज़ार में जीत हासिल करने के वास्ते रणनीतिक संपत्ति के रूप में स्वामित्व ज्ञान का इस्तेमाल करके प्रतिस्पर्द्धी विभेदन के लिए रणनीति विकसित करने की ज़रूरत है। डिजिटल युग में सफल होने के लिए हर कंपनी को ज्ञान कंपनी बनने की ज़रूरत है। यह कोई आसान काम नहीं है, लेकिन जो विशिष्ट ज्ञान प्रबंधन संस्कृति और परंपराओं का निर्माण करने में सक्षम हैं, वे दीर्घकालिक प्रतिस्पर्द्धात्मक लाभ ज़रूर हासिल करेंगी। ज्ञान प्रबंधन दृष्टिकोण का प्रभावी क्रियान्वयन, संगठनात्मक परिवर्तन के लिए सही रणनीतिक और परिचालन लीवर के साथ बाज़ार दृष्टिकोण का संयोजन, भविष्य में बेहतर व्यावसायिक प्रदर्शन और मूल्य निर्माण प्रदान करेगा।

## सारांश

- डिजिटल युग में स्वामित्व ज्ञान एक प्रमुख अंतर है। यह कहना अतिशयोक्ति नहीं होगी कि डिजिटल युग में हर कंपनी को ज्ञान कंपनी बनने की ज़रूरत है।
- ज्ञान प्रबंधन में व्यक्तिगत विशेषज्ञ-स्तर के छिपे ज्ञान को कोडिफाइड संग्रह में बदलना शामिल है, जो व्यापक रूप से और माँग पर इस्तेमाल के लिए उपलब्ध हो।
- ज्ञान प्रबंधन पहलों को दुरुस्त करना बेहद मुश्किल होता है। वे जल्दी दुरुस्त नहीं हो पातीं। निवेश रिटर्न अस्पष्ट होता है और इसमें लंबा समय लग सकता है। सांगठनिक संस्कृति को बदलना कठिन प्रक्रिया है और आत्मनिर्भर ज्ञान चक्रों को डिज़ाइन करना आसान नहीं होता।
- ज्ञान प्रबंधन को सही ढंग से करना एक सतत और दीर्घकालिक प्रयास होता है। इसके लिए नेतृत्व की प्रतिबद्धता और संकेत, ज्ञान-साझाकरण संस्कृति का निर्माण, सहायक संगठन संरचना और ज्ञान प्रक्रियाओं का निर्माण, तथा सही ज्ञान और तकनीक की अधोसंरचना में निवेश की ज़रूरत होती है।

# 3

# नवाचार–कार्रवाई का आह्वान[1]

*पत्थर के हर टुकड़े के अंदर एक मूर्ति होती है और इसे खोजना मूर्तिकार का काम होता है।*

*— माइकल एंजेलो*

*इस अध्याय में मैंने भारतीय आईटी/बीपीएम उद्योग, इसकी नवाचार संबंधी चुनौतियों और प्राथमिकताओं पर रोशनी डाली है।*

## नवाचार भारतीय आईटी/बीपीएम उद्योग के लिए अनिवार्यता

भारतीय आईटी/बीपीएम उद्योग एक महत्त्वपूर्ण मोड़ पर है। यह उद्योग इंडिया शाइनिंग की कहानी के ताज का रत्न रहा है और यह उन कुछ क्षेत्रों में से है, जिनमें भारत वास्तव में वैश्विक लीडर है, हालाँकि, हाल के सालों में उद्योग के विकास की गति में झटके भी देखे गए हैं। यह उद्योग जो 1990 और 2000 के दशक में लगातार 20 प्रतिशत से अधिक की दर से बढ़ रहा था, अब एकल अंकों में बढ़ रहा है। आर्थिक माहौल चुनौतीपूर्ण रहा है, ग्राहकों की ज़रूरतें और अधिक जटिल होती जा रही हैं, प्रतिस्पर्द्धा बढ़ रही है, और सबसे महत्त्वपूर्ण बात यह है कि क्लाउड, एआई, बिग डेटा और ऑटोमेशन जैसे तकनीकी मेगाट्रेंड खेल के नियमों को बदलते जा रहे हैं। स्पष्ट रूप से, **इन ताक़तों के संयोजन को देखते हुए,** भारत के आईटी/बीपीएम उद्योग को न केवल विकास के अगले चरण को बढ़ाने के लिए, बल्कि प्रतिस्पर्द्धी बने रहने के लिए भी नवाचार करने की ज़रूरत है।

कई मायनों में, भारतीय आईटी/बीपीएम उद्योग नवाचार को आगे बढ़ाने तथा देश में और व्यापक रूप से क्या करने की ज़रूरत है, इसका बड़ा उदाहरण बनने के लिए अच्छी

तरह से स्थापित हो चुका है। इसके पास मात्रा है और वैश्विक पैठ भी है। इसने डोमेन और व्यावसायिक ज्ञान का निर्माण किया है। इस उद्योग की ज़्यादातर कंपनियाँ संसाधन संपन्न हैं, जिनके पास काफ़ी ज़्यादा नक़दी है और सबसे महत्त्वपूर्ण बात यह है कि इसमें बहुत टैलेंट है। विशेष रूप से युवा टैलेंट में अपार संभावनाएँ हैं। भारत के युवा अपने जीवन में कुछ रचनात्मक और प्रभावशाली करने के लिए तैयार भी हैं और उत्सुक भी।

**हालाँकि, उद्योग के रूप में आईटी/बीपीएम शायद नवाचार की मात्रा और गुणवत्ता दोनों में पिछड़ता जा रहा है।** यह विडंबना ही है कि बीस सालों से अपने आप में विशाल और व्यवधानकारी नवाचारी रहे भारतीय आईटी/बीपीएम उद्योग ने अपने स्वयं के नवाचार इंजन को डिजिटल युग में अगुवाई करने के लिए पर्याप्त रूप से आगे नहीं बढ़ाया है। भारत में इन कंपनियों में प्रक्रियाओं और सेवा की पेशकश में न्यूनतम अंतर है। कंपनी या उद्योग स्तर पर पर्याप्त आईपी निर्माण और ब्रांड निर्माण नहीं है, और यह ऐसे परिदृश्य में है, जिसमें कई कंपनियों की बैलेंस शीटें उनके पास काफ़ी ज़्यादा नक़दी दिखा रही हैं! बेशक, वृद्धिशील नवाचार और काम में मशहूर भारतीय *जुगाड़* के कई उदाहरण हैं, हालाँकि, ये इस बात के पर्याप्त सबूत नहीं हैं कि व्यापक व्यवस्थित नवाचार हो रहा है। वास्तव में यही – **जुगाड़ से व्यवस्थित नवाचार में अपग्रेड** – ही चुनौती है, जिससे हमें निपटने की ज़रूरत है।

## भारतीय आईटी/बीपीएम उद्योग ने अपनी नवाचार क्षमता को साकार क्यों नहीं किया है

नवाचार चार तरह के होते हैं: प्रक्रिया, उत्पाद, ग्राहक अनुभव और व्यवसाय का मॉडल। भारतीय आईटी/बीपीएम उद्योग ने पहले प्रकार के नवाचार (प्रक्रिया) में अच्छा प्रदर्शन किया है, लेकिन अन्य तीन में नवाचार के लिए वह जूझ रहा है। इससे यह सवाल उठता है कि नवाचार के लिए बाज़ार की अनिवार्यता और उद्योग में इतनी सारी आवश्यक सामग्री होने के बावजूद उद्योग ने अपनी नवाचार क्षमता को अर्जित क्यों नहीं किया है।

मेरा मानना है कि ऐसे प्रमुख मुद्दे 5 हैं, जिन्होंने इस मोर्चे पर प्रगति को बाधित किया है:

1. **सफलता के फ़ॉर्मूले में बदलाव मुश्किल होता है।** इस बात से इंकार नहीं किया जा सकता कि भारतीय आईटी/बीपीएम उद्योग की पिछले कुछ दशकों की कहानी शानदार सफलता की रही है – इसने स्थिर राजस्व वृद्धि, बाज़ार हिस्सेदारी और उच्च लाभप्रदता को दर्शाया है। उच्च गुणवत्ता, कम लागत वाला तकनीकी टैलेंट, रफ़्तार बढ़ाने की क्षमता, ग्राहक प्रतिक्रिया और एक मज़बूत प्रक्रिया अभिविन्यास की उपलब्धता पर आधारित व्यापार मॉडल पर इसे बनाया गया है। इसने टीसीएस, इंफोसिस, विप्रो और एचसीएल जैसी विश्वस्तरीय मेगा कंपनियों और कई सफल मिड-टियर कंपनियों का भी निर्माण किया है।

   हालाँकि, ग्राहकों की अपेक्षाओं को डिजिटल बदल रहा है। डिज़ाइन सोच, परिवर्तन प्रबंधन, चुस्त डिलीवरी और कई नई तकनीक और प्रबंधन दक्षताओं की

ज़रूरत पहले से ज़्यादा है। ये बदलती उम्मीदें अधिक तीव्र जुड़ाव मॉडल, कौशल की व्यापक श्रृंखला, उत्पाद की अधिक पहुँच और एक पुनरावर्ती परिचालन मॉडल की माँग करती हैं। यह पैमाने पर आधारित कुशल सेवा फ़ैक्टरी मॉडल के विपरीत चलता है, जिसे आईटी/बीपीएम उद्योग ने इन सभी सालों में इतनी अच्छी तरह से निष्पादित किया है। इतने लंबे समय से अच्छा काम कर रहे सफलता के फ़ॉर्मूले को बदलना आसान नहीं है। भारतीय आईटी/बीपीएम उद्योग के अपेक्षाकृत स्थिर विकास और अच्छे वित्तीय प्रदर्शन का परिणाम शायद नवाचार को प्राथमिकता के रूप में बढ़ाने के लिए 'बेहद आवश्यक' नहीं हैं।

2. **किसी सेवा व्यवसाय मॉडल में उत्पाद नवाचार चला पाना कठिन है :** जैसे-जैसे टाइम-टू-मार्केट की उम्मीदें और तकनीकी चक्र डिजिटल युग में कम होते जा रहे हैं, वैसे-वैसे कंपनियाँ अपने 'निर्माण बनाम क्रय' मानदंड बदल रही हैं तथा उत्पादों और आईपी (IP) को ख़रीदने की ओर अधिक शिफ़्ट कर रही हैं। इस रुझान का मतलब है कि भारतीय आईटी/बीपीएम कंपनियों को उत्पाद नवाचार की दिशा में क़दम बढ़ाने की ज़रूरत है।

   सेवा व्यवसाय मॉडल में उत्पाद नवाचार चलाना बड़ी चुनौती है। सांगठनिक डीएनए बेहद ग्राहक-डिलीवरी केंद्रित होता है, जिसमें अपेक्षाएँ स्पष्ट होती हैं तथा आमतौर पर ग्राहक द्वारा निर्धारित की जाती हैं। उत्पाद मानसिकता के लिए अधिक विचारशील नेतृत्व, अस्पष्टता और आत्म-निर्देशन के लिए सहिष्णुता की आवश्यकता होती है। ऐसी मानसिकता किसी सेवा मॉडल सांगठनिक संस्कृति के अंदर निर्मित होना और उसका सह-अस्तित्व में होना मुश्किल है। इसके अलावा, वित्तीय और परिचालन केपीआई और सेवा कंपनियों के फ्रेमवर्क उत्पाद नवाचार की ज़रूरतों का समर्थन नहीं करते हैं।

3. **ग्राहक समस्या बिंदुओं की गहरी समझ का अभाव।** भारतीय आईटी/बीपीएम(IT/BPM) कंपनियों के पास आमतौर पर अच्छी तकनीक और प्रक्रिया कौशल होते हैं, लेकिन डोमेन की गहराई तथा रिटेल ग्राहक की समझ की कमी होती है। किसी उत्पाद, ग्राहक अनुभव या व्यवसाय मॉडल के लिए नवाचार का आरंभिक बिंदु ग्राहक-समस्या बिंदुओं की गहरी समझ होता है। मैं भारत में ग्लोबल डिलीवरी सेंटर्स(जीडीसी) में नवाचार के बारे में अक्सर बहुत उत्साह तथा कई सुविचारित प्रयास देखता हूँ, लेकिन ग्राहकों के समस्या बिंदुओं की गहरी समझ के अभाव का मतलब है कि ये प्रयास अक्सर निशान से चूक जाते हैं। गहरी ग्राहक समझ बनाना आसान नहीं है। यह सामान्य ज्ञान या सैद्धांतिक ज्ञान की बात नहीं, बल्कि अनुभवों के प्रत्यक्ष समूह की बात है, जो रिटेल ग्राहक की गहरी और सहज समझ की ओर ले जाता है।

4. **अल्पकालिक अभिविन्यास :** शायद यह सेवा-उन्मुख व्यवसाय मॉडल का एक स्वाभाविक परिणाम है या यह व्यापक सांस्कृतिक मुद्दा है कि भारतीय आईटी/बीपीएम

कंपनियों में आप अक्सर जो अल्पकालिक अभिविन्यास देखते हैं, वह पर्याप्त उत्पाद या व्यवसाय मॉडल नवाचार को चलाने के लिए अनुकूल नहीं है। इस तरह के नवाचार के लिए लंबे निवेश चक्र और विस्तारित पे-बैक अवधि की अपेक्षाएँ रखने की ज़रूरत होती है। मैं देख रहा हूँ कि नेक इरादे से की गईं कई नवाचार पहलें धरातल पर उतर रही हैं, लेकिन कई अपने रास्ते पर टिके नहीं रह पाती हैं, क्योंकि उनके अधिकारियों का धैर्य ख़त्म हो जाता है या वे अगली बड़ी चीज़ पर आगे बढ़ जाते हैं!

5. **गहरी तकनीक तथा समस्या को सुलझाने के कौशल का अभाव :** जहाँ भारत में आईटी उद्योग का संपूर्ण आधार प्रचुर तकनीकी टैलेंट तक पहुँच है, वहीं विडंबना यह है कि देश में गहरी तकनीक के टैलेंट की कमी है। डिजिटल युग की विशेषताओं में एआई, क्लाउड और ऑटोमेशन जैसी तकनीकों का उदय शामिल है। ये तकनीकें अब भी विकसित हो रही हैं और विकास तथा नवाचार के लिए ज़बरदस्त अवसर उपलब्ध कराती हैं, जिसका भारतीय उद्योग पूरी तरह से फ़ायदा नहीं उठा रहा है। टैलेंट में दूसरी कमी उसके समस्या-समाधान कौशल में निहित है। भारतीय उद्योग ने जिस सर्विस फ़ैक्टरी मॉडल पर ध्यान केंद्रित किया है, वह महत्त्वपूर्ण नवाचार को चलाने के लिए जिस प्रकृति के समस्या-समाधान कौशल की ज़रूरत है, उसके विकास की गुंजाइश नहीं देता है।

## भारतीय आईटी/बीपीएम उद्योग को अपनी नवाचार क्षमता बाहर लाने के लिए किस चीज़ की ज़रूरत है

नवाचार का खेल आगे बढ़ाना जादू की छड़ी घुमाने जैसा नहीं है। इसके लिए बहुत सारे क्षेत्रों में सतत रूप से कार्य करने की ज़रूरत होती है। मेरा मानना है कि आगे बताए गए दस कार्यक्षेत्र, भारतीय आईटी/बीपीएम उद्योग के लिए इसकी नवाचार क्षमता को बाहर लाने के वास्ते ज़रूरी हैं:

1. **लगातार नवाचार :** हम गेम चेंजिंग विचारों की खोज करते हैं, लेकिन हमें छोटे विचारों को भी कभी नहीं भूलना चाहिए। ये भी महत्त्वपूर्ण प्रभाव डाल सकते हैं। कर्मचारियों को विभिन्न समस्या कथनों पर अपने विचार साझा करने की अनुमति देने वाले विचार मंच बहुत शक्तिशाली हो सकते हैं। नियमित हैकथॉन भी बहुत प्रभावी हो सकते हैं, हालाँकि, केवल विचार पैदा करना पर्याप्त नहीं है। इन विचारों का पालन करने और उनके अमल को ट्रैक करने के लिए भी प्रक्रियाएँ स्थापित की जानी चाहिए।

2. **निवेश के लिए बजट :** नवाचार के लिए विशिष्ट बजट तैयार करना ज़रूरी है। नवाचार केवल अच्छे इरादों भर से नहीं होता, बल्कि नवाचार पहलों के लिए बड़ी रक़म की भी ज़रूरत होती है।

3. **उत्कृष्टता केंद्र :** अपनी मुख्य सेवा लाइनों से अलग विशिष्ट क्षमताओं का निर्माण करना सहायक होता है। वे आपको तमाम टैलेंट प्रोफ़ाइल के साथ प्रयोग करने के लिए लचीलापन उपलब्ध करा सकती हैं और आपकी मुख्य क्षमताओं के परिचालन मॉडल तक सीमित नहीं रहती हैं। वे आपको उच्च गति पर निहित प्रयोग करने की अनुमति दे सकती हैं। ऐसे उत्कृष्टता केंद्रों (सीओई) ने मैकिंज़ी नॉलेज सेंटर (मैक्केसी) में सफल नवाचार हासिल करने में महत्त्वपूर्ण भूमिका निभाई थी। (केस स्टडी खंड 4 के अध्याय 6 में वर्णित)।

4. **नवाचार की संस्कृति :** आपको कर्मचारियों के 'रचनात्मक विश्वास' को मज़बूत करने की ज़रूरत है। आपको ऐसी संस्कृति का निर्माण करना चाहिए, जहाँ जोखिम लेने को प्रोत्साहित किया जाए और नए विचारों का समर्थन किया जाए। इसके अतिरिक्त, संगठन में चारों ओर नवाचार की चर्चा का माहौल पैदा करना ज़रूरी है। नवाचार की गति बढ़ाने के लिए वरिष्ठ प्रबंधन से स्पष्ट संकेत मिलने और निरंतर कर्मचारी जुड़ाव की ज़रूरत होती है।

5. **स्टार्ट–अप्स के साथ सहयोग :** अब भारत में स्टार्ट–अप का जीवंत इकोसिस्टम है। उन्हें नैसकॉम और कई अन्य इन्क्यूबेटरों द्वारा भी सहयोग दिया जा रहा है। यह संभावना है कि बड़ी कंपनियों में नहीं, बल्कि स्टार्ट–अप में सफल नवाचार होगा। इसलिए, यह ज़रूरी है कि बड़ी कंपनियाँ स्टार्ट–अप इकोसिस्टम से जुड़ी रहें और साझीदारी के अवसरों की तलाश करती रहें।

6. **घरेलू बाज़ार में सर्विस :** भारतीय आईटी/बीपीएम कंपनियों को नवाचार चलाने में जिन चुनौतियों का सामना करना पड़ता है, उनमें से एक ग्राहक के समस्या बिंदुओं को गहराई से समझना है, जिसमें ग्राहक किसी अलग ही महाद्वीप में होता है। घरेलू बाज़ार के साथ जुड़ने से आपको प्रयोग के लिए निकटता और बाज़ार सामग्री मिल सकती है। उदाहरण के लिए, इंडिया ऑफ़िस के साथ साझेदारी उस प्रयोग का एक महत्त्वपूर्ण प्रवर्तक थी, जिसे हम मैकिंज़ी नॉलेज सेंटर में चलाने में सक्षम थे, जिसका वैश्विक प्रेषण था।

7. **ग्लोबल मॉडल का लाभ उठाना :** ज़्यादातर भारतीय आईटी फ़र्मों के पास अब ग्लोबल डिलीवरी मॉडल हैं। 'ऑनशोर–ऑफ़शोर' सहयोग दोनों पक्षों के लिए फ़ायदेमंद स्थिति हो सकती है। ऑनशोर से ग्राहक के समस्या बिंदुओं की गहरी समझ मिल सकती है और ऑफ़शोर बड़े पैमाने पर लाभ दे सकता है।

8. **अधिग्रहण :** भारतीय आईटी/बीपीएम फ़र्मों ने आम तौर पर अपने बाज़ार कवरेज का विस्तार करने के इरादे से एमऐंडए से संपर्क किया है। उन्हें एमऐंडए को विशिष्ट क्षमताओं और आईपी पाने के तरीक़े के रूप में देखने की ज़रूरत है, जो उन्हें टाइम–टू–मार्केट लाभ दे सकता है।

9. **लर्निंग ऐंड डेवलपमेंट में निवेश :** गहन तकनीकी टैलेंट और समस्या–समाधान

कौशल भारतीय आईटी कंपनियों की मुख्य कमियाँ हैं, और ये डिजिटल युग में इनोवेशन के लिए ज़रूरी मूलभूत कौशल हैं। इन कौशलों को सही गुणवत्ता में विकसित करने के लिए लर्निंग ऐंड डेवलपमेंट में निरंतर निवेश की आवश्यकता है।

10. **शैक्षणिक संस्थानों के साथ भागीदारी :** टैलेंट तो आईटी उद्योग में नवाचार की बुनियाद है, और इसे हासिल करने के लिए कंपनियों को अपनी सीमाओं और व्यापक आपूर्ति श्रंखला से परे देखने की ज़रूरत है। यह सुनिश्चित करने के लिए कंपनियों को चुने हुए विश्वविद्यालयों के साथ साझेदारी करने पर विचार करने की ज़रूरत है, ताकि पाठ्यक्रम और शिक्षण उनकी आवश्यकताओं को दर्शाएँ। इसके लिए न केवल इंटर्नशिप और उद्योग परियोजनाओं में निवेश की ज़रूरत है, बल्कि शिक्षण प्रक्रिया में बेहद सक्रिय भागीदारी भी ज़रूरी है।

स्पष्ट रूप से, डिजिटल युग में भारतीय आईटी/बीपीएम उद्योग के लिए नवाचार अनिवार्य है, फिर चाहे बड़ी कंपनियाँ हों, स्टार्ट-अप्स हों या उत्पाद कंपनियाँ हों। लीडर्स और कंपनियों को अपने संगठन में महत्त्वपूर्ण नवाचार यात्रा शुरू करने और बनाए रखने के लिए कार्रवाई करने की ज़रूरत है। समान रूप से, नैसकॉम जैसे उद्योग निकायों के लिए भी यह एक चुनौती और ज़िम्मेदारी है कि वे ऐसा इकोसिस्टम बनाने में मदद करें, जो नवाचार की संस्कृति को प्रज्वलित करे।

## निष्कर्ष

यह अध्याय भारतीय आईटी/बीपीएम उद्योग की नवाचार अनिवार्यताओं और चुनौतियों के बारे में है, हालाँकि, डिजिटल युग में हर उद्योग के लिए नवाचार महत्त्वपूर्ण आवश्यकता बन चुका है। वास्तव में, तकनीक, ग्राहक अनुभव और व्यवसाय मॉडल नवाचार डिजिटल युग की संपूर्ण बुनियाद का निर्माण करते हैं। मेरा मानना है कि इस अध्याय के सबक़ अन्य उद्योगों में भी व्यापक रूप से लागू होते हैं।

# नवाचार की क्षमता को अनलॉक करने के लिए दस कार्य क्षेत्र

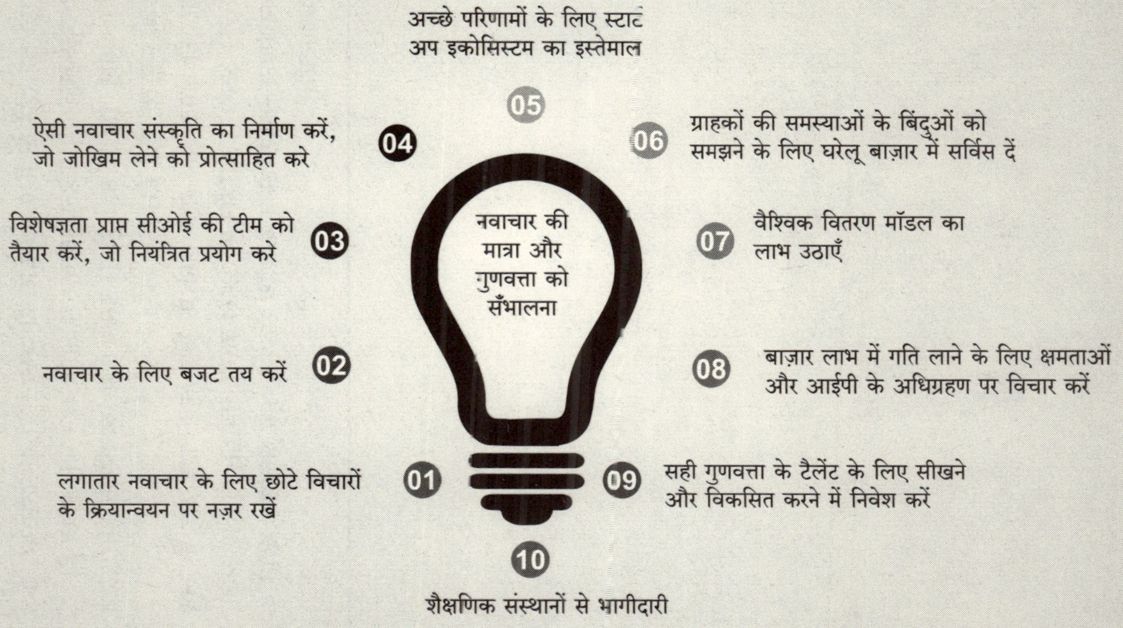

## सारांश

- नवाचार डिजिटल युग में हर उद्योग के लिए प्रमुख प्रवर्तक और अनिवार्यता है।
- भारतीय आईटी उद्योग को विकास के अगले चरण को बढ़ाने और प्रतिस्पर्द्धी बने रहने के लिए नवाचार की ज़रूरत है। ख़ासतौर पर, उन्हें उत्पाद और व्यवसाय मॉडल नवाचार में आगे बढ़ने की ज़रूरत है।
- नवाचार संयोग मात्र से नहीं होता। इसके लिए व्यवस्थित और सतत प्रयास की ज़रूरत होती है।
- नवाचार की क्षमता को बाहर लाने के लिए कुछ कार्य क्षेत्र हैं: लघु विचारों को अपनाना और उन पर अमल करना, नवाचार के लिए अलग से बजट रखना, स्टार्ट-अप्स के साथ सहयोग और शैक्षणिक जगत के साथ भागीदारी।

# 4

# मेरी पहली एजाइल ट्रेनिंग की मुख्य अंतर्दृष्टियाँ[2]

*रफ़्तार व्यवसाय की नई करेंसी है।*

*—मार्क बेनिहॉफ, चेयरमैन एवं सीईओ, सेल्स फ़ोर्स*

*रफ़्तार की ज़रूरत और इसलिए हम जो कुछ भी करते हैं, उसमें चुस्त-दुरुस्त क़दम डिजिटल युग में एक मौलिक बदलाव है। इस अध्याय में मैं इसी दक्षता के बारे में एक प्रशिक्षण कार्यक्रम के अपने कुछ प्रमुख सबकों को साझा कर रहा हूँ, जिसे मैंने कुछ साल पहले किया था।*

जब मैं अपने पहले एजाइल ट्रेनिंग (दक्षता प्रशिक्षण) पाठ्यक्रम से गुज़रा, तो शुरू में मेरी प्रशिक्षण कार्यक्रम में कुछ घंटे बिताने की इच्छा नहीं थी, जहाँ विषय ऐसा कुछ था, जिसके बारे में मैं सोचता कि मेरे पास बढ़िया जानकारी है। मैंने अपनी टीम के तकनीकी लीडर्स से एजाइल के बारे में काफ़ी कुछ सुना था और कुछ लेख भी पढ़े थे। इसलिए, मुझे विश्वास नहीं था कि प्रशिक्षण से मुझे कुछ अतिरिक्त जानकारी मिलेगी। मैं ग़लत था! एजाइल ट्रेनिंग विचार करने के लिए और कुछ प्रमुख अवधारणाओं के बारे में गहराई से सोचने का अच्छा अवसर था।

मैं आठ प्रमुख अंतर्दृष्टि साझा करना चाहता हूँ, जो मैंने प्रशिक्षण से ली थीं:

1. **व्यापार जगत अभूतपूर्व रफ़्तार से बदल रहा है और उसके साथ ही प्रबंधन के परंपरागत नियम भी बदल रहे हैं (संरचित तथा स्थायी बीते दिनों की बात हो चुके हैं)**-डिजिटल युग में तकनीकी नवाचार, व्यापार चक्र छोटे होना, अति प्रतिस्पर्द्धा और पारंपरिक बाज़ारों के स्थानांतरण का संयोजन अभूतपूर्व अनिश्चितता और

परिवर्तन की उच्च रफ़्तार पैदा कर रहा है। इसका तात्पर्य यह है कि अधिक संरचित, स्थिर वातावरण के लिए विकसित प्रबंधन नियम लगभग निश्चित रूप से काम नहीं करेंगे। प्रबंधकों के लिए यह बड़ी चुनौती है, (विशेषकर हम में से जो चालीस वर्ष से ऊपर की उम्र के हैं!) क्योंकि हमें शायद वह भूलने की ज़रूरत है, जिसकी वजह से हम अब तक सफल रहे हैं। (मैंने इस किताब के खंड 1 में व्यापार के नए नियमों पर विस्तार से दृष्टिकोण साझा किए हैं।)

2. **रफ़्तार ही राजा है ('फ़ेल फ़ास्ट' और मूव ऑन ही नया मंत्र है) :** उस प्रशिक्षण से मिली एक महत्त्वपूर्ण अंतर्दृष्टि यह थी कि किसी विशिष्ट व्यावसायिक आवश्यकता का जीवन छह महीने का होता है। यह किसी भी लंबी-लंबी योजनाओं और निष्पादन चक्र को पूरी तरह से अप्रासंगिक बना देती है! इसलिए फोक़स, शार्ट डिलीवरी से बदल कर तेज़ी से व्यापक दस्तावेज़ीकरण की बजाय वर्किंग सॉफ़्टवेयर को डिलीवर करने की ओर चला जाता है। मुझे 'फ़ास्ट फ़ेल' की अवधारणा भी पसंद थी, जिसका मतलब था – किसी चीज़ के लिए कोशिश करना, तेज़ प्रतिक्रिया हासिल करना, और फिर अधिक पैसा ख़र्च करने से पहले ही इसे अपनाना या ख़त्म कर देना। यह 80/20 सोच के गुणों को भी मज़बूत करता है। यह कुछ ऐसा है, जो हम सभी जानते हैं, लेकिन हमेशा इसका पालन नहीं करते हैं!

3. **अनिश्चितता से निपटना (निर्माण आज के लिए, डिज़ाइन कल के लिए) :** परिवर्तन की अभूतपूर्व रफ़्तार को देखते हुए आने वाले दिनों की भविष्यवाणी करने की कोशिश करने का कोई मतलब नहीं है। मुझे 'निर्माण आज के लिए, डिज़ाइन कल के लिए' मंत्र पसंद आया; बहुत लंबी अवधि के लिए हल करने के बजाय, हमें वर्तमान आवश्यकताओं को कुशलतापूर्वक (और जल्दी से) सँभालना चाहिए, लेकिन भविष्य की आवश्यकताओं (जो अभी तक स्पष्ट नहीं हैं) के लिए डिज़ाइन को खुला/विस्तारीय रखना चाहिए। मुझे 'अनिश्चितता के शंकु' की अवधारणा भी पसंद आई, जिसमें कहा जाता है कि अनुमान में परिवर्तनशीलता कम करने का एकमात्र तरीक़ा परियोजना में परिवर्तनशीलता कम करना है। इसका तात्पर्य यह है कि ऐसे चतुर निर्णयों और कार्यों पर ध्यान देने की ज़रूरत है, जो परिवर्तनशीलता कम करने में मदद करेंगे।

4. **ग्राहक सहयोग कुंजी है (ग्राहक के निकट जाना और विश्वास क़ायम करना) :** अनिश्चितता और रफ़्तार की ज़रूरत के संयोजन को देखते हुए, सफलता पाने के लिए ग्राहक के बहुत क़रीब होना सबसे ज़रूरी है। आपको ग्राहकों की ज़रूरतों/ समस्या- बिंदुओं को ध्यान में रखना होगा और रियल टाइम में किसी भी बदलाव को समझने के लिए एकदम जुड़े रहना होगा। इसके लिए मानसिकता और परिचालन मॉडल में महत्त्वपूर्ण बदलाव की ज़रूरत है, जो कि एक समयावधि में अनुबंध डिलीवरी से रियल टाइम ग्राहक सहयोग और लगातार डिलीवरी योग्य चीज़ों की ओर होगा, जहाँ आपको प्रतिक्रिया मिलती है और सबसे महत्त्वपूर्ण बात यह है कि मज़बूत विश्वास का निर्माण होता है।

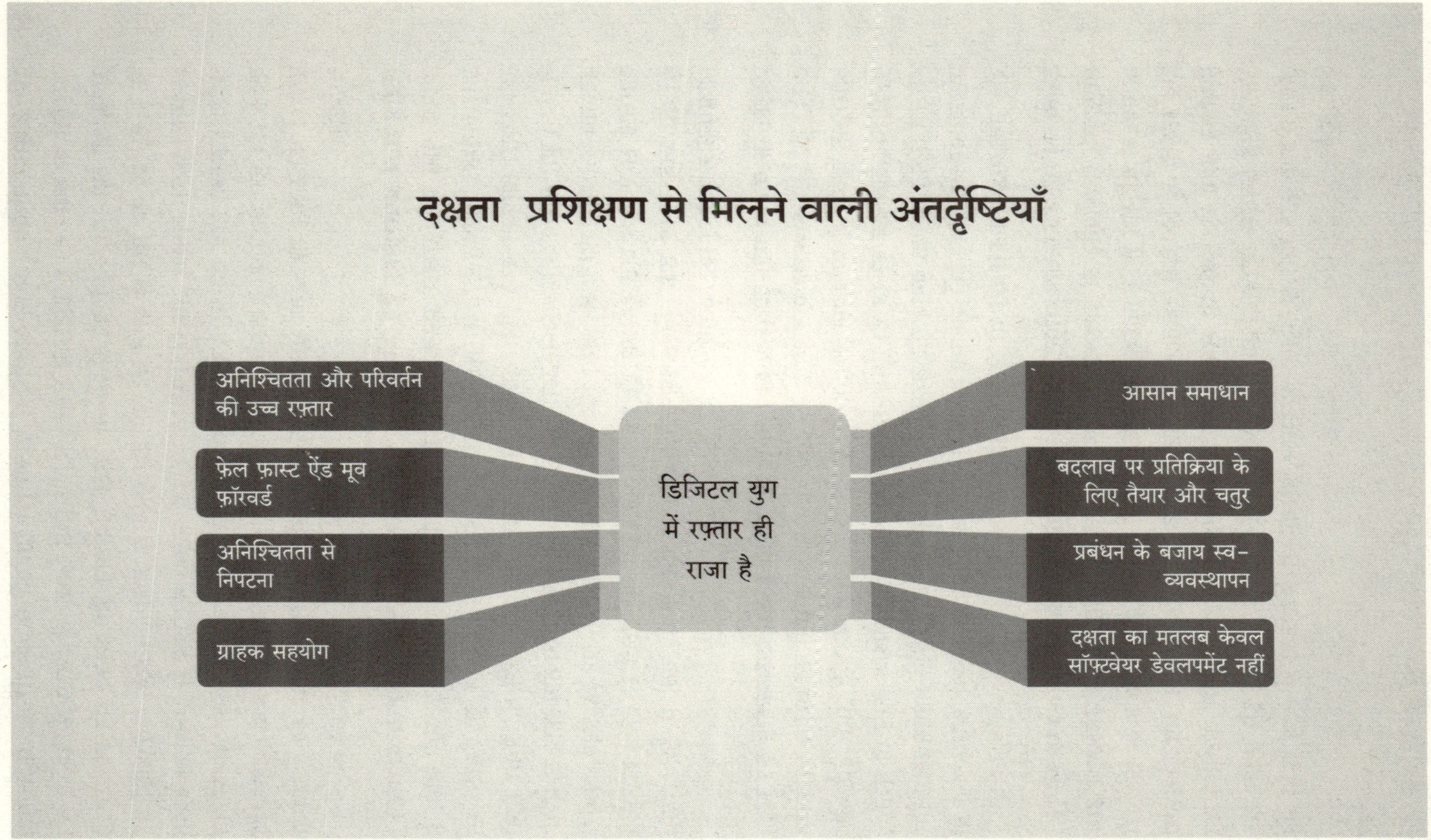
दक्षता प्रशिक्षण से मिलने वाली अंतर्दृष्टियाँ
अनिश्चितता और परिवर्तन की उच्च रफ़्तार
फ़ेल फ़ास्ट ऐंड मूव फ़ॉरवर्ड
अनिश्चितता से निपटना
ग्राहक सहयोग
डिजिटल युग में रफ़्तार ही राजा है
आसान समाधान
बदलाव पर प्रतिक्रिया के लिए तैयार और चतुर
प्रबंधन के बजाय स्व-व्यवस्थापन
दक्षता का मतलब केवल सॉफ़्टवेयर डेवलपमेंट नहीं

5. **इसे आसान रखिए (अपने सर्वाधिक महत्त्वपूर्ण ग्राहकों की सर्वाधिक महत्त्वपूर्ण ज़रूरतों पर ध्यान दें) :** जटिलता दक्षता का विरोधी विचार है। उद्यम से रफ़्तार की अपेक्षाओं को पूरा करने की कुंजी तो सरल समाधान है। इसका मतलब यह है कि सब कुछ नए सिरे से करने की कोशिश करने के बजाय, मानक प्लेटफ़ॉर्मों का इस्तेमाल करना चाहिए और जहाँ संभव हो वहाँ घटकों का फिर से इस्तेमाल करना चाहिए। इसका अर्थ यह भी है कि हमें ग्राहकों की हर संभव ज़रूरत को अनुकूलित करने और हल करने का प्रयास करने से बचना चाहिए, बल्कि अपने सबसे महत्त्वपूर्ण ग्राहकों की सबसे महत्त्वपूर्ण ग्राहक आवश्यकताओं को पूरा करने पर ध्यान लगाना चाहिए।

6. **रेखीय सोच अप्रासंगिक है ( सोचने और योजना बनाने से लेकर क्रियान्वयन तक) :** आपके पास एक अच्छी अनुक्रमिक योजना विकसित करने का समय नहीं होता है और लगभग निश्चित रूप से संरचित प्रचलन में इसका पालन करने का अवसर भी नहीं होगा। आपको चुस्त होना चाहिए और बदलाव का जवाब देने को तैयार रहना चाहिए। यह सोचने और योजना बनाने से लेकर करने तक प्रबंधकीय फ़ोकस में भी बदलाव की माँग करता है। जैसा कि प्रशिक्षक ने कहा, 'समझने के लिए, करो!' कार्रवाई से एकदम जुड़े होने पर ही प्रबंधक परिवर्तनों को जल्दी से ग्रहण कर लेते हैं और लंबे समय तक 'विश्लेषण-योजना-अनुमोदन-कार्य' चक्र में आए बिना निर्णायक रूप से उनका जवाब देते हैं।

7. **प्रबंधन के बजाय स्व-व्यवस्थापन (लोगों को सशक्त करें, असफलता को सहन करें) :** दक्ष दृष्टिकोण का एक प्रमुख मंत्र प्रक्रियाओं और साधनों की बजाय व्यक्तियों और अंतःक्रियाओं पर ध्यान लगाना है। इसके लिए लोगों के प्रति हमारे दृष्टिकोण में बड़े बदलाव की ज़रूरत है। टीमों को प्रबंधित करने की कोशिश करने के बजाय, हमें लोगों को सशक्त बनाने की ज़रूरत है। हमें अपनी पदानुक्रमित मानसिकता और प्रक्रियाओं को तोड़ने की ज़रूरत है। बहुत बड़ी बात यह है कि हमें असफलता के प्रति उच्च सहनशीलता की भी ज़रूरत होगी।

8. **दक्षता का मतलब केवल सॉफ़्टवेयर डेवलपमेंट नहीं (यह सारे व्यवसाय पर लागू) :** सॉफ़्टवेयर डेवलपमेंट के प्रति हमारे दृष्टिकोण में दक्षता स्पष्ट रूप से महत्त्वपूर्ण और आवश्यक बदलाव है, हालाँकि, बात सिर्फ़ इतनी ही नहीं है। उदाहरण के लिए, मैं देख सकता हूँ कि कैसे दक्षता के मूलभूत सिद्धांत, रणनीति विकास और व्यवसाय नियोजन कार्य के लिए भी समान रूप से प्रासंगिक हैं। उच्च रफ़्तार परिवर्तन का अंतर्निहित प्रवर्तक व्यावसायिक क्षेत्रों और कार्यों में आम है, और इस प्रकार दक्ष अवधारणाएँ कुछ ऐसी हैं, जिन्हें व्यवसाय/परियोजना स्थितियों में लागू करने की ज़रूरत है।

इस प्रशिक्षण ने आत्म-चिंतन की शुरुआत की। दुनिया तेज़ी से बदल रही है और इसलिए मानसिक मॉडल और दृष्टिकोण पर फिर विचार करने की ज़रूरत है। मैं इस अध्याय का समापन दक्ष प्रशिक्षक द्वारा शुरुआत में की गई एक टिप्पणी से करूँगा, 'कोई तरीक़े सर्वश्रेष्ठ नहीं हैं, तरीक़े केवल श्रेष्ठ हैं।'अहंकार का समय समाप्त हो गया है, अब तो सीखने का समय है!

## सारांश

1. **व्यवसाय जगत अभूतपूर्व रफ़्तार से बदल रहा है,** और इसके साथ ही प्रबंधन के परंपरागत नियम भी बदल रहे हैं।
2. **रफ़्तार ही राजा है :** 'फ़ेल फ़ास्ट' या 'लूज़ अर्ली' का दर्शन सफलता के ज़्यादा आसार वाले क्षेत्रों की ओर तेज़ी से बढ़ने में मदद करता है।
3. **अनिश्चितता से निपटना :** ज़ोर ऐसे चतुर निर्णयों और कार्यों पर देने की ज़रूरत है, जो परिवर्तनशीलता घटाने में मदद करें।
4. **ग्राहक सहयोग ही मुख्य बात है :** सफलता पाने के लिए डिलीवरी योग्य चीज़ों के वास्ते रियल टाइम सहयोग और सतत फ़ीडबैक का विकास करना चाहिए।
5. **आसान रखिए :** रफ़्तार की अपेक्षाओं को पूरा करने के लिए समाधान और प्रक्रियाओं को सरल रखना ज़रूरी है।
6. **रेखीय सोच अप्रासंगिक :** कुशल बनिए, बदलावों को तेज़ी से चुनिए और निर्णायक रूप से काम कीजिए।
7. **प्रबंधन के बजाय स्व-व्यवस्थापन :** टीमों को स्व-निर्देशित बनने के लिए सशक्त कीजिए।
8. **दक्षता का मतलब केवल सॉफ़्टवेयर डेवलपमेंट नहीं :** दक्षता की अवधारणाएँ सारे व्यवसायों और परियोजना समाधानों में लागू की जा सकती हैं।

# 5

# कल के लिए फिर आविष्कार करना सीखें[3]

*हम लोगों को सब कुछ नहीं सिखा सकते, हम सिर्फ़ स्वयं के भीतर खोज करने में उनकी मदद कर सकते हैं।*

*—गैलीलियो*

तकनीकी और व्यवसाय परिवर्तन की रफ़्तार अभूतपूर्व है; उत्पाद और तकनीक चक्र छोटे होते जा रहे हैं और ग्राहकों की अपेक्षाएँ तेज़ी से बदलती जा रही हैं। इसके अतिरिक्त , कोविड -19 महामारी ने डिजिटलीकरण को उत्प्रेरित किया है। नतीजतन, फ़र्में अपने आंतरिक लक्षित वर्ग की ज़रूरतों को अनुकूलित करने के लिए उद्यम-व्यापी प्रक्रियाओं को फिर शुरू करने लगी हैं। ये लक्षित वर्ग डिजिटल रूप से जानकार कर्मचारी हैं, जो उच्च गुणवत्ता वाले समाधानों की माँग करते हैं और प्रतीक्षा करने के लिए तैयार नहीं हैं। इसके अतिरिक्त , सब कुछ आभासी हो गया है और दूरी, भौगोलिक तथा समय क्षेत्रों के संबंध में अलगाव की पूर्व की स्थिति समाप्त हो गई है।

इन सभी कार्यरत ताक़तों ने उद्योगों तथा दुनियाभर के संगठनों के लिए सीखने को रणनीतिक प्राथमिकता बना दिया है। हर एक संगठन को अपने कर्मचारियों के निरंतर सीखने और डिजिटल युग में प्रतिस्पर्द्धी बने रहने के लिए बदलती अपेक्षाओं को पूरा करने के उद्देश्य से सीखने की संस्कृति के निर्माण पर ध्यान देना होगा। जिस तरह से मैं इसे देखता हूँ, इन परिवर्तनकारी ताक़तों के परिणामस्वरूप लर्निंग ऐंड डेवलपमेंट (एल और डी) विभाग, और संभावित रूप से एल ऐंड डी उद्योग के हर पहलू की पूरी तरह से पुनर्कल्पना हो रही है।

इस अध्याय में मैंने लर्निंग ऐंड डेवलपमेंट के नीचे बताए पहलुओं को शामिल किया है :

- लर्निंग ऐंड डेवलपमेंट के क्षेत्र में देखे जा रहे पाँच प्रमुख बदलाव।
- लर्निंग ऐंड डेवलपमेंट के वे कार्य क्षेत्र कौन से हैं, जिन पर उद्यमों को ध्यान केंद्रित करना चाहिए।
- वे चुनौतियाँ, जिनके समाधान करने की ज़रूरत लर्निंग ऐंड डेवलपमेंट के वादे को साकार करने के लिए होगी।

## एल ऐंड डी जगत में देखे जा रहे पाँच प्रमुख बदलाव :

1. **सभी तरह की लर्निंग में एक समान तरीक़े से व्यक्तिकरण का उच्च स्तर का बदलाव–** तकनीक अब परिपक्व उद्योग है और उसमें अलग-अलग तरह की ज़रूरतें हैं। जहाँ नए और डिजिटल कौशलों (एआई, डेटा साइंस, क्लाउड आदि) की माँग बढ़ रही है, वहीं विरासती कौशलों की अब भी बहुत ज़्यादा माँग है। इस कारण विभाजित दृष्टिकोण की ज़रूरत पड़ती है।
2. **मानक पूर्वनिर्धारित पुश-बेस्ड सत्रों से बाइट-साइज स्व-निर्देशित लर्निंग** सत्रों की ओर बदलाव हुआ है। पारंपरिक डिलीवरी मॉडल क्लासरूम बेस्ड मॉडल था, जिसमें मानक पूर्ण दिवसीय प्रशिक्षण सत्र होते थे, जिसमें काम से दूर अलग समय दिया जाता था। प्रशिक्षणार्थियों की तरफ़ से नई माँग में शामिल हैं:
    - **बाइट-साइज लर्निंग,** जिसे प्रशिक्षणार्थी अपनी रफ़्तार से पचा सकें।
    - वे इसे **आभासी तरीक़े से और तीव्रता से** करना चाहते हैं, और इसे अपने दैनिक कार्यक्रम में समाहित करना चाहते हैं।
3. इन दोनों बदलावों के नतीजतन, लर्निंग बहु-आयामी और चैनल-निरपेक्ष होती जा रही है, जिसमें नवाचारी दृष्टिकोण शामिल होते हैं, ताकि नई पीढ़ी के युवा इसमें संलग्न रहें। इसमें अन्य बातों के अलावा निम्न बातें भी शामिल हैं:
    - **ऑन-द-जॉब लर्निंग,** जिसमें महत्त्वपूर्ण परियोजनाओं पर मार्गदर्शकों से सहायता मिले।
    - **वीडियो आदि के ज़रिये मिश्रित लर्निंग,** जो डिजिटल चैनलों पर हो और विभिन्न उपकरणों के ज़रिये इस तक पहुँच हो सके।
    - **ग्रुप सोशल लर्निंग,** जिसमें प्रशिक्षणार्थी समान रुचि के विषयों पर जुड़ सकें और नोट्स तथा प्रोजेक्ट साझा कर सकें।
4. एक और दिलचस्प बदलाव **तकनीकों की बजाय समस्या समाधान, संचार और नेतृत्व कौशल जैसी मुख्य दक्षताओं पर ध्यान** केंद्रित करने का है। चुनींदा आईटी कंपनियों ने पहले ही बड़े पैमाने पर इन मुख्य दक्षताओं की ज़रूरत को पहचान लिया है और कार्यबल को प्रशिक्षित करने के लिए तमाम कार्यक्रम शुरू कर दिए हैं।

5. अंतिम बदलाव में **भौतिक प्रमाण-पत्रों के बजाय लर्निंग पासपोर्ट** और सोशल मीडिया पर शिक्षार्थी के लिए **डिजिटल प्रतिष्ठा का निर्माण** करना शामिल है, जिसका कि सत्यापन किया जा सके।

## लर्निंग ऐंड डेवलपमेंट के कार्य क्षेत्र कौन से होने चाहिए?

ज़्यादातर संगठनों ने लर्निंग ऐंड डेवलपमेंट के लिए चार मुख्य कार्य क्षेत्र परिभाषित किए हैं:

1. **वूका जगत से निपटने के लिए सांगठनिक क्षमता का विकास करना**: हर संगठन को लगातार लर्निंग पर ध्यान देना होता है, ताकि इसके कर्मचारी बदलती अपेक्षाओं को पूरा कर सकें और भविष्य में प्रतिस्पर्द्धी बने रह सकें। इसमें शामिल हैं :

    - **मूल क्षमताओं के निर्माण के ज़रिये कर्मचारियों को सशक्त बनाना :** तेज़ी से विकसित हो रहे इस परिवेश में बाइट-साइज प्रशिक्षण और वीडियो सत्रों के ज़रिये समस्या समाधान, व्यवसाय संचार, हितधारक प्रबंधन, समय प्रबंधन और परियोजना प्रबंधन जैसी प्रमुख दक्षताओं का निर्माण करने में कर्मचारियों की मदद करके उन्हें सशक्त बनाना ज़रूरी है।

    - **ग्राहक संदर्भ को बेहतर ढंग से समझने के लिए व्यावसायिक कौशल का निर्माण :** उच्च गुणवत्ता वाले ग्राहक-केंद्रित समाधान प्रदान करने के लिए गहन कार्यात्मक डोमेन या व्यवसाय/ऊर्ध्वाधर विशेषज्ञता का होना बहुत ज़रूरी है। कर्मचारियों के लिए व्यावसायिक कौशल का निर्माण करना और उनकी सीखने की प्राथमिकताओं को डोमेन में सरेखित करना अहम होता है। इससे उन्हें ग्राहक संदर्भ और समस्या बिंदुओं को बेहतर ढंग से समझने में मदद मिल सकती है।

    - **ऐसे लीडर्स तैयार करना, जो बेहतर प्रदर्शन करने वाली टीमों का निर्माण कर सकें :** इसमें ऐसे लीडर्स को विकसित करना शामिल है, जो कमान और नियंत्रण प्रकार के नहीं हों, लेकिन टीमों के भीतर नवाचार को प्रभावित, प्रेरित और सक्षम करें। लीडर्स की नई नस्ल में वे लोग शामिल हैं, जो उच्च प्रदर्शन करने वाली ऐसी टीमों के निर्माण में सफल हों, जो बदलाव योग्य लचीली हों और लीडर्स टीम के ऐसे सदस्यों के लिए उच्च गुणवत्ता वाले परिणामों बढ़ाने में सक्षम हों, जो भौगोलिक रूप से बिखरे हों और आभासी रूप से काम कर रहे हों।

    - **परिवर्तन प्रबंधन प्रशिक्षण :** उथल-पुथल भरे इस दौर में परिवर्तन होता ही है। परिवर्तन प्रबंधन विशेषज्ञता का निर्माण करने में न केवल उद्यम नेतृत्व टीम की मदद करना ज़रूरी है, बल्कि जुड़े रहने और परिवर्तनों को बढ़ाने में भी उनकी मदद करना आवश्यक है।

## लर्निंग ऐंड डेवलपमेंट में देखे जा रहे पाँच प्रमुख बदलाव

| यहाँ से | यहाँ तक |
|---|---|
| सभी के लिए लर्निंग में समान तरीक़े | व्यैक्तिकरण का उच्च अंश |
| मानक पूर्व निर्धारित पुश-बेस्ड सत्र | बाइट-साइज के स्व-निर्देशित लर्निंग सत्र |
| प्राथमिक रूप से क्लासरूम चैनल | चैनल-व्यापी वितरण |
| हार्ड कौशल पर फ़ोकस | सॉफ़्ट कौशल पर फ़ोकस |
| भौतिक सर्टिफ़िकेट | लर्निंग पासपोर्ट एवं डिजिटली सर्टिफ़ाइड |

- **परियोजनाओं और पहलों के अनुरूप अवसरवादी तकनीकी कौशल का उन्नयन:** इसमें विकास के प्रयासों के दो स्तर होते हैं :
    - **कर्मचारियों को बहुकौशल बनाने का अभियान** – व्यवसाय विरासती कौशल ज़रूरतों के साथ परियोजनाओं पर काम करते रहेंगे। जहाँ हमें कर्मचारियों को विरासती कौशल में प्रशिक्षित करना चाहिए, वहीं यह सुनिश्चित करने के लिए बहु-कौशल में भी निवेश आवश्यक है कि कार्यबल को बदला जा सके और परियोजनाओं में रोटेट किया जा सके। यह केवल 'संसाधन के इस्तेमाल' की बात नहीं है, बल्कि यह कार्यबल को व्यस्त तथा प्रासंगिक रहने में भी मदद करता है।
    - **भविष्य के लिए तैयार कौशल का निर्माण,** ताकि यह सुनिश्चित हो सके कि व्यवसायों में उभरती तकनीकों में प्रशिक्षित कार्यबल हो और नई परियोजनाओं पर तैनात होने के लिए तैयार हो।

2. **उद्देश्य के लिए उपयुक्त अधोसंरचना और तकनीक का निर्माण, जो सामग्री वितरित करता है, प्रगति को प्रभावी ढंग से ट्रैक करता है :** डिजिटल युग में, छोटे खपत योग्य बाइट-साइज़ मॉड्यूल में क्यूरेटेड सामग्री को स्थान देने की क्षमता, लर्निंग को सक्षम करने का सबसे प्रभावी तरीक़ा है। इस सामग्री की डिलीवरी को अधिक से अधिक आभासी बनाने और सभी उपकरणों तक पहुँचाने की ज़रूरत है। लर्निंग यात्रा मानचित्रों की निगरानी के वास्ते उद्देश्य के लिए उपयुक्त ऐसी तकनीकी आधारभूत संरचना का होना ज़रूरी है, जो व्यक्तिगत विकास योजनाओं की प्रगति का रिकॉर्ड रखती है। इसके अलावा, उद्यमों को शिक्षार्थियों को आकर्षित करने तथा ग्रुप लर्निंग में शामिल होने के लिए प्लेटफ़ॉर्मों या चैनलों की ज़रूरत होती है, और ऐसी प्रक्रियाओं का निर्माण करना होता है, जिनमें स्व-निर्देशित और सामाजिक शिक्षा के बीच बेजोड़ सहयोग शामिल हो। यह समग्र उपयोगकर्ता अनुभव को बढ़ाता है, क्योंकि इन दो अलग-अलग शैलियों के बीच सीमाएँ धुँधली होती जा रही हैं।

3. **सीखने की संस्कृति का निर्माण :** लर्निंग प्रोग्रामों और प्लेटफ़ॉर्मों तक व्यापक पहुँच सुनिश्चित करते हुए इसे प्रदर्शन मूल्यांकन का हिस्सा बनाकर लर्निंग पर ध्यान देने की ज़रूरत होती है। इसके अतिरिक्त , उत्कृष्टता के केंद्र बने संगठनों, संस्थानों, शैक्षिक और अन्य उत्कृष्ट संस्थानों के साथ भागीदारी करके उभरती तकनीकों से जुड़े रहना, सीखने की संस्कृति को बढ़ाने की कुंजी हैं।

4. **लर्निंग का ट्रैकिंग प्रभाव :** यह एल ऐंड डी विभाग का एक विकसित होता क्षेत्र है। संगठन ऐसे मेट्रिक्स को परिभाषित करने का प्रयास कर रहे हैं, जो सीखने की गतिविधियों पर नज़र रखने से परे, प्रभाव और निवेश पर रिटर्न को समझने तक जाते हैं। इसके लिए प्रमुख प्रवर्तक हैं :

- एल ऐंड डी अब कई उद्यमों के लिए महत्त्वपूर्ण मिशन है और वे उन क्षमताओं को विकसित करने के लिए इस पर निर्भर हैं, जो उन्हें व्यापार प्रदर्शन में प्रतिस्पर्द्धा करने और/या अलग दिखने में सक्षम बनाती हैं। इसलिए, व्यापार मेट्रिक्स के संदर्भ में एल ऐंड डी के प्रभाव को मापने की उम्मीद स्वाभाविक है।
- उदाहरण के लिए, काम पर नई नियुक्ति को प्रभावी बनाने के लिए समय चक्र में कमी तकनीकी सेवा कंपनियों की राजस्व मान्यता का आधार है। एल ऐंड डी के सही न होने या इस दौड़ में पिछड़ने की लागत का व्यावसायिक तत्परता पर गंभीर प्रभाव पड़ता है। कल का कार्यबल और साथ ही कल की नौकरियाँ अभी की नौकरियों से काफ़ी अलग होंगी। यह टैलेंट ऑफ़-द-शेल्फ नहीं है और इसे विकसित किया जाना है। इसलिए, एल ऐंड डी को आगे बढ़ाना होगा और प्रतिस्पर्द्धा के लिए आवश्यक टैलेंट और क्षमताओं को उद्यमों को प्रदान करना होगा।

## लर्निंग ऐंड डेवलपमेंट वादों को पूरा करने में आने वाली चुनौतियाँ

इस अध्याय में, मैंने बताया है कि एल ऐंड डी से अपेक्षाएँ किस तरह से बदल रही हैं और उद्यमों को अपने एल ऐंड डी दृष्टिकोण में क्या बदलाव करने की ज़रूरत है। यह पहचानना ज़रूरी है कि एल ऐंड डी जगत लगातार विकसित हो रहा है, और किसी के पास सभी उत्तर नहीं हैं। इसलिए, लीडर्स को एक खुला दृष्टिकोण रखने की ज़रूरत है, मैं कहूँगा कि जब वे अपने संगठनों के लिए एल ऐंड डी के विषय पर आते हैं तो उन्हें 'शिक्षार्थी की मानसिकता' रखने की ज़रूरत होती है। मैं आपको चार प्रमुख चुनौतियों के साथ छोड़ना चाहता हूँ, जिनसे एल ऐंड डी पर उद्यमों को निपटने की ज़रूरत होगी। इन पर निरंतर चिंतन आपको एल ऐंड डी के पूर्ण वादे को साकार करने में मदद करेगा :

- हम तमाम क्षेत्रों, पृष्ठभूमि और समय क्षेत्रों से कार्यबल को सरेखित करते हुए सतत सीखने की संस्कृति का निर्माण कैसे करते हैं?
- लोग दूसरों के साथ निर्बाध रूप से काम करने के लिए परानुभूति और प्रासंगिक बुद्धि कैसे विकसित करते हैं?
- हम उच्च गुणवत्ता वाला प्रशिक्षण देने, इसे वैयक्तिकृत करने और समृद्ध आभासी अनुभव बनाने के लिए तकनीक अधोसंरचना की चुनौतियों का समाधान कैसे करते हैं?
- हम बड़े पैमाने पर समस्या-समाधान, नेतृत्व कौशल और अन्य व्यावहारिक कौशलों का निर्माण कैसे करते हैं, जो आमतौर पर किसी प्रशिक्षु मॉडल के ज़रिये सबसे अच्छी तरह से सीखे जाते हैं? इसके अलावा, हम इन दक्षताओं को किसी डिजिटल माध्यम से एक बिखरे हुए और आभासी कार्यबल के लिए कैसे तैयार करते हैं?

## सारांश

**हर संगठन को सतत लर्निंग पर ध्यान देना होगा और सीखने की ऐसी संस्कृति का निर्माण करना होगा, जो बदलती अपेक्षाओं को पूरा करे और डिजिटल युग में प्रतिस्पर्द्धी बनाए रख सके।**

- **एल ऐंड डी जगत में बड़े बदलाव दिख रहे हैं :**
    - सबके लिए समान से बढ़ते वैयक्तिकरण की ओर।
    - मानक पूर्ण दिवस पुश-बेस्ड सत्रों से बाइट-साइज स्व-निर्देशित लर्निंग।
    - बहुआयामी और चैनल-निरपेक्षता।
    - समस्या समाधान जैसी मूल क्षमताओं पर ध्यान देना।
    - लर्निंग का डिजिटल रिकॉर्ड तैयार करना।
- **एल ऐंड डी के कार्य क्षेत्रों में शामिल हैं :**
    - व्यवसाय कौशल, नेतृत्व कौशल और परिवर्तन को सँभालने की योग्यता का निर्माण करके वूका जगत से निपटने के लिए सांगठनिक क्षमता का विकास करना।
    - सामग्री डिलीवर करने और व्यक्तिगत लर्निंग यात्राओं का प्रबंधन करने के लिए प्लेटफ़ॉर्म तैयार करने के वास्ते उद्देश्य के लिए उपयुक्त अधोसरचना का निर्माण करना।
    - सीखने की संस्कृति का निर्माण करना और शैक्षणिक संगठनों, तकनीकी सीओई के साथ भागीदारी करना।
    - लर्निंग के प्रयासों के प्रभावों की ट्रैकिंग।
- **एल ऐंड डी का विकास तेज़ी से हो रहा है और अनेक चुनौतियाँ हैं, जिनका सतत समाधान करने की ज़रूरत है :** इन चुनौतियों में शामिल हैं सतत सीखने की संस्कृति का विकास कैसे करें, तकनीकी अधोसंरचना में कैसे निवेश करना जारी रखें और कैसे आगे बढ़ें, और, समस्या-समाधान, नेतृत्व तथा सहयोग जैसे व्यावहारिक कौशलों को बड़े पैमाने पर कैसे विकसित करें, जो डिजिटल युग में सफलता के लिए ज़रूरी क्षमताओं को परिभाषित कर रहे हैं।

# 6

# नेतृत्व में महिलाएँ[4]

*विविधता आविष्कार का इंजन है। यह रचनात्मकता पैदा करता है, जिससे दुनिया समृद्ध होती है।*

*—जस्टिन ट्रूडो*

*यह अध्याय नैसकॉम रीजनल काउंसिल, हरियाणा द्वारा आयोजित एक सीईओ मीट में 'नेतृत्व में महिलाएँ' विषय पर हुई पैनल चर्चा से मिली अंतर्दृष्टियों पर आधारित है, जिसका संचालन मैंने किया था।*

ज़्यादातर आईटी/बीपीएम कंपनियाँ बड़ी संख्या में महिलाओं को रोज़गार देती हैं – कार्यबल में उनका हिस्सा 25 प्रतिशत से लेकर 45 प्रतिशत तक होता है, हालाँकि, जैसे-जेसे आप मध्य-वरिष्ठ प्रबंधन स्तरों पर पहुँचते हैं, वैसे-वैसे यह अनुपात काफ़ी ज़्यादा गिरकर 5-10 प्रतिशत तक आ जाता है। यह ऐसी चुनौती है, जिसे हमें किसी उद्योग के रूप में समझने और उससे निपटने की ज़रूरत है।

इस अध्याय में मैं निम्नलिखित विषयों पर चर्चा करूँगा :

1. विविधता क्यों ज़रूरी है।
2. मध्य-वरिष्ठ प्रबंधन स्तरों पर पर्याप्त महिलाएँ क्यों नहीं हैं।
3. इस कमी को पूरा करने के लिए कंपनियों को क्या करना चाहिए।

## विविधता क्यों ज़रूरी है?

यह बात बहस से परे है कि विविधता न केवल बहुत अच्छी चीज़ है, बल्कि वरिष्ठ प्रबंधन की बहुत महत्त्वपूर्ण आवश्यकता भी है :

- यह सिर्फ़ लैंगिक विविधता का एजेंडा नहीं है, बल्कि व्यावसायिक एजेंडा भी है।
- पुरुषों और महिलाओं में अलग-अलग दृष्टिकोण और बाज़ार की अंतर्दृष्टियाँ होती हैं, जो समस्याओं के बेहतर समाधान और विभिन्न समाधानों को सक्षम बनाती हैं, जिससे आख़िरकार संगठनात्मक प्रदर्शन बेहतर होता है। सांख्यिकीय रूप से, उपभोक्ता ख़रीद का 80 प्रतिशत हिस्सा महिलाओं से प्रभावित होता है। लैंगिक रूप से विविध टीम किसी उद्योग के ज्ञान को बेहतर ढंग से बढ़ाती है और कंपनी को तेज़ी से विविध ग्राहक आधार को सेवा देने की गुंजाइश देती है।
- विविधता तो स्वाभाविक होती है और जनसंख्या की संरचना को दर्शाती है। केवल पुरुष-संगठन या केवल महिला-संगठन की कल्पना करके देखिए। काम करने के लिए न तो वो जगह प्रभावी होगी और न ही दिलचस्प!
- शीर्ष पर पहुँचने वाली महिलाएँ कम पारंपरिक होती हैं और उनके कारण उद्यम में उच्च परानुभूति, रचनाशीलता और नवाचार आते हैं।
- विविधता के प्रभाव की पुष्टि कई शोध अध्ययनों ने है, जिनमें दिखाया गया है कि वरिष्ठ भूमिकाओं में उच्च विविधता वाले संगठन बेहतर व्यावसायिक परिणाम देते हैं।
- डिजिटल युग में, जब बहुत अधिक जटिलता और अस्थिरता है, तब सहयोग सफलता का महत्त्वपूर्ण कारक हो चुका है। ऐसे में विविधता और भी महत्त्वपूर्ण हो जाती है।

## मध्य-वरिष्ठ प्रबंधन स्तरों पर पर्याप्त महिलाएँ क्यों नहीं हैं?

मध्य-वरिष्ठ प्रबंधन भूमिकाओं में महिलाओं के अनुपात में गिरावट हैरतअंगेज़ है। कई लीडर्स ने बताया है कि वरिष्ठ पदों के लिए विशेष रूप से तलाश करने पर भी उन्हें महिला उम्मीदवार अक्सर मिलती ही नहीं हैं। इस स्थिति के पीछे चार कारण प्रतीत होते हैं:

1. **मातृत्व के बाद महिलाओं के करियर की रफ़्तार कम हो जाती है :** ऐसा लगता है कि जूनियर से लेकर मध्य प्रबंधन स्तर तक के रास्ते में कोई 'अदृश्य चट्टान' है, जिसमें हम महिलाओं का बड़ा हिस्सा खो देते हैं। यह संयोग अक्सर उन महिलाओं के साथ होता है, जिनके पहले या दूसरे बच्चे होते हैं। प्रसव बाद के शुरुआती कुछ साल महिलाओं के लिए बहुत चुनौतीपूर्ण होते हैं, और ज़्यादातर के लिए काम तथा घर की कई ज़िम्मेदारियों के बीच संतुलन बनाना मुश्किल होता है, और उनका करियर रफ़्तार खो देता है।
2. **ज़्यादातर के अनजाने पूर्वाग्रह :** कार्यस्थलों पर पुरुष आम तौर पर अधिक तादाद में होते हैं और लैंगिक रूढ़िवाद या 'अनजाने पूर्वाग्रह' वे अपने घर से ही लेकर चलते हैं। अक्सर इस बात की सोच पहले से बनी होती है कि महिलाएँ कौन सी नौकरी पसंद करेंगी और कौन-सी नहीं।

# नेतृत्व में महिलाएँ

**मध्य–वरिष्ठ प्रबंधन स्तर पर पर्याप्त महिलाएँ न होने के कारण**

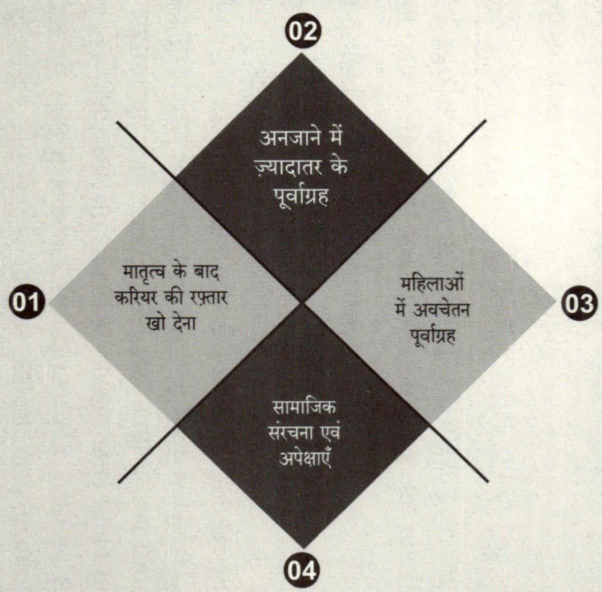


**इस कमी को पूरा करने के लिए कंपनियाँ सकारात्मक क़दम उठा सकती हैं**

- ✓ मातृत्व के बाद महिलाओं को सहयोग
- ✓ मध्य–प्रबंधन स्तर पर करियर सपोर्ट
- ✓ कम उम्र में नौकरी पर लेना
- ✓ तौर–तरीक़ों तथा कार्यस्थल डिज़ाइन पर पुनर्विचार
- ✓ बहुसंख्यक की मानसिकता में बदलाव
- ✓ समाज को बदलने के लिए क़दम उठाना

3. **महिलाएँ अवचेतन में पूर्वाग्रह रखती हैं :** महिलाएँ अक्सर अवचेतन पूर्वाग्रह रखती हैं, जिसमें वे ख़ुद पर सीमाएँ बाँध देती हैं और बाधाएँ खड़ी कर देती हैं। उनमें अक्सर आत्म-विश्वास और/या अगले स्तर तक बढ़ने के लिए ज़रूरी आक्रामकता की कमी होती है।

4. **सामाजिक असमानताएँ :** हमने जिन कई मुद्दों पर विचार किया है, उनका मूल कारण भारतीय समाज की संरचना और संबंधित लिंगों से जुड़ी अपेक्षाओं में गहराई से निहित है। अगर हम बड़े शहरों में अपेक्षाकृत विशेषाधिकार प्राप्त मध्यम वर्ग से परे जाएँ, तो महिलाओं के लिए शिक्षा और विकास के अवसर अक्सर सीमित मिलते हैं। यहाँ तक कि शहरों में भी, जहाँ अनेक महिलाएँ काम करती हैं, वहाँ समाज में महिला बनाम पुरुष से अपेक्षाएँ नहीं बदली हैं। समाज में बदलाव रातों-रात नहीं होगा, हालाँकि, जब तक हम इसके बारे में कुछ नहीं करेंगे, तब तक हम लैंगिक विविधता के मामले में कुछ ख़ास नहीं कर पाएँगे।

## इस कमी को पूरा करने के लिए कंपनियों को क्या करना चाहिए

वरिष्ठ प्रबंधन स्तरों पर विविधता में सुधार बहु-आयामी और गहराई तक जमी समस्या है, जिसे दूर करने के लिए कई स्तरों पर काम करने की ज़रूरत है। मेरा मानना है कि छह क्षेत्र ऐसे हैं, जिनमें सकारात्मक कार्य करने चाहिए :

- **मातृत्व के बाद महिलाओं को सहयोग**
  - महिलाओं को करियर विकल्प का अधिकार दें-अपने पूर्वाग्रह उन पर न थोपें।
  - काम के उदार अवसर उपलब्ध कराएँ।
  - ऑफ़िस या उसके पास शिशुओं और छोटे बच्चों के लिए क्रैश सुविधा उपलब्ध कराएँ।

- **मध्य-प्रबंधन स्तर पर करियर सपोर्ट**
  - ऐसे प्रायोजकों की पहचान करें, जो किसी उच्च क्षमता वाली महिला प्रबंधक के मामले को बढ़ा सकें और उसके लिए अवसर पैदा करने में सहायता कर सकें।
  - मार्गदर्शन उपलब्ध कराएँ-इसका मतलब यह नहीं कि केवल महिला ही महिला का मार्गदर्शन करे। कई बार तो पुरुष ही महिलाओं का बेहतर मार्गदर्शन कर सकते हैं।
  - महिलाओं का नेटवर्क तैयार करें, जो न केवल सर्वश्रेष्ठ तौर-तरीक़े साझा करें, या साथियों की नेटवर्किंग करें, बल्कि वरिष्ठ प्रबंधन के लिए उन्हें मौक़ा भी मिले।

- **कम उम्र में नौकरी पर रखें**
    - मानसिकता को जल्दी आकार देने के लिए कॉलेज से पास होने वाली युवतियों तक पहुँचें।
    - संगठन में कनिष्ठ स्तर पर भी महिलाओं को मार्गदर्शन मुहैया कराएँ।
    - रोल मॉडल्स के बारे में जागरूकता बढ़ाएँ।
- **तौर-तरीक़ों और कार्यस्थल डिज़ाइन पर फिर विचार करें**
    - मिश्रित लिंग पैनल के ज़रिये संभावित पूर्वाग्रह को दूर करें - अन्यथा, 'पुरुष पुरुषों' को ही नौकरी पर रखते हैं'!
    - कार्यस्थल के डिज़ाइन में लैंगिंक संवेदनशीलता लाएँ - ज़्यादातर कार्यालय पुरुषों के हैं, पुरुषों द्वारा डिज़ाइन किए गए हैं, पुरुषों के लिए हैं!
- **बहुसंख्यक की मानसिकता में बदलाव**
    - यह समझ विकसित करें कि यह चर्चा केवल विविधता के बारे में नहीं, बल्कि समावेशन के बारे में भी है। यह चर्चा को 'संरचना से यथार्थ की ओर' ले जाता है!
    - अनजाने पूर्वाग्रहों' के बारे में जागरूकता बढ़ाएँ। जब तक बहुसंख्यकों की मानसिकता नहीं बदलेगी, तब तक समावेशन नहीं होगा।
- **समाज को बदलने के लिए क़दम उठाएँ**
    - यह एक कठिन प्रक्रिया है, लेकिन कॉर्पोरेट लीडर्स को क़दम बढ़ाने और विचार करने की ज़रूरत है कि वे कैसे बदलाव ला सकते हैं।
    - सीएसआर (कॉर्पोरेट सोशल रिस्पॉन्सिबिलिटी) के तहत बालिकाओं की शिक्षा और देखभाल जैसी पहलों पर ख़र्च किया जाए।
    - महिला-केंद्रित व्यावसायिक पहलों पर विचार किया जाए - उदाहरण के लिए वोडाफ़ोन (अब वीआई) ने 2018 से 'एंजेल स्टोर्स' खोले हैं, जिनमें सभी कर्मचारी महिलाएँ होती हैं।

कुल मिलाकर, उद्योग के रूप में हमें तब समस्या होती है, जब वरिष्ठ प्रबंधन स्तरों पर महिलाओं को शामिल करने की बात आती है और हमें इसका समाधान करने की ज़रूरत है। सौभाग्य से, ज़्यादातर कंपनियाँ इस मुद्दे के बारे में बहुत जागरूक हैं और इस कमी को दूर करने के लिए कई सकारात्मक क़दम उठा रही हैं। इससे आने वाले सालों में प्रबंधन में महिला समावेशन में सुधार की उम्मीद जगती है। यह न केवल हमारे व्यवसाय और डिजिटल युग में संभावित रूप से प्रतिस्पर्द्धात्मक लाभ के लिए बहुत सकारात्मक होगा, बल्कि यह एक अच्छा योगदान भी होगा, जो हम अपने समाज में सकारात्मक बदलाव की दिशा में कर सकते हैं।

## सारांश

- ज़्यादातर आईटी/बीपीएम कंपनियों में जैसे-जैसे आप मध्य-वरिष्ठ प्रबंधन स्तरों पर पहुँचते हैं, महिला कर्मचारियों का अनुपात काफ़ी ज़्यादा गिरकर 5–10 प्रतिशत तक आ जाता है।
- विविधता महत्त्वपूर्ण है। इससे समस्या समाधान के प्रति बहुआयामी दृष्टिकोण बनते हैं, बेहतर सहानुभूति, रचनाशीलता तथा नवाचार का निर्माण होता है, और व्यवसाय तथा ग्राहकों के लिए बेहतर नतीजे मिलते हैं।
- वरिष्ठ स्तरों पर ज़्यादा महिलाएँ न होने के कारणों में, मातृत्व के बाद करियर की गति खो देना, महिलाओं-पुरुषों में अनजाने पूर्वाग्रह, अवचेतन बाधाएँ, और सामाजिक चुनौतियाँ तथा अपेक्षाएँ शामिल हैं।
- लैंगिक असमानता दूर करने के लिए कंपनियों को जो क़दम उठाने की ज़रूरत है, उनमें करियर गाइडेंस, मार्गदर्शन और मातृत्व के कारण होने वाले करियर ब्रेक के बाद सपोर्ट करना, महिला की मध्य प्रबंधन स्तर की यात्रा में सपोर्ट, कार्यस्थलों की नीतियों, प्रक्रियाओं तथा डिज़ाइन पर फिर विचार करना, मानसिकता में बदलाव लाना तथा समाज को प्रभावित करने वाले क़दम उठाना आदि शामिल हैं।

# 7

# परिवर्तन प्रबंधन के सबक़[6]

*काफ़ी समय हो चुका, जब मैंने यह ग़ौर किया था कि ऐसा शायद कभी हुआ हो कि जब क़ाबिल लोग चुपचाप बैठे रहे और उन्होंने चीज़ों को अपने साथ होने दिया। वे बाहर गए और ख़ुद कुछ कर दिखाया।*

*—लियोनार्डो दा विंची, इटली के विद्वान और पुनर्जागरण के चित्रकार*

किसी भी संगठन के लिए परिवर्तन अपरिहार्य है। और व्यावसायिक परिवेश में बदलाव की रफ़्तार अब पहले से कहीं ज़्यादा है। वैश्विक आर्थिक दृष्टिकोण अनिश्चित बना हुआ है; व्यवसाय चक्र छोटे होते जा रहे हैं, मौजूदा बाज़ार गिर रहे हैं और नए बाज़ार महत्त्वपूर्ण होते जा रहे हैं, ग्राहकों की ज़रूरतें बदल रही हैं, तकनीक अद्भुत रफ़्तार से विकसित हो रही है, और नवाचार के बहुत सारे अवसर मिल रहे हैं। डिजिटल युग में संगठनों के पास अपने परिवेश में हो रहे कई बदलावों के अनुकूल होने के अलावा कोई विकल्प नहीं बचा है। **जो आगे बढ़कर क़दम बढ़ाते हैं, और अवसरों को पकड़ते हैं, वे दुनिया के विजेता बन सकते हैं।** इसी तरह से, जो अनुकूलन में असफल रहते हैं, उन्हें आश्चर्यजनक गिरावट देखनी पड़ सकती है। परिवर्तन की अनिवार्यता के बावजूद, सार्थक परिवर्तन के साथ आगे बढ़ने के लिए कई संगठन जूझते रहते हैं, और यहाँ तक जो संगठन ऐसा कर भी लेते हैं, वे भी अक्सर अपने परिवर्तन प्रबंधन कार्यक्रमों को लागू करने और उनसे वांछित परिणाम प्राप्त करने में दिक़्क़त महसूस करते हैं।

स्पष्ट रूप से,**परिवर्तन प्रबंधन अनेक विरोधाभासों की कहानी है। परिवर्तन अपरिहार्य है, लेकिन इसे शुरू करना और इस पर अमल करना बेहद कठिन है।** इस बात को ठीक से समझा, और आप विश्व-विजेता बन जाएँगे; इसे ग़लत समझा,तो आप कई दशकों में बने

व्यवसाय को नष्ट कर सकते हैं। यह लोगों के लिए ऊर्जा का स्रोत हो सकता है या उनका मनोबल नष्ट भी कर सकता है। और, जब मानव संसाधन की बात आती है, तो परिवर्तन आपको नायक भी बना सकता है और खलनायक भी![5]

मुझे कई संगठनों में परिवर्तन प्रबंधन में केंद्रीय रूप से शामिल होने का मौक़ा मिला है। इसकी शुरुआत मैकिंज़ी से हुई थी, जहाँ मुझे मैकिंज़ी नॉलेज सेंटर को बैक-ऑफ़िस रिसर्च सेंटर से एक अत्याधुनिक नवाचार केंद्र में रूपांतरण करने का मौक़ा मिला था। मेरी परिवर्तन प्रबंधन यात्रा फ़िडेलिटी इंटरनेशनल, फ़्लिपकार्ट और अब इन्सीडो में भी जारी रही। हालाँकि जिन संगठनों में मैं शामिल रहा हूँ, उनमें उद्योग फ़ोकस और परिवर्तन प्रबंधन के उद्देश्य अलग-अलग रहे हैं, लेकिन कुछ सबक़ समान हैं।

## परिवर्तन प्रबंधन के सर्वोत्तम तरीक़े

परिवर्तन प्रबंधन एक आकर्षक, लेकिन जटिल विषय है। बीस सालों से मैनेजर और कंसल्टेंट के रूप में परिवर्तन प्रबंधन से जुड़ाव के बाद भी मैं अपने आपको इस विषय का जिज्ञासु छात्र ही पाता हूँ और सीखना जारी रखे हूँ।और इन सालों में मैंने जो सीखा है, उसके आधार पर परिवर्तन प्रबंधन के सात सर्वोत्तम तरीक़े इस प्रकार हैं :

1. **बदलाव के सही प्रकार तथा मात्रा पर ध्यान देना :** जहाँ परिवर्तन अपरिहार्य है, वहीं लीडर्स को सबसे प्रभावशाली नतीजे देने वाली चीज़ों को बदलने के लिए एक सचेत विकल्प बनाने की ज़रूरत है। परिवर्तन स्वाभाविक रूप से कठिन होता है, इसलिए किसी की ऊर्जा को नष्ट करने के बजाय अपने प्रयासों पर ध्यान देना महत्त्वपूर्ण होता है। **परिवर्तन के लिए परिवर्तन करने से कुछ नहीं होता।** उदाहरण के लिए, प्रदर्शन परिवर्तन के लिए,सांगठनिक ढाँचों में बदलाव पर अक्सर अतिनिर्भरता हो जाती है। मेरे अनुभव में, इस तरह के परिवर्तन बहुत नाराज़गी पैदा करते हैं, जबकि अपने वादे शायद ही कभी पूरा कर पाते हैं। इसके अलावा, यह पहचानना महत्त्वपूर्ण होता है कि **किसी भी संगठन में परिवर्तन को पचाने की केवल एक निश्चित क्षमता होती है।** इसलिए, **परिवर्तन की पहलों की प्राथमिकता तय करना और उन्हें अनुक्रमित करना ज़रूरी हो जाता है।** प्रबंधकों के दिमाग़ में स्पष्टता होनी चाहिए कि किस पर ध्यान केंद्रित करना है और परिवर्तनों को निष्पादित करने की क्षमता भी उनके पास होनी चाहिए। यह ऐसा क्षेत्र है, जहाँ मैनेजर के रूप में मेरा नज़रिया उस समय से काफ़ी बदल गया है, जब मैं कंसल्टेंट था। कंसल्टेंट के रूप में, मैं सभी संभावित स्मार्ट विचारों को अपनी टेबल पर पाने पर ध्यान दे रहा था। मैनेजर के रूप में, मैंने महसूस किया कि यदि आप टेबल पर बहुत अधिक चीज़ें डाल देंगे, तो यह आपके लोगों को भ्रमित करेगा। सफल निष्पादन सुनिश्चित करने के लिए, आपको कई विचारों पर नहीं, बल्कि कुछेक विचारों पर ही ध्यान देना होगा।

2. **'बदलाव के कारण' को स्पष्ट तरीक़े से और लगातार स्थापित करना :** परिवर्तन प्रबंधन की सबसे बड़ी चुनौती लोगों को उनके 'कंफ़र्ट ज़ोन' से बाहर निकालने,

और उन्हें परिवर्तन की ज़रूरत को सचमुच स्वीकार कराने की है। इंसानों में जड़ता अंतर्निहित होती है। हमें पूर्वानुमेयता और निश्चितता पसंद है। हम ख़ुद को आश्वस्त करते हैं कि हम जो कर रहे हैं, वह सही है। इसके अलावा, जब लोग सक्रिय रूप से इसमें लगे रहते हैं, तो उनके लिए अपनी दैनिक दिनचर्या पर सवाल उठाना और उसे बदलने के लिए ज़रूरी निष्पक्षता हासिल करना कठिन होता है। **इसलिए यह ज़रूरी है कि परिवर्तन की ज़रूरत को स्पष्ट और लगातार स्थापित किया जाए।**

कॉर्पोरेट तर्क से परे जाना और व्यक्ति के दृष्टिकोण से परिवर्तन को देखना महत्त्वपूर्ण होता है – **वह क्यों बदलना चाहिए, वह अलग तरीक़े से क्या कर सकता है और इसका क्या प्रभाव होगा।** ऐसा करने में आपको दिल और दिमाग़ दोनों से अपील करनी होती है। इसके अलावा, आपको **परिवर्तन की ज़रूरत को स्थापित करने के लिए लगातार लगे रहने की ज़रूरत है।** महत्त्वपूर्ण बदलाव को लोग शायद ही एक बार में स्वीकार करते हैं, भले ही वे कहते हों कि वे स्वीकार करते हैं। आपको इसे बनाए रखना होगा! यदि आप दृढ़ हैं, तो आप उस महत्त्वपूर्ण बिंदु पर पहुँच सकते हैं, जहाँ लोग अंततः परिवर्तन की ज़रूरत के बारे में आश्वस्त हो जाते हैं। आपकी परिवर्तन की यात्रा में शायद यह सबसे महत्त्वपूर्ण मील का पत्थर है।

3. **बदलाव के अभिकर्ताओं की पहचान करना :** परिवर्तन कार्यक्रम के केंद्र में प्रतिबद्ध तथा प्रेरक परिवर्तन अभिकर्ताओं की कोर टीम का होना ज़रूरी होता है। **कोई भी लीडर चाहे कितना भी प्रेरक क्यों न हो, अकेले महत्त्वपूर्ण परिवर्तन नहीं कर सकता।** आपको ताक़त बढ़ाने वालों की ज़रूरत होती है, जो न केवल परिवर्तन को ख़ुद अपना सकें, बल्कि पूरे संगठन के लोगों को भी परिवर्तन अपनाने को तैयार कर सकें और सारे उतार-चढ़ावों के दौरान साथ रहें। कुछ ख़ास तरह के लोग होते हैं, जो परिवर्तन के लिए ज़्यादा इच्छुक होते हैं-ये वे लोग होते हैं, जिनके अंदर **आत्म-विश्वास ऊँचे स्तर का होता है और जिनका नज़रिया व्यापक होता है।** ये लोग मार्केटिंग में 'पहले अपनाने वालों' के समान होते हैं! मेरे अनुभव में, मैंने प्रबंधन की पहली कतार की तुलना में दूसरी कतार में ज़्यादा परिवर्तन अभिकर्ता पाए हैं। पहली कतार के लोग यथास्थिति के ज़्यादा आदी होते हैं, जबकि दूसरी कतार वाले परिवर्तन में अवसर देखने वाले होते हैं।

4. **शुरुआती सफलताओं पर ध्यान देना** :परिवर्तन संचालन केवल रणनीति के बारे में नहीं है, बल्कि कार्य नीति के बारे में भी है। आपको कुछ शुरुआती जीतें सुनिश्चित करने की ज़रूरत है। **इससे आपके परिवर्तन एजेंडे के लिए विश्वसनीयता तैयार होगी,** ताकि यह अब केवल वैचारिक नहीं,बल्कि मूर्त भी हो। जब यथास्थिति में गड़बड़ी होती है, तो लोगों के लिए परिवर्तन पर सहमत होना आसान नहीं होता। इसके अलावा, लोगों में शब्दों के प्रति अंतर्निहित अविश्वास भी होता है और **वे उन कार्यों तथा परिणामों के प्रति बेहतर प्रतिक्रिया देते हैं, जो ठोस और दृश्यमान होते हैं।** शुरुआती सफलताएँ सम्मोहक संदर्भ मामलों के रूप में काम करेंगी और गति बनाने में आपकी मदद करेंगी। वे टीम के बीच इस बारे में समझ बनाने में मदद करेंगी कि

आप किस काम को पूरा करने की कोशिश कर रहे हैं और वे लोगों को बदलाव को अपनाने के लिए प्रोत्साहित भी करेंगी।

5. **दूर तक जाने के लिए धीमे चलें :** जहाँ मैंने शुरुआती सफलताओं के बारे में बात की है, वहीं यह पहचानना महत्त्वपूर्ण है कि संगठनों में बहुत अधिक जड़ता है, और विशेष रूप से मानसिकता और व्यवहार में, परिवर्तन में समय लगता है। आपको धैर्य रखना होगा और दृढ़ रहना होगा। अक्सर, नए प्रबंधक सब कुछ बदलने के लिए अपने उन्माद में पहले के हर काम को बकवास घोषित करने में लग जाते हैं। यह असफलता का नुस्ख़ा है। आपको स्थिति समझने के लिए, विशेष रूप से संगठन के इतिहास और संस्कृति को पूरी तरह से समझने तथा लोगों के साथ विश्वास बनाने के लिए समय निकालना होगा। परिवर्तन प्रबंधन में 'खरगोश और कछुए' की कहानी बहुत प्रासंगिक है। पर्याप्त परिवर्तन परिणाम पाने के लिए आपको एक या दो साल का नहीं, बल्कि तीन से पाँच साल का दृष्टिकोण अपनाने की ज़रूरत है। मैंने अनुभव किया है कि दो साल में प्रगति कम हो सकती है, लेकिन यदि आप लगातार लगे रहें, तो तीन से पाँच साल की अवधि में परिणाम बेहतरीन हो सकते हैं। इसलिए, आपको अपने आपको गति देने और यथार्थवादी अपेक्षाएँ निर्धारित करने की ज़रूरत है। हिम्मत मत हारिए। कुछ लड़ाइयाँ हारना या न लड़ना ही ठीक होता है। यदि आप दृढ़ हैं, तो परिणाम मिलेंगे ही।

6. **हितधारकों का गठबंधन बनाएँ :** आपको संगठनात्मक राजनीति को समझने, सत्ता केंद्रों को पहचानने और अपने परिवर्तन के उद्देश्यों को हासिल करने के लिए उनके साथ काम करना सीखना होगा। मेरी कॉर्पोरेट शिक्षा के प्रमुख पहलुओं में से एक संगठनात्मक राजनीति की वास्तविकता की पहचान करना है। स्वार्थ इंसानी स्वभाव का अंतर्निहित पहलू है, इसलिए राजनीति सभी संगठनों में मौजूद है और आपको इसके लिए तैयार रहना होगा। इसके अलावा, संगठनात्मक राजनीति हमेशा ख़राब नहीं होती; आप इसे अच्छे के लिए भी इस्तेमाल कर सकते हैं (भारतीय पौराणिक कथाओं के भगवान श्रीकृष्ण अच्छाई के लिए राजनीति के इस्तेमाल का बेहतरीन रोल मॉडल हैं!) किसी भी संगठन में शक्ति केंद्र होते हैं, और लोग उनसे मिले संकेतों के प्रति बहुत संवेदनशील होते हैं। अगर आप प्रमुख हितधारकों की प्रेरणाओं को समझें, और उनसे सरेखण तथा दृश्यमान समर्थन हासिल करें, तो आप अपने परिवर्तन कार्यक्रम को काफ़ी बढ़ावा दे सकते हैं। यदि आप ऐसा नहीं करते हैं, तो आपका परिवर्तन कार्यक्रम बहुत जल्दी पटरी से उतर सकता है।

7. **संवाद, संवाद, संवाद :** संवाद बेहद ज़रूरी होता है। संवाद में चार पहलू महत्त्वपूर्ण होते हैं : इसे सरल रखना, सभी स्तरों की कवरेज करना, आवृत्ति तथा निरंतरता, और खुलापन तथा ईमानदारी। आपको परिवर्तन की ज़रूरत (क्यों), आपकी दृष्टि (क्या), और संगठन तथा उसके व्यक्तियों के लिए परिवर्तन के लाभों को सरल तरीक़े से स्पष्ट करने की ज़रूरत है। सभी स्तरों पर कर्मचारियों को संदेश समझ आने चाहिए और उन्हें यह भी समझ आना चाहिए कि संदेशों का अर्थ उनके लिए क्या

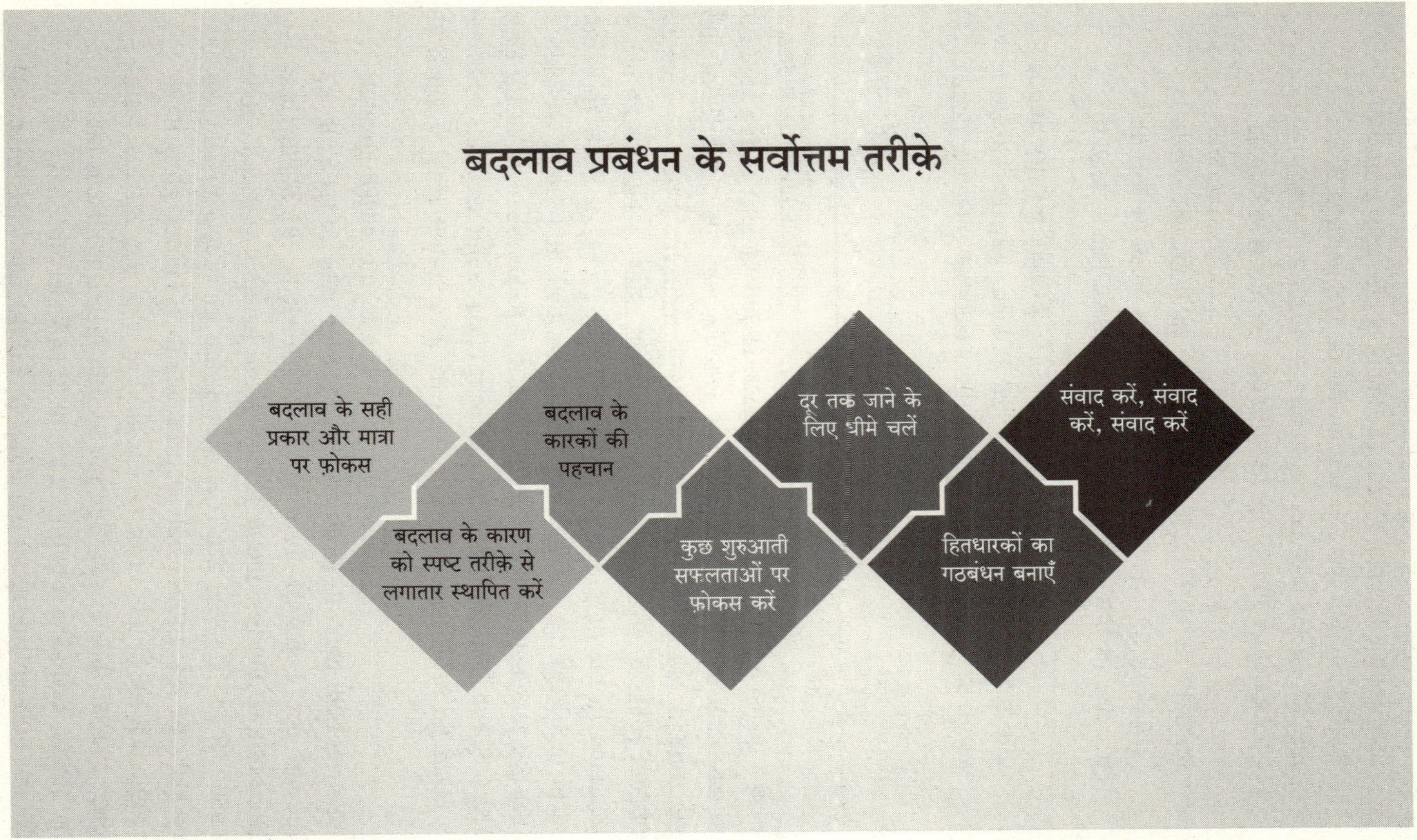
बदलाव प्रबंधन के सर्वोत्तम तरीक़े
बदलाव के सही प्रकार और मात्रा पर फ़ोकस
बदलाव के कारण को स्पष्ट तरीक़े से लगातार स्थापित करें
बदलाव के कारकों की पहचान
कुछ शुरुआती सफ़लताओं पर फ़ोकस करें
दूर तक जाने के लिए धीमे चलें
हितधारकों का गठबंधन बनाएँ
संवाद करें, संवाद करें, संवाद करें

है। अक्सर, संदेश शीर्ष स्तर तक ही सीमित रहते हैं और नीचे की कतार तक नहीं पहुँचते हैं; और यदि पहुँचते भी हैं, तो उन्हें ऐसे तरीक़ों से व्यक्त किया जाता है, जो ज़्यादातर कर्मचारियों के लिए प्रासंगिक नहीं होते। इसके अलावा, आपको अक्सर संवाद करने और अपने संदेश में सुसंगत रहने की ज़रूरत होती है। जब आप परिवर्तन के दौर से गुज़र रहे होते हैं, तो लोग असुरक्षित महसूस करते हैं और उन्हें जानने की काफ़ी ज़रूरत होती है। ऐसे मामलों में दोहराने से मदद मिलती है! अंत में, आपको अपने लोगों के साथ परिपक्व वयस्कों की तरह व्यवहार करने और उनके साथ खुले तथा ईमानदार होने की ज़रूरत होती है, भले ही वह बुरी ख़बर हो, जो आप उन्हें देने जा रहे हों। यह किसी भी कठिन संदेश को छिपाने या उसका महत्त्व कम करके बताने की कोशिश करने से कहीं बेहतर काम करता है।

मुझे उम्मीद है कि ये सर्वोत्तम तरीक़े इस डिजिटल युग में आपके संगठन को बदलने में सकारात्मक नेतृत्व की भूमिका निभाने में आपकी मदद करेंगे। याद रखें, परिवर्तन प्रबंधन केवल सीईओ, मानव संसाधन या वरिष्ठ प्रबंधन के बारे में नहीं है, बल्कि इसमें सभी स्तरों के प्रोफ़ेशनल भूमिका निभा सकते हैं और इसमें भूमिका निभाने की ज़रूरत होती भी है। परिवर्तन पूरे संगठन में होने की ज़रूरत होती है। यह संगठन के हर स्तर पर प्रोफ़ेशनल्स के लिए बदलाव लाने के अवसर प्रस्तुत करता है। यदि आप लीडर के रूप में विकसित होने की इच्छा रखते हैं, तो सक्रिय रहें और अपने आस-पास के परिवर्तन के अवसरों का स्वामित्व लें। चुनौती के आकार को अपने ऊपर पर हावी न होने दें। बस सकारात्मक रहें और अपने कर्म पर ध्यान दें। आप यह जानकर आश्चर्य करेंगे कि आपके व्यक्तिगत कार्यों में कितनी ज़्यादा ताक़त है।

## सारांश

**संगठनों में बदलाव अपरिहार्य है और डिजिटल युग में व्यावसायिक परिवेश में परिवर्तन की रफ़्तार पहले से कहीं ज़्यादा है। परिवर्तन प्रबंधन के सात सर्वोत्तम तरीक़ों में शामिल हैं :**

1. **बदलाव के सही प्रकार तथा मात्रा पर ध्यान दें :** किसी भी संगठन में परिवर्तन को पचाने की केवल एक निश्चित क्षमता होती है। इसलिए, परिवर्तन की पहलों की प्राथमिकता तय करना और उन्हें अनुक्रमित करना ज़रूरी हो जाता है।
2. **'बदलाव के कारण' को स्पष्ट तरीक़े से और लगातार स्थापित करना :** किसी व्यक्ति के नज़रिये से परिवर्तन को देखें और जानें कि यह किस तरह से लोगों पर असर डालेगा। परिवर्तन के किसी महत्त्वपूर्ण बिंदु तक पहुँचने से पहले आपको लगातार उद्देश्य को स्थापित करने में लगे रहना होगा।

3. **परिवर्तन के अभिकर्ताओं की पहचान करें :** ताक़त बढ़ाने वाले अभिकर्ताओं की ज़रूरत होती है, जो परिवर्तन को अपना सकें और इसका प्रचार कर सकें। ऐसे लीडर्स का चयन करें, जिनका आत्मविश्वास ऊँचा हो और नज़रिया व्यापक हो।
4. **कुछ शुरुआती सफलताओं पर ध्यान दें :** परिवर्तन के एजेंडे के लिए विश्वसनीयता तैयार करें। कर्मचारी शब्दों की बजाय कार्यों के प्रति बेहतर प्रतिक्रिया देते हैं।
5. **दूर तक जाने के लिए धीमे चलें :** अगर आपको पर्याप्त परिवर्तन हासिल करना है, तो आपको धैर्यवान होने और दृढ़ रहने की ज़रूरत है।
6. **हितधारकों का गठबंधन बनाएँ :** अगर आप प्रमुख हितधारकों की प्रेरणाओं को समझें और उनसे सरेखण तथा दृश्यमान सपोर्ट हासिल करें, तो आप अपने परिवर्तन कार्यक्रम को काफ़ी बढ़ावा दे सकते हैं।
7. **संवाद, संवाद, संवाद :** सफलता हासिल करने के लिए आपको संवाद के चार पहलुओं को समझने की ज़रूरत है – सरलता, व्यापक कवरेज,आवृत्ति तथा निरंतरता, और खुलापन तथा ईमानदारी।

# 8

# वूका जगत में आगे बढ़ने के लिए एचआर को किस तरह से रूपांतरण की ज़रूरत है[7]

*किसी कंपनी के इतिहास में कम से कम एक मौक़ा ऐसा ज़रूर आता है, जब आपको प्रदर्शन के अगले स्तर तक उठने के लिए नाटकीय परिवर्तन करना होता है। उस मौक़े से चूके, तो आपका पतन शुरू हो जाता है।*

*—एंडी ग्रोव, पूर्व चेयरमैन, इंटेल कॉर्पोरेशन*

भारत की सबसे बड़ी ई-कॉमर्स कंपनी फ़्लिपकार्ट में अपने कार्यकाल के दौरान, मेरा सीधा दायित्व एचआर फंक्शन का था। यह मेरे लिए सीखने का ज़बरदस्त अवसर था, जिससे मुझे डिजिटल युग में इस अनिश्चित परिस्थिति के दौरान संगठनों की मदद करने में एचआर की शक्तिशाली भूमिका की अंदरूनी समझ मिली।

जैसा कि किताब में रेखांकित किया गया है कि फ़र्में रूपांतरकारी परिवर्तनों के दौर से गुज़र रही हैं और भविष्य अस्पष्ट है। ऐसे में व्यावसायिक मॉडल, संगठनात्मक संरचनाएँ, तकनीक की आवश्यकताएँ, विशेषज्ञता की आवश्यकताएँ - और इसीलिए, कौशल विकास के प्रयास - तेज़ी से विकसित होते रहेंगे। मेरा मानना है कि यह स्थिति वूका जगत की अनिश्चित परिस्थिति के दौर में आगे बढ़ने में संगठनों की मदद करने में महत्त्वपूर्ण भूमिका निभाने का ऐतिहासिक मौक़ा एचआर को दे रही है। ऐसा इसलिए है, क्योंकि वूका जगत में जिन चुनौतियों का सामना संगठन कर रहे हैं, उन्हें एचआर की तरफ़ से कई समाधानों की ज़रूरत होगी, हालाँकि, एचआर वर्तमान में इस माँग के साथ तालमेल नहीं बैठा पा रहा है और उसे अपने खेल में काफ़ी तेज़ी लाने की ज़रूरत है। यदि मानव संसाधन के लीडर्स भविष्य के संकेतों को नहीं समझ पाते हैं और जल्दी से आगे नहीं बढ़ते हैं, तो

रूपांतरण में उनकी असफलता के परिणामस्वरूप उनके काम को उद्यम में कम प्रासंगिक समर्थन भूमिका में बदल दिया जाएगा।

## एचआर के लिए नेतृत्व करने का ऐतिहासिक अवसर

किताब के खंड एक के पहले अध्याय में पेश 'व्यवसाय के 8 नए नियमों' में एचआर की महत्त्वपूर्ण भूमिका है। एचआर सांगठनिक रूपांतरण के ज़्यादातर बिल्डिंग ब्लॉक्स का प्रमुख प्रवर्तक भी है, जिसके बारे में हमने इस खंड में बात की है, इसे डिजिटल युग में प्रमुख नेतृत्व की स्थिति में बढ़ावा मिल गया है।

यहाँ कुछ प्रमुख क्षेत्रों के बारे में बताया जा रहा है, जिनमें एचआर को अपनी भूमिका निभाने की ज़रूरत है:

1. **संस्कृति के लीडर :** डिजिटल युग में सफल होने के वास्ते अधिक उद्यमशीलता और चुस्त संस्कृति का निर्माण उद्यमों के लिए एक प्रमुख ज़रूरत है। एचआर को संस्कृति के लीडर की भूमिका निभाने, अंतर्निहित मूल्यों को परिभाषित करने के लिए सीईओ के साथ मिलकर काम करने की ज़रूरत है, उन्हें सभी प्रक्रियाओं में शामिल करने, और यह सुनिश्चित करने की भी ज़रूरत है कि ख़ासकर संकट के समय (सत्य के पल) में उनका लगातार पालन किया जाए।
2. **संगठन का नया स्वरूप :** डिजिटल युग में सांगठनिक डिज़ाइन को प्रभावित करने वाली कई ताक़तें काम कर रही हैं। गति बढ़ाने के लिए सरलीकरण की ओर बढ़ने का दबाव है, ग्लोबल डिलीवरी मॉडल को विकसित करने और प्रबंधित करने की ज़रूरत है, विस्तारित उद्यम बनाने की ज़रूरत है, जिसमें तमाम भागीदारों और हितधारकों को शामिल किया गया हो, और अंत में, आभासी तरीक़े से किए गए कार्य के बढ़ते अनुपात (जो कोविड –19 महामारी में नाटकीय रूप से बढ़ा है) का प्रबंधन करने की ज़रूरत है। एचआर को अक्सर परस्पर विरोधी ज़रूरतों को संतुलित करते हुए, इस संगठनात्मक डिज़ाइन प्रक्रिया में विज्ञान और पद्धति को लाना होगा।
3. **लर्निंग रीबूट (सीखने की फिर से शुरुआत) :** डिजिटल युग में सीखने के दायरे और महत्त्व के आयाम कई गुना हैं। इसके अलावा, सीखने में शामिल तरीक़े और तकनीकें पूर्ण रूपांतरण के दौर से गुज़र रही हैं। साथ ही, सीखने की पहलों में किए गए निवेश पर रिटर्न स्थापित करना आसान नहीं है। मानव संसाधन के लीडर्स को यह सुनिश्चित करते हुए सीखने के कार्य को अपग्रेड करने की ज़रूरत है कि यह संगठनात्मक और व्यावसायिक उद्देश्यों से अच्छी तरह से जुड़ा हुआ हो।
4. **नई प्रतिभा का अधिग्रहण :** हर संगठन के लिए तकनीकी डीएनए का निर्माण करना डिजिटल युग की प्रमुख ज़रूरतों में शामिल है। इसके साथ तकनीकी परिवर्तनों की तेज़ गति होती है, जिसका मतलब होता है कि उच्च गुणवत्ता वाले तकनीकी टैलेंट का अधिग्रहण ज़्यादातर उद्यमों की प्राथमिकता है। विविधता की बढ़ती ज़रूरतें टैलेंट अधिग्रहण में एक और आयाम जोड़ देती हैं। ऐतिहासिक रूप से टैलेंट

सोर्सिंग निष्पादन–उन्मुख कार्य रहा है, जो अब एक रणनीतिक और मिशन के लिए महत्त्वपूर्ण क्षमता बन चुका है।

5. **कर्मचारियों का जुड़ाव :** ऐतिहासिक रूप से, उद्यमों ने 'ग्राहक–केंद्रित' होने की बात की है। मेरा विचार है कि डिजिटल युग में उद्यमों को दोहरे मिशन की ज़रूरत है – 'ग्राहक–केंद्रित' और 'कर्मचारी–केंद्रित' दोनों बनने की ज़रूरत है। संगठन की अपेक्षाएँ, नए कार्यबल – युवा कर्मचारी, तकनीकी टैलेंट, ज्ञान कार्यकर्ता – भी पहले से बहुत अलग होने लगे हैं। साथ ही, कई डिजिटल मूल कंपनियों ने कर्मचारियों के जुड़ाव के मामले में सीमा काफ़ी उच्च कर दी है। इसका मतलब है कि एचआर को कर्मचारियों का उनके जीवन चक्र में जुड़ाव सुनिश्चित करने में बहुत रचनात्मक और उद्देश्यपूर्ण होने की ज़रूरत है।

6. **नेतृत्व का विकास :** हम जिस वूका जगत में रह रहे हैं, वह उद्यम के लीडर्स पर बेहद दबाव डालती है। उन्हें भारी परिवर्तन के इस दौर में उद्यम को आगे बढ़ाने की ज़रूरत है। उन्हें कई मोर्चों पर अपने खेल को आगे बढ़ाना होगा और उन्हें इस तरह के अनिश्चित परिवेश में अनिवार्य रूप से पड़ने वाली चोटों को झेलने के लिए लचीला होना होगा। एचआर को लीडर्स के लिए परामर्शदाता की भूमिका निभाने की ज़रूरत है। यही नहीं, टीम को एक साथ लाने में मदद करने के लिए उसे कनेक्टर भी बनना चाहिए।

## जटिलता – एचआर का गति बनाए रखने में सक्षम न होना

जैसा कि वर्तमान में स्थिति है, उसमें एचआर को कई बाधाओं के बीच काम करना पड़ता है और वह परिवेश में हो रहे घटनाक्रमों के साथ तालमेल बैठाने के लिए जूझ रहा है। वह कई मोर्चों पर बैकफुट पर है। मानसिकताओं/प्रक्रियाओं/कम पड़ती क्षमताओं का नकारात्मक चक्र मौजूद है, जिससे धारणा संबंधी मुद्दे पैदा हो रहे हैं, जिससे उद्यम के लिए टॉप टैलेंट को आकर्षित करना और भी कठिन हो जाता है।

- ***विरासती मानसिकता :*** मानव संसाधन में पारंपरिक अभिविन्यास कमांड-ऐंड-कंट्रोल मॉडल का है। यह नियंत्रण करने की कोशिश करता है और संगठनात्मक प्रक्रियाओं के अनुपालन पर ध्यान देता है। हो सकता है कि यह ज्ञान कार्यकर्ता को रास नहीं आए, जो कि अधिक स्वायत्तता और लचीलेपन की तलाश में होता है।
- ***भारी प्रक्रियाएँ और प्रणालियाँ:*** मानव संसाधन प्रणालियों और प्रक्रियाओं को कुछ विशिष्ट समस्याओं का सामना करना पड़ता है :

    ○ *पारंपरिक मॉडल और फ्रेमवर्क कड़े और भद्दे होते हैं और तेज़ी से बदलते कारोबारी माहौल में इन्हें मूल रूप से लागू कर पाना मुश्किल होता है : उदाहरण के लिए, वार्षिक लक्ष्यों और केपीआई का तब कोई मतलब नहीं हो सकता है, जब प्राथमिकताएँ हर कुछ महीनों में बदल रही हों। प्रदर्शन प्रबंधन प्रणालियों (पीएमएस) और मानव संसाधन प्रणालियों को पुनर्गठित*

*करने की तत्काल ज़रूरत है, क्योंकि उनकी वर्तमान संरचना तेज़ी से चलने वाले संगठनों के लिए सीमित है।*

- *नियामक सीमाएँ, जिनके लिए पुराने श्रम कानूनों के साथ मानवीय हस्तक्षेप की ज़रूरत होती है : इन्हें व्यवसायों की बदलती ज़रूरतों के अनुकूल बनाने की ज़रूरत है।*
- *ज़्यादातर संगठनों ने अनुबंधित कर्मचारी अनुभव से निपटने के लिए अपनी प्रक्रियाओं की समीक्षा करना भी शुरू नहीं किया है।*

- **विश्लेषण और तकनीक का सीमित लाभ :** किसी उद्यम के संसाधनों के लिए कर्मचारी सबसे मूल्यवान और ज़रूरी होते हैं। ज़्यादातर मानव संसाधन विभाग टैलेंट एनालिटिक्स पर पर्याप्त समय और संसाधन ख़र्च नहीं करते हैं। यदि वे ऐसा करते भी हैं, तो निम्न कारणों से प्रयास कमतर रह जाते हैं :
  - *मानसिकता में बदलाव की ज़रूरत :* विभाग कुशलता से काम कर रहा है, रिपोर्टिंग मेट्रिक्स यह साबित करने से बदल कर उस जानकारी पर ध्यान देने की ज़रूरत है, जो व्यवसाय / फ़क्शन के बेहतर प्रदर्शन करने या बेहतर निर्णय लेने में मदद करने के लिए प्रासंगिक हो।
  - *विभिन्न कर्मचारी स्पर्श बिंदुओं से आने वाले डेटा को एकीकृत करने में मदद के लिए बेहतर तकनीकों और मॉडलों की ज़रूरत है:* ख़ासतौर पर भावना के विश्लेषण और वर्चुअल चैटबॉट में कई एचआर-केंद्रित स्टार्ट-अप आ रहे हैं, हालाँकि, इन तकनीकों का ठीक से लाभ उठाने के लिए अभी लंबा रास्ता तय करना बाक़ी है।
  - *अंत में, एचआर को डेटा रिपोर्टिंग से परे जाने और अनुमानों के लिए एनालिटिक्स का इस्तेमाल करने के कौशल विकसित करने चाहिए:* उदाहरण के लिए, वे कर्मचारियों के नौकरी छोड़ने का अनुमान लगा सकते हैं या कर्मचारियों के मुद्दों की पहचान के लिए डेटा का इस्तेमाल कर सकते हैं, या उन अन्य उद्देश्यों के लिए पैटर्न की पहचान के लिए डेटा की व्याख्या कर सकते हैं, जिसके लिए व्यावसायिक संदर्भ ज़रूरी होता है।

- **एचआर टैलेंट डीएनए और क्षमताओं का कम पड़ना :** इस कारण से, एचआर टैलेंट अक्सर व्यवसायिक लीडर्स के साथ साथियों के रूप में जुड़ने में सक्षम नहीं होता है। संबंध अक्सर ख़राब हो जाते हैं, जिसमें एचआर ऑर्डर लेने लगता है। वर्तमान में, एचआर क्षमताओं में तीन प्रमुख कमियाँ हैं :
  - **अनुयायी बनाम परिवर्तन एजेंट अभिविन्यास :** ऐतिहासिक रूप से सहयोगी विभाग के रूप में देखे जाने वाले एचआर में कई कंपनियाँ लागत और उच्च गुणवत्ता वाले टैलेंट को काम पर रखने में समझौता करना पसंद करती हैं। नतीजतन, सामान्य एचआर टीम में ऐसे व्यक्ति शामिल होते हैं, जो शायद

अच्छे कर्ता तो होते हैं, लेकिन विरोधाभासी दृष्टिकोण का प्रदर्शन नहीं करते, और इसके बजाय पूछताछ के बिना निष्पादित करने के लिए प्रवृत्त होते हैं।

- **सीमित निवेश** : कुछ फ़र्म सही एचआर लीडरों को काम पर रखने के लिए ज़रूरी धन ख़र्च करने में आधा काम करती हैं, लेकिन कनिष्ठ स्तरों पर लागत समझौते में फँस जाती हैं, जिससे परिणाम सीमित ही मिलते हैं। कुछ समय बाद लीडर्स का प्रभाव थम जाता है, क्योंकि वे डेलीगेट करने में अक्षम होते हैं।
- **व्यवसाय और ग्राहक की गहन समझ की कमी :** एचआर अक्सर एक कार्यनीति संबंधी गतिविधि के जाल में इतनी मज़बूती से फँस जाता है कि वह व्यवसाय को समझने में समय बिता पाने में सक्षम नहीं होता। इसलिए, रणनीतिक स्तर पर व्यावसायिक लीडर्स के साथ जुड़ने की उनकी क्षमता सीमित रहती है।

- **ख़राब रफ़्तार तथा कार्रवाई के लिए पूर्वाग्रह :** एचआर टीमें अक्सर व्यावसायिक अपेक्षाओं के साथ तालमेल नहीं बैठा पाती हैं। इसे ठीक करने के लिए, एचआर टीम को वास्तविक व्यावसायिक नतीजों के बजाय किए गए प्रयासों के संदर्भ में प्रभाव को मापने की मानसिकता से बाहर निकलना होगा।
- **एचआर को अक्सर हल्के में लिया जाता है :** यह धारणा का मुद्दा है। अक्सर एचआर विभाग को महत्त्वहीन मान लिया जाता है। इसके बहुत सारे अच्छे कामों की पूरी तरह से सराहना नहीं की जाती है। यहाँ तक कि अगर एचआर 'निर्णय लेने वाले समूह का हिस्सा होता' है, तो भी इसे सहयोगी विभाग के रूप में माना जाता है। इससे टीम में प्रेरणा की कमी आती है, जिससे विभाग के लिए शीर्ष टैलेंट को आकर्षित करना मुश्किल हो जाता है।

## एचआर को पाँच क्षेत्रों में क़दम बढ़ाने की ज़रूरत है :

एचआर को अपने सामने मौजूद अवसरों का लाभ उठाने के लिए सभी क्षेत्रों में मानसिकता एवं क्षमताओं का महत्त्वपूर्ण रूपांतरण करने की ज़रूरत है। कुछ ऐसे ही पहलू नीचे बताए जा रहे हैं, जिनमें पूरी तरह सुधार की ज़रूरत है:

### 1. एचआर टैलेंट प्रोफ़ाइल :

- एचआर लीडर्स के पास सीएक्सओ के लिए कोच, साउंडिंग बोर्ड और चेंज गाइड बनने का अवसर है। इसकी योजना बनाई जानी चाहिए।
- ऐसा होने के लिए, एचआर लीडर्स को एचआर कार्यात्मक कौशल के साथ एसएमई (विषय वस्तु विशेषज्ञ) से विकसित होने और गहरी व्यावसायिक समझ तथा चुस्ती वाले लीडर बनने की ज़रूरत है।

- वर्तमान कौशल अंतर काफ़ी है। इस विभाग को व्यापार उन्मुख सीएचआरओ की एक नई पीढ़ी की ज़रूरत है।
- सीएचआरओ की भूमिका में लाइन लीडरों की आवाज़ाही को प्रोत्साहित किया जाना चाहिए। इस भूमिका के महत्त्व को बढ़ा कर इसे सीएफओ के बराबर लाना और इसे सीईओ/अन्य सीएक्सओ भूमिकाओं का सोपान बनाना एक अच्छा विचार होगा।
- व्यापार में स्ट्रेच परियोजनाओं (वर्तमान ज्ञान और कौशल से आगे की परियोजना), व्यावसायिक नतीजों के सह-स्वामित्व, और एचआर तथा व्यवसाय के बीच टैलेंट के पार-परागण को एचआर लीडर्स की अगली कतार की व्यावसायिक समझ मज़बूत करने के लिए प्रोत्साहित किया जाना चाहिए।

**2. डेटा और तकनीक का इस्तेमाल :**

- ग्राहक विभाजन और अब व्यक्तिगत स्तर के वैयक्तिकरण की ओर व्यावसायिक पक्ष के जाने के अनुरूप, कर्मचारी पक्ष में समान अवसर मौजूद हैं।
- कर्मचारी जुड़ाव का नया मंत्र ईवीपी से आईवीपी (कर्मचारी मूल्य प्रस्ताव से व्यक्तिगत मूल्य प्रस्ताव) है!
- एनालिटिक्स और तकनीक, संगठन के कर्मचारी की ज़रूरतों की व्यक्तिगत स्तर पर समझ और तदनुसार हस्तक्षेपों के अनुकूलन की सुविधा उपलब्ध करा सकते हैं। उदाहरण के लिए, कोई लचीला पुरस्कार मिश्रण, लर्निंग ऐंड डेवलपमेंट।
- एनालिटिक्स टैलेंट को रोके रखने में भी महत्त्वपूर्ण भूमिका निभा सकता है, उदाहरण के लिए, पल्स ट्रैकिंग, पूर्वानुमेय मॉडल और आरंभिक चेतावनी प्रणाली के ज़रिये।
- तकनीक के फ़ोकस को बैक-ऐंड सिस्टम से चैनल-व्यापी कर्मचारी जुड़ाव की ओर ले जाने की ज़रूरत है।

**3. लर्निंग ऐंड डेवलपमेंट :**

- मुख्य चुनौती- व्यवसाय के बहुत तेज़ी से बढ़ने के दौर में एल ऐंड डी को प्रासंगिक कैसे बनाएँ। (एल ऐंड डी कार्यों के बारे में इस खंड के पाँचवें अध्याय में विस्तार से बताया गया है।)
- **मुख्य ज़रूरतों को सक्षम बनाने वाले कार्य:**
    - बदलती व्यावसायिक ज़रूरतों के अनुकूलन के लिए तीव्र गति से पुनर्कौशल को सक्षम करना।
    - व्यावहारिक कौशलों पर ध्यान देते हुए आंतरिक स्तर पर लीडर तैयार करना।

- बाहरी नेटवर्क, कंटेंट क्यूरेशन, एमओओसी, आंतरिक विकी/लीडर ब्लॉग्स का इस्तेमाल करते हुए, आंतरिक एल ऐंड डी के लिए शिक्षा वितरण में हो रहे तीव्र बदलावों का फ़ायदा उठाने का रास्ता निकालना।

**4. गहन तकनीकी टैलेंट/सर्वोत्तम ज्ञान कर्मचारियों का प्रबंधन करना :**

- एचआर प्रक्रियाओं को आम तौर पर पैमाने के प्रबंधन के लिए डिज़ाइन किया जाता है।
- हमारे चारों ओर तेज़ी से विकसित हो रही तकनीकों के साथ, एचआर को गहरे तकनीकी टैलेंट का प्रबंधन करना सीखना होगा।
- नौकरी के आक्रामक बाज़ार के कारण, उच्च गुणवत्ता वाले टैलेंट्स के लिए लगातार लड़ाई चलती रहती है। इसलिए, भर्ती करना और रोके रखना दोनों ही चुनौतियाँ हैं।
- गहन उत्पाद/तकनीकी टैलेंट की अपेक्षाएँ नियमित टैलेंट से भिन्न होती हैं, और इसलिए एचआर को अपना दृष्टिकोण व्यवसाय के हिसाब से अनुकूलित करने की ज़रूरत होगी।
- उच्च अपेक्षाएँ–वर्तमान परिदृश्य में अलग करियर विकास और उससे जुड़े वेतन पर उच्च प्रीमियम होता है, जो प्रभाव / क्षमता और व्यक्तिगत प्रेरणाओं पर आधारित होता है। एचआर को 'सबके लिए एक समान' वाला अपना रवैया बदलने और लक्षित दृष्टिकोण अपनाने की ज़रूरत है।
- भावनात्मक जुड़ाव - हमें जोशीला, प्रेरक नेतृत्व बनाने की ज़रूरत है, जो नई संस्कृति को अपना सके और उसे प्रचारित भी कर सके।
- निष्पक्षता और पारदर्शिता - यह ऐसी समावेशी एचआर प्रक्रियाओं के निर्माण से संभव होता है, जो निष्पक्ष होती हैं।

**5. विशिष्ट संस्कृति का निर्माण :**

- वूका जगत में किसी टिकाऊ संगठन के निर्माण के लिए विशिष्ट संस्कृति ज़रूरी होती है। मैंने जिन आठ प्रतिमानों के बारे में पहले चर्चा की है, संस्कृति उन सबकी कॉमन थीम है।
- एचआर को संस्कृति के लीडर की भूमिका निभानी होती है, उसे संस्कृति को परिभाषित करना होता है, उसे पुष्ट करना होता है।
- संस्कृति की पहलों का चर्चा से परे होना और व्यवहार में प्रमुख तनावों को दूर करने वाला होना ज़रूरी है।
- जिस संस्कृति पर निर्णय लिया गया है, उसे क़ायम रखने में एचआर का व्यावसायिक कार्यों से टकराव हो सकता है। ऐसे में सीईओ के साथ तालमेल बहुत ज़रूरी होता है।

## उद्यमों की डिजिटल महत्वाकांक्षा साकार करने में एचआर की अहम भूमिका होती है

**संगठन की प्राथमिकताएँ**

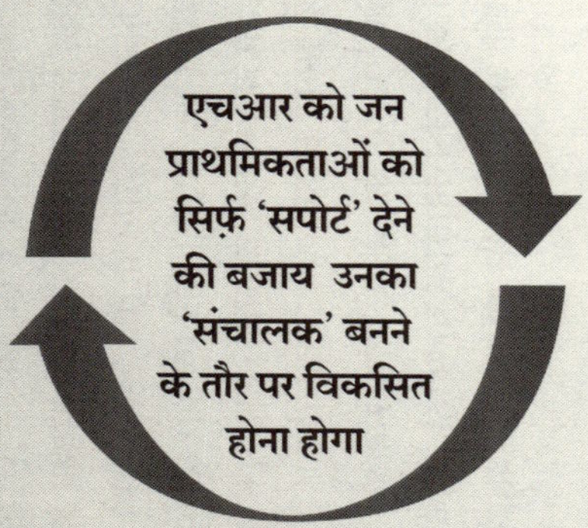


**एचआर की प्राथमिकताएँ**

**एचआर को निम्न कार्य करने की ज़रूरत होती है**

01 एचआर टैलेंट प्रोफ़ाइल को अपग्रेड करने की ज़रूरत

02 व्यक्तिगत स्तर पर जुड़ाव के लिए डेटा और तकनीकी का इस्तेमाल करना

03 प्रमुख व्यावसायिक ज़रूरत को पूरा करने के लिए एल ऐंड डी कार्य कर विकास

04 गहन तकनीकी और उच्चस्तरीय ज्ञान वाले प्रोफ़ेशनल्स का प्रबंधन करना

05 विशिष्ट और उद्देश्य के लिए अनुकूल संस्कृति का निर्माण करना

- भर्ती से लेकर प्रदर्शन प्रबंधन और कर्मचारी जुड़ाव तक की एचआर प्रक्रियाएँ महत्त्वपूर्ण संस्कृति वाहक होती हैं। यह ज़रूरी है कि उद्यम के मुख्य मूल्य इन सारी एचआर प्रक्रियाओं में समाहित हों। इन प्रक्रियाओं के साथ कर्मचारी अनुभव संस्कृति को वास्तविक बनाते हैं!

एचआर के समक्ष वूका जगत में संगठनों को रूपांतरित करने और सफल होने में उनकी मदद करने के लिए ज़रूरी नेतृत्व की भूमिका निभाने का ऐतिहासिक अवसर है। वूका जगत में संगठनों (विरासती और नए, दोनों) के समक्ष चुनौतियों की प्रकृति ऐसी है कि उनके समाधानों का महत्त्वपूर्ण हिस्सा एचआर की तरफ़ आएगा। यदि एचआर क़दम बढ़ा सकता है और समाधान उपलब्ध करा सकता है, तो यह संगठन के साथ-साथ एचआर विभाग के लिए भी बड़ी सेवा होगी, जिससे उद्यम में इसका प्रभाव और क़द बढ़ेगा।

मुझे उम्मीद है कि मैंने जो अंतर्दृष्टियाँ साझा की हैं, वे कुछ सहायक संकेत मुहैया कराती हैं और बोर्डों तथा कार्यकारी टीमों के बीच रचनात्मक बहस को बढ़ावा देने में मदद करती हैं, और अंततः एचआर विभाग की क्षमताओं और प्रभाव को बढ़ाने में भी मदद करती हैं।

## सारांश

**डिजिटल युग में संगठनों को आगे बढ़ाने में एचआर के समक्ष आगे बढ़कर सशक्त भूमिका निभाने का अवसर है।**

- एचआर को सांस्कृतिक परिवर्तन की शुरुआत करने, संगठन को फिर डिज़ाइन करने, सीखने की फिर शुरुआत करने, नए टैलेंट मॉडल बनाने में अगुवाई करने की ज़रूरत है। यही नहीं, उसे नेतृत्व के लिए परामर्शदाता तथा कनेक्टर बनने की भी ज़रूरत है।
- एचआर हालाँकि विरासती मानसिकता, जटिल प्रक्रियाओं और प्रणालियों के कारण रफ़्तार बनाए रखने में सक्षम नहीं है, ऐसे में तकनीक तथा एनालिटिक्स और एचआर टैलेंट का सीमित फ़ायदा भी नहीं हो रहा है।
- एचआर को परिवर्तन के एजेंट की भूमिका निभाने के लिए आगे बढ़ने की ज़रूरत है। इसके लिए उसे एचआर फंक्शन के टैलेंट और क्षमताओं को अपग्रेड करने, डेटा तथा तकनीक का बेहतर इस्तेमाल करने, और एचआर फंक्शन की स्थिति मज़बूत करने की ज़रूरत है।

# 9

# कार्य का भविष्य : एआई के ज़रिये अपने कार्यबल की क्षमता बाहर निकालना[8]

*कुछ लोग इसे आर्टिफ़िशल इंटेलिजेंस कहते हैं, लेकिन वास्तविकता यह है कि यह तकनीक हमें मज़बूत करेगी। इसलिए, आर्टिफ़िशल इंटेलिजेंस के बजाय, मुझे लगता है, हम अपनी बुद्धि को बढ़ाएँगे।*

*— गिनी रॉमेटी,सीईओ, आईबीएम*

आर्टिफ़िशल इंटेलिजेंस, मशीन लर्निंग, डीप लर्निंग और ऑटोमेशन अब भविष्य की तकनीकें नहीं रह गई हैं। वे पहले ही उद्यम में जगह पा चुकी हैं। मैंने एआई की तैनाती में बड़ा बदलाव देखा है। केवल बारह महीने पहले, हमारे ग्राहकएआई में पीओसी (प्रूफ ऑफ़ कॉन्सेप्ट- अवधारणा के प्रमाण) के बारे में बात कर रहे थे और एआई का समर्थन करने के लिए डेटा अधोसंरचना की मदद ले रहे थे। आज, मैं देख रहा हूँ कि हमारे कई ग्राहक 'बड़े पैमाने पर' एआई क्रियान्वयन में महत्त्वपूर्ण डॉलरों का निवेश कर रहे हैं। ग्राहक यात्रा के वैयक्तिकरण, प्रोसेस ऑटोमेशन और निर्णय विज्ञान ऐसे क्षेत्र हैं, जिनमें मैं एआई का उच्चतम एप्लीकेशन देख रहा हूँ।

यह निश्चित है कि अगले पाँच से दस सालों में बहुत अधिक व्यवधान होने वाला है, क्योंकि एआई तकनीकें कंपनियों के ज़रिये उद्योगों और भौगोलिक क्षेत्रों में अपना काम करेंगी, लेकिन अगर हम एआई के प्रभावों की बेहतर समझ हासिल कर लेते हैं और अपनी व्यावसायिक प्रक्रियाओं को फिर तराशते हैं, तो हम इन तकनीकों का लाभ उठाकर अपने काम की प्रकृति में बुनियादी बदलाव ला सकते हैं, बहुत सारी दौलत बना सकते हैं और अपने कार्यबल के लिए लाभ हासिल कर सकते हैं।

मैं कार्यबल पर एआई के प्रभाव के तीन आयाम देखता हूँ :

1. नौकरियों की प्रकृति पर एआई का प्रभाव
2. पुनर्प्रशिक्षण और कौशल-उन्नयन की ज़रूरत
3. कर्मचारी-जुड़ाव के प्रवर्तक के रूप में एआई

## 1. नौकरियों की प्रकृति पर एआई का प्रभाव

आज जिस रूप में नौकरियाँ मौजूद हैं, उन पर तो एआई का असर निश्चित रूप से पड़ेगा, हालाँकि यह कोई इंसान-बनाम-मशीन जैसी स्थिति भी नहीं होने जा रही है (जैसा कि मीडिया अक्सर प्रचारित करता रहता है), बल्कि यह इंसान-*संग*-मशीन की स्थिति होगी। जितनी जल्दी हम यह महसूस कर लेंगे और एआई तकनीकों की अंतर्निहित प्रकृति को समझ लेंगे, उतनी ही जल्दी हम उनका इस्तेमाल करने और उनसे लाभ उठाने में सक्षम होंगे।

यहाँ एआई तकनीक और नौकरियों की प्रकृति पर इसके असर के बारे में कुछ आसान बातें बताई जा रही हैं :

a) तकनीक का जब से आगमन हुआ है, तब से ही यह डर बना रहा है कि तकनीक के कारण नौकरियाँ ख़त्म हो जाएँगी। यह सही है, लेकिन तकनीक के दक्षता प्रभावों के कारण हम अन्य क्षेत्रों में नई नौकरियाँ सृजित भी कर रहे हैं। एआई के बारे में यह भी सही है कि-**कुछ नौकरियाँ तो निश्चित ही ख़त्म होंगी, लेकिन नई नौकरियाँ पैदा भी होंगी।**

b) बहस को **'सामान्य एआई'** (जिसे हम फ़िल्मों में देखते हैं, जहाँ रोबोट हर आयाम में इंसानों को पीछे छोड़ रहे हैं) से आगे बढ़ाने की ज़रूरत है, जो कि लंबे समय से **एआई के ज़्यादा विशिष्ट एप्लीकेशंस** होने की ओर जा चुकी है। आज एआई का अनुप्रयोग बहुत संकीर्ण डोमेन में हो रहा है, जहाँ ख़ास तरह की समस्याएँ हैं और जहाँ डेटा उपलब्ध है। कुछ सर्वाधिक प्रासंगिक क्षेत्र हैं-इमेज तथा स्पीच पहचान, प्राकृतिक भाषा प्रोसेसिंग और निर्देशात्मक एनालिटिक्स।

c) **बहस नौकरियों के प्रतिस्थापन की बजाय कार्यों की पुनर्संरचना के बारे में होनी चाहिए।** एआई के कारण सभी नौकरियाँ (यहाँ तक कि वित्तीय विश्लेषक और वित्तीय सलाहकार जैसी अत्यधिक भुगतान वाली नौकरियों) में भी परिवर्तन होगा, हालाँकि नौकरियों के पूरी तरह से बाधित होने या मशीनों द्वारा प्रतिस्थापित किए जाने की संभावना बहुत कम है। अधिक संभावित परिदृश्य विशिष्ट कार्यों के प्रतिस्थापन का है, हालाँकि कुछ नौकरियों में दूसरों की तुलना में कार्य स्वचालित होने की संभावना अधिक है (उदाहरण के लिए, ग्राहक सेवा सहयोगी या संचालन से संबंधित नौकरियाँ)।

d) इसलिए, सवाल यह है कि इंसानों और मशीनों की सापेक्ष ताक़त और कमज़ोरियाँ क्या हैं, और **आप उनकी पूरकता से लाभ पाने के लिए वर्तमान नौकरियों को कैसे**

**फिर डिज़ाइन करते हैं?** सही सवाल करने में इंसान बेहतर है, जबकि मशीन लर्निंग बड़ी मात्रा में जानकारी को अंतर्ग्रहण करने में अच्छी है, और इंसान अपने पूरे जीवनकाल में जितने सही उत्तर पा सकता है, मशीन उससे कहीं अधिक पा सकती है। साथ में, उनका व्यापक व्यावसायिक असर हो सकता है। एआई ऐसे कार्यों को स्वचालित बनाकर कर्मचारियों के मैनुअल और थकाऊ काम के तनाव को दूर कर सकती है, मनुष्यों को उन चीज़ों को करने के वास्ते मुक्त कर सकती है, जो हम करने के लिए स्वाभाविक रूप से उपयुक्त होते हैं, हालाँकि, आपको यह सुनिश्चित करने की ज़रूरत है कि आप सही प्रश्न पहले पूछ रहे हैं और घोड़े के आगे गाड़ी नहीं रख रहे हैं।

e) आर्टिफ़िशल इंटेलिजेंस का भविष्य बिलकुल स्पष्ट नहीं है, लेकिन इसका कार्यस्थल और समाज पर प्रभाव निश्चित रूप से पड़ेगा। यह प्रभाव सकारात्मक होगा या नकारात्मक, इसके लिए हमें इंतज़ार करना होगा और देखना होगा। मैकिंज़ी का अनुमान है कि वर्तमान व्यवसायों का केवल 5 प्रतिशत पूरी तरह से स्वचालित हो सकता है, और 2030 तक लगभग 15 प्रतिशत श्रमिक संभावित रूप से विस्थापित होंगे और 3 प्रतिशत श्रमिकों को व्यावसायिक श्रेणियाँ बदलने की ज़रूरत होगी,[9] हालाँकि मैकिंज़ी ने यह भी भविष्यवाणी की है कि ज़्यादातर श्रमिक इतने सक्षम होंगे कि वे अपनी वर्तमान भूमिकाओं में जारी रह सकेंगे, जो **मशीनों द्वारा संवर्द्धित** होगी। इसके अलावा, मैकिंज़ी उस समय तक 890 मिलियन नई नौकरियों के सृजन की भविष्यवाणी करता है, जिसका श्रेय बढ़ती आय और खपत तथा तकनीकी विकास के बीच अधिक कुशल श्रमिकों की ज़रूरत को जाएगा। भविष्य के कार्यबल में सफलता चाहने वाले श्रमिकों को यह सुनिश्चित करने के लिए ऐसी शिक्षा और प्रशिक्षण की ज़रूरत होगी कि उनके कौशल और अनुभव श्रमिक बाज़ार की ज़रूरतों से मेल खाते हों और एआई तकनीकों में प्रगति के साथ बेहतर रूप से एकीकृत होते हों।

## 2. पुनर्प्रशिक्षण और कौशल उन्नयन की ज़रूरत

बहस यह स्पष्ट करती है कि एआई का आगमन कार्यबल के लिए कयामत का दिन नहीं है, बल्कि यह नौकरियों को अधिक सार्थक और फ़ायदेमंद बनाने का शानदार अवसर हो सकता है, हालाँकि, एआई को अवसर के रूप में देखने के लिए रिलर्निंग और अपस्किलिंग में बड़े पैमाने पर निवेश की ज़रूरत होगी।

रिलर्निंग और अपस्किलिंग दो आयामों पर होने की ज़रूरत है :

- कर्मचारियों को एआई तकनीकों में प्रशिक्षण देना।
- उनके कौशल का उन्नयन करना ताकि जब नौकरियों को फिर डिज़ाइन किया जाए, तो वे प्रासंगिक हों।

मैं उद्यमों में कर्मचारियों को एआई तकनीकों में बड़े पैमाने पर **प्रशिक्षण देने के प्रथम आयाम पर काफ़ी बहस और कार्रवाई देखता हूँ।** यह तकनीकी भूमिकाओं में और आईटी कंपनियों में कर्मचारियों के लिए बहुत प्रासंगिक है, जिनका काम एआई एप्लीकेशन को विकसित करना और/या इस्तेमाल करना है। ज़्यादातर कार्यबल के लिए, एआई में यह बुनियादी प्रशिक्षण 'सामान्य ज्ञान' जैसा है, जिसका होना तो अच्छा है, लेकिन इससे नौकरी के प्रति उनका दृष्टिकोण मूल रूप से बदलने वाला नहीं है।

ज़्यादातर कार्यबल के लिए, **यह आकलन बहुत अधिक प्रासंगिक है कि एआई के कारण उनकी नौकरी कैसे बदल सकती है और** एआई-केंद्रित भविष्य में प्रासंगिक होने के लिए उन्हें किन कौशलों को अपग्रेड करने की ज़रूरत है। उदाहरण के लिए, किसी ग्राहक सेवा सहयोगी को प्रक्रिया से ज़्यादा मतलब नहीं होगा (जो कि स्मार्ट बॉट्स तेज़ी से करेंगे), लेकिन ग्राहकों की भावनाओं को समझने और उसके अनुसार निर्णय लेने की क्षमता से उसका ज़्यादा वास्ता होगा। किसी वित्तीय विश्लेषक के लिए, यह डेटा विश्लेषण के बारे में कम, लेकिन पैटर्न की पहचान करने और अंतर्ज्ञान विकसित करने की क्षमता के बारे में अधिक होगा। वित्तीय सलाहकार के लिए, यह वित्तीय उत्पादों के ज्ञान के बारे में कम, लेकिन ग्राहकों की ज़रूरतों को समझने और उनसे संबंध निर्माण की क्षमता के बारे में अधिक होगा।

डेटा और एआई तकनीकों के विस्फोट के साथ, डेटा के साथ काम करने और एआई तकनीकों द्वारा समर्थित डेटा के आधार पर निर्णय लेने की क्षमता महत्त्वपूर्ण होती है, हालाँकि मेरा मानना है कि भविष्य के लिए सबसे ज़रूरी कौशल कहीं और है। भविष्य में सफलता के लिए सबसे मौलिक और टिकाऊ कौशल नीचे बताए अनुसार होंगे :

- **समस्या समाधानकारक :** ख़ासतौर पर प्रश्न करने, और समस्याओं की खोज तथा उनका निर्धारण करने की योग्यता।
- **पैटर्न की पहचान :** जटिल पैटर्न की पहचान करने के अंतर्ज्ञान और क्षमता को पैना करना (हालाँकि इस बात पर बहस होती है कि क्या लंबी अवधि में, बड़ा डेटा और एआई इंसानी 'अंतर्ज्ञान' को कम प्रासंगिक बना देगा)
- **भावनात्मक अनुपात में सुधार करना :** भावनाओं को समझने,परानुभूति तथा संबंध बनाने की क्षमता का विकास करना। विरोधाभासी रूप से, किसी तकनीक-सघन विश्व में, मेरा मानना है कि भावनाएँ और संबंध और भी महत्त्वपूर्ण हो जाएँगे!

हमें कोई ग़लती नहीं करनी चाहिए, क्योंकि एआई हर काम को एक हद तक प्रभावित करेगी। यह एक अवसर हो सकता है, लेकिन भविष्य में नौकरी कैसी दिखेगी, इस पर पुनर्विचार की ज़रूरत होगी और कौशल के उन्नयन की ज़रूरत भविष्य में प्रासंगिक और प्रभावी होगी। रिलर्निंग और कौशल के उन्नयन की ज़िम्मेदारी संगठन की होती है, लेकिन बुनियादी रूप से स्वयं व्यक्ति की सबसे अधिक होती है। आने वाला बदलाव इतना अहम है कि आपको अपने भविष्य की ज़िम्मेदारी ख़ुद ही लेनी होगी। इसके अलावा, ई-लर्निंग के विस्फोट ने अब ज्ञान तक पहुँच को लोकतांत्रिक बना दिया है और सीखने की पहुँच

## कार्यबल की उत्पादकता तथा जुड़ाव बढ़ाने में एआई प्रमुख प्रवर्तक

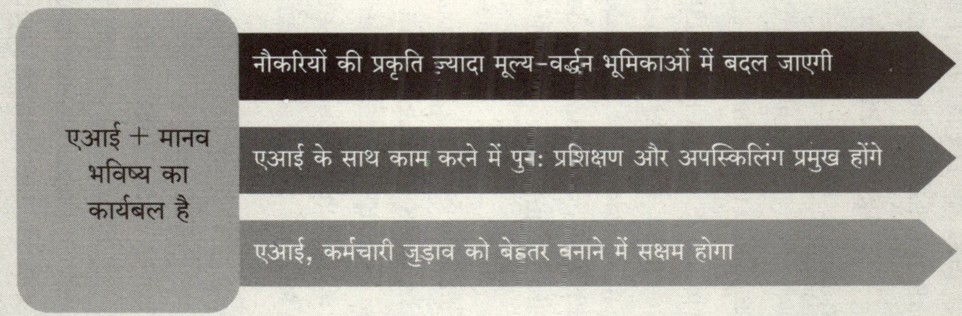

को व्यक्ति के हाथों में दे दिया है। आख़िरकार, एआई समय के साथ जो बदलाव लाएगा, वे इतने दूर तक पहुँच रहे हैं कि नौकरियों के नए युग के लिए कौशल निर्माण को स्कूलों और कॉलेजों में शुरू करने की ज़रूरत पड़ेगी, और पाठ्यक्रम पर पर्याप्त रूप से पुनर्विचार और उसको अपग्रेड करने की ज़रूरत होगी।

## 3. कर्मचारी–जुड़ाव के प्रवर्तक के रूप में एआई

एआई के तेज़ी से उभरते अनुप्रयोगों में कर्मचारी जुड़ाव को सहारा देना भी शामिल है, जो किसी ख़ुशहाल, स्वस्थ और अधिक उत्पादक कार्यबल में योगदान कर सकता है। भावना का विश्लेषण जैसे अनुप्रयोगों के साथ कई उभरते साधन हैं – जो कार्यबल में कमी के प्रबंधन – एचआर सहयोग, लर्निंग ऐंड डेवलपमेंट, प्रदर्शन प्रबंधन और यहाँ तक कि नौकरी डिज़ाइन करने में भी मदद करता है। इनमें से प्रत्येक अनुप्रयोग के बारे में संक्षिप्त नोट दिया जा रहा है :

- **भावना का विश्लेषण :** एआई के बहुत सारे टूल्स अब कर्मचारी के जुड़ाव का आकलन करने में मदद करते हैं और कर्मचारी के छोड़ने के जोखिम की भविष्यवाणी गतिशील रूप से करते हैं। महत्त्वपूर्ण रूप से, वे मानसिक स्वास्थ्य और अवसाद शुरू होने की पहचान करने में भी मदद कर सकते हैं, जो कार्यस्थल में तेज़ी से बढ़ती समस्या है। कोविड–19 महामारी के कारण वर्क फ्रॉम होम में मानसिक स्वास्थ्य के मुद्दे और भी तीव्र हो गए हैं।
- **एचआर सपोर्ट :** 'वर्चुअल असिस्टेंट' या कन्वर्सेशनल स्मार्ट बॉट आंतरिक एचआर सपोर्ट प्रक्रियाओं की दक्षता और जवाबदेही में सुधार करते हैं, जैसे, पेरोल हेल्प डेस्क। वास्तव में, कई उद्यम एआई का इस्तेमाल अपनी आंतरिक प्रक्रियाओं की गुणवत्ता बढ़ाने के लिए या किसी प्रस्तावना के रूप में, एआई का इस्तेमाल करके अपने ग्राहक जुड़ाव को बेहतर बनाने के लिए भी करने की कोशिश कर रहे हैं।
- **लर्निंग ऐंड डेवलपमेंट :** कौशल की कमियों की पहचान करना, और वैयक्तिक तथा लक्षित लर्निंग हस्तक्षेपों का विकास करना।
- **प्रदर्शन प्रबंधन :** एआई टूल्स प्रदर्शन प्रबंधन को एक जारी प्रक्रिया बनाने तथा रियल–टाइम फ़ीडबैक देने में मदद कर सकते हैं।
- **जॉब डिज़ाइन :** ये टूल्स कर्मचारी के कामकाज तथा क्षमताओं का आकलन कर सकते हैं, और उनका उचित नौकरियों से (और किसी नौकरी के तहत कार्यों से) तालमेल बैठा सकते हैं, जिससे कर्मचारी की प्रभावशीलता और तदनुसार उसकी संतुष्टि अधिकतम हो सकती है।

एआई गतिशील आकलन, अधिक व्यक्तिगत तथा लक्षित कर्मचारी हस्तक्षेप को सक्षम कर सकता है। इसलिए, इसमें डिजिटल युग में कर्मचारी जुड़ाव, उत्पादकता और संतुष्टि का महत्त्वपूर्ण प्रवर्तक बनने की क्षमता है, हालाँकि, ज़्यादातर चीज़ों की तरह, एआई के साथ

विचार करने के लिए 'दूसरा पक्ष' भी है। एआई-आधारित कर्मचारी जुड़ाव से 'बिग बॉस की नज़र हर समय' सरीखा माहौल बन सकता है, जो न केवल अनुचित दख़लंदाज़ी है, बल्कि संभावित रूप से ख़तरनाक भी है।

गोपनीयता दिशा-निर्देश और डेटा एक्सेस यह सुनिश्चित करने के लिए महत्त्वपूर्ण विचार हैं कि उद्यम के पास उपलब्ध कर्मचारी डेटा की विशाल मात्रा का दुरुपयोग न हो।

तो, आधार रेखा यह है कि **एआई का अपना स्थान है, जैसा कि इंसान का है,** और हम इंसानों और मशीनों के बीच मुक़ाबले की तरफ़ नहीं जा रहे हैं! एआई निश्चित रूप से नौकरियों और काम की प्रकृति पर अधिक बुनियादी रूप से बेहद महत्त्वपूर्ण प्रभाव डालेगी। इसे नौकरियों और कार्यबल उत्पादकता तथा जुड़ाव, दोनों के लिए अच्छे और शुद्ध सकारात्मक बल के रूप में विकसित होना चाहिए, हालाँकि, ऐसा होने के लिए, नौकरियों के डिज़ाइन, कौशल के महत्त्वपूर्ण उन्नयन और उभरती ज़रूरतों के लिए कौशल को सरेखित करने पर काफ़ी प्रयास करने की ज़रूरत है। यह चयन हमारे हाथ में है!!

## सारांश

- एआई का नौकरियों की प्रकृति पर महत्त्वपूर्ण प्रभाव पड़ेगा। यह प्रभाव 'इंसान-बनाम-मशीन' के बजाय 'इंसान-संग-मशीन' की तरह का होगा।
- एआई नई नौकरियाँ पैदा करेगी, लेकिन इसके लिए नौकरियों, प्रक्रियाओं और कार्यों की रिडिज़ाइनिंग की ज़रूरत है।
- कार्यबल को एआई तकनीकों में प्रशिक्षित किया जाना चाहिए और उनके कौशल को अपग्रेड करना चाहिए ताकि वे एआई-केंद्रित दुनिया में प्रासंगिक रह सकें।
- कर्मचारियों की भावना ज़्यादा सक्रिय रूप से समझने तथा वैयक्तिक तथा लक्षित हस्तक्षेप करने में मदद करने के कारण एआई में डिजिटल युग में कर्मचारी जुड़ाव, उत्पादकता और संतुष्टि का महत्त्वपूर्ण प्रवर्तक बनने की क्षमता है।

# खंड – 6

# डिजिटल युग में नेतृत्व

# परिचय : डिजिटल युग में नेतृत्व

खंड 1 में, हमने इस तथ्य पर चर्चा की थी कि डिजिटल रूपांतरण क्रमिक तकनीकी परिवर्तन की तुलना से काफ़ी कुछ आगे की चीज़ है और इसे एंड-टू-एंड होना चाहिए। खंड 5 में, हमने इस विषय को आगे बढ़ाया और इस बात पर ज़ोर दिया कि संगठनात्मक रूपांतरण के बिना डिजिटल रूपांतरण नहीं हो सकता। हमने संगठनात्मक रूपांतरण के विभिन्न तत्वों का भी पता लगाया। इस खंड में, हम डिजिटल युग में लीडर्स की भूमिका पर ध्यान केंद्रित करेंगे।

यह डिजिटल युग और वूका जगत, लीडर्स के लिए एक बड़ी परीक्षा है। उनकी यह ज़िम्मेदारी है कि वे नवाचार और विकास एजेंडा चलाना और कर्मचारियों के लिए चीयरलीडर्स और रोल मॉडल होना सुनिश्चित करते हुए, अनिश्चित परिस्थितियों के दौर में अपने व्यवसाय को आगे बढ़ाएँ। स्पष्ट रूप से, डिजिटल युग के वूका जगत में नेतृत्व करना कमज़ोर लोगों के वश की बात है ही नहीं।

## प्रबंधकों से लीडर्स तक

प्रबंधक से लीडर तक की बात एक अप्रासंगिक हो चुकी पुरानी कहावत की तरह लगती है, लेकिन डिजिटल युग में यह काफ़ी सत्य है। अभूतपूर्व अनिश्चितता और परिवर्तन के युग में, प्रबंधन के पारंपरिक टूल्स जैसे संरचना, रणनीति, योजना और नीतियाँ न केवल अपनी प्रभावशीलता खो देते हैं, बल्कि बाधा भी बन सकते हैं। इसके बजाय आपको विज़न, प्रेरणा, अंतर्ज्ञान, सहयोग और लगातार अनुकूलन करने की क्षमता की ज़रूरत है। इसके लिए एक्ज़ीक्यूटिव्ज़ की अपेक्षाओं में कुशल प्रबंधकों से उद्यमी लीडर्स की ओर शिफ़्ट होने की ज़रूरत है।

## नेतृत्व के मूल तत्व नहीं बदलते हैं

यह दुनिया भले ही वूका की हो, लेकिन नेतृत्व के मूल सिद्धांतों में कोई बदलाव नहीं आता है। नेतृत्व के सबसे महत्त्वपूर्ण पहलू वही बने रहते हैं: पाने के बजाय देने पर ध्यान देना, दूसरे को प्रेरित करने की क्षमता और सही काम करने का साहस। हालाँकि, नेतृत्व के इन

बुनियादी सिद्धांतों का निर्माण करने के बारे में कहना आसान है, लेकिन करके दिखाना कठिन है। उद्यमों और लीडर्स के लिए प्रमुख चुनौती यह है कि अगली पीढ़ी के लीडर्स को कैसे प्रेरित और विकसित किया जाए।

## द्वैत का प्रबंधन अधिक महत्त्वपूर्ण हो जाता है

डिजिटल युग में कई विरोधाभास हैं, जैसे विज़न / रणनीति बनाम निष्पादन, विकास बनाम लाभप्रदता, अल्पकालिक बनाम दीर्घकालिक, ग्राहक बनाम कर्मचारी, डेटा बनाम अंतर्ज्ञान, इंसान बनाम मशीन आदि, जिनका जवाब लीडर्स को देने की ज़रूरत है। इन पूरक मूल्यों पर व्यावसायिक-बाधाओं को खोजना पर्याप्त नहीं है, लेकिन लीडर्स को हर परिस्थिति में जीत का समाधान खोजने की ज़रूरत है। द्वैत का प्रबंधन करने की यह बढ़ी हुई ज़रूरत डिजिटल युग में लीडर्स से महत्त्वपूर्ण अपेक्षा है।

## संतुलन और निरंतरता भी महत्त्वपूर्ण

गतिविधि की असाधारण रफ़्तार डिजिटल युग की एक परिभाषित विशेषता है, लेकिन यह इसकी सबसे बड़ी चुनौतियों में से भी एक है। रफ़्तार, उन्माद, विकास का जुनून, सभी स्तरों पर व्यक्ति, संगठन और समाज पर महत्त्वपूर्ण प्रभाव डालते हैं। व्यक्तियों को अत्यधिक काम से पूरी तरह थकने, चिंता और अवसाद का ख़तरा अधिक है। समाज के स्तर पर विकास के प्रति जुनून के कारण पर्यावरण को अपूरणीय क्षति हो रही है और गंभीर सामाजिक-आर्थिक समस्याएँ पैदा हो रही हैं। यह सब ऐसी दुनिया की ओर ले जा रहा है, जो तेज़ी से अस्थिर, हिंसक और अस्थिर होती जा रही है। मेरा दृढ़ विश्वास है कि डिजिटल युग में लीडर्स की न केवल अपने उद्यमों, बल्कि पूरे समाज के प्रति ज़िम्मेदारी बनती है। सबसे पहले, उन्हें अपने अंदर संतुलन खोजने की ज़रूरत है। मेरा मानना है कि आध्यात्मिक विधियाँ और ध्यान लीडर्स के लिए ख़ुद को केंद्रित करने और शांति पाने में बहुत मददगार हो सकते हैं। इसके अलावा, उन्हें इस बात पर विचार करने की ज़रूरत है कि वे अपने संगठनों के लिए नैतिक आधार कैसे बना सकते हैं और कैसे समाज में व्यापक योगदान दे सकते हैं।

मैंने इस खंड के अध्यायों में इन्हीं विषयों पर विस्तार से बात की है।

## अध्याय 1. : नेतृत्व संबंधी मेरी मान्यताएँ

इस अध्याय में, मैंने नेतृत्व के उन प्रमुख सिद्धांतों को साझा किया है, जिन पर मैं विश्वास करता हूँ और जिनके अनुरूप मैं जीने की कोशिश करता हूँ। मेरे लिए नेतृत्व की बुनियादी बातें पूरी क्षमता को अर्जित करने, बदलाव लाने, भविष्य के बारे में आकर्षक दृष्टिकोण बनाने, साहस, विश्वास-निर्माण, जुड़ाव, सत्यनिष्ठा, दिमाग़ और दिल को संतुलित करने, विनम्र रहने और ख़ुद के प्रति सच्चे होने में दूसरों की मदद कर रही हैं। नेतृत्व की मान्यताएँ हमें सही दिशा में इंगित करने वाले दिशासूचक के रूप में कार्य करती हैं। ये ऐसे प्रकाश

स्तंभ के रूप में काम करती हैं, जो मार्ग को रोशन करते हैं, और टीम को अनिश्चित हालात में आगे बढ़ने में सक्षम बनाती हैं।

### अध्याय 2. : महान लीडर्स दूसरों को कैसे प्रेरित करते हैं: '5 सी' फ़ॉर्मूला'!

इस अध्याय में, मैंने यह बताने की कोशिश की है कि टीम को प्रेरित करना क्यों ज़रूरी है और इसे करने का सबसे अच्छा तरीक़ा क्या है। पिछले खंड में, हमने इस तथ्य पर चर्चा की थी कि वूका जगत में जीतने की किसी संगठन की क्षमता न केवल लीडर पर, बल्कि टीम की तत्परता और योग्यता पर भी निर्भर करती है। चाहे वह रोल मॉडलिंग के ज़रिये हो, आकर्षक विज़न दृष्टि बनाकर हो या प्रभावी कहानी सुनाकर हो, लेकिन लीडर की भूमिका दूसरों को प्रेरित करने में अहम होती है। किसी उच्च उद्देश्य के लिए दूसरों को कर्तव्य के दायरे से परे जाने, उनकी सामान्य सीमाओं से आगे जाने और बड़े परिणाम हासिल करने के लिए साथ लाना होता है। ऐसा करने में सक्षम होने के लिए लीडर को उनका ख़याल रखना होता है, उनसे जुड़ना होता है और उन्हें अंदर से प्रेरित करना होता है।

### अध्याय 3. : महान लीडर कैसे बनाएँ

उद्यमों के सफल होने के लिए, लीडर के वास्ते यह महत्त्वपूर्ण है कि परिवर्तन को संचालित करने और उद्यम के विकास लक्ष्यों को पूरा करने की एकमात्र ज़िम्मेदारी उस पर न हो, बल्कि उसे अगले स्तर के लीडर्स की टीम का निर्माण करना चाहिए, जो प्रेरित, सशक्त, तथा ग्राहक-केंद्रित हों। परिणाम देने और उनका स्वामित्व लेने के लिए जिनके पास विशेषज्ञता का सही स्तर हो। महान लीडर्स की टीम बनाने में सक्षम होने के लिए, पहले हमें यह विश्वास करना होगा कि हर किसी के अंदर नेतृत्व क्षमता होती है। दूसरा, इस **क्षमता को बाहर निकालने के लिए** हमें अनुभवों के सही उत्प्रेरक की ज़रूरत होती है, जैसे स्ट्रेच असाइनमेंट मुहैया कराना और रोल मॉडलिंग के ज़रिये शिक्षण करना। इससे पहले कि आप दूसरों को नियमों का पालन करने के लिए कहें, आपको पहले ख़ुद उन मूल्यों को जीना होगा, जो आप उनमें देखना चाहते हैं।

### अध्याय 4. : द्वैत में महारत हासिल करना: लीडर्स के लिए डिजिटल युग में सफल होने का प्रमुख कौशल

वूका जगत ने लीडर्स के सामने जो चुनौतियाँ पेश की हैं, उनमें से ज़्यादातर के बारे में पिछले अध्यायों में बताया जा चुका है, लेकिन यह वाली विशेष रूप से अनूठी है। लीडर्स के लिए एक ही समय में विरोधाभासों या परस्पर विरोधी प्रतीत होने वाले उद्देश्यों का प्रबंधन करना बहुत ही महत्त्वपूर्ण आवश्यकता है। अस्थिरता के स्तर के कारण, लीडर्स को चुस्त होने की आवश्यकता होगी, उन्हें लगातार परिदृश्यों का मूल्यांकन करना होगा और सफल होने के लिए द्वैत के साथ संचालन में महारत हासिल करने के वास्ते दुविधा से निकलना होगा।

जो लोग इस कौशल में माहिर होने में सक्षम होंगे, वे प्रोफ़ेशनल परिपक्वता और प्रभाव के अलग स्तर तक आगे बढ़ेंगे।

## अध्याय 5. : आध्यात्मिक संतुलन – आज के डिजिटल युग की आवश्यकता

इस अध्याय में, मैं एक ऐसे विषय को कवर कर रहा हूँ, जिसकी आप डिजिटल रूपांतरण की किसी किताब में मिलने की उम्मीद नहीं कर सकते: आध्यात्मिक संतुलन की आवश्यकता! परिवर्तन की अभूतपूर्व रफ़्तार ने – अनिश्चितता के इस दौर में फ़र्म का नेतृत्व करने, अपनी फ़र्मों के लिए डिजिटल रूपांतरण के प्रभावों के शीर्ष पर बने रहने और अपनी क्षमताओं का निर्माण करने जैसे तमाम मोर्चों पर लीडर्स और उनकी टीमों से अपेक्षाएँ बढ़ा दी हैं। हालाँकि इस सबसे तनाव भी अपनी जगह बढ़ा ही है। इसमें जो चीज़ जुड़ती है, वह है कई गैजेट्स, 24X7 कनेक्टिविटी और सोशल मीडिया के कारण असाधारण रूप से डिजिटल और इंटरकनेक्टेड दुनिया से लगातार मिलने वाली उत्तेजना और विकर्षण। इस सबसे हमें साँस लेने और विचार करने का मौक़ा नहीं मिल पाता है। नतीजतन, तनाव का स्तर बढ़ रहा है, और लोग गंभीर स्वास्थ्य समस्याओं से घिरते जा रहे हैं। मुझे लगता है कि ख़ुद को एकाग्र करने, प्राथमिकता तय करने, अपने दिमाग़ को साफ़ करने और सबसे महत्त्वपूर्ण चीज़ों पर ध्यान लगाने के लिए आध्यात्मिक संतुलन विकसित करना अनिवार्य है।

## अध्याय 6. : सतत विकास – उपभोग पर पुनर्विचार

इस अध्याय में, मैं एक पल के लिए ठहरना चाहता था और इस तथ्य को पहचानना चाहता था कि हम स्वभाव से प्रतिस्पर्द्धी हैं और विकास के लिए हम निरंतर प्रयास करेंगे और यथास्थिति को चुनौती देंगे। हमारे व्यक्तिगत, कॉर्पोरेट, सामाजिक – सभी तरह के वर्तमान मानसिक और आर्थिक मॉडल विकास से प्रेरित हैं। हम लगातार बढ़ती ज़रूरतों और इच्छाओं तथा उन्हें पूरा करने की निरंतर दौड़ से प्रेरित होते हैं, हालाँकि, अगर इन्हें अनियंत्रित छोड़ दिया जाए, तो ये नियंत्रण से बाहर हो सकते हैं और हमें किसी रास्ते पर गुम हो सकते हैं। मेरी सिफ़ारिशें सतत विकास के लिए विवेकपूर्ण कार्यों का समूह चलाने के लिए हैं। व्यक्तिगत स्तर पर आध्यात्मिकता और भौतिकवाद को संतुलित करना है; कॉर्पोरेट स्तर पर, हमें ग्राहकों को मुनाफ़े से पहले रखना चाहिए; और, हमारे समाज के स्तर पर, नागरिकों के रूप में हमें सभी के लिए पहल करना और सकारात्मक बदलाव लाना है।

## 1

# नेतृत्व संबंधी मेरी मान्यताएँ[1]

*अगर आपके कार्य, दूसरों को ज़्यादा सपने देखने, ज़्यादा सीखने, ज़्यादा करने, ज़्यादा बनने को प्रेरित करते हैं, तो आप लीडर हैं।*

*—जॉन क्विंसी एडम्स, पूर्व राष्ट्रपति, अमेरिका*

एक सवाल, जो मुझसे अक्सर पूछा जाता है, वह है कि डिजिटल युग में किसी प्रभावी लीडर के लक्षण क्या हैं? मेरा विचार है कि पहले नेतृत्व की बुनियादी बातों की चर्चा करना ज़रूरी है, जो स्थिर रहती हैं। इस अध्याय में, मैं नेतृत्व के कालातीत सिद्धांतों पर अपनी व्यक्तिगत मान्यताओं के बारे गें बता रहा हूँ। ये किसी भी तरह से नेतृत्व के बारे में अंतिम शब्द नहीं हैं, लेकिन ये ऐसे दृष्टिकोण ज़रूर हैं, जो मुझे लगता है कि महत्त्वपूर्ण हैं और जिन्हें मैं जीने की कोशिश करता हूँ।

*नेतृत्व,* **पूरी क्षमता को अर्जित करने में दूसरों की मदद** *करता है। प्रत्येक व्यक्ति में अद्वितीय और प्रचुर क्षमता होती है। लीडर लोगों को चुनौती देकर और वर्तमान योग्यता से परे कार्य करा कर क्षमता को हासिल करने में लोगों की मदद करता है।*

**नेतृत्व फ़र्क़ लाता है।** *यह आपके काम और जीवन के सभी पहलुओं में सकारात्मक और स्थायी प्रभाव पैदा करने के प्रयास के बारे में है। किसी भी स्थिति में यह नहीं पूछें कि आपको क्या मिल रहा है, बल्कि यह पूछें कि आप दे क्या रहे हैं।*

*नेतृत्व* **भविष्य के बारे में आकर्षक दृष्टिकोण** *बनाता है। लीडर के पास एक प्रेरक दृष्टि होनी चाहिए, जो संगठन को लाभान्वित करे और टीम को सामान्य उद्देश्य और दिशा की भावना मुहैया कराए।*

*नेतृत्व* **साहस** *से संबंधित है। लीडर को जोखिम उठाना चाहिए और नए रास्ते पर चलने से नहीं डरना चाहिए। नेतृत्व का अर्थ है – आप वही कहें, जो आप चाहते हैं, और अपनी मान्यताओं के पक्ष में मज़बूती से खड़े हों।*

*नेतृत्व* **विश्वास निर्माण** *की चीज़ है। विश्वास ताक़त बढ़ाने वाला होता है। इसका निर्माण करने का अर्थ है अपने स्वयं के एजेंडे को स्थगित करना, अपनी बात पर आगे बढ़ना और वादों को पूरा करना।*

*नेतृत्व लोगों को* **जोड़ता** *है, लोगों के दिल और दिमाग़ को छूता है। यह सभी स्तरों पर गर्मजोशी और खुलेपन के साथ संवाद करने और जुड़ने के बारे में है। लोगों को अपने लिए आपको देखने और सुनने की ज़रूरत होती है।*

*नेतृत्व का संबंध* **ईमानदारी** *से है, सही काम करने का प्रयास करने से है, ताकि आपके पास एक स्पष्ट विवेक हो और आप अपना सिर ऊँचा रख सकें।*

*नेतृत्व का संबंध* **दिल और दिमाग़ के संतुलन** *से है। इसका संबंध उत्कृष्ट व्यावसायिक परिणाम देने और लोगों के प्रति परानुभूति रखने तथा उनकी परवाह करने वाला लीडर होने से है। लीडर को होशपूर्वक उस संतुलन की खोज करनी चाहिए।*

*नेतृत्व का संबंध* **विनम्रता** *से है। सफलता या पद को अपने सिर पर नहीं चढ़ने देने से है। यह विनम्र रहने और जमीन से जुड़े रहने के बारे में है, जो आपको लोगों का प्यार और सम्मान दिलाएगा। इसका संबंध बेहतर सुनने और बड़ी ग़लतियाँ करने से बचने से है।*

*अंत में, नेतृत्व लोगों की परवाह किए बिना* **स्वयं के विचारों के अनुरूप चलने के बारे में है**। *हम में से प्रत्येक के पास अद्वितीय ताक़त होती है। तो, नेतृत्व का अर्थ है प्रामाणिक होना, अपने अंदर मंथन करना, आत्मनिरीक्षण करना और अपने स्वयं के नेतृत्व मंत्र और शैली को परिभाषित करना।*

नेतृत्व के मूल सिद्धांत नहीं बदलते हैं। मेरा मानना है कि किसी भी लीडर के लिए बुनियादी बातों पर टिके रहना ज़रूरी है। मुझे आशा है कि ये सिद्धांत आपको आपकी नेतृत्व यात्रा के लिए सहायक मार्गदर्शन मुहैया कराएँगे।

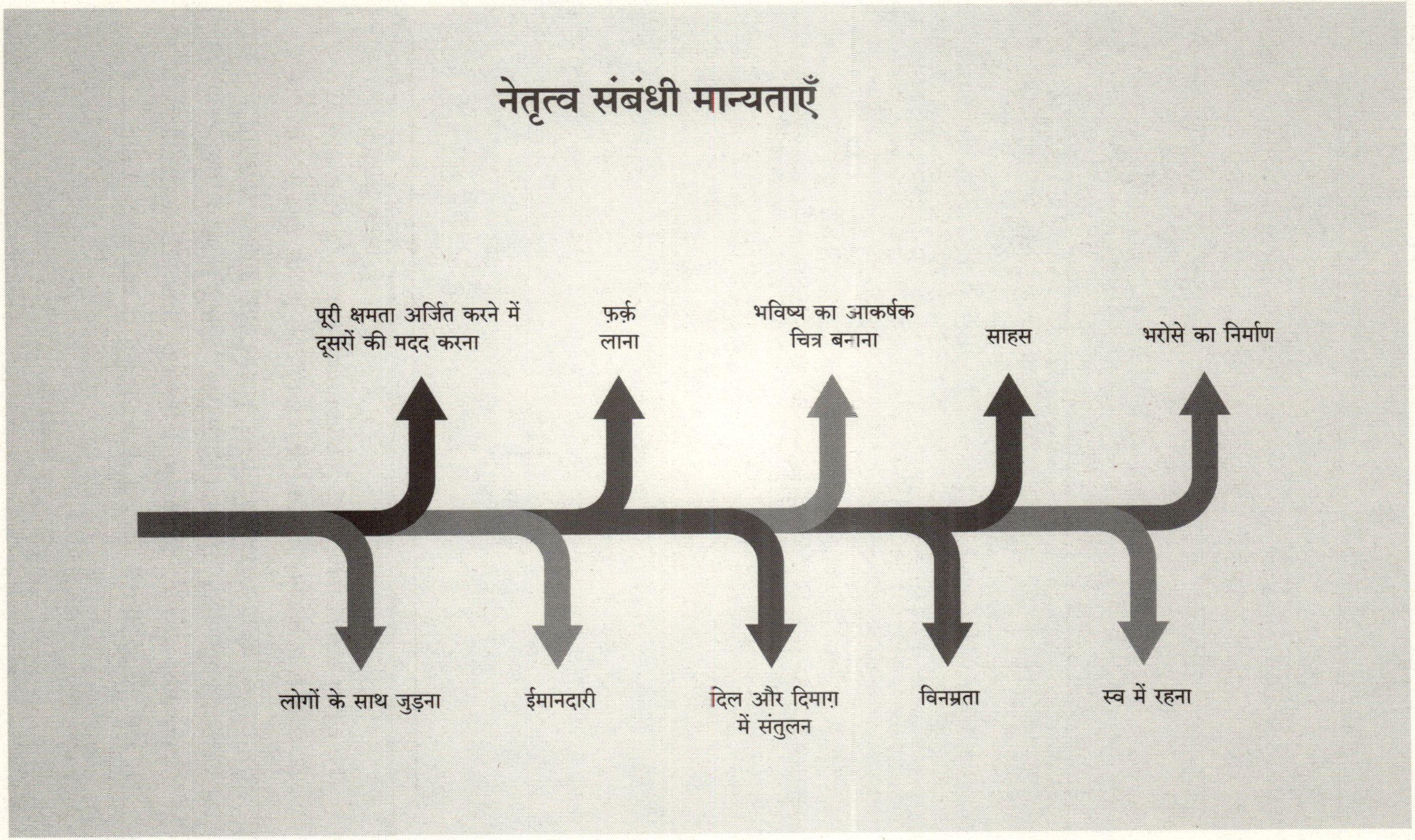

नेतृत्व संबंधी मान्यताएँ
पूरी क्षमता अर्जित करने में दूसरों की मदद करना
फ़र्क़ लाना
भविष्य का आकर्षक चित्र बनाना
साहस
भरोसे का निर्माण
लोगों के साथ जुड़ना
ईमानदारी
दिल और दिमाग़ में संतुलन
विनम्रता
स्व में रहना

## सारांश

- नेतृत्व इन कारकों से निर्देशित होता है– पूरी क्षमता अर्जित करने में दूसरों की मदद करना, फ़र्क़ लाना, भविष्य का आकर्षक चित्र बनाना, साहस, विश्वास निर्माण, कनेक्टिंग, ईमानदारी, दिल और दिमाग़ का संतुलन, विनम्रता और स्वयं के विचारों के अनुरूप चलना।
- ये नेतृत्व के बारे में कोई अंतिम शब्द नहीं हैं, लेकिन ये वे बुनियादी बातें ज़रूर हैं, जिन्हें मैं अहम मानता हूँ और जिनके अनुरूप मैं जीने की कोशिश करता हूँ।

## 2

# महान लीडर दूसरों को कैसे प्रेरित करते हैं : '5 सी' फ़ॉर्मूला![2]

*यह ज़रूरी नहीं कि महानतम लीडर वही हो, जो महानतम कार्य करे। महानतम लीडर वह होता है, जो लोगों से महानतम कार्य करा लेता है।*

*— रोनाल्ड रीगन, पूर्व राष्ट्रपति, अमेरिका*

किसी भी लीडर की असली परीक्षा दूसरों को प्रेरित करने में होती है। डिजिटल युग में लगातार जटिल होती जा रही दुनिया में बेहतरीन परिणाम हासिल करने के लिए आपको संगठन और इसके लोगों को सँभालने से आगे जाने की ज़रूरत है। आपको लोगों को एक ऐसे गहरे स्तर पर छूने की ज़रूरत है, जहाँ से वे अंदर से प्रेरित हो सकें। प्रेरणा वह अमृत है, जो सामान्य सीमाओं से परे जाने और महान परिणाम हासिल करने में व्यक्तियों की मदद करता है। और, यह केवल परिणाम और प्रदर्शन की बात नहीं है। प्रेरणा वह चिंगारी भी है, जो ऊपर उठने और अपनी पूरी क्षमता को हासिल करने में लोगों की मदद करती है। यह पहलू बहुत मूल्यवान है। मेरा मानना है कि दूसरों के लिए किया जाने वाला सबसे बड़ा योगदान पूरी क्षमता को हासिल करने में उनकी मदद करना ही है। वास्तव में, प्रेरित करने की क्षमता किसी लीडर के लिए अच्छे से महान बनने के मार्ग की एक ज़रूरी अनिवार्यता है!

तो, महान लीडर दूसरों को कैसे प्रेरित करते हैं? मैं नीचे '5 **सी**' साझा कर रहा हूँ– कॉज़ (कारण), केयर (परवाह), करेज (साहस), कम्युनिकेशन (संचार) और करेक्टर (चरित्र)। मैंने इन्हें ही महान लीडर्स द्वारा लोगों को प्रेरित करने के लिए इस्तेमाल करते देखा है :

1. **कॉज़ (कारण) :** किसी ऐसे कारण या दृष्टिकोण को पहचानें और उसका समर्थन करें, जो वास्तविक अंतर पैदा करता हो। ऐसा कारण, जो दिनचर्या से परे जाता हो और किसी भावनात्मक राग को छूता हो। ऐसा कारण, जो आज सार्थक हो और बेहतर कल की ओर ले जाए। महान लीडर 'क्यों' यानी उद्देश्य पर ध्यान देते हैं। एक बार जब उद्देश्य स्पष्ट हो जाता है, तो साधन उसका अनुसरण करते हैं। कोई शक्तिशाली उद्देश्य अलग-अलग व्यक्तियों को टीम के रूप में एक साथ लाने में मदद कर सकता है और उन्हें उनकी सीमाओं से परे जाने के लिए प्रेरित कर सकता है।

2. **केयर (परवाह) :** लीडरशिप का अर्थ लीडर नहीं, बल्कि नेतृत्व करना होता है। यह आपके अपने सपनों से संबंधित नहीं होता है, बल्कि दूसरों के मूक सपनों को छूने और जीवन में लाने से जुड़ा होता है। दूसरों के लिए वास्तविक रुचि और परानुभूति विकसित करें, उनके लक्ष्यों और आकांक्षाओं को समझें और उनकी प्रगति में योगदान दें। अपने स्वार्थ को किनारे करें; यह नहीं पूछें कि किसी भी स्थिति से आपको क्या मिल रहा है, बल्कि यह पूछें कि आप उसे क्या दे रहे हैं। जब आप देते हैं, तो आपको बदले में बहुत कुछ मिलता ही है। जब आप अपने स्वार्थ से परे जाते हैं और दूसरों के लिए मायने रखने वाले काम करते हैं, तो आप उनका विश्वास अर्जित कर लेते हैं और ऐसे में वे स्वेच्छा से आपके लिए अतिरिक्त प्रयास करेंगे ही।

3. **करेज (साहस) :** आप दूसरों को तभी प्रेरित कर सकते हैं, जब आप स्वयं प्रेरित हों। अपनी बात पर अमल करें और हाथ में लिए विषय के लिए जुनून रखें। जोखिम उठाएँ और वही कहें, जो आप चाहते हैं। किसी सार्थक कारण को कुछ बाधाओं का सामना करना पड़ेगा। विरोध और चुनौतियाँ किसी लीडर के लिए, उसकी सच्चाई के क्षण की असली परीक्षाएँ होती हैं। आपको अपनी मान्यताओं और अपने लोगों के पक्ष में खड़े होने के लिए मज़बूत रीढ़ की हड्डी (इच्छा शक्ति) की ज़रूरत होती है। मुश्किलों का डटकर मुक़ाबला करना होगा और हार नहीं माननी होगी। यह आपकी विश्वसनीयता के लिए ज़रूरी है। लोग आपके दृष्टिकोण का अवलोकन करेंगे। साहस तथा प्रतिबद्धता का आपका व्यक्तिगत उदाहरण आपके आस-पास के लोगों को प्रज्वलित करेगा।

4. **कम्युनिकेशन (संचार) :** लोगों से सीधे जुड़ें और अपना संदेश पहुँचाएँ। अपने संदेश को प्रसारित करने के लिए केवल औपचारिक चैनलों (जो अक्सर अवैयक्तिक होते हैं) या दूसरों पर निर्भर नहीं रहें। लोगों को आपको ख़ुद देखने और सुनने की ज़रूरत होती है। आपको दिल और दिमाग़ दोनों को छूने की ज़रूरत है। ऐसा होने के लिए, आपका बाहरी रूप नहीं, बल्कि आपकी प्रामाणिकता और इरादा मायने रखता है। अक्सर संवाद करें और गर्मजोशी तथा खुलेपन के साथ करें। इसके अलावा, न केवल बात करें, बल्कि सुनें भी। किसी लीडर के लिए सुनना और भी ज़रूरी है। आप बहुत कुछ सीखेंगे और अन्य लोग सम्मानित महसूस करेंगे। ईमानदारी और धैर्य के साथ सुनें और अपनी बातचीत को अमल में लाएँ।

# महान लीडर्स का दूसरों को प्रेरित करने का 5 सी फ़ार्मूला

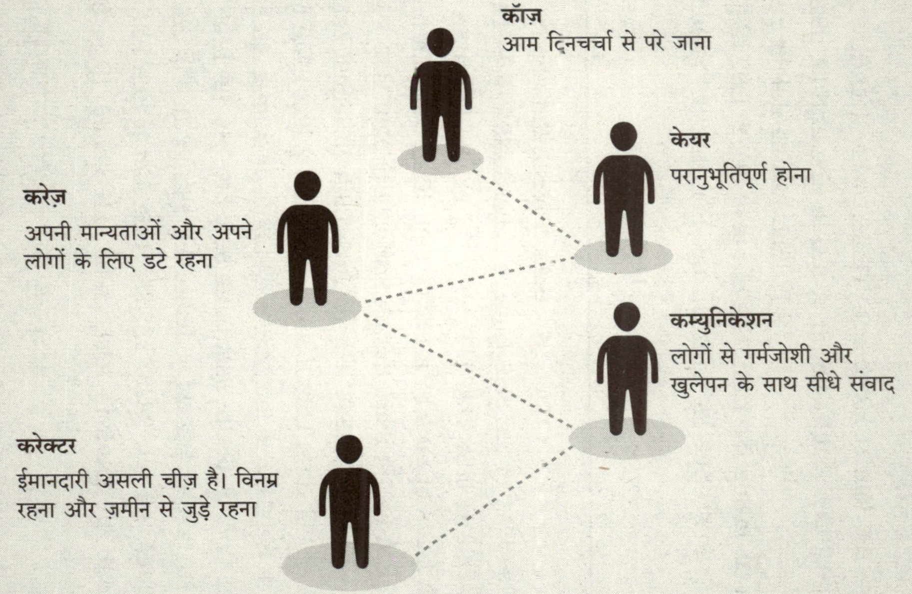

5. **करेक्टर (चरित्र) :** लीडर के रूप में आपके सभी महान कार्य आपकी ओर से नासमझी के किसी क्षण से मटियामेट हो सकते हैं। सत्यनिष्ठा दर्पण के समान है, जिसे एक बार टूट जाने के बाद कभी जोड़ा नहीं जा सकता। हमेशा सही काम करने का प्रयास करें, हालाँकि, यह भी मानें कि इंसान के रूप में हम त्रुटि कर सकते हैं, हमारे अंदर अच्छाई और बुराई दोनों ही हैं। कई महान लीडर इसलिए गिर जाते हैं, क्योंकि वे अहंकारी हो जाते हैं, सुनना बंद कर देते हैं और लोगों से संपर्क खो देते हैं। हमेशा विनम्र रहें और ज़मीन से जुड़े रहें। विनम्रता आपको लोगों से प्यार और सम्मान दिलाएगी। यह आपको बेहतर ढंग से सुनने और बड़ी ग़लतियों से बचने का मौक़ा दिलाएगी।

मुझे उम्मीद है कि ये '5 सी' आपको अपने नेतृत्व कौशल को सुधारने और अपने आस-पास के लोगों को प्रेरित करने में मदद करेंगे। जहाँ मैंने आपके साथ एक फ्रेमवर्क साझा किया है, वहीं मैं इस बात पर भी ज़ोर देना चाहता हूँ कि कोई सही या ग़लत शैली नहीं होती, बल्कि नेतृत्व का अर्थ **अपनी व्यक्तिगत शैली खोजना** होता है। लीडर को प्रामाणिक और अपने प्रति सच्चा होना चाहिए। हम में से हर एक के पास जीवन के अनुभवों के आधार पर अनूठी ताक़त होती है और दुनिया के बारे में अपने विचार होते हैं। दूसरों को प्रेरित करने का आपका फ़ॉर्मूला मेरे बताए फ़ॉर्मूले से बहुत अलग हो सकता है। इसलिए, दूसरों से सीखें, लेकिन अपने अंदर भी गहन मंथन करें और अपना ख़ुद का फ़ॉर्मूला खोजें। यही आपकी सफलता का सबसे अच्छा मौक़ा है। अंत में, याद रखें कि नेतृत्व एक सफ़र है। आप लीडर के रूप में पैदा नहीं हुए हैं, लेकिन आप अपने कार्यों से अपने अंदर के लीडर को बाहर निकालते हैं। इसलिए, लीडर के रूप में अपने कर्म पर ध्यान लगाएँ। ऐसा करने पर आप ख़ुद को एक प्रेरक के रूप में बढ़ता हुआ पाएँगे।

## सारांश

- प्रेरणा वह चिंगारी है, जो ऊँचा उठने और पूरी क्षमता को अर्जित करने में लोगों की मदद करती है। दूसरों के लिए किया जाने वाला सबसे बड़ा योगदान पूरी क्षमता को अर्जित करने में लोगों की मदद करना ही है।
- महान लीडर दूसरों को प्रेरित करने के लिए '5 सी' का इस्तेमाल करते हैं – कॉज़ (कारण), केयर (परवाह), करेज (साहस), कम्युनिकेशन (संचार) और करेक्टर (चरित्र) ।
- नेतृत्व आपकी अपनी व्यक्तिगत शैली खोजने का नाम है। दूसरों को प्रेरित करने का आपका फ़ॉर्मूला मेरे बताए फ़ॉर्मूले से बहुत अलग हो सकता है। इसलिए, दूसरों से सीखें, लेकिन अपने अंदर भी गहन मंथन करें और ख़ुद का फ़ॉर्मूला खोजें।
- आप लीडर के रूप में पैदा नहीं हुए हैं, लेकिन कार्यों से आप अपने अंदर के लीडर को बाहर निकालते हैं। लीडर के रूप में अपने कर्म पर ध्यान लगाएँ। आप ख़ुद को एक प्रेरक के रूप में बढ़ता हुआ पाएँगे।

# 3

# महान लीडर्स कैसे बनाएँ

*किसी लीडर का काम महान विचार देना नहीं होता है, उसका काम तो ऐसा परिवेश देना होता है, जिसमें महान विचार पनप सकें।*

*—साइमन सिनेक, लेखक और मोटिवेशनल स्पीकर*

इस अध्याय में मैं उस विषय के बारे में अपनी अंतर्दृष्टियाँ साझा करना चाहता हूँ, जो मेरे दिल के काफ़ी निकट है–'महान लीडर्स कैसे बनाएँ'।[3]

नेतृत्व को कई स्तरों पर देखा जा सकता है, मसलन– कॉर्पोरेट, व्यक्तिगत, राष्ट्रीय, वैश्विक।

किसी भी स्तर पर, एक सच्चे लीडर में निम्नानुसार झुकाव होने चाहिए:

1. **आसान काम की बजाय सही काम करना :** इसका अर्थ है कि लीडर निर्भय होता है, और अस्पष्ट परिस्थितियों में भी स्पष्ट और साहसिक फ़ैसले लेता है।
2. **व्यक्तिगत लक्ष्यों की बजाय बड़े लक्ष्यों पर ध्यान देना :** इसके लिए नि:स्वार्थ होने की ज़रूरत पड़ती है। लीडर्स एक समान उद्देश्य के लिए जुटने और बड़े लक्ष्य के लिए मिलकर काम करने में अपनी टीमों की मदद करते हैं।
3. **लोगों को तय दिशा से आगे जाने के लिए प्रेरित करना :** इसके लिए लीडर में दीर्घकालिक सोच होनी चाहिए, साथ ही उसे टीम पर भरोसा होना चाहिए, और टीम को उस सोच से आगे जाने की छूट भी देनी चाहिए।

इसलिए, हम ऐसे लीडर्स कैसे तैयार करें, जो निडर, नि:स्वार्थ और विज़नरी हों?मेरी राय यह है:

## हम सभी के अंदर लीडर बनने की क्षमता

शुरुआत मैं अपनी ज़िंदगी के उदाहरण से करता हूँ, मैं बचपन में अंतर्मुखी था और स्कूल में सामान्य स्तर का खिलाड़ी था। जब मैं आईआईटी दिल्ली आया, तो मुझे खेल सचिव चुना गया, जो एक बड़ी ज़िम्मेदारी थी –तब मेरा डर और संकोच धीरे-धीरे दूर होने लगा। इस मौक़े ने मेरे अंदर की अपार ऊर्जा और उत्साह को उन्मुक्त कर दिया और मेरे अंदर के लीडर को बाहर निकाल दिया।

तो, नेतृत्व के बारे में मेरा पहला महत्त्वपूर्ण अहसास यह था कि 'जन्मजात लीडर'होने की बात केवल मिथक है। हम सभी के अंदर नेतृत्व के बीज छिपे होते हैं। हमारी **नेतृत्व क्षमता** को बाहर निकालने के लिए केवल सही शुरुआत और संदर्भ की ज़रूरत होती है। मेरे हिसाब से, किसी लीडर के लिए यही शुरुआती बिंदु होता है। आपको इंसानी क्षमता की व्यापकता पर यक़ीन होना चाहिए और अपने तथा अपने सहकर्मियों की नेतृत्व क्षमता को बाहर निकालने के अवसरों की ताक में लगातार रहना चाहिए।

दूसरा महत्त्वपूर्ण अहसास **विस्तार के अवसरों** को बनाने के महत्त्व के बारे में था– ऐसे कार्यों के बारे में था, जो आपको अपने डर और अवरोधों को दूर करने की चुनौती देते हैं, आपको अपने कंफ़र्ट ज़ोन से परे जाने के लिए मजबूर करते हैं, और आपको आपकी सोच से कहीं ज़्यादा हासिल करवाते हैं ! मैकिंज़ी में अपने शुरुआती दिनों में मैंने व्यक्तिगत रूप से इसका अनुभव किया था। जब मैं मात्र एक फ्रेशर था, तब एक दिन, एक वरिष्ठ साथी ने मुझे एक प्रतिष्ठित वित्तीय संस्थान के सीईओ के साथ बैठक में शामिल होने के लिए कहा। मैं शुरू में झिझक रहा था, लेकिन उसने मुझे क़दम बढ़ाने के लिए मजबूर किया, और मैं अब भी विस्तार के उस अवसर के लिए उनका धन्यवाद करता हूँ। यह अंततः मेरा सिग्नेचर लीडरशिप स्टाइल बन गया है, जो मेरी टीम को उसके विचार से आगे जाने के लिए प्रेरित करता है!!

मेरी तीसरी समझ **पाने के पहले देने** के बारे में थी। मैंने कंसल्टेंट के रूप में मैकिंज़ी को ज्वाइन किया था और बाद में उसके नॉलेज सेंटर (मैक्केसी) का नेतृत्व किया,जो कि उस समय कंसल्टेंट जितना रोमांचक नहीं लग रहा था। अपनी नई भूमिका को लेकर आशंका के बीच, मुझे शीघ्र ही अहसास हुआ कि मेरी टीम भी मेरे प्रति इसी तरह की चिंता कर रही थी। इसके बाद मैंने अपने व्यक्तिगत प्रोफ़ेशनल विकास के बारे में जुनूनी होने की बजाय अपनी टीम के विकास को प्राथमिकता देने का फ़ैसला किया था। 'अल्पकालिक और स्वयं' से 'दीर्घकालिक और अन्य' पर ध्यान केंद्रित करने से टीम में कई युवा सहयोगियों ने लीडर्स के रूप में क़दम बढ़ाया और हमारे नॉलेज सेंटर की अभूतपूर्व वृद्धि हुई। यह नवाचार का केंद्र और कई नई सेवाओं का स्रोत बन गया, जिसने मैकिंज़ी के बिज़नेस मॉडल में क्रांति पैदा कर दी। इस सफलता ने मुझे वरिष्ठ नेतृत्व की स्थिति में विकसित होने में भी सक्षम बनाया, जो अन्यथा संभव नहीं होता।

## महान लीडर्स तैयार करने के पाँच मंत्र

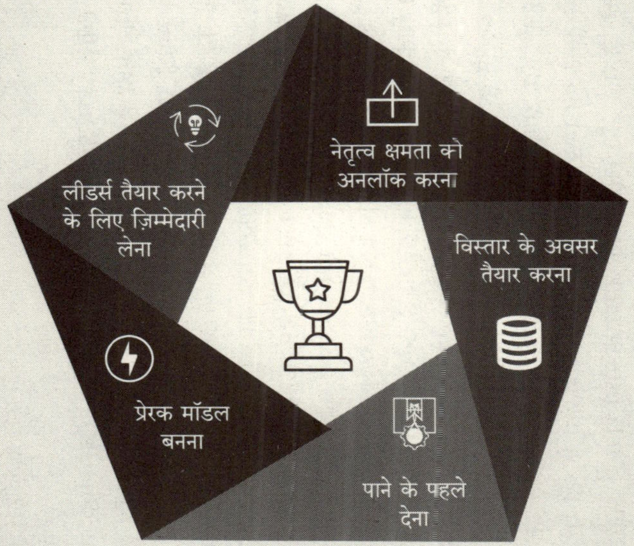

मेरा आख़िरी निष्कर्ष यह था कि लीडर बनाने के लिए, आपको ख़ुद से शुरुआत करनी चाहिए और **प्रेरक रोल मॉडल** बनना चाहिए। दूसरों को प्रेरित करने के लिए आपको ख़ुद प्रेरित होना पड़ेगा। हमारे व्यक्तिगत मूल्य और कार्य हमारे आस-पास के लोगों को प्रभावित करने का सबसे शक्तिशाली तरीक़ा होते हैं। नेतृत्व कोई ऐसी चीज़ नहीं है, जिसे आप नक़ली तरीक़े से बना सकते हों, **यह वही है, जो आप हैं।** यदि आप प्रभाव डालने की स्थिति में हैं, तो लोग हमेशा आपको देख रहे होते हैं। प्रामाणिक होना और तनाव के क्षणों में भी अपने मूल्यों के अनुरूप रहना ज़रूरी है। लीडर 'सत्य के पलों' को कैसे सँभालते हैं, इसी से महान लीडर का निर्माण होता है। मुझे आईआईटी में और फिर अपने पूरे करियर में कुछ महान लीडर्स को देखने और उनके साथ काम करने का सौभाग्य मिला है। उन्होंने मुझ पर गहरा प्रभाव डाला है और एक लीडर के रूप में मेरे विकास को बड़े पैमाने पर आकार दिया है।

लीडर्स के रूप में यह हमारी ज़िम्मेदारी है कि हम अधिक से अधिक लीडर तैयार करें, हालाँकि यह सफ़र आसान नहीं है। कई समस्याएँ हमें पीछे खींचती हैं, और हम अपना रास्ता भटक सकते हैं। हमारी प्रवृत्ति अक्सर व्यवस्था की आलोचना करने और केवल समस्याओं पर ध्यान देने की होती है। मेरा मानना है कि आज के युवाओं के रूप में हमारे पास बड़ी मात्रा में मानव ऊर्जा है, जो अभिव्यक्ति पाने का इंतज़ार कर रही है। केवल ऊपर से नीचे की क्रियाओं का इंतज़ार करने के बजाय हमें इस ऊर्जा को उर्ध्वगामी दृष्टिकोण के साथ बाहर निकालने की ज़रूरत है। ज़मीनी स्तर पर पहल करना शुरू करें और 'वह बदलाव' बनने की कोशिश करते रहें, जो आप देखना चाहते हैं। छोटी-छोटी क्रियाएँ, जब काफ़ी समय तक जारी रहती हैं, तो बड़ी बन सकती हैं और दृश्यता तथा रफ़्तार हासिल कर सकती हैं। इससे शीर्ष पर बैठे लोगों के भी अस्थिर होने की संभावना अधिक होती है और वे यथास्थिति को बदलने के लिए मजबूर होंगे।

युवाओं में जो ऊर्जा और क्षमता मुझे दिखती है, उसे लेकर मैं बहुत उत्साहित हूँ। अगर हमारी पीढ़ी अपने टैलेंट को निखारने के लिए कुछ कर सकती है, तो मुझे विश्वास है कि हम इस युवा पीढ़ी के कई और लीडर्स को जीवन के सभी क्षेत्रों में आगे बढ़ते हुए देखेंगे।

## सारांश

- किसी सच्चे लीडर में तीन महत्त्वपूर्ण गुण होने ज़रूरी हैं – आसान काम की बजाय सही काम करना (निडरता), व्यक्तिगत लक्ष्यों की बजाय बड़े लक्ष्यों पर ध्यान देना (नि:स्वार्थ होना), टीम को अपनी दिशा से आगे जाने के लिए प्रेरित करना (विज़न)।
- लीडर्स तैयार करने में आपकी मदद करने वाली पाँच मान्यताएँ और कार्य –
    - इंसानी क्षमता की व्यापकता में यक़ीन होना चाहिए और अपने तथा अपने सहकर्मियों की नेतृत्व क्षमता को बाहर निकालने के अवसरों की ताक में लगातार रहना चाहिए।
    - अपने इर्द-गिर्द लोगों के लिए विस्तार के ऐसे अवसर तैयार करें, जो उन्हें आपके डर और संकोचों से उबरने की चुनौती दें और उन्हें अपने कंफ़र्ट जोन से आगे जाने को मजबूर करें।
    - पाने से पहले देने का दृष्टिकोण विकसित करें। 'अल्पकालिक और स्वयं' से 'दीर्घकालिक और नि:स्वार्थ सेवा' पर ध्यान केंद्रित करने से शानदार वृद्धि होगी।
    - अंत में, लीडर तैयार करने के लिए अपने आप से शुरुआत करें, और प्रेरक मॉडल बनें।
- आज के युवाओं में बहुत सारी अप्रयुक्त ऊर्जा है। हमें केवल ऊपर से नीचे की क्रियाओं का इंतज़ार करने के बजाय इस ऊर्जा को उर्ध्वगामी दृष्टिकोण के साथ बाहर निकालने की ज़रूरत है।

# 4

# द्वैत में महारत हासिल करना : लीडर्स के लिए डिजिटल युग में सफल होने का प्रमुख कौशल

*द्वैत हमारी ज़िंदगी का हिस्सा उसी तरह से है, जिस तरह से हमारे पास दो आँखें और दो पैर होते हैं।*

*—कार्लोस सेंटाना, संगीतकार*

वूका जगत ने लीडर्स के सामने जो चुनौतियाँ पेश की हैं, उनमें से ज़्यादातर के बारे में पिछले अध्यायों में बताया जा चुका है, लेकिन यह चुनौती विशेष रूप से अलग है। मेरे अनुभव में, लीडर्स के लिए एक ही समय में विरोधाभासों या परस्पर विरोधी प्रतीत होने वाले उद्देश्यों का प्रबंधन करना सर्वाधिक महत्त्वपूर्ण आवश्यकता है।

दिन/रात, सर्दी/गर्मी, पुरुष/महिला जैसे विपरीत मूल्य प्रकृति में पूरक और सह-अस्तित्व वाले होते हैं। और व्यवसाय में भी कोई अलग स्थिति नहीं है। डिजिटल युग में लीडर्स को कई परस्पर विरोधी उद्देश्यों का सामना करना पड़ता है, या जिन्हें मैं 'द्वैत' कहना पसंद करता हूँ। यद्यपि विपरीत मूल्य पूरक होते हैं, लेकिन उनसे निपटना निश्चित रूप से आसान नहीं होता है। लीडर्स के रूप में हम प्राथमिकताएँ विकसित करते हैं, काम करने के एक विशेष तरीक़े में फँस जाते हैं, और इस प्रकार पूरक मूल्यों के केवल एक पहलू पर ध्यान देने लगते हैं। कुछ मामलों में, पूरकता से निपटने का हमारा तरीक़ा विरोधी मूल्यों के बीच किसी तरह तालमेल बैठाने का होता है। मेरा मानना यह है कि पूरक मूल्य या परस्पर विरोधी उद्देश्य डिजिटल युग की ऐसी आंतरिक विशेषता है, जिसमें लीडर्स को दुविधा से परे जाने और द्वैत के साथ काम करने में महारत हासिल करने की ज़रूरत होती है, ताकि दोनों मूल्यों पर जीत हासिल हो सके।

विरोधाभासी उद्देश्यों के कुछ उदाहरण यहाँ दिए जा रहे हैं, जिनमें अक्सर लीडर्स को संतुलन बनाने में कठिनाई आती है :

- **अल्पकाल बनाम दीर्घकाल :** बदलाव की उच्च रफ़्तार और व्यवसाय तथा उत्पाद चक्रों के सिकुड़ने से अल्पकाल पर ज़्यादा ध्यान देने की माँग पैदा होती है, हालाँकि, समानांतर रूप से, अगर आप दीर्घकाल में निवेश नहीं करते हैं, तो आपका भविष्य सही नहीं होगा। इसके अलावा, अल्पकाल और दीर्घकाल समानांतर रास्ते नहीं है, उन्हें एक दूसरे से जुड़ने की ज़रूरत होती है। अनेक लीडर या तो अल्पकाल या दीर्घकाल के जाल में फँस जाते हैं, और दोनों के बीच संतुलन बनाने में दिक़्क़त महसूस करते हैं।
- **निष्पादन बनाम रणनीति :** हमने इस किताब में पहले देखा है कि परंपरागत रणनीति-से-निष्पादन का चक्र वूका जगत में पलट चुका है, और अब निष्पादन पर पहले से कहीं ज़्यादा ज़ोर है। हालाँकि, निष्पादन से बिंदुओं को जोड़ना और रणनीति में स्पष्टता का विकास करना महत्त्वपूर्ण होता है। रणनीति से निष्पादन अब रैखिक नहीं रह गया है, बल्कि पुनरावर्ती हो गया है, इसलिए दोनों के बीच निर्बाध संतुलन बनाना पहले से ज़्यादा महत्त्वपूर्ण हो गया है।
- **वृद्धि बनाम लाभप्रदता :** यह एक पारंपरिक समस्या है - डिजिटल युग में संतुलन बनाना और भी कठिन होता जा रहा है। राजस्व वृद्धि और लाभप्रदता उद्यम-मूल्य सृजन के दोहरे स्तंभ हैं, हालाँकि, दोनों को एक साथ सँभाल पाना आसान नहीं होता है। राजस्व वृद्धि के लिए आम तौर पर निवेश की ज़रूरत होती है, जिससे आपकी लाभप्रदता प्रभावित होती है। यह तब और भी चुनौतीपूर्ण हो जाता है, जब मूल्य निर्धारण दबाव और बढ़ती लागत के कारण कई क्षेत्रों में लाभप्रदता पहले से ही ख़तरे में हो। इसलिए, व्यवसाय जगत के लीडर्स के लिए दोहरी जीत का ऐसा फ़ॉर्मूला विकसित करना एक बड़ी चुनौती है, जो एक ही समय में विकास और लाभप्रदता को बढ़ा सके।
- **ग्राहक बनाम कर्मचारी :** ग्राहक किसी भी व्यवसाय का आधार होते हैं, और अत्यधिक प्रतिस्पर्द्धा और प्रचुर विकल्पों की विशेषता वाले डिजिटल युग में, ग्राहक-केंद्रितता और भी महत्त्वपूर्ण हो जाती है। ग्राहकों की ख़ुशी के लिए कर्मचारियों को अतिरिक्त प्रयास करने की ज़रूरत होगी, लेकिन अगर आप सावधान नहीं हैं, तो इससे आपके कर्मचारी मिशन को हानि हो सकती है। मेरा मानना है कि डिजिटल युग में दोहरा मिशन होना ज़रूरी है, जिसमें ग्राहक और कर्मचारी दोनों को ध्यान में रखा जाए। आपको एक ही समय में ग्राहक-केंद्रित और कर्मचारी-केंद्रित होना चाहिए। और, यदि आप दो धुरियों (ग्राहकों और कर्मचारियों) को अच्छी तरह से संतुलित करते हैं, तो आप अपने व्यवसाय के लिए बेहतरीन चक्र बना सकते हैं।
- **बिक्री बनाम डिलीवरी :** बिक्री और डिलीवरी के लिए अलग-अलग मानसिकताओं की ज़रूरत होती है। बिक्री का तात्पर्य अक्सर किसी वादे को बेचने से होता है,

जबकि डिलीवरी इसे घटित होने से संबंधित है। बिक्री अक्सर आक्रामक होती है, और डिलीवरी रूढ़िवादी होती है। यदि आप ओवरसेल करते हैं, तो आप डिलीवरी में गड़बड़ी कर जाएँगे। साथ ही, यदि आपका वादा बहुत रूढ़िवादी है, तो आप शायद कुछ भी नहीं बेच पाएँगे!!

- **गुणवत्ता बनाम रफ़्तार :** तेज़ रफ़्तार से वाहन चलाने पर दुर्घटना की आशंका बढ़ जाती है। इसी तरह से, व्यवसाय में भी रफ़्तार पर ज़्यादा ज़ोर देने से गुणवत्ता में समझौता करना पड़ सकता है। इसका एक बेहतरीन उदाहरण भर्ती में देखने को मिलता है: जल्दबाजी में भर्ती करने पर कैंडिडेट की गुणवत्ता और अनुभव, दोनों में समझौता करना पड़ सकता है। रफ़्तार डिजिटल युग की निर्धारक विशेषता है, लेकिन रफ़्तार से परिचालन करते समय उच्च गुणवत्ता सुनिश्चित करने का फ़ार्मूला तैयार करना अनिवार्य है।
- **डेटा बनाम अंतर्ज्ञान :** इस किताब में हमने कई जगहों पर इस बारे में बात की कि किस तरह से मात्रा, विविधता और रफ़्तार के हिसाब से डेटा का विस्फोट हो रहा है। डेटा विज्ञान और एआई के साथ मिलकर यह अधिक तथ्याधारित निर्णय लेने को सक्षम बनाता है, हालाँकि, अंतर्ज्ञान की भूमिका ख़त्म नहीं होती, बल्कि और महत्त्वपूर्ण हो जाती है। अंतर्ज्ञान रचनात्मकता और प्रतिस्पर्द्धात्मक लाभ का स्रोत होता है। सवाल यह है कि आप एक ही समय, तर्क और अंतर्ज्ञान, दोनों का विकास कैसे कर लेते हैं?
- **इंसान बनाम मशीन :** इसके मशाल वाहक के रूप में आर्टिफ़िशल इंटेलिजेंस की अगुवाई में तकनीक की निरंतर प्रगति, कई नौकरियों और प्रक्रियाओं को नए स्वरूप की ओर ले जा रही है। सवाल यह है कि आने वाले कल की नौकरियों और प्रक्रियाओं को डिज़ाइन करने वाले लीडर मशीन (तकनीक) और इंसान (मानव क्षमताओं) दोनों की पूरक क्षमताओं को कैसे समझ सकते हैं और कैसे शामिल कर सकते हैं? मेरा दृढ़ विश्वास है कि यह अथवा का नहीं, बल्कि और का अवसर है।
- **उत्पाद बनाम सेवाएँ :** तकनीक में, उत्पादों और सेवाओं के बीच विभाजन हो गया है। ये आम तौर पर अलग-अलग व्यवसाय मॉडल होते हैं और इनके लिए अलग-अलग मानसिकता की ज़रूरत होती है तथा आमतौर पर इनकी डिलीवरी अलग-अलग प्रकार की कंपनियों द्वारा किया जाता है, हालाँकि, उत्पादों और सेवाओं के बीच की सीमा धुँधली हो रही है। कई सेवा कंपनियाँ उत्पाद/बौद्धिक संपदा क्षमताओं का विकास कर रही हैं, जबकि उत्पाद कंपनियाँ ग्राहक-विशिष्ट अनुकूलन की ज़रूरत महसूस कर रही हैं।
- **इनपुट बनाम आउटपुट :** व्यावसायिक लीडर्स, विशेष रूप से सार्वजनिक कंपनियों को चलाने वालों को उनके आउटपुट, उदाहरण के लिए, वित्तीय परिणाम और शेयर बाज़ार के प्रदर्शन - के आधार पर मापा जाता है - और इस पर उनका काफ़ी ध्यान रहता है, हालाँकि, अगर सही इनपुट - मसलन, क्षमताओं, टैलेंट और संस्कृति में निवेश - पर ध्यान नहीं दिया जाता है, तो उच्च गुणवत्ता वाले आउटपुट को बनाए

## द्वैत पर महारत हासिल करना–डिजिटल युग में सफल होने के लिए लीडर्स का प्रमुख कौशल

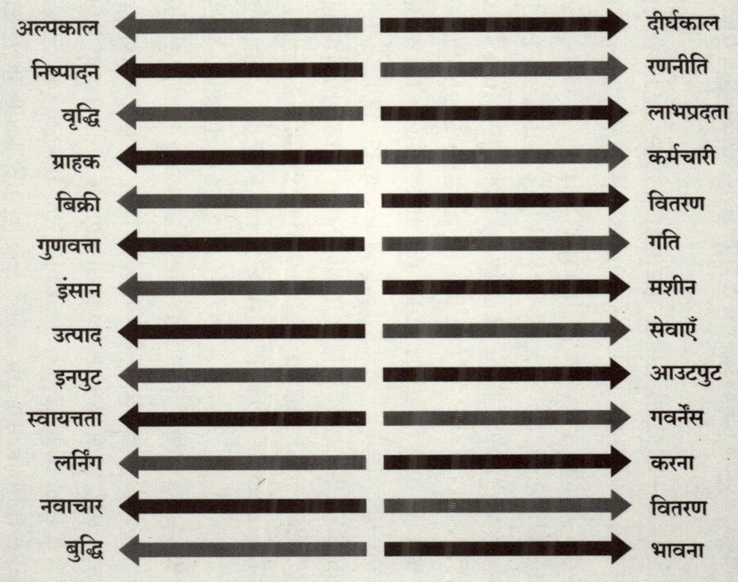

रखना मुश्किल होगा। साथ ही, यदि आपके प्रयास (इनपुट) मन (आउटपुट) में किसी स्पष्ट विचार से नहीं जुड़े हैं, तो आप अपने रास्ते से भटक सकते हैं।

- **'कुछ जानना' बनाम 'किसी को जानना':** ज़्यादातर व्यावसायिक लीडर्स की एक प्रभावी शैली होती है, जो या तो संबंध चालित होती है, या सामग्री चालक। मेरा मानना है कि यह अब कोई विकल्प नहीं रह गया है। डिजिटल युग में, लीडर्स के लिए दोनों कौशल महत्त्वपूर्ण हो गए हैं।
- **स्वायत्तता बनाम गवर्नेंस :** डिजिटल युग की तेज़ गति का मतलब है कि पारंपरिक कमांड-ऐंड-कंट्रोल स्ट्रक्चर काम नहीं कर सकते हैं। निर्णय लेने और कार्रवाई की गति सुनिश्चित करने के लिए, आपको संगठन के तमाम स्तरों पर स्वायत्तता की ज़रूरत होती है। साथ ही शासन और जोखिम प्रबंधन की ज़रूरत समाप्त नहीं होती है। आप एक ही समय में स्वायत्तता और शासन को कैसे संतुलित करते हैं?
- **लर्निंग बनाम डूइंग :** डिजिटल युग में परिवर्तन की गतिशील प्रकृति और उच्च गति निरंतर सीखना अनिवार्य बनाती है। साथ ही, कार्रवाई के लिए पूर्वाग्रह होना ज़रूरी हो जाता है। सीखने और करने में एक-दूसरे को रोकना पड़ सकता है, लेकिन दोनों के बीच सही संतुलन तलाशना ज़रूरी है।
- **नवाचार बनाम डिलीवरी :** डिजिटल युग में नवाचार सफलता के प्रमुख कारकों में से शामिल है, हालाँकि, परिभाषा के अनुसार नवाचार का अर्थ रचनात्मकता, प्रयोग और जोखिम उठाना है। दूसरी ओर, उच्च-गुणवत्ता वाली डिलीवरी के लिए आमतौर पर पूर्वानुमेयता और निरंतरता की ज़रूरत होती है। अक्सर, नवाचार और डिलीवरी के लिए दो अलग-अलग मानसिकताओं की ज़रूरत पड़ती है। दोनों को एक साथ सँभालना पहले से कहीं ज़्यादा महत्त्वपूर्ण हो गया है।
- **बुद्धि बनाम भावना :** दिमाग़ और दिल के बीच की लड़ाई सर्वकालिक है। हम में से ज़्यादातर लोगों की एक प्रभावी शैली होती है। डिजिटल युग में नेतृत्व की परस्पर विरोधी ज़रूरतों का तात्पर्य है कि सभी अधिकारियों को अपने आईक्यू और ईक्यू को समान रूप से विकसित करने और इस्तेमाल करने की ज़रूरत है। किसी लीडर के लिए बुद्धि और भावना का संतुलन, दिल और दिमाग़ का संतुलन पहले से कहीं अधिक महत्त्वपूर्ण हो गया है।
- **आध्यात्मिकता बनाम भौतिकवाद :** अत्यधिक उन्मादी और अस्थिर दुनिया में, अराजकता के बीच शांति पाने में सक्षम होना बेहद ज़रूरी होता है। जब बाहर बहुत कुछ हो रहा होता है, तो अपने अंदर गहराई में जाने और ख़ुद को बाँधे रखने में सक्षम होना और भी ज़रूरी हो जाता है। इसमें कोई आश्चर्य की बात नहीं है कि ध्यान या चिंतन व्यक्तिगत दायरे से आगे बढ़ रहा है और कार्यस्थल पर, यहाँ तक कि बोर्डरूम में भी इसकी स्वीकार्यता बढ़ रही है। जहाँ आध्यात्मिकता और भौतिकवाद एक-दूसरे के विपरीत लग सकते हैं, वहीं मेरा दृढ़ विश्वास है कि आज हम जिस सनकी वूका जगत में रहते हैं, उसमें लीडर्स के सफल होने के लिए मज़बूत आध्यात्मिक तत्व होना ज़रूरी है।

## द्वैत को सँभालने तथा विरोधाभासी उद्देश्यों से निपटने के पाँच तरीक़े

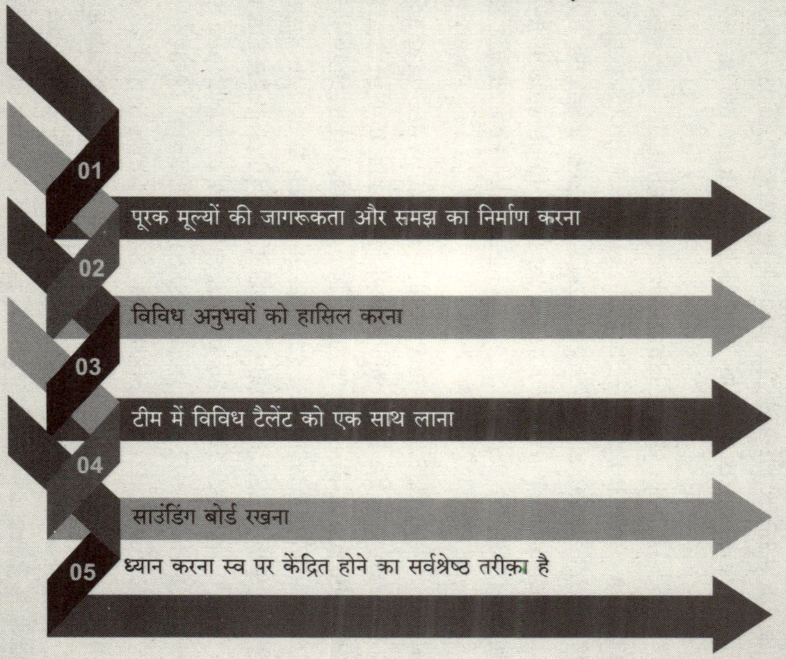

यहाँ जिन पूरक मूल्यों के समूहों की चर्चा की गई है, उनकी एक लंबी सूची है। और यह डिजिटल युग में लीडर्स के समक्ष परस्पर विरोधी उद्देश्यों का एक नमूना है! द्वैत या दोहरापन तो है। अब सवाल यह है कि लीडर परस्पर विरोधी उद्देश्यों को सँभालने की अपनी क्षमता में सुधार कैसे कर सकते हैं? अपने अनुभव के आधार पर मेरे पास पाँच सुझाव हैं :

1. **पूरक मूल्यों के बारे में जागरूकता और समझ** का निर्माण करें, और यह अहसास करें कि आपको दोनों में महारत हासिल करनी है। आपको दुविधा के लिए समझौता करने की ज़रूरत नहीं है, दोनों में जीत के समाधान संभव हैं।
2. **कई प्रकार के अनुभव** हासिल करें, जो आपकी विश्वदृष्टि को विस्तृत करते हों और आपको वास्तविकता के तमाम पहलुओं की समझ देते हों।
3. **टीम में विविध प्रतिभाओं को एक साथ लाएँ,** हालाँकि किसी लीडर के लिए पूरक मूल्यों की श्रंखला में महारत हासिल करना वांछनीय है, लेकिन ऐसा करना आसान नहीं हो सकता है। विविध पृष्ठभूमि और अनुभवों वाले टैलेंट को साथ लाने से टीम के रूप में पूरक मूल्यों को एक जगह लाने में मदद मिल सकती है।
4. **साउंडिंग बोर्ड रखना**–हमारी निजी ज़िंदगी में, जीवन साथी हमारा पूरक होता है। वह केवल विचार नहीं व्यक्त करता, बल्कि हमें अक्सर आईना भी दिखाता है और हमें ज़िंदगी की वृहद तसवीर देखने में मदद करता है। इसी तरह से प्रोफ़ेशनल ज़िंदगी में एक भरोसेमंद साउंडिंग बोर्ड होना ज़रूरी है, फिर चाहे वह कोई मार्गदर्शक हो या कोई सहकर्मी हो, जो हमें हमारे पूर्वाग्रह से आगे जाने, और वृहद तसवीर देखने में मदद कर सके।
5. **ध्यान का अभ्यास करना**–अपने आपको एकाग्र करने का यह बेहतरीन तरीक़ा है। पूरक मूल्यों के साथ चुनौती यह है कि हम चरम सीमाओं में फँसे रह जाते हैं। ध्यान अपने आप को एकाग्र करने का शानदार तरीक़ा है। मैंने अपने व्यक्तिगत अनुभव में देखा है कि ध्यान का अभ्यास किसी भी जटिल स्थिति में स्पष्टता प्रदान करता है और आपको सभी परिस्थितियों में समाधान पाने में मदद करता है।

जटिलता डिजिटल युग की परिभाषित विशेषता है, जो कई परस्पर विरोधी उद्देश्यों को सामने रखकर लीडर्स को भ्रमित करती है। इसलिए, डिजिटल युग में सफल होने के वास्ते लीडर्स के लिए द्वैत में महारत हासिल करना महत्त्वपूर्ण कौशल होता है। यह नेतृत्व के काम को अधिक कठिन बनाता है, लेकिन जो लोग द्वैत के विभिन्न पहलुओं में महारत हासिल करने में सक्षम होंगे, वे प्रोफ़ेशनल और इंसान, दोनों के रूप में परिपक्वता के एक अलग ही स्तर तक बढ़ेंगे।

## सारांश

**लीडर्स के लिए एक ही समय में विरोधाभासों या परस्पर विरोधी प्रतीत होने वाले उद्देश्यों का प्रबंधन करना डिजिटल युग में सर्वाधिक महत्त्वपूर्ण चुनौती है। लीडर्स को दुविधाओं से बाहर निकलना और जीत की स्थितियाँ विकसित करना सीखने की ज़रूरत है।**

- **विरोधाभास के कुछ उदाहरणों में शामिल हैं**–अल्पकाल बनाम दीर्घकाल, निष्पादन बनाम रणनीति, वृद्धि बनाम लाभप्रदता, ग्राहक बनाम कर्मचारी, बिक्री बनाम डिलीवरी, गुणवत्ता बनाम रफ़्तार, डेटा बनाम अंतर्ज्ञान, इंसान बनाम मशीन, उत्पाद बनाम सेवाएँ, इनपुट बनाम आउटपुट आदि।
- **लीडर्स को विभिन्न नेतृत्व कौशलों के बीच संतुलन बनाने की ज़रूरत होती है**, जिसमें – 'कुछ जानना' बनाम 'किसी को जानना', स्वायत्तता बनाम गवर्नेंस, लर्निंग बनाम डूइंग, नवाचार बनाम डिलीवरी, बुद्धि बनाम अंतर्ज्ञान, आध्यात्मिकता बनाम भौतिकवाद शामिल हैं।
- अंततः, द्वैत या दोहरेपन के विवाद से निपटने के लिए पाँच दृष्टिकोण लीडर्स की मदद करेंगे। इनमें शामिल हैं :
    - **पूरक मूल्यों के बारे में जागरूकता और समझ** का निर्माण करना।
    - **तमाम तरह के अनुभव** हासिल करना, जो वैश्विक दृष्टिकोण और समझ को व्यापक बनाएँ।
    - द्वैत या दोहरेपन के प्रबंधन के लिए टीम में **विविध तरह की प्रतिभाओं को साथ लाएँ।**
    - भरोसेमंद मार्गदर्शक या सहयोगी रखें, जो साउंडिंग बोर्ड बन सकें, जो पूर्वाग्रहों से आगे तथा वृहद तसवीर देखने में आपकी मदद कर सकें।
    - **अपने को एकाग्र करने के लिए ध्यान लगाएँ।**

# 5

# आध्यात्मिक संतुलन – आज के डिजिटल युग की आवश्यकता

*हम में से ज़्यादातर लोग तनाव महसूस करते हैं और व्यग्र हो जाते हैं। ऐसा इसलिए नहीं होता कि हम बहुत काम सँभाल रहे हैं, बल्कि ऐसा इसलिए होता है कि हम उस पर बहुत कम ख़र्च कर रहे हैं, जो वास्तव में हमें मज़बूत करता है।*

*—मार्कस बकिंघम, लेखक, फ़र्स्ट ब्रेक ऑल रूल्स*

हम डिजिटल प्रलय और अति-उपभोक्तावाद के युग में रह रहे हैं, जिसमें कई आकर्षण और प्रलोभन हैं। हम सदैव सफलता के बाहरी जाल - धन, संपत्ति, शक्ति और पद के पीछे भागते रहते हैं, हालाँकि, यह एक जाल ही है। हम इच्छाओं और अपेक्षाओं के सतत चलने वाली ट्रेडमिल पर दौड़ रहे हैं। हम जितनी तेज़ी से दौड़ते हैं और हमें जितनी सफलता मिलती है, उतनी ही हमारी इच्छाएँ बढ़ती जाती हैं और ट्रेडमिल ज़्यादा तेज़ी से चलने लगती है। जब तक हम अपेक्षाओं की ट्रेडमिल पर हैं, तब तक हमें सच्ची शांति और ख़ुशी कभी मिल ही नहीं सकती है। हम जितना तेज़ भागते हैं, उतना ही ज़्यादा तनाव पैदा होता है। आख़िरकार, हम थक जाते हैं और अपनी ऊर्जा खो देते हैं, और फिर किसी यांत्रिक रोबोट की तरह जीवन की गतियों से गुज़रना शुरू कर देते हैं।

हम असाधारण रूप से जिस डिजिटल और परस्पर जुड़ी दुनिया में रहते हैं, उससे तनाव और थकान की यह स्थिति और ख़राब होती जा रही है। कई गैजेट्स, 24x7 कनेक्टिविटी और सोशल मीडिया -फ़ेसबुक, ट्विटर आदि के इस युग में, हम लगातार उत्तेजना और भटकाव का सामना करते हैं। हम हमेशा लगे रहते हैं और निरंतर रेस्पॉन्स मोड में रहते हैं। हमें मिलने वाली सूचनाओं की बाढ़ और प्रतिक्रिया की माँग हमारे तनाव को

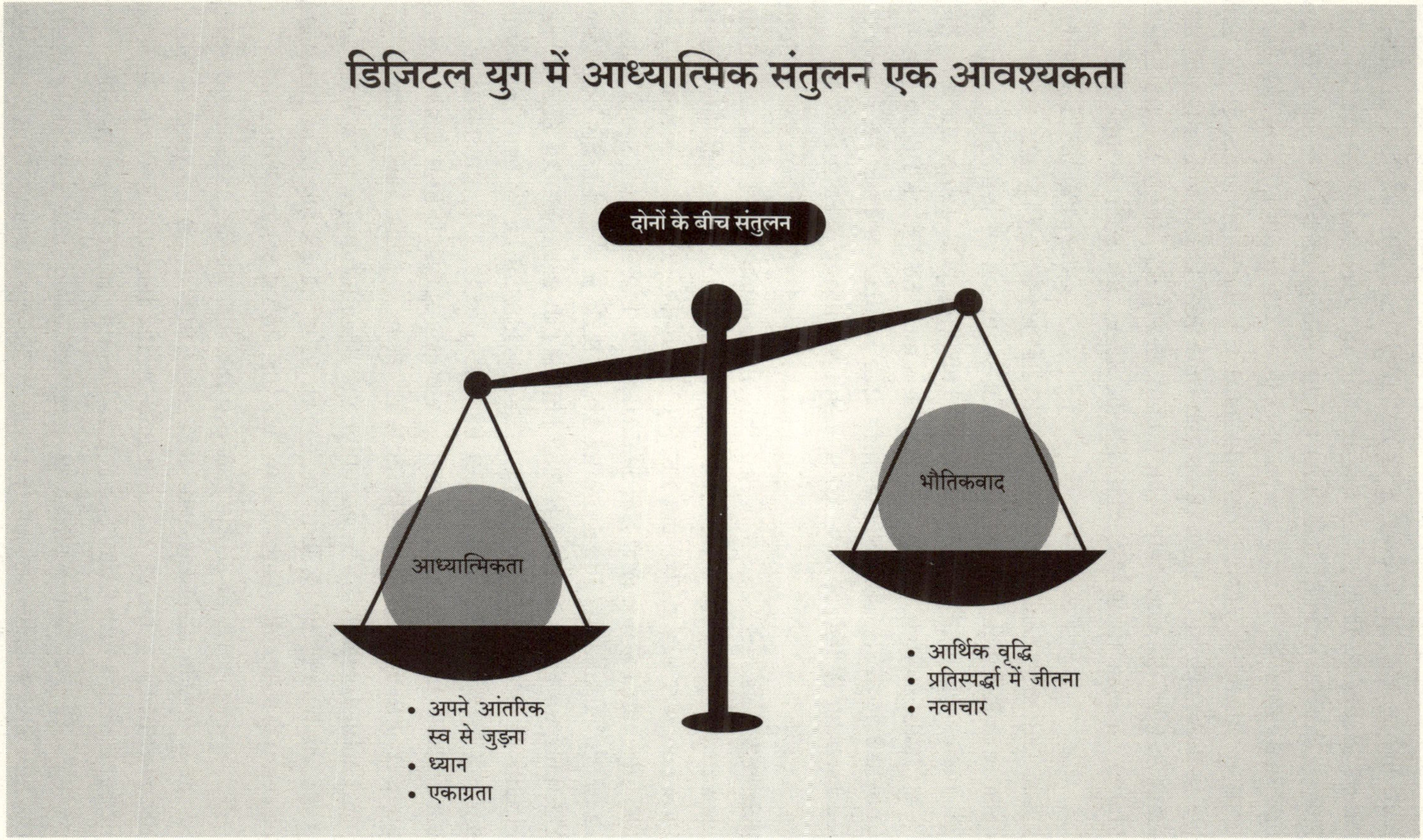
डिजिटल युग में आध्यात्मिक संतुलन एक आवश्यकता
दोनों के बीच संतुलन
आध्यात्मिकता
भौतिकवाद
• अपने आंतरिक स्व से जुड़ना
• ध्यान
• एकाग्रता
• आर्थिक वृद्धि
• प्रतिस्पर्द्धा में जीतना
• नवाचार

और बढ़ा देती है। लगातार एक्शन मोड में रहने से भी हमें चिंतन-मनन के लिए समय नहीं मिलता है। नतीजतन, हमारे निर्णयों और कार्यों की गुणवत्ता प्रभावित होती है।

तनाव का स्तर बढ़ रहा है, और लोग पहले से कहीं अधिक गंभीर स्वास्थ्य समस्याओं का सामना कर रहे हैं। सहिष्णुता और परानुभूति में गिरावट आ रही है, जिससे संघर्ष और टकराव के संबंध बन रहे हैं। हमारा नैतिक ताना-बाना और एकता कमज़ोर हो रही है, जिसके परिणामस्वरूप भ्रष्टाचार और अपराध में भारी वृद्धि हो रही है।

यदि वर्तमान स्थिति में गिरावट जारी रही, तो यह व्यक्ति और समाज दोनों के लिए विनाशकारी होगा। यदि हम इस प्रवृत्ति को उलटना चाहते हैं और किसी पवित्र चक्र में जाना चाहते हैं, तो हमें आध्यात्मिकता और भौतिकवाद के बीच संतुलन तलाशना होगा।

अध्यात्म हमारे आंतरिक स्व से जुड़ने की प्रक्रिया है। आज के तेज़ी से भागते डिजिटल युग में सच्ची शांति और ख़ुशी पाने के लिए यह ज़रूरी है कि हम आध्यात्मिकता की तलाश करें और अपने अंतर्मन से जुड़ें। हम सभी के अंदर एक महान शक्ति है - एक सार्वभौमिक शक्ति है, जो हम सभी को जोड़ती है। हम अपनी समस्याओं का समाधान अपने से बाहर ढूँढते हैं, जबकि सभी समाधान हमारे अंदर ही होते हैं। हमें बस अपने अंदर मौजूद दिव्य और प्रचुर ऊर्जा से जुड़ना है। जब हम ऐसा करते हैं, तो हमारे मन की धुंध दूर हो जाती है और हमें विचार तथा कार्य की स्पष्टता मिल जाती है - हम सही और ग़लत के बीच अंतर करने लगते हैं, क्या महत्त्वपूर्ण है और क्या नहीं, के बीच अंतर करने लगते हैं। हमारे भय और चिंताएँ दूर हो जाती हैं। हम वर्तमान क्षण में आ जाते हैं और उन महान परिणामों को हासिल करने के लिए सकारात्मक ऊर्जा पा लेते हैं, जिनके बारे में हमने कभी सोचा भी नहीं था।

मैंने अपने जीवन में आध्यात्मिक संतुलन के इन लाभों को देखा है। मैंने हमेशा एक ही समय में कई मोर्चों से जूझते हुए बहुत व्यस्त जीवन बिताया है। जब मैं इंजीनियरिंग कॉलेज में था और बाद में, अपने एमबीए के दौरान, एक ही समय में पढ़ाई-लिखाई, खेल, और अन्य गतिविधियाँ चलती थीं। अपने प्रोफ़ेशनल जीवन के दौरान मैंने लगातार कई चुनौतीपूर्ण ज़िम्मेदारियों को एक साथ निभाया है, जो अक्सर मेरे काम के दायरे से काफ़ी आगे निकल जाती हैं। मैंने अपने परिवार और समाज के प्रति अपनी ज़िम्मेदारियों के प्रति ईमानदार रहते हुए ऐसा किया है।

कई लोगों ने मुझसे मेरी 'मल्टी-टास्किंग' का राज पूछा है। ध्यान का नियमित अभ्यास मेरा 'गुप्त हथियार' रहा है। इसने जीवन में भारी तनाव, दबाव और प्रगति को ताक़त और समग्रता के साथ प्रबंधित करने में मेरी मदद की है। जीवन में सब कुछ सुहाना ही नहीं होता है, यह अवश्यंभावी है कि कुछ असफलताएँ और निराशाएँ भी मिलेंगी। मेरे जीवन में एक बड़ी निराशा 2000 में कुछ क़रीबी दोस्तों के साथ स्थापित एक व्यावसायिक उद्यम की असफलता थी। मुझे इसे दो साल बाद बंद करना पड़ा। जीवन के उस चरण में 'आर्ट ऑफ़ लिविंग' की तलाश करना और प्राणायाम तथा सुदर्शन क्रिया का नियमित अभ्यास निस्संदेह मेरे लिए बड़ा सहारा बना, जिसने निराशा से उबरने में मेरी मदद की और अपने

प्रोफ़ेशनल करियर के प्रति नई ऊर्जा और प्रेरणा के साथ ख़ुद को फिर से समर्पित करने में मुझे सक्षम बनाया।

स्पष्ट रूप से, आज की भौतिक दुनिया में सफलतापूर्वक मुक़ाबला करने के लिए आध्यात्मिक संतुलन तलाशना एक आवश्यकता है,[4] हालाँकि, इस संतुलन को खोजना आसान नहीं है। हमारी भौतिक दुनिया के दैनिक तनाव हमें अपने आंतरिक स्व से दूर ले जाते हैं। बच्चे के रूप में हम स्वतंत्र और स्वाभाविक पैदा होते हैं, हालाँकि, जैसे-जैसे हम बड़े होते हैं, वैसे-वैसे हम सुरक्षा की परतें बनाते जाते हैं, जो हमें हमारी सबसे बड़ी संपत्ति- हमारे आंतरिक स्व से हमें बहुत दूर ले जाती हैं। यहीं पर हमें आध्यात्मिक साधनाओं के ज्ञान और अनुशासन का निर्माण करने की ज़रूरत होती है, जो हमें आत्म-साक्षात्कार के मार्ग पर आगे ले जाएगी। आध्यात्मिक मार्ग कई हैं: योग, प्राणायाम, रेकी, ध्यान, जप, प्रार्थना आदि, हालाँकि, उनका अंतिम उद्देश्य एक ही है - आत्म-खोज और अपने आंतरिक स्व से जुड़ना।

मैं दृढ़ता से महसूस करता हूँ कि आध्यात्मिक संतुलन की तलाश करना और ख़ुद को एकाग्र करने की तकनीक सीखना हर लीडर के लिए महत्त्वपूर्ण है, ताकि हम उस उन्मादी वूका जगत से निपट सकें, जिसमें हम काम कर रहे हैं। बाहर जितना अधिक शोर होता है और गतिविधि की आवश्यकता जितनी अधिक होती है, मौन महान हो जाता है, और बस आपको अपने आपको तैयार करने की ज़रूरत रह जाती है। मुझे ख़ुशी है कि कॉर्पोरेट जगत के लीडर्स में यह जागरूकता अब बढ़ रही है, और आध्यात्मिकता तथा ध्यान जैसे विषय कॉर्पोरेट जगत में मुख्यधारा बनते जा रहे हैं।

## सारांश

- हम डिजिटल प्रलय और अति-उपभोक्तावाद के युग में रह रहे हैं, जहाँ हम इच्छाओं और अपेक्षाओं के सतत चलने वाली ट्रेडमिल पर फँस चुके हैं हैं। हम जितना तेज़ भागते हैं, उतना ही ज़्यादा तनाव पैदा होता है।
- अगर हम इस प्रवृत्ति को उलटना चाहते हैं और किसी पवित्र चक्र में जाना चाहते हैं, तो हमें आध्यात्मिकता और भौतिकवाद के बीच संतुलन तलाशना होगा।
- हर एक के अंदर गहराई में एक महान शक्ति छिपी है, जो हम सभी को जोड़ती है। हमें अपनी समस्याओं का समाधान अपने से बाहर नहीं ढूँढना चाहिए, क्योंकि सभी समाधान तो हमारे अंदर ही हैं।
- ध्यान जैसे अभ्यास तनाव घटाने, कार्य क्षमता तथा रचनात्मकता बढ़ाने, और मानसिक तथा भावनात्मक सेहत सुधारने में हमारे सहायक हो सकते हैं।

## 6

# सतत विकास – उपभोग पर पुनर्विचार[5]

*जो चीज़ें आपके पास होती हैं, वे ही आपकी मालिक बन जाती हैं।*

*—टायलर डर्डन, फ़ाइट क्लब, फ़िल्म से*

*यह अध्याय दिल्ली में आईआईएलएम में द्वितीय अंतरराष्ट्रीय सतत विकास सम्मेलन में मेरे भाषण से तैयार किया गया है।*

व्यक्तिगत, कॉर्पोरेट, सामाजिक – सभी स्तरों पर स्थायित्व उस वूका जगत में एक महत्त्वपूर्ण चुनौती है, जिसमें हम काम कर रहे हैं। हम जो कुछ भी करते हैं, उसमें तेज़ रफ़्तार और विकास के लिए एक निरंतर अभियान स्थायित्व पर एक वास्तविक प्रश्न चिह्न लगा रहा है। व्यक्तिगत स्तर पर तनाव, निर्णय की कमी और कॉर्पोरेट घरानों के बीच अनैतिक व्यवहार और हमारे समाजों में बढ़ते अपराध, प्रदूषण और कई प्रकार की आपदाओं के कारण के तौर पर लगातार बढ़ती इच्छाओं और विकास की तलाश को गिना जा सकता है। आज के युग में कॉर्पोरेट लीडर इन मुद्दों की अनदेखी नहीं कर सकते, उन्हें क़दम बढ़ाना होगा और उनसे सीधे निपटना होगा।

अब सतत विकास के लिए, हमारी वर्तमान मानसिकता और उपभोग के दृष्टिकोण पर फिर विचार करना ज़रूरी है। महात्मा गाँधी ने समस्या को ख़ूबसूरती से सही तरह से लेते हुए कहा था: ''हर किसी की ज़रूरत के लिए तो पर्याप्त है, लेकिन हर किसी के लालच के लिए नहीं।'' हालाँकि, इस समस्या को हल करने के बारे में कहना आसान है, करके दिखाना कठिन है। व्यक्तिगत, कॉर्पोरेट, सामाजिक – सभी स्तरों पर हमारे वर्तमान मानसिक और आर्थिक मॉडल विकास से प्रेरित हैं। वे लगातार बढ़ती ज़रूरतों और इच्छाओं और उन्हें पूरा करने की निरंतर दौड़ से संबंधित हैं। विकास की

इच्छा मानव प्रयास के लिए प्रेरणा का स्रोत और प्रवर्तक है। विकास की इच्छा ने कई सहस्राब्दियों से विकसित होने में मानव सभ्यता की मदद की है, हालाँकि, मानव की निरंतर बढ़ती इच्छाएँ और विकास की खोज, व्यक्तिगत स्तर पर तनाव, निर्णय की कमी और कॉर्पोरेट घरानों के बीच अनैतिक व्यवहार, बढ़ते अपराध, प्रदूषण और हमारे समाजों में अन्य आपदाओं आदि के कारण के तौर पर भी उभरे हैं।

यह जटिल मुद्दा है और मेरे पास इसका कोई जादुई हल नहीं है, हालाँकि मैं व्यक्तिगत रूप से अपने कॉर्पोरेट लीडर, नागरिक और समाज के लीडर के अपने तमाम किरदारों में इस चुनौती से निपटने के अपने कुछ व्यावहारिक प्रयासों के बारे में बताना चाहता हूँ।

## 1. व्यक्तिगत

उपभोग की बहस का मूल कारण व्यक्तिगत स्तर पर है। लगातार बढ़ती व्यक्तिगत इच्छाएँ अंततः समाज के रूप में हमारे सामूहिक व्यवहार में प्रतिबिंबित होती हैं। हम अपनी इच्छाओं को पूरा करने के लिए कड़ी मेहनत करते हैं, जो हालाँकि बढ़ती ही रहती हैं। जैसे ही हम अपनी पोषित इच्छा को पूरा करते हैं, एक नई इच्छा हमें जकड़ लेती है। इस चक्र को तोड़ना बहुत कठिन हो जाता है। इससे तनाव बढ़ता है और मन की शांति का नुक़सान होता है। तनाव का मतलब सिर्फ़ मानसिक शांति का नुक़सान नहीं है; यह उच्च रक्तचाप और मधुमेह जैसी बीमारियों के मूल कारणों में से शामिल है।

मेरे जीवन में संतुलन खोजने में योग और ध्यान ने मेरी बहुत मदद की है। मैं लगभग बीस वर्षों से 'आर्ट ऑफ़ लिविंग' का अभ्यास कर रहा हूँ, और हाल के सालों गें मैंने प्राचीन भारतीय आध्यात्मिक ग्रंथों, विशेष रूप से भगवद गीता को पढ़ना शुरू किया है। इस सब ने मुझे जीवन को बेहतर ढंग से समझने और अपने अंदर गहराई तक जाने में मदद की है। जब आप यह सब करते हैं, तो आप में इच्छाओं की तृष्णा कम हो जाती है और आप अपने आप में संतोष तथा शांति महसूस करने लगते हैं।

हम एक भौतिक संसार में रहते हैं और हम में से ज़्यादातर के लिए पीछे हटना और संन्यासी बनना संभव नहीं है, हालाँकि, हमारे दैनिक जीवन में आध्यात्मिकता और भौतिकवाद के बीच संतुलन तलाश पाना संभव और वांछनीय है। मैं आप सभी को आध्यात्मिकता की तलाश करने और अपने दैनिक जीवन में कुछ आध्यात्मिक तरीक़े अपनाने के लिए प्रोत्साहित करूँगा।

## 2. कॉर्पोरेट लीडर

हाल की सदियों में कई आर्थिक मॉडलों का प्रयोग किया गया है, लेकिन अंततः पूँजीवाद ही सबसे प्रभावी मॉडल के रूप में उभरा है। इस मॉडल का संपूर्ण आधार मुक्त बाज़ार और विकास है। यदि आप देखें कि पूँजी बाज़ार कंपनियों का मूल्य कैसे लगाता है, तो पता लगेगा कि विकास की उम्मीद स्पष्ट रूप से मूल्य का सबसे बड़ा

प्रवर्तक है। निरंतर विकास पर यह ध्यान कई समस्याओं को जन्म देता है। कंपनियों का अत्यधिक लाभ उठाना, वित्तीय संस्थानों में क़र्ज़ का उच्च स्तर और परिणामी (अक्सर) वित्तीय संकट सभी विकास के प्रति इस जुनून के परिणाम हैं। साथ ही, हमारे पास अभी तक कोई वैकल्पिक आर्थिक मॉडल नहीं है। अनेक बुराइयों के बावजूद, पूँजीवाद, अपने विकास पर ध्यान केंद्रित करते हुए, आज सबसे अधिक टिकाऊ आर्थिक मॉडल है।

मुझे विश्वास है कि समय के साथ हमारी सोच भी विकसित होगी और नए आर्थिक मॉडल सामने आएँगे। सवाल यह है कि कॉर्पोरेट लीडर आज क्या कर सकते हैं? हम शायद *अच्छे विकास* और *ख़राब विकास* के बीच अंतर कर सकते हैं। पहले वाले से कई लाभ होते हैं, जबकि बाद वाला आत्म-केंद्रित होता है और अक्सर विनाशकारी परिणाम देता है।

कई कंपनियाँ ग्राहक को लाभ से ऊपर रखकर 'अच्छे विकास' पर फ़ोकस करने की कोशिश कर रही हैं। जो कंपनियाँ वास्तव में ग्राहक-केंद्रित हैं, वे अपने ग्राहकों की वास्तविक ज़रूरतों की पहचान करने और उनकी सेवा करने पर ध्यान देती हैं। वे ग्राहकों के हित को अपने हितों से ऊपर रखती हैं। वे यह जानती हैं कि ग्राहक के लिए सही काम करने पर लंबी अवधि में लाभ होता है, इसलिए वे अल्पकालिक लाभ के विचारों की अनदेखी करती हैं। मेरे कॉर्पोरेट अनुभव के अनुसार, ग्राहक-केंद्रित दृष्टिकोण 'अच्छा विकास' सुनिश्चित करने तथा उच्च गुणवत्ता वाले व्यवसाय के निर्माण का सबसे महत्त्वपूर्ण मंत्र है। लंबे समय से लगातार सफल रहने वाली ज़्यादातर कंपनियों (जिनमें मुझे फ़िडेलिटी और मैकिंज़ी के साथ काम करने का सौभाग्य मिला है) का मार्गदर्शक मंत्र ग्राहक-केंद्रित होना है।

## 3. नागरिक और समाज के लीडर

पिछले एक दशक में, मुझे भारत में हरियाणा की नैसकॉम क्षेत्रीय परिषद (आईटी/बीपीएम कंपनियों के लिए उद्योग निकाय) की सह-अध्यक्षता करने और फिर अध्यक्षता करने का अवसर मिला है। यह देखते हुए कि गुरुग्राम में आईटी-बीपीएम उद्योग में 3 लाख से अधिक कर्मचारी हैं, वहाँ के उद्योग का भविष्य शहर के स्वास्थ्य से निकटता से जुड़ा है। इसने मुझे गुरुग्राम जैसे नए शहर की चुनौतियों को समझने का शानदार अवसर दिया है, जिसमें सबसे प्रमुख यातायात की भीड़भाड़ और वायु प्रदूषण है। भारी यातायात से शहर का दम घुट रहा है, दुर्घटनाओं की दर ऊँची है, और वायु प्रदूषण का स्तर दुनिया में सबसे ज़्यादा है।

यह स्थिति कारों और कार-उन्मुख योजना के प्रति हमारे जुनून का परिणाम है। कारें महत्त्वपूर्ण स्टेटस सिंबल हैं, और हर कोई बड़ी कारों का मालिक होना चाहता है। कारों की संख्या बढ़ने की दर कई भारतीय शहरों में नई सड़कों के निर्माण की दर से कहीं अधिक है।

दुनिया के अधिक विकसित शहरों (विशेषकर यूरोपीय शहरों, जैसे कोपेनहेगन, एम्स्टर्डम) ने बहुत ही अलग योजना प्रतिमान अपनाया है। उन्होंने सार्वजनिक परिवहन के प्रावधान और पैदल चलने तथा साइकिल चलाने को प्रोत्साहित करने पर ध्यान दिया है। समय के साथ-साथ, इस प्रयास ने बहुत अच्छे परिणाम दिए हैं – और न केवल व्यवहार बदला है, बल्कि अंततः प्रदूषण के स्तर में सुधार और यहाँ तक कि सड़कों को पुनः मिट्टी का बनाने और उन्हें सार्वजनिक पार्कों में परिवर्तित करने में भी सफलता मिली है।

नैसकॉम में, हम पिछले कुछ वर्षों से 'सक्रिय आवागमन' (चलना, साइकिल चलाना, सार्वजनिक परिवहन का इस्तेमाल) के इस मिशन का समर्थन कर रहे हैं। इसके लिए सरकार से कई हस्तक्षेपों की ज़रूरत थी। हमने उससे कार्रवाई करने के लिए संघर्ष किया, लेकिन इसमें हमें काफ़ी निराशा हाथ लगी। पिछले कुछ सालों में, हमने सरकार को प्रभावित करने की कोशिश करने का अपना दृष्टिकोण बदल दिया है। अब हम 'सक्रिय आवागमन' के बारे में जागरूकता बढ़ाने तथा लोगों को अपनी आदतों को बदलने पर ध्यान दे रहे हैं । हमने अपने उद्योग के कई सीईओ को पैदल चलने, साइकिल चलाने और सार्वजनिक परिवहन का इस्तेमाल करने के लिए कहा है। यह अब गुरुग्राम में एक महत्त्वपूर्ण आंदोलन बन चुका है, जिसके परिणामस्वरूप 'राहगिरी दिवस' जैसी उत्कृष्ट नागरिक पहलें हुई हैं, जिसमें पैदल चलने वालों के लिए रविवार की सुबह कई सड़कों को पुनः प्राप्त/ अवरुद्ध कर दिया जाता है। इस सबने स्थानीय प्रशासन को ध्यान देने के लिए मज़बूर किया है, और वह चलने, साइकिल चलाने और सार्वजनिक परिवहन के इस्तेमाल को प्रोत्साहित करने के लिए कुछ क़दम उठाने लगा है।

इस उदाहरण को साझा करने का कारण यह नहीं है कि हमारे शहरों के सस्टेनेबल होने के लिए 'सक्रिय आवागमन' इतना महत्त्वपूर्ण है, बल्कि नागरिक पहल के मूल्य को सामने लाना भी इसका उद्देश्य है। अक्सर, नागरिक के रूप में हम एक बड़ी और अनुत्तरदायी प्रतीत होने वाली प्रणाली में परिवर्तन लाने के लिए आवश्यक दिखने वाले बड़े और कठिन प्रयासों से पीछे हट जाते हैं, हालाँकि, व्यक्तिगत कार्रवाई का मूल्य काफ़ी ज़्यादा है। हमारे व्यक्तिगत कार्य जुड़ते हैं, जो हमारे समाज में महत्त्वपूर्ण बदलाव लाने की शक्ति रखते हैं।

हमारे उपभोग मॉडल पर फिर विचार करना एक बहुत ही जटिल प्रश्न है, जिसका कोई आसान उत्तर नहीं है, हालाँकि, मुझे ख़ुशी है कि अब ये चर्चाएँ होने लगी हैं और मुख्यधारा बनती जा रही हैं। अंत में, मैं अपने तीन सबक़ दोहराना चाहूँगा कि कैसे सतत विकास के प्रवर्तक के रूप में 'उपभोग पर पुनर्विचार' किया जाए। व्यक्तिगत स्तर पर, यह आध्यात्मिकता और भौतिकवाद को संतुलित करना है; कॉर्पोरेट स्तर पर, यह ग्राहकों को मुनाफ़े से पहले रखना है; और हमारे समाज के लिए, नागरिकों के रूप में हम सभी को अपने व्यक्तिगत कार्यों और व्यवहार परिवर्तनों पर ध्यान देने की ज़रूरत है। इन सभी मोर्चों पर लीडर्स को मिसाल पेश करने की ज़रूरत है।

## सारांश

- हम जिस तेज़ रफ़्तार और विकास के पीछे सनकी डिजिटल युग में रह रहे हैं, उसमें टिकाऊपन हर स्तर पर- व्यक्तिगत, कॉर्पोरेट और सामाजिक - महत्त्वपूर्ण चुनौती है।
- विकास की इच्छा ने ही कई सदियों के दौरान विकसित होने में मानव सभ्यता की मदद की है, हालाँकि लगातार बढ़ती इच्छाओं और विकास की तलाश व्यक्तिगत स्तर पर तनाव, निर्णय के अभाव और कॉर्पोरेट घरानों के बीच अनैतिक व्यवहार, समाज के स्तर पर बढ़ते अपराध और अनेक तरह की आपदाओं आदि के कारण हैं।
- सतत विकास के लिए ज़रूरी है कि हमारे मानसिक मॉडलों और उपभोग तथा विकास के दृष्टिकोण पर फिर विचार किया जाए।
- व्यक्तिगत स्तर पर, आध्यात्मिकता और भौतिकवाद में संतुलन की बात है, कॉर्पोरेट स्तर पर इसमें ग्राहकों को लाभ से पहले रखा जाता है, और समाज के स्तर पर, यह हम सभी के लिए नागरिक के रूप में अपने व्यक्तिगत कार्यों और व्यवहारगत परिवर्तनों पर ध्यान देने की बात है।

# खंड – 7

# युवा प्रोफ़ेशनल्स को सलाह

# परिचयः युवा प्रोफ़ेशनल्स को सलाह

इस किताब में हमने अब तक उद्यमों के दृष्टिकोण से डिजिटल रूपांतरण को देखा है। हमने तमाम उद्योगों पर डिजिटल के असर को देखा है, तकनीक के विभिन्न पहलुओं को समझा है, सांगठनिक परिवर्तन के तत्वों को देखा है, फिर अंत में देखा कि लीडर्स को इस परिवर्तन को किस तरह से आगे बढ़ाने और चलाने की ज़रूरत है। इस अंतिम खंड में, मैं ट्रैक बदलना चाहता हूँ और डिजिटल युग में करियर बनाने की चाह रखने वाले किसी युवा प्रोफ़ेशनल का नज़रिया शामिल करना चाहता हूँ।

अगर डिजिटल युग उद्यमों के लिए बड़ा बदलाव है, तो यह व्यक्ति के लिए भी बड़ा बदलाव है। यदि उद्यमों को बदलाव के मूल सिद्धांतों को समझने और डिजिटल युग में जीतने के लिए नए नियम विकसित करने की ज़रूरत है, तो यही बात व्यक्ति के लिए भी सही है। यदि डिजिटल युग में जीतना किसी उद्यम के लिए महत्त्वपूर्ण है, तो यह व्यक्ति के लिए भी उतना ही महत्त्वपूर्ण है।

मेरा मानना है कि डिजिटल युग में हम जो अभूतपूर्व व्यवधान देख रहे हैं, वे युवा प्रोफ़ेशनल्स के लिए अद्भुत अवसर उपलब्ध करा रहे हैं। यह तकनीक-आधारित व्यवधान एक बड़ा तुल्यकारक है (एक ऐसी चीज़, जिसका समान प्रभाव पड़ता है)। पिछले अनुभव और सफल ट्रैक रिकॉर्ड पहले की तुलना में कम प्रासंगिक हैं, क्योंकि आपको खेल के नए नियमों को जानने और सीखने की ज़रूरत है। वास्तव में, युवा प्रोफ़ेशनल, उद्यमों के लिए जो ताज़ा दृष्टिकोण लाते हैं, वह एक लाभ है। वे 'डिजिटल मूल के'हैं, और नई तकनीकों को समझने में और यह जानने में अधिक सहज रूप से सक्षम हैं कि डिजिटल तकनीकों का इस्तेमाल करके नए व्यवसाय कैसे बनाए जा सकते हैं।

तो, किसी युवा प्रोफ़ेशनल को डिजिटल युग में जीतने के लिए कैसी तैयारी करनी चाहिए? उद्यमों और लीडर्स के संदर्भ में वांछनीय कई दक्षताएँ और मानसिकताएँ युवा प्रोफ़ेशनल्स के लिए भी प्रासंगिक हैं, जिनके बारे में हमने पहले के खंडों में बात की है। इन आवश्यकताओं में प्रमुख हैं निरंतर सीखना, रचनात्मकता और नवाचार, तकनीकी डीएनए, चपलता, द्वैत का प्रबंधन तथा आध्यात्मिक और नैतिक संतुलन। इन छह दक्षताओं और मानसिकताओं के अलावा, मेरे पास सलाह के छह और बिंदु हैं, जो युवा प्रोफ़ेशनल्स को डिजिटल युग में जीतने के लिए काम आएँगे।

1. **जीवन का अनूठा उद्देश्य खोजें और उसके लिए जीवन बिताएँ :** करियर के सीमित अवसरों की अवधि में, आपके पास सीमित विकल्प होते हैं, हालाँकि, इस डिजिटल युग में युवा प्रोफ़ेशनल्स के लिए व्यापक अवसर हैं। इससे उन पर विकल्पों के किसी संकीर्ण समूह से विकल्प चुनने का दबाव कम होगा। इससे वे स्वयं के जीवन के अनूठे उद्देश्य को खोजने, उसका पता लगाने और उसके लिए जीने के लिए मुक्त होंगे। किसी के जीवन के अनूठे उद्देश्य की खोज ऊर्जा का शक्तिशाली स्रोत होता है। यह आपको अपनी पूरी क्षमता पाने और स्थायी ख़ुशी हासिल करने में मदद करता है।
2. **उद्यमी बनें :** डिजिटल व्यवधान कई नए व्यावसायिक अवसर पैदा कर रहा है। सहायक इकोसिस्टम उद्यमी के लिए शुरुआत करना आसान बनाता है। जोखिम अपेक्षाकृत कम हैं और रिटर्न ज़्यादा है। डिजिटल युग में उद्यमी बनना बहुत ही आकर्षक प्रस्ताव है। आपको बस आइडिया के लिए जुनून और जोखिम लेने की क्षमता की ज़रूरत है।
3. **स्वतंत्र विचारों वाला बनें :** डिजिटल युग तेज़ी से विकसित हो रहा है और यह बहुआयामी है। सफल होने के लिए आपको सीधी रेखा वाली पारंपरिक सोच से परे जाने की ज़रूरत है। चीज़ों को करने के मानदंडों और स्वीकृत तरीक़ों को चुनौती देने से मत डरिए। अपरंपरागत और स्वतंत्र होना अच्छी बात है। स्टीव जॉब्स और एलन मस्क जैसे स्वतंत्र विचारों वाले डिजिटल युग के रोल मॉडल हैं।
4. **डटे रहें :** डिजिटल युग का संबंध जहाँ बदलाव की तेज़ गति तथा कार्य की रफ़्तार से है, वहीं डटे रहना भी महत्त्वपूर्ण है। दीर्घायु और स्थिर प्रगति (संयुक्तीकरण) सफलता की कुंजी है। ऐसे माहौल में डटे रहना मुश्किल है, जहाँ आपके आस-पास बहुत अधिक सनक छाई हो। इसलिए डिजिटल युग में निर्माण के लिए धैर्य और दृढ़ता महत्त्वपूर्ण गुण हैं।
5. **समस्या समाधान और निर्णय लेने के मज़बूत कौशलों का निर्माण करें :** हम जिस वूका (VUCA) जगत में रह रहे हैं, उसकी पहचान बेहद अस्थिरता और जटिलता है। ऐसे में समस्या समाधान करने, और प्रभावी निर्णय लेने के कौशल पहले से कहीं ज़्यादा महत्त्वपूर्ण हो गए हैं। ये वे मूलभूत कौशल हैं, जिनका निर्माण डिजिटल युग में हर युवा प्रोफ़ेशनल को करना चाहिए, चाहे उसके करियर की पसंद कुछ भी हो।
6. **व्यक्तिगत ज़िम्मेदारी लें और अपने आस-पास बदलाव शुरू करें :** हमारे आस-पास की दुनिया में कई चुनौतियाँ हैं - चाहे वे समुदाय के स्तर पर हों, देश के स्तर पर हों या विश्व के स्तर पर। ये प्रदूषण से लेकर सामाजिक-आर्थिक असमानता और संघर्ष तक और कई स्तरों पर हैं। युवा प्रोफ़ेशनल्स को इन चुनौतियों से निपटने और बदलाव लाने की ज़िम्मेदारी लेने की ज़रूरत है। इसके अलावा, जब आप व्यक्तिगत ज़िम्मेदारी लेते हैं, तब आपका प्रभाव क्षेत्र बढ़ता है और आप लीडर के रूप में विकसित होते हैं। आज की दुनिया में, नेतृत्व का मतलब आपको सौंपे गए पद से नहीं, बल्कि उन ज़िम्मेदारियों से है, जो आप सक्रिय रूप से लेते हैं।

## डिजिटल युग में युवा प्रोफ़ेशनल्स के लिए जीत के मंत्र

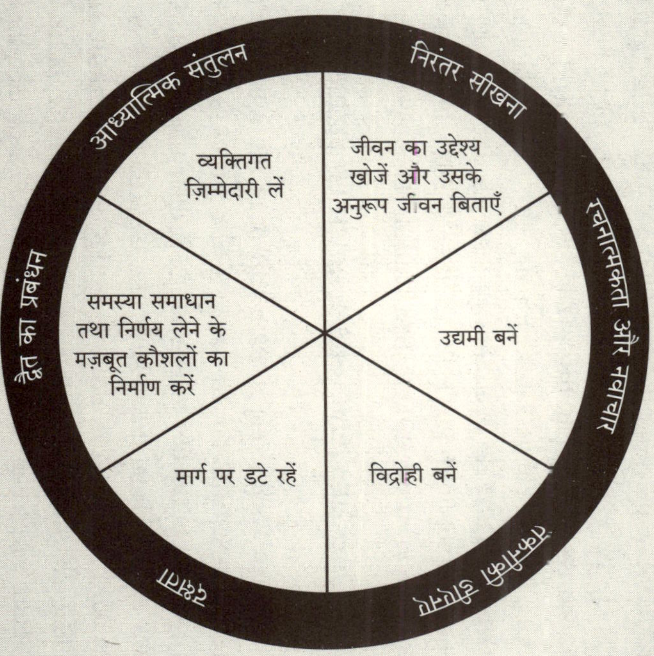


डिजिटल युग में व्यवधान और अवसर

मैंने इस खंड के अध्यायों में युवा प्रोफ़ेशनल्स को सलाह के इन बिंदुओं के बारे में विस्तार से बताया है।

## अध्याय 1. सफलता के सात मंत्र

वूका जगत में, हम जीवन को इतनी तेज़ गति से जीते हैं कि हमें शायद ही कभी रुकने का मौक़ा मिलता है। हम यंत्रवत दौड़ते रहते हैं, और कभी-कभी यह देखना भी भूल जाते हैं कि हम जा कहाँ रहे हैं। इससे थकान, ऊब और अंततः कमज़ोरी पैदा हो सकती है। इसलिए, यह महत्त्वपूर्ण है कि समय-समय पर आप इस पर चिंतन करें कि आपके लिए क्या महत्त्वपूर्ण है और इसे हासिल करने की आपकी योजना क्या है, ताकि आप स्वयं को तैयार कर सकें। इस अध्याय में मैं अपने अनुभवों के आधार पर एक सरल रूपरेखा का प्रस्ताव कर रहा हूँ, जो आपको यह परिभाषित करने में मदद करेगी कि सफलता का अर्थ क्या है। मैं आपको आपकी अपेक्षित सफलता हासिल करने के सात सिद्धांत दे रहा हूँ। किसी भी युवा प्रोफ़ेशनल के वास्ते यह महत्त्वपूर्ण है कि वह इस बात पर चिंतन करे कि उसके लिए सफलता का अर्थ क्या है और हर दो साल में इस पर फिर से विचार करता रहे।

## अध्याय 2. अपने जीवन का सशक्त उद्देश्य– अपना'स्वीट स्पॉट' तलाशें!

इस अध्याय में मैं, सफलता को परिभाषित करने के पिछले अध्याय में बताए फ्रेमवर्क से बात को एक क़दम आगे बढ़ाता हूँ –और इस बारे में बात करूँगा कि हम जीवन में अपने अनूठे उद्देश्य की पहचान कैसे कर सकते हैं। शक्तिशाली और स्थायी जीवन उद्देश्य होना, अपनी पूरी क्षमता हासिल करने, और जीवन में स्थायी ख़ुशी पाने की कुंजी है। यह आपके भीतर के लीडर को जगा सकता है और आपको तथा आपकी दुनिया को एक अलग स्तर तक ले जा सकता है। मेरा मानना है कि हमारा उद्देश्य'स्वीट स्पॉट'में या तीन शक्तियों के मेल पर निहित है, जो हैं: हमारे जुनून, हमारी अनूठी प्रतिभा और महत्त्वपूर्ण तथा नैतिक ज़रूरतें, जिन्हें हमें पूरा करना है। अपना 'स्वीट स्पॉट'खोजना कोई आसान सफ़र नहीं है, लेकिन आपको इसे शुरू करना चाहिए और इसे जारी रखना चाहिए।

## अध्याय 3. आपका समय अब है!–युवा उद्यमियों के लिए दस मंत्र

डिजिटल युग के रोमांचक हिस्से में अवसरों की उपलब्धता, फंडिंग, तकनीक, और सक्रिय उद्यमशील इकोसिस्टम शामिल हैं, जो उद्यमशीलता की यात्रा की शुरुआत को पहले की तुलना में बहुत आसान बना देता है। यह ऐसा अवसर है, जिसे हर युवा प्रोफ़ेशनल को हथियाने पर विचार करना चाहिए। इस अध्याय में मैंने उद्यमी बनने की इच्छा रखने वाले लोगों के लिए दस मंत्र बताए हैं। मेरा मानना है कि ये मंत्र उनकी सफलता की संभावना बढ़ा सकते हैं।

## अध्याय 4. स्टीव जॉब की अविश्वसनीय जीवन–गाथा के सबक़

पिछले अध्याय नेतृत्व, प्रोफ़ेशनल सफलता और उन्हें हासिल करने के लिए अपनाए जा सकने वाले ढाँचे के बारे में हैं। अगर मैं अपने समय के सबसे दूरदर्शी लीडर्स और उद्यमियों में से एक स्टीव जॉब्स के बारे में बात नहीं करूँगा, तो मेरा संवाद पूरा नहीं होगा। इस अध्याय में हम उन विभिन्न सबक़ों को देखेंगे, जो उनके अविश्वसनीय जीवन से हमारे लिए निकलते हैं, और जिनसे हम सीख सकते हैं तथा प्रेरणा ले सकते हैं। कुछ सबक़ जो मेरे लिए ख़ास हैं, उनमें शामिल हैं- जुनून के साथ आगे बढ़ना; इंजीनियरिंग और कला के मेल पर नवाचार खोजना, प्रारंभ से अंत तक एक वैश्विक प्रक्रिया पर स्वामित्व और सादगी। स्टीव जॉब्स एक विद्रोही इंसान थे, जिन्होंने अद्भुत उत्पाद बनाने के अपने अभियान में कई नियम तोड़े। हम जिस डिजिटल युग में हैं, उसमें अपरंपरागत और स्वतंत्र होने की यह विद्रोही भावना बहुत प्रासंगिक हो रही है।

## अध्याय 5. विशाल सिकोइया से दीर्घायु और महानता के पाँच सबक़

पिछले अध्याय में मैं स्टीव जॉब के विद्रोही होने की भावना को सामने लाना चाहता था और बताना चाहता था कि यह कैसे उन्हें महानता की ओर ले गया, हालाँकि, महानता और दीर्घायु के लिए कई रास्ते हैं और डटे रहना उनमें से एक है। इस अध्याय में, मैं पृथ्वी पर सबसे पुराने और सबसे बड़े जीवित जीवों में से, विशाल सिकोइया वृक्ष से कुछ प्रेरक सबक़ लेकर आया हूँ। विशाल सिकोइया प्रतिकूल परिस्थितियों में बचने, जीने और बढ़ने के लिए नवाचार करने, प्रस्तुत हर स्थिति का अधिकतम लाभ उठाने और जीवित रहने के लिए समुदाय की सामूहिक शक्ति का इस्तेमाल करने के किसी जीव के अनुकूलन का एक बेहतरीन उदाहरण है। मुझे विशाल सिकोइया सफलता के लिए प्रकृति में सबसे प्रेरक उपमाओं में से एक लगता है।

## अध्याय 6. दस बातें, जो काश! मैंने बिज़नेस स्कूल में सीखी होतीं

जब आप में से कई लोग विश्वविद्यालयों से प्रोफ़ेशनल दुनिया में क़दम रखते हैं या उद्यम में पद और अधिकार की सीढ़ी पर आगे बढ़ना शुरू करते हैं, तो आपको पता चलता है कि आपने कॉलेज में जो सीखा है, वह काम और आपकी परियोजनाओं पर संभावित रूप से लागू तो किया जा सकता है, लेकिन केवल एक बिंदु तक ही। आप ऐसी परिस्थितियों का सामना करेंगे, जहाँ आप निर्णय लेने के चौराहे पर फँस गए हैं, और सोचेंगे कि काश, कुछ ऐसा होता जो आपकी सहायता के लिए आ जाता। इस अध्याय में मैं दस शक्तिशाली रूपरेखाएँ प्रस्तुत कर रहा हूँ, जिन्हें मैंने अपनी प्रोफ़ेशनल यात्रा से तैयार किया है। ये रूपरेखाएँ समस्याओं की संरचना बनाने और अधिक प्रभावी निर्णय लेने में पाठक की मदद करेंगी। दोनों ही डिजिटल युग के लिए महत्त्वपूर्ण कौशल हैं।

## अध्याय 7. व्यक्तिगत ज़िम्मेदारी लें और दुनिया बदल दें!

इस अध्याय में, मैं आपको अपनी स्वयं की अवधारणा का विस्तार करने और व्यापक ज़िम्मेदारी लेना शुरू करने के लिए प्रोत्साहित करूँगा। हमारे प्रोफ़ेशनल और व्यक्तिगत जीवन में, हम ऐसी कई स्थितियों का सामना करेंगे, जिनमें हमें प्रक्रियाओं, सेवाओं और उत्पादों आदि में कमियों को दूर करने की ज़रूरत होगी और यह निराशाजनक हो सकता है। जहाँ हम इस पर ध्यान केंद्रित करने में बहुत समय लगाते हैं कि दूसरे लोग क्या ग़लत कर रहे हैं और उन्हें अलग तरीक़े से क्या करना चाहिए, वहीं *हम* यह शायद ही कभी अंदर झाँककर देखते हैं कि हम अलग तरीक़े से क्या कर सकते हैं। यह नकारात्मक चक्र है; आप कुछ भी नहीं बदल पाते और केवल निराश होकर रह जाते हैं। हम सभी में अपने आस-पास की दुनिया में बदलाव लाने की क्षमता होती है, और हमें छोटे क़दम उठाकर शुरुआत करनी चाहिए। अगर आप केवल उस पर कार्य करते हैं, जो आपके प्रभाव क्षेत्र में है, तो उस क्षेत्र का विस्तार होता रहता है। जब आप अपने आस-पास की समस्याओं के लिए व्यक्तिगत ज़िम्मेदारी लेते हैं, तो आपके अंदर के लीडर का विकास होता है। अधिक ज़िम्मेदारी लेना किसी प्रोफ़ेशनल और इंसान के रूप में आपके विकास का सबसे निश्चित तरीक़ा है।

# 1

# सफलता के सात मंत्र[1]

*जीवन में अपने उद्देश्य को जानना, अपनी अधिकतम क्षमता तक पहुँचने के लिए बढ़ना और दूसरों को लाभ पहुँचाने वाले बीज बोना ही सफलता है।*

*—जॉन सी मैक्सवेल,*
**21** *इर्रिफ्यूटबल लॉज़ ऑफ़ लीडरशिप के लेखक*

*यह अध्याय भारत में कई एमबीए कॉलेजों में इस विषय पर मेरे व्याख्यानों का संकलन है। बेशक, यह किसी भी विषय से उद्यम-जगत में प्रवेश करने वाले किसी भी इंसान लागू होता है, यहाँ तक कि यह ग़ैर-एमबीए छात्रों पर भी लागू होता है।*

मैं आपसे सफल करियर बनाने के बारे में बात करना चाहता हूँ। जब आप अपनी प्रोफ़ेशनल यात्रा के शुरुआती चरण में होते हैं, तो आपके दिमाग़ में मुख्य बात करियर की सफलता ही होती है - मुझे किस प्रकार की नौकरी का लक्ष्य रखना चाहिए, एमबीए प्रोग्राम के दौरान मुझे किस पर ध्यान देना चाहिए, कैसे सुनिश्चित करूँ कि मुझे अपने सपनों की नौकरी मिल जाए, और इसी तरह की अन्य बातें। जीवन के इस पड़ाव से गुज़रने और ख़ुद सोचने के बाद, मैं करियर की सफलता के बारे में कुछ दृष्टिकोण साझा कर रहा हूँ। अब मुझे जीवन में ज़्यादा अनुभव है और मुझे यह समझ में आता है कि क्या काम करता है और क्या नहीं।

आपकी सोच को जागृत करने में मदद करने के लिए, मैं आपको सफलता के बारे में अपनी मान्यताएँ बताना चाहता हूँ। मेरे पास सफलता का कोई जादुई फ़ॉर्मूला नहीं है। हालाँकि, अपने अनुभवों के आधार पर, मैं कुछ विचारों का प्रस्ताव करना चाहूँगा कि सफलता क्या है और इसे पाने के लिए मेरे सात सिद्धांत हैं।

## सफलता है क्या?

जब मैं 1996 में भारतीय प्रबंध संस्थान, लखनऊ (IIM Lucknow) में एमबीए प्रोग्राम से स्नातक कर रहा था, तो मेरे लिए सफलता का मतलब सबसे अच्छी नौकरी पाना था। और, मैं 'सर्वश्रेष्ठ नौकरी' किसे मानता था? – उस कंपनी की नौकरी, जिसके पास सबसे अच्छा ब्रांड हो, जो सर्वोत्तम वेतन की पेशकश करे, और जहाँ मेरे अपने साथियों का समूह शामिल हो या शामिल होना चाहता हो। स्नातक स्तर तक की अपनी पढ़ाई के बीस से भी अधिक सालों के बाद, क्या मुझे लगता है कि वे उद्देश्य ग़लत थे? मुझे नहीं लगता कि वे ग़लत थे, लेकिन पीछे मुड़ कर देखने से लगता है कि वे पर्याप्त नहीं थे। करियर किसी फर्राटा दौड़ की तरह नहीं है, बल्कि यह तो बहु-चरणीय बाधा कोर्स है। जब आप अपने करियर के बारे में दीर्घकालीन दृष्टिकोण अपनाते हैं, तो अतिरिक्त नज़रिये महत्त्वपूर्ण होने लगते हैं।

मेरे कई दोस्त अपने करियर के मध्य में हैं, चालीस से पचास साल की उम्र के हैं, कम से कम बीस साल का कार्य अनुभव उनके पास है और शायद आगे बीस साल और काम करेंगे। उनमें से ज़्यादातर किसी भी पारंपरिक मानदंड के हिसाब से बहुत सफल हैं – बड़ी कंपनियों में वरिष्ठ पदों पर हैं, अपनी ज़रूरत से अधिक धन अर्जित कर रहे हैं, हालाँकि, मैं अक्सर उनमें से कई में खालीपन और ऊब महसूस करता हूँ। वे कुछ और तलाश कर रहे हैं। कुछ तो चंद सालों में ही रिटायरमेंट की बातें करने लगे हैं !! ऐसा क्यों? पैसा और पद महत्त्वपूर्ण हैं, हालाँकि, अगर आप केवल उन पर ध्यान लगाते हैं, तो आप 'चूहा-दौड़' में फँसकर रह जाएँगे। आप जो कुछ भी हासिल करते हैं, वह कभी भी पर्याप्त नहीं लगेगा, आप हमेशा और अधिक चाहेंगे। यह कभी न ख़त्म होने वाला चक्र बहुत तनावपूर्ण हो सकता है।

स्थायी ख़ुशी और पूर्णता के लिए आपको अपने जीवन के कुछ गहन उद्देश्य पूरे करने की ज़रूरत होती है। मेरे लिए सच्ची सफलता के तीन आयाम हैं :

- **बदलाव लाना :** मानव जीवन एक अनमोल उपहार है और इसके साथ बड़ी ज़िम्मेदारी भी मिलती है। इसमें दुनिया हमें जैसी मिली है, उससे बेहतर बनाकर जाना होता है। इसका अर्थ सकारात्मक असर डालना और अपने आस-पास स्थायी परिवर्तन लाना होता है। आप कई स्तरों पर बदलाव ला सकते हैं। यह आपके परिवार, संगठन, समुदाय, उद्योग, राष्ट्र या पूरी दुनिया में हो सकता है। यह महत्त्वपूर्ण नहीं है कि आप जो बदलाव कर रहे हैं, वह बड़ा है या छोटा है। मायने तो यह रखता है कि आप उस यात्रा पर आगे बढ़ रहे हैं। आप जिस सकारात्मक विरासत को पीछे छोड़ते हैं, वही आपकी सफलता का महत्त्वपूर्ण पैमाना है।
- **अपनी पूरी क्षमता को हासिल करना :** हम सभी के पास भरपूर और अद्वितीय क्षमता होती है। पूर्ण सत्य तो जीवन में बहुत कम होते हैं, लेकिन उनमें से जिन पर मैं दृढ़ता से विश्वास करता हूँ, वे ये हैं कि हम सभी अपनी क्षमता के केवल एक अंश पर काम कर रहे हैं और बहुत कुछ कर सकते हैं। हमारे पास बहुत बड़े अवसर हैं, व्यक्तियों के रूप में भी और सामूहिक तौर पर समाज के रूप में भी। तो, सफलता

अपनी पूरी क्षमता की खोज और उसे साकार करने का नाम है। सफलता दूसरों से दौड़ में जीतने का नाम नहीं है। सफलता का अर्थ व्यक्तिगत विकास यात्रा पर आगे बढ़ना और अंदर की लड़ाई जीतना है।

- **ख़ुश रहना :** यह सबसे स्पष्ट है, है ना? ख़ुशी हमारा मूल स्वभाव है और हम इसे लगातार खोजते रहते हैं। सफलता तब मिलती है, जब आप अतीत या भविष्य में ख़ुशी की तलाश करना बंद कर देते हैं और उसे अपने वर्तमान क्षण में ढूँढ लेते हैं। आप अपनी वर्तमान स्थिति को स्वीकार करते हैं, इसे पूरी तरह से जीते हैं और इसमें आनंद तथा संतोष पाते हैं, हालाँकि, ख़ुशी और आनंद के बीच के अंतर को पहचानना ज़रूरी है। ख़ुशी स्थिर है, जबकि सुख क्षणिक है। ख़ुशी ग़ायब हो सकती है, कभी-कभी तो नकारात्मक दीर्घकालिक परिणाम भी दे सकती है।

## सफलता के सात मंत्र

तो, आप सच्ची सफलता कैसे हासिल करते हैं? मुझे भरोसा नहीं है कि ज़िंदगी के जिन उद्देश्यों के बारे में अध्याय में पहले मैंने बताया है, उन्हें हासिल करने का कोई सरल, रैखीय फ़ॉर्मूला है, हालाँकि मेरा विश्वास सात सिद्धांतों में है, जिन्हें मैंने बहुत उपयोगी पाया है, और वही मैं यहाँ आपको बताने जा रहा हूँ।

1. **बड़ा सोचें और जोखिम उठाएँ :** अक्सर अपने करियर में आप किसी 'कंफ़र्ट ज़ोन' में फँस जाते हैं। आपको कुछ सफलता मिलती है, आप इसी से संतुष्ट हो जाते हैं और इसकी रक्षा करना चाहते हैं। तभी आपकी बस छूट जाती है। आपके पास जोखिम लेने के अलावा कोई विकल्प नहीं है। मेरा अनुभव यह है कि जोखिम लेने का नकारात्मक पक्ष अक्सर आपके डर से कम हानिकारक होता है और उलटा आपकी कल्पना से कहीं अधिक फ़ायदेमंद ही होता है। यदि आप असफल हो जाते हैं, तो भी बर्बादी नहीं होगी, और आप शायद इससे बहुत कुछ सीखेंगे। मेरे लिए, अपने करियर की शुरुआत में मैकिंज़ी (McKinsey) को छोड़ना और अपना उद्यम एक्टिवकर्मा स्थापित करना एक बड़ा जोखिम था। उद्यम नाकाम हो गया, लेकिन मैं ठीक होने और बहुत जल्दी फिर से उठ खड़े होने में सक्षम हो गया। इसके अलावा, मेरा अनुभव काफ़ी बढ़ गया था। मैंने सोचा था कि उद्यम करने से पहले मैं एक 'हॉट शॉट' सलाहकार था, लेकिन व्यवसाय बनाने का मेरा सबक़ वास्तव में मेरे एक्टिवकर्मा के अनुभव से आया था। मैकिंज़ी नॉलेज सेंटर (मैक्केसी,McKC), फ़िडेलिटी, फ़्लिपकार्ट (Flipkart) और अब इन्सीडो (Incedo) में बाद में मैंने जो कुछ भी हासिल किया, उसके लिए मैं उन सबक़ों का आभारी हूँ। मुझे विश्वास है कि मैंने एक्टिवकर्मा के साथ जो जोखिम उठाया और उसे चलाने में मुझे जो अनुभव मिला, उसने प्रबंधक और लीडर के रूप में उससे बेहतर प्रदर्शन करने में मेरी मदद की, जितना अन्यथा शायद मैं कर पाता।

2. **उत्कृष्टता की तलाश में लगे रहें :** दोस्तों मैं आपको बता दूँ कि उत्कृष्टता का कोई शॉर्टकट नहीं होता है। किसी भी सफल व्यक्ति को देखें, तो आप पाएँगे कि उनमें कुछ विशिष्ट क्षमता है और उन्होंने इसे बनाने के लिए कड़ी मेहनत की है, तो कड़ी मेहनत कीजिए, अल्पकालिक दर्द और व्याकुलता को दूर कीजिए, और अपने मिशन के लिए ख़ुद को प्रतिबद्ध कीजिए। आपके हठ का फल मीठा होगा। जब आप विशिष्ट क्षमता का निर्माण करते हैं, तो आपका काम आसान, अधिक मनोरंजक होता जाएगा, और पुरस्कार कई गुना बढ़ते जाएँगे।

    इसके अलावा, व्यावसायिक दुनिया अनिश्चितताओं से भरी है। आप आगे बढ़ेंगे, लेकिन आपको कुछ असफलताएँ भी ज़रूर मिलेंगी। इसलिए, आपको लचीला होना होगा और उत्कृष्टता की अपनी खोज में डटे रहना होगा। यदि आप बहुत जल्दी हार मान लेते हैं, तो आप बड़ी सफलता से चूक जाएँगे। मैंने इसे कठिन तरीक़े से सीखा है। कंसल्टेंट के रूप में अपना करियर शुरू करने के बाद मैं करियर की तेज़ प्रगति का आदी हो गया था, लेकिन जब मैंने अपना उद्यम शुरू किया, तो मैं प्रगति की कमी से चकित रह गया और मैंने दो साल में ही इसे बंद कर दिया। पीछे मुड़ कर देखने पर मुझे अहसास हुआ कि कुछ भी सार्थक बनाने में दो साल से अधिक का समय लगता है और मुझे शायद अपने उद्यम को और अधिक समय देना चाहिए था। उस सबक़ ने मुझे बाद में अपने करियर में अच्छी स्थिति में खड़ा किया। मैंने आठ साल मैक्केसी और छह साल फ़िडेलिटी में बिताए। दृढ़ता के कारण ही मुझे सोच को साकार करने और व्यावसायिक प्रभावों को हासिल करने में मदद मिली है, जो यात्रा के शुरुआती भाग में काल्पनिक लगते थे।

3. **स्थायी रिश्ते बनाएँ :** जब मैं 1996 में मैकिंज़ी में आया, तो हमारी प्रवेश यात्रा के दौरान वरिष्ठ भागीदारों में से एक ने कहा था कि सफल होने के लिए आपको या तो कुछ जानने की ज़रूरत है या किसी को जानने की ज़रूरत है। उस समय, मुझे लगा कि मैं 'कुछ जानने'टाइप का हूँ और किसी को जानने से जो सफलता मिली, वह थोड़ी सतही थी। जब मैंने और अधिक अनुभव हासिल किया, तो मुझे अब रिश्तों के ज़बरदस्त मूल्य का बेहतर अहसास हुआ। लोग ज्ञान और तर्क की तुलना में विश्वास और भावनाओं के प्रति अधिक प्रतिक्रिया करते हैं। चाहे वह किसी टीम के रूप में कठिन लक्ष्य हासिल करना हो, विवादों को सुलझाना हो, या अपनी अगली नौकरी ढूँढना हो, हर मामले में रिश्ते ही सफलता की कुंजी हैं। वे शक्ति के प्रभाव को बढ़ाने वाले होते हैं। ये ऐसे नतीजे हासिल करने में आपकी मदद करते हैं, जो आप अपने दम पर कभी नहीं पा सकते। इसके अलावा, रिश्ते केवल काम निकालने का साधन नहीं हैं। वे अपने आप में एक मंज़िल हैं। मनुष्य एक सामाजिक प्राणी है। हम विश्वास और एकजुटता के लिए तरसते हैं। गहरे रिश्ते जीवन में ख़ुशी और गर्मजोशी लाते हैं, इसे और अधिक सार्थक बनाते हैं। इसलिए, विश्वास-आधारित रिश्ते बनाइए और उन्हें देखभाल के साथ पोषित कीजिए। वे जीवन में आपकी सबसे महत्त्वपूर्ण संपत्ति होंगे, सबसे अच्छा निवेश होंगे।

## अपने स्वीट स्पॉट की तलाश करना

01 बड़ा सोचें और जोखिम उठाएँ

02 उत्कृष्टता की तलाश में लगे रहें

03 स्थायी रिश्ते बनाएँ

04 अति-सक्रिय बनें और ज़िम्मेदारी लें

05 लेने पर नहीं, देने पर ध्यान दें

06 विनम्र रहें और अपने मूल्यों के प्रति सच्चे रहें

07 संतुलन बनाए रखें, और काम से परे रुचियों को पूरा करें

4. **अति-सक्रिय बनें और ज़िम्मेदारी लें :** चाहे उस संगठन की बात हो, जिसमें आप काम करते हैं, या व्यापक पैमाने पर समाज की बात हो, आप ऐसी अनेक दीर्घकालिक समस्याएँ देखेंगे, जो 'व्यवस्था' के बारे में असहायता का भाव पैदा कर सकती हैं। अगर आपकी आकांक्षा लीडर के रूप में विकसित होने की है, तो आपको अति-सक्रिय होना होगा और अपने आस-पास की समस्याओं की ज़िम्मेदारी लेनी होगी। समस्याओं को अपने ऊपर हावी न होने दें। सकारात्मक रहिए और अपने कर्म पर ध्यान दीजिए। आपको वह ताक़त देखकर हैरानी होगी, जो आपके व्यक्तिगत कामों में हो सकती है। जब आप कोई कार्रवाई करते हैं, तो आपके प्रभाव का दायरा बढ़ता है और आपके अंदर का लीडर विकसित होता है। धीरे-धीरे आपके कामों से शुरू हुआ परिवर्तन महत्त्वपूर्ण बिंदु तक पहुँचता है और 'व्यवस्था' भी बदलने लगती है। जी हाँ, इंसानी कार्रवाई की सीमाएँ होती हैं, और आपको कुछ स्थितियों को स्वीकार करना होता है, हालाँकि व्यक्तिगत कार्रवाई की ताक़त उससे कहीं ज़्यादा है, जो हम महसूस करते हैं, तो आगे बढ़िए और अपने आस-पास की स्थितियों की ज़िम्मेदारी लीजिए।

5. **लेने पर नहीं, देने पर ध्यान दें :** अपने करियर के शुरुआती चरणों में हम अपने आप में मूल्य-वर्द्धन के प्रति जुनूनी रहते हैं-'इसमें मेरे लिए क्या है'। यह संकीर्ण दृष्टिकोण है और यह निराशा की ओर ले जा सकता है। अपने स्वार्थ को छोड़िए, और देने की कोशिश कीजिए और लोगों तथा अपने आस-पास की परिस्थितियों का मूल्य-वर्द्धन कीजिए। 'मैं' के बजाय 'हम' पर ध्यान दीजिए। इससे आपका लीडर तथा इंसान रूप में विकास होगा और आख़िरकार आपको ज़्यादा सफलता मिलेगी। मैंने मैकिंज़ी नॉलेज सेंटर पर यह बात सीखी थी। जहाँ मैं मैकिंज़ी में कंसल्टेंट का काम कर रहा था, वहाँ मेरे लिए मूल्य-वर्द्धन वास्तविक था, हालाँकि, मैकिंज़ी में मैनेजर के रूप में अपने शुरुआती सालों में, मैं अपने आप में मूल्य-वर्द्धन की कमी देखकर काफ़ी कुंठित होने लगा था। उसी समय, सौभाग्य से, मैंने अपने आप से प्रश्न किया, 'मैं दूसरों का क्या मूल्य वर्द्धन कर रहा हूँ?'तब मैंने अपने आस-पास के लोगों के विकास पर ध्यान लगाना शुरू किया। जैसे ही मैंने यह किया, कुछ चमत्कार हो गया। मेरी टीम के सदस्य स्वाभाविक रूप से आगे बढ़ने लगे। मैक्केसी ने रिसर्च बैक-ऑफ़िस से इनोवेशन हब तक की शानदार तरक़्क़ी की, और परिणामस्वरूप, मैंने लीडर के रूप में सफलता हासिल की। वास्तव में, आपको जो मिल रहा है, उसकी सनक छोड़ने और जो आप दे रहे हैं, उस पर ध्यान केंद्रित करने से चमत्कार हो सकते हैं।

6. **विनम्र रहें और अपने मूल्यों के प्रति सच्चे रहें :** सफलता के नकारात्मक परिणामों में से एक घमंड भी है। कभी-कभी सफल लोग बहुत अधिक आत्म संतुष्ट हो जाते हैं, सुनना बंद कर देते हैं और आख़िरकार वास्तविकता से संपर्क खो देते हैं। यही उनके अंत की शुरुआत होती है। इसलिए सफलता या पद को अपने सिर पर न चढ़ने दें। हमेशा विनम्र रहिए, ज़मीन से जुड़े रहिए, स्वाभाविक और सहज रहिए। यह लोगों से

जुड़ने में आपकी मदद करेगा और उनका प्यार और सम्मान अर्जित करने में सहायता करेगा। यह आपको बड़ी ग़लतियाँ करने से भी बचाएगा। विनम्र होने के अलावा, हमेशा उच्च नैतिक मानकों को बनाए रखिए और सही काम करने का प्रयास कीजिए। विवेक स्पष्ट रखिए और सुनिश्चित कीजिए कि आप हमेशा अपना सिर ऊँचा रख सकें। यह ज़रूरी है। सत्यनिष्ठा एक बार टूट जाए, तो फिर कभी भी उसकी मरम्मत नहीं की जा सकती। नासमझी के एक पल से आपके सारे किए-कराए पर पानी फिर सकता है।

7. **संतुलन क़ायम रखें और काम से आगे रुचियों को पूरा करें :** जीवन के शुरुआती चरण में रुझान करियर के प्रति जुनूनी होने का होता है। मैं आपको अपने जीवन में संतुलन तलाशने के लिए प्रोत्साहित करूँगा। ज़िंदगी फर्राटा दौड़ नहीं है, यह मैराथन की तरह है। आपको सीखना पड़ता है कि लंबी रेस में आप ख़ुद को किस तरह से टिकाए रखें। इसके लिए, अपने काम से बाहर भी अपनी रुचियों और शौक को तराशते रहिए। इससे आपको जीवन का ताज़ा और गहरा नज़रिया मिलेगा। वे आपको फिर से ऊर्जावान और तरोताज़ा भी करेंगे, और यह सुनिश्चित करेंगे कि आपके पास लंबी पारी खेलने की ऊर्जा रहे। मेरे लिए जीवन में मेरा सबसे बड़ा सहारा मेरा परिवार है। मैं शादीशुदा हूँ, मेरे तीन ख़ूबसूरत बच्चे हैं और मैं एक बड़े संयुक्त परिवार का हिस्सा हूँ। वे मेरे जीवन में शक्ति का बहुत बड़ा स्रोत हैं और मुझे सँभाले रखते हैं। इसके अलावा, मेरे पास कई जुनून हैं, जिनके पीछे मैं लगा रहता हूँ। मुझे खेलों का शौक है और मैं सप्ताह में दो बार स्क्वैश (Squash) खेलता हूँ। मैं लगभग बीस सालों से आर्ट ऑफ़ लिविंग का अनुसरण कर रहा हूँ, और हर रविवार की सुबह योग और ध्यान सत्र में धार्मिक रूप से भाग लेता हूँ। अंत में, मुझे यात्रा करना और हर साल कम से कम दो बार छुट्टियों पर जाना पसंद है। ये जुनून मुझे फिर से जीवंत करने और मेरी ऊर्जा के स्तर को ऊँचा रखने में मदद करते हैं।

अंत में, मैं कहूँगा कि आप बहुत विशेषाधिकार प्राप्त स्थिति में हैं। हम जिस डिजिटल युग में जी रहे हैं, वह विकास के अद्भुत अवसर उपलब्ध कराता है। आपके पास बड़ी व्यावसायिक सफलता हासिल करने और बहुत सारा धन कमाने का अच्छा मौक़ा हो सकता है। तो, कृपया इस अवसर का इस्तेमाल अपने जीवन के कुछ बड़े प्रश्न पूछने के लिए कीजिए। मेरी कामना है कि आप सभी महान लीडर्स के रूप में खिलें, अपनी पूरी क्षमता को हासिल करें और अपने चारों ओर सकारात्मक प्रभाव डालें।

## सारांश

- सफलता धन या संपत्ति से भी आगे की कुछ बात है। सफलता से मिली भौतिक उपलब्धियाँ आपको अक्सर एक 'चूहा दौड़' में फँसा सकती हैं।
- वास्तव में सफल होने का मतलब, अपनी पूरी क्षमता को हासिल करते हुए और इससे ख़ुश रहते हुए बदलाव करना है।
- सच्ची सफलता हासिल करने के सात सिद्धांत हैं: बड़ा सोचिए और जोखिम उठाइए, उत्कृष्टता की तलाश में डटे रहिए, स्थायी संबंध बनाइए, अति-सक्रिय बनिए और ज़िम्मेदारी उठाइए, लेने के बजाय देने पर ध्यान दीजिए, विनम्र रहिए और अपने मूल्यों के प्रति सच्चे रहिए, संतुलन क़ायम रखिए और काम से परे अपनी रुचियों का विकास कीजिए।

# 2

# जीवन का सशक्त उद्देश्य– अपना 'स्वीट स्पॉट' तलाशना![2]

*उद्देश्य आपकी यात्रा का कारण है, जुनून वह आग है, जो आपके रास्ते को रोशन करती है।*

*— विल क्रैग,अमेरिकी मेजर लीग बेसबॉल खिलाड़ी*

## अपनी पूरी क्षमता को अर्जित करना

हर इंसान के अंदर प्रचुर क्षमता होती है। हर किसी के पास कुछ अनूठी प्रतिभाएँ होती हैं, जिनकी पहचान की जाए और उन्हें निखारा जाए, तो वे उस इंसान और उसके आस-पास की दुनिया को काफ़ी उच्च स्तर तक उठा सकती हैं, हालाँकि, बहुत कम लोग ही अपनी पूरी क्षमता को हासिल कर पाते हैं। वास्तव में, हम में से ज़्यादातर अपनी पूरी क्षमता के एक बहुत छोटे हिस्से का ही इस्तेमाल कर रहे हैं। यह शायद हमारे सामने, सामूहिक रूप से समाज के सामने, और एक स्तर तक मानव जाति के सामने सबसे बड़ी चुनौतियों और अवसरों में शामिल है।

ऐसा क्यों है?हम अपनी पूरी क्षमता से काम क्यों नहीं कर रहे होते हैं?

इसका कारण यह है कि ऐसा करना इतना आसान नहीं है। जीवन खोज की यात्रा है। प्रकृति हमसे एक स्तर से दूसरे स्तर तक प्रगति करने की अपेक्षा करती है। हर एक स्तर पर हम अपने और अपने आस-पास की दुनिया के बारे में कुछ नया और शक्तिशाली खोजते हैं। यह हमें हमारे सच्चे उद्यम के बारे में जागरूकता की ओर ले जाता है, हालाँकि, एक स्तर से दूसरे स्तर तक प्रगति आसान नहीं है। हमारे जीवन की स्थितियाँ हमारा अनुकूलन करती हैं और हमारे ऊपर मज़बूत गुरुत्वाकर्षण खिंचाव डालती हैं, जो हमें मुक्त होने की

अनुमति नहीं देता है। भौतिकी के नियम यहाँ लागू होते दिखते हैं! गुरुत्वाकर्षण हमें जड़ से जोड़े रखता है। रॉकेट को कक्षा में प्रक्षेपित करने के लिए टर्बो बूस्टर की ज़रूरत होती है। एक बार जब रॉकेट कक्षा में चला जाता है, तो वह थोड़ी अतिरिक्त ऊर्जा के साथ वहाँ बना रह सकता है। इसी तरह, हमें अपनी वर्तमान स्थिति से खुद को ऊपर उठाने और अगले स्तर पर जाने के लिए एक पुश, एक शुरुआत की ज़रूरत होती है।

यह कठिन लगता है। तो, हम अपनी क्षमता को बाहर निकालने के सफ़र पर कैसे आगे बढ़ते हैं?

मेरा मानना है कि हमारी क्षमता को बाहर निकालने की कुंजी एक **सकारात्मक और सतत उद्देश्य** का होना है, यानी एक ऐसा कारण, जिसके लिए हम अपना जीवन समर्पित कर सकते हैं। यही उद्देश्य वह सकारात्मक शक्ति होगी, जो फ़ोकस और प्रतिबद्धता पैदा करती है और असाधारण प्रयास के लिए प्रेरित कर सकती है। यह वह चुंबक है, जो ऐसे साधनों का निर्माण करेगा, जहाँ कोई भी साधन अस्तित्व में न दिखता हो और यह प्रकृति की शक्तियों को एक रहस्यमय, किंतु शक्तिशाली तरीक़े से सरेखित करता है। यही वास्तव में वह टर्बो बूस्टर है, जो हमें एक स्तर से दूसरे स्तर तक उठा सकता है और इस प्रक्रिया में अपनी पूरी क्षमता को हासिल करने में हमारी मदद करता है। इतिहास में हमें बहुत सारे उदाहरण मिलते हैं। मोहनदास करमचंद गाँधी एक साधारण इंसान थे, लेकिन उनका उद्देश्य शक्तिशाली था। इसने उन्हें महात्मा के स्तर तक पहुँचाया और उन्होंने शक्तिशाली साम्राज्य की नींव को हिलाकर रख दिया। तुलसीदासजी गाँव के साधारण आदमी थे। राम के प्रति उनके प्रेम ने महाकाव्य रामचरितमानस की रचना में उनकी मदद की और उन्हें एक संत बना दिया। जोन ऑफ़ आर्क एक युवा और कमज़ोर किसान लड़की थी, हालाँकि, उसके दृढ़ विश्वास ने एक शक्तिशाली दुश्मन को हराने के लिए पिटे हुए लोगों को जगाने में मदद की। वह आज भी फ्रांस के संरक्षक संतों में शुमार की जाती हैं और पूजनीय हैं। यह स्पष्ट रूप से दिखाता है कि हमारे बीच सबसे कमज़ोर व्यक्ति में भी अविश्वसनीय शक्ति छिपी होती है। शक्तिशाली उद्देश्य हमारे अंदर की अद्भुत ऊर्जाओं को बाहर निकाल सकता है, न केवल हमें, बल्कि हमारे आस-पास की दुनिया को भी ऊपर उठा सकता है।

तो, हम किसी सकारात्मक और सतत उद्देश्य का पता कैसे करते हैं?

## अपने जीवन के उद्देश्य का पता करना

कुछ लोग भाग्यशाली होते हैं कि उन्हें ऐसा गुरु मिल जाता है, जो राह तलाशने में उनकी मदद करता है, जबकि कुछ के साथ ऐसी नाटकीय घटनाएँ हो जाती हैं कि उन्हें अपने जीवन का उद्देश्य स्पष्ट दिखने लगता है। भारत के स्वतंत्रता सेनानी इसी दूसरे तरह के लोगों का उदाहरण हैं। देश की आज़ादी की लड़ाई ने एक पीढ़ी को उठ खड़े होने और ऐसा बदलाव करने को प्रेरित किया, जो पहले कभी संभव नहीं हुआ था, हालाँकि, हम में से ज़्यादातर इन बताई गई किसी भी स्थितियों में नहीं होंगे और अपने उद्देश्य को परिभाषित करने के लिए हमें सचेतन प्रयास की ज़रूरत पड़ सकती है।

जीवन में रोज़ की खींचतान और दबावों के बीच, जीवन का मकसद तलाशने का प्रश्न गुम हो जाता है। आपको आपके आस-पास की ताक़तें जिधर ले जाती हैं, उसी तरफ़ आप बहते जाते हैं। आपका अपनी मंज़िल पर कोई नियंत्रण ही नहीं लगता। जीवन का उद्देश्य किसी कठिन पहेली की तरह लगता है। कई बार तो वह शुरुआती बिंदु तलाश पाना तक मुश्किल लगता है, जहाँ से आप इस पहेली को हल करने की शुरुआत कर सकते हैं, हालाँकि, यह ज़रूरी है कि हम जीवन की इस पहेली को हल करने का प्रयास करें। जीवन में सशक्त और सतत उद्देश्य न केवल अपनी पूरी क्षमता हासिल करने, बल्कि जीवन में स्थायी ख़ुशी तलाशने की भी कुंजी है। इससे आपको ऊर्जा मिलती है, और आपके अंदर का लीडर जाग्रत होता है, आपका और आपकी दुनिया का अलग ही स्तर तक उत्थान होता है। इसके साथ ही, उद्देश्य की स्पष्टता होने, और उसके लिए जीने के योग्य होने से जीवन में लय आती है, जो स्थायी ख़ुशी और आंतरिक शांति की ओर ले जाती है।

मेरा मानना है कि हमारा उद्देश्य **'स्वीट स्पॉट' या तीन शक्तियों**-हमारे जुनून, हमारी अनूठी प्रतिभाओं और महत्त्वपूर्ण तथा नैतिक ज़रूरतों के मेल में निहित होता है। अपने 'स्वीट स्पॉट' की तलाश एक यात्रा है। जुनून शुरुआती बिंदु की तरह हैं, लेकिन वे पर्याप्त नहीं होते हैं। उनके साथ प्रतिभा का मेल होना ज़रूरी है। आख़िरी, और सबसे अहम, आपको कुछ महत्त्वपूर्ण ज़रूरतों को पूरा करने या अपने आस-पास की कुछ महत्त्वपूर्ण समस्याओं को हल करने में अपने जुनून का इस्तेमाल करने की ज़रूरत है। जिन ताक़तों के बारे में मैंने बताया है, उनके मेल पर आपको'स्वीट स्पॉट' मिल जाता है, तो चमत्कार हो जाता है। आपको अपनी ज़िंदगी का सशक्त और सतत उद्देश्य हासिल हो जाता है, हालाँकि इस 'स्वीट स्पॉट' को पाने का कोई ऐसा फ़ॉर्मूला नहीं है, जिसके बारे में पहले से बताया जा सके। यह तो एक समुद्री यात्रा है, धैर्ययुक्त यात्रा है, रोमांचक साहसिक कार्य है।

यहाँ आपके सशक्त , सतत उद्देश्य, आपके 'स्वीट स्पॉट' को पाने के बारे में कुछ विचार दिए जा रहे हैं:

## अपने जुनूनों से शुरुआत करें

जुनून तो उपहार होते हैं। वे ऊर्जा का स्रोत होते हैं। वे जीवन को रोशन करते हैं, और आपको ख़ुशी तथा जीवंतता देते हैं। जुनून से रहित जीवन पूर्ण जीवन है ही नहीं। जुनून उत्कृष्टता की बुनियाद भी हैं। आप जिस चीज़ में रुचि रखते हैं, उसमें आपके अपना सर्वश्रेष्ठ देने की संभावना रहती है और उससे आपको ख़ुशी मिलती है। जुनून एक चमकदार दिशासूचक की तरह है, जो आपके उद्देश्य के रास्ते को रोशन करता है। अपने जुनून का पीछा कीजिए और आपके जीवन की यात्रा की शुरुआत अच्छी तरह से होगी।

हालाँकि, हम अक्सर डर और कंडीशनिंग के कारण अपने जुनून का पीछा नहीं कर पाते हैं। कुछ डर हमें बच्चों के रूप में होता है। जब हम बड़े होते हैं, तो हम अंदर डर का निर्माण क़ायम रखते हैं, और फिर उससे उबर पाना लगातार कठिन होता जाता है। डर आपको अपने सच्चे स्व से जुड़ने से रोकता है। वह आपके जीवन के आनंद को

सीमित करता है। अपने डर को छोड़िए और अधिक जोखिम उठाइए। नकारात्मक पक्ष कम हानिकारक है और सकारात्मक पक्ष आपकी कल्पना से कहीं अधिक लाभदायक है, तो साहस की वह शुरुआती छलांग लगाइए और अपने जुनून के पीछे पड़ जाइए। एक बच्चे की तरह बनें, अपना जीवन खुलकर बिताएँ!

अपने जुनून का पीछ करने से हमें रोकने वाला दूसरा बड़ा कारक हमसे की जाने वाली बाहरी अपेक्षाएँ हैं। जैसे-जैसे हम बड़े होते जाते हैं, हमसे परिवार, दोस्तों और समाज की अपेक्षाएँ जमा होने लगती हैं। हम अक्सर दुनिया को दूसरे के नज़रिये से देखते हैं। हम इस बात के प्रति सचेत रहते हैं कि हमसे क्या करने की अपेक्षा की जाती है और हमसे कैसा व्यवहार करने की अपेक्षा की जाती है। सफलता की एक संकीर्ण और कठोर परिभाषा है। हम अक्सर अन्य लोगों के लिए अपना जीवन बिताते हैं या वैसा करते हैं, जैसा कि दूसरे हमसे अपेक्षा करते हैं। यह बहुत सीमित करने वाला होता है। आपको इस कंडीशनिंग को चुनौती देने और अपना जीवन जीने की ज़रूरत है। दूसरों के प्रति अपनी ज़िम्मेदारियों के प्रति सचेत रहना और उनका पूरी तरह से निर्वहन करना ज़रूरी तो है, हालाँकि, उस प्रक्रिया में ख़ुद को मत भूलिए। आपको अपना जीवन जीने और इसे दूसरों के लिए जीने के बीच संतुलन तलाशने की ज़रूरत है।

तो, डर और कंडीशनिंग से मुक्त हो जाइए और अपने जुनून का पीछा कीजिए। जीवन की सुंदर यात्रा शुरू करने का यह सुखद और स्फूर्तिदायक तरीक़ा है!

## अहम ज़रूरतें पूरी करने के अवसर तलाशिए

अपने उद्देश्य को पाने की यात्रा में जुनून बहुत ही महत्त्वपूर्ण घटक होता है, लेकिन यह पर्याप्त नहीं होता है। जुनून शुरुआती गति को चिंगारी देगा, जो क़ायम नहीं रह सकती है। आपके जुनून को किसी महत्त्वपूर्ण ज़रूरत की पूर्ति के साथ लय बनाने की आवश्यकता है ताकि प्रेरणा की चिंगारी उज्ज्वल और टिकाऊ आग बन जाए। जीवन अलग-थलग जीने के लिए नहीं होता है। हम एक परस्पर निर्भर दुनिया में रहते हैं। जीवन के मूलभूत उद्देश्यों में से एक हमारे आस-पास की दुनिया में सकारात्मक बदलाव लाने का है। हमें इसे अपने व्यक्तिगत उद्देश्य में बदलने की ज़रूरत है। इसके अलावा, यह केवल उद्देश्य के बड़प्पन की बात नहीं है। अधिक व्यावहारिक स्तर पर, किसी भी प्रयास को टिकाऊ होने के वास्ते दूसरों के लिए मूल्य पैदा करने की ज़रूरत होती है। आप न केवल अपने आत्म-साक्षात्कार का अनुसरण करके, बल्कि समस्याओं को हल करके या दूसरों की ज़रूरतों को पूरा करके भी मूल्य पैदा करते हैं। इसलिए, हमें यह पता लगाने की ज़रूरत है कि हमारे जुनून और/या कौशल (जो आंतरिक हैं) को हमारे आस-पास की दुनिया के लिए कैसे प्रासंगिक बनाया जा सकता है। हमारे हित और हमारी प्रतिभा दूसरों के लिए मूल्य कैसे पैदा कर सकते हैं या समस्याओं का समाधान कैसे कर सकते हैं? आपको आंतरिक को बाह्य से जोड़ने की ज़रूरत है या इसे अधिक व्यावसायिक शब्दों में रखें, तो आपको आपूर्ति को माँग के साथ जोड़ने की ज़रूरत होती है!

## अपने 'स्वीट स्पॉट' की तलाश करना

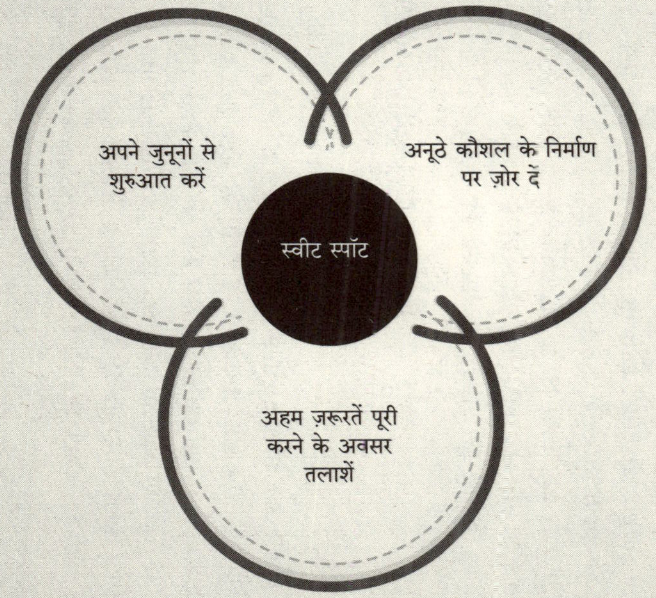

दूसरों की समस्याएँ हल करना और मूल्य पैदा करना आसान नहीं है। हम स्वाभाविक रूप से स्व-उन्मुखी होने के लिए तैयार किए गए हैं। इसलिए, हमारे लिए अपनी स्वयं की ज़रूरतों, अपनी आकांक्षाओं, अपनी ताक़तों और अपने जुनूनों की समझ पहले रखना ज़्यादा आसान होता है। मूल्य सृजन के लिए आपको बाह्य अभिविन्यास रखने की ज़रूरत है, जहाँ आपके भीतर अपने आस-पास की दुनिया को समझने की भावना हो। आपको अपने खोल से बाहर निकलने और दूसरों से जुड़ने की ज़रूरत है। इससे आपको अपने आस-पास के लोगों की ज़रूरतों को जानने का मौक़ा मिलेगा। यह आपके अंदर वह विचार प्रक्रिया पैदा करने के लिए ज़रूरी है, जिससे आप तय कर सकें कि आप कैसे लोगों की समस्याएँ हल करेंगे और मूल्य सृजित करेंगे।

आपको ख़ुद को अलग-अलग अनुभवों से भी गुज़ारना होगा। यह पता लगाना आसान नहीं है कि आप कहाँ और कैसे मूल्य बना सकते हैं। यदि आप दुनिया को संकीर्ण नज़रिये से देखते हैं, तो ऐसी संभावना नहीं होगी कि आप महत्त्वपूर्ण अवसरों को खोज पाएँ। इसलिए, अन्वेषण और अपने आप को कई तरह के अनुभवों की अनुमति देना बहुत मददगार होता है। जब आप ऐसा करते हैं, तो आप अपने और आस-पास की दुनिया के बारे में और अधिक खोजते हैं। इस प्रक्रिया से यह पता लगाने में मदद मिल सकती है कि आप कहाँ और कैसे मूल्य जोड़ सकते हैं।

## अनूठे कौशल विकसित करने के लिए डटे रहना

एक बार जब आप अपने जुनून और/या उन ज़रूरतों की पहचान कर लेते हैं, जिन्हें आप पूरा करना चाहते हैं, तो आपको अपेक्षित अनूठे कौशल या दक्षता विकसित करने के लिए गहन अभ्यास करने की ज़रूरत होती है। वे आपके उद्देश्य को गहराई देने के लिए ज़रूरी हैं, जो आपको सामान्य से ऐसी चीज़ तक ले जाते हैं, जिसका दुनियाभर में महत्त्वपूर्ण और स्थायी प्रभाव पड़ता है। इसी तरह, अनूठे कौशल भी मूल्य जोड़ने के अवसरों का पता लगाने के लिए शुरुआती बिंदु हो सकते हैं। जहाँ आप के पास अनूठे कौशल हों, वहाँ आपको अधिक आसानी से अवसर मिलने की संभावना होती है।

हालाँकि, अनूठे कौशल और दक्षताओं का निर्माण करना आसान नहीं होता है। इसके लिए कड़ी मेहनत, धैर्य और अनुशासन की ज़रूरत पड़ती है। यहाँ तक कि अगर आप प्राकृतिक प्रतिभाओं से युक्त हैं, तो भी आपको विशिष्ट दक्षताओं के निर्माण के लिए कठिन और लंबे समय तक अभ्यास करते रहना होगा। यहाँ कोई शॉर्ट कट नहीं है। इसमें समय लगता है और आपको इसमें लगे रहना होगा। इस प्रक्रिया में शैतान भी आपकी परीक्षा लेगा। आप दर्द का सामना करेंगे और आपका मन हार मानने का करेगा, हालाँकि आपको दृढ़ रहना होगा, दर्द को सहना होगा और हार नहीं माननी होगी। जैसे-जैसे आप हार न मानने, आसान रास्ता न अपनाने की आदत बना लेते हैं, वैसे-वैसे आप अपने अंदर ऊर्जा के छिपे हुए भंडार की खोज कर लेंगे। आप पाएँगे कि आप अधिक समय तक चलने में सक्षम हैं, हालाँकि, और उच्च स्तरों तक पहुँचने पर भी, आप अपनी तारीफ़ सुनकर आराम से संतुष्ट होकर नहीं बैठ सकते। आपको अभ्यास करते रहना होगा। हर स्थिति में आपका

लक्ष्य अगले स्तर पर जाना है। आपके हठ का फल मीठा होगा। एक बार जब आप विशिष्ट कौशल का निर्माण कर लेते हैं, तो आप पाएँगे कि भविष्य की गतिविधियाँ सहज और वास्तव में आनंददायक हो जाती हैं।

आपके जुनून, महत्त्वपूर्ण ज़रूरतों को पूरा करने तथा आपके अनूठे कौशल के बीच एक सहक्रियात्मक संबंध होता है। जुनून विशिष्ट कौशल के निर्माण की ओर ले जा सकता है। जुनून और कौशल आपको उन अवसरों की ओर इशारा कर सकते हैं, जहाँ आप मूल्य बनाने की सबसे अधिक संभावना रखते हैं, हालाँकि, यह प्रवाह आवश्यक रूप से अनुक्रमिक या रैखिक नहीं होता है। तीनों एक-दूसरे से अलग-अलग तरीक़ों से जुड़ सकते हैं। महत्त्वपूर्ण बात यह होती है कि आप उन्हें अच्छी तरह से जोड़ने में सक्षम हैं। यह किसी पवित्र चक्र की ओर ले जा सकता है, जहाँ वे एक-दूसरे के काम आ सकते हैं, और इस प्रक्रिया में हर एक मज़बूत होता जाता है। जो 'स्वीट स्पॉट' उभरेगा, वह शक्तिशाली होगा और चमत्कार कर सकता है!

मैं आपको आपके जीवन के सशक्त उद्देश्य- आपके 'स्वीट स्पॉट' को खोजने की जादुई यात्रा में आगे बढ़ने के लिए तीन अंतिम विचारों के साथ छोड़े जा रहा हूँ:

1. **प्रश्न करें :** शुरुआती बिंदु यह प्रश्न करना है कि आपके अस्तित्व का अनूठा उद्देश्य क्या है। अपने आपसे और प्रकृति से यह प्रश्न कीजिए। जीवन में आपको जो उत्तर मिलेंगे, वे आपके प्रश्नों के कार्य होते हैं। जब आप इन चुनौती भरे प्रश्नों को पूछते हैं, तो भ्रम दूर होता है और आप जो उत्तर चाहते हैं, वे उभरने लगते हैं।
2. **प्रवाह को समझें :** आपके जीवन में जो कुछ भी होता है, वह किसी उद्देश्य के लिए ही होता है। आपके द्वारा खोजे गए सभी उत्तर आपके अंदर ही होते हैं, इसलिए 'अपने जीवन के बिंदुओं को जोड़िए'। अपने जीवन और अपने तमाम अनुभवों पर विचार कीजिए। आपके जीवन में जो कुछ भी हुआ है, वह किसी उद्देश्य के लिए हुआ है। जब आप अपने जीवन की पहेली को एक साथ जोड़ते हैं, तो बहुत संभावना रहती है कि आपके जीवन का उद्देश्य आपके सामने उछलकर आ जाए।
3. **भरोसा रखें :** अपने जीवन का सशक्त उद्देश्य तलाशना एक अप्रत्याशित यात्रा है। यह उतना ही संभव है कि उत्तर अगले कोने में हो या काफ़ी दूर हो। उत्तर मिलने में कुछ समय लग सकता है, लेकिन विश्वास रखिए कि भगवान ने आपके लिए एक विशेष उद्देश्य नियत किया है। लगातार और विश्वास के साथ खोजिए, तो उत्तर मिलना शुरू हो जाएगा।

जीवन का सशक्त उद्देश्य तलाशना मानव जाति की सबसे गहन खोजों में से एक होता है। यह ऐसी खोज है, जिसके लिए आपको प्रयास करना चाहिए। यदि आप अपना 'स्वीट स्पॉट' पा सकते हैं, तो यह आपको और आपके आस-पास की दुनिया को एक उच्चतर स्तर पर ले जाएगा। महात्मा गाँधी ने इस बात को ख़ूबसूरती से कहा था, '*उद्देश्य खोजिए, साधन उसके बाद आ जाएँगे*।' हालाँकि, अपने उद्देश्य को खोजने की यह प्रक्रिया धैर्ययुक्त यात्रा है। इसे किसी रोमांचक साहसिक कार्य के रूप में लीजिए और आगे बढ़ जाइए!

## सारांश

- अपनी पूरी क्षमता हासिल करने का प्रयास ही आपको जीवन में हमेशा प्रेरित रखेगा और आगे बढ़ाता रहेगा।
- सशक्त तथा सतत उद्देश्य आपको अपनी पूर्ण क्षमता हासिल करने और स्थायी ख़ुशी पाने में मदद कर सकता है।
- उस 'स्वीट स्पॉट' का पता लगाना मानव जीवन की सबसे गहन खोजों में से एक है – आपके जुनून, आपके अनूठे कौशल और महत्त्वपूर्ण ज़रूरतों को पूरा करने के लिए आपके आस-पास के अवसर आपको इस 'स्वीट स्पॉट' पर ले जाएँगे।

# 3

# आपका समय अब है! – युवा उद्यमियों के लिए दस मंत्र[3]

*सचमुच तेज़ी से बदल रही दुनिया में जोखिम न उठाना ही एकमात्र रणनीति है, जिसके फ़ेल होने की गारंटी है*

*—मार्क ज़करबर्ग, सह-संस्थापक एवं सीईओ, फ़ेसबुक*

*भारत में एक इंजीनियरिंग कॉलेज में उद्यमिता पर मेरे संवाद के अंश।*

इस अध्याय में मैं आपको बता रहा हूँ कि क्यों मैं डिजिटल युग को युवा प्रोफ़ेशनल्स के लिए उद्यमिता पर विचार करने का सही समय मानता हूँ। उद्यमी के रूप में मेरे अपने अनुभवों से हासिल सफलता के दस मंत्र भी मैं साझा करूँगा। मेरी अंतर्दृष्टियाँ चार तरह के अनुभवों पर आधारित हैं-अपने ख़ुद के स्टार्टअप (एक्टिवकर्मा 2000-02) की शुरुआत और नाकामी, मैकिंज़ी और फ़िडेलिटी में उद्यमी के रूप में कई सालों का काम, भारत के सबसे बड़े और सबसे सफल स्टार्टअप फ़्लिपकार्ट में मेरी नेतृत्व की भूमिका और उच्च वृद्धि की तकनीक सेवा फ़र्म इन्सीडो का नेतृत्व।

## युवा प्रोफ़ेशनल्स को उद्यमी क्यों बनना चाहिए?

मेरी दृढ़ मान्यता है कि आज भारत में उद्यमी बनने का बहुत अच्छा समय है और आप सबको इस रास्ते पर विचार करना चाहिए। मेरे ऐसा मानने के पीछे कम से कम 5 कारण हैं:

i. **तकनीकी व्यवधान अभूतपूर्व नए अवसर पैदा कर रहा है :** हम तकनीकी परिवर्तन की जो रफ़्तार और व्यावसायिक व्यवधान देख रहे हैं, वह संभवत: मानव इतिहास में

अभूतपूर्व है। मोबाइल, ई-कॉमर्स, क्लाउड, बिग डेटा ने उपभोक्ताओं का व्यवहार और बिज़नेस मॉडलों में नाटकीय बदलाव कर दिया है, जबकि ये रुझान मुश्किल से पंद्रह साल पुराने ही हैं। हम अब तकनीक के आर्टिफ़िशल इंटेलिजेंस, मशीन लर्निंग और इंटरनेट ऑफ़ थिंग्स के प्रभुत्व वाले नए चरण में हैं। तकनीकी परिवर्तन एक बड़ा तुल्यकारक है। बड़ी कंपनियों के पास तकनीकी परिवर्तन का लाभ उठाने का फ़ायदा नहीं है, बल्कि वे अक्सर घाटे में ही रहती हैं। चतुर उद्यमी प्रयोग करने और नई तकनीक का लाभ उठाने की सबसे अच्छी स्थिति में हैं। हमने फ़्लिपकार्ट, पेटीएम, मेकमाइट्रिप और ओला के उदाहरणों में देखा है कि आप दस साल से कम समय में किस तरह से नई तकनीक (ई-कॉमर्स) का लाभ उठाकर भारी व्यवसाय तैयार कर सकते हैं। और यह तो बस एक बहुत थोड़ा-सा हिस्सा है।

ii. **इससे व्यक्तिगत वृद्धि तीव्र होती है :** अगर आप महत्त्वाकांक्षी हैं, और दुनिया को बदलना चाहते हैं, तो उद्यमिता का रास्ता आपके लिए ही है। अपने ख़ुद के विचार पर अमल करने से आपको स्वामित्व और स्वतंत्रता की महान भावना मिलती है, जो कि किसी नौकरी में मिल पाना कठिन होता है। यह उद्देश्य और ऊर्जा की भावना पैदा करती है जो आपको व्यक्ति के रूप में बढ़ने में, वे चीज़ें हासिल करने में मदद करती है जो किसी मानक नौकरी में असंभव है। मैं अनेक युवा उद्यमियों से मिलता हूँ और बहुत कम अवधि में वे कितना बढ़े हैं और कितना परिपक्व हुए हैं, यह देखकर मैं हमेशा चकित रह जाता हूँ। व्यक्तिगत वृद्धि के अलावा, जीवन बदल देने वाली संपत्ति कमाने का अवसर भी इसमें निस्संदेह है। आजकल नौकरियों में वेतन तो अच्छा मिलता है, लेकिन सफल उपक्रम के ज़रिये आप जो धन कमाते हैं, उसकी तुलना में वह कुछ भी नहीं है।

iii. **जोखिम पूँजी और उद्यमिता इकोसिस्टम की उपलब्धता :** पिछले 15 सालों में भारत में हुआ एक सकारात्मक परिवर्तन उपक्रम पूँजी उद्योग तथा उद्यमिता इकोसिस्टम का विकास है। पूँजी अब उद्यमिता यात्रा के हर चरण में, यहाँ तक कि शुरुआती चरण के विचारों में भी उपलब्ध है। इससे युवा प्रोफ़ेशनल्स के लिए अपने माता-पिता की कड़ी मेहनत की कमाई दाँव पर लगाए बिना अपने विचारों को आगे बढ़ाना काफ़ी आसान हो गया है। पूँजी विचारों को तेज़ी से बढ़ाने में उनकी मदद भी करती है। सबसे ज़्यादा महत्त्वपूर्ण बात, सक्रिय उद्यमिता इकोसिस्टम का विकास है, जहाँ अनुभवी उद्यमी तथा प्रोफ़ेशनल ख़ुद उपक्रमों में निवेश कर रहे हैं और मार्गदर्शन तथा सहयोग के लिए उपलब्ध हैं।

iv. **असफलता की लागत बहुत ज़्यादा नहीं है :** मेरे माता-पिता की पीढ़ी ने बहुत मुश्किलों का सामना किया है और वे जोखिमों से काफ़ी बचते रहे हैं। यही रूढ़िवादी मानसिकता हमारे समाज में ऐतिहासिक रूप से व्याप्त रही और जोखिम लेने से रोकती थी, हालाँकि, आज का भारत काफ़ी अलग है। असफलता की लागत कम हुई है। जोखिम पूँजी की उपलब्धता का ज़िक्र मैंने पहले ही किया है। इससे भी महत्त्वपूर्ण बात यह है कि अवसर काफ़ी ज़्यादा हैं और कंपनियों की मानसिकता

बदल गई है। जिस व्यक्ति का स्टार्ट-अप नाकाम हो गया हो, उसे ख़ारिज नहीं किया जाता है। वास्तव में, असफलता को सकारात्मक अनुभव के रूप में देखा जाने लगा है। मैंने इसे अपने उदाहरण में देखा है। मैंने 2000-02 में अपना उपक्रम एक्टिवकर्मा शुरू किया था। यह उद्यम नाकाम हो गया, लेकिन मैं बहुत जल्दी उबरने में सक्षम हो गया। वास्तव में, मैंने अपने कॉर्पोरेट करियर में जो कुछ हासिल किया है, वह एक्टिवकर्मा से मिले अनमोल सबक़ों के कारण ही किया है।

v. **आप देश के लिए योगदान कर सकते हैं :** भारत की सबसे बड़ी संपत्ति इसका आयु पिरामिड है। 1 अरब 35 करोड़ की लगभग आधी आबादी 25 वर्ष से कम आयु की है, हालाँकि, इससे रोजगार सृजन की एक बड़ी चुनौती भी सामने है। सरकार और सार्वजनिक क्षेत्र कभी भी आवश्यक संख्या में नौकरियाँ पैदा नहीं कर पाएँगे। रोजगार सृजित करने के लिए बड़े पैमाने पर उद्यमशीलता गतिविधि की ज़रूरत होती है। इसके अलावा, उद्यमी दुनिया पर जीत हासिल करने वाले सफलता के विचार और कंपनियाँ बना सकते हैं और भारत को विश्व मानचित्र पर ला सकते हैं। पहली पीढ़ी के उद्यमियों द्वारा संचालित रहे आईटी और बीपीएम उद्योग ने पिछले 20 वर्षों में बहुत सफलतापूर्वक ऐसा किया भी है। भारतीय उद्यमियों के पास कई और क्षेत्रों में उभरने और हावी होने का अवसर है।

तो, उम्मीद है कि मैंने आप सभी को उद्यमी बनने के लिए तैयार कर लिया है !! अब मैं अपने अनुभवों के आधार पर कुछ अंतर्दृष्टियाँ साझा करता हूँ, जो उद्यमी के रूप में सफल होने में आपकी मदद कर सकती हैं।

## युवा उद्यमियों के लिए सफलता के दस मंत्र

असाधारण रूप से सफल उद्यमी आमतौर पर विद्रोही प्रकार के होते हैं, उनके अंदर एक एक्स फ़ैक्टर होता है, जिसे ठीक से दोहरा पाना कठिन होता है, हालाँकि, मैं तब भी दस मंत्र बताने की कोशिश करूँगा, जो मेरे अनुभवों पर आधारित हैं, और जिनसे उद्यमी-सफलता के आपके आसार बढ़ने चाहिए।

1. **आइडिया के लिए जुनून :** यह आपकी उद्यमिता यात्रा का आरंभिक बिंदु होता है, मूल विचार और/अथवा उद्देश्य होता है, जो आपको वास्तविक रूप से प्रेरित कर रहा होता है। उद्यमिता की यात्रा कठिन होती है और कई पल ऐसे आते हैं, जब आपका मन मैदान छोड़ देने का करता है। ऐसे में आइडिया के प्रति आपका जुनून, मिशन की भावना ही आपको आगे बढ़ाती रहती है। इतना ही नहीं, उद्यमिता की यात्रा अज्ञात की ओर जाने वाली भी होती है। जब आप कुछ नया सृजित कर रहे होते हैं, तब सभी स्तरों पर अपनी रणनीति और योजनाओं के बारे में स्पष्ट हो पाना कठिन होता है। आपका जुनून और मिशन ही ऐसी अनिश्चितता की स्थिति में आपको दिशा देते हैं। उदाहरण के लिए, फ़्लिपकार्ट का एक स्पष्ट और मज़बूत मिशन है, तकनीक के ज़रिये एक अरब भारतीयों के जीवन का रूपांतरण। जहाँ फ़्लिपकार्ट

की रणनीति पिछले 10 सालों में बदलती रही है, वही ये मिशन संगठन को मज़बूत संबल और प्रेरणा देता आ रहा है।

2. **ग्राहकों की ओर जाने वाला रास्ता :** ग्राहक किसी भी व्यवसाय की जीवन रेखा होते हैं और स्टार्टअप के लिए तो ये और भी ज़्यादा ज़रूरी होते हैं। आपकी परिकल्पना या उत्पाद बेहद शानदार हो सकता है, लेकिन अगर आपको ग्राहक नहीं मिलते हैं, तो आपका व्यवसाय कभी आगे नहीं बढ़ पाएगा। यही कारण है कि आपको ग्राहक के नज़रिये से सोचने की ज़रूरत होती है, ताकि आपको पता चले कि आपको वास्तव में किस समाधान की ज़रूरत है और ग्राहक इसे पसंद करेगा या नहीं। केवल अपने दृष्टिकोण से बिज़नेस आइडिया पर विचार करने से काम नहीं चलेगा। किसी बीटूबी व्यवसाय में, आपके शुरुआती कुछ ग्राहक आपके संबंधों के आधार पर आ सकते हैं। जहाँ बीटूसी व्यवसाय में ग्राहक विभाजन और लक्ष्यीकरण असली चीज़ होती है। आप हर किसी के लिए सब कुछ नहीं हो सकते हैं। अपने व्यवसाय के शुरुआती चरणों में तो कतई नहीं।

3. **हिम्मत :** निर्भीक रूप से जोखिम उठाने की तत्परता को हिम्मत कहते हैं। यह संस्कृति का मूल पहलू है, जिसे मैंने फ़्लिपकार्ट में देखा और जिसने मुझे बहुत ज़्यादा प्रेरित किया था। जब कुछ नया बनाना हो, ख़ासकर नए या बदलते उद्योग में, तो आप क्रमिक नहीं हो सकते हैं। आपको बड़ा सोचना पड़ेगा, साहसिक जोखिम उठाने पड़ेंगे, और विश्वास करना होगा कि आप दुनिया बदल सकते हैं। महान स्टीव जॉब्स का मशहूर कथन है,"जो लोग पागलपन की हद तक यक़ीन करते हैं कि वे दुनिया बदल सकते हैं, वास्तव में वही लोग दुनिया बदलते हैं!!" यह सभी पीढ़ियों के सफल उद्यमियों की सफलता का मुख्य कारक रहा है। जेफ बेज़ोस, एलन मस्क और जैक मा जैसे इस पीढ़ी के सुपरस्टारों के लिए यह निश्चित तौर पर सही है, और इनकी कंपनियों की चमत्कारिक सफलता का मुख्य कारक रहा है। यही वह गुण है, जिसकी बदौलत फ़्लिपकार्ट और ओला जैसी कंपनियों ने बड़े सपने देखे और अमेज़ॉन तथा उबर जैसे दिग्गजों का मुक़ाबला किया।

4. **नवाचार :** नवाचार किसी स्टार्टअप की बुनियाद होता है, किसी उद्यम द्वारा लाया जाने वाला मुख्य मूल्य होता है। नवाचार करने के लिए ग्राहक की गहन समझ ज़रूरी है। आपको उनके समस्या बिंदुओं की अंतरंग जानकारी होनी चाहिए। यह सब एक कमरे में बैठकर नहीं होगा। इसलिए, बाहर निकलिए और जीवन के तमाम तरह के अनुभव हासिल कीजिए।

सबसे सशक्त नवाचार अक्सर विभिन्न क्षेत्रों के बिंदुओं को आपस में जोड़ने से होता है। महान स्टीव जॉब्स की यह अनूठी शक्ति थी। वे अपने बाज़ार को परिभाषित करने वाले नवाचार पैदा करने के लिए जीवन के तमाम अनुभवों और जुनूनों के बिंदुओं को जोड़ने में सफल हुए थे।आईपॉड एक प्रसिद्ध उदाहरण था, जिसमें संगीत, तकनीक और डिज़ाइन के लिए उनके जुनून एक साथ आए। नवाचार के लिए एक अन्य मुख्य आवश्यकता गहरी उत्पाद-तकनीकी विशेषज्ञता की होती है। जैसा

## युवा उद्यमियों के लिए दस मंत्र

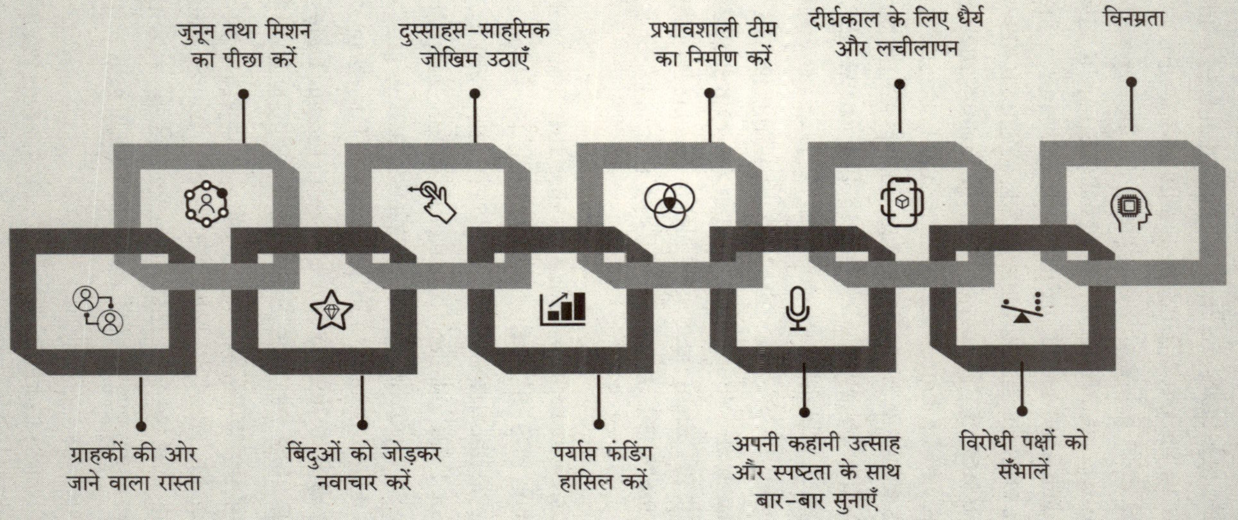

कि हमने पहले चर्चा की है, आज हम जिस दुनिया में रह रहे हैं, उसमें तकनीकी व्यवधान मुख्य निर्धारक विशेषता है और उद्यमियों के लिए महत्त्वपूर्ण अवसरों के केंद्र में है। तो, यह आपको सीखने के लिए और गहन इंजीनियरिंग विशेषज्ञता निर्माण के लिए प्रोत्साहित करेगा।

5. **आपकी टीम :** हम जिस परिवेश में रह रहे हैं, वह लगातार जटिल होता जा रहा है और उसमें किसी भी व्यक्ति के लिए यह लगभग असंभव है कि उसके पास अपने दम पर सफल व्यवसाय स्थापित करने के सारे कौशल हो, चाहे वह कितना भी टैलेंटेड क्यों न हो। इसलिए, किसी भी उद्यमी के लिए एक प्रभावशाली टीम बनाना बहुत ज़रूरी होता है। टीम बनाते समय हम अक्सर अपने जैसे लोगों की तलाश करते हैं (मैंने अपने उपक्रम एक्टिवकर्मा के समय ऐसा ही किया था, और हम तीनों लोग आईआईटी दिल्ली के थे!!)। जहाँ समान मूल्य रखने वाले लोगों के साथ काम करना ज़रूरी है, वहीं कौशलों के नज़रिये से यह भी महत्त्वपूर्ण है कि आप ऐसे लोगों को साथ लाएँ, जिनके पास पूरक कौशल हों। ज्यादातर सफल भागीदारियां उन लीडर्स की रही हैं जिनके पास ऐसे ही पूरक कौशल थे। उदाहरण के लिए, माइक्रोसॉफ़्ट में बिल गेट्स-पॉल एलेन,ऐपल में स्टीव जॉब्स-स्टीव वॉज़नियाक, गूगल में लैरी पेज-सर्गेई ब्रिन, और अपने ही देश में, इंफोसिस के संस्थापकों की टीम।

6. **फ़ंडिंग :** यह ज़रूरी है कि आप अपने उपक्रम के लिए शीघ्र से शीघ्र पर्याप्त फ़ंडिंग जुटा लें। आपके उपक्रम की सफलता के लिए जहाँ आपके विचारों की शक्ति और टीम सर्वाधिक महत्त्वपूर्ण निर्धारक हैं, वहीं, फ़ंडिंग की कमी ऐसा कारण है, जो आपको तुरंत असफलता की ओर ले जाएगा, जिससे उबरा नहीं जा सकता।

   कई उद्यमी बाज़ार को समय देने या मूल्य को अधिकतम करने के लिए फ़ंडिंग में देरी करने की कोशिश करते हैं। फ़ंड जुटाने में देरी मत कीजिए, पहले अपने उद्यम का भविष्य सुरक्षित कीजिए। यदि आपका उद्यम जीवित रहता है और फलता-फूलता है, तो आप अपने लिए पर्याप्त व्यक्तिगत मूल्य पैदा कर लेंगे। यदि यह फ़ंड की कमी में उलझ जाता है और ख़त्म हो जाता है, तो उद्यम में आपका उच्च स्वामित्व किसी काम का नहीं रह जाएगा। फ़ंडिंग का एक अन्य बिंदु यह भी है कि इस प्रक्रिया में आपके सामने आने वाले प्रश्न भी आपको अपने आइडिया को तेज़ करने में मदद करते हैं, जिससे आपकी सफलता की संभावना में सुधार होता है। फ़ंडिंग पर एक अंतिम बिंदु यह है कि जहाँ बहुत अधिक पूँजी जुटाने से समस्या हो सकती है (फ़ंड का प्रभावहीन इस्तेमाल हो सकता है), वहीं यह भी सुनिश्चित कीजिए कि आप आगे बढ़ने और प्रतिस्पर्द्धा करने के लिए पर्याप्त पूँजी जुटा लें।

7. **धैर्य और लचीलापन :** उद्यमिता की यात्रा कई उतार-चढ़ावों से भरी हो सकती है। मुझे अभी तक कोई भी ऐसा सफल स्टार्टअप नहीं मिला है, जो अपनी यात्रा के किसी बिंदु पर निकट मृत्यु के अनुभव से न गुज़रा हो। इसलिए, आपको लंबे समय तक खेलने के लिए धैर्य और वापस आने के लिए लचीलापन रखने की ज़रूरत है।

जैसा कि पहले बिंदु में बताया गया है कि विचार और उद्देश्य की भावना के लिए गहरा जुनून दीर्घकालिक नज़रिये से देखने के लिए आपको प्रेरित करता है और अल्पकालिक चुनौतियों से निपटने में आपकी मदद करता है। यह दैनिक यात्रा को महत्त्व देने और उसका आनंद लेने में आपकी मदद करता है और परिणामों के बारे में आसक्त नहीं होने देता है। इसके अलावा, मेरा यह भी मानना है कि काम के अलावा जीवन में भी सहारों का होना ज़रूरी है। उनसे आपको ताक़त मिलती है, वे जीवन की बड़ी तसवीर देखने में आपकी मदद करते हैं और निराशा से उबारकर वापस लाते हैं। उदाहरण के लिए, मेरा सहारा मेरा परिवार, आध्यात्मिकता (ध्यान + भगवद्गीता) और खेल हैं। इन सहारों ने मुझे लचीला बनाया है और कई चुनौतियों का सामना करने में मेरी मदद की है।

8. **संचार और नेटवर्किंग :** यह बहुत अहम है कि एक उद्यमी के रूप में आपके अंदर अपनी कहानी धैर्यपूर्वक, स्पष्टता के साथ और बार-बार दोहराने की क्षमता हो। अपना आइडिया निवेशकों को बेचने, टैलेंट को अपनी टीम में शामिल होने के लिए आकर्षित करने, और सबसे ज़रूरी, ग्राहकों को विश्वास दिलाने के लिए आपको ऐसा करना ज़रूरी है। और, आपको ऐसा कई-कई बार करना पड़ता है, क्योंकि आप ऊपर बताए तीनों कामों में एक ही बार में सफल नहीं हो सकते। आपकी कहानी उतनी प्रामाणिकता और ज़ोरदार तरीक़े से और कोई नहीं कह सकता है, जिस तरह से आप कह सकते हैं। आप यह काम किसी और के मत्थे नहीं मढ़ सकते हैं।

    आपको नेटवर्किंग में भी महारत हासिल करने की ज़रूरत होगी। आज के इंटरकनेक्टेड विश्व में, आपको ग्राहकों के साथ, आपूर्तिकर्ताओं के साथ, निवेशकों के साथ, सलाहकारों तथा मार्गदर्शकों के साथ, भागीदारियों का नेटवर्क बनाना होता है। इसके लिए आपको अतिसक्रिय होना पड़ेगा और लोगों तक पहुँचना सीखना पड़ेगा। कई बार उद्यमी, ख़ासतौर पर तकनीकी विशेषज्ञ, अंतर्मुखी होते हैं। आपको इससे उबरना होगा और नेटवर्क बनाने के लिए अपनी इच्छा भी तैयार करनी पड़ेगी और इसके कौशल भी अर्जित करने होंगे। आपके उपक्रम का भविष्य इसी पर निर्भर करेगा!!

9. **विनम्रता :** दुनिया इतनी तेज़ी से बदल रही है कि आप अपने सम्मानों को लिए, और घमंड को सिर पर चढ़ाए बैठे नहीं रह सकते। घमंड तो असफलता की गारंटी है। सफल उद्यमी का मज़बूत गुण यही है कि वह ज़िंदगी को हमेशा विद्यार्थी के रूप में देखता है। हम लोगों से मिलते हैं, तो सीखते हैं, हम कुछ पढ़ते हैं, तो सीखते हैं, हम फ़िल्म देखते हैं, तो सीखते हैं, हम अपने हर अनुभव से सीखते हैं। अगर इंसान विनम्र नहीं है तो वह सीख ही नहीं सकेगा। जो सीखेगा नहीं, वह सफल भी नहीं होगा। यह बात पहले कभी इतनी ज़्यादा सच नहीं थी।

10. **विरोधी पक्षों को सँभालें :** यह दार्शनिक बिंदु है, लेकिन है बहुत ज़रूरी। जटिल और तेज़ी से विकसित होते व्यावसायिक परिवेश में आज आपको विरोधी पक्षों को सँभालने की योग्यता की ज़रूरत पड़ती है। निष्पादन पर आपकी तीखी नज़र होनी

चाहिए, लेकिन साथ ही आपको रणनीतिक भी होना है। आपको शॉर्ट टर्म में टिके रहना है, और लॉन्ग टर्म में स्थापित भी होना है। आपको उत्कृष्ट ग्राहक अनुभव और वृद्धि भी सुनिश्चित करना है, और साथ ही लाभप्रदता भी पक्की करनी है। इन विरोधी बातों को सँभालना कठिन होता है, लेकिन ये अपरिहार्य हैं। इसको पहचानना, और इन विरोधी बातों में संतुलन बनाने की मानसिक योग्यता बनाना आपके लिए ज़रूरी है। इस द्वैत के प्रबंधन की योग्यता इक्कीसवीं सदी में सर्वाधिक अहम कौशलों में से एक होगी।

मुझे उम्मीद है कि ये अंतर्दृष्टियाँ आपको अपनी उद्यमिता यात्रा पर ज़्यादा उत्साह और स्पष्टता के साथ आगे बढ़ने के लिए प्रेरित करेंगी। आपकी यात्रा के शुरू होने का समय अब आ चुका है, तो आशा तथा ऊर्जा के साथ आगे बढ़िए और हज़ारों फूल खिलने दीजिए। यह सर्वश्रेष्ठ संभव यात्रा है, जिस पर आप अपने और देश के लिए जा सकते हैं।

मैं महान स्टीव जॉब्स के इस मशहूर कथन से समापन करूँगा, ''जो लोग पागलपन की हद तक यक़ीन करते हैं कि वे दुनिया बदल सकते हैं, वास्तव में वही लोग दुनिया बदलते हैं!'' तो, हे सनकी हीरों,आगे बढ़ो, और चमकना शुरू कर दो!

## सारांश

- आज के युवा प्रोफ़ेशनल्स को उद्यमिता का रास्ता चुनना चाहिए, क्योंकि तकनीकी व्यवधान स्टार्टअप के लिए अनेक अवसर पैदा कर रहा है।
- इसके अलावा, देश में सक्रिय उद्यमिता इकोसिस्टम विकसित हो रहा है और अनुभवी उद्यमी तथा प्रोफ़ेशनल निजी रूप से इन उपक्रमों में निवेश कर रहे हैं। इतना ही नहीं, अनेक उद्योग मंच भी अधोसंरचना के साथ-साथ मार्गदर्शन सहयोग भी स्टार्टअप्स को उपलब्ध कराते हैं।
- युवा उद्यमियों के लिए जीवन में अपनाने योग्य सफलता के दस मंत्र-
    - जुनून और मिशन
    - ग्राहकों की ओर रास्ता
    - दुस्साहस
    - नवाचार
    - धैर्य और लचीलापन
    - टीम
    - फ़ंडिंग
    - संचार
    - विनम्रता
    - विरोधी पक्षों को सँभालना

# 4

# स्टीव जॉब्स की अविश्वसनीय जीवन गाथा के सबक़[4]

*जोखिम उठाना, नियम तोड़ना, और विद्रोही होना तो हमेशा से मायने रखता आया है, लेकिन आज ये सबसे ज़्यादा ज़रूरी हो गए हैं।*

—गैरी हैमेल, मैनेजमेंट कंसल्टेंट,

*लेखक, लीडिंग द रिवोल्यूशन ऐंड कंपीटिंग फ़ॉर द फ़्यूचर*

स्टीव जॉब्स हमारे युग के सबसे आकर्षक आइकॉन में शुमार किए जाते हैं। पर्सनल कंप्यूटर, मोबाइल फ़ोन, म्यूजिक, मूवी, रिटेलिंग जैसे कई उद्योगों में उनका क्रांतिकारी प्रभाव रहा है। नवाचार और रूपांतरण का उनका रिकॉर्ड अविश्वसनीय है। इस संबंध में वे हाल के इतिहास में व्यावसायिक लीडर्स में शायद सबसे ऊँचे हैं। हाल ही में, मैंने वाल्टर इसाकसन की स्टीव जॉब्स की जीवनी पढ़ी।[5] यह एक जटिल और आकर्षक व्यक्तित्व की विस्तृत जीवन गाथा है। इस किताब ने मुझे चौंका दिया, क्योंकि जॉब्स को मैं जितना जटिल मानता था, वे वास्तव में उससे कहीं ज़्यादा जटिल थे। उनके व्यक्तित्व में कई खामियों से मैं भी हैरान और निराश हुआ था, हालाँकि, जब मैंने इसाकसन की किताब पढ़ी, तो जॉब्स और ऐपल की उल्लेखनीय उपलब्धियों की बेहतर समझ तथा और ज़्यादा सम्मान भी विकसित हुआ। मैंने सोचा कि मैं जॉब्स की असाधारण जीवन गाथा से लिए गए ग्यारह प्रमुख सबक़ों का सार यहाँ साझा करूँगा।

1. **जुनून :** जॉब्स के व्यक्तित्व को परिभाषित करने वाली विशेषता उनकी असाधारण तीव्रता थी। और वह तीव्रता उनके तीन प्राथमिक जुनूनों से आई – महान उत्पादों का निर्माण करना, ऐपल को स्थायी कंपनी बनाना, और 'ब्रह्मांड में सेंध' लगाना।

उनके जुनूनों में सबसे अधिक दिखाई देने वाला जुनून उत्पादों के लिए था। उन्होंने लाभ पर उत्पादों को प्राथमिकता दी और अपने उत्पादों में पूर्णता का प्रयास किया। उत्पादों के लिए इस जुनून ने स्पष्ट रूप से काफ़ी लाभ हुआ, क्योंकि ऐपल ने उद्योग को आकार देने वाले नवीन उत्पादों की श्रृंखला तैयार की, जिससे कंपनी को बड़ी वित्तीय सफलता मिली। जॉब्स का मानना था कि आपको सिर्फ़ जीवन नहीं मिलता है, बल्कि आप भविष्य को आकार भी दे सकते हैं। उनके दर्शन को ऐपल के 1997 के प्रसिद्ध विज्ञापन 'थिंक डिफरेंट' में बहुत अच्छी तरह से व्यक्त किया गया – *'जो लोग पागलपन की हद तक यक़ीन करते हैं कि वे दुनिया बदल सकते हैं, वास्तव में वे लोग ही दुनिया बदलते हैं!'* वास्तविक बदलाव लाने का यह महान जुनून ही वह शक्ति थी, जिसने उन्हें अविश्वसनीय कीर्तिमानों के लिए प्रेरित किया।

2. **इंजीनियरिंग और कला का मेल :** मेरे लिए, स्टीव जॉब्स की प्रतिभाओं का एक सबसे अनूठा पहलू इंजीनियरिंग और कला की परस्पर विपरीत दुनिया को समेटने और आत्मसात करने की उनकी क्षमता थी। स्टीव जॉब्स की प्रतिभा के सबसे अनूठे पहलुओं में से एक इंजीनियरिंग और कला की परस्पर विपरीत दुनिया को समेटने और आत्मसात करने की उनकी क्षमता थी। संगीत से कैलीग्राफी और हिंदू दर्शन से लेकर ज़ेन बौद्ध धर्म तक, उनकी कई तरह की दार्शनिक रुचियाँ थीं। उनके अंदर मानविकी की दुनिया से इंजीनियरिंग और तकनीक की स्थिर दुनिया में अंतर्ज्ञान और परानुभूति लाने की क्षमता थी। यही शायद ऐपल की अनोखी ख़ासियत थी, जिसने उसके उत्पादों को अन्य तकनीकी कंपनियों के उत्पादों से इतना अलग कर दिया। जॉब ने बहुत ख़ूबसूरती से यह बात कही थी, ''*मैं उन गिने-चुने लोगों में से हूँ, जो यह समझते हैं कि किस तरह से तकनीक के उत्पादन में अंतर्ज्ञान तथा रचनात्मकता की ज़रूरत होती है, और किस तरह से कुछ कलात्मक बनाने के लिए सच्चे अनुशासन की ज़रूरत होती है।*'' विषयों के मेल की यह अवधारणा नए दौर के बहुत सारे प्रोफ़ेशनल्स और उद्योगों के लिए कई सबक़ देती है, जो रूपांतरण की ज़रूरत महसूस कर रहे हैं। महत्त्वपूर्ण नवाचार किसी एक दायरे में नहीं, बल्कि विभिन्न क्षेत्रों के मेल पर होता है। ये भविष्य के लिए, ख़ासकर डिजिटल युग के लिए फ़ॉर्मूला बनता जा रहा है।

3. **एंड-टू-एंड स्वामित्व :** जॉब्स की पूर्णता की खोज ने उनकी इस ज़िद को जन्म दिया कि ऐपल के पास अपने बनाए हर उत्पाद का एंड-टू-एंड कंट्रोल हो। उन्होंने डिज़ाइन, हार्डवेयर, सॉफ़्टवेयर और कंटेंट में ऊर्ध्वाधर एकीकरण का दृढ़ निश्चय के साथ अनुसरण किया। इस दृष्टिकोण को स्टीव जॉब्स के नियंत्रण के जुनून के लिए ज़िम्मेदार ठहराया जा सकता है, हालाँकि, इस दृष्टिकोण का एक सकारात्मक आधार भी है। स्टीव का मानना था कि उन्हें यह सुनिश्चित करने की ज़िम्मेदारी लेनी होगी कि ग्राहक को शानदार उत्पाद मिले, और इसके लिए एंड-टू-एंड स्वामित्व ज़रूरी था। हार्डवेयर, सॉफ़्टवेयर और कंटेंट को एक एकीकृत प्रणाली में शामिल करने की ऐपल की क्षमता ने इसे सरलता लागू करने और उस विखंडन से बचने में सक्षम

बनाया, जिसे 'ओपन आर्किटेक्चर' दृष्टिकोण जन्म दे सकता था। यह 'क्लोज्ड लूप' दृष्टिकोण ऐपल की सफलता के पीछे एक प्रमुख कुंजी था। इसने महान उत्पादों की अगुवाई की, बाज़ार की छोटी हिस्सेदारी के साथ भी ऐपल को उच्च लाभ मार्जिन हासिल करने में मदद की, और यह आईपॉड, आईफ़ोन तथा आईपैड जैसे नए नवीन उत्पादों की नींव था। *जॉब्स के उदाहरण ने मुझे यह बेहतर तरीक़े से समझाया कि दीर्घकालिक अभिविन्यास रखने वाले कुछ उद्यमी मूल्य श्रंखला के सभी पहलुओं पर एंड-टू-एंड कंट्रोल क्यों रखते हैं।*

4. **सादगी :** स्टीव जॉब्स का सादगी और अतिसूक्ष्मवाद में दृढ़ विश्वास था, जो संभवतः ज़ेन बौद्ध धर्म में उनकी रुचि से प्रभावित था। उनकी कहना था कि 'सरलता ही परम परिष्कार है'। यह मंत्र उनके उत्पादों और व्यक्तिगत जीवन दोनों में परिलक्षित होता है। ऐपल के उत्पादों की सहज उपयोगिता उनकी सफलता की कुंजी रही है। अव्यवस्था को कम करने तथा यह सुनिश्चित करने पर ध्यान केंद्रित किया गया था कि इंटरफ़ेस यथासंभव सरल रहें। यह सादगी जटिलता से बचने से नहीं, बल्कि उस पर महारत पाकर हासिल की गई थी। उन सरल डिज़ाइनों को हासिल करने में बहुत सोच-विचार और विवरण की ज़रूरत थी, जो उपयोगकर्ताओं के लिए सबसे सहज हों। ऐपल के डिज़ाइन प्रमुख, जॉनी इवे इस दर्शन को अच्छी तरह से बताते हैं, "*आपको किसी उत्पाद के सार को गहराई से समझना होगा, ताकि आप उन हिस्सों से छुटकारा पा सकें, जो ज़रूरी नहीं हैं।*" सादगी जॉब्स के निजी जीवन – उनके ट्रेडमार्क ब्लैक टर्टलनेक शर्ट और डेनिम ट्राउजर या उनके अपेक्षाकृत सादगी भरे घर में भी झलकती थी। उनका मानना था कि भौतिक संपत्ति अक्सर जीवन को समृद्ध करने के बजाय अव्यवस्थित कर देती है। जॉब्स का उदाहरण सादगी के मूल्य और उस गहराई को सामने लाता है, जो सादगी हासिल करने की तरफ़ जाता है।

5. **वास्तविकता का विरूपण :** इसाकसन की किताब की और ज़्यादा आश्चर्यजनक खोजों में से एक जॉब्स के 'वास्तविकता विरूपण के क्षेत्र' या सीधे शब्दों में कहें तो, मुड़ने वाली वास्तविकता के बारे में थी। जॉब्स असंभव प्रतीत होने वाले नतीजों की कल्पना किया करते थे, हालाँकि, उनके पास ऐसी क्षमता थी कि दूसरे उन पर विश्वास करें और फिर वे वास्तविकता को अपने विवेक के ख़िलाफ़, उस तरह से देखें, जिस तरह से जॉब्स चाहते थे। इससे वे उन नतीजों को हासिल कर सके, जो पहले उन्हें असंभव लगते थे। जॉब्स के एक दोस्त ने इस बात को अच्छी तरह से समझाया, '*अगर उन्होंने फ़ैसला कर लिया कि कुछ होना चाहिए, तो वे इसे करके ही मानते थे। यदि आप उन पर भरोसा करते हैं, तो आप कुछ भी कर सकते हैं।*' कुछ स्तर पर, यह भ्रमपूर्ण या चालाकी भरा भी लगता है, हालाँकि, यह साबित करता है कि असाधारण परिणाम हासिल करने के लिए, आपके पास उन परिणामों की बेहद स्पष्ट तसवीर होनी चाहिए, दृढ़ इच्छाशक्ति और दृढ़ विश्वास होना चाहिए। इसके अलावा, उस विज़न पर ध्यान केंद्रित करने और उसको पाने के लिए दूसरों को सरेखित करने के लिए आत्मविश्वास और करिश्मा होना भी चाहिए।

6. **पूर्णतावाद :** जॉब्स परफ़ेक्शनिस्ट थे। वे न केवल महान विज़नरी थे, बल्कि बारीकियों को परखने की उनके पास अद्भुत नज़र भी थी। इसाकसन की किताब में ऐसे कई उदाहरण हैं, जिनमें जॉब्स ने ऐसी कई ग़लतियाँ पकड़ीं, जिन्हें पूरी उत्पाद टीम ने मिस कर दिया था। जॉब्स ने यह दर्शन भी समाहित किया था कि लोग किताब का अंदाज़ा उसके कवर से ही लगाते हैं। वे उत्पाद की पैकेजिंग और उसके शुरुआती लुक तथा ग्राहक की उसके प्रति भावना को लेकर अविश्वसनीयस सीमा तक समय लगाते थे, हालाँकि यह उत्पाद के बाहरी स्वरूप और जॉब्स की भावना की बात नहीं थी। वे अपने उत्पादों की अंदरूनी बातों को भी पूर्ण बनाने के लिए उतने ही जुनूनी थे। उन्होंने अपने जीवन के आरंभ में ही अपने पिता से सीख लिया था कि अच्छा बढ़ई अच्छी लकड़ी का इस्तेमाल करता है और अलमारी के अंदर भी अच्छी तरह से चिकना करता है। इस सबक़ को उन्होंने पूरे जीवन याद रखा। एक मज़ेदार कहानी है कि उन्होंने ऐपल के कंप्यूटरों में सर्किट की लाइनों को सटीकता से कतार में रखने पर ज़ोर दिया था। जॉब्स का पूर्णतावाद 'ईश्वर बारीकियों में है' का एक महान सबक़ है, ख़ासकर उन सीनियर एक्ज़ीक्यूटिव्स के लिए, जो अक्सर महान रणनीतियों के प्रति जुनूनी पाए जाते हैं।

7. **फ़ोकस :** गहराई से ध्यान देने के कारण जॉब्स अपनी तीव्रता और पूर्णतावाद का इस्तेमाल कर पाए। 1997 में ऐपल में अपनी वापसी के बाद उन्होंने उत्पादों की संख्या घटाकर, और चार सुपरिभाषित खंडों में एक-एक पर ध्यान देकर कंपनी को दिवालिया होने से बचा लिया। ऐसी अनेक कहानियाँ हैं कि वे अक्सर व्यावसायिक बैठकों में व्हाइटबोर्ड सँभाल लेते थे, तमाम सारे आइडिया किनारे करके उनमें से केवल तीन प्राथमिकताओं को पेश करते थे। उनका ज़ोर उन लोगों की पसंद पर रहता था, जिनके साथ वे काम करते थे। वे केवल ए-प्लेयर्स के साथ काम करना पसंद करते थे और बी-प्लेयर्स को बेरहमी से बाहर कर देते थे। वे बी-प्लेयर्स के साथ समय बर्बाद करना और सांगठनिक गुणवत्ता को कमज़ोर करना नहीं चाहते थे। उनके इस जुनूनी फ़ोकस के कई बार नकारात्मक प्रभाव भी हुए, जिनमें से सबसे बड़ा प्रभाव उनके व्यक्तिगत जीवन पर पड़ा। जिस पर वे फ़ोकस नहीं करना चाहते थे, या जिसके लिए उनके पास समय नहीं होता था, उसे वे अलग कर देते थे। इसका परिणाम उनकी पहली बेटी के प्रति उनकी उदासीनता था, जब वह काफ़ी छोटी थी, और शायद उसके कैंसर के इलाज कराने में देरी का यही कारण था। हालाँकि,कुल मिलाकर, *उनके फ़ोकस ने उन्हें उनकी तीव्रता का इस्तेमाल करने में, और असाधारण नतीजे हासिल करने में मदद की, जो अन्यथा संभव न होते।*

8. **लचीलापन :** जॉब्स की जीवन कहानी अद्भुत लचीलेपन और विपरीत परिस्थितियों से उबरने की कहानी है। जॉब्स ने जिस ऐपल को तीस साल की उम्र में बहुत जुनून के साथ स्थापित किया था, उसी कंपनी से उन्हें निकाल दिया गया था। ज़्यादातर लोगों के लिए तो ये निर्णायक झटका होता, हालाँकि, जॉब्स ख़ुद को उठाकर आगे बढ़ने में सक्षम हुए। नेक्स्ट कंप्यूटर्स में उन्हें और अधिक नाकामियों का सामना करना

पड़ा, लेकिन वे डटे रहे। और भाग्य के एक उल्लेखनीय उलटफेर के चलते, वे ऐपल में वापस आए और इसे अभूतपूर्व गौरव की ओर ले गए। यह लचीलापन कैंसर से उनकी लड़ाई में भी स्पष्ट झलकता है। वे कैंसर से अपनी तीसरी लड़ाई में हार गए, लेकिन वे अपनी पहली दो लड़ाइयों में जीतने में सफल रहे थे, और हर बार ऐपल को प्रमुख उत्पाद सफलताओं की ओर ले गए। जॉब्स की जीवन कहानी एक ऐसे व्यक्ति का 'कभी हार न मानने'का बेहतरीन उदाहरण है, सबक़ है कि अगर आप दृढ़ रहें, तो आप एक बेहतर भविष्य हासिल कर सकते हैं, चाहे आपके सामने वर्तमान में कितनी भी चुनौतियाँ हों।

9. **बिंदुओं को जोड़ना :** अपने करियर के दौरान जॉब्स का प्रभाव तेज़ी से बढ़ा। यह उनके जीवन के कई अनुभवों में 'बिंदुओं को जोड़ने'और अपनी ग़लतियों से सीखने की उनकी क्षमता के कारण हुआ। जॉब्स अपनी युवावस्था में विद्रोही थे – उन्होंने ड्रग्स भी लीं, कॉलेज छोड़ा (हालाँकि इस प्रक्रिया में कैलीग्राफी भी सीखी) और भारत की आत्म-अन्वेषण यात्रा की। व्यापार जगत में महानता के लिए यह कोई मानक नुस्ख़ा नहीं था, हालाँकि, जॉब्स इन अनुभवों को अनूठी सफलता सूत्र में जोड़ने में सक्षम हुए। जॉब्स के पास नाकामियों का बहुत बड़ा हिस्सा था – ऐपल से बाहर निकाला जाना, नेक्स्ट में एक सफल व्यवसाय बनाने के लिए जूझना, और हार्डवेयर पिक्सर पर ग़लत फ़ोकस करना, फिर से, जॉब्स इन असफलताओं से सीखने और बढ़ने में सक्षम हुए। जब आप ऐपल में उनके दोनों कार्यकालों की तुलना करते हैं तो यह स्पष्ट रूप से देखने को मिलता है। ऐप्पल में पहला कार्यकाल सफल रहा, लेकिन अधूरा था। कंपनी की स्थापना में उनका योगदान स्टीव वॉज़नियाक के बाद आता था, जो तकनीकी प्रतिभा थे और जिन्होंने पर्सनल कंप्यूटर बनाया था। इसके अलावा, उनके व्यक्तित्व के नकारात्मक पहलू उभरने लगे थे और उनके योगदान पर भारी पड़ गए, जिसके नतीजतन 1985 में उन्हें कंपनी से निकाल दिया गया था। दूसरे कार्यकाल में, ऐपल में वापस आकर, वे अविश्वसनीय रूप से सफल रहे, और कंपनी में क्रांतिकारी विचार नेतृत्व और रचनात्मकता ला सके। उद्योग को स्वरूप देने वाले उनके उत्पादों की श्रृंखला – आईमैक, आईपॉड, आईट्यून्स, आईफ़ोन, आईपैड – अभूतपूर्व थी, और ऐपल दुनिया की सबसे मूल्यवान कंपनी बनी।

*जॉब्स की कहानी सीखने की अवस्था की ताक़त को दिखाती है।* जॉब्स ने शुरुआत भले ही तकनीकी प्रतिभा के रूप में नहीं की थी, लेकिन वे अपने जीवन में 'बिंदुओं को जोड़कर' रचनात्मक विशालकाय के रूप में विकसित होने में सक्षम रहे। उन्होंने कई चीज़ों का सीधे आविष्कार नहीं किया, लेकिन वे विचारों, कला और तकनीक को उन तरीक़ों से एक साथ रखने में माहिर थे, जिन्होंने भविष्य का आविष्कार किया था। *जॉब्स की कहानी जीवन में विविध अनुभवों के मूल्य का एक महान सबक़ है। इसके अलावा, यह दर्शाता है कि अगर हम अपने अनुभवों और अंतर्ज्ञानों को गहराई से देखें और सोचें, तो हम अपने सबसे कठिन प्रश्नों के उत्तर पा जाएँगे।*

10. **कोई भी पूर्ण नहीं है :** जॉब्स एक जटिल व्यक्ति थे, जिनमें कई अंतर्विरोध और कमियाँ थीं। मुझे उनकी शैली विशेष रूप से निराशाजनक लगी। अपने सहयोगियों के साथ उनका व्यवहार क्रूरतापूर्ण था, वे उन्हें धमकाते थे और सार्वजनिक रूप से अपमानित करते थे। वे साजिशें रचते थे और उन्हें न सुनना पसंद नहीं था। वे दूसरों के विचारों का भी श्रेय खुद लेने लगते थे। उनके कुछ व्यवहारों में ईमानदारी और निरंतरता की कमी भी थी। मेरे लिए सबसे ज़्यादा दुख की बात यह थी कि उनमें निष्ठा की कमी थी– वे अपने कुछ निकट मित्रों के लिए घटिया और अहसानफ़रामोश भी थे, फिर भी, इन कमियों के बावजूद, ज़्यादातर सहयोगी उनके साथ काम करना पसंद करते थे और अभूतपूर्व परिणाम तो उन्होंने निश्चित रूप से पाए ही थे।

    इसमें तीन महत्त्वपूर्ण सबक़ हैं: a) कोई भी पूर्ण नहीं है, यहाँ तक कि जॉब्स जैसा महान और अत्यधिक प्रशंसित टैलेंट भी पूर्ण नहीं था; b) हमें किसी भी इंसान की ख़राबियों पर ज़्यादा ध्यान नहीं देना चाहिए, बल्कि उसे समग्रता में देखना चाहिए c) हमें इस बारे में बहुत ज़्यादा राय नहीं बनानी चाहिए कि क्या काम करता है और क्या नहीं - जॉब्स की शैली 'कॉपीबुक'नहीं थी, लेकिन उन्होंने ज़बरदस्त परिणाम हासिल कर दिखाए।

11. **अलग-अलग रास्ते संभव हैं :** जॉब्स का जीवन और कृतित्व अन्य टैलेंटेड और अभूतपूर्व व्यावसायिक दिग्गज, बिल गेट्स के विपरीत रहा है। दिलचस्प संयोग है कि उनका भी जन्म 1955 में हुआ था और उसी साल जॉब्स पैदा हुए थे। दो इंसान और दोनों के जीवन और कार्य दर्शन इनसे ज़्यादा भिन्न नहीं हो सकते। जॉब्स शाश्वत विद्रोही; मनमौजी और करिश्माई थे। गेट्स का दृष्टिकोण स्थापना के अनुकूल, अधिक संतुलित और परंपरावादी है। दोनों ने तकनीक और उत्पाद विकास की दिशा में बेहद अलग-अलग दर्शन अपनाए। जॉब्स का एंड-टू-एंड एकीकरण और 'क्लोज्ड'सिस्टम में दृढ़ विश्वास था, जबकि गेट्स 'ओपन आर्किटेक्चर'दृष्टिकोण के सबसे मज़बूत समर्थकों में माने जाते हैं। अपने अलग-अलग व्यक्तित्व और दृष्टिकोण के बावजूद, दोनों ने ज़बरदस्त सफल कंपनियों का निर्माण किया और दोनों ही हमारे समय के सबसे प्रशंसित रोल मॉडल में शामिल हैं। उनके जीवन की अलग-अलग तरह की कहानियाँ यह साबित करती हैं कि सफलता का कोई एक रास्ता नहीं है।

    जीवन और कार्य में अलग-अलग रास्ते संभव हैं, और समान रूप से सफल भी हो सकते हैं। इसलिए, हमें अपनी शक्ति और स्थिति के अनुसार अपना रास्ता चुनना चाहिए।

इसाकसन की लिखी स्टीव जॉब्स की जीवनी पढ़ना मेरे लिए भावनात्मक और बौद्धिक अनुभव था। जॉब्स का जीवन आकर्षक था और उसमें सीखने के लिए बहुत कुछ है। उनके जीवन की उपलब्धियाँ इतनी शानदार हैं कि वे तक़रीबन 'सुपरमैन' जैसे लगते हैं, जो किसी अन्य ग्रह से पृथ्वी पर कुछ समय के लिए आए थे! यह तो मैं नहीं कह सकता कि जॉब्स

## स्टीव जॉब्स के जीवन के सबक़

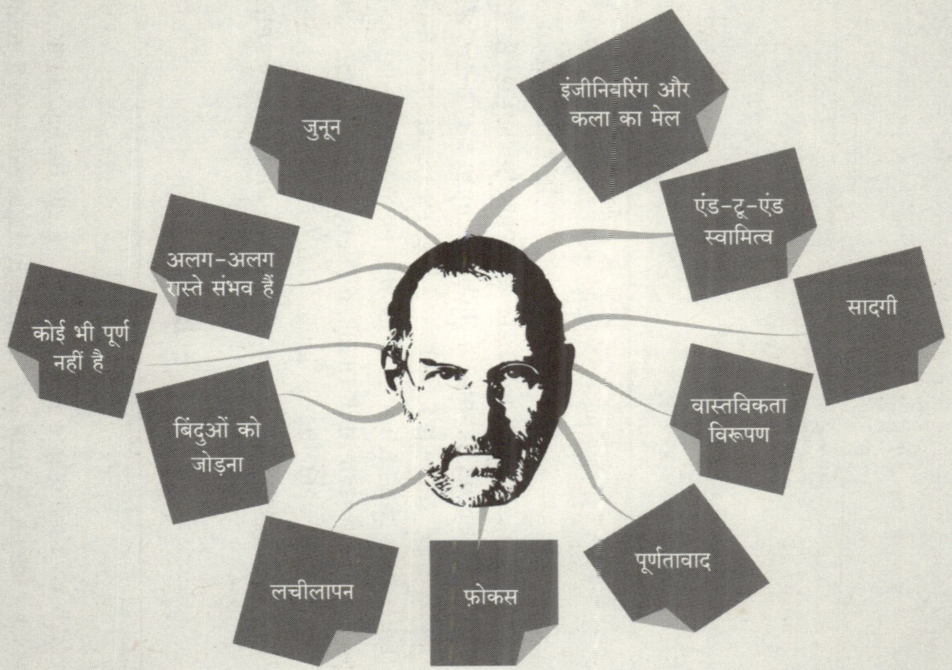

का लीडर के रूप में पूरी तरह से अनुकरण हो सकता है, या नहीं, अथवा ऐसा करना ज़रूरी है भी या नहीं, हालाँकि उनके अद्भुत जीवन से हम सभी के लिए सीखने और प्रेरणा लेने के कई सबक़ हैं। अगर हम इन सबक़ों में से कुछ को ही समझ लें और लगातार उनका अनुसरण करें, तो हमें अपनी पूरी क्षमता को हासिल करने की यात्रा में बढ़ने में संभवत: मदद मिलेगी।

इस नोट का समापन मैं स्टीव जॉब्स के पसंदीदा कथनों में से एक से करना चाहता हूँ जिसे उन्होंने स्टैनफोर्ड के उद्घाटन भाषण में बोला था: ***'स्टे हंगरी, स्टे फुलिश'***। कई तरह से यह कथन उनके जीवन दर्शन का सार है, और आगे बढ़ने के लिए एक महान संदेश भी है!

## सारांश

- स्टीव जॉब्स हमारे युग के सर्वाधिक आकर्षक आइकॉन में शामिल हैं। पर्सनल कंप्यूटर, मोबाइल फ़ोन, संगीत, फ़िल्म, ख़ुदरा व्यवसाय जैसे बहु आयामी उद्योगों पर उनका क्रांतिकारी प्रभाव पड़ा।
- उनके अविश्वसनीय जीवन और लीडर के रूप में उनकी शैली से मैंने ग्यारह प्रेरक सबक़ एकत्र किए हैं – जुनून, इंजीनियरिंग और कला का मेल, एंड-टू-एंड स्वामित्व, सादगी, वास्तविकता विरूपण, पूर्णतावाद, फ़ोकस, लचीलापन, बिंदुओं को जोड़ना, कोई भी पूर्ण नहीं है, अलग-अलग रास्ते संभव हैं।
- *'स्टे हंगरी, स्टे फुलिश'* उनके जीवन दर्शन का सार है।

# 5

# विशाल सिकोइया से दीर्घायु और महानता के पाँच सबक़[6]

*बाधाएँ आपको रोकती नहीं हैं। अगर आप दीवार से टकराते हैं, तो मुड़कर हार मत मानिए। यह पता लगाइए कि कैसे इस पर चढ़ना है, कैसे इससे होकर जाना है या कैसे इसके आस-पास काम करना है।*

*— माइकल जॉर्डन, अमेरिकी प्रोफ़ेशनल बास्केटबॉल खिलाड़ी*

*इस अध्याय में मैंने कैलिफ़ोर्निया में अपनी सिकोइया नेशनल पार्क की यात्रा से दीर्घायु और महानता के बारे में हासिल कुछ आकर्षक अंतर्दृष्टियों का सार दिया है।*

कैलिफ़ोर्निया में सिकोइया(Sequoia) नेशनल पार्क में सिकोइया के विशाल वृक्षों के बीच खड़े होना मेरे लिए सबसे उल्लेखनीय अनुभव था। सिकोइया के वृक्ष ख़ास हैं। वे सौम्य विशालकाय प्राणियों की तरह हैं। वे न केवल दुनिया के सबसे लंबे पेड़ हैं, बल्कि पृथ्वी पर मौजूद सभी जीवों में भी सबसे बड़े (और सबसे पुरानों में) भी हैं। उनकी औसतन लंबाई 200-300 फुट और व्यास दो से पाँच फुट है और उनमें से सबसे पुराना वृक्ष 3000 साल तक बढ़ता रह सकता है। दुनिया के सबसे बड़े पेड़, जनरल शेरमन का आयतन 52,508 घन फुट,वज़न2.7 मिलियन पाउंड,आधार की परिधि 102 फुट, डालियों का व्यास 7 फुट, और ऊँचाई 275 फुट (छब्बीस मंज़िला इमारत के बराबर) है। यह क़रीब 2500 साल पुराना है।

ओह! यह सचमुच विस्मयकारी है। विशाल सिकोइया पेड़ों के बीच समय बिताना मेरे लिए बहुत ही भावुक कर देने वाला अनुभव था। ऐसा ही सैन फ्रांसिस्को के बाहर मुइर वुड्स में इसी प्रजाति के पेड़ कोस्टल रेडवुड्स के साथ बिताने का अनुभव था। वास्तव में बहुत ही

ख़ास अनुभव था वह। इन दिग्गजों के विशाल आकार को देखकर चकित और विनम्र होना निश्चित रूप से स्वाभाविक है, हालाँकि बात इससे अधिक भी है। यह ध्यानयुक्त अनुभव था। इन 'अमर पेड़ों'की उपस्थिति शांत है, जो आपके हृदय को छूती है। आपको लगता है कि उनके अंदर सारी सृष्टि और अनंत काल के रहस्य छिपे हैं।

मैं उनके बारे में सोच रहा था, जो हम इन विशाल पेड़ों, विशाल अमर पेड़ों से सीखते हैं। मैंने पाँच सबक़ लिए हैं, जिन्हें मैं यहाँ बताना चाहता हूँ।

## सबक़ 1 : छोटे से छोटे बीज भी बड़े से बड़े पेड़ पैदा कर सकते हैं

सिकोइया के विशाल पेड़ एक बहुत छोटे शंकु से निकलते हैं। सिकोइया शंकु का आकार मुर्गी के एक अंडे के बराबर होता है, जिसमें जई के गुच्छे से भी छोटे-छोटे बीज होते हैं। यह सचमुच जीवन की अनंत संभावनाओं की सशक्त याद दिलाता है। हम में से सबसे छोटे में भी महानता की संभावना छिपी होती है। आशा, सम्मान और विनम्रता का यह महान सबक़ है। उस आशा और सम्मान का सबक़ है, जिसकी हर किसी में अद्भुत क्षमता निहित होती है। और विनम्रता ऐसी कि हमें किसी भी व्यक्ति या स्थिति को महत्त्वहीन मानकर ख़ारिज नहीं करना चाहिए, क्योंकि उनमें ऐसी महान गहराई तथा क्षमता छिपी हो सकती है जिसे हम आज नहीं देख पा रहे हैं।

## सबक़ 2 : स्थिति और भाग्य की ताक़त

सिकोइया के विशाल पेड़ काफ़ी थोड़े क्षेत्र में होते हैं। कैलिफ़ोर्निया में सिएरा नेवादा रेंज में मात्र **144** वर्ग किलोमीटर के क्षेत्रफल में केवल पैंसठ उपवन हैं। इन पेड़ों को नम जलवायु की ज़रूरत होती है, जिसकी पहचान शुष्क ग्रीष्म ऋतु, और बर्फ़ीली सर्दियों से होती है। इसके अलावा इन्हें ग्रेनाइट आधारित अवशिष्ट और जलोढ़ (यह ढीली मिट्टी, गाद, रेत या बजरी होती है, जो बहते पानी से जमा होती है) चाहिए होता है, जो इस क्षेत्र में है। किसी उपवन में भी सभी सिकोइया पेड़ विशाल नहीं होते हैं। उपवन में उनकी स्थिति, धूप की पहुँच, और कई अन्य कारक उनके बाद के आकार में अहम किरदार निभाते हैं। यह एक दमदार सबक़ है: एक समान आंतरिक क्षमता तो कई लोगों में हो सकती है, लेकिन सही समय पर सही जगह होना आगे की सफलता में बहुत बड़ी भूमिका निभाता है।

## सबक़ 3 : उम्र के साथ बड़ा और लंबा होते जाना

सिकोइया के विशालकाय पेड़ों की कठोरता, उम्र और आकार सभी जुड़े हुए होते हैं। जैसे-जैसे वे बड़े होते जाते हैं, उनके आकार और ताक़त में वृद्धि होती रहती है, और इसलिए उनका हवा में उड़ पाना और भी मुश्किल हो जाता है। ऐसा लगता है कि उन्होंने बीमारियों और प्राकृतिक मौत पर विजय पा ली है और केवल किसी हादसे में ही उनकी मौत हो सकती है। इसलिए पुराने सिकोइया और भी शानदार होते हैं। यह हम मनुष्यों के लिए कई

## सिकोइया के विशाल पेड़ों से मिलने वाले पाँच सबक़

- छोटे से छोटे बीज भी बड़े से बड़े पेड़ पैदा कर सकते हैं
- स्थिति और भाग्य की ताक़त
- उम्र के साथ बड़ा और लंबा होते जाना
- समुदाय के ज़रिये शक्ति
- दावानल से गुज़रते हुए बढ़ते जाना

मायनों में शक्तिशाली प्रेरणा है। मेरे लिए सबसे बड़ा सबक़ यह था कि कभी भी आगे बढ़ना बंद मत करो, क्योंकि हमारे सबसे अच्छे दिन हमारे आगे होते हैं। इसके अलावा, दीर्घायु का मूल्य भी होता है। यदि आप मैदान में डटे रह सकते हैं, तो आप महान प्रभाव हासिल कर सकते हैं।

## सबक़ 4 : समुदाय के ज़रिये शक्ति

सिकोइया के विशालकाय पेड़ों की जड़ें आश्चर्यजनक रूप से छोटी होती हैं, जो केवल छह से बीस फुट ही गहरी होती हैं। फिर भी ये उथली जड़ें हज़ारों सालों से इन विशाल पेड़ों को सहारा देती रहती हैं। इसका उत्तर इस तथ्य में निहित है कि सिकोइया एक दूसरे के क़रीब बढ़ते हैं और उनकी जड़ें आपस में जुड़ी होती हैं। उनकी जड़ों के मेल से, नेटवर्क प्रभाव से सिकोइया के पेड़ों को अविश्वसनीय शक्ति और स्थिरता मिलती है। यह समुदाय की ताक़त का एक शक्तिशाली रिमाइंडर है और यह बताता है कि कोई भी लीडर कई लोगों के समर्थन के बिना खड़ा नहीं हो सकता।

## सबक़ 5 : दावानल के बीच बढ़ना

शायद सिकोइया के विशालकाय पेड़ों की लंबी उम्र का सबसे बड़ा रहस्य यह है कि वे आग से कैसे बचे रहते हैं। इन पेड़ों का प्राकृतिक वास, सिएरा नेवादा क्षेत्र, शुष्क है और यहाँ बिजली गिरने का ख़तरा रहता है। यह एक घातक मेल है, जिसके परिणामस्वरूप कई बार आग लग जाती है, और सिकोइया के पेड़ों के सामने ऐसे में बचे रहने की बड़ी चुनौती होती है। हमें पार्क में आग के बड़े निशान वाले कई सिकोइया पेड़ मिले।

हालाँकि, आग पर क़ाबू पाने के लिए सिकोइया की छाल में एक महान तंत्र होता है। इनकी छाल बहुत मोटी ( तीन फुट की) होती है और इसमें टैनिन होता है, जो इसे आग से बचाता है। सिकोइया के विशाल पेड़ न केवल आग से बचने में सक्षम होते हैं, बल्कि वे इसका इस्तेमाल पुनर्जनन और विकास के लिए भी करते हैं। आग झाड़-झंखाड़ को साफ़ कर देती है और उनके शंकुओं को खोल देती है, जिससे बीज अंकुरित हो जाते हैं। इसके अलावा, आग इन प्राचीन विशालकाय पेड़ों के विकास को बढ़ावा देती है, और प्रतिस्पर्द्धी पतली छाल वाली प्रजातियों को हटा देती है। वास्तव में, आग के बाद तो आमतौर पर सिकोइया के विशालकाय पेड़ों की वृद्धि में तेज़ी आती है।

आग पर इन पेड़ों की महारत हमारे लिए काफ़ी दमदार सबक़ है। जीवन हमारे रास्ते में कई चुनौतियाँ लेकर आता है। जिस तरह से हम उनसे निपटते हैं, वही तय करता है कि हम जीवन में कैसे बढ़ते हैं। हमें अपने स्वयं का अनूठा रक्षा तंत्र (सिकोइया के विशाल पेड़ों की मोटी छाल और टैनिन की तरह) विकसित करने की ज़रूरत होती है। सबसे सफल लोग न केवल चुनौतियों का सामना करने में सक्षम होते हैं, बल्कि इसका इस्तेमाल विकास को तेज़ करने के लिए भी कर लेते हैं। यह जीवन का बेहद सुंदर और दमदार सबक़ है।

यह सबक़ कोविड –19 महामारी के दौरान एकदम सही रहा है, जिसमें उच्च गुणवत्ता वाली लचीली कंपनियों ने इस कठिन समय के दौरान बेहतर प्रदर्शन किया।

मुझे उम्मीद है कि आशा, साहस, उत्कृष्टता, लचीलापन और दीर्घायु के ये जीवन पाठ आपके लिए उतने ही प्रेरक होंगे, जितने कि मेरे लिए थे, हालाँकि, केवल शब्द इन शानदार और अमर विशालकाय पेड़ों के साथ न्याय नहीं कर सकते।

मैं आपको सिकोइया देखने और इन अतुलनीय विशालकाय पेड़ों के रहस्य और आश्चर्य को अपने अंदर आत्मसात करने के लिए दृढ़ता से प्रोत्साहित करता हूँ!

## सारांश

- सिकोइया के विशाल पेड़ न केवल दुनिया के सबसे बड़े पेड़ हैं, बल्कि पृथ्वी पर मौजूद सभी जीवों में भी सबसे बड़े (और सबसे पुरानों में) भी हैं। इन 'अमर पेड़ों'की उपस्थिति शांत है, जो आपके हृदय को छूती है।
- मैंने इनसे पाँच सबक़ लिए :
    - जीवन की अनंत क्षमता – छोटे से छोटे बीज भी बड़े से बड़े पेड़ पैदा कर सकते हैं।
    - सही जगह पर सही समय होने से किसी इंसान की सफलता में बड़ा अंतर पड़ सकता है।
    - दीर्घायु महानता का एक मुख्य प्रवर्तक है। हमें कभी आगे बढ़ना बंद नहीं करना चाहिए, क्योंकि हमारे सबरो अच्छे दिन हमारे आगे हो सकते हैं।
    - कोई भी लीडर अनेक लोगों के समर्थन के बिना खड़ा नहीं रह सकता।
    - हमें अपना अनूठा रक्षा तंत्र विकसित करने की ज़रूरत है, जो न केवल चुनौतियों के सामने हमें बचाए रखे, बल्कि हम उनका इस्तेमाल अपने विकास को तेज़ करने के अवसरों के रूप में भी कर सकें।

# 6

# दस बातें, जो काश! मैंने बिज़नेस स्कूल में सीखी होतीं[7]

*कॉलेज शिक्षा का मूल्य बहुत सारी बातें सीखने में नहीं, बल्कि समालोचनात्मक तरीक़े से सोचने के लिए मन को प्रशिक्षण देने में है।*

*— ऐल्बर्ट आइंस्टाइन, भौतिकी के नोबेल पुरस्कार विजेता, और सैद्धांतिक भौतिकविद*

हम जिस वूका जगत में रह रहे हैं, उसमें समस्या को सुलझाने और प्रभावी निर्णय लेने के कौशल पहले से कहीं अधिक महत्त्वपूर्ण हो गए हैं। आपको इस नई दुनिया की अस्थिरता और जटिलता को समझने और उच्च रफ़्तार से परिचालन करने की ज़रूरत है, वह भी अनिश्चितता के वातावरण में। ऐसे परिदृश्य में प्रभावी होने के लिए आपको निर्णय लेने के बहुत ऊँचे स्तर के कौशल की ज़रूरत होती है। मैंने समस्या समाधान के लिए संरचना उपलब्ध कराने और इस प्रकार बेहतर निर्णय लेने में बहुत मददगार होने के लिए अनेक फ्रेमवर्क का पता लगाया है।

मैं बहुत भाग्यशाली रहा कि मैंने अपने प्रोफ़ेशनल करियर की शुरुआत मैकिंज़ी जैसी उत्कृष्ट फ़र्म से की थी, जिसमें समस्या-समाधान कौशल बनाने पर गहन ध्यान दिया गया था। वहीं पर मेरा फ्रेमवर्क की ताक़त से सामना हुआ। किसी भी समस्या के लिए हमें फ्रेमवर्क्स का इस्तेमाल करने के लिए प्रशिक्षित किया गया था। इसके अलावा, हमें बार-बार आने वाली समस्या स्थितियों के मामले में नए फ्रेमवर्क बनाने के लिए प्रोत्साहित किया गया। वे आदतें मुझे अब भी बनी हुई हैं, और मैं स्वाभाविक रूप से किसी भी स्थिति के लिए फ्रेमवर्क के बारे में सोचता हूँ, जिसमें समस्या के समाधान की ज़रूरत होती है।

इस अध्याय में, मैं आपके साथ पिछले बीस सालों में सीखी गई कुछ सबसे महत्त्वपूर्ण प्रबंधन अवधारणाओं और फ्रेमवर्क को साझा कर रहा हूँ। निर्णय लेने और कार्यों की गुणवत्ता में सुधार के लिए इन अवधारणाओं और फ्रेमवर्क को जीवन की स्थितियों में भी लागू किया जा सकता है और व्यावसायिक स्थितियों में भी। मैंने उन्हें कई स्थितियों में इस्तेमाल किया है और उन्हें काफ़ी फ़ायदेमंद पाया है। मैंने सोचा कि वे आपके लिए इन फ्रेमवर्क सीखने में मददगार होंगे, विशेष रूप से उनके लिए जो जीवन और करियर के शुरुआती चरणों में हैं।

यहाँ दस फ्रेमवर्क हैं, जिनका मैं अक्सर इस्तेमाल करता हूँ। पहले पाँच 'क्या'के बारे में अधिक हैं, और बाद के पाँच 'कैसे'के बारे में ज़्यादा हैं।

## 1. स्वीट स्पॉट

हमारे सामने सबसे बड़ा प्रश्न यह आता है,'हम अपनी पूर्ण क्षमता को कैसे हासिल कर सकते हैं?'मैंने पहले ही यह बता दिया है कि हम यह स्वीट स्पॉट कैसे पा सकते हैं, और इसकी खोज किस तरह से आपके अंदर शानदार ऊर्जा को मुक्त करती है, और आपकी गतिविधियों को आसान बनाती है, आपके काम में उच्च गुणवत्ता लाती है, और आपके जीवन में ख़ुशी लाती है, और इस तरह, अपनी पूर्ण क्षमता को अर्जित करने में आपकी सहायता करती है।

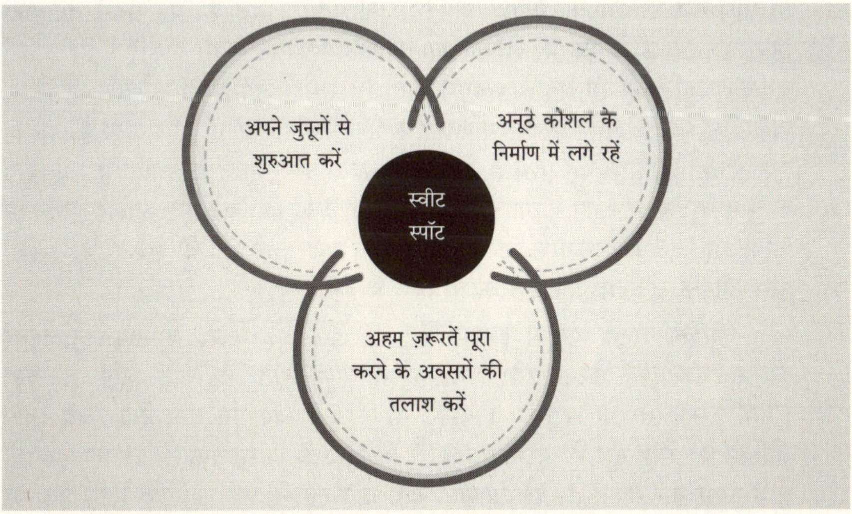


यह अवधारणा व्यवसायों के लिए भी प्रासंगिक है। व्यावसायिक लीडर्स को निरंतर विभिन्न विकल्पों के बीच प्राथमिकताएँ तय करनी होती हैं – मसलन, कहाँ निवेश करें? किस पर फ़ोकस करें? ऐसे व्यावसायिक हालात के लिए सबसे सरल, किंतु सबसे सशक्त फ्रेमवर्क 'अवसर बनाम प्रतिस्पर्द्धा करने की योग्यता' है, जो 'स्वीट स्पॉट' अवधारणा का सचमुच एक अनुप्रयोग है।

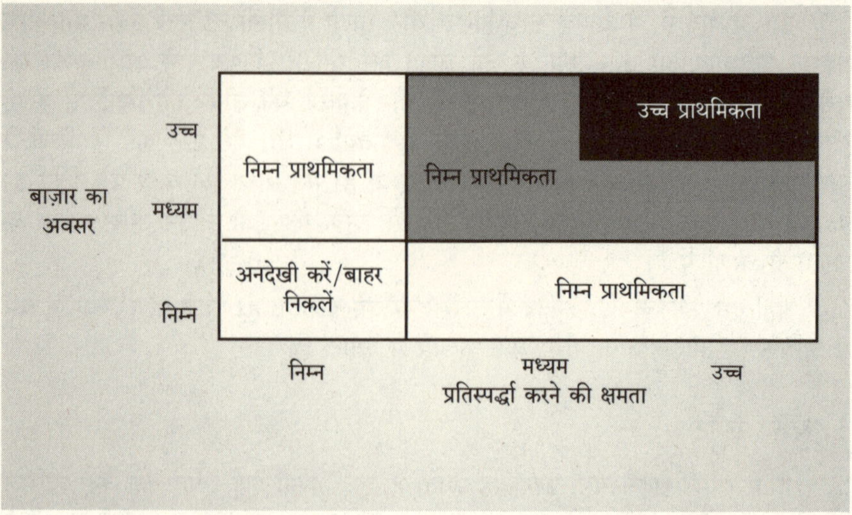


## 2. जोखिम–रिटर्न की दुविधा

जब आप निर्णय लेते हैं, तो जोखिम–रिटर्न प्रोफ़ाइल के बारे में समझना सर्वाधिक महत्त्वपूर्ण हो जाता है। मुफ़्त की कोई पंगत नहीं होती है। अगर उच्च रिटर्न चाहिए, तो सीधे तौर पर आपको ज़्यादा जोखिम लेना पड़ेगा। वित्त की यह सबसे बुनियादी अवधारणाओं में से एक है, लेकिन यह व्यक्तिगत जीवन में भी प्रासंगिक है। अपनी जोखिम प्रवृत्ति को समझना महत्त्वपूर्ण होता है। समान जोखिम–रिटर्न वक्र के लिए, खेलने का बिंदु अलग–अलग व्यक्तियों के लिए अलग–अलग हो सकता है। इसका एक अच्छा उदाहरण वह प्रश्न है जो मुझसे अक्सर छात्र पूछते हैं – क्या मुझे एमबीए के तुरंत बाद स्टार्ट–अप करना चाहिए या उद्यमी बनने से पहले कुछ सालों तक काम करना चाहिए? स्पष्ट रूप से, इसका कोई एक सही उत्तर नहीं हो सकता है, इसका उत्तर आपके जोखिम प्रोफ़ाइल को समझने में है!

जोखिम–रिटर्न वक्र में इष्टतम बिंदु पर खेलने के लिए, जोखिम को बेहतर ढंग से परिभाषित करना और समझना महत्त्वपूर्ण होता है। यदि आप अनाकार (अमॉरफस) स्तर पर जोखिम लेते हैं, तो यह आपको पंगु बना देगा। जब आप जोखिम को स्पष्ट रूप से परिभाषित करते हैं, तो आप वास्तविक और काल्पनिक के बीच अंतर कर सकते हैं। यह आपको बड़ा दाँव लगाने और जोखिम–रिटर्न वक्र पर उच्च स्तर पर खेलने की अनुमति देगा। जिस वूका जगत में हम काम कर रहे हैं, उसमें आपके जोखिमों को स्पष्ट रूप से परिभाषित करना और भी महत्त्वपूर्ण हो जाता है।

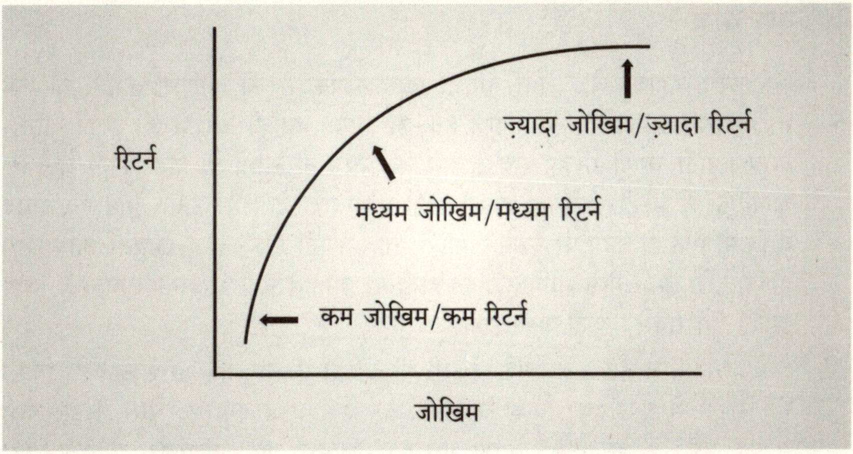


## 3. 80–20 नियम

पैरेटो सिद्धांत एक जानी मानी अवधारणा है, जिसके अनुसार कुछ महत्त्वपूर्ण काम ज़्यादातर परिणामों को प्रेरित करते हैं, हालाँकि अनेक लोग इसे अपने दैनिक जीवन में लागू कर नहीं पाते। इसका कारण यह है कि ये 80–20 सिद्धांत बाद में दिखता है और इसे पहले से देख पाना कठिन होता। है। अपनी 80–20 योग्यता में सुधार के लिए, इसके बारे में सोचने का समय निकालना महत्त्वपूर्ण होता है। यह कहना आसान है, लेकिन कर पाना कठिन है, क्योंकि हम में से ज़्यादातर दैनिक घटनाओं के प्रवाह में इस हद तक उलझे रहते हैं कि हमें हमारे विकल्पों और दृष्टिकोणों पर विचार के लिए समय ही नहीं मिल पाता। इसके अतिरिक्त , यह अनिवार्यता भी है कि हम चिंतन–मनन के लिए समय निकालें। डायरी लिखना काफ़ी सहायक हो सकता है। चिंतन का अभ्यास उस अंतर्ज्ञान को सुधार सकता है जिसकी ज़रूरत इंसान को सही 80–20निर्णय लेने के लिए पड़ती है।

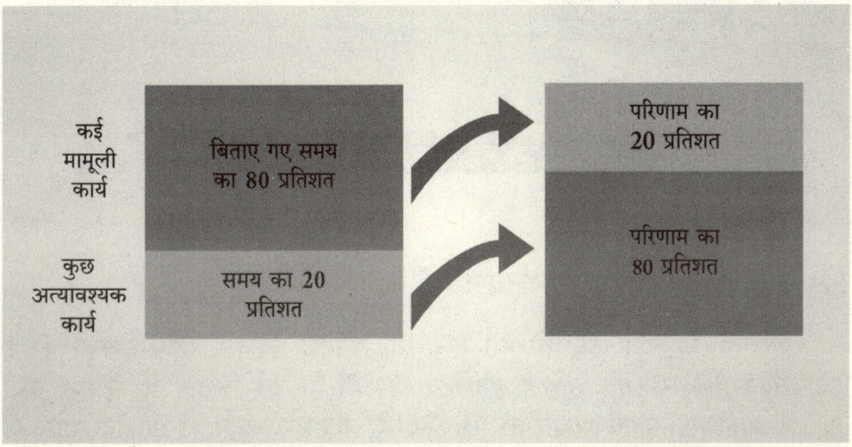

## 4. एक चीज़

एक रूसी कहावत है: 'अगर तुम दो खरगोश पकड़ने की कोशिश करोगे, तो एक भी नहीं पकड़ पाओगे।' यह चीज़ 80-20 नियम का ही विस्तार है। अपने करियर के शुरुआती चरणों में हम सब अक्सर कई तरह के कामों के प्रति जुनूनी रहते हैं। हालाँकि, ये मल्टी-टास्किंग हमारी ऊर्जा को बिखेर देती है। अगर आप एक समय में किसी एक ही काम पर ध्यान लगाएँगे, तो आपकी सफलता के आसार अधिकतम हो जाते हैं। हमारे पास सीमित शक्ति होती है। हमें इसे वहीं पर लगाना होता है, जहाँ इसकी हमें सबसे ज़्यादा ज़रूरत हो।

एक चीज़ की अवधारणा[8] किसी भी स्थिति में लागू की जा सकती है। किसी भी स्थिति में एक प्रश्न किया जाता है,'वह एक चीज़ क्या है, जिसे मैं इस तरह से कर सकूँ कि इसे करके बाक़ी सब कुछ आसान या अनावश्यक हो जाए?'इस सिद्धांत को ऐली गोल्डरैट ने अपनी किताब द *गोल*[9] में बहुत अच्छे तरीक़े बताया है, जिसमें उन्होंने दिखाया है कि कोई भी ज़ंजीर अपनी सर्वाधिक कमज़ोर कड़ी से ज़्यादा मज़बूत नहीं होती है। गोल्डरैट कहते हैं कि कोई भी स्थिति एक व्यवस्था है, और उस व्यवस्था का आउटपुट एक बाधा या टोंटी से नियंत्रित होता है। अगर आप उस टोंटी की पहचान करके उस पर काम नहीं करते, तो आप सार्थक तरक़्क़ी नहीं कर सकते। इसलिए,आपको जिस बहुत महत्त्वपूर्ण कौशल की ज़रूरत है, वह है सबसे महत्त्वपूर्ण समस्या और उस क्षेत्र की पहचान करना, जिसका समाधान करने की ज़रूरत है।

हर स्थिति की एक बाध्यता होती है, जो आपके लक्ष्यों की उपलब्धि को सीमित करती है

## 5. आवश्यक-महत्त्वपूर्ण मेट्रिक्स

किताबों की बात करें, तो मेरी एक और पसंदीदा किताब स्टीफ़न कवी की द *सेवन हैबिट्स ऑफ़ हाइली इफेक्टिव पीपुल*[10] है। इस किताब में स्टीफ़न कवी ने'आवश्यक-महत्त्वपूर्ण मेट्रिक्स' पेश किया है, जो समय प्रबंधन का अनमोल साधन है।

हमारी स्वाभाविक भावना आवश्यक कार्यों को पहले करने की होती है। इसके बजाय, हमें पहले महत्त्वपूर्ण कार्यों पर ध्यान देने की ज़रूरत है। अगर हम केवल महत्त्वपूर्ण-आवश्यक क्वाड्रेंट पर ध्यान देते हैं, तो यह लगातार बड़ा होता जाता है और हम पर हावी हो जाता है। महत्त्वपूर्ण-किंतु आवश्यक नहीं, क्वाड्रेंट प्रभावी व्यक्तिगत प्रबंधन का दिल है और दीर्घकालीन सफलता की कुंजी है। महत्त्वपूर्ण-किंतु आवश्यक नहीं कार्यों के लिए अनुशासन की ज़रूरत होती है, यही कारण है कि 80-20 नियम इतना महत्त्वपूर्ण है। अगर हमारे पास इस क्वाड्रेंट में कुछ सुपरिभाषित प्राथमिकताएँ हैं, तो ही हम उन पर ध्यान दे पाएँगे और तरक़्क़ी कर पाएँगे।

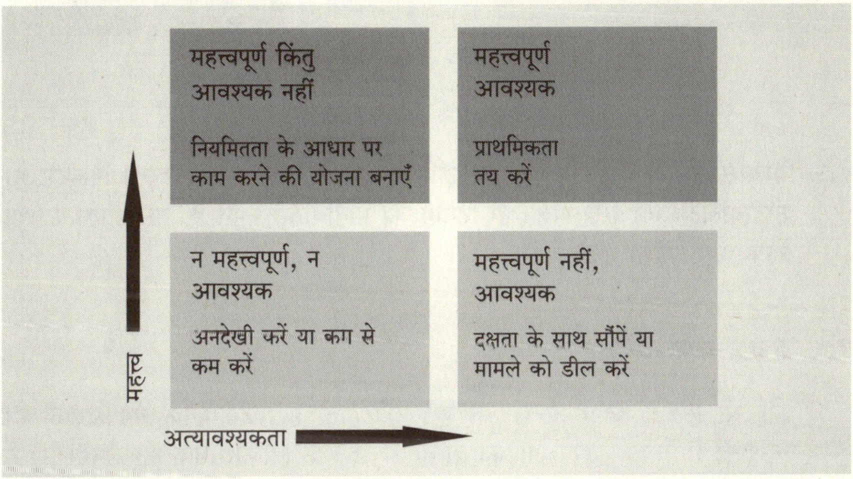


यह आवश्यक-महत्त्वपूर्ण मेट्रिक्स व्यवसाय में भी बेहद महत्त्वपूर्ण है। ज़्यादातर उद्यम अल्पकालीन कार्यों पर ज़्यादा ध्यान देते हैं और इस तरह से आग बुझाने की अंतहीन प्रकिया में उलझ जाते हैं। किसी लीडर का अहम कार्य कुछ उच्च प्रभाव वाले महत्त्वपूर्ण-किंतु आवश्यक नहीं प्राथमिकताओं की पहचान करना और अपनी टीमों को उन पर लगाने का होता है।

## 6. विश्वास समीकरण

हमारे निजी जीवन में, और प्रोफ़ेशनल जीवन में भी, विश्वास किसी भी संबंध की बुनियाद और सफलता की कुंजी होता है। यह किसी सुपर-पावरफुल लुब्रीकेंट की तरह होता है, जो संवाद तथा साथ काम करने को आसान और प्रभावी बना देता है। विश्वास क़ायम होने में समय लगता है, हालाँकि, जब रिश्ते में एक बार विश्वास बन जाता है, तो यह प्रभावशीलता के एकदम अलग स्तर तक ले जाता है। विश्वास समीकरण, विश्वास क़ायम करने का तरीक़ा समझने का एक महत्त्वपूर्ण फ़्रेमवर्क है। आपकी विश्वसनीयता आपकी क्रेडिबिलिटी (विशेषज्ञता, ज्ञान), रिलायबिलिटी (कार्यों की निरंतरता) और

अंतरंगता (निजी संपर्क) से प्रवर्तित होती है, हालाँकि,सबसे महत्त्वपूर्ण प्रवर्तक सेल्फ़-ओरिएंटेशन होता है। पहले के तीन कारकों से पैदा हुए सभी महान कार्यों पर आपकी आत्म-केंद्रितता का विचार पानी फेर सकता है।

विश्वास समीकरण इंसान के दिल और दिमाग़ के संतुलन का अच्छा निरूपण है। क्रेडिबिलिटी और रिलायबिलिटी दिमाग़ को प्रतिबिंबित करते हैं, तो अंतरंगता तथा सेल्फ़-ओरिएंटेशन दिल का।

## 7. अच्छा-बुरा चक्र

कोई भी स्थिति उतनी अच्छी या बुरी नहीं होती है, जितनी कि वह दिखती है। ज़्यादातर समय हम अपने आपको या तो अच्छे चक्र (सकारात्मक फ़ीडबैक लूप) में या बुरे चक्र (नकारात्मक फ़ीडबैक लूप) में पाते हैं। इससे पता चलता है कि भावनाएँ किस तरह से हमारे निर्णयों में बड़ी भूमिका निभाती हैं। हम बाज़ारों, उद्योगों और कंपनियों में यह बात देखते हैं।

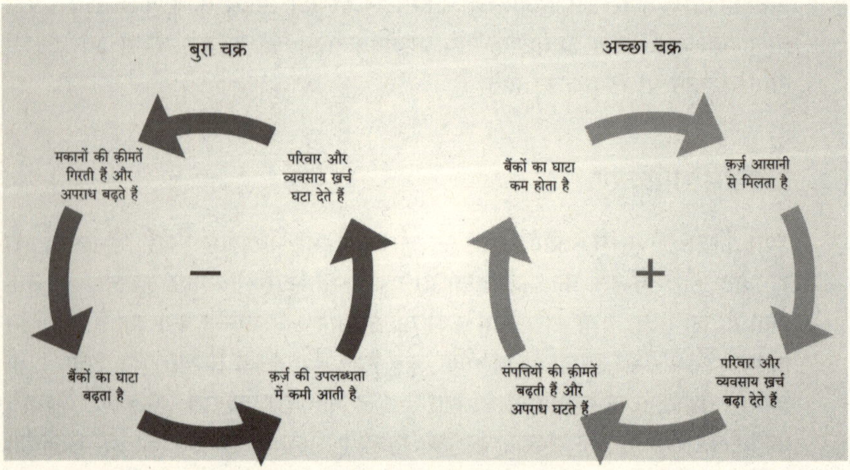

इसी तरह से, हम टीम और व्यक्तिगत स्थितियों में यह देखते हैं।

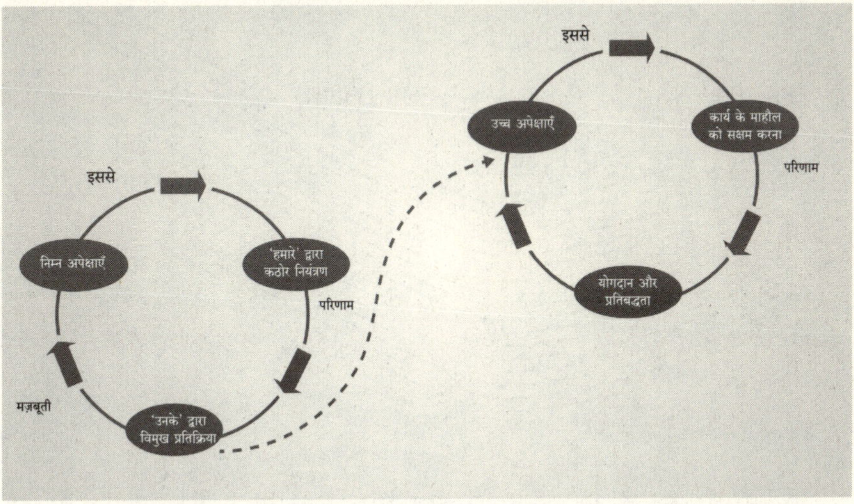


प्रश्न यह है कि बुरे चक्र को तोड़कर अच्छे चक्र में कैसे पहुँचा जाए। जब आप किसी चक्र के बीच में होते हैं, तो कोई धारणा बना पाना कठिन होता है। आपके इर्द-गिर्द रहने वाले लोग इसे जल्दी देख सकते हैं। दूसरों से सलाह और मदद लेकर आप नकारात्मक चक्र तोड़ने के लिए ज़रूरी बदलाव कर सकते हैं। बुरे चक्र से अच्छे चक्र में जाना एक महत्त्वपूर्ण कौशल है, जिसका किसी भी व्यावसायिक लीडर के पास होना जरूरी है, ख़ासतौर पर इस डिजिटल युग में यह बहुत ज़रूरी है। डिजिटल युग में चक्र छोटे होते जा रहे हैं, और सकारात्मक चक्र से निकलकर नकारात्मक चक्र में जा फँसना आसान है। इस प्रकार, चक्र परिवर्तन को तुरंत पहचानने और स्थिति पलट देने का लीडर का कौशल और भी ज़्यादा महत्त्वपूर्ण हो गया है।

## 8. दर्द की बाधा

ज़्यादातर कार्यों में आपको तरक़्क़ी करने के लिए दर्द की बाधा तोड़नी होती है। आप काफ़ी दर्द के दौर से गुज़रते हैं और तब आपका मन हार मान लेने का करने लगता है, हालाँकि, अगर आप दर्द की इस बाधा का सामना कर लेते हैं, तो दर्द कम हो जाता है और आप ज़्यादा सुचारू रूप से काम कर सकते हैं। हर एथलीट इस दर्द की बाधा से अच्छी तरह से परिचित होता है। यह बात उद्यमियों के लिए भी सही है। ज़्यादातर उद्यमी इस दौर से गुज़रते हैं, जब उन्हें लगता है कि मैदान छोड़ देना चाहिए। जो टिके रहते हैं, वे अक्सर आगे बढ़ने और अपने उपक्रमों को सफल बनाने के योग्य हो जाते हैं।

दर्द की बाधा ज़्यादातर टीमों और परियोजना स्थितियों में मौजूद होती है।

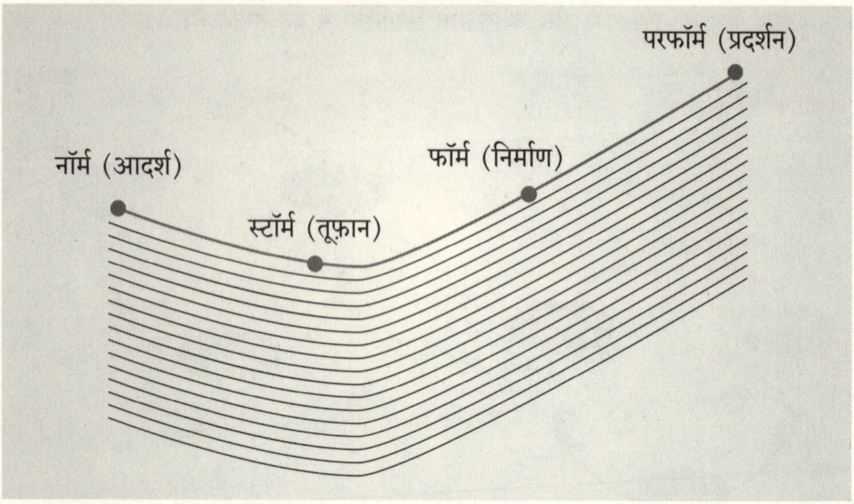


अक्सर शुरुआत तो आप ऊँचाई से करते हैं, लेकिन शीघ्र ही नीचे आ जाते हैं। जब आप निचले चरण से जूझ रहे होते हैं, तब आप स्थिर वृद्धि के चरण की ओर बढ़ सकते हैं। दर्द की बाधा की समझ होने से हमें सीखने के वक्र पर आगे बढ़ने की अपनी क्षमता का निर्माण करने की शक्ति और दृढ़ता मिलती है। यह बहुत सरल, किंतु महत्त्वपूर्ण अवधारणा है–'नो पेन, नो गेन',या 'कुछ समय की तकलीफ़ से ही लंबी अवधि की उपलब्धि मिलती है'!!

## 9. एस वक्र

सिगमॉइड वक्र (या एस वक्र) सीखने के वक्र का विस्तार है, जहाँ वृद्धि के चरण के बाद, आप परिपक्वता का काल देखते हैं और तब अंतत:गिरावट दिखती है। एस वक्र कई व्यवसाय और जीवन परिस्थितियों को प्रदर्शित करता है। यह कंपनियों और व्यक्तियों पर काफ़ी असर डालता है।

सतत विकास सुनिश्चित करने के लिए, आपको एक एस वक्र से दूसरे में जाना होगा। एक वक्र से दूसरे वक्र में जा पाने का एकमात्र विकल्प तब होता है, जब आप अपने रास्ते पर होते हैं। ऐसा इसलिए है क्योंकि आप कभी भी शीर्ष की भविष्यवाणी नहीं कर सकते हैं, और जब आप गिरावट के चरण में होते हैं, तो आप ऊर्जा खो देते हैं। यह हो सकता है कि पहला वक्र अनुमान से अधिक लंबा हो, तब इस मामले में आप तब तक मँडराते रह सकते हैं, जब तक कि आप वास्तव में चोटी के क़रीब न हों, हालाँकि दूसरे वक्र के लिए बहुत शीघ्र तैयारी करना बहुत देर होने तक इंतज़ार करने से कहीं बेहतर होता है, जब तक कि बहुत देर न हो जाए, और गिरावट शुरू न हो जाए। वैसे जब आप विकास के चरण में हों और चीज़ें अच्छी चल रही हों, तो बदलाव करना आसान नहीं होता है। आपको अपने कंफ़र्ट जोन से

बाहर निकलना होगा। इसके अलावा, जब आप एस वक्रों के बीच संक्रमण करते हैं, तो आप ऐसे दौर से गुज़रेंगे, जिसमें पुरस्कार कम होंगे (क्योंकि आपको अगले एस वक्र के सीखने के चरण से जूझना होगा)।

सफल व्यक्ति और संगठन आत्म-चिंतन करने वाले होते हैं, और एस वक्र पर अपनी स्वयं की स्थितियों की सतत निगरानी करते रहते हैं। पहले वक्र पर रहते हुए दूसरे वक्र की तैयारी करना सदैव सर्वश्रेष्ठ विकल्प होता है। पहले से चिपके रहना और इसे लंबा करते रहना फ़ालतू की ऊर्जा बर्बादी है। जब सब कुछ सही हो और आप अपने खेल में टॉप पर हों, तो आपको पता होना चाहिए कि अब आपके अगले क़दम का समय आ गया है।

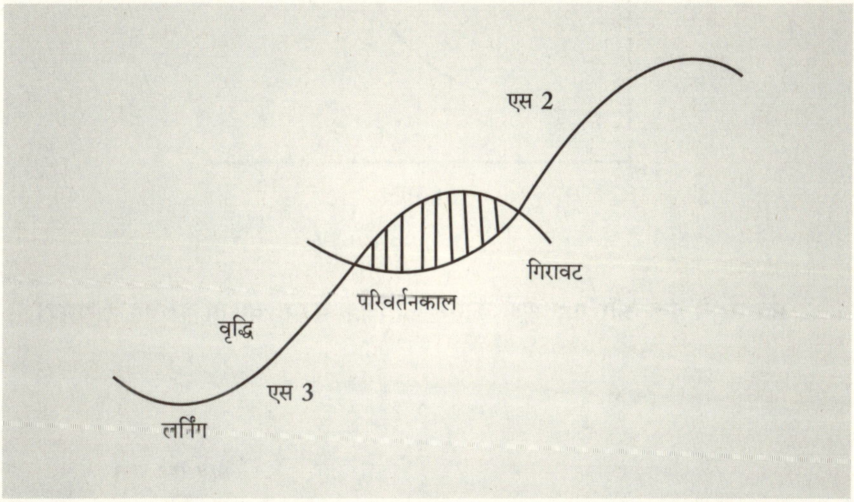


स्पष्ट तौर पर कहें, तो जिस एस वक्र में आप परिचालन कर रहे हैं, उसकी प्रकृति की पहचान करने की योग्यता, एक एस वक्र से दूसरे एस वक्र में संक्रमण करने के योग्य होना और फिर दोनों को साथ जोड़ना, सतत विकास की कुंजी है।

## 10. संयुक्तीकरण

जीवन और व्यवसाय के सबसे सशक्त नियमों या फ्रेमवर्क में से एक संयुक्तीकरण का नियम है। बहुत छोटे-छोटे, लेकिन लगातार सुधारों में महान शक्ति होती है। हम सभी संयुक्तीकरण का सिद्धांत समझते हैं, लेकिन आश्चर्य की बात है कि बहुत कम लोग इसका निरंतर पालन करते हैं।

हम अक्सर बड़े और साहसिक फ़ैसलों की तरफ़ आकर्षित होते हैं, जो कि डिजिटल युग में निश्चित ही महत्त्वपूर्ण हैं, लेकिन हम निरंतरता और लगातार तरक़्क़ी के गुणों की आसानी से अनदेखी कर सकते हैं। मैं जिन कुछ सर्वाधिक सफल

व्यावसायिक लीडर्स और उद्यमों को जानता हूँ, वे पूरी श्रद्धा से संयुक्तीकरण के सिद्धांत का पालन करते हैं। वे जानते हैं कि काम में डटे रहना, और समय के साथ लगातार सुधार करते रहने से चमत्कारिक परिणाम मिल सकते हैं।

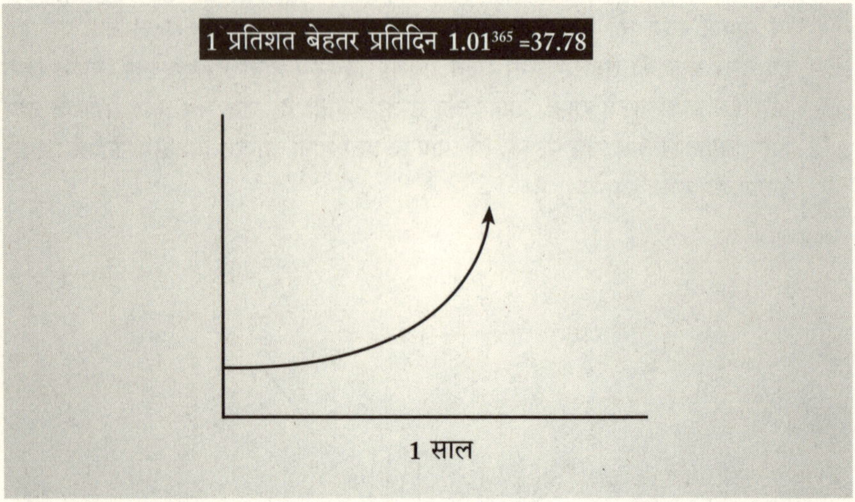


अंत में, मैं एक और महत्त्वपूर्ण कारक का ज़िक्र करना चाहता हूँ। वह है **भाग्य**।

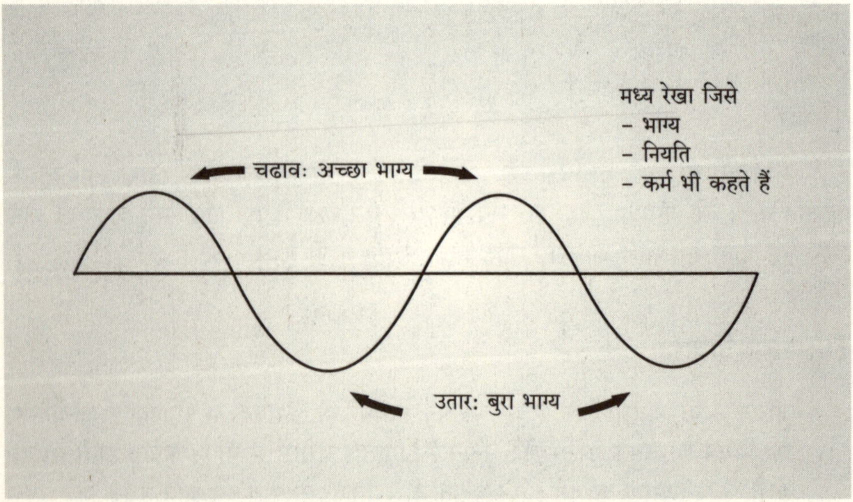


जैसे-जैसे मैं जीवन से गुज़रता हूँ, मुझे अहसास होता है कि सफलता कोई पहले से अनुमान लगाने वाला फ़ॉर्मूला नहीं है। कभी-कभी आपके सर्वोत्तम प्रयास बेकार हो जाते हैं और कभी-कभी आपको वह सफलता मिल जाती है, जिसकी

## दस बातें, जो काश! मैंने बिज़नेस स्कूल में सीखी होतीं

01 स्वीट स्पॉट

02 जोखिम–रिटर्न से सामंजस्य

03 80–20 नियम

04 एक चीज़

05 आवश्यक–महत्वपूर्ण मैट्रिक्स

06 विश्वास का समीकरण

07 अच्छा–बुरा चक्र

08 दर्द की बाधा

09 एस–वक्र

10 मेल की ताक़त

आपने कभी कल्पना भी नहीं की थी। यही जीवन की प्रकृति है; यह रैखिक और नियतात्मक नहीं है। यह अनिश्चित है, और इसमें कई अप्रत्याशित उतार-चढ़ाव होते हैं। इसलिए जीवन का व्यापक और सुकून भरा दृष्टिकोण होना बहुत ज़रूरी है। इसका अर्थ है कि न तो सफलता मिलने पर घमंडी बनना चाहिए, और न ही असफल होने पर बहुत उदास होना चाहिए।

भगवद गीता में कर्म के बारे में कहा गया है,'*कर्मण्ये वाधिका रस्ते मा फलेषु कदाचना* (कर्म करो, लेकिन फल की इच्छा मत करो)।' इसमें गहरी सच्चाई है। अगर हम इस सत्य को समझ लें, तो हमारे व्यक्तिगत जीवन और आस-पास की दुनिया में बहुत ज़्यादा सुधार हो जाएगा!

## सारांश

- फ्रेमवर्क समस्या की स्थितियों की बेहतर संरचना और निर्णयों की गुणवत्ता सुधारने में काफ़ी मददगार हो सकते हैं।
- जीवन और व्यवसाय में इस्तेमाल किए जाने योग्य मेरे दस फ्रेमवर्क हैं: अपने स्वीट स्पॉट की तलाश करना; जोखिम-उठाना; 80-20 का सिद्धांत; एक समय में एक ही बात पर ध्यान देना;महत्त्वपूर्ण-किंतु आवश्यक नहीं पर ज़ोर देना; विश्वसनीयता; बुरे-अच्छे चक्र पर महारत हासिल करना; दर्द की बाधा पार करना; एक एस वक्र से दूसरे वक्र में बढ़ना; और संयुक्तीकरण की शक्ति को समझना
- अंत में, ज़िंदगी का तनावमुक्त और दार्शनिक नज़रिया लड़ने में आपकी मदद करेगा, क्योंकि जीवन के बारे में कोई पूर्वानुमान नहीं लगाया जा सकता।

# 7

# व्यक्तिगत ज़िम्मेदारी लीजिए और दुनिया बदल दीजिए![11]

*दुनिया में जो बदलाव आप लाना चाहते हैं, वह अपने में लाएँ।*

*— महात्मा गाँधी, राष्ट्रपिता*

हम अक्सर 'व्यवस्था' का रोना रोते हैं और अपने आस-पास की स्थितियों और लोगों में कमियाँ निकालते हैं। हम जिन समस्याओं का दिन-प्रतिदिन सामना करते हैं, उनके लिए हम व्यवस्था को दोष देते हैं, चाहे तह भ्रष्टाचार हो, ट्रैफिक हो या प्रदूषण हो। हम जिन कंपनियों में काम करते हैं, उनसे हम सदैव निराश रहते हैं, चाहे वह उनकी नीतियों की बात हो, राजनीति की बात हो या ख़ुद कंपनी ही हमारी योग्यता को न पहचान रही हो। हमारे निजी जीवन में भी, हमारे पास इस बात के लिए तैयार बहाने रहते हैं कि दूसरे लोग क्या ग़लत कर रहे हैं और उन्हें अलग तरीक़े से क्या करना चाहिए, हालाँकि, हम अपने अंदर शायद ही कभी झाँकते हैं कि हम अलग तरीक़े से क्या कर सकते हैं। यह नकारात्मक चक्र है। ऐसे में आप कुछ भी नहीं बदलते हैं और निराशा तथा कुंठा में जीते रहते हैं।

## ऐसा क्यों होता है? हम दूसरों को ही समस्या के रूप में क्यों देखते हैं, और अपनी समस्याओं के लिए ख़ुद ज़िम्मेदारी क्यों नहीं लेते हैं?

यह तो इंसान का स्वभाव है कि वह अपनी कमियों के लिए तो बहाना बनाता है या उन्हें तर्कसंगत ठहराता है, और दूसरों में सुधार की स्पष्ट ज़रूरतों पर ध्यान देता है। हमारा घमंड सबसे बड़ा अपराधी है। यह अलगाव की भावना भी पैदा करता है और रक्षात्मक ढाल भी। यह हमें 'व्यवस्था' का हिस्सा होने के विपरीत इससे अलग खड़ा करता है। यह हमें अन्य

लोगों से जोड़ने के बजाय, उनसे अलग करता है। यह ऐसी रक्षात्मक ढाल भी बनाता है, जो यह मानने से इंकार करती है कि हम भी समस्या का हिस्सा हो सकते हैं। यह 'मैं तो अच्छा हूँ, आप ही ठीक नहीं हैं' मुद्रा की ओर ले जाता है। यह सब इस युक्तिकरण में बदल जाता है कि 'अगर मैंने समस्या पैदा नहीं की या मैं इसका हिस्सा नहीं हूँ, तो इसे ठीक करने की ज़िम्मेदारी मेरी नहीं है।'

जब हम समस्या को पहचानते हैं, तब भी अक्सर किसी एक व्यक्ति की 'व्यवस्था'को बदलने की क्षमता के बारे में असहायता की भावना हमारे अंदर होती है। 'व्यवस्था'अक्सर अडिग विशालकाय समस्या की तरह लगती है, जिसमें कोई एक इंसान बदलाव नहीं कर सकता। इसलिए, अंत में आप यह तर्क देते हैं कि प्रयास करना ही बेकार है!

दूसरी चुनौती है जड़ता और अज्ञात का डर, जिससे यथास्थिति से बाहर निकलना मुश्किल हो जाता है। हम निश्चित रूप से यथास्थिति का रोना रोते हैं, लेकिन अक्सर इसे बदलने के लिए कार्रवाई करने की दिशा में ख़ुद को उत्तेजित करना मुश्किल पाते हैं। जड़ता हमारे दैनिक अस्तित्व के सुरक्षित बंदरगाहों को छोड़ना मुश्किल बना देती है। इसके लिए खुले समुद्र में नाव लेकर चल निकलने के अतिरिक्त प्रयास और जोखिम की ज़रूरत होती है। अनिश्चित तूफ़ानों का डर अक्सर अवसरों के उत्साह पर हावी हो जाता है।

## ज़्यादा व्यक्तिगत ज़िम्मेदारी लेना क्यों महत्त्वपूर्ण है?

हम 'व्यवस्था'का रोना रोते रह सकते हैं। हम यह समझाते रह सकते हैं कि हम किस तरह सही हैं या 'व्यवस्था'पर हमारा असर कितना कम है। यह बेकार है। आपकी कुंठाओं और आत्म-दया से कोई फ़र्क़ नहीं पड़ेगा। कोई भी 'व्यवस्था' नाम रहित और मुख रहित होती है। आप इसे जवाबदेह नहीं ठहरा सकते। यह अपने आप नहीं बदल सकता। स्पष्ट रूप से कहें तो, आप इसे ईश्वरीय हस्तक्षेप पर नहीं छोड़ सकते! तो, आपके पास विकल्प क्या है? यदि आप पीड़ित हैं, तो 'व्यवस्था'के बारे में कुछ करना आपके हित में है। व्यक्तिगत ज़िम्मेदारी लेने से शुरुआत करना सबसे अच्छा है, क्योंकि आपका अपने कार्यों पर सबसे अधिक नियंत्रण है। आपके प्रयास बेकार नहीं जाएँगे। कोई भी 'व्यवस्था' व्यक्तियों से ही तो बनी होती है। जब पर्याप्त व्यक्ति बदलते हैं, तो वह महत्त्वपूर्ण बिंदु भी आता है, जब 'व्यवस्था'भी बदलना शुरू हो जाती है।

हम अक्सर महसूस करते हैं कि व्यवस्था पर हमारा असर सीमित ही है। असर के बारे में मज़ेदार बात यह है कि अगर आप अपने प्रभाव क्षेत्र में काम करते हैं, तो इस क्षेत्र का विस्तार होने लगता है। इससे आत्मविश्वास बढ़ता है और प्रभाव का दायरा फैलता है। इसके उलट, अगर आप उस पर ध्यान देते हैं, जो आपके प्रभाव क्षेत्र में नहीं है, तो आपके नियंत्रण में जो है, उसका दायरा सिमटने लगता है। इससे निराशा और कुंठा ज़्यादा बढ़ती है। स्पष्ट रूप से, यही बेहतर है कि आप कार्य करें और अपना प्रभाव क्षेत्र बढ़ाएँ, न कि प्रभाव क्षेत्र आप पर ही दबाव बनाने लगे।

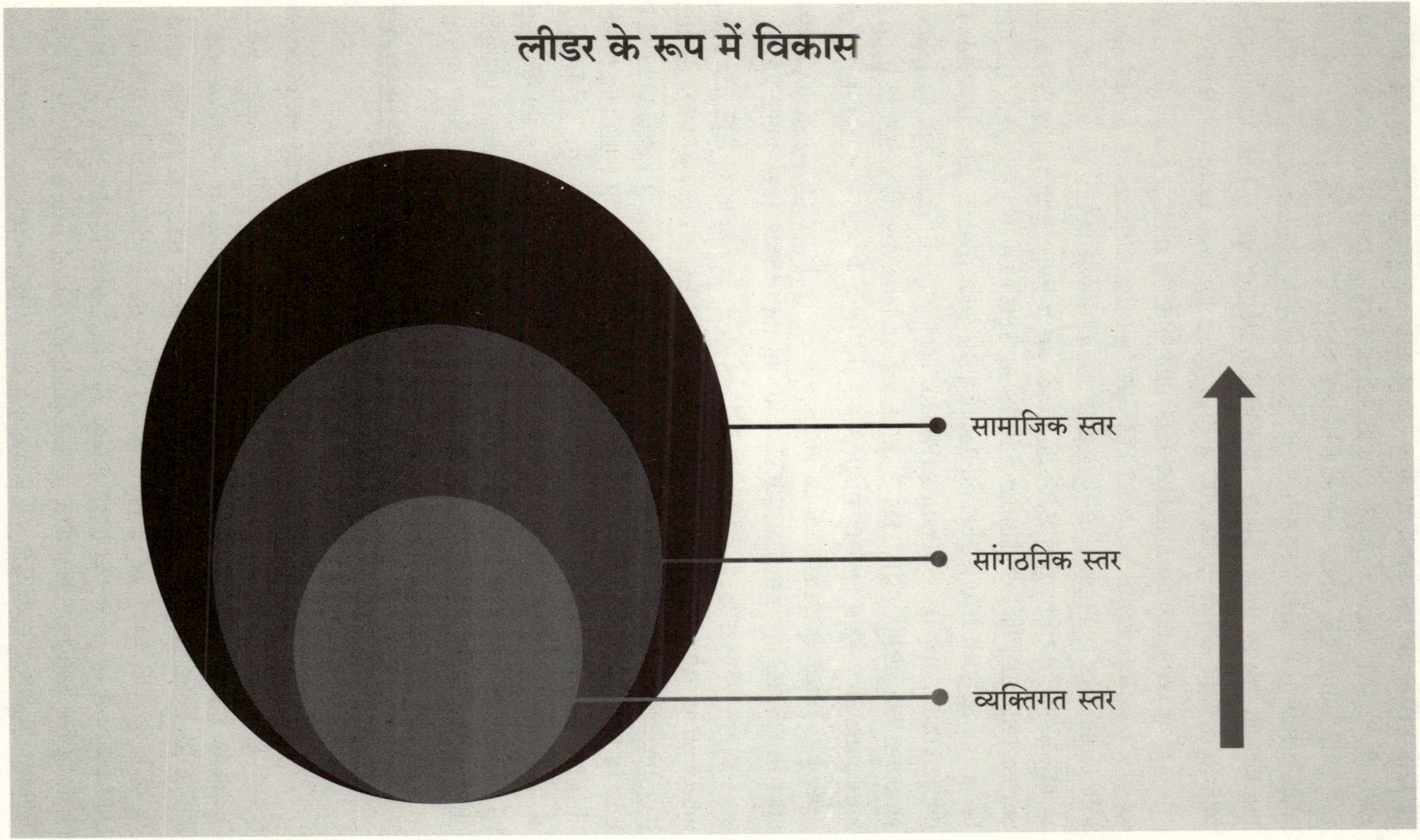
लीडर के रूप में विकास
सामाजिक स्तर
सांगठनिक स्तर
व्यक्तिगत स्तर

अंत में, अगर आप लीडर के रूप में विकसित होने और पहचाने जाने की आकांक्षा रखते हैं, तो आपके पास व्यापक ज़िम्मेदारी लेने के अलावा कोई विकल्प नहीं है। नेतृत्व का मतलब अपने आप से आगे जाना और व्यापक प्रभाव पैदा करना है। जब आप अपने आस-पास की समस्याओं की व्यक्तिगत ज़िम्मेदारी लेते हैं, तो आपके अंदर के लीडर का विकास होता है। इसके हमें अनेक उदाहरण मिलते हैं। कई लीडर्स को उनकी नेतृत्व यात्रा में व्यक्तिगत पीड़ा से प्रेरणा ज़रूर मिली होगी (मसलन, महात्मा गाँधी, जॉर्ज वाशिंगटन, नेल्सन मंडेला), लेकिन उन्हें सफलता इसलिए मिली, क्योंकि उन्होंने दूसरों की ओर से समस्याओं की ज़िम्मेदारी ली और व्यापक असर पैदा किया।

## हम परिवर्तन किस तरह कर सकते हैं?

शुरुआती बिंदु आत्म-जागरूकता का है। आपको यह समझना ही होगा कि व्यक्तिगत जवाबदेही स्वीकार करने के अलावा कोई विकल्प नहीं है। आप केवल अपने कामों को सँभाल सकते हैं। आप पूरी ज़िंदगी भटकते रह सकते हैं, व्यवस्था और परिस्थितियों के कारण कुंठित और पराजित होते रह सकते हैं। दूसरी तरफ़,आप रुक सकते हैं, व्यक्तिगत ज़िम्मेदारी ले सकते हैं, और अपनी परिस्थितियों के बारे में कुछ न कुछ कर सकते हैं। अगर आप किसी स्थिति से पूरी तरह संतुष्ट नहीं हैं, तो अपने आप से पूछिए,'इसके बारे में मैं क्या कर सकता हूँ?अगर मैं इस पर नियंत्रण नहीं कर सकता हूँ, तो मैं इस पर सकारात्मक प्रभाव कैसे डाल सकता हूँ?'

यह शायद सबसे अच्छा होगा कि आप शुरुआत छोटी करें और उन मुद्दों पर ध्यान लगाएँ, जो आपके नियंत्रण में हैं। शुरुआत सड़कों पर ग़लत तरीक़े से ओवरटेक न करने, सार्वजनिक स्थानों पर कूड़ा न फेंकने, या ट्रैफ़िक पुलिस वाले को रिश्वत न देने जैसे आसान कामों से हो सकती है। कार्य स्थल पर, यह नौकरी में अपना 100 प्रतिशत देना, ज़रूरतमंद सहकर्मी की मदद करना, कंपनी में किसी ग़लत नीति पर बात करना और समाधान सुझाना हो सकता है। अगर आपको अपने उद्योग या स्थानीय समुदाय में समस्याएँ दिखती हैं, तो आप इस मामले पर चर्चा करने और उस पर आम कार्रवाई करने के लिए लोगों का एक मंच बना सकते हैं। निजी जीवन में यह अधिक परानुभूति रखने और दूसरे के दृष्टिकोण से मुद्दों को देखने की बात हो सकती है। जब आप छोटी-छोटी व्यक्तिगत जीत हासिल करते हैं, तो आपका आत्मविश्वास बढ़ता है, और आप इस बारे में अधिक स्पष्ट हो जाते हैं कि व्यापक परिवर्तन कैसे करना है, और अंततः कैसे आपका प्रभाव क्षेत्र बढ़ता है।

निस्संदेह, इंसानी कार्यों की सीमाएँ होती हैं और यह भी सीमित होता है कि आप किसी निश्चित समय में क्या प्रभावित कर सकते हैं। इसलिए, किसी भी बिंदु पर आप क्या बदल सकते हैं और क्या नहीं बदल सकते हैं, इसे समझने और इसमें अंतर करने में सक्षम होना महत्त्वपूर्ण हो जाता है, हालाँकि, इंसानी कार्य और प्रभाव की सीमाएँ हमारे द्वारा महसूस की जाने वाली सीमा से बहुत अधिक होती हैं। इसके अलावा, जैसा कि मैंने पहले भी कहा है, जब हम कार्रवाई पर ध्यान देते हैं, तो हमारे प्रभाव क्षेत्र का विस्तार होता है। इसमें वे क्षेत्र भी शामिल हो जाते हैं, जो शायद पहले हमारे नियंत्रण में नहीं थे।

हमारे आस-पास की दुनिया जटिल है और इसमें कई समस्याएँ हैं। यह महत्त्वपूर्ण है कि हम दूसरों को दोष देने से दूर रहें और उन समस्याओं से निपटने के लिए व्यक्तिगत ज़िम्मेदारी लें, जो हमें परेशान करती हैं। जब हम दूसरों को दोष देते हैं, तो हम बदलाव लाने की अपनी शक्ति छोड़ देते हैं। जब हम व्यक्तिगत ज़िम्मेदारी लेते हैं और कार्रवाई करते हैं, तो हम अपनी सोच से ज़्यादा सकारात्मक बदलाव ला सकते हैं।

मैं आपको महात्मा गाँधी के इन ख़ूबसूरत शब्दों के साथ छोड़ जाता हूँ, *'दुनिया में जो बदलाव आप लाना चाहते हैं, वह अपने में लाएँ।'* अगर हम में से ज़्यादा से ज़्यादा लोग इसे जीवन में अपना सकें, तो हमारे व्यक्तिगत जीवन में बहुत सुधार होगा, और दुनिया रहने के लिए ज़्यादा ख़ूबसूरत जगह बन जाएगी!

## सारांश

- यह इंसानी स्वभाव है कि वह अपनी कमियों को तर्कसंगत ठहराता है, और इस प्रकार, 'व्यवस्था' को बदलने में अपनी अक्षमता को बेबसी के रूप में पेश करता है।
- जब आप अपने प्रभाव क्षेत्र में काम करते हैं, तो इस प्रभाव क्षेत्र का दायरा फैलता है। जब आप अपने आस-पास की समस्याओं की व्यक्तिगत ज़िम्मेदारी लेते हैं, तो आपके अंदर के लीडर का विकास होता है।
- जब हम व्यक्तिगत ज़िम्मेदारी लेते हैं, और कार्य करते हैं, तो हम अपनी सोच से भी ज़्यादा सकारात्मक परिवर्तन ला सकते हैं।

# उपसंहार : आज के दिन को सम्पूर्णता से जियो

*हज़ारों मील की यात्रा एक क़दम से ही शुरू होती है।*

*—लाओ त्ज़ू, चीनी दार्शनिक*

ज़िंदगी और व्यवसाय में, हम अपने को यथास्थिति की जड़ता और क्रमिक क़दमों में फँसा हुआ पाते हैं। हम बस गति करते रहते हैं और अपने सर्वश्रेष्ठ को, या अपनी पूरी क्षमता को खोजने में सक्षम नहीं हो पाते हैं।

डिजिटल युग में यथास्थिति संभव नहीं है। डिजिटल व्यवधान, अपने पैमाने और दायरे के कारण इतना महत्त्वपूर्ण है कि इससे बचा नहीं जा सकता। डिजिटल युग अपरिहार्य है, इसलिए यह एक फैलती हुई वास्तविकता है। कोविड-19 महामारी ने कई मायनों में डिजिटल युग के अपरिवर्तनीय सफ़र को और तेज़ कर दिया है।

आप जो भी हों, जहाँ भी हों, आपको डिजिटल युग में परिवर्तनों को अपनाने और उसमें अस्तित्व बचाने की ज़रूरत होगी। पुराने नियम, तरीक़े और मानसिकताएँ काम की नहीं रह जाएँगी।आपके पास बुनियादी परिवर्तन करने के लिए ख़ुद को जगाने के अलावा कोई और विकल्प नहीं है।

जहाँ परिवर्तन अपरिहार्य है, वहाँ आपको अपनी नज़र ऊँची भी रखनी चाहिए। खेलिए तो जीतने के लिए, बस टिके रहने के लिए नहीं। हर परिवर्तन में कुछ तकलीफ़ होती ही है। जब आपको तकलीफ़ से गुज़रना होता है, तब इसका हिसाब रखिए और इसका सर्वश्रेष्ठ फ़ायदा उठाने का लक्ष्य रखिए।

इस किताब के सात खंडों और पचास से ज़्यादा अध्यायों में हमने डिजिटल व्यवधान और इसके द्वारा विभिन्न स्तरों पर प्रस्तुत चुनौतियों और अवसरों की बहुआयामी प्रकृति के बारे में बात की, जिनमें समग्र व्यवसाय, तकनीक, संगठन, लीडर, युवा प्रोफ़ेशनल शामिल हैं। कुल मिलाकर, मेरी मज़बूत मान्यता है कि डिजिटल युग में जो अवसर मिल रहे हैं, वे चुनौतियों पर भारी पड़ रहे हैं। डिजिटल एक महान तुल्यकारक है, विरासत तथा अतीत

का इतिहास इसमें ज़्यादा मायने नहीं रखता है। यह नए आइडिया, रचनात्मकता, प्रवर्तन तथा अध्यवसाय को समान धरातल मुहैया कराता है। डिजिटल युग लोगों के लिए अवसर का समय है- नया व्यवसाय स्थापित करने के इच्छुक उद्यमियों के लिए, विज़नरी लोगों के वास्ते अपने बाज़ारों में विकास के परंपरागत स्तरों से छलांग लगाने के लिए, मैनेजरों के वास्ते अपने आपको लीडर के रूप में आगे बढ़ाने और परिवर्तन कारक बनने के लिए, और सभी स्तरों के प्रोफ़ेशनल्स के वास्ते व्यवसाय और अपने जीवन में अपनी पूरी क्षमता को अर्जित करने के लिए।

इसलिए, इंतज़ार मत कीजिए। उठिए और वर्तमान समय का अधिकतम लाभ उठाइए। परिवर्तन की अनिश्चितता को अपने ऊपर हावी मत होने दीजिए। कार्रवाई करने के प्रति प्रतिबद्ध हो जाएँ, प्रोएक्टिव बनें और डिजिटल युग में अपने आस-पास मौजूद अवसरों का अधिकतम लाभ उठाएँ।

मुझे उम्मीद है कि इस किताब में मैंने जो सात बिल्डिंग ब्लॉक्स आपको बताए हैं, वे डिजिटल रूपांतरण के अवसरों का ख़ुद अहसास करने और अपनी कार्ययोजना तैयार करने में आपको स्पष्टता और मददगार फ्रेमवर्क मुहैया कराएँगे। समापन करने से पहले मैं आपको द्वैत या दोहरापन या पूरक उद्देश्य सँभालने की ज़रूरत याद दिलाना चाहता हूँ, जिसके बारे में हमने किताब में कई बार बात की है। डिजिटल युग डिजिटल में ये विरोधाभासी लगने वाले तत्व बहुत ज़्यादा मात्रा में हैं, मसलन-विकास/लाभप्रदता, रणनीति/निष्पादन, ग्राहक/कर्मचारी आदि। मेरे अनुभव में, डिजिटल युग में इन विरोधाभासी प्रतीत होने वाले उद्देश्यों से उत्पन्न जटिलता, भ्रम और कार्रवाई में हिचक के सबसे बड़े कारणों में से एक है, और यही कारण है कि मैं निष्कर्ष में इस बिंदु पर ज़ोर दे रहा हूँ।

इसलिए, जब आप डिजिटल रूपांतरण के लिए कार्ययोजना विकसित करें, तो आपको अल्पकालीन और दीर्घकालीन उद्देश्यों पर एक ही समय में विचार करने और उनका निष्पादन करने की ज़रूरत होगी। **टू-स्पीड क्रियान्वयन** का यह दृष्टिकोण डिजिटल युग में जटिल तथा अक्सर विरोधाभासी उद्देश्यों के प्रबंधन का तरीक़ा है। ये टू-स्पीड या द्वि-गतियाँ हैं:

- **स्पीड1**: इसमें अल्पकालीन कार्य शामिल होते हैं, जिसमें आपको कुछ विशिष्ट समस्याएँ हल करनी होती हैं और तुरंत जीत हासिल कर सकते हैं। कोई भी बदलाव कठिन होता है, और आपको इसके लिए जड़ता की पकड़ और अनिर्णय की स्थिति ख़त्म करनी होती है। इसलिए, जल्दी से मिलने वाली जीत बेहद ज़रूरी होती है। उससे परिवर्तन का सकारात्मक चक्र शुरू करने की सकारात्मकता तथा गति मिलती है।
- **स्पीड2 :** स्पीड 1 कार्य आपकी परिवर्तन यात्रा के अनिवार्य शुरुआती बिंदु होते हैं, लेकिन वे पर्याप्त नहीं होते। डिजिटल युग में अवसर बहुत महत्त्वपूर्ण होते हैं, और आप केवल क्रमिक क़दम उठाकर उनका लाभ नहीं उठा सकते। स्पीड 1 के कार्यों के समानांतर, आपको स्पीड 2 के कार्य करने की ज़रूरत होती है - जो ज़्यादा बड़े, ज़्यादा रणनीतिक, और दीर्घकालीन क़दम होते हैं। इसके अलावा, स्पीड 1 के कार्यों

(अल्पकालीन, केंद्रित) और स्पीड 2 के कार्यों (दीर्घकालीन, वृहद) को एक दूसरे से जोड़ना तथा एक दूसरे को समर्थन देना ज़रूरी होता है।

सात बिल्डिंग ब्लॉक्स टू-स्पीड क्रियान्वयन के साथ मिलकर जो संरचना तथा स्पष्टता मुहैया कराते हैं, वे डिजिटल रूपांतरण की अद्भुत क्षमता को सफलतापूर्वक अर्जित करने में आपकी सहायता करेंगे। यही इस किताब का मूल मंत्र है, जो डिजिटल युग में जीत हासिल करने में निश्चित रूप से आपकी मदद करेगा।

डिजिटल युग में अपनी स्वयं की यात्रा को मैंने मस्ती और रोमांच से भरा पाया है, जिसने मुझे निरंतर सीखने, आगे बढ़ने, और व्यवसाय स्तर पर तथा उससे आगे भी प्रभाव पैदा करने मौक़ा दिया है, जो अन्यथा मैं सोच भी नहीं सकता था। मैं आपको अपनी रूपांतरण यात्रा शुरू करने और डिजिटल युग में जीतने के लिए प्रोत्साहित करता हूँ। मेरा वादा है कि आपकी यह यात्रा आकर्षक रहेगी। तो वर्तमान समय का अधिकतम फ़ायदा उठाइए, और शुरुआती क़दम **अभी** उठा डालिए!

शुभकामनाएँ!

# आभार

*बच्चे को बड़ा करने में पूरे गाँव का योगदान होता है।*

*—अफ़्रीकी कहावत*

बच्चे का विकास केवल परिवार ही निर्धारित नहीं करता - अफ़्रीकी कहावत का मतलब यही है। बच्चे के परिवेश के अनेक लोग उसके व्यक्तित्व को प्रभावित करते हैं। यह बात इस किताब के लिए भी सही है! इसलिए, ऐसे अनेक लोग हैं, जिनको इस किताब के लिए मैं धन्यवाद देना चाहता हूँ।

सबसे पहले और सर्वाधिक महत्त्वपूर्ण, मैं अपनी पत्नी अर्पणा और बच्चों कर्मिष्ठा, देनिशी और प्रगुण को धन्यवाद देना चाहूँगा, जिन्होंने मुझे प्रोत्साहित किया, किताब के अनेक पहलुओं पर विचार किया, और जब से मैंने इस किताब को साकार रूप देना शुरू किया था, तभी से ही धैर्यपूर्वक मेरा सहयोग किया।

मैं इन्सीडो के अपने सभी ग्राहकों को ख़ासतौर पर धन्यवाद देना चाहता हूँ, जिन्होंने हमें अपनी डिजिटल यात्राओं में भागीदार बनने का मौक़ा दिया। इतनी सारी विश्व-स्तरीय कंपनियों में डिजिटल रूपांतरण को निकट से देखने, और अनेक उद्योगों में उनके पैटर्न तथा बारीकियों को समझने का मौक़ा मिलना मेरे लिए निश्चित ही सौभाग्य की बात है।

मैं अपनी मूल टीम- मनीत सेठ, अपूर्व भटनागर, प्रेरणा चौरसिया और शैलजा अय्यर को बहुत-बहुत धन्यवाद देना चाहता हूँ, जिन्होंने रातों को कॉफी पीते हुए मज़बूती से लगातार काम किया और ज़ूम बैठकों में समीक्षा की। आप लोगों की रचनात्मक समीक्षा तथा अनेक विषयों पर विचारों और रिसर्च में सहयोग ने किताब की सामग्री को काफ़ी बेहतर बनाने में मदद की है। आप लोगों ने मेरी इस मान्यता को साझा किया कि हमारे पास कुछ मूल्यवान है, जो निश्चित रूप से हमारे आत्म-संदेह के दौर से गुज़र रहा है। टीम के रूप में मेरे साथ काम करने और सामूहिक रूप से यह सुनिश्चित करने के लिए आप लोगों का धन्यवाद कि हमने समय सीमा में अपना काम निपटा लें।

इन्सीडो में मेरी लीडरशिप टीम के कई सदस्यों ने इस बात पर अपने दृष्टिकोण का योगदान दिया कि कैसे डिजिटल रूपांतरण उद्योग क्षेत्रों और उनके ख़ास क्षेत्रों में क्षैतिज रूप से चल रहा है। बैंकिंग उद्योग, भुगतान और परिचालन रूपांतरण स्थानों की अंतर्दृष्टियों और रियल टाइम के उदाहरणों को उदारतापूर्वक साझा करने के लिए कृष्णा रूपनगुंटा का आभार। क्लाउड स्टोरी में योगदान के लिए कृष्णा और शशांक को; धन प्रबंधन पर विचारों का स्रोत होने के लिए गौरव सहगल को; ग्राहक डिज़ाइन अनुभव से जुड़े सर्वश्रेष्ठ तौर-तरीक़ों को व्यक्त करने के लिए प्रतुल चोपड़ा को; दूरसंचार क्षेत्र की रूपांतरण चुनौतियों को उजागर करने के लिए प्रतुल और अनुपम वाही को; प्रोडक्ट इंजीनियरिंग के खेल में बदलावों पर अपने विचार साझा करने के लिए अनुपम को; डेटा और एआई से जुड़े अवसरों और चुनौतियों को परिभाषित करने के लिए आशीष गुप्ता को; वैश्विक लाभ की कहानी को जीवंत करने में योगदान के लिए मनीत सेठ को; जीवन विज्ञान यात्रा के साथ-साथ ज्ञान प्रबंधन रोडमैप को रंग देने के लिए अरविंद राममूर्ति को; और लर्निंग ऐंड डेवलपमेंट तथा मानव संसाधन में समग्र बदलाव पर अपना दृष्टिकोण साझा करने के लिए शैलजा अय्यर को बहुत-बहुत धन्यवाद। आपके वैचारिक नेतृत्व, सुझावों और परामर्श के लिए मैं आप सभी को धन्यवाद देता हूँ। यह किताब आप लोगों की वजह से इतनी समृद्ध हो सकी है।

मैं मैकिंज़ी, फ़िडेलिटी, फ़्लिपकार्ट और एक्टिवकर्मा के अपने कई पूर्व-सहयोगियों को भी धन्यवाद देना चाहता हूँ, जिनके साथ सालों रहकर मैंने अद्भुत सबक़ सीखे। इन फ़र्मों के मेरे अनुभवों ने डिजिटल रूपांतरण और जीवन के विभिन्न पहलुओं के बारे में मेरी समझ को गहनता से आकार दिया!

# Bibliography

## Section - 1


Chapter 1

1. **Nitin Seth. (Jun 2017).** *Winning in the VUCA World - key priorities and transformation priorities for enterprises. http://nseth71.blogspot.com/2017/06/winning-in-vuca-world-key-principles.html*
2. **Accenture Interactive. (2018).Pulse Check 2018** *Moving from Communication to Conversation https://www.accenture.com/_acnmedia/PDF-77/Accenture-Pulse-Survey.pdf*
3. **Boston Consulting Group. (2019).** *Global Wealth 2019. Reigniting Radical Growth. https://image-src.bcg.com/Images/BCG-Reigniting-Radical-Growth-June-2019_tcm9-222638.pdf*

Chapter 2

4. **Nitin Seth. (April 2020).** *What is digital transformation in business: everything you need to know.* **Information-age.**

   *https://www.information-age.com/what-is-digital-transformation-in-business-123477523/?fbclid=IwAR 28RMsrNqkNhAcCsOuDpIneirtHHMBzzpbVYUr-kfJ5a3XbmQDhYlwIgR8*

Chapter 3

5. **Nitin Seth. (Oct 2018).** *Six Reasons Why Digital Demands A New Business Paradigm. Forbes. https://www.forbes.com/sites/forbestechcouncil/2018/10/19/six-reason-why-digital-demands-a-new-business-paradigm/#71a2643d3aeb*
6. **Emily A. Vogels. (Sept 2019).** *Millennials stand out for their technology use, but older generations also embrace digital life.* **Pew Research Center.** *https://www.pewresearch.org/fact-tank/2019/09/09/us-generations-technology-use/*

7. **DATAREPORTAL. (July 2020).** *Digital 2020: July Global Statshot. https://datareportal.com/reports/digital-2020-july-global-statshot*

Chapter 4

8. **Nitin Seth. (Dec 2018).** *Five Rules For Successful Digital Transformation.* **Forbes.** *https://www.forbes.com/sites/forbestechcouncil/2018/12/26/5-rules-for-successful-digital-transformation/#37026e3a1dcd*

9. **Gartner. (March 2019).** *Why Data and Analytics Are Key to Digital Transformation. https://www.gartner.com/smarterwithgartner/why-data-and-analytics-are-key-to-digital-transformation/*

Chapter 5

10. **Nitin Seth. (Jan 2020).** *Maximizing Returns From Digital Investments: Part One - Why The Problems Persist.* **Forbes.** *https://www.forbes.com/sites/forbestechcouncil/2020/01/14/maximizing- returns-from-digital-investments-part-one-why-the-problems-persist/#5f82d59ecc95*

11. **Harvard Business Review. (2019).** *Digital Transformation is not about Technology https://hbr.org/2019/03/digital-transformation-is-not-about-technology*

12. **The Financial Brand. (March 2019).** *Omnichannel Banking: Essential Capability? Or Unrealistic Fantasy? https://thefinancialbrand.com/81484/omnichannel-banking-mobile-branch/*

13. **Redpoint Global. (March 2019).** *Addressing the Gaps in Customer Experience. A Benchmark Study Exploring The Ever Evolving Customer Experience And How Marketers And Consumers Are Adapting. https://www.redpointglobal.com/wp-content/uploads/2019/03/RedPoint-Gaps-in-CX-White-Paper_3.20.19.pdf?_ga=2.60626541.1914644966.1579181242-50309445.1579181242*

14. **Boston Consulting Group. (Aug 2017).** *Profiting from Personalization. https://www.bcg.com/en-ma/publications/2017/retail-marketing-sales-profiting-personalization*

15. **McKinsey Digital. (Oct 2016).** *Straight talk about big data. https://www.mckinsey.com/business-functions/mckinsey-digital/our-insights/straight-talk-about-big-data*

16. **Forbes. (Jul 2018).** *How To Improve Customer Experiences With Real-Time Analytics. https://www.forbes.com/sites/louiscolumbus/2018/07/08/how-to-improve-customer-experiences-with-real-time-analytics/#6dd2e9ad6e82*

Chapter 6

17. **Nitin Seth. (Jan 2020).** *Maximizing Returns From Digital Investments, Part Two : Play Offense, Not Defense.* **Forbes.** *https://www.forbes.com/sites/forbestechcouncil/2020/01/31/maximizing-returns-from-digital-investments-part-two-play-offense-not-defense/#76e2d9c67ba7*

18. **Gartner. (Jul 2019).** *Gartner Says the Future of the Database Market Is the Cloud. On-Premises DBMS Revenue Continues to Decrease as DBMS Market Shifts to the Cloud. https://www.gartner.com/en/newsroom/press-releases/2019-07-01-gartner-says-the-future-of-the-database-market-is-the*

Chapter 7

19. **Nitin Seth (Sept 2019).** *Digital Strategy for building scalable models in VUCA World. http://nseth71.blogspot.com/2019/09/digital-strategy-for-building-scalable.html*

20. **The Digital CIO. (April 2019).** *Digital transformation initiatives underway, but companies need help. https://www.cio.com/article/3390137/digital-transformation-initiatives-underway-but-companies-need-help.html*

**Section - 2**

Introduction

1. **Mckinsey & Company. (Jan 2020).** *On the cusp of change: North American wealth management in 2030. https://www.mckinsey.com/industries/financial-services/our-insights/on-the-cusp-of-change-north-american-wealth-management-in-2030*

2. **Diffusion.** *2020 Direct- to-Consumer Purchase Intent. https://www.diffusionpr.com/us/news/130/diffusions-2020-direct-to-consumer-purchase-intent-inde*

3. **Innosight.** *2018 Corporate Longevity Forecast: Creative Destruction is Accelerating. https://www.innosight.com/wp-content/uploads/2017/11/Innosight-Corporate-Longevity-2018.pdf*

4. **Mckinsey & Company. MIT Sloan Management review. (May 2017).** *The Best Response to Digital Disruption. https://www.mckinsey.com/mgi/overview/in-the-news/the-right-response-to-digital-disruption*

Chapter 1

5. **Federal Reserve Bank of St. Louis (Aug 2020).** *Return on Average Equity for all U.S. Banks (USROE). https://fred.stlouisfed.org/series/USROE*

6. **Forbes. (Jun 2020).** *The World's Best Banks 2020. https://www.forbes.com/worlds-best-banks/#30c0fcd71295*

7. **CBS News. (Jun 2016).** *12 ways Amazon gets you to spend more. https://www.cbsnews.com/media/12-ways-amazon-gets-you-to-spend-more/*

8. **Oliver Wyman.** *The State of the Financial Services Industry 2020. https://www.oliverwyman.com/content/dam/oliver-wyman/v2/publications/2020/January/Oliver-Wyman-State-of-the-Financial-Services-Industry-2020.pdf*

9. **Forbes. (April 2019).** *How much do Banks spend on Technology. https://www.forbes.com/sites/ronshevlin/2019/04/01/how-much-do-banks-spend-on-technology-hint-chase-spends-more-than-all-credit-unions-combined/#387b2bf4683a*

Chapter 3

10. **McKinsey and Company.** *(Sept 2019). Global Payments Report 2019. Amid sustained growth, accelerating challenges demand bold actions. https://www.mckinsey.com/~/media/mckinsey/industries/financial%20services/our%20insights/tracking%20the%20sources%20of%20robust%20payments%20growth%20mckinsey%20 global %20payments%20map/global-payments-report-2019-amid-sustained-growth-vf.ashx*

11. **Mckinsey & Company.** *(Oct 2020). The 2020 McKinsey Global Payments Report. https://www.mckinsey.com/~/media/McKinsey/Industries/Financial%20Services/Our%20Insights/Accelerating%20winds%20of%20change%20in%20global%20payments/2020-McKinsey-Global-Payments-Report.pdf*

Chapter 4

12. **GSMA. (Dec 2019).** *IoT Connections Forecast: The Rise 0of Enterprise. https://www.gsma.com/iot/resources/iot-connections-forecast-the-rise-of-enterprise*

13. **tmforum. (July 2018).** *Monetizing 5G depends heavily on OSS/BSS transformation. https://inform.tmforum.org/research-reports-cat/2018/07/monetizing-5g-depends-heavily-ossbss-transformation/*

Chapter 5

14. **BCG. (Nov 2019).** *How software companies can get more bang for their R&D Buck. https://www.bcg.com/publications/2019/software-companies-using-research-and-development-more*

Chapter 6

15. **Harvard Business Review. (2006).** *What Business Are You In?: Classic Advice From Theodore Levitt. https://hbr.org/2006/10/what-business-are-you-in-classic-advice-from-theodore-levitt*

16. **Deloitte. (Jan 2019).** *Deloitte/MIT Study finds only 20% of Biopharma companies are digitally mature. https://www2.deloitte.com/be/en/pages/life-sciences-and-healthcare/articles/biopharma-press-release.html#*

**Section - 3**

Chapter 1

1. **Siegel+Gale. (2019).** *The world's simplest brands 2018-2019. https://simplicityindex.com/*

Chapter 2

2. **Nitin Seth. (Jul 2018).** *Analytics Are A Source Of Competitive Advantage, If Used Properly.* **Forbes.** *https://www.forbes.com/sites/forbestechcouncil/2018/07/18/analytics-are-a-source-of-competitive-advantage-if-used-properly/#21f30ad31894*

3. **Nitin Seth.(April 2018).** *Analytics Is Still At 10% Of Its Maturity, https://analyticsindiamag.com/analytics-is-still-at-10-of-its-maturity-says-nitin-seth-ceo-incedo/*

Chapter 3

4. **Mckinsey & Company. (Jun 2019).** *Banking Operations for a customer centric world. https://www.mckinsey.com/industries/financial-services/our-insights/banking-matters/banking-operations-for-a-customer-centric-world*

Chapter 5

5. **The Medical Futurist (TMF). (Oct 2018).** *The Genomic Data Challenges of the Future. https://medicalfuturist.com/the-genomic-data-challenges-of-the-future/*

6. **IDC. (Nov 2018).** *The Digitization of the World from Edge to Core. https://*

*www.seagate.com/files/www-content/our-story/trends/files/idc-seagate-dataage-whitepaper.pdf*

7. *Forbes. How Much Data is Created on the Internet Each Day?. How Much Data Do We Create Every Day? The Mind Blowing Stats Everyone Should Read. https://www.forbes.com/sites/bernardmarr/2018/05/21/how-much-data-do-we-create-every-day-the-mind-blowing-stats-everyone-should-read/#7813003360ba.*

Chapter 6

8. **Nitin Seth. (Mar 2019).** *Blockchain – going beyond the hype to sustainable value creation. http://nseth71.blogspot.com/2019/03/blockchain-going-beyond-hype-to.html*

9. **Mckinsey & Company. (2018).** *Despite Billions of Dollars, Corporate Blockchains Have Achieved Little. FIAKS. https://fiaks.com/mckinsey-despite-billions-of-dollars-corporate-blockchains-have-achieved-little/*

10. **Globant. (2019).** *The 2019 Blockchain Technology Business Guide. https://blog.modex.tech/more-and-more-organizations-intend-to-invest-in-blockchain-5aac7795c835. https://mkt.globant.com/Blockchain2019*

11. **TD Bank. (2019).** *America's Most Convenient Bank, at the 2018 Association for Financial Professionals Annual Conference. Ledger Insights. https://www.ledgerinsights.com/google-public-blockchains-searchable-bigquery/*

12. **Global Blockchain Business Council (GBBC). (Jan 2019).** *A Survey of Institutional Investors. International Finance. https://internationalfinance.com/poor-understanding-of-blockchain-among-senior-executives-gbbc-research/*

Chapter 7

13. **RightScale. (2019).** *State of the Cloud Report from Flexera™. https://resources.flexera.com/web/media/documents/rightscale-2019-state-of-the-cloud-report-from-flexera.pdf*

14. **Microsoft. (Sept 2017).** *UPS paves the way for better service with faster development and artificial intelligence. https://customers.microsoft.com/en-us/story/ups*

15. **Mckinsey & Company.** *(Oct 2020). How COVID-19 has pushed companies over the technology tipping point—and transformed business forever. http://www.mckinsey.com/business-functions/strategy-and-corporate-finance/our-insights/how-covid-19-has-pushed-companies-over-the-technology-tipping-point-and-transformed-business-forever?cid=eml-web*

## Section - 4

Chapter 1

1. **S&P. (Dec 2019).** *S&P Global Ratings. Industry Top Trends 2020. https://www.spglobal.com/_assets/documents/ratings/research/industry-top-trends-2020.pdf*

2. **MIT Sloan. (Mar 2017).** *MIT Sloan Management Review.The Big Squeeze-How compression threatens Old Industries. https://www.spglobal.com/_assets/documents/ratings/research/industry-top-trends-2020.pdf*

3. **S&P. (Dec 2019).** *S&P Global Ratings. Industry Top Trends 2020. https://www.spglobal.com/_assets/documents/ratings/research/industry-top-trends-2020.pdf*

4. **Mckinsey & Company. (Jul 2020).** *Polarization between best and worst performers greater than in 2008. The Economic Times. https://economictimes.indiatimes.com/markets/expert-view/polarisation-between-best-and-worst-performers-greater-than-in-2008-mckinsey-co/articleshow/76942515.cms?from=mdr*

5. **Innosight.** *2018 Corpory Forecast: Creativate Longevite Destruction is Accelerating https://www.innosight.com/insight/creative-destruction/* ; **Inc. (Mar 2016).** *Why half of the S&P companies will be replaced in the next decade. https://www.inc.com/ilan-mochari/innosight-sp-500-new-companies.html*

6. **Deloitte. The Deloitte Global Outsourcing survey 2018.** *Traditional outsourcing is dead Long live disruptive outsourcing. https://www2.deloitte.com/content/dam/Deloitte/us/Documents/process-and-operations/us-cons-global-outsourcing-survey.pdf*

7. **Deloitte. The Deloitte Global Outsourcing survey 2018**. *Traditional outsourcing is dead Long live disruptive outsourcing. https://www2.deloitte.com/content/dam/Deloitte/us/Documents/process-and-operations/us-cons-global-outsourcing-survey.pdf*

8. **Everest Group. (Oct 2017).** *Labour arbitrage. https://www.everestgrp.com/tag/labor-arbitrage/*

9. **Forbes. (Feb 2017).** *The Countries With The Most STEM Graduates. https://www.forbes.com/sites/niallmccarthy/2017/02/02/the-countries-with-the-most-stem-graduates-infographic/#1f4f.268a*

Chapter 2

10. **Nitin Seth.** *GICs can help transform the core business – Part 1: GICs reaching*

*a Tipping Point. http://bpoinsights.blogspot.com/2011/11/transforming-your-core-business.html*

Chapter 4

11. **Nitin Seth.** *GICs can help transform the core business – Part 4: Realizing Full Potential of GICs requires many changes in Organization Approaches http://nseth71.blogspot.com/2011/11/gics-can-help-transform-core-business_20.html*

Chapter 5

12. **Nitin Seth.** *Evolution of Global In-house Centers (GICs) and the new ask of GIC leaders. http://nseth71.blogspot.com/2013/05/some-reflections-on-global-in-house.html*

Chapter 6

13. **Nitin Seth.** *How to build a world-class Knowledge Centre?. http://nseth71.blogspot.com/2012/03/how-to-build-world-class-knowledge.html?q=knowledge*

**Section - 5**

Chapter 3

1. **Nitin Seth.** *Innovation – a call for action for the Indian IT/BPM industry. http://nseth71.blogspot.com/2013/05/innovation-call-for-action-for-indian.html?q=innovation.*

Chapter 4

2. **Nitin Seth.** *Key insights from my first Agile Training. http://nseth71.blogspot.com/2015/11/key-insights-from-my-first-agile.html?q=innovation*

Chapter 5

3. **Nitin Seth.** *Learning to Reinvent for Tomorrow. http://nseth71.blogspot.com/2020/02/learning-to-reinvent-for-tomorrow.html?q=innovation*

Chapter 6

4. **Nitin Seth.** *Women in Leadership.*

*http://nseth71.blogspot.com/2014/06/women-in-leadership.html?q=innovation*

Chapter 7

5. **Nitin Seth.** *Change Management - Organization Dream or HR Nightmare? http://nseth71.blogspot.com/2012/09/change-management-organization-dream-or.html*

6. **Nitin Seth.** *Lessons in Organisation Transformation. http://nseth71.blogspot.com/2012/07/lessons-in-organization-transformation.html?q=transforming*

Chapter 8

7. **Nitin Seth.** *How HR needs to transform itself to lead in the VUCA world. http://nseth71.blogspot.com/2017/05/how-hr-needs-to-transform-itself-to.html?q=innovation*

Chapter 9

8. **Nitin Seth.** *Unlocking the Potential of Your Workforce through AI http://nseth71.blogspot.com/2019/03/unlocking-potential-of-your-workforce.html?q=innovation*

9. **Mckinsey & Company. (Nov 2017).** *Jobs lost, jobs gained: What the future of work will mean for jobs, skills, and wages. https://www.mckinsey.com/featured-insights/future-of-work/jobs-lost-jobs-gained-what-the-future-of-work-will-mean-for-jobs-skills-and-wages*

**Section - 6**

Chapter 1

1. **Nitin Seth.** *My Leadership Beliefs. http://nseth71.blogspot.com/2011/02/my-leadership-beliefs.html?q=knowledge.*

Chapter 2

2. **Nitin Seth.** *How Great Leaders Inspire Others – The "5 Cs" Formula!!. http://nseth71.blogspot.com/2011/11/how-great-leaders-inspire-others-5-cs.html?q=knowledge*

Chapter 3

3. **Nitin Seth.** *How to Create Great Leaders. http://nseth71.blogspot.com/2018/10/how-to-create-leaders.html?q=innovation*

Chapter 5

4. **Nitin Seth.** *Spiritual Balance – a necessity in today's material world. http://nseth71.blogspot.com/2013/08/spiritual-balance-necessity-in-todays.html*

Chapter 6

5. **Nitin Seth.** *Sustainable Development – Rethinking Consumption http://nseth71.blogspot.com/2015/01/sustainable-development-rethinking.html*

**Section -7**

Chapter 1

1. **Nitin Seth.** *Seven Success Mantras. Seven Passions for Young Indians, Building blocks for a successful career*

   *http://nseth71.blogspot.com/2012/05/seven-success-mantras-convocation.html*

   *http://nseth71.blogspot.com/2015/02/7-passions-for-young-indians.html*

   *http://nseth71.blogspot.com/2013/07/building-blocks-for-successful-career.html*

Chapter 2

2. **Nitin Seth.** *Finding your "Sweet Spot" – the powerful purpose of your life!!. Achieving your full potential http://nseth71.blogspot.com/2012/02/finding-your-sweet-spot-powerful.html.http://nseth71.blogspot.com/2011/02/achieving-your-full-potential.html*

Chapter 3

3. **Nitin Seth.** *Your time is now!! - 8 mantras for young entrepreneurs. Launching a successful entrepreneurial journey. http://nseth71.blogspot.com/2017/05/your-time-is-now-8-mantras-for-young.html. http://nseth71.blogspot.com/2017/09/launching-successful-entrepreneurial.html*

Chapter 4

4. **Nitin Seth.** *Lessons from Steve Jobs incredible life story http://nseth71.blogspot.com/2013/06/lessons-from-steve-jobs-life-story.html*

5. ***Isaacson Walter. Steve Jobs.*** *Simon & Schuster (U.S.), 2011*

Chapter 5

6. **Nitin Seth.** *5 life lessons from The Giant Sequoias. http://nseth71.blogspot.com/2017/08/5-life-lessons-from-giant-sequoias.html*

Chapter 6

7. **Nitin Seth.** *9 things I wish I knew in Business School http://nseth71.blogspot.com/2014/08/9-things-i-wish-i-knew-in-business.html*
8. **Keller Gary, Papasan Jay. The One Thing.** *Bard Press, 2013*
9. **Goldratt.** *M. Eliyahu. The Goal.North River Press,1984*
10. **Covey Stephen.** *The Seven Habits of Highly Effective People.Free Press, 1989*

Chapter 7

11. **Nitin Seth.** *Take personal responsibility and change the world!! http://nseth71.blogspot.com/2012/01/i-am-ok-you-are-not-ok.html*

# लेखक के बारे में

नितिन वैश्विक प्रबंधक, उद्यमी और प्रबंधन सलाहकार के तौर पर अनुभवों के अनूठे मेल वाले कुशल उद्योग लीडर हैं। नितिन डिजिटल रूपांतरण पर केंद्रित उच्च वृद्धि वाली तकनीकी सेवा फ़र्म इन्सीडो इंक के मुख्य कार्यकारी अधिकारी हैं। इन्सीडो से पहले नितिन प्रबंधन में शीर्ष पदों पर रहे चुके हैं। वे देश की सबसे बड़ी ई-कॉमर्स कंपनी फ़्लिपकार्ट के मुख्य परिचालन अधिकारी थे। वे भारत में फ़िडेलिटी इंटरनेशनल के प्रबंध निदेशक और कंट्री हेड थे, जिसमें उन्होंने फ़िडेलिटी के अंतरराष्ट्रीय व्यापार ग्लोबल ऑफ़शोर ऑपरेशंस और बिज़नेस स्ट्रेटजी का नेतृत्व किया। वे भारत में मैकिंज़ी के ग्लोबल नॉलेज सेंटर के निदेशक थे, जहाँ उन्होंने कई नई ज्ञान और विश्लेषण आधारित क्षमताओं का विकास किया, जिनका उद्योग जगत पर दूरगामी प्रभाव पड़ा है।

नितिन दो बार नैसकॉम एक्ज़ीक्यूटिव काउंसिल के लिए निर्वाचित हुए हैं। वे नैसकॉम ग्लोबल कैपेबिलिटी (जीसीसी) के संस्थापकों में शामिल हैं एवं इसके चेयरपर्सन रह चुके हैं। वे हरियाणा में नैसकॉम क्षेत्रीय परिषद (एनआरसी) के अध्यक्ष भी रहे हैं। वे नेतृत्व, उद्यमिता, व्यवसाय रूपांतरण, तकनीकी और आध्यात्मिकता के क्षेत्रों के उत्साही वक्ता हैं, और नितिन के फ़ंडा नामक ब्लॉग लिखते हैं।

नितिन ने भारतीय प्रबंधन संस्थान, लखनऊ से एमबीए किया है, जहाँ उन्हें एमबीए प्रोग्राम में प्रथम स्थान पर रहने के लिए चेयरमैन्स गोल्ड मैडल मिला था। उन्होंने भारतीय तकनीकी संस्थान, दिल्ली से इंजीनियरिंग (बी.टेक) में डिग्री हासिल की है।

वे अपनी पत्नी और तीन ख़ूबसूरत बच्चों के साथ अमेरिका के न्यू जर्सी में रहते हैं।

# अनुवादक के बारे में

**महेन्द्र नारायण सिंह यादव** ने महाराजा कॉलेज, छतरपुर (म.प्र.) से स्नातक और भारतीय जन संचार संस्थान (नई दिल्ली) से पत्रकारिता में स्नातकोत्तर डिप्लोमा, तथा गुरु जंभेश्वर विश्वविद्यालय से पत्रकारिता एवं जनसंचार में स्नातकोत्तर की उपाधि प्राप्त की है। वे विगत 20 वर्षों से रेडियो, टेलीविज़न पत्रकारिता तथा अनुवाद और संपादन-कार्य से जुड़े हैं। उन्होंने चिल्ड्रंस बुक ट्रस्ट के हिंदी संपादक के रूप में भी कार्य किया है। वर्तमान में वे दिल्ली में समाचार चैनल 'समय मध्यप्रदेश छत्तीसगढ़' में पत्रकारिता कर रहे हैं।